# 丰顺年鉴

# Fengshun Yearbook

## 2016

丰顺年鉴编纂委员会 编

方志出版社
Publishing House of Local Records

**图书在版编目（CIP）数据**

丰顺年鉴. 2016 / 丰顺年鉴编纂委员会编. — 北京：方志出版社，2016.12

ISBN 978-7-5144-2265-8

Ⅰ. ①丰… Ⅱ. ①丰… Ⅲ. ①丰顺县－2016－年鉴 Ⅳ. ①Z526.54

中国版本图书馆CIP数据核字（2016）第302339号

丰顺年鉴（2016）

**编　　者**：丰顺年鉴编纂委员会
**责任编辑**：罗　滔

**出 版 人**：冀祥德
**出 版 者**：方志出版社
地址　北京市潮阳区潘家园东里9号（国家方志馆4层）
邮编　100021
网址　http://www.fzph.org
**发　　行**：方志出版社发行中心
电话（010）67110500
**经　　销**：各地新华书店
**印　　刷**：揭阳榕城区教育文化用品厂

**开　　本**：889×1194　1/16
**印　　张**：22.75　**插　　页**：14
**字　　数**：652千字
**版　　次**：2016年12月第1版　2016年12月第1次印刷
**印　　数**：0001～1000册

**ISBN** 978-7-5144-2265-8　**定价**：168.00元

# 丰顺年鉴编纂委员会

顾　问：曾永祥

主　任：廖茂忠

副主任：黄建斐　傅伟芳

委　员：王湘阳　吴裕强　钟凌玮　谢录丰　彭要曾
张镇有　裴中秋　黄小舟　朱耀辉　陈奕鹏
彭汉如　郑春李　王凌凌　罗丽娜　张良生
黄忠明　李志奎　张小欣　刘雪峰　徐奕禄
杨永亮　陈红伟　林延钊　蔡　君　罗宗裕
彭洪胜　邱劲铭

# 丰顺年鉴编辑室

总　审：黄建斐（兼）　傅伟芳（兼）　钟凌玮（兼）

主　编：张镇有（兼）

副主编：简光瑞　张国强

编　辑：黄喜勤　文会玲　曾　波　曾杏美　谢定锋

# 编 辑 说 明

一、《丰顺年鉴》是中共丰顺县委、丰顺县人民政府组织编纂的地方综合年鉴，每年出版一次，国内外公开发行。

二、本年鉴主要记述2015年全县的政治、经济、文化和社会发展情况，汇集各行业最具代表性的重要信息，为各级领导决策提供依据，为海内外各界人士、各部门了解与研究丰顺提供服务，同时也为续修《丰顺县志》积累史料。

三、本年鉴设特辑、大事记、丰顺概览、政治、法治、经济、教科文卫体、社会生活、镇场建设、人物等10个编目，约65万字。

四、本年鉴选登一些具有典型意义，能体现时代特色、地方特色、行业特色和年度特点的彩照图片，图文并茂、形象直观地反映丰顺各方面的发展变化。

五、本年鉴资料来源于全县各有关单位，并经各组稿单位领导把关，由年鉴编辑室修改、校核，再送总审审定。文中的主要数据由组稿单位提供，但由于统计口径不尽相同，个别数据可能与县统计局公布的不一致，使用时以县统计局公布的数据为准。此外，各章节之后还附有各镇（场）党委、政府、人大班子成员和县直副局以上现职领导名单，并注明组稿单位或撰稿人。

丰顺县年鉴编辑室

◀ 2015年1月28日，中国共产党丰顺县第十二届委员会第五次全体会议在会展中心大会堂隆重开幕

（曾杏美　摄）

▶ 2015年2月10日，丰顺县第十四届人民代表大会第六次会议在会展中心大会堂隆重开幕　（黄喜勤　摄）

◀ 2015年2月9日，中国人民政治协商会议第九届丰顺县委员会第五次会议在会展中心隆重开幕

（黄喜勤　摄）

▲ 2015年4月27日，中共中央政治局委员、省委书记胡春华（右一），省委副书记、省长朱小丹（右三），省委常委、常务副省长徐少华（右二）在市、县主要领导陪同下在丰顺县梅汕高铁秀水隧道出口施工现场听取项目规划建设情况（卢胜文 摄）

▲ 2015年6月9日，省政协主席王荣（前排右五）到汤西镇和安村调研（卢胜文 摄）

▲ 2015年12月9日，省委常委、政法委书记林少春（前排左三）到丰顺县埔寨镇埔西村调研扶贫双到工作 （县政府办公室 提供）

▲ 2015年11月3日，市委书记黄强（右一）在县委副书记、县长曾永祥（右二）等陪同下到海珠（丰顺）产业转移园调研 （卢胜文 摄）

▲ 2015年7月29日，市委副书记、市长谭君铁（右三）率队到丰顺调研
（卢胜文 摄）

▲ 2015年4月30日，县委书记陈志宁（左五）陪同恩平市考察团一行到丰顺新区沙盘了解丰顺新区建设情况
（卢胜文 摄）

▲ 2015年10月26日，县委副书记、县长曾永祥（右二）到县城南市场现场创卫调研
（县政府办公室 提供）

▲ 2015年4月16日，中国机电产品进出口商会和丰顺县人民政府举行中国电声出口共建基地授牌仪式。县委副书记、县长曾永祥（右）接过授牌
（卢胜文、胡金辉 摄）

▲ 2015年3月31日，丰顺县与工信部电子五所签订战略协定会议现场

（卢胜文 摄）

▲ 2015年4月24日，纪念红四军出击梅州86周年暨东江苏维埃政府、红十一军成立85周年座谈会在宝丰温泉酒店锦绣厅召开

（曾杏美 摄）

▲ 2015年10月11日，第九届世界丰顺同乡联谊会大会现场

（卢胜文 摄）

▲ 2015年10月11日，丰顺县举行的电声论坛上专家学者、电声“大腕”和新闻媒体云集

（卢胜文 摄）

▲ 2015年11月1日，环绕丰顺磨房200公里骑行活动启动仪式

（县广播电视台 提供）

▲ 2015年11月15日，丰顺举行“喜德盛杯”国际山地自行车邀请赛

（卢胜文、胡金辉 摄）

# 丰顺县龙山中学

丰顺县龙山中学位于丰顺县南端的汤南镇，创办于1939年春，是一间侨建完全中学，梅州市一级学校。学校占地面积66667平方米，建筑面积22600平方米。校园布局合理，分教学区、运动区、生活区，设计美观。至2015年年底有教学班33个，初中27个，高中6个，学生1432人，教职工155人。学校以“团结、感恩、求实、创新”的校训，持“创办适合学生成长的学校，培养适应社会需要的人才”的办学理念，秉承“以人为本、内强素质、外树形象”的办学宗旨，注重领导班子建设，采取半封闭式的管理模式，加大教育改革力度，以教学改革为中心，以师德建设为核心，以增强全体教师的教学技能为突破口，加强教师队伍建设，优化校园环境，加强品牌意识，教育教学质量稳步上升。

2015年3月29日下午，在学校的领导下以及在校本组老师和全体义工老师的精心筹备下，丰顺县龙山中学开展主题为“感恩父母，珍惜粮食”的感恩活动，活动有近300多名学生参加。现场通过校长罗江丰代表全体师生们在感恩活动致辞并分享感恩心得；副校长杨增雄进行《负米养亲》感恩故事的演讲，义工老师们为每位学生分发一小袋米和两本感恩书籍；让每位学生回到家里，自己动手为父母做饭和珍惜粮食，使每位学生真正理解父母为自己成长付出的艰辛，教会学生关爱别人，尊敬师长，懂得孝敬父母，学会感恩，用实际行动践行中华民族的传统美德，让学生常怀感恩之心促进其身心健康发展，以形成正确的世界观、人生观和价值观。最后，师生们一起在《感恩的心》的歌声中圆满结束了给父母做饭、珍惜粮食的感恩活动。

▲ 2015年3月29日，丰顺县龙山中学2015年感恩活动文艺会演

▲ 龙山中学校园

# 殊荣满榜真善美　一心慈善尽力心

## ——记中国百年慈善第一人巫金星

▲ 2015年11月12日，全国政协原副主席白立枕接受巫金星赠书

▲ 客家楷模巫金星出席第四届世界客商大会

巫金星，广东丰顺人，中国公益事业促进会副会长、中华爱国国典理事会副理事长、中国经济贸易促进会副会长。广东省第九届、第十届侨代会代表、广东省侨界仁爱基金会副会长、海内外巫氏宗亲联谊总会名誉会长和文化研究会名誉会长、广东省客属海外联谊会副会长兼联络交际委员会主任、梅州市道德模范。丰顺县侨联、工商联、总商会荣誉主席，丰顺县博爱慈善协会、丰顺县助学会永远名誉会长。中国教育慈善人物、中华爱国慈善家奖、首届世界华人华商十大慈善爱心大使、感动中国十大慈善人物、中国诚信楷模人物、爱心中国十大道德模范、中国公益慈善人物奖。

巫金星为《和谐中国》的封面人物，书中收录了巫金星的个人先进事迹，《和谐中国》是2015年全国“两会”特刊书籍，书中刊登《大爱无疆慈善无尽——记伟大的慈善家巫金星》，文章分四个章节记录巫金星做慈善事迹：尽心慈善——累计捐赠总额超千万；敬祖爱宗——二十年如一日捐资祭祖；热心公益——乐为和谐献心力；舍己为人——苦难自己，幸福大家。巫金星在长期慈善公益中，没有用过一分钱公款，没有报销过一分钱公款，没有抵过一分钱税，没有吃过别人一分不义之财，没有任何官商勾结，没有任何经济等价交换，没有任何回报的做慈善，是一位伟大的慈善家。

巫金星是《我的中国心》一书唯一封面人物。《我的中国心》是“凝聚中国心·践行中国梦”系列活动之大型红色爱国主义教育文献，书中刊登《殊荣满榜真善美　一心慈善尽力心——记第十届爱心中国十大道德模范巫金星先生》，一个人致富之后做点善事不难，难的是几十年如一日的默默奉献。但是，巫金星却做到了。“他人在分享我的爱心时，我同时心灵上也得到了快乐。选择了慈善，就是选择了幸福，我是一名共产党员，就是要坚持党性，全心全意为人民服务。”他的誓言朴实却又掷地有声。

▲ 2015年11月12日，巫金星荣获“中国公益慈善人物奖”

# 目　录

## 特　辑



## 大　事　记



## 丰顺概览



## 政　治

## 法　治



## 经　济

## 教科文卫体

## 社会生活



## 镇场建设



## 人　物

# 特辑

# 更新发展理念　决胜全面小康
# 奋力当好梅州苏区振兴发展生力军

——在县委十二届六次全会上的报告

（2016年1月25日）

丰顺县县委书记　陈志宁

## 一、关于2015年工作

一年来，我们认真学习贯彻习近平总书记系列重要讲话精神，全面贯彻落实党的十八届三中、四中、五中全会和省委十一届四次、五次全会以及市委六届五次全会精神，围绕“一个目标、三大抓手、两条底线”的总体部署，深入实施“一区两带”发展战略，全力推进丰顺新区和梅江韩江（丰顺）绿色健康文化旅游产业带建设，全县经济社会发展保持良好态势。预计实现生产总值94.4亿元，增长10.5%，增速连续三年居全市第一；规模以上工业增加值24.1亿元，增长18.9%，增速居全市第二；社会消费品零售45.1亿元，增长12.9%，增速居全市第二；固定资产投资57亿元，增长46.2%，增速居全市第四；外贸出口总额3.4亿美元，增长17.6%。

这一年，财力保障能力明显提高，一般公共预算收入7.4亿元，增长28.1%，增速居全市第三，总量比2012年的3.5亿元翻了一番；一般公共预算支出38亿元，总量比2012年的17.4亿元翻了一番；干部职工年均工资福利待遇达到6.6万元，比2012年的3.1万元翻了一番。

这一年，丰顺成为广东梅兴华丰产业集聚带这一省级战略的“四大组团”之一，广州海珠（丰顺）产业转移工业园上升为省级产业转移工业园，赢得了省级层面对原中央苏区振兴发展的政策支持。规划范围覆盖北部山区10个镇的梅江韩江（丰顺）绿色健康文化旅游产业带上升为市“一区两带”重大战略之一。

这一年，谋划实施58个重点项目，其中48个正式项目计划总投资185.9亿元，年度投资59.5亿元，完成投资71.1亿元，占年度投资计划的119.5%，其中4个省重点项目完成投资8.4亿元、占年度投资计划的165.5%，25个市重点项目完成投资55亿元、占年度投资计划的145.9%，一批基础设施、园区、城建、实体经济、重点民生工程建成投产。

这一年，成功举办第九届世界丰顺同乡联谊大会、中国（丰顺）电声发展论坛暨《中国丰顺电声产业发展报告》新闻发布会、环绕丰顺磨房200公里万人骑行活动和中国·丰顺“喜德盛杯”山地自行车国际邀请赛，提升了知名度，扩大了影响力，更释放了海内外乡亲奔向全面小康的信心、热情与干劲。

一年来，我们以振兴发展为统揽，集中力量，破难攻坚，狠抓落实，主要抓了如下几项工作：

（一）注重战略谋划，完善了发展思路。继承创新历届县领导班子探索的发展思路，提出构建“一区一带”战略思路，不断破解工业滞后、产城分离的困局。一方面，优化丰顺新区核心区规划。全力推进生态工业区、温泉宜居城、生态旅游区“一城两区”各5平方公里的起步区开发建设，既注重公共设施配套，又注重产业项目布局，统筹空间、规模、产业协作协同，统筹规划、建设、管理系统推进，统筹政府、社会、市民同心同向，着力完善新区开发的空间布局、功能定位、服务管理和共建共享。另一方面，优化梅江韩江（丰顺）绿色健康文化旅游产业带规划。坚持生态优先、集约高效的发展原则，统筹生态环境保护与产业发展的关系，在原先规划发展的基础上，不断加以完善，明确以隮隍镇为核心区，以潭江、砂田、小胜、黄金4个镇为发展区，以丰良、建桥、潘田、龙岗、大龙华5个镇为拓展区，采取核心区扩容集聚、发展区提质增效、拓展区组团布局的发展模式，形成覆盖北部所有乡镇的空间格局。通过实施“一区一带”发展战略，推动南北互动、协调发展新格局。

（二）突破发展瓶颈，增强了发展后劲。一是交通条件明显改善。梅汕高铁丰顺先行段正式动工，起步进入“高铁时代”。国道206线与省道224线连接线新建工程、省道224线大罘至下江段、丰埔桥段灾毁路面大修工程完工，省道224线黄金三合至潘田段、省道233线北洞至大坳段改建工程加快推进。同时，山区中小河流治理、省级小型农田水利重点县、小型水库除险加固、中心镇污水处理厂等重点水利工程年度任务如期完成。二是园区持续扩能增效。开发区扩区已申报省政府审批。优化提升电声基地、中小微电声企业创业园、生活配套设施规划设计，并启动申报“国家新型工业化产业示范基地”。工业大道加快规划建设，国道235线县城至埔农改造工程竣工通车，有效推动了产城联动。丰顺碧桂园至园区供水管道新建工程全面完工。110千伏埔寨变电站扩建主变容量工程已列入电网改造规划。占地120亩、日处理能力6万吨的污水处理厂项目全面启动。完成征地1053亩，平整土地1000亩，引进华于能源、金都电子等一批新项目，汇威科技首期生产线建成试产，鼎新科技、旺兴达光电项目有序推进，瑞丰粮油一期工程建成投产。实施创新驱动战略，打造电声百亿产业，实现产值79亿元，增长16%。省级质量监督电声产品检验站获省批准建设，成功创建出口电声产品质量安全示范区，“中国电声出口共建基地”正式挂牌。园区完成总产值74.7亿元、增长31%，规上工业增加值13.7亿元、增长31.8%，实现税收2.6亿元、增长35%。三是城区加快扩容提质。温泉宜居城建设顺利推进，碧桂园低层住宅交付使用，千江广场、千江苑、美景城等一批城市综合体项目加快建设。3所实验学校工程加快推进，污水处理厂二期工程完工，新增市政大道、沿江路、河滨路3条柏油路，成功创建“广东省卫生县城”。推进四大重点生态工程，森林覆盖率达76.84%。生态文化旅游产业快速发展，八乡山、韩山生态旅游区试业，龙归寨瀑布旅游区晋升国家AAA级旅游景区，九龙嶂、铜鼓峰等景区加快建设。全县接待旅游总人数430.9万人次、增长26%，旅游总收入40亿元、增长30%。

（三）增强内生动力，激发了发展活力。一是改革创新稳妥推进。深入贯彻落实上级关于全面深化改革的部署要求，着力开展深化行政审批制度、商事登记制度、行政执法体制、基层社会治理创新、不动产统一登记制度等方面的改革。深入推进新一轮党政机构改革和职能转变，推行政府工作部门权责清单制度。全县行政许可审批事项减至235项，新增市场主体2066户。二是招商引资成效明显。围绕培育发展主导产业，成立县招商引资工作领导小组和产业招商分队，完善《丰顺新区生态工业区招商引资若干规定》和《丰顺县促进总部经济发展暂行办法》，采取乡贤回归、资源招商、产业链招商等方式，抓龙头带配套、抓重大促中小，引进一批投资规模大、产业关联紧、带动能力强、科技含量高、品牌效应好的优质项目。仅第四届客商大会期间，签约项目12个、计划投资总额53亿元。三是对口帮扶不断强化。借力广州市海珠区主导作用，依托广州市规划设计院优化提升园区总体规划、控制性详细规划和专项规划。利用海珠区“展会经济”优势，组团参加广东花都国际电声专业展览会、广州农产品博览会和广州食品博览会。引导丰顺电声行业商会加强与广州市和珠三角电声企业的对接，促成培英公司、旺兴达公司与国光电器和励丰公司达成合作意向。电声行业电子商务综合服务平台建成使用，促进了电声行业全面“触网”。四是民生福祉持续改善。新增转移就业人数6391人，五大险种参保人数达13.8万人。创建“全国义务教育发展基本均衡县”通过国家督导评估认定。全县建成“1小时急救圈”，县中医院成为第二批县级公立医院改革试点。新一轮扶贫开发“双到”贫困村、有劳动能力的贫困户实现如期脱贫。可持续发展实验区通过国家验收。全县信访总量下降33%，“两抢一盗”案件下降44%，刑事案件破案绝对数上升15%。2014年全省“零命案”现场会在丰顺县胜利召开。安全生产持续稳定向好，食品药品监管保障有力。“单独两孩”生育政策有效实施，计生服务管理水平全面提高。

（四）严明党纪戒尺，加强了队伍建设。坚持全面从严治党，务实开展“三严三实”专题教育活动，深入开展“讲担当、比奉献”主题实践活动，形成比学赶超氛围。一是抓班子。贯彻落实《关于建设团结和谐勤奋敬业清正廉洁领导班子的意见》，突出抓好“关键少数”，以上率下，切实加强各级领导班子建设。全年培训干部3212人次，提拔副科以上干部43人，交流轮岗41人，清理超职数配备干部211人。二是抓基层。加强镇（场）干部培养使用管理，镇级党政班子结构基本达到“两个30%、至少1个”的目标。全面推行镇（场）领导干部驻点联系群众制度，解决服务群众“最后一公里”问题。建立县镇村三级党组织书记双向“联述联评联考”制度，强化各级党委（党组）书记抓党建的主体责任，重点整顿并销号30个村（社区）软弱涣散基层党组织。三是抓作风。贯彻落实《关于落实省委“三个区分”原则激发干事创业激情惩治为官不为行为的意见》和实施“容错减责”暂行办法、领导干部“为官不为”问责暂行办法，明确“支持改革、宽容失败”的界限，从严整治“懒政怠政”行为。全县纪检监察机关共立案56件56人，保持反腐败斗争的高压态势，营造风清气正的干事创业氛围。实行财政统一发放津补贴，建立健全农村基层组织经费保障制度，进一步调动了干部积极性。

与此同时，全力支持人大、政协依章履职，推进法治政府建设。大力支持司法机关公正司法。全面加强党管武装和“双拥”工作，支持工青妇和统一战线工作，形成了振兴发展的强大合力。

这些成绩的取得，是市委、市政府正确领导的结果，是全县各级党组织和广大党员干部群众团结奋斗的结果，是海内外乡亲和社会各界人士大力支持的结果。在这里，我代表县委常委会表示衷心的感谢和崇高的敬意！

**二、关于“十三五”发展**

“十三五”时期，是丰顺加快振兴发展、全面建成小康社会的决胜阶段。谋划好未来五年的发展，具有十分重要的意义。县委经过深入调研、集思广益，形成了提交这次全会审议的县委“十三五”规划《建议》讨论稿。永祥同志将对《建议》讨论稿作说明，希望大家认真思考，提出意见，共同做好“十三五”规划的编制工作。下面，我就“十三五”发展强调几点意见。

（一）必须认真总结“十二五”时期的成绩和经验。

“十二五”时期，我们围绕建设“财丰人顺、幸福丰顺”这一核心任务，按照市委市政府的部署要求，实施省促进粤东西北地区振兴发展战略和国家原中央苏区振兴发展规划，全县经济社会平稳较快发展，“十二五”规划的目标任务大部分顺利完成。一是着力打基础，增后劲。大丰华高速公路加快推进，打通了一批连接路、致富路、景观路，综合交通网络进一步完善。韩江沿岸重点堤围除险加固和城区防洪工程全面完成，城乡水利防灾减灾能力普遍提高。二是着力建园区，调结构。三次产业结构比为22.0：45.0：33.0，第三产业比重上升4.3个百分点。规划建设广州海珠（丰顺）产业转移工业园，主动融入广东梅兴华丰产业集聚带，产业承载平台取得新突破，荣膺“广东电声之都”。全县规上工业增加值年均增长24.7%。旅游先锋产业迅猛发展，特色高效农业稳步发展。三是着力扩城区，优环境。高起点规划建设丰顺新区，依托温泉宜居城建设，推进中心城区扩容提质，荣获“中国温泉之城”“中国长寿之乡”称号。全县城镇化率达48%，提高4.7个百分点。中心镇和美丽乡村建设统筹发展。四是着力抓改革，激活力。商事登记制度、行政审批制度、农村产权制度、林权制度、城乡社会保障体系统筹并轨、公务用车制度改革全面推进，“一村（社区）一法律顾问”工作实现全覆盖。五是着力兴文化，惠民生。每年坚持办好“十件民生实事”，被省列入公立医院改革试点，成功创建“广东省教育强县”，被确认为“原中央苏区县”，成功举办温泉文化艺术节、央视《“五一七天乐”》等重大文体活动。圆满完成两轮扶贫开发“双到”任务。生态文明建设有新进展。平安建设巩固提升。全面从严治党开创新局面，党的群众路线教育实践活动成果丰硕，党风廉政建设成效明显，赢得了全县人民的信任和拥护。

这些成绩来之不易，凝聚着全县干部群众的汗水和智慧，创造了鲜活的实践经验。干好丰顺的事情，要紧紧依靠中央和省委、市委的正确领导，坚持发展第一要务，务实推进实体经济发展；坚持改革开放，充分激活发展活力；坚持民生为重，把发展成果更多地惠及人民；坚持凝聚人心，增强振兴发展合力；坚持从严治党，加强党对经济社会发展的领导。经验弥足珍贵，我们要倍加珍惜，深化运用，在新起点上，迈上新征程、推动新发展。

（二）必须正确判断“十三五”时期面临的形势。

谋划“十三五”发展，要理性看清丰顺面临的困难和挑战。一是经济增长压力大。“十二五”期间，全县生产总值虽然增幅高于全省、全市平均水平，但均未完成年度预期目标，经济总量仍然很小，人均生产总值仍然很低。尤其是投资不足，2011—2014 年，全县固定资产投资累计完成 106.7 亿元，仅占全市的 9.6%。二是产业发展层次低。产业结构不合理、竞争力不强，支柱产业和骨干企业实力不强，缺乏带动力强的大型企业和龙头项目，尤其是工业投资大项目少，“十二五”期末全县工业增加值 32.6 亿元，仅占全市的 10.9%。三是交通区位仍未根本改善。快速综合交通体系还未形成，高铁建设刚起步，县域普通公路密度低于全市水平，四级及等外公路比重高达 78%，与珠三角、汕潮揭、海西区等地区互联互通仍然山高路远，要素流动不畅。四是基本公共服务供给不足。民生社会事业仍然存在明显短板，教育、卫生优质资源缺乏，社会保障整体水平较低。五是环境容量制约大。丰顺作为粤东北地区重要生态屏障，不仅担负着潮汕平原 2000 多万人饮用水安全重任，而且要完成逐年趋紧的节能减排任务，资源环境约束越来越大。六是高端人才稀缺。全县具有副高级职称的高层次人才仅 749 人，占专业技术人才的 10.5%，高层次、高技能人才比例远低于发达地区，人才待遇水平较低，引进难、难留住。七是干部队伍建设仍有待加强。违纪违法、贪污腐败、渎职失职、懒政怠政等现象时有发生，一些基层党组织的战斗堡垒作用发挥不够，各级干部运用法治思维和法治方式推进社会治理的能力需要进一步提升等。

谋划“十三五”发展，我们更要看到丰顺发展将迎来重大机遇。放眼全球，和平与发展仍是时代主题，新一轮科技革命和产业变革蓄势待发，发展中国家群体力量继续增强，国际力量对比逐步趋向平衡。纵观国内，“四个全面”战略布局和“五大发展”理念的确立，为做好丰顺县各方面工作提供了总遵循、总抓手、总方略。国内经济发展步入新常态，出现经济发展速度变化、经济结构优化、经济增长动力转换三大新特点，经济发展长期向好的基本面没有变，发展仍处于可以大有作为的重要战略机遇期。聚焦全省，经济总量位居全国前列，综合实力和核心竞争力得到重大提升，珠三角优化发展，经济结构调整优化的前进态势进一步形成；粤东西北振兴发展，“三大抓手”持续发力，经济持续增长的支撑基础和条件得到有效改善，经济起步提速，追赶步伐加快。审视全市，既有省促进粤东西北地区振兴发展政策支持，又有国家原中央苏区振兴发展政策扶持，还有广州全面对口帮扶，政策机遇越来越好。尤其是随着对外快速交通、广东梅兴华丰产业集聚带、梅江韩江绿色健康文化旅游产业带的建设，发展基础越来越扎实。立足丰顺，作为梅州的“南大门”，毗邻汕潮揭平原地区，最靠近汕潮揭港口，最靠近揭阳潮汕机场，地处汕潮揭北上开拓内陆腹地的首站，交通区位、温泉资源、电声产业特色明显，尤其是丰顺县纳入市“一区两带”重要组成部分，为丰顺更快、更稳、更好地特色发展插上了腾飞的翅膀。

丰顺“十三五”发展，机遇与挑战并存，机遇大于挑战。我们要按照“四个全面”战略布局，落实“五大发展”理念，厘清发展思路，破解发展难题，厚植发展优势，打好苏区牌、生态牌、文化牌，集中力量实施“一区一带”发展战略。

“一区一带”就是建设好丰顺新区起步区和梅江韩江（丰顺）绿色健康文化旅游产业带，促进城区、园区、产业同步发展，促进经济总量、质量、效益同步提升。主要内涵是以建设丰顺新区起步区为引擎，发展新型工业为支撑，做优文化生态健康旅游产业为特色，以构建快速交通体系为基础，统筹资源，对接政策，扬长补短，着力推进发展转型、产业集聚和城市升级，把丰顺建设成为经济社会发展相协调、物质文明和精神文明双提升、工业化城镇化相融合的苏区振兴发展示范区。

“一区一带”发展战略的形成，既是对历届县委、县政府战略谋划的传承，又是加快振兴发展路径的探索；既是落实“两大振兴政策”的重要载体，又是提升区域竞争优势的重大平台；既得到了市委、市政府的充分肯定，又得到了全县上下、内外乡贤的大力支持。我们要把聚焦点和发力点集中在“一区一带”建设上，坚定不移、一以贯之，抓紧抓实，抓出成效。

（三）必须把握“十三五”时期发展的几个重大问题。

“十三五”时期，广东要率先全面建成小康社会，省委提出在2018年实现这一目标。我们要主动融入全省大局，保持战略定力，围绕振兴发展主线，进一步解放思想、改革创新，突出重点、集中突破，推动“十三五”时期各项工作任务的落实。

一要更新理念，引领发展实践。落实党的十八届五中全会精神，关键是落实创新、协调、绿色、开放、共享的发展理念，坚持以理念为先导，结合丰顺实际，统筹推动振兴发展。

坚持创新发展，着力提升发展质量和效益。创新是发展的第一动力，是提升质量和效益的源泉。我们要发挥原中央苏区优势，打破原有思维定式，在推进理论创新、制度创新、科技创新、文化创新的同时，尤其要通过项目创新、技术创新、载体创新、市场创新，形成对接国家和省苏区政策的新机制，把政策优势转化为发展优势，把政策资源转化为创新资源，加快发展，壮大总量，做强质量，做优效益，走出一条创新立县的路子。

坚持协调发展，着力增强发展整体性。当前，丰顺经济欠发达的现状尚未根本改变，尤其是工业发展不足、城镇化进程滞后、城乡发展不平衡。我们谋划实施“一区一带”战略，推进园区、城区、交通基础设施建设，既抓区域发展又抓产业建设，既抓工业又抓文化生态，既抓经济又抓基础设施建设，是一个综合的发展要求。因此，现阶段推动丰顺协调发展，重点是抓好“一区一带”建设，统筹推进城乡一体化发展。

坚持绿色发展，着力增强发展可持续性。丰顺有良好的生态环境和独特的客潮文化资源，但也面临着加快发展与保护环境的双重压力。坚持绿色发展，不单是发展问题，更是要在发展中保护、保护中发展。我们谋划推进“一区一带”建设，就是坚持点上高效开发、面上全面保护。在发展产业过程中，注入环保理念、建设环保设施，发展环境友好型经济，探索生产发展、生活富裕、生态良好的可持续发展道路，实现山更绿、水更清、天更蓝。

坚持开放发展，着力推动区域合作共赢。在新的形势下，要把握国家“一带一路”建设、中国（广东）自由贸易试验区建设的重大机遇，充分发挥“华侨之乡”“近海临空”的优势，利用国际国内两种资源、两个市场，对接珠三角、融入汕潮揭、借力海西区，加强与东南亚等国家和港、澳、台中国地区的交流合作，全方位推进对外开放，在扩大开放中拓展发展空间、增创发展优势。

坚持共享发展，着力增强人民群众获得感。让发展成果更好地覆盖城乡、覆盖人口，事关丰顺公平正义。我们必须顺应人民群众过上美好生活的新期待，按照人人参与、人人尽力、人人享有的要求，持续推进就业、就读、就医和社会保障基本民生改善，让人民群众在共建中更好地共享改革发展成果。

二要下大力气，补齐发展短板。全面建成小康社会，核心在于“全面”，难点也是“全面”。我们要围绕振兴发展目标，采取更加有力措施补齐短板，建设更具幸福感的全面小康社会。

补齐产业发展短板。“十三五”时期，首要任务就是把产业搞上去。要认真落实振兴实体经济、调整产业结构的相关政策，加快先进制造业、现代服务业、现代农业体系建设，培育一批战略性产业，推动新技术、新产业、新业态蓬勃发展。一是建设产业平台。集中力量加快“一区一带”发展平台建设，力争通过五年的努力，丰顺新区起步区建设基本完成，梅江韩江（丰顺）绿色健康文化旅游产业带活力彰显。二是培育主导产业。贯彻落实《中国制造 2025》和《广东省智能制造发展规划》，改造提升电声传统产业，促进智能化、绿色化发展，力争到 2017 年产值突破百亿元大关。加快发展绿色饲料工业，打造全省重要的绿色饲料生产基地。大力发展文化旅游、生态休闲、健康疗养、温泉养生等新业态。大力发展特色高效农业，发展大宗农产品和精深加工，促进农旅融合发展。培育发展新医药、新材料、新能源等战略性新兴产业和电子商务、云计算、物联网、大数据、金融、物流等现代服务业。三是打造品牌产品。围绕产业链，打造创新链、提升价值链，出台系列政策，支持企业做大做强，打造若干主营业务收入超 10 亿元企业。支持企业加强品牌建设，着力打造电声、绿茶、食用菌、红薯等一批“丰顺”字号品牌。

补齐扶贫开发短板。据初步摸查，2015 年人均纯收入低于 4000 元的农村居民有 5077 户、1.6 万人，占全县农村总人口的 2.62%。前两轮扶贫“双到”开发帮扶 168 个村，只占行政村总数的 63.9%。“十三五”时期，要紧盯与全国、全省同步全面建成小康社会的目标，精准扶贫、精准脱贫，提高扶贫实效。要坚持开发性扶贫，增强贫困村发展能力。要借力广州市海珠区全面对口帮扶，广泛动员社会力量参与扶贫开发，坚决打赢脱贫攻坚战。

补齐民生社会事业短板。改革开放以来，丰顺县公共服务有了很大改善，但教育、医疗、就业总体水平偏低。职业教育明显不适应产业建设的需求，劳动力技术水平低；优质医疗资源布局严重不均衡；就业主要靠外出打工，难以吸引新生劳动力和外来人口，人才外流严重。我们要从群众最现实最关心最直接的问题抓起，坚持每年抓好“十件民生实事”，持续推进重点民生改善，更好地为市民提供就读、就医、就业、社会保障等公共服务。

三要创新驱动，切换发展动力。创新立足传统、突破传统，依托现实、推动变革。提升发展质量和效益，归根到底，就是要把发展的基点放在创新上，坚定不移地实施创新驱动发展战略。

借外促内，构建自主创新体系。实施创新驱动发展，首先要解决科技从哪里来的问题。丰顺虽然高校、科研机构不多，但我们与华南理工大学、南京大学、广州大学、工信部电子五所等 13 所高校和科研院所建立了良好合作关系，这是我们宝贵的创新资源。要加强引导，借外促内，强化政策支撑，探索公共财政支持创新发展的新机制新方法，力促企业与科研院所、名校名家共建产学研联盟，扶持骨干企业实施一批重大科技专项和重大技术攻关，推进成果转化，打造出有市场竞争力的产品。

抓大扶小，发展高新技术企业。要把培育高新技术企业作为“牛鼻子”，建立一套管用的机制，巩固壮大一批，储备发展一批，孵化培育一批，争取“十三五”期末全县高新技术企业达到 12 家，高新技术产品产值达到 20 亿元，真正使创新成为经济活动。对现有的高新技术企业要采取“一企一策”的措施，指定部门牵头，建立领导挂钩指导机制，扶持发展新的产品群、产业群。要引导和推动重点企业，通过增资扩产、设备更新、智能化改造等途径，加强核心技术攻关，建成高新技术领军企业。中小微企业量多面广，在创新驱动发展中的作用不可或缺，要加大对中小微企业的扶持力度，鼓励大众创业、万众创新，形成创新发展新局面。

招才引智，建设创新人才队伍。人才是创新的第一资源。要坚持把人才作为增强自主创新能力的关键，深入实施人才强县战略，依托市“引进高素质人才计划”，面向国内外招引配置丰顺县重点领域急需的各种高层次人才，特别是科技创新、专业服务、跨国经营等高精尖人才。要着力推进企业经营管理人才、专业技术人才、高技能人才等队伍建设，为丰顺县创新发展提供人才支持。

四要优化环境，打造发展支撑。环境是吸引力，也是生产力。“十三五”时期丰顺县要推动发展再上新台阶，必须一手抓软环境、一手抓硬环境，依靠良好的环境集聚资源加快自身发展。

营造国际化法治化便利化市场环境。在经济发展新常态，特别是在全面深化改革和全面依法治国的大背景下，我们要发挥市场在资源配置中的决定性作用和更好发挥政府的作用，进一步打造市场化、国际化、法治化发展环境新优势，为丰顺新一轮发展提供有力支撑。打造市场化环境，首要是推动政府职能转变，继续扭住行政审批制度改革这个关键，加快推动政府简政放权、放管结合，解决多头审批、互为前置、权责脱节等突出问题；抓好市场监管和秩序规范，清理涉企收费，降低企业综合成本，确保各类市场主体依法经营、公平竞争。打造国际化环境，关键是进一步扩大开放，发挥"中国电声出口共建基地"优势，在扩大开放中加快与国际接轨，为丰顺县企业更好地引进来、走出去，开展经贸合作、开拓国际市场提供有效服务。打造法治化环境，根本是全面推进依法治县，深入推进依法执政、严格执法、公正司法、全民守法。要扎实推进"平安丰顺"建设，严厉打击刑事犯罪，保持打击犯罪高压态势，加快完善社会治安立体防控体系，做好化解社会矛盾工作，加强信访维稳工作，切实维护社会稳定。

增创文化生态环境新优势。要进一步发挥"好山好水好生态、融客融潮融世界"的优势，把生态文化当作招商引资软实力，作为发展新技术、新产业、新业态的重要资源，在经济活动中加以宣传和运用。要加快重点生态工程建设，加强森林和湿地保护管理，巩固和提升"广东林业生态县"创建成果，争取列入国家重点生态功能区规划。要加快葛布水利枢纽工程建设，推进总投资 5.43 亿元 315.4 公里中小河流治理工程，建设绿色生态水系。要加强公共文化服务体系建设，传承创新客潮优秀传统文化，加强全民思想道德建设，发展文化创意产业，促进文化大发展大繁荣。

改善对外快速交通环境。要抢抓机遇加快推进高速公路建设，统筹推进公路、铁路项目建设，加快建设覆盖全县、贯通周边的快速综合交通运输体系。要在"对外快速连通"上下功夫，全力做好梅汕高铁和大丰华高速公路服务保障工作，力争早日打通出县大动脉。要在"对内便捷畅通"上下功夫，把城区交通、园区交通、景区交通、乡村交通摆上重要议事日程，着手启动大外环快速干线规划建设，促进产城联动、城乡互动。推进国省道改造工程，完善县乡公路路网，提升旅游干线等级。

*五要加强领导，提升发展能力。*在经济发展新常态下，加快丰顺振兴发展，全面建成小康社会，必须发挥好党在经济社会发展中的领导核心作用。

要提升抓发展的谋划能力，发挥引领作用。各级党委要认真贯彻落实中央和省委、市委的决策部署，全面学习领会习近平总书记系列重要讲话精神，特别是加强对创新发展、协调发展、绿色发展、开放发展、共享发展的学习和思考，坚持发展是第一要务，以开阔的视野、全局的理念、创新的思维指导实践，引导各地各部门遵循经济社会发展规律，及时研究解决重大问题，切实提高谋划发展的科学化水平，促进经济社会持续健康发展。

要提升抓重点的突破能力，发挥总揽作用。各级党委要总揽全局、协调各方，以落实"两大振兴政策"为总抓手，突出工作重点，注重深化运用，整合发展要素，把政策中蕴含的资金、税收、土地、项目等红利释放出来，把有限的财力用在刀刃上，把稀缺的资源用在重点项目上，开创"一区一带"建设新局面。

要提升抓落实的执行力，发挥担当作用。各级领导干部要强化担当精神，以加快发展为己任，敢于直面困难、改革创新，充分发挥模范带头作用，一旦集体作出决定的事，就要心无旁骛地抓落实，把想干的事、既定的事，逐一干成、干出亮点，在全县形成"实干出彩、空谈下岗"的氛围。

**三、关于 2016 年工作的总体安排**

2015 年是"十三五"的开局之年，也是加快振兴发展的攻坚之年。做好 2015 年和今后一个时期的工作，十分重要的是要深入学习贯彻习近平总书记系列重要讲话精神，认真把握实现中国梦、"四个全面"战略布局、经济发展新常态、新发展理念、供给侧结构性改革等新理论、新思想、新战略，理解好新常态怎么看、怎么干等重大理论和实践问题，做到融会贯通、领会要义、深学笃用。各级党员领导干部要先学一步、学深一层，发挥好模范带头作用，切实把思想和行动统一到中央的重大判断和省委、市委的决策部署上来，坚定信心，保持定力，保持良好的振兴发展势头。

2015 年工作的总体要求是，深入学习贯彻习近平总书记系列重要讲话精神，全面落实党的十八届五中全会、中央经济工作会议和省委十一届五次、六次全会以及市委六届六次全会精神，按照“五位一体”的总体布局和“四个全面”的战略布局，贯彻“五大发展”理念，适应经济发展新常态，坚持稳中求进总基调，稳增长、调结构、促改革、补短板、惠民生、防风险，狠抓“三大抓手”，建设“一区一带”，改善民生事业，全面依法治县，全面从严治党，奋力当好梅州苏区振兴发展生力军。通过努力，全县生产总值增长10%左右，一般公共预算收入增长17%以上，固定资产投资增长32%以上，城乡居民收入增长与经济增长基本同步。重点抓好五方面工作：

（一）发力丰顺新区建设，促进产城联动发展。要统筹推进“一城两区”开发，搞好产业发展和城市建设，促进产城融合，充分发挥产业建设的支撑作用和城市建设的承载作用。

推进园区扩能增效。全力推动广州海珠（丰顺）产业转移工业园建设，打造梅兴华丰产业集聚带近海临空的开放窗口。一要强化设施攻坚。要按照政府主导、市场运作、多元投资的思路，引入社会资本，加快交通、供水、供电、环保、信息化等基础设施建设，提升产业承载力。工业大道力争上半年动工建设，丰达大道全面建成通车，园区污水处理厂主体工程年底基本完工，推进110千伏埔寨变电站扩建工程建设。加快丰顺新区引水工程规划建设。优化中小微电声企业创业园规划，力争一批项目入园集聚发展，提升园区综合竞争力。抓好生活配套区规划建设，进一步完善园区公共服务配套。二要强化项目攻坚。抢抓土地规划中期评估调整契机，盘活存量，优化增量，力争2015年园区新增储备土地1000亩以上，平整土地1000亩以上，确保华于能源、金都电子等总投资16亿元的9个签约未开工项目尽快落地建设。力争埔寨园区首期总投资10.5亿元的6个项目和埔农绿色饲料基地首期总投资6.7亿元的5个项目年底全部建成试产。围绕产业链完善和产业集群培育精准招商，深入实施“乡贤回乡投资兴业”工程，力争全年签约、动工、竣工“三个一批”项目投资额80亿元以上，全面完成市下达的招商引资任务。三要强化创新攻坚。认真贯彻落实《中国制造2025》和《广东省智能制造发展规划》，依托工信部电子五所和中国机电商会的技术研发、检验检测和人才优势，坚持质量引领、创新驱动，推动电声企业智能升级改造，加快创建“中国电声之都”。争取省、市质监部门的大力支持，确保省级质量监督电声产品检验站尽快建成使用。要落实好企业贷款贴息和企业融资（助保贷）实施办法，力争有2家企业实现上市挂牌交易，扶持电声龙头企业科技创新、增资扩产、技术改造，争取纳入省级大型骨干企业名录，加快打造超百亿产业和超十亿企业。实施产业低碳化工程，推进节能减排。

推进城区扩容提质。编制完善城乡建设规划，推动“多规合一”，积极稳妥推进以人为核心的新型城镇化。一要推进温泉城建设。要围绕梅州城市副中心的定位，依托得天独厚的温泉资源，加快客潮水乡汤泉世界、种王上围温泉古镇、石桥温泉山庄等一批城市综合体、旅游地产、星级酒店项目建设，推动丰顺碧桂园、千江苑、美景城、滨江湾等重点项目全面交付使用，着力引进一批总部经济、金融服务、电子商务、信息服务、服务外包、创意设计、健康医疗等项目。要加快老城区改造升级，积极推进棚户区改造和“三旧”改造，加大汤坑路、五一路、建设路等主要街区立面整治和设施改造力度，改造东山市场，建设城北市场，提升绿化净化亮化美化水平。加强精神文明建设，彰显城市人文内涵，创建省级文明县城。要加快县城连接高铁站及周边旅游景区景点道路建设，形成内畅外联的快速路网。要大力推进信息化建设，构建数字化城市管理信息系统，推行网格化管理和数字化城管，实现城市管理向规范化、精细化、信息化转变，积极创建“国家卫生县城”，着力打造智慧城市。二要推进中心镇建设。要加强中心镇基础设施和公共服务设施功能配套，促进人口集聚和产业集聚，逐步把丰良、留隍、潭江3个中心镇建成卫星城镇。专业镇要依托特色产业竞争优势，大力发展工业设计、物联网、电子商务等新业态，改造提升传统优势产业，做大做强特色产业集群，带动其余建制镇因地制宜打造不同功能定位的专业镇。三要推进新农村建设。要调整优化村庄布局，大力开展村级公益事业建设一事一议财政奖补工作，加强农村人居环境整治、土地综合整治、农村生活垃圾和污水处理，促进城乡公共服务均等化。发挥“山水林田湖”生态优势，做好农业观光旅游、农村休闲旅游、农事体验旅游开发，建设一批美丽乡村示范点。

推进景区晋级升档。旅游业是绿色、低碳产业。加快旅游业发展，对于推动丰顺产业转型升级、增加群众收入意义重大。要加快建设精品景区和精品线路，不断提高旅游管理服务水平，打造丰顺旅游升级版。一要提质。坚持开发与保护并重，在旅游发展中体现生态优势，在生态文明中彰显旅游魅力。重点抓好景区标准化建设，八乡山生态旅游景区要优先打造好大峡谷、四季花海、山杜鹃精品度假酒店，龙归寨瀑布旅游区要完善游客接待中心、登山栈道和观景平台配套设施建设。要坚持文化与旅游深度融合，充分挖掘、保护、整合和利用古村落、古民居、名人名居、客潮美食和埔寨火龙等历史文化资源，引进实力企业打造成文化旅游产业新名片。鼓励景区和酒店联盟，抱团“升星晋 A”，提升旅游业整体水平。二要扩量。要加强景区停车场、旅游厕所、游客中心、标识标牌、购物场所等景区基础设施和服务功能配套建设，美化景观环境，加强运营监管，有效提升管理服务水平。实施“旅游+互联网”行动计划，加快智慧景区和智慧旅游乡村建设，力争到 2017 年全县 AAA 级以上景区基本普及 WiFi 和相应的智能导览服务。鼓励基础较好的景区加强智慧服务、智慧管理、智慧营销，打造示范性龙头智慧景区。三要借势。编制景区宣传片、宣传册、导游图等宣传品，开展旅交会推介、客源地促销、景区形象宣传，推动“中国温泉之城”“中国长寿之乡”品牌传播。要充分利用移动互联网、旅游网站、国内主流 OTA 和官方微信公众号“美丽丰顺”扩大网络宣传，让游客实现“一机在手、畅游丰顺”。

（二）发力韩江流域开发，促进城乡统筹发展。要坚持基础先行、龙头带动，发挥山水人文资源优势，重点发展文化观光、生态休闲、健康养生等新业态，全面推进梅江韩江（丰顺）绿色健康文化旅游产业带建设，着力打造丰顺振兴发展的新引擎。

要完善发展规划。要把“五大发展”理念贯穿于整个规划，立足沿线生态环境、人文底蕴、产业基础，邀请专家团队深入研究论证，优化提升丰顺片区总体规划，增强空间立体性、平面协调性、风貌整体性和文脉延续性，留住特有的地域环境、文化特色、建筑风格等“基因”，提升产业带文化品位。要结合供给侧改革，制定具体行动计划，切实抓好规划落实。

要加强基础配套。推进县际、镇际、村际公路桥梁升级改造、互联互通，不断完善路网结构，提升道路等级，构建畅通、便捷、高效、安全的交通运输服务体系。加快县道 072 线留隍至潮州文祠段公路改建工程动工。要全力推进中小河流治理、中小型灌区改造、小型水库除险加固、村村通自来水等项目建设。要深入开展新一轮绿化丰顺大行动，推进四大重点林业生态工程，加强韩江两岸林相改造，构建森林生态屏障。推进环保基础设施建设，留隍、潭江、丰良 3 个镇污水处理厂年底率先建成运行，力争到 2018 年年底，城乡生活垃圾和污水处理设施覆盖所有乡镇。

要培育重点产业。要发挥生态良好、文化厚重、红色苏区的优势，统筹北部 10 个镇资源，打造一批生态文化旅游养生综合体。核心区重点打造留隍鹿湖温泉度假村，发展区重点打造潭江畲族民俗风情景区、砂田铜鼓峰景区、黄金文化生态旅游区、小胜坚真故里，拓展区重点打造韩山生态旅游区、九龙嶂生态旅游区、建桥围古寨、大龙华龙鲸河漂流、龙岗马图生态茶园景区和潘田特色种植基地，培育发展文化旅游、生态休闲、健康养生等新业态。要加强红色资源保护和利用，推动红四军军部、中共东江特委党代会、闽粤赣边一支队司令部等红色革命遗址与沿线景区景点串珠成链，打造红色旅游经典线路。要农旅结合，培育家庭农场、农家乐等新型经营主体，着力发展特色农业、观光农业，新增一批省、市龙头企业，发展一批农业旅游综合体。

（三）发力交通设施建设，促进全面开放发展。三年来，我们依托逐步扩大的交通网络，与周边县（市、区）的通达性得到提高，经济发展的步伐明显加快。要进一步完善交通网络体系，把交通基础设施对经济社会发展的先导作用充分发挥出来。

要主攻交通干线，推进升级改造。全力配合市抓好梅汕高铁丰顺段无障碍施工，助推大丰华高速公路丰顺至五华段动工建设。建桥清潭至汕梅高速附城出口、石桥头至揭阳、丰埔桥至三合、东联至贵田、盐坪至丰良（含新留隍大桥）、县城至揭西等国道升级改造工程要动工建设，黄金三合至潘田、北洞至大坳省道改建工程要全面完工，推进西环大道、建桥上山至丰良榕树塘、梅汕高铁丰顺东站连接线、贵田至龙归寨等重点经济网络线路建设，完善交通干线与园区、城区、景区的连接，打通"最后一公里"。要主动对接国家和省扶持苏区、老区发展政策，着手大外环快速干线规划建设，力争列入省规划的"笼子"。要做细交通网络规划，注重修建连接线，打通断头路，不断完善体系。

*要落实分工责任，形成建设合力。*要成立交通大会战指挥部，发挥牵头抓总作用，着力协调解决好建设中遇到的实际问题。相关部门要结合自身职能分工，精简优化审批环节，畅通审批"绿色通道"，着力解决好资金、征地、审批等方面的突出问题，保证建设顺利推进。所在乡镇政府要落实主体责任，依法依规扎实推进征地拆迁。各级各部门要发扬持续奋战的精神，一鼓作气，乘势而上，攻坚克难，以更大的力度推进交通公路基础设施建设，全力开创贯通南北、连接东西的交通新格局。

*（四）发力民生事业建设，促进百姓共享发展。*要始终注重民生、保障民生、改善民生，让改革发展成果更多更公平惠及广大人民群众，使人民群众在共建共享发展中有更多的获得感。

*要狠抓精准扶贫。*要按照中央脱贫攻坚战部署，采取产业扶持、技能培训、转移就业、异地搬迁等多管齐下的方式，调动各方力量，通过专项扶贫、行业扶贫、社会扶贫等方式，把脱贫措施精准落实到村、到户、到人。对完全或部分丧失劳动能力的贫困人口，要纳入低保覆盖范围，提高低保标准，实现社保政策兜底脱贫。要积极探索多元化精准脱贫的方式方法，推进户籍制度改革、土地流转经营、改善农村人居环境、金融支持"三农"发展、深化农村集体产权制度改革，引导贫困人口变市民、变商人、变工人，确保所有贫困村、贫困户如期全面脱贫。

*要促进稳定就业。*要加大对创业者、初创企业和创新型企业的扶持力度，完善基层公共就业服务体系建设，实施劳动力职业技能提升计划，通过定向培训、电商培训、校企合作等模式，更加有力促进劳动力转移就业、失业人员再就业，着力推进大众创业、万众创新。要抓好高校毕业生、退伍军人、失地农民、企业下岗职工等重点群体的就业创业。

*要健全社会保障。*按照社会政策要托底的要求，围绕人人享有社会保障的目标，扩大各类社会保障覆盖面，提高社会救助能力，落实"五保"供养、大病救助补贴等制度。支持社会力量兴办福利机构和服务实体，开展社区居家养老服务试点。加快推进残疾人康复中心建设，确保年底建成使用。积极开展棚户区改造，推进保障性住房建设和农村危房改造民生工程。

*要提升公共服务。*要巩固省教育强县和全国义务教育发展基本均衡县创建成果，加快三所实验学校建设，重点提升高中教育水平，大力支持民办教育，推进教育均衡优质发展，确保 2018 年提前实现"广东省推进教育现代化先进县"目标。要抓好职业技术教育，发挥电大继续教育主力军作用。要发展体育事业，加大振兴足球力度，完善村（社区）文化和健身设施，大力开展群众性文体活动。要实施文化强县战略，加快图书馆、文化馆、博物馆、体育馆、档案馆、文化艺术中心规划建设，力争 2018 年"五馆一中心"建成使用。加强"火龙""纸花"、畲族舞蹈等文化遗产保护和开发利用，支持申报一批市级以上的非物质文化遗产保护名录和文物保护单位，推进古村落、古民居、古建筑等文化景区建设。积极创建卫生强县，抓好公立医院改革，推动重点专科、特色专科建设，提升镇村医疗卫生服务水平。县中医医院迁建工程年底前动工建设。依法实施全面"两孩"政策。

*要加强社会治理。*要高度重视各类矛盾化解工作，强化社会稳定风险评估，坚持领导干部接访下访制度，切实解决群众合法合理诉求，推动涉法涉诉信访在法治化轨道解决。要深入推进平安建设，严厉打击严重违法犯罪活动，确保社会治安持续稳定。强化公共安全监管和应急处置体系建设，强化安全生产、食品药品、环境污染、网络安全等重点领域治理，提升公众安全感。

*（五）发力全面从严治党，确保换届圆满完成。*全面从严治党永远在路上。各级党组织要担

负起全面从严治党的主体责任，突出抓好县镇领导班子换届工作，着力提高干部队伍推动经济社会发展的能力，为加快振兴发展提供坚强保障。

*要正心修身守底线*。全县党员干部务必绷紧政治纪律和政治规矩这根弦，把严明政治纪律和政治规矩摆在首要位置，牢固树立纪律和规矩意识，对党绝对忠诚，坚决维护党中央权威，自觉在思想上、政治上、行动上同以习近平同志为总书记的党中央保持高度一致。要增强看齐意识，经常、主动向党中央看齐，向党的理论和路线方针政策看齐，自觉把守纪律、讲规矩要求体现到坚定正确政治方向、落实上级决策部署、加强分管工作管理、严格要求自己上，以实际行动不辜负党和人民的重托。

*要为民务实强干部*。要加强理论武装，深入学习贯彻习近平总书记系列重要讲话精神，增强认识新常态、适应新常态、引领新常态的理论能力和实践能力。要落实意识形态责任，管好思想文化阵地，树立社会主义核心价值观，唱响主旋律，汇聚正能量。要加强干部教育培训，开展精准化的理论培训、政策培训、科技培训、管理培训、法规培训，增强适应新形势新任务的信心和能力。坚持用结果说话，完善考核评价标准和奖惩机制，以实绩论英雄，让一批政治强、业务精、敢作为、作风正的优秀干部脱颖而出。坚持党管人才，引进一批懂管理、有技术的高素质人才。

*要固本强基激活力*。落实书记第一责任，着力创新一批党建"书记项目"。加强镇干部培养使用管理，完善交流选拔机制，适当增加本地干部比例，优化镇级领导班子结构。加强村书记培训，健全村党组织书记监督管理办法。创新完善村（社区）党组织设置，强化基层党组织的领导核心地位，把村（居）委会、监事会、村民理事会以及其他各种组织紧密团结在党组织周围。推进"两新"党组织扩面提质。深化驻点联系工作，整治基层突出问题。

*要从严从实正作风*。要强化党委主体责任，深化"三严三实"专题教育，深入开展"讲担当、比奉献"主题实践活动。认真实施《中国共产党廉洁自律准则》和《中国共产党纪律处分条例》，坚持正向明责和反向追责同时发力，切实把党的纪律和规矩挺在前面。要加强领导干部八小时之外监督管理，抓实领导干部个人有关事项报告工作，引导党员干部加强党性修养，增强廉洁自律意识，构筑拒腐防线。严肃查处腐败案件，着力解决重点领域的腐败问题，以党风廉政建设的明显成效取信于民。

*要风清气正抓换届*。2015年县镇两级换届，要充分发挥党委领导和把关作用，统筹谋划，精心组织，有序推进班子换届工作。坚持重品德、重经历、重实干、重实绩的原则，落实干部任期、交流等规定，深入推进干部政策性、优化性、培养性交流，选出忠诚干净担当的好干部，配出结构优功能强的好班子。要强化换届纪律，依法依规换届、民主和谐换届，坚决查处跑官要官、买官卖官、拉票贿选等问题，确保换出心齐气顺劲足的好面貌。

*要凝心聚力促发展*。要加强和改善党对人大、政府、政协工作的领导，大力支持人大、政府、政协依法履行职能。支持司法机关依法独立行使职权。重视新形势下的爱国统一战线工作，充分发挥工青妇等人民团体联系群众的桥梁纽带作用。加强党管武装工作，深化"双拥"创建活动。

同志们，新程如画抬望眼，长风破浪正当时。让我们紧密地团结在以习近平同志为总书记的党中央周围，在省委和市委的坚强领导下，坚持以新的发展理念引领新发展，以"踏石留印、抓铁有痕"的狠劲，以"滴水穿石、铁杵磨针"的韧劲，锐意进取，真抓实干，久久为功，奋力开创丰顺振兴发展新局面！

# 政府工作报告

——2016年1月27日在丰顺县第十四届

人民代表大会第七次会议上

丰顺县县长 曾永祥

## “十二五”主要发展情况及2015年工作回顾

“十二五”时期，县政府深入贯彻落实党的十八大和十八届三中、四中、五中全会精神，以及习近平总书记系列重要讲话精神，坚决落实省委省政府和市委市政府的一系列决策部署，在县委的正确领导下，在县人大和县政协的监督支持下，紧紧依靠全县人民，积极应对各种困难挑战，全力推动丰顺新区和梅江韩江绿色健康文化旅游产业带规划建设，经济稳中快进，民生持续改善，社会和谐安宁，较好地完成了“十二五”各项目标任务。

**——这五年是经济发展提速增效、综合实力不断增强的五年。**预计全县地区生产总值从2010年58.28亿元增加到2015年94.35亿元，年均增长11.9%，分别高于全省、全市3.4个和1.5个百分点；人均生产总值从12244元增加至19328元，年均增长11.5%；一般公共预算收入由2.5亿元增加到7.4亿元，增长2.96倍，年均增长26.43%；2015年固定资产投资56.96亿元，年均增长24.2%；社会消费品零售总额45.15亿元，年均增长11.6%；进出口总额3.4亿美元，年均增长11.2%。2013年、2014年连续两年获得全市工业经济发展考核第一名；2013年至2015年连续三年生产总值增速位居全市第一；2013年、2014年市对县科学发展观或振兴发展综合考评得分连续前移一位。

**——这五年是结构调整稳步推进、重点产业转型发展的五年。**结构调整持续深化，三次产业比例由“十一五”末的25.2∶46.1∶28.7调整为22.0∶45.0∶33.0，第三产业比重上升4.3个百分点，产业结构不断优化。编制发展规划，出台扶持意见，深化“暖企”行动，与工信部电子五所开展战略合作，与中国机电进出口商会共建“中国电声出口基地”，与广州大学联手创建产学研创新示范基地，启动建设省级质量监督电声产品检验站，支持汇威、培英、泰昌、旺兴达等骨干企业技术创新、开拓市场、转型升级。全县电声产值由2010年35亿元增加到2015年79亿元，年均增长17.7%。获评“广东电声之都”，被认定为第二批广东省外贸转型升级专业型示范基地，省级出口电声产品质量安全示范区建设通过评审。新增省名牌产品（工业类）2个、“标准化良好行为企业”3家；全县新增规模以上工业企业26家，规模以上工业增加值24.09亿元、年均增长24.7%。全县专利申请量860件，授权量655件，高新技术保有量5家，高新技术产品产值年均12亿元。宇星阻燃公司成为第7家批准组建广东省工程技术研究开发中心的企业。文化旅游先锋产业加快发展。获评“中国温泉之城”“中国长寿之乡”，八乡山大峡谷景区、韩山生态旅游度假区陆续建成开放，龙归寨瀑布获批国家AAA级旅游景区，龙鲸河漂流、千江温泉区等景区升级改造全面完成。按五星级标准建设的宝丰温泉酒店、金德宝温泉酒店、鹿湖温泉假日酒店建成开业。成功举办首届温泉文化艺术节、第九届世界丰顺同乡联谊会、环绕丰顺磨房200公里骑行活动和三届“喜德盛杯”国际（国内）

山地自行车赛事等。全县旅游接待总人数430.9万人次、旅游总收入40亿元，分别比2010年增长4.7倍和11倍。重视培育发展新型农业经营主体，新增各级农业龙头企业28家、农业专业合作社334家。培育省级著名商标、名牌产品4个，认证绿色食品、有机食品、无公害农产品11个。小胜镇被评为省级油茶专业镇，马图绿茶获评国家地理标志保护产品，新南方青蒿公司被纳入全国首批中医药服务贸易先行先试骨干企业建设名录。农业总产值35.13亿元，年均增长3.6%。金融对地方经济的支持力度加大，金融机构贷款余额超过60亿元，年均增长15.9%。

**——这五年是基础设施日臻完善、发展条件不断优化的五年。**“十二五”完成交通建设投资12.01亿元，年均递增18.6%。认真配合做好前期工作，梅汕高铁丰顺先行段顺利动工。升级改造国省道83公里、县乡公路148.6公里，完成新农村公路水泥硬底化改造543.5公里。争取水利资金7.2亿元，顺利完成省级小型农田水利重点县、小型灌区改造、城区堤防应急抢险、中小河流治理、农村饮水安全等项目，县城配水管网改造、备用水源石联水库和县污水处理厂一期、二期建设全面完成，县城至海珠（丰顺）产业园供水管网建成供水。完成高标准基本农田建设20992亩。

**——这五年是宜居城乡加快建设、生态优势明显提升的五年。**按照建设25平方公里、25万人口的梅州城市副中心和宜居宜业温泉城的目标，完成县城总体规划修编和丰顺新区概念规划与城市设计，总投资60多亿元的丰顺碧桂园、锦江美景城、千江苑、新蓝天、滨江湾、金溪源、皇轩江山、穗光花园、千江广场、客潮风情商业街、罗孚温泉综合体等一批重点项目建设顺利推进。常住人口城镇化率由43.3%提高到48%。深入开展城乡环境卫生综合整治，成功创建“广东省卫生县城”。八乡山、留隍等特色镇建设扎实推进，建成梅溪、石桥、拾荷等美丽乡村示范点。加强大气污染防治，城区环境空气质量保持优良，水环境质量达标率保持100%。坚持多种树、种好树、严管护，完成森林碳汇工程建设49.36万亩，森林覆盖率达76.84%，比“十一五”末提高10.64个百分点，获评“广东省林业生态县”。国家级可持续发展实验区建设通过科技部验收。

**——这五年是行政改革深入推进、发展活力不断增强的五年。**大力推进简政放权和职能转变，有效释放社会和市场活力。推进县政府机构改革，完成了卫生和计生、发改和物价合并组建及食品药品、工商和质监管理体制调整工作。推进简政强镇机构改革，建成覆盖县、镇两级审批事项集中到综合服务中心的服务平台，方便了群众、企业办事。审批事项压减46.59%，审批时限缩减50%，完成县直33个政府部门第一批权责事项合计6276项。全面实施商事制度改革，各类市场主体近两年新增3983户。扎实开展“三打两建”专项行动，有效净化了市场和社会环境。开展“质量强县”工作，提升经济增长质量和效益，培英公司获得首届市政府质量奖。政府部门83项“微改革、微创新”项目全面完成。建成覆盖县、镇、村的农村“三资”管理服务平台，农村基层治理水平有新提高。成立县公共资源交易中心，政府采购、工程建设、产权交易和土地出让等领域监管得到加强。稳步推进公务用车制度改革。国企改革遗留问题基本得到妥善解决。

**——这五年是社会事业加快发展、民生福祉日益增进的五年。**坚持每年办好一批民生实事，民生类财政支出累计96亿元，占一般公共财政支出比重达73%。预计城镇和农村常住居民人均可支配收入分别为20309元和10832元，年均增长15.6%和13%。城乡住户储蓄存款余额104.94亿元，比2010年增长88.1%，年均增长13.5%。逐年提高干部职工收入，实行财政统一发放津补贴，2015年全县干部职工收入平均6.6万元，比2012的3.1万元增长了一倍多。城镇新增就业18524人、劳动力转移就业40118人、培训劳动力59100人，扶持创业1639人，城镇登记失业率控制在2.4%左右。城乡居民养老保险参保率99.8%，新型农村合作医疗参合率100%。深化公立医院改革，县、镇医疗服务机构技术水准和服务水平有效提升。深华药业建成粤东规模最大的现代医药物流配送中心。筹资7亿多元，实现教育强镇全覆盖，如期创建“广东省教育强县”，顺利通过全国义务教育发展基本均衡县督导验收。成功获批“原中央苏区县”。传统古村落、古民居和“火龙”、纸花等非物质文化遗产得到有效传承保护，新增市级以上文物保护单位 10 个。建成 14 个农村文化俱乐部试点，县级多厅数字影院投入使用，建成 16 个乡镇公共电子阅览室、263 个行政村（社区）文化室、2 个社区体育小公园、17 个镇级农民健身工程。信息基础设施建设成效明显，宽带网络、有线电视网络实现行政村全覆盖。全面完成两轮扶贫开发“双到”任务，省定 168 条贫困村集体经济平均收入达 9.4 万元以上，14586 户、56321 名相对贫困人口人均可支配收入达 8496.5 元。打造了一批社会工作亮点。坚持人口均衡发展，落实计生惠民和“单独两孩”政策。全面完成“六五”普法任务，“一村（社区）一法律顾问”全面铺开。扎实推进“平安丰顺”创建，坚持打防结合，注重源头防控，妥善化解矛盾纠纷，2014 年成为全省 13 个“命案”零发案县级地区之一，群众的安全感和满意度日益提升。全县信访总量逐年下降，积案存量逐步减少，县综治信访维稳中心被省评为优秀中心。严格落实安全生产责任制，从严、从实、从细排查化解安全生产事故隐患，扎实开展食品药品等安全专项整治，安全生产形势持续稳定。老年人、残疾人、妇女儿童等事业有新的进步。

**——这五年是扎实推进依法行政、加快建设法治政府的五年。**深入开展党的群众路线教育实践活动，认真落实“三严三实”要求，坚持依法行政，扎实推进责任政府、诚信政府、廉洁政府、高效政府和服务型政府建设，政府执行力和公务员能力建设得到加强。自觉接受县人大及其常委会和县政协的民主监督，认真听取无党派人士和工商联、工青妇等人民团体意见。五年共办理县人大代表建议、批评和意见 349 件，县政协委员建议、提案 152 件。严格执行“八项规定”和党风廉政建设责任制，坚持不懈抓好廉政教育、制度、监督并重的惩防体系建设。继续压减“三公”经费等一般性支出。深入开展“廉洁城乡”创建活动，推动全县廉洁文化建设。发挥综合政务服务中心、网上办事大厅等平台作用，拓宽信息发布、政府和社会沟通的渠道。加强公务员队伍教育管理，努力建设敢想会干为人民的干部队伍。

各位代表，刚刚过去的 2015 年，是“十二五”收官之年。一年来，我们围绕“当好全市振兴发展生力军”的总体要求，按照县委十二届五次全会的具体部署，主动适应经济发展新常态，落实“两大振兴”政策，聚焦“三大抓手”，全力推进“一区一带”规划建设，全县经济社会保持了良好发展态势。预计全年地区生产总值增长 10.5%，增速排位实现“三连冠”；一般公共预算收入增长 28.1%，规模以上工业增加值增长 18.9%，社会消费品零售总额增长 12.9%，上述三项主要经济指标增速均位居全市前三；固定资产投资增长 46.2%，进出口总额增长 16.3%，增速均位居全市第四。

一年来，我们主要抓了如下几方面工作：

*一是完善交通、水利等基础设施建设。*充分发挥投资拉动增长的关键作用，全县 48 项重点项目完成投资 71.14 亿元，占年度投资计划的 119.54%。完成计划投资 2.96 亿元、实际投资 3.25 亿元的 14 项交通项目建设。全力配合市做好梅汕高铁、大丰华高速公路规划建设，省道 224 线丰顺县城至埔寨农场段、大崇至下江段、丰埔桥段灾毁路面大修工程等一批重点线路工程全面完工，县城主干道铺设沥青工程如期完成，完成农村公路水泥硬底化改造 107.1 公里，加快全长 41.6 公里的国道 206 线建桥清潭至汕梅高速附城出口段改建工程立项。顺利完成山区中小河流治理工程年度建设任务、省级小型农田水利重点县、山洪沟防洪治理，动工建设 3 宗中央规划中小河流治理、小型病险水库除险加固工程。留隍、潭江、丰良 3 个中心镇污水处理厂、村村通自来水、水土保持工程等稳步推进，做好丰顺新区饮水工程规划。110 千伏南湖站建设进度加快。

*二是推进产业园区扩能增效。*围绕“生态园区、工贸新城”发展定位，加快推进规划面积 10 平方公里、首期 5 平方公里的园区建设。站在梅兴华丰产业集聚带的战略高度，专门邀请广州市规划设计院专家团队，完成园区总规和控规、可行性研究报告等，积极优化提升起步区 5 平方公里的园区规划设计及环境影响评估报告编制工作。园区经省政府批准享受省产业转移园政策，获省 5000 万元基础设施建设专项扶持资金。征地、平整土地进度加快，全年新增征地 1053 亩，完成产业园首期 500 亩和绿色饲料基

地500亩土地平整。110千伏埔寨变电站扩建工程获省批复同意。考虑采用PPP模式，邀请有实力的企业参与园区基础设施建设，加快推进园区土地平整、工业大道、供排水等公共服务设施建设，完成污水处理厂选址和土地调规前期工作。深入实施“乡贤回乡投资兴业”工程，园区共引进招商项目10个，计划总投资33.2亿元，其中列入省重点建设项目2个，市重点项目5个。全力推动计划投资10.5亿元的汇威科技、鼎新材料等6个项目加快建设，汇威科技、瑞丰粮油建成试产。至去年年底入园企业累计109家，投产企业96家，在建13家。园区完成省定固定资产投资8亿元任务，规上工业增加值、税收增长均超过30%。

*三是培育发展百亿电声产业。*围绕2017年打造百亿电声产业和创建“中国电声之都”的目标，积极实施创新驱动战略，成功举办中国电声（丰顺）发展论坛，加快省级质量监督电声产品检验站建设，推进电声企业智能升级改造。对接申报国家新型工业化产业示范基地要求，优化提升规划占地2000亩、计划投资40亿元以上的电声中小微企业创业园规划设计。开发区向海珠园扩区工作已报省政府审批。基本完成绿色饲料基地500亩征地和土地平整，力促首批计划总投资6.7亿元、年产174万吨的双胞胎、大北农等5个项目入园建设。

*四是推动县城扩容提质。*以建设温泉宜居城为目标，坚持规划引领，注重城市规划的相互衔接，统筹推进“多规合一”。依托得天独厚的温泉资源，全力推动一批投资亿元以上的重点城建项目建设，丰顺碧桂园、锦江美景城、欧洲风情街、滨江湾、金溪源等完成主体工程，千江广场建成开业。加大投入、落实责任，整治“六乱”行为，购买保洁服务，完成五斗种生活垃圾无害化卫生填埋场升级改造和一批市政设施建设，污水处理厂二期集污干管和一期升级改造工程如期完成，县城沿江东路、丰达路改造工程基本完成，榕江北河、汶水河“两河四桥”景观亮化得到提升，治理占道经营，规范车辆停放，落实门前“三包”，如期创建省级卫生县城。

*五是加快梅江韩江（丰顺）绿色健康文化旅游产业带规划建设。*按照市委、市政府工作要求，扎实开展资源普查、项目谋划和设施建设，邀请专家团队编制丰顺片区产业带发展规划（2016—2030）。总投资4000多万元的韩江坚真大桥建成通车，留隍绕城公路、留隍大桥抢险维修加固、黄金大桥等路桥工程全面完成，新留隍大桥前期工作有序推进。立足资源禀赋和现有条件，梳理生态环保、工业、旅游项目的储备，重视抓好元生源、韩江医院等项目前期论证。

*六是圆满完成新一轮扶贫开发“双到”工作。*科学配置资源，强化帮扶力量，务实推进新一轮扶贫开发“双到”工作。至2015年12月底，各级帮扶单位共投入资金4.86亿元，平均每个村投入资金694.9万元，其中，到村4.46亿元，到户4071万元。共实施贫困村扶贫项目2328个、贫困户扶贫项目36215个，贫困户人均收入从帮扶前的2790元提高到9053元，增长2.2倍；70个贫困村集体经济平均收入从帮扶前的6305元提高到8.8万元，增长12.8倍，超过省5万元的脱贫标准。培训劳动力14784人，实施住房改造5636户，符合低保和“五保”条件的贫困户100%纳入最低生活保障范围。各级帮扶单位投入村级基础设施项目建设资金2.63亿元，实施村级基础设施项目1174个，新增汤坑赤草、汤西南礤、龙岗马图等一批美丽乡村示范点。

*七是着力改善重点民生。*坚持民生为重，继续办好以“三就一保”为重点的民生实事。城乡居民基本养老保险、城镇和农村低保补助、五保对象供养等底线民生补助标准均有较大幅度提升。提高医疗卫生保障水平和基本公共卫生服务项目补助标准。推进教育公平均衡发展。开工建设9个镇级森林公园，建设提升丰顺公园等一批文体公园和社区小公园。竣工公共租赁住房120套。开展农村环境连片综合整治试点工作。县综合政务服务大厅全年共受理业务12.8万件，办结率和群众满意度均为100%，政府“12345”热线接受工单191件，办结率100%、群众满意度93.2%。

各位代表，五年的艰苦努力、创新创业，为丰顺“十三五”振兴发展、全面建成小康社会奠定了更加扎实的基础。在这里，我代表县政府，向全县人民，向省和市属驻丰顺单位、驻丰顺部队，向所有关心支持丰顺发展的港澳台同胞、海外侨胞和社会各界朋友，表示衷心的感谢并致以崇高的敬意！

我们也清醒地看到，丰顺县经济社会发展仍存在不少困难和问题。主要表现在：一是经济下行压力大，产业层次低，工业短板突出，重大项目和优势骨干企业少，支撑振兴发展的根基尚不牢固。二是"外通内连"的综合快速交通网络尚未形成，生产要素集聚度低，物流和生产成本较高。三是改革攻坚任务十分艰巨，体制机制制约仍然突出，影响经济社会发展的一些深层次矛盾仍未消除。四是改善民生任务相当繁重，民生欠账仍然较多，财政收支平衡压力加大，环境保护、食品药品安全、安全生产等方面仍然存在不少问题。五是少数政府职能部门依法履职不到位，部分政府工作人员思想解放不够、工作落实不力，依法行政水平和服务群众的能力有待进一步提高。对于这些问题，我们将本着"三严三实"精神，坚持目标导向和问题导向相统一，采取切实有力措施，认真加以解决。

## "十三五"主要目标任务和2016年工作安排

各位代表，"十三五"时期是广东率先全面建成小康社会的决胜时期，是丰顺加快振兴发展的攻坚时期。前天刚刚闭幕的县委十二届六次全会，对"十三五"时期丰顺县经济社会发展进行了全面部署，提出了今后五年发展的指导思想、基本原则、目标要求和重点任务。根据县委《建议》，县政府编制了"十三五"规划纲要（草案），提请本次大会审议批准后实施。

《纲要》提出，到2020年，全县经济社会持续健康发展，公共服务均等化水平显著提高，生态文明建设取得新突破，全面深化改革和全面依法治县扎实推进，全面建成小康社会，为实现振兴发展目标打下坚实基础。全县地区生产总值力争达到170亿元以上，年均增长12%以上；人均生产总值年均增长10%以上；城乡居民人均可支配收入年均增长10%以上；一般公共预算收入年均增长12%以上；三次产业结构进一步优化。

围绕实现上述目标，《纲要》提出了"十三五"时期经济社会发展的工作任务和措施。在具体工作中，我们要深入学习贯彻习近平总书记系列重要讲话精神，坚持用讲话精神统一思想、武装头脑、指导行动。牢固树立并切实贯彻创新、协调、绿色、开放、共享的发展理念，坚持人民主体、科学发展、改革创新、扩大开放、依法治县和党的领导六大原则，大力实施"一区一带"发展战略，破解发展难题，厚植发展优势，提升发展的整体性。一是以创新发展为动力，深化体制机制改革，加强科技、企业和产业创新能力建设。着力完善"一区一带"产业布局，加快发展电声、绿色饲料加工和健康养生等重点产业，扎实推进农业现代化，努力提升信息化建设水平，推动产业迈向中高端，提高产业集聚能力，提升经济社会发展的质量和效益。二是以协调发展为导向，坚持统筹兼顾，着力解决交通基础设施、公共配套服务、社会事业等发展不平衡问题。突出抓好交通能源水利等基础设施建设，强化县城的核心带动能力，建设一批中心镇和特色镇，推动文化教育等各项事业全面进步，努力构建城乡共同发展、区域共同富裕，物质文明和精神文明更加协调、社会与经济发展更加和谐的新格局。三是以绿色发展为保障，把绿色发展理念融入社会发展各方面。按照主体功能区布局，力争纳入国家重点生态功能区，推进生态修复和生态建设，着力构建绿色、低碳、循环产业体系，全面促进资源节约高效利用。积极倡导绿色生产方式、生活方式和消费模式，加强环境保护和污染治理，建设天蓝、地绿、水净的美好家园，增强发展的可持续性。四是以开放发展为牵引，坚定不移扩大对外开放。充分发挥世联会、各地丰顺商会作用，加强与东南亚沿线国家和珠三角、汕潮揭、海西区、赣苏浙、港澳台等地的交流合作，致力打造优质营商环境，鼓励、吸引乡贤回乡投资兴业，推进外经贸发展转型升级，大力发展开放型经济。五是以共享发展为根本，建立完善民生保障各项体制机制。大力推动政策、项目、资金、公共服务向农村和贫困地区倾斜，引导全社会重视农业、关心农民、支持农村，加快城乡基本公共服务均等化。大力推进大众创业、万众创新，提高就业创业和收入水平。坚决打赢脱贫攻坚战，确保农村所有贫困人口如期摆脱贫困。积极推动"三城"（国家级卫生县城、广东省文明县城、智慧县城）同创，努力实现“三县”（广东省卫生强县、广东省教育现代化先进县、平安和谐县）互动，切实保障人民群众生命财产安全、生活改善、身体健康。

各位代表，2016 年既是实施“十三五”规划的开局之年，也是本届政府任期的最后一年，做好 2015 年工作意义重大。我们必须看到，2015 年的经济形势可能比去年更加困难，经济下行压力依然较大。但我们也要看到，国家经济长期向好的基本面没有改变，省委、省政府在大力推动粤东西北振兴发展的同时，对原中央苏区和革命老区采取更加特殊的扶持政策，将为丰顺县振兴发展提供强大动力；市委、市政府着力构建“一区两带”的战略布局，丰顺既是广东梅兴华丰产业集聚带的重要组团，又是梅江韩江绿色健康文化旅游产业带的主战场之一，发展后劲增强、动力更足；加上我们有广州市海珠区的全面对口帮扶，可以说，丰顺天时、地利、人和，将面临最难得的重要发展机遇期。

2015 年政府工作的总体要求：深入贯彻落实党的十八届五中全会、中央经济工作会议、习近平总书记系列重要讲话精神，按照省委、省政府，市委、市政府和县委十二届六次全会的决策部署，以“五大发展理念”为引领，扭紧“三大抓手”，深入实施丰顺新区、梅江韩江（丰顺）绿色健康文化旅游产业带发展战略，着力推进交通等基础设施建设，着力发展实体经济，着力推进城乡一体化，着力发展社会事业，着力改善和保障民生，确保“十三五”经济社会发展开好局、起好步。

2015 年全县经济社会发展的主要预期目标：生产总值增长 10%左右；固定资产投资增长 32%以上；一般公共预算收入增长 17%以上；居民消费价格指数控制在 2.44%以内；居民人均可支配收入增速与经济增长基本同步；城镇登记失业率控制在 3.5%以内；节能减排降碳约束性指标完成省下达年度计划。

实现 2015 年的目标任务，重点抓好以下七方面工作：

**一、全力推动重点项目建设，努力扩大有效投资**

发挥投资拉动经济增长的关键作用，大力推进年度计划投资 76.93 亿元的 63 项重点项目建设，以大项目带动大投入、以大投入推动大发展。

推动交通、水利等项目建设。配合市做好梅汕高铁和大丰华高速公路丰顺段相关工作，确保境内无障碍施工，同步做好高铁站场和连接线路规划建设的前期工作。加快国道 206 线建桥清潭至汕梅高速附城出口段二级公路改建工程的立项，力争年底前正式开工。推进总投资 2.5 亿多元的省道 224 线黄金三合至潘田段改建、省道 233 线北洞至大坳段、丰达路等工程的续建，抓好省道 224 线至省道 228 线连接线（西环路）、省道 224 线至海珠（丰顺）产业园工业大道等一批新建项目的建设，谋划新高园至铜盘林场大宝山旅游景区、县道 072 线留隍至文祠段、贵田至龙归寨等一批重点经济线路改建工程，启动新留隍大桥规划。推进国省道改造升级，完善县乡路网建设，提升普通公路的技术等级和服务水平，打造县内快速交通体系。扎实推进年度计划总投资 3.45 亿元的民生水利工程，按照市委、市政府提出的争取到 2017 年年底“五年任务、三年基本完成”目标，全力推进 302 公里省山区中小河流治理项目，完成 3 宗中央中小河流治理、4 宗病险小型水库除险加固、中型灌区改造、水土保持项目等，继续做好村村通自来水和丰顺新区饮水工程相关前期项目。按照 2018 年年底实现所有乡镇污水处理设施全覆盖的要求，统筹谋划、分步实施，留隍、潭江、丰良 3 个中心镇污水处理厂年内建成运营。规范韩江干流河砂开采，部门联动、强化监督、源头治超。谋划建设丰顺新区等重点区域供配电工程，继续改善农村电网。

推进信息基础设施项目建设。认真落实梅州市信息基础设施三年建设实施方案，着力推动 4G 通信网络城乡覆盖，实现全县行政村、重点旅游景区、主干道路全覆盖。新增一批公共移动通信基站、基站站址和公共区域无线局域网络热点、无线 AP 点。强化大数据开发应用，加大 WiFi 热点建设，支持企业建设开放式网络创新平台。积极配合国家有关部委和省、市有关部门，推进超高速无线局域网技术的应用和相关产业发展。

谋划储备一批重大项目。加强与国家、省和

市相关部门的沟通联系，全力抓好苏区扶持政策的对接和落实，力争更多优质项目纳入国家和省专项规划。结合实施粤东西北振兴发展项目、原中央苏区振兴项目，建立项目储备库，实行动态管理，争取有更多项目纳入国家和省的相关政策、资金等扶持范畴。

**二、着力推进海珠（丰顺）产业园建设，引领产业加快转型发展**

完善规划设计。按照《广东梅兴华丰产业集聚带发展总体规划（2015—2030）》要求，加强产业园规划和土地利用总体规划的衔接，依托广州市规划设计院优化提升5平方公里起步区的总体规划和控制性详细规划，完成电声中小微企业创业园和生活配套区等专项规划。

保障园区用地需要。按照力度不减、要求不变的原则，总结经验、充实力量，加强用地报批和土地征收，确保2015年新增征地、平整土地、出让土地各1000亩以上，保障项目能引进、快落地。

推进基础设施建设。全力推进计划投资总额3.72亿元的园区路、工业大道、横十路、横十一路、横十三路五条园区道路的规划建设，工业大道力争上半年动工，污水处理厂年底前完成主体工程。

培育发展主导产业。大力实施电声产业发展“十年行动计划”。深化与工信部电子五所、中国机电产品进出口商会、中国电子音响行业协会、广州大学等科研院所、行业协会的合作，鼓励引导企业招才引智、科技创新。确保省级质量监督电声产品检验站上半年建成使用。加快电声中小微企业创业园的规划建设，完成首期600亩填方平整，年底前有一批企业落户入园。落实省工业转型升级攻坚战三年行动计划，鼓励企业参与各级专项技术研发，扶持汇威、培英、泰昌、旺兴达等龙头企业早日迈进10亿元行列，加快打造“中国电声之都”。加快推进绿色饲料企业项目建设，力争大北农、双胞胎等五家企业年内建成投产。

强力招商引资。继续营造“崇商重企”的浓厚氛围，借力广州对口帮扶，加强沟通联系，强化招商责任，最大限度动员和吸引在外乡贤回乡投资兴业。突出培育电声电子、绿色饲料、健康文化旅游等重点产业抓招商，着力引进一批带动能力强、发展前景好、税收贡献大的优质项目，力争全年签约、动工、竣工“三个一批”项目投资额80亿元以上，全面完成市下达的招商引资任务。对已签约、落户的华于能源、金都电子等企业，搞好跟踪服务，统筹解决企业用地、用工、融资等问题，让企业早日动工、早日投产。力争今明两年再引进3至5家企业，加快打造产能250万吨、年产值约80亿元的全省重要绿色饲料生产基地。

**三、致力温泉城扩容提质，统筹城乡协调发展**

力促县城扩容提质。深入贯彻落实中央城市工作会议精神，坚持以人为本、科学发展、改革创新、依法治理，统筹规划、建设、管理三大环节，统筹生产、生活、生态三大布局，加快建设和谐安宁、富有活力的梅城副中心、宜居温泉城。着力推进客潮水乡汤泉世界、种王上围古寨、石桥温泉山庄度假村等一批城市综合体、旅游地产、酒店项目建设，抓好大山背等旧城改造，引进一批新的城建项目。完善城区市政设施，优化城区路网，启动建设县城至汤南大桥“一河两岸”道路等城区道路，规划建设、改造一批公共停车场、农贸市场、肉菜市场，打通一批泥土路、连接路。改善提升丰顺公园、坚真公园和文体公园，搞好传统历史文化街区立面修缮试点。加大日常巡查和执法力度，坚决遏制城区违法用地、违法建房不良势头。启动创建国家卫生县城、省文明县城和智慧城市工作，深化城市执法体制改革，创新城市治理方式，加强城市管理数字化平台建设，变粗放型管理为精细化、常态化、长效化管理，全面提升市民素质，实现城市共治共管、共建共享，让人民群众在城市生活得更方便、更舒心、更美好。

推动梅江韩江（丰顺）绿色健康文化旅游产业带规划建设。坚持高起点规划、基础设施先行，系统梳理沿江两岸生态、健康、文化、旅游等核心资源，优化完善《梅江韩江（丰顺）绿色健康文化旅游产业带发展规划（2016—2030）》，抓紧制定总体实施方案，完善重点项目库，扎实推进年度计划的实施。突出抓景区主要道路的规划建设，按一级公路标准，下半年动工改造留隍通往潮州赤凤公路，做好留隍通往大丰华高速公路黄金出口连接线规划论证，以及抓好一批省道县道改造项目的实施。力争年底前动工建设葛布水利枢纽工程。推动鹿湖温泉度假村、铜鼓峰、龙鲸河漂流、畲族风情、坚真故里等核心景区景点、历史文化古迹开发建设，培育发展文化旅游、生态休闲、健康养生等新业态，推动北部山区十镇联动发展。

推进农业现代化。坚持不懈厚植重农氛围，树立大农业、大食物观念，推动粮经饲统筹，农林牧渔结合，种养加一体，一、二、三产业融合发展。新培育省、市重点龙头企业一批，农民专业合作社达到400家以上。大力推广"农超对接""农企对接"，支持企业积极参加国家、省农博会等活动，增加经济效益，扩大市场影响力。加大无公害农产品、绿色食品、有机食品"三品"认证力度，建立健全品牌激励和保护机制，打响农产品品牌，确保到年底全县"三品一标"认证农产品总数达到17个、认证面积3000亩以上，省级农业名牌产品数量达到5个。重点发展优质稻、优质茶、优质水果、优质红薯等特色基地，突出抓好马图生态茶园、韩山农业生态科技示范园、蓝田食用菌等基地升级改造，着力打造粤东北地区重要的绿色农产品供应和特色农业生产基地。建立健全农产品质量检测检验体系，加强农副产品的监管检测，定期抽检食品生产持证企业和消费集中的食品流通企业，保障食品安全。规范农村土地管理秩序，基本完成土地承包经营权确权颁证工作。坚持最严格的耕地保护制度，稳定粮食生产。

筑牢生态环保底线。坚定不移走绿色发展之路，抓住推进国家生态文明先行示范区建设机遇，加强生态控制线、林业生态线划定管理，争取尽快纳入国家重点生态功能区。深入推进新一轮"绿满丰顺"大行动，抓好林业生态工程建设，推进森林碳汇开发，加强森林资源的抚育和管护，加快林分改造和生态修复。加快汤南种王上围湿地公园、黄金鸳鸯寨等森林公园的规划建设。严格落实森林防火责任，严厉打击各类破坏森林资源的违法行为。倡导绿色环保生活风尚，大力开展节能减排全民行动。重视发展环保产业，实施新能源汽车推广计划，加快发展绿色建筑，完成4.5万平方米绿色建筑标识任务。扎实开展水污染、大气污染、重金属污染等重点整治。推进清洁生产、园区循环化改造、节能技术改造等重点节能工程，保持城区全年空气质量优良。探索推进生活垃圾分类处置和再生资源回收。开展农村人居环境改善，集中治理畜禽养殖污染，力争农村生活垃圾有效处理率达80%以上。

**四、推动业态创新，持续扩大消费需求**

实施"互联网+"行动计划。顺应时代发展需求，推动互联网与产业的加速融合。大力发展电子商务，培育一批生产服务型物流园和配送中心，深华药业加快建设深华物流园。加快发展互联网金融，创新金融产品，支持并规范第三方支付、移动支付、众筹融资和借贷平台等发展。支持农信社加快改制步伐。大力发展农产品电子商务，依托壹家特产等各类电商平台，拓宽农产品线上线下销售渠道。

发展旅游服务产业。擦亮打响"中国温泉之城""中国长寿之乡"品牌，力促留隍鹿湖温泉度假村、金德宝温泉酒店创建国家AAAA级旅游景区，推动韩山、八乡山按国家AAAA级旅游景区标准完善建设，支持龙归寨、铜鼓峰、九龙嶂景区的升级改造，做好留隍元生源生态旅游文化产业园、八乡山水田园产业、汤西南礤、丰良甲溪山水生态旅游区等项目前期工作。注重挖掘、保护利用古村落、古民居、名人名居和"火龙"、纸花等非物质文化遗产，打造一批精品文化旅游线路。坚持尊重历史、修旧如旧，加强对马图红四军军部旧址等革命旧址遗址的保护，与新农村建设和旅游景区开发有机结合，推动红色资源变成富民资源。充分利用微博、微信等新媒体，开展宣传推介，扩大旅游品牌知名度和影响力。加强与高等院校、企业合作，强化导游等从业人员培训。实施"旅游+"战略，推动旅游产业与工业、农业、体育等产业深度融合，延长产业链条。完善配套设施，保持乡村风貌、田园风光，推动砂田黄花村、北斗拾荷村等乡村游发展，努力把农村建设成为农民幸福生活的美好家园和城里人休闲度假、旅游观光的生态乐园。办好"喜德盛杯"山地自行车、漂流比赛等体育休闲活动。新（改）建旅游景区、沿线、旅游集散地23座旅游公厕。

推动创业创新发展。用好省扶持创业带动就业政策，加大对自主创业的扶持力度，充分借助市创业创新投资引导基金、促进创业小额担保贷款基金和专项扶持资金的作用，推动大众创业、万众创新。大力推进省市县共建创新创业孵化园，引导社会资本进入创业创新投资领域，年底前设立创业孵化基地或众创空间。严厉打击各类扰乱市场秩序、侵害消费者权益、影响城市形象的违规违法行为，营造良好的市场环境、消费环境和创新创业环境。

**五、深化改革攻坚，增添振兴发展活力**

深化行政体制改革。认真做好行政审批事项"接、放、管"工作，加大取消和调整束缚创新创业、含金量高的行政审批事项，继续推行县政府工作部门（第二批）及各镇（场）权责清单编制公布工作，建立实行动态管理机制。总结和衔接简政强镇事权改革、农村综合改革等有益经验，探索适合小城镇发展特点的行政管理体制，推进基层治理法治化。支持法院、检察院管理体制和人员分类管理改革。推进行政类、公益一类事业单位改革，协调推进经营服务类和符合条件的公益三类事业单位转企改制，完善配套政策和过渡措施。拓展网上办事大厅业务，优化网上办事大厅平台，提高在线申办率及全流程办理率。加快农村产权制度改革。推动执法权重心下移，加大跨部门、跨行业综合执法力度，推进市场监管综合执法。建立重大工作任务倒逼机制，完善领导干部、机关干部挂点联系企业制度。

完善现代市场体系。深化商事登记制度改革，全面推进"三证合一、一照一码"改革，加强事中事后监管，大力培育市场主体。建立涉企收费清单管理制度，规范减少涉企收费，减轻企业负担。进一步创新重点领域投融资机制，大力推行政府与社会资本合作（PPP）等多种投融资模式。进一步加强国有资产管理。推进省名牌产品申报，打造一批名牌产品。深化财税体制改革。建立统一规范的部门预算体系。进一步规范实施好政府购买服务试点项目，逐步扩大试点范围。围绕省市考核目标，全面推进"质量强县"工作。积极发展资本市场，力争2015年有2家具备条件的企业上市或在"新三板"挂牌。

**六、着力改善民生福祉，补齐社会事业发展短板**

按照坚守底线、保住基本、突出重点、完善制度的要求，扎实办好民生实事，努力使人民群众有更多获得感和幸福感。

实施脱贫攻坚工程。认真落实中央关于打赢脱贫攻坚战的部署要求，坚持精准扶贫、精准脱贫，充分对接省的配套政策措施，大力实施"五个一批"工程，落实机关企事业单位挂点责任，广泛动员全社会力量参与扶贫，采取产业扶持、技能培训、转移就业、生态补偿、易地搬迁、低保兜底等方式，确保2018年前实现所有贫困户全面脱贫，决不让一村一户一人掉队。

促进基本公共服务均等化。实施更加积极就业服务政策，落实大学生就业促进计划，加强对灵活就业、新就业形态的扶持。巩固提升教育"创强"成果，大力实施教师素质、能力"双提升"工程和信息化运用等"六大工程"，确保提前到2018年成功创建"广东省推进教育现代化先进县"。整合各类公共文体设施和服务资源，完善公共文化服务体系，启动集"五馆"（文化馆、图书馆、博物馆、体育馆、档案馆）、"一中心"（客潮文化艺术中心）于一体的综合文体馆的规划建设。加强对文化遗产的保护，重视优秀传统文化传承。广泛开展全民健身活动，促进足球振兴，一半以上学校体育场馆向社会开放。深化医疗卫生体制改革，实施卫生强基工程，全面推进县人民医院、妇幼保健机构和乡镇卫生院、村卫生站三级网络建设和管理，支持中医院整体迁建，提高基本医疗和基本公共卫生服务水平，积极创建省卫生强县。完成150户农村危房改造任务，继续做好"两不具备"村庄易地搬迁安置。稳妥有序实施全面两孩政策，大力提升计划生育服务管理水平。启动创建省文明县城工作。

推进社会保障城乡一体化和社会事业发展。加大扩面征缴力度，实施全民参保计划，扩大社会保险覆盖面。提高城乡居民最低生活保障、农村五保供养等底线民生保障水平。完善救助管理服务体系。继续推进城乡居民大病保险工作，异地就医结算医院扩大到40家。创新社会治理，大力推广丰顺县服务基层流动岗的经验，积极探索农村基层治理新路径。加大预防和化解涉农社会矛盾工作力度，提升基层社会治理水平。着力构建立体化治安防控网络，继续实施客都民意警务，推进“平安细胞”建设，促进社会治安综合治理。深入推进“一村（社区）一法律顾问”工作。严格落实党政同责、一岗双责、失职追责责任制，强化企业安全生产主体责任，加大安全监管执法力度，及时排查化解安全隐患，坚决防范重特大安全事故发生。加强基层食品监管技术支撑体系建设，提高食品药品安全风险防控能力。做好第三次全国农业普查。重视做好老年人、残疾人、妇女儿童等事业。加强国防动员工作，支持人武部正规化、信息化建设。扎实做好国家安全、人防、双拥、对台、气象、防灾减灾、民族宗教、外事侨务、人事编制、统计、史志、档案、打私、打假、应急等各项工作。

办好十件民生实事。集中力量，落实资金，分解任务，扎扎实实按计划推进十件民生实事的落实。

一是保障底线民生。城乡居民基本养老保险基础养老金标准从每人每月 100 元提高到 110 元；城镇、农村低保补助补差水平分别从每月 375 元、173 元提高到 419 元、191 元；“五保”对象供养标准提高到丰顺县上年度农村居民人均可支配收入的 60%以上；孤儿集中供养水平从每月 1240 元提高到 1340 元，分散供养水平从每月 760 元提高到 820 元；城乡医疗救助人均补助标准从每年 1556 元提高到 2178 元，政策范围内住院医疗救助比例提高到 70%以上。

二是帮扶困难弱势群体。福利彩票公益金 50%以上的资金用于支持发展养老服务体系建设。为重度残疾人、精神和智力残疾人缴纳城乡居民养老保险费。建立事实无人抚养儿童生活津贴制度，标准为每人每月 500 元。完成 2015 年保障性公共租赁住房建设任务并交付安排住房困难家庭入住 120 套（户）、低保住房困难家庭享受租赁补贴任务 50 户，新开工建设 2016 年保障性公共租赁住房 100 套（户）。

三是改善农村生产生活条件。完成新农村公路路面硬化改造工程 60 公里。完成 4 宗新增一般小型病险水库除险加固任务，完成 3 宗中央中小河流治理、10 宗省级山区中小河流治理任务。将行政村全部纳入农村基层组织经费保障补助范围，提高村办公经费补助和村干部补贴。完成县、镇、村（社区）三级多功能综合服务平台建设。支持农村光缆建设。

四是提高基本医疗保障水平。城乡居民基本医疗保险补助标准从年人均 380 元提高到 410 元。市内二级医院住院支付比例从 70%提高到 80%，市内三级医院住院支付比例从 55%提高到 65%，市外医院支付比例从 50%提高到 60%；基金年度累计最高支付限额从 20 万元提高到 45 万元（不含大病保险）；将城乡居民大病保险起付标准从 1.5 万元降为 1.2 万元，年度累计 6 万元以下部分、报销比例从 50%提高到 60%，年度累计超过 6 万元（含）以上部分、报销比例从 60%提高到 70%，年度累计最高支付限额从 12 万元提高到 15 万元。提高符合计划生育政策分娩补助标准，顺产补助从 700 元提高到 1000 元、剖宫产补助从 1000 元提高到 1300 元。

五是优化文化卫生体育及法律援助公共服务。基本公共卫生服务经费标准提高到每人每年 40 元以上。建设县出生缺陷综合干预中心，对孕产妇产前筛查和新生儿疾病筛查予以补助；35—64 岁城乡贫困妇女免费检查乳腺癌、宫颈癌。完成县中医院整体搬迁规划选址等前期工作，力争年底前动工建设。建设 10 个农村文化俱乐部或社区体育公园。启动县综合文体馆规划建设。将法律援助的对象从低保群体拓展到低收入群体，将刑事法律应当援助扩大至侦查、起诉和审判三个阶段，对困难职工援助从工伤、欠薪扩展到家庭婚姻保障方面。

六是促进教育资源公平。县属民办、县属中等职业学校免学费补助标准从每人 3000 元提高到 3500 元，县属公办中等职业学校免学费补助标准从每人 3500 元提高到 4000 元。农村寄宿制学校生均公用经费补助标准从每生每年 150 元提高到 200 元，学前教育困难家庭幼儿生活费补助从每生每年 300 元提高到 1000 元。将山区和农村边远地区学校教师岗位津贴政策实施对象，从义务教育学校和完全中学扩大到所有农村公办普通高中和幼儿园的在编在岗教职工。加快“三个一”学校建设，县实验幼儿园秋季竣工开园，县实验中学、实验小学建设取得重大进展。

七是扶持创业就业。劳动力技能培训补贴 1500 人，促进创业 500 人，带动就业 3000 人。

向珠三角地区输送劳动力约4000人，城镇新增就业3500人，失业人员再就业2500人，就业困难人员再就业340人。扶持250名残疾人自主创业就业。

*八是加强生态建设和污染治理。*规划新建4个森林公园、1个湿地公园。建设10个县级乡村美化绿化示范点。留隍、潭江、丰良三个镇污水处理厂建成运营。新建15座、改扩建8座旅游厕所。完成埔寨、北斗、八乡山、丰良、建桥、潘田、小胜、潭江8个集中式乡镇饮用水源保护区规范建设。每月进行一次生活饮用水水质检测和信息公布。

*九是实施网络信息惠民工程。*启动“电信诈骗防火墙”工程。提速光纤网络宽带，加快光纤下村入户（住户）业务，县城及乡镇中心区域光纤宽带普及率达85%；增加公共移动通信基站、基站站址公共区域无线局域网络热点、无线AP点；加快推动快递下乡，增加快递末端服务网点，覆盖全县17个镇（场）。推广应用互联网交通安全综合服务平台。建设完善16个标准化乡镇气象信息服务站。

*十是保障公共安全。*规范出租屋管理，出租屋推广安装应用“门禁+视频”系统。启动第二消防站建设，加强中心镇专职消防队伍建设和管理。实施县乡公路安全生命防护工程。在全县肉菜市场、农贸市场开展食品安全快速检测工作。

**七、加强政府自身建设，力促各项工作部署落实到位**

做好2015年各项工作，必须坚持从严从实的要求，努力建设为民、务实、清廉政府。

*深化行政管理改革。*以转变政府职能为核心，提升服务经济发展能力。推进基本建设项目审批制度和流程改革，清理规范行政审批中介服务。深入推进商事制度改革，全面实行“三证合一、一照一码”改革。出台实施县政府投资管理办法，推进投资管理体制改革。落实供给侧结构性改革各项政策措施，以创新供给带动需求拓展，提高企业产品质量和效益。实施机关事业单位养老保险制度改革，探索推进医疗保险城乡一体化改革。大力推进电子政务，健全行政服务中心、网上办事大厅服务功能。整合完善公共资源交易管理体制。完善领导干部、机关干部挂点联系基层和重点企业制度。

*提高全面依法治县水平。*自觉接受人大法律监督和工作监督、政协民主监督，主动听取民主党派、工商联、无党派人士意见建议，扎实办好人大议案、代表建议和政协提案。严格按照法定权限和程序行使权力、履行责任，全面推进政务公开。完善法治政府建设指标体系和依法行政考评办法，规范行政执法行为。扎实开展“七五”普法工作。完善财政资金使用和管理办法，强化财政预算和专项资金审计。探索建立政府性债务风险预警体系，防范和化解财政风险。加强对重点领域、重点民生、重点工程的责任审计，有步骤推进审计全覆盖。

*加强公务员队伍建设。*县政府党组带头深入学习习近平总书记系列重要讲话精神，严守政治纪律和政治规矩，牢固树立大局意识和责任意识。深化“三严三实”专题教育，深入开展“讲担当、比奉献”主题实践活动，严格落实“三个区分”，激发公务员干事创业的热情和干劲，坚决破除“为官不为”和懒政怠政，凝聚改革创新正能量。严格执行中央八项规定和党风廉政建设责任制，深入贯彻落实《中国共产党廉洁自律准则》和《中国共产党纪律处分条例》，推进作风建设常态化、长效化。开展谈话提醒、构建抓早抓小工作机制，筑牢防微杜渐的防线。

各位代表，辞旧迎新，扬帆致远。实现脱贫奔康、振兴发展，是我们每一个丰顺人自己的责任。让我们紧密团结在以习近平同志为总书记的党中央周围，坚决按照中央、省和市委市政府的决策部署，在县委的正确领导下，以必胜的信心、昂扬的斗志、扎实的努力，聚众智谋振兴发展，集众力创财丰人顺，为当好梅州振兴发展生力军、如期全面建成小康社会而努力奋斗！

附：

## 名词解释

1.三资：即农村集体资金、资产、资源。

2.客都民意警务：是梅州公安机关围绕平安建设新形势，在2013年提出的警务工作新理念。主要是运用优秀客家文化推动社会治理创新，通过抓好民意主导警务、民意支撑警务、民意评价警务“三大机制”建设，注重基层基础、注重主动预警、注重快速反应，努力实现社会治安好、群众评价好、警察形象好的“三个好”目标。

3.三打两建：指打击欺行霸市、打击制假售假、打击商业贿赂，建设社会信用体系、建设市场监管体系。

4.三严三实：即严以修身、严以用权、严以律己，谋事要实、创业要实、做人要实，是新形势下党员干部的修身之本、为政之道、成事之要。

5.两大振兴政策：指国家振兴赣闽粤原中央苏区和广东省促进粤东西北地区振兴发展两大政策。

6.三大抓手：指加强交通基础设施建设、加强产业园区建设、做大做强地级市中心城区。

7.一区两带：“一区”是指嘉应新区，“两带”是指广东梅兴华丰产业集聚带和梅江韩江绿色健康文化旅游产业带。

8.PPP：是 Public—Private—Partnership 的缩写，指政府与社会资本之间，为了合作建设城市基础设施项目，或是为了提供某种公共物品和服务，建立的一种合作关系。

9.两不具备：即不具备生产和生活条件的贫困村庄。

10.三期叠加：指经济增长速度换档期、结构调整阵痛期和前期刺激政策消化期。

11.互联网+：是把互联网的创新成果与经济社会各领域深度融合，形成更广泛的以互联网为基础设施和创新要素的经济社会发展新形态。

12.六大工程：是丰顺县为争创“广东省推进教育现代化先进县”提出的具体措施，即师资队伍素质提升工程、学前教育和义务教育提质工程、高中阶段教育优化工程、教育信息化水平建设工程、教育质量水平提升工程和教育内涵特色建设工程。

13.WiFi：是 Wireless Fidelity（无线保真）的缩写，是一种高频无线电信号，是一种可以将个人电脑、手机等以无线方式连接起来的网络传输技术。

14.五个一批：是 2015 年 11 月中央扶贫开发工作会议对扶贫工作提出的要求，即发展生产脱贫一批、易地搬迁脱贫一批、生态补偿脱贫一批、发展教育脱贫一批、社会保障兜底一批。

15.电信诈骗防火墙：指利用内部网络与外部网络之间的网络安全系统，防止犯罪分子通过电话、网络和短信方式，编造虚假信息设置骗局，对受害人实施远程、非接触式诈骗，诱使受害人给犯罪分子打款或转账的一项信息安全防护系统。

16.无线 AP：即无线网络的接入点，其功能是把有线网络转换为无线网络。

17.三证合一、一照一码：指将市场主体设立登记时原需办理的工商营业执照、组织机构代码证、税务登记证三证合为一证，发放有统一社会信用代码的营业执照，是深化商事制度改革、激活市场活力的一项重要举措。

18.供给侧结构性改革：供给侧相对需求侧而言，包括生产要素投入、全要素生产率提高两个基本方面。供给侧结构性改革，是指从供给侧入手，针对经济结构性问题而推进的改革，更强调通过制度变革与完善，发挥企业和创业者作为市场主体的作用，扩大有效供给，形成高质量、多层次的供给体系，使供给结构更加适应需求结构。

19.三个区分：即要把因缺乏经验、先行先试出现的失误与明知故犯而违纪违法的行为区分开来，把国家尚无明确规定时的探索性试验与国家明令禁止后有法不依的行为区分开来，把为加快发展的无意过失与为谋取私利故意违纪违法的行为区分开来。

# 大事记

# 2015年大事记

**1月1日** 丰顺县老干部大学老年大学、县老年学学会在丰顺县文化广场举办庆元旦文体联欢活动，500多名老年人参加表演。元旦期间，全县组织形式多样、富有地方特色的文化娱乐活动。

**1月6日** 县委书记陈志宁率队调研水务和生猪管理工作。

**是日** 县委书记陈志宁率队到县城周边调研中小学教育项目建设和安全生产工作，研究解决各学校在教育教学过程中遇到的各种困难和问题。

**是日** 在收看收听全国、全省、全市安全生产电视电话会议后，丰顺县随即召开会议贯彻落实上级会议精神，总结2014年安全生产工作，部署2015年安全生产重点工作。县委副书记、县长曾永祥强调：各级各部门要做到思想认识不放松，工作重点不偏移，责任明确不缺位，全面落实工作任务，确保安全生产工作取得实效。

**1月8日** 广东深华药业有限公司旗下的广东深华现代医药物流中心在丰顺县县城举行落成庆典仪式。

**1月19日** 副市长杜敏琪到丰顺县调研外经贸工作。

**是日** 县委副书记、县长曾永祥深入到八乡山镇调研景区建设。

**1月21日** 县委副书记、县长曾永祥率队检查安全生产工作。

**1月26日** 市委书记黄强深入到丰顺县潭江镇凤坪畲族村和砂田镇黄花村调研，强调要高度重视做好"三农"工作，大力培育发展特色产业，扎实推进美丽乡村建设，有效增加农民收入，不断壮大村级集体经济，实现农业强、农村美、农民富。

市委常委、秘书长彭耀新，市委常委、组织部部长曾祥华，丰顺县委书记陈志宁，以及市直有关单位负责人等陪同调研。

**1月27日** 全省召开职业教育工作电视电话会议。县委副书记、县长曾永祥，副县长黄纯忠和县直有关单位负责人在县分会场收听收看视频会议。

**1月28日** 丰顺县召开县委十二届五次全会，全面贯彻落实中央、省委有关会议和市委六届五次全会精神，提出要在市委、市政府的坚强领导下，主动适应和融入经济发展新常态，围绕振兴发展主线，充分发挥好区位和资源优势，落实原中央苏区和粤东西北两大振兴政策，推进交通建设内连外通，推进产业园区扩能增效，推进中心城区扩容提质，充分借助广州市海珠区全面对口帮扶丰顺的难得机遇，坚持走特色发展之路，努力当好梅州振兴发展生力军。

县委书记陈志宁主持大会，并代表县委常委会向全会作工作报告。县委副书记、县长曾永祥在会上总结2014年全县经济工作，并部署2015年经济工作。

**1月30日** 市委副书记叶胜坤率市直有关部门负责人到北斗镇调研社会建设和美丽乡村建设。调研期间，叶胜坤一行在县领导陈志宁、郑奕雄、郑春鹏，以及有关单位负责人的陪同下，先后深入到北斗镇拾荷村、坪坑村，了解美丽乡村建设和社会创新型组织建设等情况，随后召开座谈会，听取北斗镇经济社会发展情况汇报。

**是日** 县在迎宾馆召开离退休老干部迎春座谈会。县领导陈志宁、曾永祥、徐庆青、朱云辉、唐秀娟、丘炀等与离退休老干部们欢聚一堂，畅叙情谊，共商发展。

**2月2日** 县委副书记、县长曾永祥主持召开县政府常务（扩大）会议，研究讨论县今后一段时期各项重点工作。曾永祥要求，各分管领导要围绕目标，牵头做好统筹协调工作，加强督促，切实加快各项工作进度，确保全县各项工作有序开展。

**是日** 县召开2014年财政工作会议。会议传达全省财政工作会议精神，总结回顾 2014 年工作情况，部署 2015 年财政工作。县委书记陈志宁出席会议并作讲话。

**是日** 县公安局召开 2014 年度全县公安工作总结表彰大会。县委书记陈志宁参加会议并要求：全县广大公安干警要以更加务实的作风，更加激昂的斗志，真抓实干、奋发有为，全力维护社会稳定，为加快丰顺振兴发展再立新功、再创佳绩！

**2月6日** 市委书记黄强深入到丰顺县潭江镇凤坪畲族村开展“送温暖”慰问活动，亲切看望慰问基层老党员和困难群众，代表市委、市政府送上新春的美好祝福。

市委常委、秘书长彭耀新，市委常委、组织部部长曾祥华，丰顺县委书记陈志宁和市直有关单位负责人等参加活动。

**2月9日** 中国人民政治协商会议第九届丰顺县委员会第五次会议在会展中心开幕。

**2月10日** 丰修县十四届人大六次会议在县会展中心大会堂开幕。

**2月12日** 县委副书记、县长曾永祥率队到埔寨、汤南两镇开展“送温暖”活动，为孤寡老人和困难群众、困难党员送去党和政府浓浓的暖意和深切的关怀。

**是日** 县召开 2015 年春节元宵期间旅游安全工作协调会议。县委副书记、县长曾永祥强调：各级各有关部门要切实加强领导，做足预案，消除隐患，确保广大游客度过欢乐祥和的节日。

**是日** 县委书记陈志宁，县委副书记、县长曾永祥率队到县城中心城区、市场调研重点工程项目建设和节前食品安全工作，并现场办公解决工作中遇到的困难和问题。

**2月13日** 县委书记陈志宁率队到汤西镇开展节前慰问活动，为孤寡老人和贫困户送去党和政府的关怀。

**2月22日** 为期 3 天的丰顺县第三届“电声杯”男子篮球赛经过激烈角逐，在县体育馆落下帷幕，深华队夺得冠军，培英队获得亚军。县委书记陈志宁、县长曾永祥到场观看并为冠亚军颁奖。

**2月26日** 是春节后上班的第一天。当天下午，县委书书记陈志宁刚从市里开会回来便轻车简从带队分别深入部分县直单位，向广大干部职工致以新春慰问和良好的祝愿，鼓励大家以饱满的精神状态，坚定信心，奋发有为，积极投入新一年各项工作中，为加快丰顺振兴发展科学发展再立新功。

**2月27日** 县积极响应省爱卫会的号召，组织开展“清死角 除四害 保健康”春季爱国卫生运动。县委书记陈志宁，县委副书记、县长曾永祥带头与广大党员干部和人民群众积极参与其中，为创建卫生城市出力，营造全民动手整治环境卫生的良好社会氛围。

**3月4—5日** 市委常委、常务副市长丁文到丰顺县调研重点项目建设推进情况。

**3月5日** 是中国传统节日元宵节，中国民间文化艺术之乡丰顺县埔寨镇格外热闹。当天晚上镇举行的有 300 多年历史的中国非物质文化艺术“烧火龙”祈福活动，共烧 4 条火龙。

**3月7日** 总投资 357.56 万元的丰顺南市场改造项目已顺利完工并投入使用。

**3月11日** 县委书记陈志宁、县长曾永祥率全体县领导和县直有关单位负责人、部分消防、武警官兵、青年志愿者以及县林业局全体干部职工等在丰顺县汤南镇中石化加油站后山坡上，开展义务植树活动。

**3月12日** 省林业厅厅长张育文率队到丰顺县调研林业工作，他强调：要抢抓当前植树造林大好时机，精心组织，迅速掀起植树造林热潮，确保全面完成 2015 年森林碳汇重点生态工程建设任务。

**3月19—20日** 由丰顺县电声行业商会、广东省音频设备与系统标准化技术委员会、广东学艺设备行业商会、广东省电子行业协会、广东省声像灯光科技促进会主办的“广东省珠三角与粤东北丰顺电声行业创新合作发展高峰研讨会暨音响行业标准化工作会议”在丰顺县举行，中国电子音响行业协会秘书长陈立新，广东省音频设备与系统标准化技术委员会主任委员、广东省声像灯光科技促进会会长、广州大学声像与灯光技术研究所所长彭妙颜以及各协会、分标负责人、专家学者和珠三角行业企业家、丰顺县电声企业负责人等共 150 多人参加会议。

**3月30日** 县委书记陈志宁，县委副书记、县长曾永祥率队到埔寨镇调研园区基础设施建设和项目推进工作。

**3 月 31 日** 丰顺县人民政府与工业和信息化部电子第五研究所签订战略合作框架协议，此举成为全国首个县级政府与全国知名科研单位牵手合作成功。工信部电子第五研究所所长谢少锋、梅州市副市长陈建青、丰顺县委书记陈志宁、县长曾永祥、相关单位负责人以及丰顺县规模以上电声企业代表出席签约仪式。

**4 月 7 日** 市委书记黄强、市长谭君铁到丰顺县隘隍镇开展专题调研时强调，要充分调动乡贤回乡投资兴业的积极性，坚持政府主导、企业运作、社会参与、利益共享，科学规划建设好韩江（中上游）生态文化经济带。

广东新南方集团总裁朱拉伊，合生创展集团公司董事局主席、广东珠江投资有限公司董事长朱孟依，广东珠光控股集团董事长朱庆伊；市领导李金元、丁文、彭耀新、陈丽霞、李远青，县领导陈志宁、曾永祥，市直、丰顺和大埔县直有关单位负责人参加座谈会。

**是日** 丰顺电声产业发展座谈会在县召开。市委书记黄强、市长谭君铁出席会议并讲话，强调要深入实施创新驱动发展战略，提高创新能力、搭建发展平台、优化营商环境、培育龙头企业，加快打造百亿元电声产业集群。

市领导丁文、彭耀新、陈建青、陈丽霞，县领导陈志宁、曾永祥，以及市、县有关单位负责人和电声企业家代表参加座谈会。

**4 月 9 日** 全市纪委监察局理论学习中心组学习暨案件检查工作推进会在丰顺县召开。市委常委、市纪委书记胡钛要求：各级纪检监察机关要全面深刻理解从严治党要求，大力推进案件检查工作，努力推动市纪检监察工作上新台阶。

市纪委副书记周秋明、谢志云及各市、县纪委书记参加会议。

**4 月 14 日** 丰顺县有关领导率县民政局、汤西镇负责人到汤西镇西城村村民徐美芳家中，为她颁发被全国敬老爱老助老主题教育活动组委会授予“全国孝亲敬老之星”奖章及证书，并对其进行慰问。

**4 月 15 日** 海珠·丰顺对口帮扶工作联席会议在广州市海珠区召开。海珠区委书记、区人大常委会主任姚奕生，区委副书记、区长徐咏虹，区委副书记、区社工委主任苏小澎，副区长曾赤鸣，县领导陈志宁、曾永祥、周滨、黄智勇等党政领导以及海珠区和丰顺县有关职能部门负责人参加会议。

**4 月 16 日** 丰顺县“中国电声出口共建基地”授牌仪式在丰顺电声大厦隆重举行。这是继县与工信部电子五所签署战略合作框架协议后的又一喜讯，也是县为促进电声出口转型升级，培育经济增长新动力，在电声发展中取得的又一成果。中国机电产品进出口商会会长张钰晶、副秘书长郭奎龙；市政府副秘书长、广东梅州高新区管委会党工委书记张硕，市直有关单位主要负责人；县领导陈志宁、曾永祥、郑奕雄、傅伟芳和相关单位负责人以及丰顺县规模以上电声企业、部分成长性企业代表参加授牌仪式。

**4 月 17 日** 香港嘉应商会会长曾智明率领香港嘉应商会访问团到丰顺县进行调研访问。香港嘉应商会副会长叶志明、曾自香以及香港嘉应商会部分会董、会员共 100 多人参加访问。市政府副秘书长、梅州文化旅游特色区管委会党组书记张文涛，丰顺县委书记陈志宁等陪同调研。

**4 月 23 日** 县委副书记、县长曾永祥率队分别到县计生服务站和汤南镇检查春季计划生育工作。

**4 月 24 日** 由省委党史研究室和梅州市委、市政府主办的纪念红四军出击梅州 86 周年暨东江苏维埃政府、红十一军成立 85 周年座谈会在丰顺县举行。全国政协委员、中共中央党史研究室原副主任、中共党史学会常务副会长李忠杰作讲话，市委书记黄强致辞，省委党史研究室主任杨汉卿主持座谈会。

市领导管林海、曾祥华、黎健平、雷近芳，中国人民解放军军事科学院正师职研究员陈力，中共中央党史研究室研究员王新生，省委党史研究室副主任李淼翔等军事、党史专家，丰顺县委书记陈志宁，江西赣州、福建龙岩和省部分市党史部门负责人，中共早期领导人彭湃之孙女彭伊娜、红十一军军长古大存之子古延贤等革命后代代表参加座谈会。

**4 月 27 日** 梅州境内第一条高速铁路——梅汕高铁在丰顺县正式开工建设。中共中央政治局委员、省委书记胡春华，省长朱小丹来到梅州现场考察梅汕高铁开工建设情况，看望慰问项目参建代表和一线建设工人，听取关于全省铁路建设主要项目和梅汕高铁规划建设情况汇报。

中国铁路总公司副总经理卢春房；省委常委、常务副省长徐少华，省委常委、秘书长林木声，省政府秘书长、办公厅主任李锋，省委副秘书长、办公厅主任刘可为，省直有关单位负责人；中国铁路总公司工程管理中心主任李志义，广铁集团公司董事长、总经理武勇；潮州市委书记李水华，揭阳市委书记严植婵；梅州市领导黄强、谭君铁、叶胜坤、彭耀新、陈建青，丰顺县委书记陈志宁、县长曾永祥和市铁路建设办公室负责人等参加活动。

**是日** 市委书记黄强到丰顺县调研发展实体经济工作。调研期间，黄强在县委书记陈志宁，县委常委、办公室主任郑春鹏，以及有关部门负责人的陪同下，先后深入到深华现代医药物流中心、丰顺瑞丰粮油食品有限公司等地调研，通过听取汇报、实地察看等方式，详细了解各企业生产经营、科研平台建设、科技创新等方面的情况。

**是日** 市委副书记、市长谭君铁到丰顺县调研中小河流治理工作时强调：各级各部门要抢抓中央、省加大重点民生水利项目投入的大好机遇，抢抓“黄金”季节，加大项目建设推进力度，确保如期完成各项建设任务。县领导曾永祥、黄守新、黄纯忠以及县政府办、水利、交通、旅游等相关部门负责人陪同调研。

**4 月 27 日** 台北市梅州同乡会、台北市蕉岭同乡会理事长张世伟带领由 30 多人组成的访问团到县访问交流。县委副书记、县长曾永祥，县委常委邱翠茂以及县委统战部等部门负责人陪同参观或参加座谈会。

**4 月 29 日** 县委、县政府召开全县农村工作会议，县委书记陈志宁主持会议，县领导曾永祥、罗喜周、黄纯忠、谢仁泉，以及各镇场、县直相关单位负责人参加会议。

**是日** 县组织收听收看国家 2015 年深化医药卫生体制改革工作电视电话会议，贯彻落实党的十八大和十八届二中、三中、四中全会精神，深入推进医药卫生体制改革，部署 2015 年深化医改和全面推开县级公立医院综合改革工作。县领导陈志宁、曾永祥、廖茂忠、刘超平以及相关部门负责人收听收看视频会议。

**4 月 29—30 日** 恩平市委书记李灼冰率队到丰顺县参观考察。

**4 月 30 日** 县委副书记、县长曾永祥率队到留隍镇调研韩江生态文化经济带规划建设工作。检查贯彻落实 4 月 7 日市委书记黄强、市长谭君铁来丰顺考察调研韩江生态文化经济带规划建设工作的重要指示精神情况。

**5 月 4 日** 市长谭君铁率队到丰顺县调研“三农”工作时强调，各级各部门要用法治的思维、改革的办法，加强政策研究用足政策红利，加快交通水利基础设施建设，加大龙头企业扶持力度，持续深化农村改革，全面激发“三农”发展活力，不断提升农村经济社会发展水平。市政府秘书长、办公室主任朱国城，丰顺县委书记陈志宁、县长曾永祥，以及市直有关单位负责人等陪同调研。

**5月5日** 县委书记陈志宁到丰顺中学调研指导高考备考工作，看望高考备考师生，为师生们加油鼓劲、增强信心、提振士气，并要求老师们要把教育工作当成自己的事业来做、把学生当成自己的孩子来培养，以强烈的责任心、事业心，尽心尽力、尽职尽责，全力以赴打好高考这场攻坚战，全面提升全县教育教学水平，确保教育工作取得新突破、再上新台阶。

**5 月 11 日** 省委召开“三严三实”专题教育工作会议，学习贯彻中央“三严三实”专题教育工作座谈会精神，对全省开展“三严三实”专题教育进行部署。中共中央政治局委员、省委书记胡春华在会上围绕“三严三实”主题讲专题党课。县委书记陈志宁，县委副书记、县长曾永祥等县领导在县分会场收听收看视频会议。

**5 月 12 日** 泛华集团董事长杨天举率队到县参观考察。杨天举对建设中的丰顺新区和快速的经济社会发展给予高度评价，认为县交通区位优势明显，资源丰富，发展前景广阔，希望今后加强交流合作，实现双方互利共赢。

**5 月 13 日** 县召开人民政府廉政工作暨全县审计工作会议，贯彻落实国务院、省、市廉政工作会议和审计工作会议精神，总结部署政府系统党风廉政建设和审计工作，推动依法行政、建设法治政府。

**是日** 县召开春季计划生育集中服务活动推进会，通报全县春季计生集中服务活动进展情况与市卫计局督查情况，安排部署下阶段工作，进一步推进全县春季计生集中服务活动深入开展。

**5月15日** 县组织收听收看全市镇街领导干部驻点普遍直接联系群众工作推进会。

**5月18日** 省政府召开全省公务用车制度改革工作电视电话会议。

**5月19日** 市召开“三严三实”专题教育工作会议，学习贯彻中央和省委“三严三实”专题教育工作会议精神，对市深入开展“三严三实”专题教育进行动员部署。市委书记黄强在会上围绕“三严三实”主题讲专题党课，要求全市广大党员干部特别是各级领导干部，一定要按照中央和省委的部署要求，认真践行“三严三实”，为全面深化改革、加快振兴发展提供良好作风保证。市委副书记、市长谭君铁主持会议。市委常委、组织部部长曾祥华部署市“三严三实”专题教育工作。县委书记陈志宁，县委副书记、县长曾永祥等领导在县分会场收听收看会议。

**5月20日** 省委党校（广东行政学院）、常务副校（院）长谭泽中率队到留隍镇大坪村开展扶贫开发“双到”工作。县委副书记、县长曾永祥，县委常委周滨以及相关部门负责人参加调研活动。

**5月21日** 县召开“三严三实”专题教育工作会议，对“三严三实”专题教育活动进行安排部署。

**5月22日** 县委副书记、县长曾永祥率队到大龙华镇调研“三防”工作。曾永祥要求，各级各部门要严格落实“三防”工作责任制，加强在建工程的安全检查，强化防汛物资筹备和应急队伍训练，确保防汛工作有效有序开展。

**5月26日** 由全国政协常委、省政协常委、香港四洲集团主席戴德丰为团长的省政协香港地区委员视察团到丰顺县参观考察。视察团一行认为：丰顺交通便利、资源丰富、生态优美，发展前景广阔。市领导李金元、张丽霞、叶解春、李忠良，县领导曾永祥、徐庆青、邱翠茂、黄智勇等陪同考察。

**是日** 县召开农村土地承包经营权确权登记颁证试点工作动员大会。

**是日** 县委副书记、县长曾永祥主持召开韩江生态文化经济带规划建设工作会议。曾永祥要求，各级各部门要抢抓机遇，统一思想认识，紧扣“三大抓手”，以第四届客商大会为契机，科学规划建设好韩江生态文化经济带。

**5月27日** 县委副书记、县长曾永祥主持召开全县治理违法违规用地专项行动工作会议。曾永祥要求：各级各部门要周密部署，从严治理，全力打好全县违法违规用地专项整治攻坚战。

**5月29—30日** 广东省老促会名誉会长肖耀堂率队到县调研时强调，要扎实做好革命老区工作，加大对革命遗址保护力度，为促进老区发展做出更大贡献。省老促会副会长刘文炎，省老促会理事候月祥、李秀萍，市老促会会长罗德宜，县领导曾永祥、郑奕雄、丘炀以及市、县老促会、党史研究室等相关部门负责人参加调研。

**6月2日** 省发展改革委党组成员、副主任陈志清率省发改调研组一行，到县调研粮食仓储设施中央投资补助项目工作。

**是日** 县召开违法违规用地专项整治工作会议。县委书记陈志宁、县委副书记、县长曾永祥在会上强调：各单位、各镇（场）必须集中人力、物力，采取有效措施，抢抓时间节点，顶住压力，破难攻坚，全力打好违法违规用地专项整治工作攻坚战，以骄人的专项整治成效迎接省督导组的抽检验收。

**6月3日** 省水利厅党组成员、副厅长王建成率队到县督导中小河流治理工作。

**6月5日** 丰顺县汤西镇中心小学举行香江社会救助基金会爱心图书室揭牌仪式，省关工委主任张帼英，梅州市委书记黄强，市关工委主任何正拔，市委常委、组织部长曾祥华，香江社会求助基金会主席翟美卿，丰顺县委书记陈志宁，汤西镇中心小学全体师生等参加揭牌仪式。

**6月8日** 丰顺县在县行政中心召开全县政府网站普查工作培训会议，传达落实国办发〔2015〕15 号文件和省市政府网站普查培训会议精神，开展全县政府网站普查工作培训。

**是日** 全县镇（场）领导干部驻点普遍直接联系群众工作推进会在县会展中心召开。县委书记陈志宁出席会议并作讲话，要求各级各部门要严格按省委、市委、县委的要求，认真做好驻点联系各项工作，确保取得群众满意的实效。

**是日** 省、市高考巡视组专程深入到县巡视高考工作，对县良好的考试环境给予充分肯定，巡视组要求丰顺县要加强对高考考务工作的管理，严格执行高考程序，坚决杜绝违纪作弊现象发生，确保实现“平安高考”。

**6 月 9 日** 省政协主席王荣，省政协副主席梁伟发率队深入到省政协帮扶点汤西镇和安村开展扶贫开发“双到”调研活动。调研期间，王荣、梁伟发等一行在市委书记黄强，市政协主席李金元，县领导陈志宁、徐庆青、郑春鹏、周滨等领导的陪同下，看望慰问陈学金、吴义娇两户贫困户，实地察看和安村上村文化广场建设以及和安河道清淤护岸及沿河道路硬底化工程施工现场建设情况，并认真听取驻村干部的有关工作情况汇报。

**6 月 11 日** 县委副书记、县长曾永祥主持召开县政府常委（扩大）会议，曾永祥要求，各级各部门要科学谋划，统筹推进，认真贯彻落实好中央 1 号文件精神，适度加大试点步伐，确保农村土地承包经营权确权登记颁证试点工作顺利开展。

**6 月 16 日** 县召开整治违法用地、违章建筑工作会议。县委副书记、县长曾永祥主持会议并作讲话。

**6 月 16 日** 县委副书记、县长曾永祥率队督查创建省卫生县城工作时强调：各级各部门要团结力量奋力冲刺确保按时按质全面达到省“创卫”目标。

**6 月 17 日晚** 在丰顺县城文化广场、文体公园、坚真公园、会展中心前等地人声鼎沸、热闹非凡，数以千计的“广场大妈”伴着县新创作的法治歌曲，踏着优美的步调，欢快地舞着、跳着，为围观群众献上一场场精彩而有教育意义的广场舞表演。这是县司法部门，创新普法宣传方式，在全县全面广泛开展普法广场舞歌曲活动的缩影。

**6 月 22 日** 市委书记黄强到丰顺调研生态文化旅游发展工作，黄强充分肯定丰顺县在生态文化旅游发展方面取得的成绩，强调要多业并举、狠抓项目，加快发展文化旅游产业，探索梅州生态文明建设的有效模式，努力走出一条具有梅州特色的生态发展之路。县领导曾永祥、郑奕雄、周滨及县府办、旅游局、企业负责人陪同调研。

**7 月 4 日** 县委副书记、县长曾永祥率队到太平洋建设集团参观考察，并与太平洋建设集团签署总额达 15 亿元的基础设施建设合作框架协议。

**7 月 6 日** 县召开重点招商项目推进会议，县委副书记、县长曾永祥强调：各级各有关部门要高度重视，明确职责、加强服务，狠抓各项工作落实，确保招商投资项目顺利推进。

**7 月 7 日** 太平洋建设集团董事局主席严昊率领太平洋建设二集团的高层一行到县参观考察。

**7 月 8 日** 由省综治办、省公安厅联合召开的全省命案防范工作现场会在丰顺县召开。省政法委专职副书记、省综治办主任杨日华出席会议并作讲话。省法院审判委员会专职委员谢文练，省公安厅副厅长郭少波，省司法厅副厅长于保忠，团省委副书记梁韵达，梅州市副市长、公安局局长史明锋，丰顺县委副书记、县长曾永祥等领导以及全省各地级以上市综治办、公安局等相关部门有关负责人参加会议。

**7 月 16 日** 县委副书记、县长曾永祥率队到海珠 · 丰顺产业转移工业园调研。他强调：各级各相关部门要全力以赴加快土地征收进度，确保园区建设工作按时推进。

**7 月 17 日** 丰顺县召开“严以修身”专题学习研讨会，县委、县人大、县政府、县政协全体领导，梅州丰顺新区管委会正、副主任，县法院院长、检察院检察长，正、副处（县）级干部参加会议。县委书记陈志宁主持会议并作讲话。

**7 月 20 日** 县委书记陈志宁深入到汤南镇调研重点项目工作推进情况，协调解决在开展各项重点工作中所遇到的困难和问题。

**7 月 27 日** 县委书记陈志宁、县委副书记、县长曾永祥率队到梅州军分区开展“八一”拥军慰问活动，向广大人民子弟兵们致以诚挚的问候和良好的祝愿。

座谈会上，陈志宁、曾永祥向市委常委、梅

州军分区政委管林海，梅州军分区司令员武启龙等军分区首长汇报丰顺县的发展情况。

**7月29日** 市委副书记、市长谭君铁率领市检查督导组到丰顺县检查督导经济工作。谭君铁充分肯定丰顺县近年来认真贯彻落实省、市关于加快振兴发展的决策部署，务实推动“三大抓手”所取得的重要成效。市领导黄伟闻、史明峰参加检查。县领导陈志宁、曾永祥、郑奕雄、郑春鹏、黄建斐、黄智勇、傅伟芳等陪同检查。

**8月6日** 省人大法工委主任王波率队到县调研古村落保护与开发工作。王波对丰顺县近年来在保护和发展传统古村落、古民居工作中所取得的成效给予肯定。

**8月7日** 新华社广东分社社长杨春南一行到丰顺县调研采访，全面了解丰顺县落实粤东西北振兴发展战略的思路和成效。市委副秘书长罗伟章，市委宣传部副部长梁放，县领导陈志宁、凌浚、黄建斐以及相关部门负责人陪同调研。

**8月10日** 丰顺召开全县进一步加快振兴发展工作会议，贯彻落实省、市振兴发展工作会议精神，总结2014年以来加快振兴发展工作情况，部署下一阶段振兴发展工作，提出要坚定不移推进振兴发展战略、坚定不移聚焦振兴发展项目、坚定不移优化振兴发展环境，扎实做好各项工作，全面完成全年工作任务，努力当好梅州振兴发展生力军。

**8月11日** 县委书记陈志宁、县委副书记、县长曾永祥率队调研县“创卫”工作。陈志宁、曾永祥要求，要进一步发动全县力量，铆足干劲、落实责任，破难攻坚，加压前进，全力冲刺、全力迎检，确保“创卫”目标如期实现。

**8月13日** 县召开全县纪律教育学习大会，贯彻落实省委、省纪委要求和全市纪律教育学习大会精神，以“守纪律、讲规矩、作表率”为主题，部署开展2015年纪律教育学习活动。

**是日** 县召开全县基层工作会议，贯彻落实中央和省、市大抓基层的决策部署和全省农村基层党员干部违纪违法线索集中排查工作推进会精神，研究部署全县基层工作。

**8月13日** 市委常委、市纪委书记胡钛深入到韩山生态旅游度假区调研。他强调：企业要与政府加强沟通，加快景区景点项目建设步伐，打造出一个集旅游、休闲、养生的健康养生福地。

**8月17日** 县召开县城区市容市貌专项整治行动推进会，全面部署县城区市容市貌专项整治行动，全力营造整洁、文明、规范、有序的城市环境，力争2015年成功创建省级卫生县城。县委书记陈志宁，县委副书记、县长曾永祥分别在会上作讲话，要求各级各相关部门务必提高思想认识，始终站在全局的高度，下最大的决心，用最有力的措施，尽最大的努力，全力打好“创卫”攻坚战，助推丰顺加快振兴发展。

**8月18日** 县委副书记、县长曾永祥率队督促检查县城区市容市貌专项整治行动情况。曾永祥要求，各级各部门要尽快采取强有力措施，全力整治城市“脏、乱、差”现象，还市民一个干净、卫生、顺畅的生活环境。

**8月21日** 市政协党组副书记、副主席张光明，市政协副主席肖平率队组成的调研组到丰顺县调研。

**8月23日** 黄金中学举行2015年“金秋—谢小章优秀师生奖励金”颁奖暨金秋—谢小章“山村好媳妇奖”表彰大会，对黄金中学在2015年高考、中考中取得优异成绩的学生给予表彰奖励。为黄金中学在2015年参加高考、中考中取得优异成绩的学生发放300元至9000元不等的奖学金，为150多名老师颁发26万元奖励金，同时还对获得“山村好媳妇和谐孝心奖”的三位女士每人发放价值2万多元的奖品等共计87万多元。

**8月24日** 县委副书记、县长曾永祥率队检查安全生产工作时强调，各级各部门要时刻绷紧安全生产这根弦，落实安全生产责任，坚决遏制重特大安全生产事故发生，切实维护人民群众生命财产安全。

**8月25日** 县委书记陈志宁，县委副书记、县长曾永祥到县城老城区调研“创卫”工作，现场查看存在问题并提出整改意见。

**是日** 县委书记陈志宁带队开展对危险品库站安全检查时强调：要牢固树立安全责任意识，绷紧安全生产这根弦，全面排查安全隐患，以防事故、防爆防火为目标，确保生产安全。

**8月26日** 省经信委副主任郑勇明率省经信委检查组，到丰顺县检查易燃易爆场所消防安全工作。

**8月27日** 广东省军分区副司令员周河到丰顺县检查人武部全面建设情况。梅州军分区司令员武启龙，县委书记陈志宁，县委常委、人武部部长谢爱民等陪同检查。

**是月** 县交通运输局地方公路管理站径门道班班长赖崇胜被授予“全国交通运输系统劳动模范”荣誉称号。是梅州市唯一获此殊荣的个人。

**9月1日** 县委书记陈志宁，县委副书记、县长曾永祥率队调研“创卫”工作和肉菜市场规划建设工作时要求：各相关部门要同心协力，各负其责，确保各项工作深入推进。

**9月2日** 县委书记陈志宁率队到丰良镇九龙嶂生态旅游区调研景区景点建设工作时要求，突出地方特色和资源优势，加快景区景点建设步伐和开发力度，力争建成精品生态旅游区。

**9月7日** 县召开“严以律已”专题学习研讨会，县委书记陈志宁主持会议并作讲话。

**是日** 县召开县直机关公务用车制度改革工作会议。

**9月8日** 县召开教育工作会议，总结创建广东省教育强县和过去一年的教育工作，研究部署新一年度教育工作，会议表彰70名2015年丰顺县“优秀教师”，44名2015年丰顺县中高考工作先进工作者，以及92名创建广东省教育强县工作先进个人。

**是日** 县召开秋季计生集中服务活动动员大会，总结分析2015年来全县人口计生工作，部署秋冬季计生集中服务活动工作，动员全县上下迅速掀起秋冬季计生集中服务活动高潮，夯实计生基础，确保全面完成2015年县人口和计划生育工作目标任务。

**是日** 县委副书记、县长曾永祥率队到海珠·丰顺产业转移工业园调研时要求：各级各相关部门要高度重视，抢抓机遇，加快土地征收进度，努力优化发展环境、强力抓好招商引资，加快园区建设步伐。

**9月10日** 由广东省中小企业局主办，工业和信息化部电子第五研究所、丰顺县经济和信息化局承办的广东省中小微企业人才培育专题培训“智能制造业管理人员培训班”在丰顺县举行。广东省内中小微企业的董事长、总经理、技术负责人和其他中高层管理人员共100多人参加培训。

**是日** 市政协副主席李忠良率领视察组，到丰顺县调研丰华兴梅产业集聚带规划建设工作。

**9月11日** 县委副书记、县长曾永祥率队调研三所实验学校建设时要求：各级各相关部门要明确目标任务，主动作为，共同协调解决筹备建设过程中所遇到的困难和问题，争取早日进场施工建设，早日完工招生。

**9月15日** 县委副书记、县长曾永祥率队调研“创卫”工作时要求，各级各部门要高度重视，明确目标，进一步查漏补缺，落实整改，继续掀起全县“创卫”行动高潮，全力打好“创卫”攻坚战，确保县实现创建广东省卫生县城的目标。

**9月17日** 由省发改委正厅级纪检员、监察专员林万洲率领的省督查组一行，深入到丰顺县督查粮食仓储物流中央投资补助项目。

**9月19日** 由广东省武术协会、梅州市体育局、广东萌芽青少年体育俱乐部主办，丰顺县体育局、丰顺泰和体育发展有限公司承办的“深华药业杯”2015年广东省第八届武术精英大赛暨“龙归飞瀑杯”中国武术段位制中段位技术考评（粤东赛区）在丰顺县举行，吸引来自全省各地48个代表队800多名武术精英前来参加，县委书记陈志宁和省、市、县有关部门领导，武术界人士出席比赛活动。

**9月21日** 县召开“十三五”规划编制工作会议。会议对县国民经济和社会发展第十三个五年规划编制总体思路提出指导意见、建议。

**9月21—22日** 广东省委政研室在丰顺县召开粤东六市发展特色产业专题座谈会，共同研讨粤东六市特色产业创新发展，并为丰顺打响“中国温泉之城”品牌和打造“中国电声之都”进行“把脉”、研讨，建言献策。

省委政研室副主任吴茂芹、副巡视员陈文学，市委常委、秘书长彭耀新，县委书记陈志宁、县长曾永祥，梅州、汕头、河源、汕尾、潮州、揭阳市委政研室负责人、相关业务科负责人以及丰顺县、澄海区、连平县、兴宁市、海丰县、潮安区、普宁市政研室相关负责人参加调研或座谈。

**9月23日** 市人大常委会副主任韩小林率队到县韩山生态旅游度假区调研时强调：丰顺要突出重点，进一步加快基础设施建设和配套服务，着力提升旅游品质，打响丰顺旅游品牌。

**9月29日** 县委副书记、县长曾永祥率队调研县"创卫"工作进展情况，随后召开"创卫"工作推进会议。

**是日** 省住建厅党组书记、厅长王芃率队到挂钩帮扶点埔寨镇埔西村开展扶贫开发"双到"帮扶活动。

**9月30日** 是国家烈士纪念日。县在东山公园革命烈士纪念碑举行烈士公祭活动。县委书记陈志宁、县长曾永祥率领该县全体领导、有关部门负责人、县武装部、消防大队、武警中队以及烈属代表、老战士代表、学校师生代表、各界群众代表等200多人参加当天的烈士公祭活动。

**10月2日** 市委书记黄强到丰顺县检查第四届世界客商大会竣工、动工、签约"三个一批"重点项目和大会筹备工作落实情况，强调要聚焦项目建设，汇聚客商力量，助推把大会真正办成加快项目建设、促进振兴发展的盛会。

**10月7日** 县委副书记、县长曾永祥深入现场检查第四届世界客商大会之第九届世界丰顺同乡联谊会和电声之夜晚会的筹备工作。

**10月5—11日** 丰顺县首次与市商务局联合组织电声企业抱团参加境外展览活动，市商务局、丰顺县有关领导和电声出口企业代表共20人组成的参展团赴台湾参加"第十二届海峡两岸电子信息暨自动化设备展"。

**10月11日** 丰顺县隆重举行第九届世界丰顺同乡联谊大会，1000多名来自国内外的丰顺乡亲齐聚一堂，欢叙乡情，共话发展，同时举行48个招商项目活动，包括涉及12个签约项目、14个动工项目和22个竣工项目，投资总额合计153.2亿元。

市委常委、常务副市长丁文，市人大常委会副主任韩小林，深圳市人大常委会主任丘海，泰国华人青年商会会长李桂雄，泰国丰顺会馆主席胡惠南，马来西亚中马丰顺会馆会长胡士强，马来西亚柔佛丰顺会馆会长张贤万，广东新南方集团有限公司总裁、丰顺商会永远名誉会长朱拉伊，和来自泰国、马来西亚、缅甸等国家和地区，以及香港、澳门、北京、海南、南宁、广州、深圳、珠海、佛山、顺德、东莞、惠州、肇庆、湛江、河源、汕头、梅州等国内地级以上市丰顺同乡会乡亲代表；泰国华人青年商会代表，广东丰顺商会、有关行业协会（商会）代表等参加招商项目活动。泰国前总理他信、英拉和湖南省军区政委马必强，海口市原副市长罗素兰等乡亲分别发来贺信或者贺电。

**是日** "中国（丰顺）电声发展论坛"暨《中国丰顺电声产业发展报告》新闻发布会在中国温泉之城、中国长寿之乡——丰顺县举行。本次活动由中国电子音响行业协会、丰顺县人民政府主办，工业和信息化部电子第五研究所、丰顺县电声行业商会承办。工业和信息化部电子信息司主任王中，中国电子音响行业协会秘书长陈立新，工业和信息化部电子第五研究所总工程师万举勇，中国机电产品进出口商会副会长石永红，广东省电子行业协会秘书长许晓民，广东省工业园区协会常务副会长、秘书长吴毅龙，广东省音频设备与系统标准化委员会主任委员彭妙颜，丰顺县委书记陈志宁、县长曾永祥以及电声行业专家、企业代表等参加活动。

**10月13日** 省农发行党委书记、行长曾绍姿专程到丰顺县参观考察梅兴华丰产业集聚带规划建设工作。

**10月15日** 由广东科学馆、梅州市科协、丰顺县科协、丰顺县教育局主办，梅州市科技馆、丰顺县汤西中心小学承办的2015年"关爱青少年·共筑科技梦"提升青少年科学素质行动在县汤西中心小学举行。有关单位领导、专家及该校全体师生参加活动。

**10月19日** 县委书记陈志宁，县委副书记、县长曾永祥带队调研西环路、丰达路两条道路建设工作时强调：把握时间节点，科学设计，安全施工，保质保量，确保两条道路早日竣工，为群众安全出行创造良好条件。

**10月22日** 由揭阳市委常委、榕城区委书记刘光明率领的党政考察团一行到丰顺县参观考察。

**10月23日** 县召开庆祝第22届环卫工人节暨表彰大会，对53名环卫先进工作者给予表彰奖励。县委书记陈志宁，县委副书记、县长曾永祥在会上代表县委、县政府向日夜辛勤工作在环卫城管战线上的全体干部职工致以节日的问候，向受表彰的同志表示热烈的祝贺，希望大家继续发扬拼搏、奉献的环卫精神，为全面推进县城乡环卫事再立新功。

**是日** 县召开各镇（场）专题办公会议，对当前涉及全局性的重点工作进行安排部署。县委书记陈志宁，县委副书记、县长曾永祥参加会议并强调各镇（场）要以更加积极的态度、更加务实的作风、更加有力的举措，全力以赴抓好当前各项重点工作，确保如期完成工作目标任务。

**10 月 26 日** 县委书记陈志宁，县委副书记、县长曾永祥率队到埔寨镇调研土地房屋征收工作和产业园区工作。

**10 月 28 日** 丰顺县召开传达贯彻省委书记胡春华来梅调研重要讲话精神干部大会，提出全县上下要振奋精神、鼓足干劲、攻坚克难，全力推进“一区一带”建设，奋力当好梅州振兴发展生力军。全体县领导，县“法检”两长，正、副处（县）级干部，县直副局以上单位和省、市属驻丰单位负责人参加会议。

**是日** 省爱卫会办公室主任许立凡为组长的省调研组，到丰顺县开展“创建省级卫生县城”评审论证工作。县领导陈志宁、曾永祥、刘超平以及市爱卫办、县府办和县“创卫”工作领导小组各成员单位等有关负责人陪同调研或参加座谈会。

**11 月 1 日** 2015 年环绕丰顺磨房 200 千米骑行活动在丰顺县城新世纪广场正式启动，来自全国 10 多个省以及港澳台，国外韩国、西班牙等共 13000 名骑友“全副武装”，引爆了这个中国温泉之城、中国长寿之乡。本次骑行活动的路线从丰顺新世纪广场开始，从北斗镇、丰良镇、龙岗镇、潭江镇、留隍镇等地环绕丰顺县一圈后，再回到本次活动的出发点丰顺新世纪广场，骑友们能够从沿途中欣赏到龙归礤瀑布、黄花村等多处自然风光秀美的景点。

**11 月 2 日** 市委书记黄强到丰顺县调研并检查梅兴华丰产业集聚带有关项目建设进展情况，强调丰顺要深入贯彻落实党的十八届五中全会和省委书记胡春华来梅州调研重要讲话精神，加强政策对接，聚焦产业项目，加快推进广州海珠（丰顺）产业转移工业园建设，努力当好梅州工业振兴发展生力军，为梅州原中央苏区加快振兴发展做出丰顺应有的贡献。

**11 月 3 日** 梅州市国家安全教育巡回展在丰顺县展出，县委副书记、县国家安全工作领导小组组长廖茂忠，县委常委、武装部部长谢爱民等领导，和县国家安全工作领导小组成员，各镇（场）、县直副局以上单位、省市属驻丰顺单位负责人，以及全县各单位专、兼保密员参观展出。

**11 月 4 日** 由国家督学、重庆市教委原巡视员、重庆市教育学会会长钟燕为组长的全国义务教育基本均衡县专家组一行，到丰顺县督导检查义务教育均衡县发展工作。

**是日** 县组织收听收看全省法治政府建设工作电视电话会议。

**11 月 5 日** 县召开 2016 年度重点党报党刊发行工作会议，要求各级各部门要高度重视，认真贯彻中央和省委、市委的有关部署要求，加强组织领导，明确各自责任，落实具体措施，责无旁贷抓紧抓好重点党报党刊发行工作，确保于 2015 年 12 月 10 日之前全面完成 2016 年度重点党报党刊发行任务，确保重点党报覆盖面。

**11 月 6 日** 省农业厅副厅长蔡汉雄率队到丰顺县调研高标准基本农田建设项目进展工作时要求，丰顺要进一步强化高标准基本农田建设工作的开展力度，加强项目督查，确保按时按质完成项目建设任务。

**是日** 县召开“严以用权”专题学习研讨会，县委书记陈志宁主持会议并作讲话。

**11 月 9 日** 市委常委、市纪委书记胡钛到县调研党风廉政建设工作，强调要认真学习贯彻党的十八届五中全会精神和两项法规，以基层党员干部违纪违法线索集中排查为抓手，坚持把纪律和规矩挺在前沿，进一步压实党风廉政建设“两个责任”，为发展县域经济、振兴发展提供有力保障。

**是日** 县召开深入学习贯彻党的十八届五中全会精神大会，县委书记陈志宁主持会议并讲话，要求全县上下要认真学习贯彻十八届五中全会精神，并以此为契机，加快建设温泉宜居城，突出发展电声产业集群和绿色饲料工业、温泉养生产业，构建快速交通体系，以构建“一区一带”

为平台，加快丰顺振兴发展。

县委副书记、县长曾永祥传达党的十八届五中全会精神。全体县领导，县“法检”两长，正、副处（县）级干部，各镇（场）党政主要负责人，县直副局以上单位和省、市属驻丰单位现职副科以上干部参加会议。

**是日** 县委书记陈志宁主持召开县委常委（扩大）会议，传达学习市委《关于落实省委“三个区分”原则激发干事创业激情 整治为官不为行为的意见》的文件精神，研究部署当前重点工作。

**11 月 10 日** 县委书记陈志宁，县委副书记、县长曾永祥率队调研榕江北河生态景观提升工程建设工作，强调各级各相关部门在榕江北河生态景观提升工程建设中要科学规划，合理布局，打造城市生态景观新亮点。

**11 月 11 日** 县召开中国•丰顺“喜德盛杯”山地自行车国际邀请赛筹备工作会议，研究讨论 11 月 15 日在县举办的中国•丰顺“喜德盛杯”山地自行车国际邀请赛各项筹备工作事项。县委副书记、县长曾永祥在会上要求：各筹备工作小组要全力筹备，各负其责，确保中国·丰顺“喜德盛杯”山地自行车国际邀请赛圆满举办。

**11 月 13 日** 省老区建设促进会会长陈开枝率队到丰顺县调研贯彻落实原中央苏区政策措施和项目落实情况。陈开枝要求：丰顺县要认真研究、吃透政策，用足用好国家和省的各项扶持政策，加快推动丰顺振兴发展。省老促会副会长刘文炎，省老促会副会长、秘书长姚泽源等参加调研。

**11 月 12—13 日** 以广东检验检疫局副局长邓旭旗为组长的考核组一行，对丰顺县创建省级出口电声产品质量安全示范区工作进行初步考核验收。

**11 月 14 日** 县举行香港旭日集团爱心捐赠仪式。在捐赠仪式上，香港旭日集团向丰顺县“五保户”和低保户捐赠 2750 床棉被，总价值近 30 万元。县政府向香港旭日集团赠送印有“慈心厚德，善举为民”的牌匾。捐赠仪式结束后，香港旭日集团领导、公益组成员分组深入汤坑、汤西、汤南等镇进村入户走访慰问部分“五保户”和低保户，为他们送上慰问品，并关心地询问他们的生活、身体情况，叮嘱他们保重好身体。

**11 月 15 日** 由中国自行车运动协会、广东省自行车运动协会、广东省自行车电动车行业协会主办，丰顺县人民政府、梅州市体育局承办，深圳市喜德盛自行车有限公司冠名的 2015 年中国·丰顺“喜德盛杯”山地自行车国际邀请赛在丰顺县隆重举行。来自俄罗斯、美国、澳大利亚、加拿大、哥伦比亚等 10 个国家和中国港、澳、台地区、全国业余自行车俱乐部的选手以及极限自行车爱好者共 1112 名选手参赛，为广大自行车爱好者上演一场场精彩绝伦的竞技表演，选手年龄在 16~55 周岁之间。市委常委、宣传部部长周章新，省自行车运动协会秘书长戚宇和丰顺县长曾永祥，以及国家、省、市体育部门有关负责人，深圳喜德盛自行车有限公司董事长谭伟龙，山地自行车世界冠军任成远等领导、嘉宾出席活动。

**11 月 16 日** 县委副书记、县长曾永祥在县府办、汤南镇党委负责人的陪同下到汤南镇新龙社区调研软弱涣散基层党组织整顿工作。

**11 月 17 日** 市人大常委会副主任钟勇生率领市人大常委会有关人员到县开展“规范司法行为、维护司法公正”专题调研活动。

**11 月 18 日** 副市长、市公安局局长史明锋率队深入到汤南镇新龙社区调研软弱涣散基层党组织整顿工作时强调：基层党组织要严格履行党建主体责任，建好班子、带好队伍，切实抓好软弱涣散基层党组织整顿转化，不断增强基层党组织的凝聚力、号召力和战斗力。

**是日** 副市长陈建青率队到丰顺县调研丰顺新区和广州海珠（丰顺）产业转移工业园建设情况，强调要采取有力措施，不断加强基础设施建设，加大招商引资力度，促使园区早日建成发挥效益。

**11 月 24 日** 县委副书记、县长曾永祥参加县府办公室秘书综合党支部“讲担当、比奉献”主题党支部活动，与县府办公室党员干部交流谈心，寄语县府办公室全体干部职工牢固树立全心全意为人民服务的宗旨，对照“三严三实”标准，保持勇于担当、甘于奉献的精神，按照一流的工作标准、保持一流的精神状态、争创一流的工作业绩，为推动丰顺加快振兴发展做出积极贡献。

**11月25日** 市委常委、常务副市长丁文率队到丰顺县汤西镇蕉潭村调研软弱涣散党组织整顿工作时强调，要以深入推进软弱涣散党组织整顿为契机，抓好班子建设，强化基层组织建设，壮大集体经济，为广大人民群众办更多好事实事。

**11月29日** 丰顺县留隍镇举行球山中学八十八周年校庆暨芳荣园、张芳荣大楼、留隍中心幼儿园、留隍镇文体活动中心、沿江800米景观游廊、望江亭等六个项目落成庆典活动。有关领导、杰出乡贤、国内外球山中学校友代表，以及该校全体师生等参加活动。

**12月2日** 省政府召开精准扶贫识别工作电视电话会议，部署新时期精准扶贫识别工作，对第二轮扶贫开发考核验收工作进行再部署。

**12月3日** 市委副书记叶胜坤率队到县调研梅汕高铁建设进展情况，要求进一步明确目标任务，加强沟通协调，加强巡查防控，确保梅汕高铁项目尽快全线动工。

**是日** 县召开创建省级卫生县城迎检动员大会，梳理总结近段时间以来县创建省级卫生县城工作情况，安排部署县创卫各项工作，确保顺利完成创卫工作目标。

**12月4日** 市委书记黄强到丰顺调研，强调丰顺要认真贯彻落实习近平总书记和省委书记胡春华关于苏区、老区建设的重要指示精神，坚持精准扶贫，突出产业帮扶，狠抓项目落地，促进协调发展，推动革命老区与其他地区同步加快振兴发展，让革命老区人民过上富庶幸福的生活。

市委常委、政法委书记、市政府党组副书记黄伟闻，市委常委、秘书长彭耀新，丰顺县委书记陈志宁，以及市直有关单位负责人等陪同调研。

**12月7日** 县委书记陈志宁主持召开县委常委（扩大）会议，传达学习省委十一届五次全会和市委常委（扩大）会议等会议精神，研究讨论县当前和今后一段时期各主要工作。

**12月9日** 省委常委、政法委书记、省扶贫开发领导小组组长林少春深入到丰顺县埔寨镇埔西村、汤坑镇石联村和丰顺电商扶贫示范基地实地调研新一轮精准扶贫工作。市委常委、政法委书记、市政府党组副书记黄伟闻，县领导曾永祥、陈辉祥、朱报正以及县有关单位负责人等陪同调研。

**12月12日** 梅州市丰顺商会在梅城成立，市领导丁文、黎建平、陈丽霞、李忠良，县委副书记、县长曾永祥等到会祝贺。

**12月15日** 广州市委常委、广州开发区党工委书记、管委会主任、黄埔区委书记陈志英率队到县调研新一轮扶贫开发“双到”帮扶工作。黄埔区委常委、区委办区政府办主任陆小荣，市委常委、副市长、梅州高新区党工委书记谈志向，市政府党组成员、梅州高新区管委会主任吴尚伟，县委副书记、县长曾永祥，县委常委、副县长黄智勇及县府办、县扶贫开发局主要负责同志等陪同调研。

**12月16日** 县委副书记、县长曾永祥率队调研县交通公路建设工作。

**12月21日** 县委副书记、县长曾永祥率队到革命老区梅县区梅南镇九龙村和县龙岗镇马图村考察调研红色资源保护开发。曾永祥要求：各级各部门要高度重视红色资源保护利用，科学规划革命老区建设，推动红色土地实现绿色崛起。

**12月22日** 县委副书记、县长曾永祥率队督办县政协重点提案办理工作情况时强调：以提案办理工作为抓手，积极推进产业园发展，为县的经济发展做出贡献。

**12月23日** 由广东演艺设备行业商会、广东省声像灯光科技促进会、恩平市电声行业协会主办，丰顺县人民政府、县电声行业商会承办的“广州大学与县人民政府共建产学研创新示范基地成立暨广东演艺产业十大专业委员会高峰论坛”在县举行。县委副书记、县长曾永祥，广州大学校长助理李毅，广州大学经济社会服务处处长蔡兴勇，副县长刘超平等有关领导参加会议。

**12月24日** 丰顺县瑞丰粮油食品有限公司一期建成投产，同时二期十五万吨浅圆仓动工。副市长陈建青见证该公司投产和二期十五万吨浅圆仓动工，同时还对企业生产开展调研。

**12月29日** 县委副书记、县长曾永祥率队调研县卫计系统工作时强调：县卫计系统要进一步增强责任感和使命感，精心谋划，集思广益，抓住“十三五”规划发展机遇，推动医疗卫生事业实现新跨越。

**12 月 30 日** 县召开城乡规划委员会。会议对广东韩山生态旅游度假区总体规划、丰顺铜鼓峰生态旅游总体规划等规划方案进行审议。

# 丰顺概览

# 丰顺概览

## 基本概况

丰顺县位于广东省东部、梅州市南端，毗邻潮汕地区。清乾隆三年（1738 年）建置。2015 年辖 16 个镇、1 个国有农场，行政区域面积 2710.22 平方千米。总人口 70 万人。是泰国前总理他信和英拉兄妹的祖居地，是洋务运动领袖丁日昌、华夏女杰李坚真的故乡，同时也是中国温泉之城、中国长寿之乡、中国金融生态县、中央苏区县、国家可持续发展实验区、广东电声之都。

*区位优越，交通便捷。*汕梅高速公路、广梅汕铁路纵贯南北，直达揭阳潮汕机场、厦深高铁潮汕站和揭阳、潮州、汕头港口分别仅需半小时、1 小时的车程。随着梅汕高铁、大丰华高速公路动工建设，丰顺成为对接珠三角、融入汕潮揭、借力海西区的重要节点。

*生态秀美，资源丰富。*森林覆盖率 76.84%，海拔千米以上高峰 57 座，铜鼓峰海拔 1559.5 米，居粤东之首。温泉资源遍布全县 8 个镇，主要地热田 9 处，日可采地热资源总量 3.09 万吨，最高水温 92℃，富含偏硅酸、氟、氡和硫黄等多种元素，县城汤坑建有新中国第一座地热发电站。铁矿、铅锌矿、稀土等矿产资源和水能资源丰富。

*人文厚重，客潮相融。*客家与潮汕两大民系和谐共处，孕育出典型的“半山客”文化。有省内独特的畲族风情及埔寨“烧火龙”。有 50 万华侨遍布 30 多个国家和地区。朱德、陈毅、林彪、罗荣桓、聂荣臻、粟裕等著名将领曾在此留下战斗足迹，八乡山是东江苏维埃政府和红十一军诞生地。

*产业升级，经济崛起。*丰顺是全国三大电声产业基地之一，是广东省电声产业集群升级示范区。茶叶、红薯、橄榄是“丰顺三宝”。有八乡山生态旅游区、韩山森林公园、千江温泉度假村、韩江鹿湖温泉度假村、龙鲸河漂流、龙归飞瀑、揭岭飞泉、铜鼓峰等景区景点。

## 经济发展概况

**【简述】** 2015 年是“十二五”收官之年。一年来，县政府围绕“当好全市振兴发展生力军”的总体要求，按照县委十二届五次全会的具体部署，主动适应经济发展新常态，落实“两大振兴”政策，聚焦“三大抓手”，全力推进“一区一带”（丰顺新区和梅江韩江绿色健康文化旅游产业带）规划建设，全县经济社会保持良好发展态势。2015 年全县生产总值实现 943512 万元，比上年（2014 年，下同）增长 10.5%。其中，第一产业增加值 207254 万元，增长 4.1%，对 GDP 增长的贡献率 7.0%，拉动 GDP 增长 0.7 个百分点；第二产业增加值 424894 万元，增长 15.1%，对 GDP 增长的贡献率 78.2%，拉动 GDP 增长 8.2 个百分点；第三产业增加值 311364 万元，增长 5.6%，对 GDP 增长的贡献率 14.8%，拉动 GDP 增长 1.6 个百分点。三次产业构成为 22.0 : 45.0 : 33.0。人均生产总值 19308 元，增长 10.0%。全年城镇新增就业 3718 人，就业困难人员实现再就业 354 人。年末城镇实有登记失业人员 2701 人，城镇登记失业率为 2.44%，比上年末基本持平。全年地方公共财政预算收入 73637 万元，增长 28.1%；其中税收收入 51812 万元，增长 28.1%。

**【农林牧渔业】**

*农业* 全年实现农业总产值 351273 万元，比上年增长 4.0%。全年粮食作物种植面积 2.4 万公顷，增长 0.1%；粮食总产量 123688 吨，比上年增长 0.6%。主要经济作物产量中：全年花

生总产量5924吨，比上年增长0.8%；烟叶总产量680吨，减少0.3%；木薯总产量53487吨，增长6.6%；蔬菜总产量227222吨，增长3.8%；水果总产量73319吨，增长0.3%；茶叶总产量2312吨，增长0.9%。

林业　全年造林面积3533.3公顷，四旁（零星）植树21万株。

畜牧业、渔业　全年肉类总产量43065吨，比上年减少0.3%。其中猪肉产量19165吨，减少1.8%；禽肉产量22369吨，增长0.9%。全年水产品总产量16000吨，比上年增长6.0%。

农业机械化　农业机械化程度提高，用电量增加。全年农村用电量15723万千瓦时，增长6.5%。全年农用化肥施用量（折纯）22179吨，比上年减少1.0%。

农田水利建设　顺利完成山区中小河流治理工程年度建设任务、省级小型农田水利重点县、山洪沟防洪治理，动工建设3宗中央规划中小河流治理、小型病险水库除险加固工程。留隍、潭江、丰良3个中心镇污水处理厂、村村通自来水、水土保持工程等稳步推进，做好丰顺新区饮水工程规划。110千伏南湖站建设进度加快。总投资4000多万元的韩江坚真大桥建成通车，留隍绕城公路、留隍大桥抢险维修加固、黄金大桥等路桥工程全面完成，新留隍大桥前期工作有序推进。

**【工业·建筑业】**　全年完成工业增加值326428万元（工业口径），比上年增长16.9%，其中规模以上工业完成240928万元，增长18.9%。全年实现工业总产值1268663万元，比上年增长13.3%，其中规模以上工业完成957763万元，增长15.1%。

全年规模以上工业企业实现主营业务收入873671万元，比上年增长6.2%；实现利税63156万元，比上年增长44.6%；实现利润总额34992万元，比上年增长107.7%。全年规模以上工业企业完成出口交货值118261万元，比上年减少30.9%。

全年完成建筑业增加值171677万元，比上年增长16.0%。建筑业总产值1000354万元，比上年增长15.1%。

**【招商引资·产业园区建设】**　2015年，丰顺成为广东梅兴华丰产业集聚带这一省级战略的“四大组团”之一，广州海珠（丰顺）产业转移工业园上升为省级产业转移工业园，赢得省级层面对原中央苏区振兴发展的政策支持。规划范围覆盖北部山区10个镇的梅江韩江（丰顺）绿色健康文化旅游产业带上升为市“一区两带”重大战略之一。谋划实施58个重点项目，其中48个正式项目计划总投资185.9亿元，年度投资59.5亿元，完成投资71.1亿元，占年度投资计划的119.5%，其中4个省重点项目完成投资8.4亿元、占年度投资计划的165.5%，25个市重点项目完成投资55亿元、占年度投资计划的145.9%，一批基础设施、园区、城建、实体经济、重点民生工程建成投产。全力推进生态工业区、温泉宜居城、生态旅游区“一城两区”各5平方千米的起步区开发建设；开发区扩区已申报省政府审批。优化提升电声基地、中小微电声企业创业园、生活配套设施规划设计，并启动申报“国家新型工业化产业示范基地”。丰顺碧桂园至园区供水管道新建工程全面完工。110千伏埔寨变电站扩建主变容量工程已列入电网改造规划。占地8公顷、日处理能力6万吨的污水处理厂项目全面启动。全年新增征地70.2公顷，完成产业园首期33.3公顷和绿色饲料基地33.3公顷土地平整。深入实施“乡贤回乡投资兴业”工程，园区共引进招商项目10个，计划总投资33.2亿元，其中列入省重点建设项目2个，市重点项目5个。全力推动计划投资10.5亿元的汇威科技、鼎新材料等6个项目加快建设，汇威科技、瑞丰粮油建成试产。至2015年年底入园企业累计109家，投产企业96家，在建13家。园区完成省定固定资产投资8亿元任务，规模以上工业增加值、税收增长均超过30%。

**【固定资产投资】**　全年完成固定资产投资总额569599万元，比上年增长46.2%，其中房地产投资133062万元，增长31.2%。固定资产投资总额中按产业分：第一产业投资为零；第二产业投资284730万元，增长48.5%；其中：工业投资284730万元，增长48.5%;工业投资中技改投资135924万元，增长100.8%;第三产业投资284869

万元，增长49.5%。商品房施工面积138.5万平方米，增长20.1%。

**【金融·保险】** 全县各项贷款余额600190万元，比年初增长4.2%；各项存款余额1380716万元，比年初增长15.4%。其中住户存款余额1049432万元，比年初增长9.9%。

全年保费收入10909万元，比上年增长1.9%。其中人寿险保费收入7100万元，比上年减少2.7%；财产险保费收入3810万元，比上年增长12.0%；全年保险赔款支出1993万元，比上年增长23.6%。其中人寿险赔款支出460万元，比上年增长17.9%，财产险赔款支出1533万元，比上年增长25.0% 。

**【贸易】** 全年实现批发和零售贸易业增加值58450万元，比上年增长9.1%。住宿和餐饮业增加值14806万元，比上年增长4.2%。全年社会消费品零售总额451458万元，增长12.9%。其中：批发零售贸易业实现421932万元，住宿餐饮业实现29526万元，分别增长13.3%和7.0%。

全年外贸进出口总额33890万美元，比上年增长16.4%。其中出口33573万美元，比上年增长17.7%，进口325万美元，比上年减少46.4%。全年三资企业总产值187544万元，增长15.6%。全年实际利用外资887万美元，比上年减少32.8%。

**【旅游业】** 生态文化旅游产业快快速发展，八乡山、韩山生态旅游区试业，龙归寨瀑布旅游区晋升国家AAA级景区，九龙嶂、铜鼓峰等景区加快建设。全年共接待游客430.9万人次，比上年增长26%。全年旅游营业收入40亿元，比上年增长30%。

**【交通·邮电】** 全年旅客周转量40595万人公里，比上年增长6.4%；货物周转量110233万吨公里，比上年增长142%。

全年完成邮电通信业务总量23328万元，其中邮政3287万元，增长12.8%，电信20041万元，增长92.4%。全县移动电话用户年末达35.8万户，固定电话用户达12.7万户，其中农村7.6万户。城乡电话普及率（按常住人口计算）达99部/百人。

**【教育·科技】** 全县企业和事业单位各类专业技术人员7173人，比上年末增长0.2%。其中高级专业技术人员910人，中级专业技术人员3857人，初级专业技术人员2406人。

全县有幼儿园70所，其中民办53所，在园幼儿17618人；小学74所，小学教学点106间，招生7591人，在校学生39644人，毕业生5707人；初中学校23所，招生5647人，在校学生18052人，毕业生7632人；高中学校9所，招生3496人，在校学生10644人，毕业生4049人；职业中学1所，招生710人，在校学生2209人，毕业生702人；特殊教育学校1所，招生5人，在校学生34人。

**【文化·卫生·体育】** 全县有文体服务中心16个，博物馆、图书馆、纪念馆、体育公园各1个；有广播电视台1座，播映内容丰富，节目多彩。全年发行各类报纸225万份，比上年增长2.7%，各类杂志13万份，比上年减少18.8%。

全县有卫生机构431个，实有床位1472张，在职人员2342人，其中卫生技术人员1774人。其中：医院5个，实有床位895张，卫生技术人员905人；镇级卫生院16个，实有床位485张，卫生技术人员536人；村卫生站354个，卫生技术人员54人；其他卫生机构56个，床位92张，卫生技术人员333人。卫生技术人员中有执业医师和执业助理医师768人，注册护士566人。

全县有面积大小不等的体育活动场所1676个，比上年末增加34个。县运动员在参加市级以上竞技比赛中，有3项获得第一名，有5项获得第二名，有8项获得第三名。全年组织镇以上体育活动竞赛76次。全民体育健身活动广泛开展。

**【人口·人民生活】** 2015年年末，全县户籍人口716454人，比上年末增长6.7‰，年末常住人口489881人，比上年末增长5.0‰。全县人口出生率12.87‰，死亡率5.44‰，自然增长率7.43‰。

据住户抽样调查结果，全年全县居民人均可支配收入14311元，比上年增长9.7%，扣除价格因素，实际增长8.0%；全年农村居民人均可支配收入10371元，比上年增长8.2%，扣除价格因素，实际增长6.5%；全年城镇居民人均可支配收入19232元，比上年增长10.7%，扣除价格因素，实际增长9.0%。

2015年全县参加城乡居民基本医疗保险619170人，参加城镇职工基本医疗保险33304人。

**【资源与环境】** 全年单位工业增加值能耗下降11.1%。全社会用电量97158万千瓦时，比上年减少9.3%。其中，工业用电量61680万千瓦时，比上年减少15.7%。

**【"中国电声出口共建基地"在丰顺挂牌】** 2015年4月16日，丰顺县"中国电声出口共建基地"授牌仪式在丰顺电声大厦隆重举行。这是丰顺与工信部电子五所签署战略合作框架协议后的又一喜讯，也是丰顺县为促进电声出口转型升级，培育经济增长新动力，在电声产业发展中取得的又一成果。

**【梅汕高铁丰顺先行段顺利动工，省委书记胡春华、省长朱小丹实地考察】** 2015年4月27日，梅汕高铁丰顺先行段顺利动工，省委书记胡春华、省长朱小丹到丰顺县汤坑镇湖下村梅汕高铁秀水隧道出口施工现场，实地考察铁路线路设置、项目运行、施工建设、安全保障等情况，看望慰问项目参建代表和一线建设工人，听取关于全省铁路建设主要项目和梅汕高铁规划建设情况汇报。梅汕高铁全长约122千米，其中在梅州境内的总长72.1千米，北起梅州西站，途经揭阳市，向南与厦深高铁相接后，将通往整个沿海快速铁路通道。其中在梅州境内将设立梅州西站、畲江北站、建桥站和丰顺东站四个站场。另外还有揭阳北、揭阳潮汕机场和潮汕站，潮汕站为接轨站。梅汕高铁对于改善梅州交通条件、把梅州建设成为潮汕平原北上开拓腹地的枢纽、促进省际交流合作具有非常重要的战略意义。

**【丰顺县成功创建"广东省卫生县城"】** 以建设温泉宜居城为目标，坚持规划引领，注重城市规划的相互衔接，统筹推进"多规合一"。依托得天独厚的温泉资源，全力推动一批投资亿元以上的重点城建项目建设，丰顺碧桂园、锦江美景城、欧洲风情街、滨江湾、金溪源等完成主体工程，千江广场建成开业。加大投入、落实责任，整治"六乱"行为，购买保洁服务，完成五斗种生活垃圾无害化卫生填埋场升级改造和一批市政设施建设，污水处理厂二期集污干管和一期升级改造工程如期完成，县城沿江东路、丰达路改造工程基本完成，榕江北河、汶水河"两河四桥"景观亮化得到提升，治理占道经营，规范车辆停放，落实门前"三包"。2015年12月8日至9日，广东省爱卫会考核鉴定组对丰顺县创建省级卫生县城工作进行全面考核验收，丰顺县成功创建"广东省卫生县城"。

**【丰顺县获评"广东省林业生态县"荣誉称号】** 加强大气污染防治，城区环境空气质量保持优良，水环境质量达标率保持100%。坚持多种树、种好树、严管护，完成森林碳汇工程建设3.29万公顷，森林覆盖率77.4%，比"十一五"末提高10.64个百分点。八乡山、留隍等特色镇建设扎实推进，建成梅溪、石桥、拾荷等美丽乡村示范点。2015年，丰顺县获评"广东省林业生态县"荣誉称号。

**【丰顺举办第九届世界丰顺同乡联谊会】** 2015年10月11日，第九届世界丰顺同乡联谊大会在丰顺县会展中心大会堂隆重召开。梅州市委常委、常务副厅长丁文，梅州市人大常委会副主任韩小林到会祝贺。深圳市人大常委会主任丘海，泰国华人青年商会会长李桂雄，泰国丰顺会馆主席胡惠南，马来西亚中马丰顺会馆会长胡士强，马来西亚柔佛丰顺会馆会长张贤万，广东新南方集团有限公司总裁、丰顺商会永远名誉会长朱拉伊，和来自泰国、马来西亚、缅甸等国家和地区，以及香港、澳门、北京、海南、南宁、广州、深圳、珠海、佛山、顺德、东莞、惠州、肇庆、湛江、河源、汕头、梅州等国内省、地级以上市丰顺同乡会乡亲代表；泰国华人青年商会代表，广东丰顺商会、有关行业协会（商会）代表等1000

多名乡亲齐聚一堂，欢叙乡情，共话发展。

**【丰顺举行环绕丰顺磨房 200 千米骑行活动】** 11 月 1 日上午，2015 年环绕丰顺磨房 200 千米骑行活动在丰顺举行，来自国内外的 1.3 万名骑友骑行畅游中国温泉之城、中国长寿之乡。此次活动由丰顺县政府、梅州日报社和磨房网主办，以“畅骑丰顺，乐享泉城”为主题，旨在传播绿色时尚低碳生活理念，推广健康环保的出游方式，推动全民健身及生态旅游发展。活动以丰顺新世纪广场为起点，途经北斗、丰良、龙岗、大龙华、潭江、隬隍镇及金贵大道、金河大道等，最终回到新世纪广场，全程 168 千米。

**【2015年 “喜德盛杯”山地自行车国际邀请赛在丰顺举行】** 2015年11月15日，由中国自行车运动协会、广东省自行车运动协会、广东省自行车电动车行业协会主办，丰顺县人民政府、梅州市体育局承办，深圳市喜德盛自行车有限公司冠名的2015年中国• 丰顺“喜德盛杯”山地自行车国际邀请赛在丰顺县隆重举行。此次活动主题为“激情丰顺赛、骑乐温泉城”，活动内容包括国际山地自行车竞赛、极限自行车十强争霸赛、自行车企业产品展等。比赛项目包括：男子山地国际公开组、粤东市民男子体验组、男子山地普通A 组、男子山地普通 B 组、女子山地公开组、极限自行车十强争霸赛。赛事奖励总奖金高达25万元。来自俄罗斯、美国、英国、法国等13个国家以及全国业余自行车俱乐部的选手、极限自行车爱好者共1000多名选手参赛。

（曾杏美）

## 党的建设

**【简述】** 一年来，全县党建工作始终把握正确的政治方向，充分发挥党委总揽全局、协调各方的领导核心作用，坚持深入贯彻中共十八大和十八届五中全会、市县全委会和上级组织工作会议精神，围绕丰顺县全面深化改革、加快振兴发展战略，主动适应从严治党新常态，狠抓各项工作落实，全面推进党的思想、政治、组织和作风建设。至 2015 年年底，全县共有基层党（工）委 38 个、党组 36 个、党总支 19 个、支部 719 个，党员 22082 人。

**【开展“三严三实”专题教育】** 县委坚持把“三严三实”（严以修身、严以用权、严以律已，谋事要实、创业要实、做人要实）专题教育作为重大政治任务来抓，按照中央的部署，迅速行动，科学谋划，统筹部署，有序推进，狠抓落实。认真实施“三个”关键动作，确保“三严三实”专题教育取得实效。一是上好一场专题党课。2015 年“七一”前后，县处级以上党员领导干部到挂钩联系点为党员干部讲专题党课 36 场（次），受教育党员干部 1400 多人次，进一步增强领导干部党性修养，提升为民服务意识。二是开展三场专题学习研讨。县处级领导干部围绕“严以修身”“严以律已”“严以用权”开展 3 场专题研讨，撰写学习心得体会 110 多篇，进一步坚定理想信念，把牢思想和行动的“总开关”。三是开好两场专题生活会。开好以践行“三严三实”为主题的县党政党员领导干部专题民主生活会，在相互批评中做到坦诚相见、开门见山，直奔主题、切中要害，点准穴位、见筋见骨，用事例说话，达到红脸出汗的目的。通过抓好“三严三实”教育实践活动，县处级领导干部更加讲纪律，更加守规矩，更加树“严实”，为农村基层办了一大批好事实事，从而推动全县党员干部提神振气，营造践行“三严三实”的良好氛围。

**【强化党的思想政治作风建设】** 一是抓好干部教育培训。认真贯彻落实《2013—2017 年全国干部教育培训规划》、省委《2014—2018 年全省干部教育培训规划》及梅州市关于干部培训的工作要求，围绕丰顺县深化改革和振兴发展需要，以县委党校为主阵地，切实加大干部教育培训力度。2015 年重点围绕习近平总书记系列讲话精神、坚定理想信念、党性党风党纪、依法治国与依法行政、实体经济发展、苏区振兴发展、梅兴华丰产业集聚带建设、梅江韩江绿色健康文化旅游产业带建设、电声产业发展、城市扩容提质等，开展各类专题培训、轮训、跟班学习，着力培育一支“信念坚定、为民服务、勤政务实、敢于担当、清正廉洁”的干部队伍。二是切实加强干部监督管理。按照《中国共产党党内监督条例（试行）》和《关于加强干部选拔任用工作监督的意见》的有关要求，大力加强对领导班子和党员干部贯彻执行党的路线方针政策，贯彻执行民主集中制和干部选拔任用工作的监督。按照上级要求，重点抓好超职数配备干部、党政领导干部在企业兼（任）职、“裸官”和档案清理4个方面专项整改工作。进一步严格日常管理，改进考核考察，制订实施考察对象廉政报告制度、主要负责人离任责任交接制度、函询通知书、提醒通知书和诫勉通知书预警告诫办法等，认真执行领导干部个人事项报告制度、诫勉谈话、离任、任中经济责任审计和工作考核制度。加强对领导班子的分析研判，全面准确客观掌握干部的德才表现，对领导干部苗头性问题及早提醒，切实把从严管理干部各项措施落到实处。三是强化作风建设。紧扣“三严三实”专题活动，坚持教育与实践相结合，通过学理论、学先进、树标杆，引导党员干部把群众观点内化为自觉行动，把“三严三实”作为立身处世的基本准则。通过听意见、找问题、挖根源，聚焦“四风”，动真碰硬整改落实，坚决纠正和查处“门难进、脸难看、事难办”“庸懒散奢”“吃拿卡要”、滥用职权等问题，着力解决办事推诿、拖拉、效率不高的问题，严格规范执法部门、窗口服务单位服务态度和工作规程，积极推进行政审批规范化建设，扎实推进直接联系群众工作，解决联系服务群众“最后一公里”问题，解决了一批涉及民生等方面的突出问题，侵害群众利益行为得到有力纠正和惩处，进一步密切党群干群关系，促进党员干部以更优良的作风、更加扎实的行动服务基层、服务群众、推动发展。

**【全面加强党的基层组织建设】** 一是加强领导班子建设。严格按照《干部任用条例》要求选干部、配班子，注重在推动丰顺振兴发展、充分利用中央苏区政策、建设丰顺新区、打造梅兴华丰产业集聚带、重点民生工程等主战场发现干部、考验干部、锻炼干部、使用干部，实现“知人善任，人岗相适、人尽其才”。二是排查整顿软弱涣散基层党组织。通过采用派员驻点、设岗定责、目标管理、检查考核、责任追究等办法，在摸透村情、理清思路的基础上，以“一村一策、一事一策”的原则，通过制定整顿方案和建立整顿台账及销号台账，在抓班子、促发展、建机制、解民生上下功夫，全力抓好30个农村基层“软弱涣散党组织”集中整顿工作，有力推动农村基层的稳定发展。三是全面提升“两新”组织党建工作水平。集中力量抓好“两新”组织（新经济组织、社会组织）“扩面提质”工作，全面提高县“两新”组织党组织覆盖率。在全县450家“两新”组织499党员中建立73个党支部。四是着力抓好书记项目品牌实施。认真落实“书记抓、抓书记”基层党建工作责任制，继续抓好“书记项目”工作，实行书记领办、组织部门（机关党委）主办、基层党组织承办的“三办”工作机制，全力抓好13个县级、4个市级书记项目，把书记项目打造成为代表丰顺县基层党建工作水平的新品牌。五是提高党员队伍素质。抓好《中国共产党发展党员工作细则》学习、宣传和贯彻工作，举办学习贯彻《中国共产党发展党员工作细则》培训示范班。严格按照“控制总量、优化结构、提高质量、发挥作用”的总要求，把好入口、数量、质量、程序等“四道关口”，抓好发展党员工作，抓好民主评议党员，促进党员队伍素质整体提高。

**【落实党建工作责任制】** 抓好镇（场）党委书记述职评议考核工作，牢固树立“把抓好党建作为最大的政绩”的理念，着力强化党委书记抓党建的“主业”意识，落实管党责任，提高管党水平，努力形成责任明确、领导有力、运转有序、保障到位的工作机制，切实把抓基层打基础工作抓严抓实，抓出成效。全县17个镇（场）党委书记每年向县委就如何进一步抓好基层党组织建设进行述职，并进行评议考核。

（郑雁鸿）

# 政 治

# 中共丰顺县委员会

## 2015年丰顺县委主要事项、会议简述

**【黄强深入到丰顺县凤坪畲族村和黄花村调研时强调要大力培育发展农村特色产业】** 1月26日下午，市委书记黄强深入到丰顺县潭江镇凤坪畲族村和砂田镇黄花村调研，强调要高度重视做好“三农”工作，大力培育发展特色产业，扎实推进美丽乡村建设，有效增加农民收入，不断壮大村级集体经济，实现农业强、农村美、农民富。市委常委、秘书长彭耀新，市委常委、组织部部长曾祥华，丰顺县委书记陈志宁，以及市直有关单位负责人等陪同调研。

**【中国共产党丰顺县第十二届委员会第五次全体会议】** 2015年1月28日上午在县会展中心大会堂召开中国共产党丰顺县第十二届委员会第五次全体会议。县委委员、候补委员、不是县委委员、候补委员的县人大、县政府、县政协、县纪委全体领导、县法院院长、县检察院检察长、正、副处（县）级干部、各镇（场）党委书记、镇（场）长、县直副局以上单位和省、市属驻丰顺单位现职副科以上干部参加了会议。会上，陈志宁代表县委常委会向全会作工作报告，曾永祥作经济工作专题讲话，郑奕雄作《中共丰顺县委关于全面推进依法治县的实施意见》（讨论稿）的起草说明。并分组讨论、表决通过《意见》稿和全会《决议》（草案）。

**【县纪委十二届五次全会】** 2015年1月28日下午至29日上午在县会展中心大会堂召开县纪委十二届五次全会。县委、县人大、县政府、县政协、县纪委全体领导、县人民法院院长、县检察院检察长、正、副处（县）级干部、县纪委委员、各镇（场）党委书记、镇（场）长、纪委书记、县直副局以上单位和省、市属驻丰顺单位现职副科以上干部、县纪检监察机关全体干部参加会议。会上，曾永祥传达中央纪委十八届五次、省纪委十一届四次及市纪委六届五次全会精神。唐秀娟代表县纪委常委会作工作报告。陈志宁讲话。审议通过纪委全会工作报告和《决议》（草案）。

**【叶胜坤到北斗镇调研时要求：创新思路，突出特色，加快推进社会建设和美丽乡村建设】** 1月30日上午，市委副书记叶胜坤率市直有关部门负责人一行在县委书记陈志宁，县委副书记郑奕雄，县委常委、办公室主任郑春鹏，以及有关单位负责人的陪同下到北斗镇调研社会建设和美丽乡村建设。

**【陈志宁在县财政工作会议上要求：抢抓新机遇，适应新常态，奋力开创财税工作新局面】** 2月2日上午，丰顺县召开2014年财政工作会议。会议传达了全省财政工作会议精神，总结回顾2014年工作情况，部署2015年财政工作。县委书记陈志宁出席会议并作讲话。他要求，财政部门要坚定信心，锐意进取，抢抓新机遇，适应新常态，奋力开创财税工作新局面。副县长罗卫标，以及县财政全体干部职工参加会议。

**【陈志宁、曾永祥率队调研县城重点工程项目建设和节前食品安全工作】** 2月12日下午，县委书记陈志宁，县委副书记、县长曾永祥率队到县城中心城区、市场调研重点工程项目建设和节前食品安全工作，并现场办公解决工作中遇到的困难和问题。县委常委、宣传部部长凌浚，县委常委、办公室主任郑春鹏，副县长刘超平，以及县交通、药监、卫计等有关单位负责人陪同调研。

**【县重点项目建设工作会议】** 2015年3月3日上午9时在县会展中心310会议室召开由陈志宁主持的县重点项目建设工作会议。县委、县人大、县政府、县政协、县纪委全体领导、梅州丰顺新区管委会副主任、县人民法院院长、县检察院检察长、正、副处（县）级干部、各镇（场）党政主要负责同志、县直副局以上单位和省、市属驻丰顺单位主要负责同志参加会议。

**【县委政法工作会议】** 2015年3月11日上午在县会展中心大会堂召开县委政法工作会议。县领导：陈志宁、曾永祥、徐庆青、朱云辉、郑奕雄、凌浚、唐秀娟、丘炀、陈辉祥、郑春鹏、房春鸣、赖昌仁、张映文、各镇（场）党委书记、镇（场）长、党委副书记、中心法庭庭长、派出所所长和教导员、司法所所长、综治信访维稳中心常务副主任、县直副局以上单位和省、市属驻丰顺有关单位主要负责同志、县委政法委、县信访局副科职以上干部、县人民法院、县人民检察院、县公安局、县司法局正股级以上干部参加会议。会上，房春鸣传达中央、省、市委政法工作会议主要精神，陈辉祥作政法工作报告，陈志宁讲话。

**【陈志宁、曾永祥要求：加强沟通，协力合作，全力加快产业园区各项基础设施建设步伐】** 3月30日上午，县委书记陈志宁，县委副书记、县长曾永祥率队到埔寨镇调研园区基础设施建设和项目推进工作。陈志宁、曾永祥要求：各级各有关部门要加强沟通，协力合作，全力加快产业园区各项基础设施建设步伐。县政协主席徐庆青，县委副书记郑奕雄，县委常委、常务副县长廖茂忠，县委常委周滨等领导参加调研活动。

**【县委常委（扩大）会议】** 2015年3月30日下午在县迎宾馆一楼会议室召开县委常委（扩大）会议。县党政领导班子成员、县政协主席、县人大常委会常务副主任、县人民法院院长、县检察院检察长、县委办、县府办正、副主任、县直有关单位主要负责同志参加会议。

**【胡钛到丰顺县调研实体经济发展和镇纪委规范化建设工作】**

4月13日，市委常委、市纪委书记胡钛率市纪委机关干部到丰顺县调研实体经济发展和镇纪委规范化建设工作。县委书记陈志宁，县委常委、纪委书记唐秀娟，县委常委、办公室主任郑春鹏，副县长、公安局局长房春鸣，以及有关单位负责人陪同调研。

**【市委书记黄强到丰顺县调研时强调：大力发展实体经济，力促企业做大做强】** 4月27日上午，市委书记黄强到丰顺县调研发展实体经济工作。黄强要求，各级各部门要抢抓机遇、坚定信心，切实把发展实体经济尤其是工业作为重中之重，突出抓好工业园区建设，加大科技创新力度，进一步提升产品的核心竞争力和企业的市场竞争力，努力把企业做大、做强。

调研期间，黄强在县委书记陈志宁，县委常委、办公室主任郑春鹏，以及有关部门负责人的陪同下，先后深入到深华现代医药物流中心、丰顺瑞丰粮油食品有限公司等地调研。

**【梅汕高铁在丰顺正式开工建设】** 4月27日下午，梅州境内第一条高速铁路——梅汕高铁在丰顺县正式开工建设。省委书记胡春华、省长朱小丹到梅州现场考察梅汕高铁开工建设情况，看望慰问项目参建代表和一线建设工人，听取关于全省铁路建设主要项目和梅汕高铁规划建设情况汇报。

中国铁路总公司副总经理卢春房；省委常委、常务副省长徐少华，省委常委、秘书长林木声，省政府秘书长、办公厅主任李锋，省委副秘书长、办公厅主任刘可为，省直有关单位负责人；中国铁路总公司工程管理中心主任李志义，广铁集团公司董事长、总经理武勇；潮州市委书记李水华，揭阳市委书记严植婵；梅州市委书记黄强，市长谭君铁，市委副书记叶胜坤，市委常委、秘书长彭耀新，副市长陈建青，丰顺县委书记陈志宁、县长曾永祥和市铁路建设办公室负责人等参加活动。

**【陈志宁要求：推动农业增产，农民增收，努力开创“三农”工作新局面】** 4月29日上午，县委、县政府召开全县农村工作会议，县委书记陈志宁主持会议，他要求：全县各级各部门要深刻认识农业农村发展新阶段、新形势、新要求，推动新型工业化、新型城镇化、信息化、农业现代化和绿色化同步发展，努力开创“三农”工作新局面。县委副书记、县长曾永祥，县人大常委会副主任罗喜周，副县长黄纯忠，县政协副主席谢仁泉，以及各镇（场）、县直相关单位负责人参加会议。

**【全县农村工作会议】** 2015年4月29日下午在会展中心310会议室召开由陈志宁主持的全县农村工作会议。县领导陈志宁、曾永祥、罗喜周、黄纯忠、谢仁泉、各镇（场）党委书记、县直副局以上单位和省、市属驻丰顺单位主要负责同志及有关单位部门股级以上干部参加会议。

**【收听收看广东省“三严三实”专题教育工作电视电话会议】** 2015年5月11日下午3时在会展中心210电视电话会议室收听收看广东省“三严三实”专题教育工作电视电话会议。县委、县人大、县政府、县政协全体领导、县人民法院院长、县检察院检察长、梅州丰顺新区管委会副主任、正、副处（县）级干部及其他处级以上干部参加会议。

**【省发改委调研组到丰顺县调研粮食仓储设施中央投资补助项目工作】** 6月2日上午，省发展改革委党组成员、副主任陈志清率省发改调研组一行，到丰顺县调研粮食仓储设施中央投资补助项目工作。县委书记陈志宁，县委常委、办公室主任郑春鹏，县委常委、常务副县长廖茂忠，以及市、县发改局等有关单位负责人陪同调研。

**【丰顺县违法违规用地专项整治工作会议】** 2015年6月2日下午3时在县迎宾馆一楼会议室召开丰顺县违法违规用地专项整治工作会议。县领导陈志宁、曾永祥、廖茂忠、房春鸣、廖若旦、有关镇（场）党政主要负责同志、县直有关单位负责同志参加会议。

**【王荣率队到汤西镇和安村开展扶贫开发“双到”调研活动】** 6月9日上午，省政协主席王荣，省政协副主席梁伟发率队深入到省政协帮扶点汤西镇和安村开展扶贫开发“双到”调研活动。王荣希望驻村工作组要统筹谋划，再接再厉，切实帮助和安村早日实现脱贫致富目标。

调研期间，王荣、梁伟发等一行在市委书记黄强，市政协主席李金元，县委书记陈志宁，县政协主席徐庆青，县委常委、办公室主任郑春鹏，县委常委周滨等领导的陪同下，看望慰问陈学金、吴义娇两户贫困户，实地察看和安村上村文化广场建设以及和安河道清淤护岸及沿河道路硬底化工程施工现场建设情况，并认真听取驻村干部的有关工作情况汇报。

**【“三严三实、严以修身”专题学习研讨会以及县委常委会】** 2015年7月17日上午9时在县迎宾馆一楼会议室召开由陈志宁主持的“三严三实、严以修身”专题学习研讨会以及县委常委会。县委、县人大、县政府、县政协全体领导，梅州丰顺新区管委会正、副主任，县人民法院院长，县检察院检察长，正、副处（县）级干部参加会议。

**【陈志宁到汤南镇调研时要求：加强协作，加快进度，确保各重点项目早日完成】** 7月20日上午，县委书记陈志宁深入到汤南镇调研重点项目工作推进情况，协调解决在开展各项重点工作中所遇到的困难和问题。陈志宁要求：各相关部门要加强协作，加快进度，确保各重点项目早日完成。县委副书记廖茂忠，县委常委、办公室主任黄建斐以及县委办、县公路、住建、司法、国土以及汤南镇等相关单位负责人陪同调研。

**【陈志宁、曾永祥率队到梅州军分区开展“八一”拥军慰问活动】** 在建军88周年即将到来之际，7月27日上午，县委书记陈志宁，县委副书记、县长曾永祥率队到梅州军分区开展“八一”拥军慰问活动，向广大人民子弟兵们致以诚挚的问候和良好的祝愿。

**【谭君铁率队到丰顺县检查督导经济工作】** 7月29日下午，市委副书记、市长谭君铁率领市检查督导组到丰顺县检查督导经济工作。谭君铁充分肯定丰顺县近年来认真贯彻落实省、市关于加快振兴发展的决策部署，务实推动“三大抓手”所取得的重要成效。市领导黄伟闻、史明峰参加检查。县领导陈志宁、曾永祥、郑奕雄、郑春鹏、黄建斐、黄智勇、傅伟芳等陪同检查。

谭君铁一行先后深入埔寨农场饲料园、广州海珠（丰顺）产业转移工业园汇威科技园、鼎新科技公司、旺兴达光电公司、培英电声公司、深华药业公司，丰顺碧桂园、沿江东路、瑞丰粮油食品公司等项目，实地检查实体经济发展、园区扩容增效、城市扩容提质及基础设施建设等情况，详细了解丰顺县经济运行情况。

**【省人大领导肯定丰顺县古村落保护与开发工作】** 8月6日上午，省人大法工委主任王波率队到丰顺县调研古村落保护与开发工作。他对丰顺县近年来在保护和发展传统古村落、古民居工作中所取得的成效给予肯定。

王波等一行在县委书记、县人大常委会主任陈志宁，县人大常委会常务副主任朱云辉以及市、县人大等有关负责人的陪同下，深入到汤南镇种王上围调研，实地察看丰顺县在开展古村落保护与开发工作中的工作情况。在种王上围，王波边走边听边看，对丰顺县近年来在保护和开发传统古村落工作中所取得的成效给予肯定。

**【陈志宁强调：引领交通改善，推进城市拓展集约产业发展，努力当好梅州振兴发展生力军】** 8月10日下午，全县进一步加快振兴发展工作会议在县会展中心大会堂召开。县委书记陈志宁主持会议并作讲话，强调要认真落实省委、省政府和市委、市政府工作部署，紧扣原中央苏区和粤东西北地区振兴发展“两大政策”，拿出破釜沉舟的勇气、背水一战的决心，锐意进取、奋力拼搏，扎实做好各项工作，努力当好梅州振兴发展生力军。县委副书记、县长曾永祥对下一阶段全县加快振兴发展工作进行部署。

会上，陈志宁充分肯定全县加快振兴发展取得的成效，他指出，2014年以来，丰顺县认真落实省委、省政府和市委、市政府工作部署，紧扣原中央苏区和粤东西北地区振兴发展“两大政策”，明确“一个目标”，扭紧“三大抓手”，坚守“两条底线”，主动融入丰华兴梅产业集聚带，实施丰顺新区和韩江（中上游）特色旅游带“一区一带”发展战略，集中开展“项目建设年”活动，加快振兴发展保持良好势头。就如何加快丰顺振兴发展，陈志宁着重提出三点要求：一是要坚定不移推进振兴发展战略。二是要坚定不移聚焦振兴发展项目。三是要坚定不移优化振兴发展环境。

**【陈志宁在“创卫”工作推进会上要求：铆足干劲，加压前进，确保“创卫”目标如期实现】** 8月11日下午，县委书记陈志宁、县委副书记、县长曾永祥率队调研丰顺县“创卫”工作。陈志宁、曾永祥要求，要进一步发动全县力量，铆足干劲、落实责任，破难攻坚，加压前进，全力冲刺、全力迎检，确保“创卫”目标如期实现。县委常委、常务副县长郑春鹏、副县长刘超平、黄纯忠、县纪委副书记、监察局局长廖若旦等领导陪同检查或参加会议。

**【陈志宁在全县纪律教育学习大会上要求：增强纪律观念，严守政治纪律和政治规矩，让纪律和规矩成为不可触碰的红线】** 8月13日下午，丰顺县召开全县纪律教育学习大会，贯彻落实省委、省纪委要求和全市纪律教育学习大会精神，以“守纪律、讲规矩、作表率”为主题，部署开展2015年纪律教育学习活动。县委书记陈志宁站在全局和振兴发展的战略高度，为与会人员上了一堂鲜明生动、意义深刻的专题辅导报告。县委副书记、县长曾永祥主持会议。

陈志宁指出，“欲知平直，则必准绳；欲知方圆，则必规矩。”政治纪律、政治规矩，是我们立党的基石和保证，也是每个党员必须坚守的政治生命线。各级党组织要引导党员干部增强纪律观念，特别是严守政治纪律和政治规矩，让纪律和规矩成为不可触碰的红线。

**【市政协领导率队到丰顺县调研】** 8月21日，市政协党组副书记、副主席张光明，市政协副主席肖平率队组成的调研组到丰顺县调研。市政协秘书长曾祥海，县委书记、县人大常委会主任陈志宁，县委副书记、县长曾永祥，县政协主席徐庆青，县委常委黄智勇，县委常委、办公室主任黄建斐，县政协副主席林桂庵以及市、县有关部门负责人陪同调研或参加座谈会。

调研组一行先后深入到电声大厦、埔农绿色饲料生产基地、海珠（丰顺）产业转移园、培英电声有限公司、深华药业有限公司、蓝田农业有限公司、瑞丰粮油食品有限公司实地调研，认真听取有关工作情况汇报。

**【陈志宁带队检查易燃易爆场所时强调：绷紧安全生产这根弦，全面排查安全隐患，确保生产安全】** 8月25日下午，县委书记陈志宁带队开展对危险品库站安全检查时强调：要牢固树立安全责任意识，绷紧安全生产这根弦，全面排查安全隐患，以防事故、防爆防火为目标，确保生产安全。

检查期间，陈志宁在县委常委、常务副县长郑春鹏、县府办、县安全监督管理局、县消防大队等单位负责人的陪同下，首先来到位于北斗镇石桥村深山里的炸药存储仓库。陈志宁、郑春鹏一行对民爆物品仓库各项规章制度、民爆物品进出台账、仓库人防、技防及监控设施进行逐一认真检查，并详细询问雷管、炸药安全管理各项措施落实、应对周边山火防护设施等情况。陈志宁要求：各级各相关部门要牢固树立安全责任意识，紧绷安全生产这根弦，全面排查安全隐患，以防事故、防爆炸为目标，强化民爆物品储存、运输、使用各环节的隐患排查，确保爆炸药品“不漏管，不流失”；同时要密切关注存储环境、注意防火防盗防潮；严格落实保管制度，对于库存炸药要如实登记，逐一造册，切实做到底数清、情况明；严格出库使用程序，确保周边群众安全为第一前提。

随后，陈志宁、郑春鹏一行来到位于汤西镇石岗村的一处液氧充氧站，重点对该场所室内和厂房的消防设施、器材是否完整好用，疏散通道、安全出口是否畅通，消防安全管理制度是否全面落实等情况进行详细检查。陈志宁要求切实克服麻痹大意思想，时刻保持高度警惕，不抱侥幸心理，杜绝重特大火灾事故和人员伤亡事故的发生，确保生产安全。

**【陈志宁到九龙嶂生态旅游区调研时要求：高度重视旅游安全工作，加快景区景点建设步伐　力争建成精品生态旅游区】** 9月2日上午，县委书记陈志宁率队到丰良镇九龙嶂生态旅游区调研景区景点建设工作时要求，突出地方特色和资源优势，加快景区景点建设步伐和开发力度，力争建成精品生态旅游区。县委副书记廖茂忠，县委常委、副县长黄守新参加调研。

陈志宁、廖茂忠、黄守新等县领导在县旅游局、县公路局等有关单位负责人的陪同下，专程深入到丰良镇九龙嶂生态旅游区进行调研，认真听取景区负责人有关景区规划设计、开发建设等工作汇报，详细了解景区建设情况。

**【陈志宁要求：用党纪国法律己，用道德正己，用典型照己】** 9月7日上午，丰顺县召开“严以律己”专题学习研讨会，县委书记陈志宁主持会议并作讲话。陈志宁强调，党员领导干部要切实增强党纪、国法和道德意识，守纪律、讲规矩，要增强行动自觉性，用党纪国法律己，用道德正己，用典型照己。

县委、县人大、县政府、县政协全体领导，梅州丰顺新区管委会正、副主任，县人民法院院长、检察院检察长，正、副处（县）级干部参加了会议。就如何做到严以律己，陈志宁结合实际谈了几点意见。一是切实增强党纪、国法和道德意识。二是切实筑牢新常态下守纪律、讲规矩的防线。三是切实增强不做“两面人”、做好老实人的行动自觉。

**【市纪委领导到丰顺县开展农村基层党员、干部违纪违法线索集中排查活动督导】** 9月9日下午，市纪委常委卢尧生率领检查组到丰顺县开展农村基层党员、干部违纪违法线索集中排查活动督导。县委书记、县人大常委会主任陈志宁，县委常委、纪委书记唐秀娟，县纪委副书记王琳等领导陪同督导。

**【市政协视察组检查丰顺县丰华兴梅产业集聚带规划建设工作】** 9月10日上午，市政协副主席李忠良率领视察组，到丰顺县调研丰华兴梅产业集聚带规划建设工作。县委书记陈志宁，县政协主席徐庆青，县委常委、副县长黄智勇，市、县经信局，县府办等相关单位负责人陪同调研。

其间，李忠良一行先后深入到埔寨农场绿色饲料园、广州海珠（丰顺）产业转移工业园、广东深华药业有限公司、丰顺碧桂园等地，实地调研丰顺县工业园建设情况，详细了解丰华兴梅产业集聚带规划建设工作。

**【省住建厅厅长王芃率队到埔西村开展帮扶活动】** 9月29日上午，省住建厅党组书记、厅长王芃率队到挂钩帮扶点埔寨镇埔西村开展扶贫开发“双到”帮扶活动。县委书记陈志宁，县委常委、副县长黄守新，县政府党组成员朱报正，以及县扶贫开发局，县住建局等相关单位负责人陪同参加活动。

**【丰顺举行烈士纪念日公祭活动】** 9月30日是国家烈士纪念日。当天上午，丰顺县在该县东山公园革命烈士纪念碑举行烈士公祭活动。丰顺县委书记陈志宁、县长曾永祥率领该县全体领导、有关部门负责人、县武装部、消防大队、武警中队以及烈属代表、老战士代表、学校师生代表、各界群众代表等200多人参加当天的烈士公祭活动。

**【第九届世界丰顺同乡联谊会】** 2015年10月11日上午，在县会展中心大会堂召开第九届世界丰顺同乡联谊会。上级领导、全体受邀嘉宾、县委、县人大、县政府、县政协、县纪委全体领导、县人民法院院长、县检察院检察长、正、副处（县）级干部、离退休副处级以上老同志、各镇（场）党委书记、镇（场）长、县直副局以上单位和省、市属驻丰顺单位干部、县内企业家代表和行业（商会）代表参加会议。

**【陈志宁在调研虎局水库用水保障工作时要求：科学、合理调配水资源，切实为城区居民的生产生活用水提供保障和支持】** 10月16日上午，县委书记陈志宁率队深入到虎局水库调研用水保障工作。他要求，相关部门要未雨绸缪，科学、合理调配水资源，切实为城区居民的生产生活用水提供保障和支持。县委常委、办公室主任黄建斐以及县委办、县水务局和县供水服务中心等有关部门负责人陪同调研。

**【陈志宁要求：加快施工进度，高标准打造中小河流治理示范工程】** 10月16日上午，县委书记陈志宁率队开展中小河流治理调研工作。他要求，各级各相关部门要抢抓施工黄金季节，加快施工进度，高标准打造中小河流治理示范工程。县委常委、办公室主任黄建斐以及县委办、县水务局和县供水服务中心等有关部门负责人陪同调研。

**【陈志宁、曾永祥率队调研埔寨镇土地房屋征收暨产业园区环保工作】** 10月26日，县委书记陈志宁，县委副书记、县长曾永祥率队到埔寨镇调研土地房屋征收工作和产业园区工作。陈志宁、曾永祥要求：各级各部门要加强沟通、协调配合、同心同德，全力以赴为丰顺的经济发展打下一个坚实的基础。县政协主席徐庆青，县委常委、办公室主任黄建斐，县委常委、副县长黄智勇以及县委办、县府办、县国土、住建、环保、水务、公路、发改、经信、供电、产业园区办和埔寨镇等有关部门主要负责人陪同调研。

**【丰顺县传达贯彻省委书记胡春华到梅州讲话精神干部大会】** 2015年10月28日上午在县会展中心310会议室召开由陈志宁主持的丰顺县传达贯彻省委书记胡春华到梅州讲话精神干部大会。县委、县人大、县政府、县政协、县纪委全体领导同志，县人民法院院长，县检察院检察长，正、副处（县）级同志，各镇（场）党政主要负责同志，县直副局以上单位和省、市属驻丰顺单位主要负责同志参加会议。

**【黄强到丰顺调研时强调加快推进海珠（丰顺）工业园建设】** 11月3日上午，市委书记黄强到丰顺县调研并检查梅兴华丰产业集聚带有关项目建设进展情况，强调丰顺要深入贯彻落实党的十八届五中全会和省委书记胡春华到梅州调研重要讲话精神，加强政策对接，聚焦产业项目，加快推进广州海珠（丰顺）产业转移工业园建设，努力当好梅州工业振兴发展生力军，为梅州原中央苏区加快振兴发展做出丰顺应有的贡献。

黄强先后深入丰达路、县实验中学、温泉小镇、广州海珠（丰顺）产业转移工业园等现场，实地察看梅兴华丰产业集聚带有关产业项目和配套设施建设进展。随后，黄强主持召开座谈会，听取丰顺工作汇报，重点研究如何加快推进梅兴华丰产业集聚带有关项目建设。

黄强要求，丰顺要切实按照中央和省委部署，认真抓好党的十八届五中全会精神学习贯彻工作，迅速在全县掀起抓落实的高潮，把五中全会的新理念、新思想、新目标、新要求、新举措贯穿到具体工作中去，努力完成全面建成小康社会决胜阶段的各项任务，率先实现原中央苏区振兴发展。

市委常委、秘书长彭耀新，副市长、市公安局局长史明锋，丰顺县委书记陈志宁、县长曾永祥，以及市直有关单位负责人等陪同调研。

**【“严以用权”专题学习研讨会】** 2015年11月6日，在县迎宾馆一楼会议室召开由陈志宁主持的“严以用权”专题学习研讨会。县委、县人大、县政府、县政协全体领导，梅州丰顺新区管委会正、副主任，县人民法院院长，县检察院检察长，正、副处（县）级干部参加会议。

**【胡钛到丰顺县调研党风廉政建设工作时强调：学习两项法规 落实两个责任 为振兴发展提供有力保障】** 11月9日上午，市委常委、市纪委书记胡钛到丰顺县调研党风廉政建设工作，强调要认真学习贯彻党的十八届五中全会精神和两项法规，以基层党员干部违纪违法线索集中排查为抓手，坚持把纪律和规矩挺在前沿，进一步压实党风廉政建设“两个责任”，为发展县域经济、振兴发展提供有力保障。县委书记陈志宁，以及廖茂忠、唐秀娟、丘炀、黄建斐等县领导陪同调研或参加座谈会。

**【陈志宁主持召开县委常委（扩大）会议 研究部署当前重点工作】** 11月9日下午，县委书记陈志宁主持召开县委常委（扩大）会议，传达学习市委《关于落实省委“三个区分”原则激发干事创业激情 整治为官不为行为的意见》的文件精神，研究部署当前重点工作。县委副书记、县长曾永祥以及朱云辉、廖茂忠、唐秀娟、凌浚、丘炀、陈辉祥、邱翠茂、郑春鹏、黄建斐、黄守新等县领导参加会议。

**【陈志宁、曾永祥率队调研榕江北河生态景观提升工程建设工作时要求：科学规划，合理布局，打造城市生态景观新亮点】** 11月10日下午，县委书记陈志宁，县委副书记、县长曾永祥率队调研榕江北河生态景观提升工程建设工作，强调各级各相关部门在榕江北河生态景观提升工程建设中要科学规划，合理布局，打造城市生态景观新亮点。县委常委、办公室主任黄建斐，副县长黄纯忠以及县府办、县住建、水务、城管、林业等有关部门负责人陪同调研。

## 2015年丰顺<br>县委、县委办主要文件目录

**（一）2015年度丰顺县委（丰发）发布文件目录**

丰发〔2015〕1号 中共丰顺县委关于印发《丰顺县深入开展党的群众路线教育实践活动实施方案》的通知

丰发〔2015〕2号 关于印发《中共丰顺县委关于全面推进依法治县的实施意见》的通知

丰发〔2015〕3号 中共丰顺县委 丰顺县人民政府关于2014年度人口与计划生育目标管理责任制考核结果的通知

丰发〔2015〕4号 中共丰顺县委 丰顺县人民政府关于表彰创建广东省教育强县先进单位和个人的决定

丰发〔2015〕5号 中共丰顺县委 丰顺县人民政府关于表彰2015年中高考工作先进单位和先进工作者的决定

丰发〔2015〕6号 中共丰顺县委 丰顺县人民政府关于印发《丰顺县森林防火工作责任追究实施方案》的通知

**（二）2015年度丰顺县委（丰委）发布文件目录**

丰委〔2015〕1号 中共丰顺县委关于同意

召开政协第九届丰顺县委员会第五次会议的批复

丰委〔2015〕2号　中共丰顺县委关于同意召开十四届人大六次会议建议时间和建议议程的批复

丰委〔2015〕3号　中共丰顺县委关于同意政协第九届丰顺县委员会中增补政协委员及常务委员的批复

丰委〔2015〕4号　关于成立中共丰顺县第十四届人民代表大会第六次会议临时委员会和下设八个临时党支部的通知

丰委〔2015〕5号　关于给予赖建军同志党内严重警告处分的决定

丰委〔2015〕6号　关于给予刘雪峰同志党内严重警告处分的决定

丰委〔2015〕7号　关于给予李志奎同志党内严重警告处分的决定

丰委〔2015〕8号　关于黄守新同志挂任职务的通知

丰委〔2015〕9号　关于邀请市领导出席丰顺县与工信部电子五所战略合作框架协议签约仪式的请示

丰委〔2015〕10号　关于邀请工信部电子信息司领导莅临广东丰顺调研指导打造百亿电声产业的请示

丰委〔2015〕11号　关于调整中共丰顺县委常委分工的通知

丰委〔2015〕12号　关于黄智勇同志职务任免的通知

丰委〔2015〕13号　关于设立丰顺县工商和质量技术监督局党委的通知

丰委〔2015〕14号　关于朱报正同志任职的通知

丰委〔2015〕15号　关于对彭广沈同志进行党纪立案的批复

丰委〔2015〕16号　关于黄瑞剑同志辞去县委候补委员的决定

丰委〔2015〕17号　关于彭广沈同志辞去县委委员的决定

丰委〔2015〕18号　关于同意给予彭广沈同志撤销党内职务处分的批复

丰委〔2015〕19号　关于廖茂忠等同志职务任免的通知

丰委〔2015〕20号　关于调整中共丰顺县委常委分工的通知

丰委〔2015〕21号　关于廖茂忠等同志职务任免的通知

丰委〔2015〕22号　关于同意冯明赞同志辞去县委委员的决定

丰委〔2015〕23号　关于丰顺县在梅州市第四届世界客商大会期间召开第九届丰顺同乡联谊会的请示

丰委〔2015〕24号　关于吴瑞文等同志免职的通知

丰委〔2015〕25号　关于举办2015年环绕丰顺磨房200KM骑行活动的报告

丰委〔2015〕26号　关于吴瑞文等同志免职的通知

丰委〔2015〕27号　关于给予叶振通同志撤销党内职务处分的批复

**（三）2015年度丰顺县委办公室发布文件目录**

丰委办〔2015〕1号　关于印发《丰顺县公务接待规定》的通知

丰委办〔2015〕2号　中共丰顺县委办公室印发《关于建立镇（场）领导干部驻点普遍直接联系群众制度的实施方案》的通知

丰委办〔2015〕3号　关于整合成立丰顺县振兴发展工作领导小组的通知

丰委办〔2015〕4号　关于李丽仙等同志职务任免的通知

丰委办〔2015〕5号　关于开展2015年春季计划生育集中服务的通知

丰委办〔2015〕6号　关于印发丰顺县2015年社会保险扩面征缴工作意见的通知

丰委办〔2015〕7号　中共丰顺县委办公室关于印发《丰顺县2015年依法治县工作要点》的通知

丰委办〔2015〕8号　关于成立丰顺县广东光彩事业老区（丰顺）行捐助项目与资金监管实施领导小组的通知

丰委办〔2015〕9号　关于印发丰顺县突发事件信息报告处理办法的通知

丰委办〔2015〕10号　关于建立丰顺县构

建公共法律服务体系工作联席会议制度的通知

丰委办〔2015〕11 号　关于创建广东省卫生县城实行县领导和县直及省、市属驻丰单位挂钩管理的通知

丰委办〔2015〕12 号　关于调整县委反腐败领导小组成员的通知

丰委办〔2015〕13 号　关于成立丰顺县委农村工作领导小组的通知

丰委办〔2015〕14 号　关于印发《丰顺县2015 年重点项目工作目标责任制实施方案》的通知

丰委办〔2015〕15 号　关于李创辉同志职务任免的通知

丰委办〔2015〕16 号　关于徐忠同志任职的通知

丰委办〔2015〕17 号　关于印发《丰顺县培育发展村民理事会的实施方案》的通知

丰委办〔2015〕18 号　关于印发《丰顺县关于贯彻落实（2014—2018）全国党员教育培训工作规划的实施办法》的通知

丰委办〔2015〕19 号　中共丰顺县委办公室印发《关于在全县处级以上领导干部中开展“三严三实”专题教育的实施方案》的通知

丰委办〔2015〕20 号　关于调整丰顺县殡葬改革工作领导小组成员的通知

丰委办〔2015〕21 号　中共丰顺县委办公室关于印发《丰顺县统战工作联席会议制度》的通知

丰委办〔2015〕22 号　关于印发《2015 年丰顺县机关作风评议实施办法通知

丰委办〔2015〕23 号　中共丰顺县委办公室关于在“三严三实”专题教育中深化落实党的群众路线教育实践活动整改任务的通知

丰委办〔2015〕24 号　关于调整丰顺县全民国防教育领导小组成员的通知

丰委办〔2015〕25 号　关于增补丰顺县关心下一代工作委员会名誉主任的通知

丰委办〔2015〕26 号　中共丰顺县委办公室关于成立县委基层治理领导小组的通知

丰委办〔2015〕27 号　关于贯彻落实《中共广东省委关于加强纪律建设推进全面从严治党的意见》的通知

丰委办〔2015〕28 号　关于印发《丰顺县农村集体“三资”管理服务平台建设实施方案》的通知

丰委办〔2015〕29 号　关于调整丰顺县民族宗教工作协调领导小组成员名单的通知

丰委办〔2015〕30 号　关于调整县委基层治理领导小组成员的通知

丰委办〔2015〕31 号　关于调整丰顺县创建广东省卫生县城工作的通知

丰委办〔2015〕32 号　关于转发《县纪委关于 2015 年全县开展纪律教育学习月活动的意见》的通知

丰委办〔2015〕33 号　关于成立梅州至潮汕铁路丰顺段建设指挥部的通知

丰委办〔2015〕34 号　关于调整中共丰顺县委维护稳定工作领导小组成员的通知

丰委办〔2015〕35 号　关于开展丰顺县城区市容市貌专项整治活动的通知

丰委办〔2015〕36 号　关于成立创建广东省卫生县城工作专项督查小组的通知

丰委办〔2015〕37 号　关于调整中共丰顺县委保密委员会成员的通知

丰委办〔2015〕38 号　中共丰顺县委办公室、丰顺县人民政府办公室印发《关于推行政府工作部门权责清单制度工作方案》的通知

丰委办〔2015〕39 号　关于成立丰顺县推行政府工作部门权责清单制度工作领导小组的通知

丰委办〔2015〕40 号　关于调整县加强信访工作和维护社会稳定协调领导小组成员的通知

丰委办〔2015〕41 号　关于开展 2015 年秋季计划生育集中服务活动的通知

丰委办〔2015〕42 号　关于县领导挂点服务登陆主板市场、新三板市场工作方案的通知

丰委办〔2015〕43 号　关于调整《丰顺年鉴》编纂委员会成员的通知

丰委办〔2015〕44 号　关于成立丰顺县实施农村生活垃圾收运处理工作领导小组的通知

丰委办〔2015〕45 号　关于印发《2015 年丰顺县南粤幸福活动周工作方案》的通知

丰委办〔2015〕46 号　关于调整丰顺县安

全生产委员会组成人员的通知

丰委办〔2015〕47 号 关于调整中共丰顺县委农村工作领导小组成员的通知

丰委办〔2015〕48 号 关于成立丰顺县汤坑镇平阳小学安全应急处理领导小组的通知

丰委办〔2015〕49 号 转发《关于印发梅州市领导干部“为官不为”问责暂行办法》的通知

丰委办〔2015〕50 号 关于印发《关于建立农村基层组织经费保障制度的实施办法》的通知

丰委办〔2015〕51 号 关于成立丰顺县节能减排财政政策综合示范工作领导小组的通知

丰委办〔2015〕52 号 关于印发《丰顺县扶持企业上市实施办法》的通知

丰委办〔2015〕53 号 关于印发《丰顺县公务用车制度改革实施方案》的通知

丰委办〔2015〕54 号 关于印发《丰顺县公务交通补贴发放管理办法》的通知

丰委办〔2015〕55 号 关于调整丰顺县国家安全工作领导小组的通知

**2015 年中共丰顺县委领导**

**书　记**　陈志宁

**副书记**　曾永祥　廖茂忠

**常　委**　唐秀娟　凌　浚　丘　炀　陈辉祥　邱翠茂　郑春鹏　谢爱民　黄建斐　周　滨　黄智勇　黄守新

## 县委办公室工作

**【简述】** 2015 年，县委办公室在县委的正确领导下，始终坚持以邓小平理论、“三个代表”重要思想、习近平总书记系列讲话精神为指导，认真贯彻落实科学发展观和党的十八大以及省、市、县党代会精神，紧紧围绕县委的重大决策和工作部署，注重服务大局、加强综合协调、当好参谋助手、做好后勤保障、抓好督办落实，推动各项工作高效有序推进，围绕丰顺新区和梅江韩江（丰顺）绿色健康文化旅游产业带“一区一带”发展战略，构建“财丰人顺，幸福丰顺”做出积极的贡献。

**【协调服务】** 县委办公室充分发挥“总揽全局、协调各方”的作用，全力保障县委高效运作。一方面是充分发挥机关工作的“龙头”角色。强化与各镇（场）和各部门、各单位的联系，既牵头当好主角，又协同当好配角，勤于穿针引线，善于铺路搭桥，协助领导科学决策、推动工作。另一方面是进一步发挥上下联系的“纽带”作用。积极主动与上级党政办公室的沟通联系，以便县委更好地指导丰顺县开展工作。加强与县人大、县政府、县政协班子的沟通衔接，努力营造无缝对接、合力共事的浓厚氛围。及时向各镇（场）和各部门、各单位传达县委的工作，使县委的决策部署得以迅速贯彻落实。

**【人事秘书】** 在办公室领导的指导下，同事们的共同努力下，能认真学习，领会精神，严格执行中央“八项规定”，确保政令畅通，主要表现 1. 办文方面严谨无误。做到拟文质量高、发文速度快，收文有落实。全年共印发各种文件、通知共 800 多份，没有发生工作失误情况。2. 办会方面有序高效。能仔细做好会前多沟通，做好会中服务，会后总结归档，没有发生工作失误情况。据统计，全年圆满完成会议 180 多场（次），顺利完成县委全委会、常委会、常委（扩大）会议、客商大会暨第九届世界丰顺同乡联谊会等活动。3. 认真做好沟通协调工作，协调各部门、各单位围绕县委、县政府工作中心认真开展工作，狠抓工作落实，确保县委各项工作顺利、有序、高效。4. 人事工作方面，积极发挥能动性，做好选人、用人的工作，认真完成人员编制、公务员信息采集、工资福利、职工档案等工作，使县委办公室的组工、人事党务工作不断完善和创新，逐步进入规范化、制度化。

**【督查】** 进一步健全督查工作制度，围绕主题主线，强化措施，依法依规开展督促检查，确保县委决策的各项工作落到实处。特别是紧紧围绕县委十二届四次全会的重点工作部署，进行 7 场次的专项督查，开展专题督查调研 1 次，有效地推动各项工作的落实。与此同时，承接办理县委主要领导及市领导批示件交办27件，上级督查部门交办件22件，撰写整理上报专报29编次。

【综合信息】 围绕丰顺新区和梅江韩江(丰顺)绿色健康文化旅游产业带“一区一带”发展战略，坚持以高度负责的态度、极端负责的作风、严于律己的情操，深入基层抓调查研究，精益求精起草综合文稿，及时准确报送信息，积极推动建言献策，努力当好参谋手。2015年，共撰写各类综合文稿180多篇、200余万字，编印《丰顺调研》4期，编发、处理信息350多条，受理《公安要情》120多条，为领导决策、推动工作发挥重要的作用。

【新闻报道】 2015年，紧紧围绕县委中心工作、重点工作和县委主要领导的工作思路、意图，围绕温泉城建设、产业园建设、生态旅游等，主动服务，全力做好县委、县政府重大新闻报道的协调和采写。1. 一年来，在中央、省、市级各类媒体发表的新闻取得新突破，共发表800多条新闻，其中在中央级发表85条新闻通讯；省级以上120多条；梅州日报420多条。在《梅州日报》和电台发表数量和质量综合位居全市第一。2. 县中心工作得到大篇重点报道，特别是丰顺县中国长寿之乡、中国温泉之城、自行车比赛等以及农业产业化、丰顺新区、交通、外贸、特色经济、党建、扶贫等均在中央、省市以及海外媒体等得到重点突出、大幅报道。一些亮点工作如财政和生产总值增长位居全市前列，温泉旅游等在中央、省、市得到充分宣传。3. 积极做好和媒体协调、沟通工作，积极有效完成县主要领导交办的协助应对突发事件、重大事情以及其他负面新闻，一年来先后应对、化解负面报道30多条次。快速真实地向外界反映真实情况，为丰顺县有关工作争取外界各方的支持。4. 大力配合县中心工作和领导交办的任务，协助组织“喜德盛杯”全国自行车比赛，世界丰顺同乡联谊会等大型活动，积极邀请记者并全程配合采访。此外，还积极做好其他大型会议活动、领导调研摄影和出版宣传册、专题以及配合、接待上级新闻媒体领导、记者等工作。

【信访维稳】 2015年，是全县信访系统开拓创新、奋发有为的一年，也是信访工作再次取得明显成效的一年。在县委、县政府的正确领导下，县信访局和全县各级信访部门以全面深化信访工作制度改革为动力，以打造“阳光信访、责任信访、法治信访”为目标，以开展“三严三实”专题教育为契机，进一步转变工作作风，强化群众观念、严实意识和责任担当，进一步畅通群众诉求表达渠道和落实“事要解决”的要求，及时处理群众来信来访，加大对信访突出问题督办的力度，推动责任单位解决一大批信访突出问题，全县信访总量稳步下降，超级上访逐步减少，各项工作得到县委、县政府的充分肯定，在全市信访考核中成绩继续靠前。

【党建工作】 以开展“三严三实”专题教育为契机，切实加强党的思想、组织、作风、制度和廉政建设，激发党员干部干事创业的激情，提升服务科学发展的水平，大力提升机关党建工作科学化水平。

**2015年年底县委办公室**
**主　任**　黄建斐
**副主任**　卢胜文　吴建军　钟文锋　傅丽文
**县信访局局长**　罗旭丰
**县机关事务管理局局长**　杜京杰

（傅丽文 郑泽昌）

## 县机关事务管理工作

【简述】 2015年，机关事务管理局在县委、县政府的正确领导下，在各单位各部门的支持配合下，始终坚持以邓小平理论和“三个代表”重要思想、习近平总书记系列重要讲话精神为指导，紧紧围绕县委、县政府的工作部署，统筹协调做好机关各项管理和服务工作。

【接待工作】 围绕县委、县政府的中心工作，严格执行“八项规定”，按公务接待标准的要求，认真履行接待服务的职能作用，以提高接待服务水平为目标，热情周到、全力以赴做好接待工作。

接待科、迎宾馆、膳食管理所等部门密切合作，顺利完成省市上级领导莅临丰顺调研和重大会议活动的接待任务。热情、细致、周到的服务，受到来宾来客的一致好评。

**【行政财会工作】** 严格执行财经纪律和审批制度，加强行政经费管理，注重资金使用效果，合理使用各项经费和办理各种款项业务；注重抓好政府采购、保管、使用等各个环节，严格各项手续，建立实物保管账，达到物、表、账“三相符”。确保了机关日常工作的顺利进行。

**【后勤保障】** 不断完善机关治安防范机制，认真做好县行政中心大楼、会展中心、坚真公园以及顺景住宅小区的建设和安全保卫工作。规范车辆停放、出入管理，做好花草树木的种植和管护，办公会议场所的日常维护，以及美化、亮化、净化等工作，尽力营造清新、舒适的工作生活环境。认真做好县委、县政府和各种会议场所的会务工作。做好公车管理，教育司机增强责任意识，提倡文明行车，确保安全行驶，万无一失。一年来，安全行驶80多万千米无责任事故，提供安全、舒适、快速的优质服务，受到领导和客人的好评。

**2015年年底县机关事务管理局**

**局　长**　杜京杰

**副局长**　江宏军　饶富胜

（傅丽文　郑泽昌）

## 组织工作

**【简述】** 2015年，丰顺县的组织工作在县委的正确领导和上级组织部门的具体指导下，认真贯彻落实党的十八大、十八届四中五中全会、全省、全市组织部部长会议以及县委十二届五次全会精神，始终坚持围绕中心，服务大局，主动作为，扎实推进，在干部队伍、基层组织建设等方面都取得新进展、新成绩，为“适应新常态，努力当好振兴发展生力军”提供坚强的组织保证。

**【基层组织建设】** 突出抓基层、打基础、建机制，狠抓基层组织建设。一是创新机关党建工作。深入开展“转作风、抓落实、促发展”活动，以“为民务实清廉”为主题，从查找领导班子和干部队伍“四风”方面存在的突出问题入手，着力解决群众反映的热点难点问题，着力打造“学习型、服务型、节约型、创新型、廉洁型、效能型”机关。二是全面排查整顿软弱涣散基层党组织。2015年，丰顺县共排查软弱涣散农村基层党组织30个（村28个、社区2个）。通过实行县领导包村、派员驻点、设岗定责、目标管理、检查考核、责任追究等办法，全力抓好“软弱涣散党组织”的集中整顿工作。三是继续抓好党代会年会制试点工作。完成龙岗等8个镇的党代会年会制试点工作。四是继续实施书记项目。对13个县级、4个市级书记项目进行精心培育、扩大宣传、辐射带动、发挥效应，把书记项目打造成为代表丰顺县基层党建工作水平的新品牌。五是加强党员教育管理和发展工作。2015年，组织培训农村党组织书记280多人次，培训党员2万多人次，全县新发展党员187名。六是加强“两新”组织党建工作。深入开展调查摸底，集中力量抓组建扩覆盖面，在全县450家“两新”组织499名党员中建立73个党支部。

**【驻点普遍直接联系群众工作】** 丰顺县坚持高标准、严要求，层层落实责任，扎实推进驻点普遍直接联系群众工作的落实。全县组建驻点团队282个，驻点干部2300多人，辅助团队成员1500多人，实现驻点联系全覆盖。驻点工作开展以来，共接访群众14.4万多人、走访群众55.3万多人次，召开座谈会2531场（次），群众反映问题和意见建议1.9万多件，帮助群众解决问题和困难1.5万多件。一是突出工作规范化。采取“定时间、定地点、定人员、定方式”，开展接待群众工作。通过工作公开制、记实制、首接负责和联席会议制、督查追究制、定期报告制等五个制度的实施，确保驻点工作扎实稳步开展。二是突出工作灵活化。以“五定五联五制五保障”为载体，采取“一进二访三送四促”措施，进村入户，与群众面对面接触、心连心交流，深入田间地头，听民声、察民情、问民计，了解群众所思、所忧、所盼，送政策、送信息、送技术，促农民增收、促民生改善、促社会和谐、促新农村建设。三是突出工作制度化。县领导分别挂钩镇（场），指导开展驻点工作，镇（场）领导驻1个以上的村（社区），领导驻点团队开展工作，一级抓一级，层层抓落实。县镇两级沟通协作，在资金、物资、技术、信息等方面给予扶持，帮助驻点村办实事、办好事、解难事。县委督查组采取经常性督查、随机性抽查等形式，切实加强对驻点工作的督查指导，确保取得实效。

**【领导班子和干部队伍建设】** 一是凭实绩使用好干部，任用导向更加鲜明。县委把干部选拔任用工作当作一项积极适应新常态、推动丰顺振兴发展的关键工程和基础性工作来抓，牢固树立凭实绩使用好干部的鲜明导向，着力建设团结和谐、勤奋敬业、清正廉洁的领导班子。在选拔任用干部工作中，根据改革发展的需要和岗位的适配性，坚持德才兼备、以德为先原则，认真做好干部的选拔任用工作，努力营造干事创业的良好氛围。2015年，全县共提拔副科以上干部43人，其中35岁以下10人，党外干部3人，女干部6人。选拔干部严格按照《干部任用条例》的要求和规定办事，推荐考察前严格审核干部档案，主动与市委组织部沟通请示，杜绝干部“带病提拔”“带病上岗”。同时，积极推进干部交流轮岗。2015年共交流干部41人，从县直机关交流到乡镇任职3人，乡镇交流到县直机关任职8人，乡镇间交流3人，机关间交流27人。2015年，招录60名乡镇机关公务员，有效地改善乡镇公务员队伍的年龄、文化、专业结构。二是坚决执行《党政领导干部选拔任用工作条例》。认真学习贯彻新修订的《干部任用条例》，严把“征求意见、考察”等六个关口。从思想交流谈话、鼓励谈话、提醒谈话、警示谈话、任前谈话等五个层面加大干部谈话力度，不断完善干部的谈话制度。同时，针对干部管理工作的新要求，下发《关于重新调整全县股级干部管理权限的通知》，重新调整股级干部管理权限，使《干部任用条例》在基层的贯彻落实更加具体，前移领导干部“进口关”，规范机关中层干部的管理。三是认真做好超职数配备干部的清理工作。根据中央和省市有关清理超职数配备干部的文件要求，2015年对丰顺县科级领导职数和非领导职数的编制情况和实配情况进行认真细致的清查，对不符合规定要求配备的领导干部进行清理。2015年，共消化超配干部211人，其中领导职务40人（正科级4人、副科级36人）、非领导职务171人，按时完成上级下达的清理消化任务。四是做好公务员职务与职级并行制度的实施。对丰顺县初审符合享受晋升职级工资的人员，进行档案审查、测评考核，对符合晋级条件的，按其所任职务的管理权限分别报市、县组织、人社部门审批。五是做好机关事业单位工作人员被采取强制措施和受处分处罚后工资待遇处理工作。全县机关事业单位工作人员被采取强制措施和受处分处罚38人。其中公务员20人、事业单位工作人员和机关工人18人。通过自查自纠，进一步规范机关事业单位人员的工资管理，严肃纪律。六是抓好干部人事档案专项审核和A4改版工作。2015年，丰顺县全面开展干部人事档案专项审核工作，对干部重要信息进行全面审核，做好干部人事档案存在问题的组织认定和问题处理工作，重点整治干部人事档案造假问题，确保干部人事档案真实、准确、完整、规范。

**【干部教育培训和监督管理】** 一是办好各类培训班。在办好县委党校主体班的基础上，分期分批选派干部到各类培训基地培训，努力推进干部大教育大培训。2015年，全县培训各类干部3212人次，县委党校举办各类型培训班6期，培训干部794人次，利用广东省干部培训网络学院平台，培训干部2230人。选派189人次参加上级组织的调训24期。二是加强对重点领域领导干部特别是“一把手”的监督。制订实施了考察对象廉政报告制度、主要负责人离任责任交接制度、“三书”预警告诫办法等，认真执行领导干部个人事项报告制度。对56名镇党政主要领导和县直单位正职领导进行任期或任中经济责任审计，开展任前谈话44人。办理科级领导干部出国（境）46人次。共接待或受理干部群众来信来访13人次，调查回复信访件13件。

**【党管人才工作】** 一是抓好“扬帆计划”——“电声产业人才队伍提升计划”项目的实施和考

核评审工作。在省委党校、中山大学和市、县委党校分别举办电声企业人才培训班，共培训人才150多人次。通过制订80万元扶持资金的专项管理制度，对引进的企业人才及引进单位给予生活补贴和资金奖励，确保专款专用和落实到位。配合县科技局、新南方青蒿公司做好“基于优质青蒿综合利用的南药开发创新团队”入选2014年度“扬帆计划”创新创业团队的项目实施推进工作。做好省对丰顺县“扬帆计划”项目现场评审考核工作。二是进一步做好丰顺县通过“千人计划”引进的13名硕士研究生的差额工资、补贴发放、办理辞职手续等服务、管理工作。与引进人才的所在单位领导及引进人才进行座谈、回访，了解各单位对引进人才的使用情况及引进人员的工作、生活及思想状态，及时调适他们的心理，尽力帮助解决他们工作与生活中遇到的问题，努力营造爱才、惜才、留才的氛围。三是做好丰顺县12名县管第六批拔尖人才的管理服务工作。

**【组织部门自身建设】** 2015年，突出抓好组织系统自身教育实践活动，努力打造过硬组工队伍。全县共有201名组工干部参加全省组织系统“落实总书记要求，建设模范部门”教育实践活动。整个活动突出丰顺特色，精心设计“红色、廉政、素质、开放、实践”五大课堂，讲授专题党课3次，开展党性标准讨论50多场（次）。举办业务培训讲座4场、开办“组工论坛”15期，完成201份组工干部档案和201份个人有关事项报告核查，分别占应核查数的100%，开展“征文活动”“演讲比赛”和组工干部业务知识测验，自身教育实践活动取得明显成效。组工干部的党性观念和职业理想、廉政意识和职业形象、业务素质和职业能力、道德修养和职业精神得到进一步提升，推动组织工作的全面落实和创新发展。11月10日，省委组织部副厅级组织员、部务会成员刘旭奇到丰顺县检查调研组织工作时，对丰顺县组织系统教育实践活动的做法和取得的成效给予充分肯定。《广东组工信息》《广东党建》、广东组织网、《梅州日报》、梅州党建网等媒体刊物多次报道丰顺县开展活动的经验做法。

**2015年县委组织部**

**部　长**　丘　炀

**副部长**　王锦辉　张良生　李显益　黄小舟　黎新辉

（郑雁鸿）

## 宣传工作

**【简述】** 2015年，全县宣传思想文化工作在县委、县政府的正确领导下，高举中国特色社会主义伟大旗帜，以习总书记系列重要讲话精神为指导，认真贯彻落实党的十八大、十八届三中、四中、五中全会和全国、省、市宣传部长会议精神，紧密结合“三严三实”专题教育实践，以“基层工作加强年”为契机，紧跟中心，服务大局，准确把握新形势，主动适应新常态，严格按照新要求，扎实做好宣传思想文化工作，为加快丰顺振兴发展提供强大的思想保证、舆论支持、文化条件和精神动力。

**【理论武装扎实推进】** 以中共十八届五中全会、“三严三实”专题教育和习近平总书记系列重要讲话精神、省委书记胡春华来梅州调研讲话精神为重点，突出抓好县委中心组学习，推动用党的理论创新成果武装头脑、指导实践、推动发展；深入开展“中国梦”“社会主义核心价值观”“五大发展理念”等主题宣传教育，加强对重大理论和重大决策的宣传阐释；从严从实抓好“三严三实”三个专题的学习研讨，不断提升领导干部的理论素养、决策水平和工作作风；抓好县国税局、县人民法院等2个市级示范点的联系指导，引领推进全县学习型党组织建设；加强人文社科工作，砂田镇黄花村被评为市优秀人文社科普及基地，八乡山大峡谷旅游景区、九龙嶂生态园被认定为市人文社科普及示范基地，《丰顺县县长录》《丰顺古村落申报工作的实践与体会》等理论文章荣获市第十次哲学社会科学优秀成果三等奖。

**【舆论引导坚强有力】** 坚持团结稳定鼓劲、正面宣传为主的方针，综合运用电视、报刊等传统媒体和微信、微博、网站等新兴媒体，以及多种节庆活动等形式，广泛宣传中共十八大、十八届三中、四中、五中全会精神和习近平总书记系列重要讲话精神，深入宣传县委、县政府加快振兴发展的决策部署，大力宣传丰顺县各级各部门各层面加快振兴发展的新成效、新经验、新风尚，形成正面舆论强势。县电视台加强新闻舆论工作，不断凝聚人民群众干事创业的强大力量；互联网信息中心加强软硬件建设，全力抓好网络涉丰舆情的监控、研判、处置工作，减少丰顺的“负面杂音”；新建上线运行“财丰民顺”微信公众号，增加微信公众号宣传平台；加强全县52个政务网站建设的监督管理，有效整合“潮客汇”“逛丰顺”“丰顺论坛”等媒体力量，拓展宣传载体和空间。

**【对外宣传突出特色】** 充分依托中国•丰顺“喜德盛杯”全国山地自行车邀请赛、第七届磨坊200公里8000人骑行活动等多元外宣平台，突出借力厦门市第七届海峡两岸文博会等展会平台、央视等媒体力量、县外的名家名人效应，合力宣传推介丰顺。2014年10月，在第九届世界丰顺同乡联谊会前后期间，借力央视文艺团队策划了“电声之夜”文艺晚会，录制由著名词曲作家、歌唱家合作的《美丽丰顺》MV，还借助一批外地著名作家、诗人、书画家、摄影家等，专门为丰顺县撰写《在丰顺等你》等一系列宣传刊物。通过央视对节目的多频道播出和宣传刊物的出版发行推介，擦亮叫响“原中央苏区县”“中国长寿之乡”“中国温泉之城”“广东电声之都”“广东省卫生县城”等品牌，彰显丰顺县“好山好水好生态、融客融潮融世界”的特色优势。

**【文化建设凸显亮点】** 开展“我们的中国梦——文化进万家”、弘扬李坚真大姐精神、广场舞新时尚等系列主题文化活动，坚真公园广场舞队荣获由广东广播电视台主办的“舞动人生——广东省广场舞群英汇”比赛亚军及最佳原创奖。创作了文化旅游专著《在丰顺等你》、摄影作品集《美丽丰顺》、古村落专著《种王上围探幽》等一批文艺精品，不少优秀作品还跻身国家、省级报刊或展览评比活动。建设“户户通”“农村文化俱乐部”等一批文化惠民工程，新装有线电视用户1000多户，7个村被评为梅州市第一、二批“农村（社区）文化俱乐部”示范奖。加强文改文保工作，完成县广播电视台宣传和经营两分开的改革工作，保护一批文化遗产。积极扶持丰顺天籁演艺公司等文化龙头企业，推动数字电视、音响产品制造、工艺品生产经营、广告印刷、文艺商演以及文化旅游等6类产业不断发展壮大。同时，进一步加强文化市场的监管。

**【文明创建深入开展】** 广泛宣传“广东好人”陈绍常、“最美少年”冯尚源等道德模范典型事迹，弘扬“好人”“孝举”“善举”，在全社会营造“最美”浓厚氛围。扎实抓好“人人讲创卫、人人参与创卫”“节俭养德全民节约行动”“道德模范评选”等6项精神文明创建活动，砂田镇黄花村荣获“广东省文明村”称号，黄改良、徐美芳等2人获得第六届梅州市道德模范，县国税局工会委员会被中华全国总工会授予“全国模范职工之家”荣誉称号。新建3所乡村学校少年宫，扎实开展道德实践主题活动，加强未成年人思想道德建设。积极培育践行社会主义核心价值观，利用网络、户外广告牌等广泛转载“图说我们的价值观”“梦娃”等社会主义核心价值观内容，组织举办“社会主义核心价值观基层宣讲”“社会主义核心价值观辩论赛”等活动，丰顺中学、县国税局、汤西镇南礤村被市委宣传部、市文明办确定为“梅州市培育和践行社会主义核心价值观示范点”。

**【党建工作得到加强】** 以开展“三严三实”专题教育为契机，巩固和拓展党的群众路线教育实践活动成果，从严从实抓好领导班子的作风建设，进一步提高领导班子的工作作风和执政能力。从强化理论武装入手，不断完善学习制度，创新学习形式，不断提高干部队伍的工作能力和水平。贯彻中纪委关于党风廉政建设和反腐败工作的决策部署，落实廉洁自律准则和纪律处分条例，不断提高干部干净干事、依法办事的能力，树立宣传干部为民、务实、清廉的良好形象。

**2015 年年底县委宣传部**
**部　长**　凌　浚
**副部长**　彭汉如　邱伟杰

（朱志中）

## 县社工委工作

**【简述】** 2015 年，县社工委全面贯彻省、市、县关于社会工作的系列工作部署，紧紧围绕省、市主要领导指示精神和县委、县政府中心工作，开拓创新，真抓实干，大力加强社会建设，创新基层社会治理，较好地完成各项工作和中心任务，在促进社会稳定和谐发展方面发挥重要的基础性作用。

**【精心部署狠抓落实，扎实开展工作】**
（一）认真贯彻落实市委六届五次全会重要工作部署。

按照县委对“市委六届五次全会重要工作”的部署安排，社工委对县委分工安排方案中的第 24 项“加大政府购买服务力度，加强专业社工、志愿者队伍建设，大力培育发展骨干型社会组织”的重点工作向相关部门征求意见并经分管县领导同意，结合丰顺县“以法治县、以法治镇”创建活动为主线，以重点普法对象为抓手，以工作创新为突破口”的工作要点，认真开展普法工作。政府购买服务方面，丰顺县通过招投标已实施 2 宗社会购买的服务，购买服务总额为 612 万元/年。志愿者队伍建设方面，丰顺县志愿者队伍建设发展迅速，年底有各专业类型志愿者 2000 多名，注册志愿者 16000 多名。2014 年以来，已开展志愿服务活动百余次，累计出动志愿者 5000 余人次，服务群众 1.2 万余人次。

（二）积极培育发展村民理事会，提升丰顺县基层社会治理水平。

为贯彻落实《中共梅州市委办公室、梅州市人民政府办公室关于印发梅州市培育发展村民理事会的意见的通知》（梅市明电〔2015〕55 号）的精神，深入推进丰顺县村民自治工作，夯实基层基础，提升基层社会治理水平，促进农村改革发展稳定。在社工委牵头指导和各有关单位共同努力下，丰顺县切实加大工作力度，做好村民理事会试点建设工作，取得良好成效。

一是积极开展调研工作。社工委对丰顺县的村民理事会的基本情况作了摸底调查，在 2015 年 6 月到 11 月期间，市、县社工委组织相关人员对丰顺县培育发展村民理事会重点示范单位开展 9 次工作调研，参与人次达 60 多人次，详细了解丰顺县村民理事会的发展现状和存在问题，为继续开展丰顺县村民理事会培育发展工作奠定了良好基础。二是认真制订完善方案，加强组织保障。社工委研究制订丰顺县培育发展村民理事会的具体方案，并于 2015 年 5 月 5 日由县委办印发《丰顺县培育发展村民理事会的实施方案》（丰委办〔2015〕17 号）。同时成立了培育发展村民理事会领导小组。三是搞好试点工作。经深入调研，认真研究，社工委确定以下自然村（村民小组）为丰顺县培育发展村民理事会示范单位：汤坑镇吉坪村杨梅坪、汤坑镇东秀村秀水村、汤西镇南礤村福宁村、汤西镇石江村黄寨村、丰良镇丰溪村东厢二片、丰良镇布新村塘角。四是加大投入，下拨工作经费。为确保丰顺县村民理事会试点工作稳妥推进，在前期调研基础上，县村民理事会建设领导小组经研讨论证决定，于 2015 年 8 月下拨前期试点工作经费共 9 万元（每个试点单位 3 万元），为开展村民理事会的选举成立、人员工作、建章立制等硬件设施建设提供了工作经费保障。2015 年第四季度，为加快村民理事会各项工作推进，经社工委深入调研和研究，决定继续加大资金投入，第四季度共投入资金 40 多万元。同时，经各试点村民理事会的共同努力，通过发动乡贤、村民、爱心人士共筹集建设资金 50 多万元，为本村公益事业发展提供有力的资金保障。

在县、镇两级相关部门的共同指导和协助下，丰顺县六个试点自然村（村民小组）严格按照组建程序，已全部选举产生各村民理事会理事长和理事，制定章程及议事、会议、成员分工、矛盾纠纷排查等工作制度，并进行备案登记，初步完成村民理事会试点的组建任务。其中，汤西镇南礤村福宁村村民理事会经过前期多方筹资，共筹资 242.5 万多元，对房屋进行改建维修，对道路、健身休闲广场和环境进行亮化、绿化、美化。石江村黄寨村村民理事会通过微信平台共筹资 20 多万元，用于公共服务平台、村民文化健身设施的建设。

（三）加强县民情志愿服务队建设和管理，及时掌控基层社情民意。

按照省、市社工委关于加强民情志愿服务队建设的有关工作要求，在前期开展民情志愿服务工作的基础上，社工委于 2015 年 2 月 2 日召开县民情志愿服务队 2014 年总结工作会议。会上，社工委充分肯定 2014 年度民情服务队建设取得的优良成果和各位队员取得的成就，同时总结分析存在问题，对各位队员进行详细的业务指导。通过此次会议，进一步提高民情服务队员的工作积极性和业务水平，确保基层社情民意信息工作的顺利开展。

2015 年 8 月，社工委对 2015 年上半年以来的民情信息报送有关情况进行通报。在通报中，分析总结各民情志愿服务队每月报送民情信息的相关情况，肯定了他们的工作，同时认真总结分析存在的问题，为接下来进一步更好地开展工作做好准备。社工委 2015 年度共上报 41 条民情信息，其中有 11 条信息被市采用，排名全市第二。丰顺县民情志愿服务队收集社情民意、打捞“沉没的声音”，为县委、县政府提供科学合理决策、致力构建“共建共享”的社会治理体系的作用正在逐步显现，有力地推动丰顺县社会经济发展和助推平安丰顺建设。

（四）积极组织开展“南粤幸福活动周”活动。根据省、市“南粤幸福活动周”组委会的工作要求，为更好地搭建群众性文化体育活动的有效载体，社工委牵头制定《2015年丰顺县南粤幸福活动周工作方案》（丰委办〔2015〕45号），成立2015年丰顺县南粤幸福活动周组委会，统筹指导2015年丰顺县南粤幸福活动周活动的开展。9月23日，2015年丰顺县“南粤幸福活动周”启动仪式在丰顺县文化体育公园隆重举行。启动仪式后，各项目板块活动牵头单位和成员单位陆续开展了“幸福我来秀”“幸福我健身”“幸福手拉手”“幸福大家谈”等4个项目板块，近20场次的活动，参与（惠及）人员近8万多人次，基本满足丰顺县群众自我表现、自我服务和自我娱乐的需要，提升了社会的和谐度和人民的幸福感。至2015年10月15日，丰顺县圆满完成丰顺县2015年“南粤幸福活动周”活动。

（五）深入开展对丰顺县社会组织的调查研究，培育发展骨干型社会组织功能。

2015 年 5 月，社工委根据市社工委的要求，对丰顺县主要的社会组织进行深入的实地调研指导，通过实地走访、集中座谈等形式，充分了解社会组织的发展状况，发现丰顺县社会组织存在规模小、组织形式松散、宣传力度不强、管理不到位的现象。

社工委切实加强社会组织的规范管理工作，按照市社工委的要求，根据社工委对主要社会组织的调研情况，经认真研讨，确定丰顺县电声行业商会、丰顺县爱心联合会为丰顺县骨干型社会组织培育对象。2015 年 12 月，为进一步鼓励扶持丰顺县公益性社会组织发展，弘扬社会正能量，促进丰顺县公益性事业的稳步提升，以示范引领全县社会组织规范发展。根据前期调研情况，经研究决定，拨给丰顺县助学会、丰顺县爱心联合会、丰顺县爱心天使服务中心等相关公益性社会组织工作经费共计 12 万元，有力地支持各社会组织的工作开展，更好地服务促进丰顺县公益事业的发展。

**【贯彻落实社会工作“三个一”示范工程】** 2015年，根据《丰顺县人民政府办公室关于印发 2015年县政府重点工作实施方案的通知》（丰府办函〔2015〕84 号）精神，社工委进一步推进丰顺县社会工作“三个一”示范项目工作，社会工作示范镇、村和社区的创建工作进展顺利，在基层社会治理和创新便民服务方面取得一定的成效，起到较好的示范引领作用。

（一）北斗镇：1. 依托北斗镇拾荷村良好的生态基础开展生态休闲旅游，着力打造拾荷坪坑村生态园建设，以点带面，全面推动北斗镇生态旅游经济的发展。2. 以打造社会建设“梅州模式”为目标，推进政府治理模式从“管理”向“服务”的转变，创新开展“服务基层流动岗”活动。3. 进一步完善镇级社会治理服务中心建设，规范各项办事流程，优化各项服务，为丰顺县各镇（场）的基层社会治理提供宝贵经验。

（二）汤坑镇东山社区：1. 东山社区加大投入，大力开展卫生整治工作，居民生活环境得到优化。同时，利用风景区开展晨运、休闲、游玩活动，经常组织文艺演出晚会，满足居民精神文化生活需求。2. 积极完善社区社会治理服务站和社会组织孵化基地建设，大力引进具有一定影响力的公益性社会组织进驻。

（三）北斗镇拾荷村：1. 依托良好的生态基础创新旅游发展模式，大力发展坪坑生态园，以“党支部+生态园+科研机构”模式，以山水田园为基础，依托名贵苗木基地建设，打造田园风光，建设“村在林中，房在景中，人在画中”的美丽乡村格局。2. 认真夯实村级党支部建设成果，基层党建工作不断优化，“党建、自治、服务”三位一体的服务管理模式得到推广。

**【认真开展挂钩村扶贫和创卫工作】** 根据《丰顺县新一轮扶贫开发“规划到户、责任到人”工作实施方案》精神和丰顺县工作部署，社工委挂点帮扶丰顺县汤坑镇中楼村，为期三年。2015年，社工委切实做好对汤坑镇中楼村的对口帮扶工作，全年共投入帮扶资金2万多元，积极落实好帮扶责任。一是进一步加强实地调研指导，充分摸清挂钩村基本情况。2015年，社工委组织到中楼村调研指导扶贫活动6次，70多人次参与。二是根据《关于创建广东省卫生县城实行县领导和县直及省市属驻丰单位挂钩管理的通知》（丰委办〔2015〕11号）文件要求，社工委与县委办共同挂钩汤坑镇邓屋村，创卫期间，社工委下拨到邓屋村创卫资金共计1万元，并做到专款专用，为挂钩村创卫工作提供资金保障。共计到邓屋村开展环境卫生整治行动5次，参与人次60多人次。同时，密切与邓屋村两委的联系配合，严格督促村两委做好创卫工作。按照就近原则，组织本单位干部职工在单位内部和辖区内共计开展6次环境卫生大扫除行动，参与人次达20多人次，重点清理卫生死角，清除“四害”滋生地。有力地促进“卫生县城”的建设工作。三是积极帮助挂钩村计划生育工作，全年投入计育专项资金6000多元，派出计育帮促人员20多人次，帮助中楼村顺利完成全年的计划生育任务。使本委机关干部深入基层，联系群众，加强村党建工作，改善困难群众的生产生活环境，提高贫困农户的自我发展能力，加快挂钩村的脱贫奔康致富步伐。

**2015年年底县社会工作委员会**

**主　　任**　廖茂忠（县委副书记）

**专职副主任**　李书灵（主持日常工作）

　　　　　　李万福

（危　安）

## 县直工委

**【县直党建工作上台阶】** 县直工委严格依照《党章》及《中国共产党党和国家机关基层组织工作条例》的规定，按照十八大提出建设服务型政党的要求，坚持“有亮点、有特色、有载体、创品牌”的“三有一创”工作思路，以打造“五好”党组织为目标，打造县法院党总支、县烟草专卖局党支部、县司法局律师党支部等三个县直单位党建示范点，以点带面，有效带动全县党建工作。

**【不断加强党组织班子建设】** 根据《党章》及《中国共产党党和国家机关基层组织工作条例》的规定，县直工委牢牢把握习近平总书记“把抓好党建作为最大政绩”的重要讲话，不断结合县直实际，合理设置所辖党组织的班子人数和优化人员配置。不断加强下属党组织“一把手”的党建“主业”意识，使党建工作顺利开展。为加强县直党建工作，工委制定挂钩联系制度，每个工委委员挂钩联系下属各党组织，负责指导和督促各党组织开展党建工作，使各级党组织始终保持一支政治坚定、结构合理、精干高效的机关党务干部队伍，不断加强基层党组织战斗堡垒作用，为完成各项工作提供坚实的组织保障。同时，对县直一些软弱涣散党组织进行坚决整顿，全年有效整顿3个软弱涣散党组织。

**【严格发展党员工作】** 工委不断加强和改进发展党员工作，紧紧依靠《中国共产党发展党员工作细则》，重点从一线岗位的业务骨干、优秀青年和知识分子中发展党员，严把审核关，不断提高新发展党员的质量。根据县委发展党员规划的相关要求，县直工委严格程序和要求，顺利完成了发展党员任务。同时，根据《党章》的要求和上级党委的安排，县直工委积极协调、精心策划，于10月举办“县直入党积极分子和党的发展对象培训班”，帮助学员进一步提高对党的认识，端正入党动机，为他们争取早日入党打下坚实基础。

**【加强党员学习教育】** 县直工委高度重视党员的学习教育和培养工作。严格按照上级的要求开展党的群众路线教育、“三严三实”等教育活动。组织学习十八届五中全会精神以及《中国共产党纪律处分条例》《中国共产党廉洁自律条例》等。为帮助县直党员能及时学习到新知识，不断提高党员领导干部的党性素养，县直工委通过开展各种学习活动，专题讨论活动，红色学习基地参观学习活动等方式培养和教育党员。通过企信通编发学习短信10000多条发送给各党员学习，同时，征订《符号的赤裸》《时事热点》等有益书籍和报纸，免费发放给需要的党员干部学习。

**【加强党建督查考核】** 整合机关作风督查工作，制定党建考核办法，发出考核通报，对党建工作完成较好单位党组织给予通报表彰，对存在问题的党组织及时提出整改意见。促使党建工作和中心工作一起谋划，一起落实。

**【作风建设工作有新气象】** 县直工委认真贯彻落实中央“八项规定”、《党政机关厉行节约反对浪费条例》，以行风评议和机关作风评议为抓手，紧紧围绕县委、县政府丰顺新区“一城两区”建设、“十件民生实事”等中心工作，着力整治“庸、懒、散、奢、浮、假”等问题，努力实现治庸提能力、治懒增效率、治散凝合力、治奢保清廉、治浮保接地气、治假惠民生，以好的作风、高的效率，大力推动丰顺振兴丰顺发展。

**【加强明察暗访力度】** 县直工委联系县纪委、县电视台等相关单位不定期不定人开展明察暗访工作，坚持抓到一个曝光一个，并根据相关规定进行处理，力促机关作风建设上台阶。在各种手段配合，制度建设不断健全的新常态下，丰顺县机关作风明显好转，大吃大喝方面得到明显遏止，上下班时间都比较准时，工作效率有所提高。

**【加强机关作风评议工作】** 县直工委评议办克服麻痹思想，不断创新机关作风评议的方式方法。在常规的评议方法上加入整改督查（抽调县委、县政府、县纪委等机关作风评议领导小组成员单位的有关人员形成督查组，对各受评单位进行整改督查，得出分数直接计入评议总分）、办事群众评议、专项评议、社会评议等方法，使评议更贴切丰顺县实际。同时扩大评议代表的范围，适当增加群众评议的代表，把乡镇的评议代表普遍增加2～4名，使评议代表的产生更具有合理性和科学性。根据县政务综合中心的实际情况，为提高服务水平，更好的服务群众，开展优秀服务窗口评议，不断提高窗口服务形象和品质。

**【加强行风评议工作】** 根据中央办公厅有关文件及丰党廉发〔2015〕2号文精神，县直工委承接民主评议政风行风的相关职能。为认真贯彻落实县委、县纪委十二届五次全会精神，县直工委参考省、市的评议方案，精心制定丰顺县行风评议实施办法，坚持以推动解决群众反映强烈的部门和行业作风问题为导向，坚持自查自纠和纪检监察机关监督相结合，内部通报与适度公开相结合，采用群众直评、行评团深评等方式方法，全面掌握并注重解决被评议单位作风建设方面的问题，推动被评议单位深入贯彻落实中央“八项规定”精神，认真践行党的群众路线，驰而不息纠正“四风”，努力取得政风行风建设新成效，为实现新常态下丰顺振兴发展提供有力保证。受评议的单位，严格按照要求，成立领导机构，制定实施方案，并根据群众和暗访所反映的问题制定整改方案。经评议，丰顺县5家医院共整改20多条存在问题，进一步加强行风和作风建设，取得良好的效果。

**【加强廉政建设工作】** 县直工委坚决贯彻落实党风廉政建设责任制，扎实开展纪律教育月活动和纪律教育月读书活动，组织县直党员参加坚真大姐精神讲学活动和集体观看纪律教育片，以现实事例警示县直广大党员干部。同时，配合县纪委加大纪检执法力度，有效维护党纪权威，一年来共查处违纪党员 3 人。

**【廉政建设出成效】** 县直工委领导班子严格遵守《中国共产党纪律处分条例》《廉政准则》等相关党纪法规的规定，制定县直工委权责清单，按清单内容严格防控，特别是对单位党费专户员、报账员等岗位严格要求，按规定定时在工委会议中公布相关经费的使用情况。在单位内层层签订廉政风险防控书，明确防控内容和事项，确保廉政责任落实。扎实开展纪律教育月活动，做到规定动作不走样，创新动作见成效，把纪律教育月活动作为廉政防控的主要载体，通过集中学习、交流讨论等形式筑牢廉洁从政的思想根基。

**【其他工作】** 在扶贫"双到"和计生工作中，县直工委领导高度重视，严格按照县委的工作部署开展工作，积极主动作为，多次到挂钩扶贫村进行扶贫慰问和支持计生工作，完成工作任务。县直武装部积极开展各项工作，及时更新民兵名单，组织军事训练，搞好拥军优抚安置工作，为全县安全稳定做出应有的贡献。

**2015 年年底县直工委**

**书　记**　谢悦练

**副书记**　朱志友　吴伟森

（文意明）

## 县机构编制工作

**【全面推进政府部门权责清单制度】** 丰顺县于 9 月启动推行县政府部门权责清单制度工作，经过各有关部门四个多月的努力，县直 33 个部门完成权责清单编制任务，12 月 22 日印发《丰顺县人民政府关于公布县政府部门权责清单（第一批）的决定》（丰府〔2015〕82 号），同日在丰顺县人民政府门户网站向社会公布。全县第一批推行权责清单单位共 33 个，权责事项共 6276 项，其中：行政许可 221 项，行政处罚 3827 项，行政强制 289 项，行政征收 37 项，行政给付 92 项，行政检查 443 项，行政确认 74 项，行政裁决 3 项，行政奖励 23 项，其他 1267 项。

（一）加强领导，全力推进权责清单工作。县委、县政府高度重视，把推进权责清单工作列为全年重点工作，成立推行政府工作部门权责清单制度工作领导小组，县长曾永祥亲自担任组长；制订了《关于推行政府工作部门权责清单制度工作方案》（丰委办〔2015〕38 号）。9 月 2 日召开全县推行政府工作部门权责清单制度工作动员暨培训会议，对推行权责清单制度工作进行总动员，明确工作目标和实施范围，明确县发展和改革局等 33 个单位为第一批推行权责清单制度工作部门，明确推进工作时间和具体任务。抽调县发改、法制、财政、政管办、经信等部门业务人员，与编办工作人员组成审核组，集中办公。同时，各单位相应成立领导小组和办公室，制订实施方案，建立主要领导亲自抓、分管领导专职抓、有关业务人员具体抓、各有关股室配合抓的工作机制，集中人员、集中时间，全力推进权责清单工作。

（二）加强学习，为推进工作打好基础。一是编办及时组织学习。传达贯彻全省、全市编办主任会议精神，突出学习好全市推行权责清单工作会议的部署和要求，努力学通学透。二是建立每周学习会制度。县推行权责清单工作办公室，每周召开一场办公暨业务培训会议，先后举办 4 场专题业务培训，深刻领会上级有关推行权责清单工作的部署和要求，明白权责清单的内涵和工作方法，提高了自身的业务水平，为指导全县开展此项工作打基础。

（三）落实责任分工，形成推进的"合力"。一是明确各部门的主体责任；二是明确县推行权责清单工作领导小组成员单位的工作分工；三是建立县推行权责清单工作办公室日常工作机制，设立 5 个指导审核组，分工负责指导第一批编制权责清单的县直单位，督促各单位按规定时间完成各阶段工作任务，并配合法制局做好合法性审核。

（四）加强指导，稳步推进。一是印发《工作方案》、阶段工作安排等文件，进一步明确各阶段工作任务和要求。二是编制《丰顺县推行政府工作部门权责清单制度工作手册》、《推行权责清单制度问答释义》、各类权责事项清理表和职权交叉分散事项表（模板），2012 年 12 月以来国家、省、市、县有关审改工作文件的网址汇总清单、《广东省行政审批制度改革事项通用目录》和国家、省级法律、行政法规、地方性法规等查询网址汇总清单，以及分发省政府工作部门权责清单手册、佛山市、江门市、龙岗区公布清单目录的网址等，为各部门开展工作提供充足指导依据和参考资料。三是多种方式方法开展指导工作。建立丰顺县权责清单工作 QQ 交流群，进行网上答疑，共享相关资料；邀请各单位到编办现场观摩学习，开展电话咨询，深入各单位指导和交流等，扎实有效地开展指导工作。四是及时总结和推广经验。根据督查各单位完成工作进展情况，及时总结和推广县发展和改革局、县水务局、县财政局、县经济和信息化局、县林业局等单位的经验、做法。五是审核阶段采取各指导审核组对其对口联系单位权责清单进行全面初审，县法制局开展权责事项合法性审核，县编办、县法制局有关领导全程参与指导。

（五）加强督促检查，确保工作有序开展。一是县委、县政府领导高度重视，县政府分管领导多次亲临指导，在每个阶段采取发通报、发短信或直接打电话等方式，要求各单位主要负责人加强对有关负责人的督促。二是县推行权责清单工作办公室加强与各单位分管领导的联系，及时采取手机短信提醒阶段工作任务。三是采取发通报，发督办通知、督办短信、打电话等多管齐下的方式，总结和推广好经验、好做法，分析存在的问题，提出近期工作目标任务等，增强部门工作紧迫感，进一步明确工作路径和定位，保证任务顺利完成。

**【继续推进行政审批制度改革工作】** 印发《关于贯彻落实〈广东省行政审批事项通用目录〉（以下简称“通用目录”）和清理非行政许可审批事项的通知》（丰府办明电〔2015〕3 号），重点贯彻落实省、市有关规范行政审批事项和开展清理规范非行政许可审批事项工作。

（一）规范行政审批事项。各单位根据《通用目录》（粤府〔2014〕62 号）精神，继续对本单位原保留实施和承接上级下放给本单位实施的行政许可审批事项名称、实施依据、审批对象等予以规范，对未实施的行政许可审批事项，结合本县实际实施事项和推行权责清单制度工作，扎实推进行政审批制度改革工作，进一步规范和动态管理行政许可审批事项目录。经规范修改和完善后，2015 年丰顺县行政许可审批事项共 221 项。

（二）补充和修改《通用目录》事项。根据现行法律法规和国家、省相关法律、法规、规章要求实施而未列入《通用目录》的，或现各单位实施审批事项与《通用目录》事项出现证书名称、实施依据等不符的，各单位对照有关法律法规和国家、省相关要求，认真清理汇总后，按程序向上级提出调整建议，其中：修改《通用目录》建议 2 项，补充《通用目录》建议 20 项。

（三）开展清理非行政许可审批事项。根据《中华人民共和国行政许可法》《广东省人民政府转发国务院关于严格控制新设行政许可的通知》、梅市府办明电〔2015〕26 号的部署和要求，各部门、单位认真理清取消和调整面向公民、法人或其他组织的非行政许可审批事项，按程序向上级提出 48 项调整意见。

**【继续推进党委政府机构改革工作】** 按照“大稳定、小调整”的方针，遵循上下对应、转变职能和统筹平衡、整体推进的原则，重点突出抓好纪委、计生、卫生、食品药品管理、文化、工商、质监等部门的职能调整和整合。一是在落实工商、质监部门体制调整后，整合工商行政管理局、县质量技术监督局机构、职责，组建了县工商和质量技术监督管理局；二是整合丰顺县妇幼保健院、丰顺县计划生育服务站职责，组建丰顺县妇幼保健计划生育服务中心，加挂丰顺县妇幼保健院牌子。三是加大事业单位分类改革力度，完成了对县教育局、县卫生和计划生育局、县国土资源局、县司法局、县住房和城乡规划建设管理局等部门下属 98 个事业单位重新制订机构编制方案。四是大力推进公益三类和经营服务类事业单位转为企业，将县水务局下属水利水电勘测设计室由事业单位转为企业，实行自主经营、自负盈亏。五是对县纪委监察局机关内设机构进行优化调整，将原来14个内设室合并成10个内设室，重新进行“三定”。六是推进公共资源交易体制改革，整合县建设工程交易中心、原县土地交易中心，组建丰顺县公共资源交易中心，为县政府直属的正股级公益一类事业单位(委托丰顺县综合政务服务管理办公室管理)。

**【继续深化行政执法体制改革】** 重点推进农业综合执法体制改革和劳动保障监察综合行政执法体制改革。一是农业综合执法体制改革。撤销广东省渔政总队丰顺大队，重新设立丰顺县农业综合行政执法大队，加挂“广东省渔政总队丰顺县大队”牌子，为县农业局直属副科级建制行政机构，凡涉及农业行政执法职责统一划入丰顺县农业综合行政执法大队。二是劳动保障监察综合行政执法体制改革。撤销丰顺县劳动保障监察大队（事业单位），重新设立丰顺县劳动保障监察综合执法大队，为县人力资源和社会保障局正股级内设机构，将分散在人力资源和社会保障部门有关内设机构、行政执法队伍、事业单位中的劳动用工、劳动标准、就业、社会保险、人力资源市场管理、职业技能培训、劳务派遣等方面的监督检查、行政处罚职能交由丰顺县劳动保障监察综合执法大队统一承担。三是重新制定县公路局、县交通局综合行政执法局主要职责内设机构和人员编制规定。

**【推进不动产统一登记制度改革】** 一是设立丰顺县不动产登记局。将房屋、林地、草地（含牧草地）、海域和土地等不动产登记的职责整合由县国土资源局承担，不动产登记职责整合后，在县国土资源局设立不动产登记局(与地籍管理股合署办公)，正股级，所需人员编制按照“编随事转”原则，分别从县国土资源局、县住房和城乡规划建设局、县农业局划各转1名行政编制到县不动产登记局，原承担不动产登记工作的人员按“人随事走”的原则相应划转。

二是设立丰顺县不动产登记中心。丰顺县不动产登记中心加挂丰顺县不动产交易登记服务中心牌子，为县国土资源局管理的事业单位，不定级别;内设综合股、信息股、档案股、房产登记股、地产登记股、农林登记股6个内设机构；所需人员编制从县国土资源局土地交易中心等下属事业单位；县住房和城乡规划建设局的房地产管理股、档案管理股；县房产服务中心；县林业局的不动产档案管理人员及承担不动产登记工作的人员中连人带编划入。

三是对相关单位进行调整。撤销丰顺县国土资源交易中心；撤销县住房和城乡规划建设局的房地产管理股；撤销县房产服务中心的产权管理服务所、房地产交易所。以上撤销的机关内设机构或事业单位承担不动产登记职责划入县不动产交易登记服务中心，其余职责仍由原单位相关机构承担，人员编制划转职责承担的相关机构。

**【多管齐下力促控编减编工作】** 一是严格机构编制日常管理。按照《丰顺县控编减编工作方案》有关要求，规范编制日常使用管理，严肃编制使用纪律，并通过召开编委会议，部署落实机构编制管理各项任务，确保中央、省、市严格控制机构编制各项规定得到进一步落实。

二是严控机构编制的审批。切实加强机构编制总量控制和动态管理，一是在机构改革期间，原则上冻结全县事业单位机构编制的审批；二是对确需增编或新增机构的，按照“撤一建一”和内部调剂等原则方式解决；三是对超编的单位，坚持不准再进人，不准出现新的超编现象；四是对部分职能弱化的单位，对其人员编制实行固化管理。

三是规范办理机构编制请示事项。建立机构编制请示事项登记制度，由机构编制管理股负责接收各部门请示的机构编制工作事项，统一受理登记，统一分类整理，做到受理事项清楚，程序规范，责任明确。对各部门、各单位请示的机构编制事项，及时召开编办主任办公会议，进行专题研究，对不符合机构编制政策规定的给予解释说明情况，对符合机构编制政策规定的形成编办意见，再提交县编委会议讨论研究，对需上报市编办审批的事项及时上报，做到请示事项的办理既符合机构编制政策法规，又促进机构编制资源优化配置和服务部门工作的开展。全年共收到各部门、单位机构编制工作请示报告事项70项，对这些请示报告，认真分类，查找政策依据，其中：整理形成编委会议题40项，提交县编委会议讨论研究，并以会议纪要的形式下发至各有关单位；整理形成编委办议题30项，以编委办下发至各有关单位。

四是乘改革之机核减编制。坚持"向改革要编制"的指导思想。结合工商质监体制改革，收回行政编制6个、事业编制1个、后勤服务人员编制2个。结合事业单位分类改革，将县水务局下属水利水电勘测设计室由事业单位转为企业，实行自主经营、自负盈亏，收回事业编制6个。在县交通执法局升格改革中，收回执法专项编制2个。

五是强化机构编制监督检查。积极开展机构编制监督检查，充分运用机构编制实名制信息平台和举报电话、民声热线等渠道，发现存在问题，并及时打电话，请各单位领导、人事干部到编办核实、约谈等方式，及时指出问题，把问题消灭在萌芽状态。

**【加强事业单位登记管理工作】** 一是加强事业单位法人信息公开。依托广东事业单位登记管理平台，开展事业单位法人登记信息公开，主要公开事业单位法人信息、设立登记、变更登记、证书遗失声明、拟注销公告等。全县事业单位法人登记单位193个，设立登记3个，办理变更200个，注销登记1个，证书补领2个，遗失声明2个，拟注销公告1个，并在广东事业单位登记管理网站向社会公开。

二是加强事业单位法人年度报告公开工作。应报送2014年度事业单位法人年度报告的单位175个，按时报送单位175个，按时报送率达100%。在广东事业单位登记管理网站公开事业单位法人年度报告的单位160个，占事业单位法人登记数的91.4%。

**【继续推进中文域名注册和党政机关网站开办审核、资格复核和网站标识管理工作】** 一是设立丰顺县政务和公益机构域名注册中心，加强中文域名和党政网站开办审核、资格复核和网站标识管理工作。

二是推进政务和公益域名注册或续费工作。全县党政机关、事业单位中文域名到期需续费的共210个，通过印发通知、网站群发短信提醒、电话沟通等方式方法，办理续费中文域名191个，占需续费中文域名总数的91%，占全县党政机关、事业单位机构数的43.7%。

三是推进党政机关网站开办审核、资格复核和网站标识管理工作。自2014年10月开展此项工作以来，到2015年12月底，全县提交党政机关网站开办审核单位132个，通过资格复核单位126个，发放网站标识126个，党政机关、事业单位自建网站已挂标识40个，占自建网站数75.5%。

**【不断加强自身建设】** 以开展"三严三实"为契机，完善一系列工作制度。开设编办"学习论坛月"活动，一月举办一次，由班子成员带头，全体干部参与，人人上台演讲，一月一个主题。论坛紧扣时代脉搏，突出"新常态"理念，紧密结合机构编制工作实际，内容实在，形式生动，大家都反映，这种形式的学习好，内容充实，不枯燥，大家都有收益，同时也激发全体干部的工作热情。2015年，编办承担繁重的机构改革、行政审批制度改革、编制权责清单等重大任务，全体干部沉下心来，加班加点，毫无怨言，圆满地完成各项改革任务。黄瑞剑、郑耀赞两位同志被梅州市机构编制委员会办公室评为2015年度梅州市机构编制工作先进个人。

**2015年年底县机构编制委员会办公室**

**主　任**　黄瑞剑

**副主任**　陈就稳　黄祖景

（郑耀赞）

## 统战工作

**【简述】** 2015年，丰顺县委统战部在县委、县政府的指导和支持下，坚持以邓小平理论和"三个代表"重要思想为指导，认真贯彻落实党的十八大会议精神，以经济建设为中心，以服务发展为目标，争取人心，凝聚力量，全面贯彻落实党的统一战线方针、政策，进一步巩固和发展最广泛的爱国统一战线，统一战线各个领域的工作取得新成效，实现新的突破。

**【建大统战，党外代表人士队伍建设不断强化】** 一年来，丰顺县委统战部按照市委要求，以为2016年换届做准备为前提，认真贯彻落实2012年中央4号文件、省委16号文件和2013年市委2号文件，重新调整统战工作联席会议制度，加强与各相关部门的沟通联系。通过加强与组织部门的沟通协调，确保发现党外人才，关注党外人才，培养党外人才，推荐党外人才，管理党外人才，各个环节扎实有效，打造一支数量充足、结构合理、素质优良、适应形势发展需要的党外代表人士队伍。向组织推荐正科职后备党外干部7名，提拔任用1名，推荐副科职后备党外干部12名，提拔任用1名，2名均为单位一把手。加强与政协、工商联等相关部门、有关团体的人才信息交流，探索突破区域、部门、行业、所有制等选人方式，增强统一战线党外代表人士发现、推荐工作的组织性、程序性，实现人才选拔的宽领域、广覆盖，使更多更优秀的党外人士被纳入统战范围，延长统战工作手臂。

**【围绕中心，非公有制经济服务发展取得新突破】** 一是加强非公有制经济代表人士思想政治建设。2015年，丰顺县工商联积极开展对非公有制经济人士理想信念教育，进一步实现政治上自信、发展上自强、守法上自觉，引导他们把个人梦、企业梦融入中国梦中，切实增强非公有制经济人士对中国特色社会主义的信念、对党和政府的信任、对企业发展的信心。二是"两手抓"助推非公有制经济快速成长。一手抓平台。成立丰顺县电子商务商会，为丰顺电子商务产业快速健康发展整合资源、提供服务。建立丰顺县电声行业电子商务综合服务平台，为丰顺县电声行业注入新的发展动力。一手抓活动。认真组织开展电声创业园调研活动，征求企业家对创业园的意见和建议，为丰顺县委、县政府决策服务。全县已报名入园企业83家，共需用地155.33公顷。扎实开展"走出去"交流活动。与梅县工商联共同组织了革命老区马山行活动，到河源市和平县工商联进行交流学习。与市商务局联合组织电声企业赴台参加"第十二届海峡两岸电子信息暨自动化设备展"，电声企业抱团参加赢享中国·2015年演艺设备行业峰会等，进一步拓展非公有制经济人士视野，增强他们市场敏锐性的同时，扩大产品的宣传力度，助推企业走向世界。三是鼓励他们积极投身光彩事业，回报社会。从2014年12月的广东丰顺光彩事业行活动开展后，县非公有制经济人士深受鼓舞，低调参与人数增多，据不完全统计共捐资扶贫济困200多万元。

**【创新思路，海外统战有新拓展】** 丰顺县委统战部开展海外统战工作一直秉承"团结"的工作前提，在团结的基础上，进一步搭建平台，为他们开展经贸其他项目牵线搭桥。为此，统战部积极协助成立香港梅州社团总会，协办"第九届世界丰顺同乡联谊会"，鼓励港澳台同胞、海外侨胞带上子孙，常回乡看看，为华夏儿女中国情的延续，为中国梦的早日实现尽心尽力。积极参与各地开展的各种联谊活动，加强与国内、港澳台海外人士的交流，加大对丰顺县的宣传，吸引他们来丰顺投资，支持家乡的经济建设。认真开展专项工作，与当地社团一起，发挥统战优势为当地经济社会稳定添砖加瓦。鼓励国内、港澳台同胞、海外侨胞积极参与家乡公益事业建设。据不完全统计支持家乡教育事业捐资达3000多万元。

**【强化管理，民族宗教工作有新突破】** 全面贯彻党的民族宗教政策，有效推进各民族交往交流交融，"团结一家亲"的良好局面不断巩固。一是积极引导宗教与社会主义社会相适应，宗教事务管理法规和制度不断完善，法律进寺观教堂活动持续深入，宗教场所、教职人员、宗教活动管理逐步规范有序，宗教领域的法治进程不断深入。二是支持民宗局协助做好基督教"两会"换届选举工作。选举出新一任"两会"的成员爱国爱教，团结带领信教群众开展正常的宗教活动，维护丰顺县宗教界的稳定。三是支持县民宗局通过开展宗教政策法规知识竞赛活动等方式，宣传宗教政策法规，全面提升宗教界教职人员对宗教法规政策的把握。四是充分发挥宗教界爱国人士的积极作用。引导信教群众自觉维护宪法和法律权威，自觉在法律允许范围内开展宗教活动，自党履行法定义务继续贯彻落实中央六部门《关于鼓励和规范宗教界从事公益慈善活动的意见》，围绕“广东扶贫济困日”和“宗教慈善周”活动主题，开展系列公益慈善活动。据不完全统计，全年信徒支持贫困济困等近7万元。五是继续加大对畲族扶持力度，积极争取上级资金75万元，帮助村委修建、改善村民生产和生活设施。经济、项目支持，加快畲族凤坪村经济发展，进一步增强畲汉两族人民团结。

**【学工结合，队伍建设有新加强】** 中央统战工作会议的召开，习近平总书记的重视，工作条例的颁布，为统战干部注入了新的动力。丰顺统一战线在认真组织工作人员学习贯彻中央统战工作会议精神、习近平总书记讲话精神，《统一战线工作条例》，开展各种学教活动的同时，积极开拓统战工作业务，把统战手臂延伸到乡镇，通过建立镇村两级统战工作机制（有8个乡镇建立统战工作办公室，实现每村有统战工作联络员，每镇有统战委员、统战干部），带动机关统战干部深入基层、了解基层、从乡镇角度看统战，学会包容与谦让，学会多层面看问题、想办法，统战干部干事创业信心得到进一步加强，党性修养得到进一步升华，思想政治素质得到进一步提高，业务综合水平得到进一步提升。与此同时，为确保“三严三实”专题教育落到实处，丰顺县委统战部重新修订统战工作联席会议制度、党支部规章制度、探望慰问干部职工规定等5个制度，切实从源头上预防，从制度上规范约束党员干部，使其在思想政治行动上始终与党中央保持高度一致。

**2015年年底县委统战部**

**部　长**　徐江生

**副部长**　彭水利　陈自镰

（陈志强）

## 台湾事务工作

**【简述】** 2015年，丰顺县对台工作在县委、县政府的正确领导和县委统战部的直接领导下，坚持以十八大、十八届五中全会精神为指导，深入贯彻中央、省市对台工作会议精神，坚持“和平统一，一国两制”的基本方针，做好对台宣传、不断推动两岸交流交往、引进台资等工作，深入开展调查研究，总结经验，努力完成对台各项工作任务。

**【全力抓好机关作风工作】** 县台办切实用习近平总书记的重要讲话精神统一思想和行动，把开展群众路线教育实践活动作为当前和今后一个时期的重大政治任务，与贯彻落实中共十八届五中全会精神结合起来，与加快丰顺振兴发展结合起来，以振兴发展的实效检验教育实践活动的成效，以人民群众是否真正满意作为衡量作风是否转变的重要标尺，扎实推动教育实践活动深入开展。紧紧围绕目标要求，迅速落实行动，做到人人参与，努力营造一个和谐、向上的人文交流平台，构建一个高效、有序运转的工作机制和优美、舒心的工作环境，有力地推动丰顺县对台工作的顺利开展。

**【深入开展群众教育实践活动，促进对台工作接地气，见成效】** 深刻群众教育实践活动，深入基层，为台胞台属台商办实事、解难题、做好事。努力营造与台资企业共谋发展、共同奋斗、共享成果的互惠双赢、和谐稳定的新型劳资关系，为台商提供宜居宜业、绿色长廊的投资环境，促进社会物质文明、政治文明、精神文明的协调可持续发展。

**【转变职能，以服务台胞台商为平台，发展与台商的经济合作】** 2015年，县台办始终坚持以服务台胞、台属为己任，努力为台胞台属排忧解难。对已引进的台企进行跟踪了解，切实帮助解决发展生产中碰到的实际问题。到2015年年底，全县累计注册台资企业12家，现在继续生产的工业企业有7家，台湾农民创业园1家，正在申报台湾农民创业园1家，农业企业3家。投资总额1272.5万美元，实现年产值3000万元。7家台资工业企业主要是经营冲压、汽车喇叭盆架等产品，产品销往东南亚、欧洲等国家和地区。7家台资工业企业共有工人1450多人。工人月平均工资2500多元。解决部分人的就业问题，为丰顺经济社会的和谐稳定起到很大的作用。

**【关注两岸交流交往新动向，促进丰台两地双向交流】** 随着两岸关系发生的变化，对台工作出现新的形势、新的变化，深入做好台胞的接待工作，是贯彻中央“寄希望于台湾人民”精神的具体体现，也是对台工作的重点之一。充分发挥台联会在两岸交流交往的桥梁和纽带作用，利用各种渠道加强与台北丰顺同乡会的联络沟通，利用祖国的传统节日，如元宵节、中秋、春节等向台胞发慰问信，向有代表性的重要人物致电问候等，从而不断密切两岸人民之间的感情，为促进两岸和“科学发展”尽职尽力。2015年，丰顺县赴台经贸文化交流考察团2个，促进了丰台两地的经贸合作和文化交流。

**【继续做好对台宣传和台务信息工作】** 对台宣传是对台工作的重要组成部分，在2015年对台宣传工作中，一是继续深入宣传邓小平同志“和平统一”“一国两制”的理论构想和基本方针，宣传江泽民同志关于台湾问题的八项政策主张和胡锦涛同志新形势发展两岸关系的四点意见，把促进两岸“和平发展”不断引向深入。二是宣传党的十八大会议精神和十八届五中全会精神以及中央对台事务的会议精神，进一步领会有关对台方针政策的精神实质。三是调动业余通讯员的积极性，继续做好文字稿的采写工作。2015年发文字稿6篇，被中央台台播部等新闻单位采用3篇。四是继续加强有关部门、社团、新闻机构在对台宣传中所发挥的作用，利用回乡探亲、考察、寻根问祖和办企业的台胞和工商界人士开展面对面宣传丰顺县改革开放以来的经济建设和投资环境，通过赠送《丰顺投资指南》书籍，使他们更加了解党的对台方针政策，提高台胞们对祖国大陆的向心力、吸引力，同时积极动员他们回乡办实业，充分调动一切积极因素，争取台湾民心工作贯穿丰台交流交往中。

**2015年年底县台办**

**主　任**　彭水利

**副主任**　巫美港

（巫美港）

## 党 校 工 作

**【加强领导班子建设】** 2015年1月23日丰委组干〔2015〕1号文件任命曾令权为中共丰顺县委党校副校长。因原常务副校长调离党校，组织决定由副校长曾令权临时负责党校日常工作。

**【精诚团结，上下协作，集中精力办好各类培训班】** 2015年，县委党校共举办计划内主体培训班6期，参加培训674人次。其中，县直副科职领导干部培训班1期，参加培训160人；全县职工干部培训班1期，参加培训60人；全县电声企业高级管理人才培训班1期，参加培训40人；县直入党积极分子培训班1期，参加培训41人；全县农村（社区）党支部书记培训班2期，参加培训283人。在干部培训过程中，县委党校发扬团结合作、求真务实、开拓创新的精神，不断拓展办学思路，创新培训方式方法，强化培训管理，积极营造良好的干部培训教育氛围，努力提高培训质量和培训效果。一是精诚团结，分工合作，共同完成培训工作任务。一方面县委党校注重加强与县有关部门的沟通协作，积极争取相关部门的大力支持，为办好培训班奠定基础；另一方面，全校干部职工上下同心，团结合作，以高度的责任感和使命感，积极主动地完成工作任务，确保培训任务顺利完成。二是创新教学内容。结合形势发展的需要，把中共十八大、十八届四中、五中全会精神作为培训干部的首要内容。同时，围绕党员干部的培训目标，贴近丰顺实际、部门工作的实际，根据学员要求，分级分类安排培训内容，在主体班次中开设《依法治国：现实与愿景——从文本走向实践》《积极培育和践行社会主义核心价值观》《着力提高领导干部担当精神》《加强基层党建工作》《发展党员工作》《涉农职务犯罪预防问题》等专题，实现培训内容的与时俱进。结合丰顺实际，加强调查研究，加大对本县社会经济发展的学习研究力度，增强培训的针对性和实效性。三是创新培训方式、方法。采取引进来、送出去的培训方式，创新培训方法。引进来即把学员集中在校内培训。在校内培训学习中，县委党校运用互动式、案例式等教学方式进行教学，构建教学相长、学学相长的教学格局，促进教员在干中学，在学中进步，不断提高教学质量和水平。送出去一方面是带学员到发达地区现场学习，如：由组织部统一部署、党校和经信局共同协作，把全县电声企业高级管理人才培训班40名学员带到省委党校进行培训，让40位电声企业高级管理人员现场学习珠三角发展的先进经验，收到良好的效果。另一方面是积极开展送教活动。组织有经验的热爱教学工作的同志分别到县直、乡镇等单位上课，收到良好的效果，得到各部门的认可和赞扬。

在办好主体培训班的前提下，县委党校加强与县直各有关部门合作，认真办好计划外培训班。2015年，共举办计划外培训班17期，参加培训1762人次。

**【加强教师队伍建设，努力提高教学科研和服务水平】** 一是加强教学人员业务知识培训，努力提高教学水平。组织教学人员外出学习。上半年，由副校长曾令权带队，组织骨干教师参加市委组织部、市委党校举办的全市党校骨干教师培训班和集体备课会。其中，副校长曾令权和徐运良老师参加了市委党校组织到北京市委党校的外出培训学习。下半年，组织教师到省、市委党校参加专业培训或跟班学习。11月中旬，黄紫云老师参加市委党校组织的市直新任科级公务员培训班跟班学习；11月底，教研室主任徐运良参加省委党校组织的全省党校系统学习贯彻党的十八届五中全会精神师资培训班学习。通过外出学习，拓展了教师的视野，增长了教师的知识，培养了教师的教学技能，从而提高了教师的教学水平。同时，县委党校严格实行新课试讲制度。每一堂新课的推出，必须通过集体备课会试讲，真正做到不成熟的课题不推出、试讲不过关的不推出，有力地保障专题课的教学质量。上半年县委党校先后组织两次集体备课会，全校教师积极响应，认真准备，效果明显。二是深入基层，开展调研实践活动，努力提高科研水平。2015年，先后组织教学和相关工作人员多次深入到留隍镇大坪村（广东省委党校挂点帮扶村）和单位挂钩扶贫点北斗镇下溪村进行实践调研，了解农村基层党组织建设情况、村集体经济发展情况、农村发展党员情况等。通过实践调研，为教学科研工作提供第一手资料，有力地促进教学科研水平的提高。同时，为了服务教学，要求教学人员按照全年科研计划，每位专职教师都必须选备两个以上新专题课。教师们都认真准备，精心挑选新专题课，并着力进行调研，积极备好专题课。其中，王秋萍的《“四个全面”和经济新常态是〈报告〉的思想主线》专题被选为重点党课，并在党校内进行党课开讲。其《深刻领会和把握“三严三实”的现实意义和科学内涵》专题课被丰顺县农业银行选为重要党课，并在丰顺农行系统进行党课开讲，效果明显，得到丰顺农行领导和党员干部的认可。蔡雪琴老师的《学习李大姐精神做一名称职的好干部》被市委党校选定为宣讲李大姐革命精神现场教学专题课，并在市委党校中轻班上讲授。徐运良老师的《浅谈党校精品课建设的几点看法》被刊载在市委党校主办的《动态摘引》中，其专题课《着力提高领导干部依法执政水平》参加市委党校组织的精品课评选活动。出版第18、19期《丰顺学刊》。三是加强后勤和教务管理，努力提高服务水平。在干部培训中，始终坚持高标准，不断完善管理办法，努力提高管理质量和服务水平。每期干部培训班，县委党校都编印《培训日程安排》《讲课提纲》《教师讲稿汇编》等材料。对学员的培训管理，每期都由一名管理人员担任班主任，每位学员都打印座号，要求学员对号入座。办培训班期间，每天安排专人负责后勤跟踪管理工作，进一步提高后勤服务水平和质量。通过加强管理，进一步改善学风、校风，提高了干部培训质量和效果。

**【强化管理，狠抓落实，进一步加强党校自身建设】** 一是坚持群众路线，践行“三严三实”。县委党校不断加强对全体干部职工的素质培养，坚持把思想政治建设摆在首位，强化党性锻炼，把以人为本的工作理念放在首位，认真组织学习习近平总书记系列重要讲话精神，认真学习中共十八届四中、五中全会精神，坚持群众路线，不断巩固开展群众路线教育实践活动成果，把群众路线教育实践活动常态化，认真践行“三严三实”，不断提高党员干部的理论素质和执行政策水平。二是进一步加强作风建设，建立健全工作机制。县委党校建立健全党风廉政建设责任追究机制，进一步明确责任，认真制定《县委党校2015年党风廉政建设主体责任清单》，每项工作有责任领导、有具体责任人。认真组织干部职工学习中纪委和省、市、县纪委会议精神，不断增强落实主体责任的重要性。开展以“五个一”为主要内容的反腐倡廉警示教育活动，召开全体党员干部警示教育大会，组织观看《红包之祸》《作风建设永远在路上》等警示教育片；引导广大党员干部筑牢拒腐防变思想道德防线，努力营造风清气正的良好环境。进一步深化正风肃纪工作，严格执行中央“八项规定”，开展不正之风专项整治，切实解决党风政风方面存在的突出问。聚焦“四风”问题，开展公务用车、办公用房、会员卡清退、“吃空饷”、公款走访等专项治理活动。规范公务接待，严格执行上级有关接待标准，一律按规定安排就餐，不上烟酒。工作日内严禁饮酒。严格执行公车使用规定。春节、清明节、“五一”节、端午节、中秋节、国庆节期间按规定将公车停放在党校，不存在公车私用的现象。积极清理办公用房。对超标使用办公房现象通过整合办公、腾空等方式进行清理，无超标使用行为和现象。三是积极开展挂点帮扶工作。定期深入到挂钩点北斗镇下溪村开展帮扶工作。选派骨干到该村任党支部第一书记。主要负责同志带队，多次深入到下溪村，了解该村的党建情况、村集体经济发展情况、计生工作开展情况等。支持该村计生工作经费、修路等各项经费15000多元，加强与群众的沟通互动，及时了解群众的所想所盼，有针对性地解决帮扶点存在的实际问题，进一步密切党群、干群关系。四是积极参与创建“卫生县城”活动。创建卫生城市是丰顺县一个重点工程，县委党校深刻意识到创卫工作事关全县大局，认真落实“门前三包”责任制，校内实行每周统一进行一次大扫除，保证校园的清洁卫生。认真贯彻执行禁烟的有关规定，校园内张贴禁烟宣传画、宣传标语。积极营造浓厚的创建卫生城市氛围。五是加强管理，积极创建安全庭院。县委党校进一步加强招待所经营管理，不断加强庭院安全管理，健全完善各项规章制度，规范了对人、财、物的管理，积极建设节约型机关。加大经费投入，购置更新设备，认真做好人防、物防、保密措施，有效遏制各类案件和事故的发生。

**2015年县委党校**

**校　长**　丘　炀

**副校长**　曾令权

（胡祥沐）

## 老干部工作

**【简述】** 2015年，丰顺县老干部局在县委、县政府的正确领导下，在上级老干部工作部门的精心指导下，紧紧围绕县委、县政府的中心工作，服务大局，坚持以“四个满意一个认可”（让县委、县政府满意，让上级老干部门满意，让老干部满意，让老干部家属满意，得到社会的认可）的工作目标，把老干部工作做实做细，较好完成各项任务。

**【认真贯彻落实全国、全省及全市离退休干部“双先”表彰大会精神】** 一是领导重视，组织集中学习。梅州市委老干部局下发文件后，丰顺县老干部局及时向县委组织部部长汇报，部长丘炀及时作出批示，要求老干部局的全体人员及老干部要以此为契机，认真学习和领会把握上级的会议精神。为了把大家的思想认识统一到会议精神上来，4月15日上午，组织部分离退休老干部和县五套班子退休老领导、县委老干部局全体干部职工在老年活动中心会议室，集中学习全国、全省、全市离退休干部“双先”表彰大会精神既老干部工作会议精神。主要传达学习2014年11月26日全国召开的离退休干部先进集体和先进个人表彰大会以及全国老干部局局长会议情况、习近平总书记在会见全国离退休干部先进集体和先进个人代表时的重要讲话及梅州市离退休干部先进集体和先进个人表彰大会的重要讲话精神。二是送学上门，分组分片做好舆论宣传。针对离休干部普遍进入“双高期”（高龄期、高发病期）的特点，加上部分行动不便的情况，有些老干部子女不在身边，为了能让离退休干部及时学习上级相关政策法规和相关会议精神，采取送学上门，变老干部来学习为上门送学。办公室人员编写简要会议提纲 150 多份，印发相关学习辅导资料 130 册，分组送到老干部家中，使中央这次会议精神及时、广泛的宣传到每一位老干部心中。通过宣传，大家都振奋了精神，明确了目标。三是宣传典型，释放正能量。坚持以理想信念和党性教育为重点，在抓好老干部的思想政治引领上下功夫，大力宣传老干部先进典型，引导老同志离岗不离党，退休不褪色。丰顺县受到表彰的离退休干部先进集体（老年大学）和先进个人（原县人大常委会主任，现关工委主任胡云流）在学习会上进行发言，并要求老干部要深入学习宣传离退休干部先进集体、先进个人的事迹，传播正能量。

**【深入开展以“展示阳光心态、体验美好生活、畅谈发展变化”为主要内容的为党的事业增添正能量活动】** 一是组织学习，统一思想。采取逢双月 15 日集中学习、集中培训、个人自学、座谈会讨论等形式，组织离退休老干部、老干部工作者和老干部党支部书记深入学习领会中共十八大以来的重大会议精神和习近平总书记系列重要讲话精神。其中，举办老干部工作人员培训班 3 次，举办离退休干部党支部书记培训班 3 期。通过学习，增强思想政治教育的感染力，进一步提高认识、统一思想、加强了自我管理。二是开展形式多样的活动，展示当代老干部的风采。依托 12 个涉老文艺团体，开展诗书画展、送文化下基层、文体娱乐活动。坚持月月开展小型活动，季季举行大型活动，充实广大老干部的精神文化生活，满足老干部文化养老需求，展示当代老干部的风采。2015 年举办诗书画展 2 次，展出作品 140 幅；开展活动 780 场次，其中，开展文化进基层 15 场次，歌舞比赛 20 场次，参加活动的老干部有 325 人。大型活动：5 月 23 日至 25 日举行普法广场舞大赛和下乡宣传普法教育文娱活动；6 月 29 日上午，为纪念中国人民抗日战争暨世界反法西斯战争胜利 70 周年，老年大学组织离退休干部举办演唱会；在建党 94 周年来临之际，举办庆“七一”红歌大赛；8 月 8 日，由老干局、老体协主办“8·8 全民健身日”暨老年健身活动，有离退休干部和“五老”人员 1000 多人参加；10 月 20 日，由老干局、老年书画协会、陈庭辉老年书画、潮乐基金会主办了 2015 年重阳活动；老体协、老年大学十周年庆活动；老年大学举办年终文体大会演；等等。三是组织老干部就近就地参观考察，体验美好生活。按照自觉自愿、量力而行的原则，组织离退休老干部到丰顺新区、电声培英厂、工业园参观。通过开展“走、看、促”活动，及时通报社会经济发展情况，让老干部充分认识改革开放以来发生的巨大变化、感受到中共十八大以来呈现出的崭新气象和感受丰顺县经济发展日新月异，激励广大离休干部以积极心态适应社会发展新常态，让老干部感恩美好生活。四通过开展“我健康、我快乐、我奉献”为主题的活动，激发其在各个领域发挥积极作用。充分发挥离退休干部的政治优势、经验优势、威望优势，为丰顺振兴发展建言献策，凝聚发展共识。五是举办系列纪念活动，传播爱国主义。1. 利用公祭日，组织部分老干部、老干部局干部职工、部分在校学生代表，到东山公园瞻仰革命烈士纪念碑，缅怀革命先烈的丰功伟绩。2. 以纪念抗日战争 70 周年为契机，组织老干部和老干部局全体职工在老年活动中心观看纪录片和观看 9 月 3 日抗战胜利 70 周年大阅兵，让大家铭记历史，缅怀先烈，不忘国耻，珍视和平，爱国护党，开创未来。同时，还对 7 位抗日战争时期参加工作的离休干部进行走访慰问活动，给每位抗战离休干部送上 500 元慰问金和纪念章一枚。让老干部在历史传承中体验美好，释放光芒，用他们的故事感染后人，启迪后人，激励后人。

**【积极探索新形势下老干部工作，创新管理服务，为老干部办好事实事】** 一是全面落实好两个待遇。首先认真落实老干部政治待遇。坚持逢双月15号集中学习做法，组织在城离退休老干部，在老年活动中心集中学习政治理论、政策时事。认真抓好定期通报情况、传阅文件、就近就地参观考察、走访慰问、春节座谈会、邀请老干部参加重要会议和重大活动等一系列制度规定的落实，使老干部始终在思想上、行动上与党中央保持一致，自觉做到政治坚定，思想常新。其次认真落实老干部生活待遇。以巩固离休干部“三项机制”（离休费保障机制、医药费保障机制、财政支持机制）为重点，保证“三项机制”持续有效运行，让老干部共享改革发展的成果。1. 在县级财政困难的情况下，积极向县委、县政府争取生活补贴，确保每位离休干部生活补贴（正科级350元／月，副处级460元／月）按半年发给。2. 积极落实上级有关文件精神，为在革命战争时期参加工作的老干部增加发放一个月的离休费补助。3. 提高护理费。一类是能自理的离休干部护理费增加至最高额度600元；二类是完全不能自理瘫痪的离休干部护理费增至2000元；三类是抗日战争参加工作离休干部护理费增至1200元。4. 组织协调财政、人社等部门，及时解决离休干部“三项机制”运行中的问题，确保全县离休干部离休费按月定额发放，医药费按规定实报实销。二是坚持走访联系，提供亲情服务。针对老干部居住分散、行动不便、进入“三高期”（高龄期、高发病期、高死亡期）的实际情况，建立走访联系制度，把老干部当作“亲人”“父母”，以儿女般情怀关心老干部，真正做到知人、知门、知心、知情况，着力提供亲情服务。三是坚持健康服务，建立医疗保障体系。1. 把医疗保健服务做实。每年定期组织老干部在县人民医院、中医院、中山友好医院进行身体健康检查，并为老干部建立健康档案。2. 坚持逢双月老干部学习日穿插保健知识讲座的做法，有计划地举办健身、心理等老年保健知识讲座，邀请专家讲授“老年心理自我调节”“老年人饮食起居”“老年人健康生活方式”等内容，使离休干部增强自我保健意识，提高自我保健能力。3. 帮助部分完全不能自理瘫痪离休干部解决了后顾之忧。充分与疗养院沟通衔接，疗养院同意接收无人照顾的瘫痪离休干部，提供全方位医疗服务和护工服务。四是坚持送温暖上门，把精神需求服务好。坚持在重大节日（春节、重阳节等）、生病住院、生日时对离休干部、副处级以上退休干部、享受副处医疗待遇退休干部进行慰问，送上慰问金，让遇到特殊情况的离休干部及时得到组织关怀。2015年，走访老干部186人次，住院探望老干部85人次。五是为老干部解决热点难点问题，建立困难帮扶机制。1. 逝世的离休干部的一次抚恤金严格按照民发〔2011〕192号文件执行。通过与相关部门的协调，2014年8月1日后逝世的离休干部一次性抚恤金按民发〔2011〕192号文件标准发放，截至年底，为逝世的离休干部补发抚恤金790多万元。同时还参加老干部治丧送别会，接到离休干部病故报告后，组织原单位负责人、家属参加老干部治丧送别会，尽量满足老干部家属要求，让老干部家属满意。2. 及时为老同志排忧解难，解决实际困难。对特别困难离休干部病号及其配偶（遗孀）进行再补助，2015年，已对30位有特殊困难的离休干部及其配偶（遗孀）进行帮扶，共支出帮扶资金35万元。六是做好来信来访工作和异地服务工作。对待老干部的来信来访，热情接待，耐心细致解答，直至其满意明白为止。对丰顺县4名异地安置离休干部，每逢重阳节、春节前夕，都上门进行慰问，老干部都非常满意。七是加强“阵地建设”，营造舒适环境，为老干部提供好去处。1. 加大对老年活动中心场所基础设施建设经费投入。进一步改善条件、优化环境、细化服务，为老同志提供更好的服务环境，向省委老干部局争取12万元修缮专款费用，用于老年活动中心供电线路和墙体老化维修。2. 改善办公设施。为营造舒适办公环境，更好地为老干部服务，投入资金15万元，购置新的办公设施。老干部活动场所的设施不断完善，为老干部提供好去处，实现老有所乐、老有所为，老有所学，为老同志提供更多更好的精神食粮，使老干部的幸福指数倍增，过上了幸福安宁的晚年生活。

**【加强思想政治建设，打造一支过硬的队伍】** 一是抓老干局队伍党性建设。按照“三严三实”要求，不断提高老干部服务者的党性，以打造过硬队伍为抓手，全面提升为老干部服务能力，立足老干部工作实际，“外树形象、内强素质”，促进了全局老干部工作水平的提升。强化机关干部全心全意为老干部服务工作意识，努力打造一支勤勉敬业、道德高尚、能力过硬的工作队伍。二是抓老干部支部建设。坚持纪律教育和制度约束相结合，认真抓好老干部支部建设。以“五好”党支部和优秀党员的名义发出倡议书，召开了离退休干部党支部片组长座谈会；继续与老年大学共同办好老干部党建研究班，认真制定两期党建研究班的教学计划，落实参加研究班的学员，通过学习培训、分组讨论和实地考察等方式丰富学习内容，增强学习效果。三是抓机关作风建设。不断加强老干局队伍的机关作风建设，紧紧围绕“党的群众路线”教育实践活动、“三严三实”专题教育活动，组织观看廉政纪录片，认真对照“四风”存在的问题，查摆不足之处。严格遵守执行“五严禁、十不准”，继续把机关作风建设摆在重要位置，让广大离休干部每次到局机关切实感受“老干之家”的风采。

**2015年县委老干部局**

**局　长**　马文腊

**副局长**　林华山　巫雪芬

（刘书容）

## 保 密 工 作

**【简述】** 2015年，丰顺县保密工作在县委、县政府的正确领导下，在上级保密部门的具体指导下，全面贯彻中共十八大精神，以邓小平理论、“三个代表”重要思想、科学发展观为指导，深入学习贯彻习近平总书记系列重要讲话精神，主动适应新常态，围绕振兴发展主线和全县工作中心，按照中保委、省保委、市保委部署，以贯彻落实保密法及其实施条例为主线，加强保密工作法制建设，依法行政，持续突破重点难点，抓好定密管理、网络保密管理和涉密人员管理，强化保密责任，建设丰顺县“大保密”工作格局。

**【不断加强领导干部责任制的落实】** 1. 加强领导干部责任制。形成党政主要领导负总责，分管领导亲自抓，分管业务的领导具体抓的保密工作领导机制。各单位领导班子能严格根据《领导干部保密工作责任制》要求，带头学习上级保密工作的指示、决定，重视、支持本地区、本部门的保密部门开展工作，确保保密工作层层有人抓、级级有人管，牢固树立“保守安全，慎之又慎的思想”。此外，按照上级保密部门的通知要求，对全县党政领导干部保密工作责任制落实情况进行认真的调研，并形成调研报告上报。

2. 召开县委保密委员会全体成员（扩大）会议。3月27日，中共丰顺县委保密委员会召开全体成员（扩大）会议，保密委员会全体成员和各镇（场）分管保密工作的领导参加会议。会议重点传达贯彻省、市保密工作会议精神，总结2014年全县保密工作情况，审议通过2015年县委保密委员会工作要点。

3. 重新调整充实县委保密委员会领导和成员。按照省、市的要求，为加强领导，经县委同意，下发《关于调整中共丰顺县委保密委员会成员的通知》，重新调整丰顺县委保密委员会成员，由县委副书记廖茂忠担任保密委员会主任，此外因工作变动对8位成员也作了相应调整。

**【不断推进保密工作法制化和规范化建设】** 1. 加强普通高考和高中学业水平考试的安全保密工作，确保考试安全保密方面万无一失。加强督促检查，规范国家统一考试保密管理的方式方法，落实保密部门的监督职责，高考前联合教育、公安等相关部门开展试卷保密室的检查验收工作。通过“六个强化”，成立国家保密局2015年高考保密应急处置领导小组，认真做好2015年度普通高考和高中学业水平考试的试卷运送和保密管理工作，确保试卷保密方面万无一失，实现平安高考。此外还协助县人社局做好事业单位招聘人员考试试卷的保密管理工作。

2. 加强保密设备的配备和维修维护工作力度。加强密码文件柜、文件碎纸机、涉密会议移动干扰器等保密设备的配备工作。

3. 做好“十二五”保密事业发展规划的验收工作。根据《关于开展〈“十二五”时期广东省保密事业发展规划〉贯彻实施情况检查验收的通知》精神，丰顺县认真对照检查验收项目，全面进行自查，并形成自查书面报告上报。

4. 按照省、市保密部门有关要求，做好县保密局公务用车制度改革有关工作。

5. 按照档案管理的有关要求，做好历年来保密工作文件资料的整理归档工作。

**【不断提升保密技术防范和保密专项管理水平】** 1. 提升网络防护能力，实现保密实时监测。为了提升网络安全等级，最大限度消除安全隐患，县保密局积极争取领导重视，县政府共投入资金260多万元，对县行政中心大楼的机房进行搬迁扩容，对网络进行升级改造，并建立中孚互联网接入口保密监测平台，对网络进行保密实时监测，实现对县行政中心大楼互联网出入口的攻击窃密监测和涉密标志检测等功能，大大提高网络防护能力。此外，还协助市检查验收组做好县行政中心大楼的信息化网络升级改造检查验收工作。

2. 深入乡镇调研保密工作。为做好乡镇保密工作，市、县保密局对丰顺县埔寨镇、建桥镇2个乡镇进行保密工作调研，并针对乡镇保密工作中存在的问题，提出具体可行的整改意见，切实加强乡镇保密工作。

3. 做好地理信息保密检查工作。根据梅州市国土资源局、梅州市国家保密局《关于开展2015年全市地理信息保密检查的通知》，要求县国土资源局认真按照检查项目全面开展地理信息自查工作。

4. 做好国有企业保密管理专项检查工作。根据有关通知精神，要求各有关国有企业认真对照检查目录，全面进行自查，并组织检查组对部分单位进行抽查。

5. 做好计算机网络信息安全的检查工作。组成保密工作检查小组，对部分单位的保密工作特别是计算机网络信息安全工作进行抽查。对检查中发现的存在问题，要求各有关单位要高度重视，及时整改，消除隐患，堵塞漏洞，防止泄密事件的发生。

**【不断提高保密宣传教育实效】** 1. 着重加强全县组工干部和纪检监察干部的保密知识和形势教育工作。一是专门邀请梅州市国家保密局局长陈益明为全县组工干部作保密形势教育专题讲座。县委组织部全体领导成员、干部职工和各镇（场）、县直各单位组织人事干部共150多人聆听讲座。切实增强做好保密工作的责任感和紧迫感，进一步增强全县组工干部做好保密工作的责任意识，提高保密安全能力和水平，推动全县组织系统“落实总书记要求，建设模范部门”教育实践活动深入开展。二是县纪委组织举办县纪检监察系统保密知识专题讲座，特邀市国家保密局局长陈益明前来授课。县纪委和监察局全体领导成员及各镇纪委书记、纪检专干、县纪检监察机关全体干部职工等100多人聆听讲座，为今后更加出色地做好纪检监察工作特别是纪律审查保密安全等工作奠定扎实的基础。

2. 深入开展“保密宣传教育月”活动。把“保密宣传教育月”活动与纪律教育学习月活动紧密结合起来，做到同部署、同检查、同落实。县委保密委员会与县纪律检查委员会联合转发《关于在“纪律教育学习月”活动中开展保密法纪宣传教育的通知》，认真做好纪律教育学习月保密法纪宣传教育工作。通过在重要场所、部门张贴保密宣传挂图资料、印发宣传资料、组织党员干部深入学习新修订的《保密法》等法律法规，组织收看保密警示教育片等多种形式进行有针对性的宣传教育，广泛深入开展保密宣传教育，不断增强各级领导干部和广大涉密人员的保密意识。

3. 群发保密宣传短信。通过“企信通”技术平台，群发保密宣传短信至领导干部和涉密人员手机上。

4. 积极关注“保密观”微信订阅号。为适应保密宣传教育新形势的需要，使全县广大干部更方便、更直观地了解国家保密政策、学习保密有关知识，杜绝失泄密事件的发生，下发通知，要求全县广大干部尤其是各级党政机关领导干部、保密工作者和涉密人员积极关注“保密观”微信订阅号。

5. 积极征订有关保密宣传教育资料。为加强保密宣传教育力度，扎实推进党政干部、涉密人员保密意识和保密常识教育培训工作，积极征订金城出版社有关保密宣传教育资料（光盘、挂图、图书等）。

6. 协助做好梅州市国家安全教育巡回展（丰顺）工作。协助组织县国家安全工作领导小组成员以及各镇（场）、县直各单位分管保密的领导和专兼职保密员共200多人观看梅州市国家安全教育巡回展（丰顺），增强了参展人员的国家安全保密意识。

7. 做好2016年度《保密工作》杂志的征订发行工作。加强《保密工作》杂志的征订工作，全县各单位共征订 128 份，完成杂志征订工作。

8. 加强保密工作信息调研报道工作。一年来共向省、市保密工作杂志报送各类工作信息 10 篇（次）。

**【不断加强保密干部队伍建设】** 1. 健全保密工作机构，配齐保密干部。县保密部门及时督促各单位、各镇（场）要落实好保密领导小组的建设和专（兼）职保密员。要求各单位保密领导小组有调整的要及时上报，对需新增保密员单位，要按规定填写好《经管国家秘密人员资格认定申请表》《经管国家秘密人员注册备案表》报县保密局审批。

2. 积极组织和参加各类保密业务培训班。一是召开丰顺县保密党课专题教育暨保密干部全员培训会，县委保密委员会全体成员以及各单位分管保密工作的领导和专兼职保密员共 200 多人参加会议。县委副书记、县委保密委员会主任廖茂忠为大家上了一堂保密专题党课，并对保密工作提出要求。会议还观看了保密教育警示片《手机背后的课网》，并对各单位保密干部进行了业务知识培训。二是按照梅州市保密局《关于派员参加广东省国家保密局举办的第二期定密培训班的通知》要求，派一位同志参加广东省第二期定密培训班。三是派员参加梅州市 2014 年度保密工作统计数据培训班，并认真做好 2014 年度保密工作统计数据工作。

**【不断发挥保密部门的职能作用】** 县保密局紧紧围绕县委、县政府的中心工作和重大活动开展工作，增强为大局服务的意识。完善管理机制，明确保密工作部门的执法主体地位。保密局的领导干部能深入实际，深入基层，加强管理和指导，把工作抓具体、抓扎实，并通过在具体工作中与被检查的单位的同志一起学习，使双方的保密业务水平和保密观念都得到提高。充分发挥保密工作的保障和服务作用。坚持与时俱进，开拓创新的精神，不断研究新情况、新问题，在发展中求发展，在发展中求提高，不断拓展保密工作的新途径和新办法，为“保安全，保发展”做出新的成绩。

**2015 年年底县国家保密局**

**局　长**　邱劲铭

**副局长**　陈　莉

（陈　莉）

# 丰顺县人大常委会

## 县人大主要工作

**【举行县十四届人大六次会议】** 2015年2月9日至11日，丰顺县隆重举行第十四届人民代表大会第六次会议。这次会议应到会代表257名，实到会233名，符合法定人数。列席这次会议的有：工作居住在丰顺的省十二届、市六届人大代表，非本届县人大代表的县委、县人大、县政府、县政协、县纪委和县武装部的领导，中央、省、市驻丰顺单位主要负责人，县委办、县政府办副主任、县直正局级以上单位的主要负责人，县人民法院副院长和县人民检察院副检察长，各镇党委书记、镇长（负责人）和人大副主席，县人大常委会机关、政协机关副科职以上干部，以及部分老同志。出席政协丰顺县九届五次会议的全体委员列席2月10日上午的大会。

这次会议是全县上下深入贯彻落实党的十八大、十八届三、四中全会精神，全面深化改革，全力推动丰顺振兴发展的关键时期举行的一次重要会议。县委、县人大常委会和县政府对举行这次大会十分重视。县人大常委会领导及其机关全力以赴，精心组织，做了大量的细致的组织准备和会议筹备工作。由于领导重视，准备工作充分，代表积极履行职责，这次大会依法顺利地完成预定的各项议程，并取得圆满成功。

会议期间，代表们始终保持饱满的政治热情，认真履行宪法和法律赋予的职责，听取和审议曾永祥县长所作的政府工作报告，审议丰顺县2014年国民经济和社会发展计划执行情况与2015年计划草案的报告、丰顺县2014年预算执行情况与2015年预算草案的报告，听取和审议丰顺县人民代表大会常务委员会工作报告、丰顺县人民法院工作报告和丰顺县人民检察院工作报告。会议采取无记名投票表决方式，通过以上报告，并作出了相应的决议。

在听取和审议各个工作报告中，代表们以实事求是的精神肯定过去一年来丰顺县各个方面工作所取得的主要成绩和基本经验，同时结合实际，就贯彻实施中共十八大、十八届三、四中全会精神和做好2015年工作，提出许多意见和建议。这次会议共收到代表十人以上联名提出的议案15件，其中：经贸、工交、财经方面10件，国土、城建、环保方面2件，农林水方面2件，教科文卫方面1件。经过大会议案审查委员会初审并提交大会主席团审议决定，以上15件议案转为建议办理。另外，会议还收到代表提出的建议10件，其中：经贸、工交、财经方面8件，农林水方面2件。会后，所有代表建议移送县政府分别交有关承办单位依法办理。

**【围绕县委重大决策部署，在服务工作大局中发挥职权作用】** 一是依法决定重大事项。常委会以“健全人大讨论、决定重大事项的制度”为抓手，把落实县委的决策部署和回应人民群众的诉求，把有效推动经济社会发展和提高人民群众生活水平有机统一到重大事项决定权的行使上来，紧紧围绕县委中心工作，采取走访调研、听取专项报告等形式，听取和审议县国民经济和社会发展第十三个五年规划纲要（草案）、关于全力加快丰顺梅江韩江文化生态健康旅游特色产业带开发建设的决定（草案）等报告，共作出涉及财政等方面的各项决议、决定8项。从法律法规和制度上保证县委决策转化为全县人民共同意志和共同遵守的规范。二是依法进行人事任免。坚持党管干部原则和人大依法行使任免权相结合，重点放在加强任后监督方面，通过听取部门工作情况报告、部门负责人履职情况报告等方式，了解掌握被任命干部的履职情况，进一步增强被任命人员的责任意识和使命感。同时，开展新任命干部向宪法宣誓活动，激发领导干部依法行使权力的意识和责任感。一年来，共依法任免国家机关工作人员 21 人，为全县经济社会发展提供组织人事保障。

**【坚持监督与支持并重，在推动振兴发展中增强监督实效】** 一是推进财政平稳运行。常委会听取和审议 2014 年财政决算、2015 年上半年和全年预算执行情况的报告，批准县级财政决算，要求进一步深化财政改革，健全全口径编制预算体系，规范预算执行，加强国有资产运营管理。听取和审议 2014 年财政本级审计情况的报告，要求重视发挥审计监督作用，督促加强整改，落实审计建议。根据形势和任务变化，常委会审议批准关于追加 2015 年县级财政支出预算，财政审查监督得到进一步加强和改善。二是推进专项工作落实。为擦亮旅游品牌，发展生态旅游经济，常委会组织对生态旅游工作进行专项调研，听取和审议关于旅游工作情况的报告，提出要科学修编旅游总体规划，加大资金的投入力度，强化旅游宣传包装推介力度等建议。为抢抓粮储发展机遇，加快丰顺县粮食仓储建设，听取和审议关于储备粮仓库建设情况的报告，针对存在问题，要求积极争取项目资金，加大投入，合理布局建设中心粮库，提高粮食储备的数量和质量，保证战略储备粮食安全。围绕法治政府建设五年规划落实情况，听取和审议法治政府建设情况的报告，提出要加大法治宣传，完善政府法律顾问制度，加强备案审查工作等建议意见，促进法治政府五年规划的贯彻落实。三是关注群众利益诉求。常委会把信访工作作为畅通民意渠道、维护人民利益的一项常态工作来抓，带着感情和责任认真受理人民群众来信来访，耐心宣讲政策，积极做好矛盾化解工作。强化信访调研，加大督办力度，督促解决一批群众反映的热点难点问题，回应群众关切，促进社会和谐稳定。一年来，共受理群众来信 43 件，接待来访 35 人次，来信来访处理（转办）率达 100%，有效维护社会稳定和当事人的合法权益。

**【致力维护社会公平正义，在推进依法治县中认真履行职责】** 一是以执法检查促依法行政。采取实地检查和听取汇报等形式，组织开展对《广东省信访条例》《广东省实施〈中华人民共和国水法〉办法》等法律法规贯彻实施情况的检查，重点听取和审议县政府关于《药品管理法》执行情况的专项工作报告，积极配合省市人大做好对“六五”普法、司法行政、“规范司法行为、维护司法公正”、城乡环境整治和旅游资源开发、《广东省宗教事务管理条例》执行情况等工作的调研，促进相关工作及法律法规在丰顺县的贯彻实施。二是以法治县创建促法治建设。围绕“适应新常态，推动新发展”的全县工作大局，认真贯彻落实《法治广东建设五年规划》和《中共丰顺县委关于全面推进依法治县的实施意见》，通过强化组织领导，落实创建责任，加强舆论宣传，细化工作措施，深入开展法治县创建工作，法治丰顺建设取得明显成效，逐步形成党委依法执政、政府依法行政、司法公正执法、企业依法管理、基层民主自治、监督体系健全的法治大格局。

**【尊重人大代表主体地位，在代表依法履职中提供服务保障】** 一是拓展代表履职空间。加强常委会与人大代表的联系，通过组织参加会议、寄送刊物资料、征求意见建议等方式，努力为代表知情知政创造条件。鼓励支持代表依法履职，主动邀请代表参加常委会组织的有关活动，并及时将代表提出的意见建议纳入审议意见，交“一府两院”办理。2015 年，先后组织 132 人次代表参与常委会组织的执法检查、视察、调研和人大常委会、法检两院以及政府部门、机关单位的各种工作评议会、民主测评会和法院案件庭审会等活动。全县各镇县人大代表小组围绕农村饮水安全、环境卫生、交通建设等工作，共开展小组活动 21 次。县直代表小组开展对教育创强、“十项惠民工程”进展情况等工作的集中视察活动，针对存在问题，提出建设性的建议和意见，有力促进了问题的解决。二是完善代表履职平台建设。常委会以推进代表履职常态化为目标，持续巩固和完善代表履职的工作活动平台建设。一是加强代表联络工作室建设。2015 年，全县 16 个镇全部建立人大代表联络工作室，统一为代表工作室配备办公桌椅、电脑、制度牌匾等设施，彻底解决县镇两级人大代表活动无场地的问题，为开展代表活动积极创造条件。二是加强代表在线交流平台建设。搭建以省人大常委会网络为龙头、市人大常委会网络为枢纽、以县人大网络为终端的三级网络化平台,有效扩大人大代表对人大常委会工作的参与,进一步发挥代表的主体作用。三是增强代表议案建议办理实效。常委会始终把提高代表议案建议意见办结率作为激发代表履职热情、推进民主政治建设的重要抓手,进一步创新议案建议办理模式。加强代表建议意见办理工作的调研指导,要求各承办单位在办理工作中深化认识、细化措施、强化效果。适时听取县政府代表建议、批评和意见办理情况汇报,进一步督促各职能部门加快建议、批评和意见的办理进度,切实把代表建议意见落到实处。2015 年县十四届人大六次会议期间,代表提出的 25 件建议、批评和意见,已按法定时限全部办复,建议办结率和满意率均达到 100%。

**【扎实开展专题教育活动,在加强自身建设中提升履职能力】** 一是深入开展“三严三实”专题教育活动。常委会在巩固党的群众路线教育实践活动成果的基础上,扎实开展“三严三实”专题教育活动,把开展“三严三实”专题教育作为加强党的思想政治建设和作风建设的重要举措来抓,以开展专题教育活动为契机,强化常委会自身建设。结合人大实际,制定实施方案,列出工作计划,与人大工作同步谋划、同步部署、同步推进。常委会班子成员积极参加专题集中学习,联系反面典型研讨,深入开展专题研讨交流,进行专题走访调研,严格对照“三严三实”的要求,深入查找自身存在的问题,列出问题清单,进行专项整改落实,从思想深处清除与“三严三实”不适应、不符合的突出问题,努力争当忠诚、干净、担当的标杆,确保“三严三实”专题教育取得实实在在的效果。二是着力提高常委会履职能力。结合“三严三实”专题教育活动,深入开展理论学习,组织常委会组成人员和机关干部深入学习中共十八届三中、四中、五中全会和习近平总书记系列重要讲话精神,不断深化对中央方针政策、习近平总书记系列重要讲话和省市县委重大决策部署的再学习、再认识、再提高,进一步加强对中国特色社会主义法治理论、宪法法律的学习,切实提高履职能力。三是强化常委会党风廉政建设。常委会始终将党风廉政建设作为自身建设的重要环节常抓不懈,深入落实党风廉政建设责任制,认真贯彻执行民主集中制,坚持落实重大事项请示报告制度,严格实行“五重一大”事项集体决策制度,重大事项均按照议事规则进行集体研究决策。认真学习贯彻新修订的《中国共产党廉洁自律准则》和《中国共产党纪律处分条例》,认真落实“一岗双责”,严格执行领导干部廉洁自律的各项规定,如实主动报告个人有关事项和重大事项,保持清正廉洁。

**2015 年年底县人大常委会**

**主　任**　陈志宁

**党组书记、常务副主任**　朱云辉

**原党组副书记、正县级干部**　吴瑞文

**副主任**　陈美琼　徐建辉　何火营　罗喜周　陈诺文

**原党组成员、副县级干部**　廖日来

**2015 年年底县人大常委会办公室**

**主　任**　吴裕强

**副主任**　叶细庄

**2015 年年底县人大常委会财经工作委员会**

**主　任**　李显益

**副主任**　黄荣奖

**2015 年年底县人大常委会法律工作委员会**

**主　任**　徐文生

**副主任**　郑建忠

**2015 年年底县人大常委会选举联络工作委员会**

**主　任**　吴道远

**副主任**　徐玉茹

**2015 年年底县人大常委会农村农业工作委员会**

**主　任(人选)**　吴剑锋

**副主任**　黎绍庆

**2015 年年底县人大常委会教科文卫华侨宗教民族事务工作委员会**

**主　任**　张炳灵

**副主任**　蔡满文(兼)

**2015 年年底县人大常委会城乡建设环境与资源保护工作委员会**

**主　任**　徐名亮

**副主任**　陈爱辉

**2015 年年底县人大常委会选举联络任免工作室**

**主　任**　马建生

**副主任**　蔡满文

**2015 年年底县人大常委会法制工作室**

**主　任**　吴文海（2014 年 11 月任）

（黎绍庆）

**附：2015 年县人大常委会发布的文件目录**

丰人常〔2015〕1 号　关于黄守新同志任职的通知

丰人常〔2015〕2 号　关于印发《丰顺县人大常委会 2015 年监督工作计划》的通知

丰人常〔2015〕3 号　关于印发《丰顺县人大常委会 2015 年工作要点》的通知

丰人常〔2015〕6 号　关于赖建军等同志任职的通知

丰人常〔2015〕7 号　关于陈惠良同志免职的通知

丰人常〔2015〕8 号　关于许可丰顺县人民法院对县十四届人大代表叶振通进行刑事审判的决定

丰人常〔2015〕9 号　关于同意接受彭广沈同志辞去丰顺县第十四届人民代表大会代表职务的决定

丰人常〔2015〕10 号　县十四届人大常委会第三十三次会议审议意见

丰人常〔2015〕11 号　关于同意接受廖茂忠同志辞去丰顺县人民政府副县长职务的通知

丰人常〔2015〕12 号　关于郑春鹏同志任职的通知

丰人常〔2015〕13 号　县十四届人大常委会第三十四次会议审议意见

丰人常〔2015〕14 号　关于组织部分省、市、县人大代表开展视察活动的通知

丰人常〔2015〕15 号　关于印发《关于推进人大代表联络室建设的指导意见》的通知

丰人常〔2015〕16 号　关于郑建忠同志任职的通知

丰人常〔2015〕17 号　关于丰顺县创建广东省教育强县工作情况的视察意见

丰人常〔2015〕18 号　县十四届人大常委会第三十五次会议审议意见

丰人常〔2015〕19 号　关于徐奕禄等同志职务任免的通知

丰人常〔2015〕20 号　关于胡海奎等同志职务任免的通知

丰人常〔2015〕21 号　关于陈会贤等同志免职的通知

## 依法治县工作

**【深入推进依法执政】**　县委高度重视依法执政、全面依法治县，把大力推进法治建设作为常委会工作的一项重要内容，作出部署。县委常委会专题研究贯彻党的十八届四中全会精神措施，召开贯彻党的十八届四中全会精神大会，掀起全面推进依法治县的热潮。县委办组织有关单位和人员起草《中共丰顺县委关于全面推进依法治县的实施意见》（以下简称《实施意见》），并以书面形式征求县委委员、候补委员和不是县委委员和候补委员的县委、县人大、县政府、县政协、县纪委领导班子成员，以及各镇（场）党委、县直和省、市属驻丰顺单位党组织的意见。《实施意见》经县委常委会研究同意后，提交县委全会审议通过。2015 年 1 月，县委十二届五次全会审议通过《实施意见》，提出全面推进依法治县的重大意义、指导思想、目标任务、基本要求和组织保障等，对全面依法治县、加快推进法治丰顺建设作出重要部署。

县委充分发挥总揽全局、协调各方的核心领导作用，常委会定期听取人大、政府、政协和法院、检察院党组的工作汇报，支持各国家机关依法行使职权，调动各方面的积极性，形成推进法治建设的强大合力。召开专题会议研究和部署工会、共青团、妇联等工作，支持各人民团体依照法律和各自章程开展工作，及时研究解决工作中遇到的困难和问题。

县法治办围绕贯彻落实《实施意见》和《五年规划》，经过深入调研和征求各方意见，牵头制定年度工作要点，将全年依法治县工作进行细化，将责任分解到各主体单位，定期进行督促检查，确保各项工作分阶段有步骤扎实落实。

**【大力推进法治政府建设】**　出台《丰顺县法治

政府建设指标体系（试行）》和《丰顺县依法行政考评办法》等各项配套制度，使各级各部门依法行政工作有章可循。开展两批行政审批事项清理，整理汇总形成行政审批事项清单。梳理《丰顺县行政审批改革事项目录》，并在“丰顺县人民政府网”上予以公布，实现对行政审批事项的目录管理。开通方便公众进行网上申报、网上受理、网上审批、网上反馈、进驻48个单位共518项服务事项的网上办事大厅，实现对各职能部门审批事项进行流程再造的倒逼。出台《丰顺县人民政府工作规则》《丰顺县重大行政决策程序规定（试行）》《丰顺县重大行政决策专家咨询论证实施办法（试行）》《丰顺县重大行政决策听证实施办法》和《丰顺县重大行政决策实施后评估办法（试行）》等一系列文件，规范行政决策程序。出台《丰顺县行政机关规范性文件管理规定》，加强规范性文件的监督管理。组建了由县法制局局长担任首席法律顾问，并聘请嘉应学院政治学院副院长、法学副教授、法学硕士廖劲敏等人担任顾问的政府法律顾问室，防范法律风险。建立依法行政报告制度，县政府定期向县人大常委会报告依法行政工作。

**【认真推进公正司法】** 县法院依托全省法院综合业务系统，制定《案件审判执行流程管理规定》，所有案件实现网上全程留痕，从立案、开庭、结案、送达到归档均实现案件网上办理、审批和报结，做到纸质卷宗、电子卷宗信息一致。实行网上监控关键节点，对审限临界预警的案件发出催办通知书，杜绝超审限案件的发生。创新执行举措，将符合条件的36名被执行人录入到全国法院失信被执行人名单信息库，实施信用惩戒，并通过电视公开曝光失信被执行人名单，该项工作被最高法院评为“有效实施失信被执行人名单制度示范法院”。在全省法院率先开通运行全国法院“总对总”网络执行查控系统，有效解决执行财产难查难控问题。2015年的执结率和执行标的到位率均高于全省和全市平均水平。建立裁判文书上网台账制度，率先在全市法院实行裁判文书附录法律条文并上网公开。2014年以来，共在中国裁判文书网上公开各类生效裁判文书665份，文书上网率达100%。

县检察院、公安局认真加强业务建设，依法严厉打击各种危害国家安全和社会稳定的刑事犯罪活动，积极查办和预防职务犯罪。县检察院成立推动阳光检务工作领导小组及办公室，制定并认真执行《丰顺县人民检察院落实阳光检务工作方案》及检察开放日制度，将阳光检务工作层层分解任务到科室、干警个人。县公安局出台《丰顺县公安局领导干部法律学习培训考核规定》《丰顺县公安局执法案卷管理规定（试行）》《丰顺县公安局行政处罚自由裁量权适用标准》《丰顺县公安局部分常见违法行为裁量标准》《丰顺县公安机关执法执勤基本语言动作规范》《丰顺县公安局接处警行为标准》《丰顺县公安局关于规范受（立）案工作有关问题的通知》《刑侦大队、派出所办理刑事案件工作规定》《关于对交通肇事案犯罪嫌疑人适用强制措施的指导意见》《丰顺县公安局涉案财物管理工作制度》《丰顺县公安局涉案人员随身财物代为保管工作制度》等强化规范执法的规章制度，并严格按制度层层抓落实，整体执法质量和执法效率得到全面提升。

**【强化对权力的制约与监督】** 县人大常委会重新修订《县人民代表大会议事规则》《常委会议事规则》《常委会主任会议事规则》《常委会组成人员联系代表制度》《常委会人事任免办法》《常委会关于国家机关工作人员任前法律考试的规定》《常委会机关委室工作职责》等议事规则和制度，使人大监督工作步入规范化、制度化的轨道。县政协出台主席会、常委会及机关学习制度、委员管理办法、县政协提案办理工作评价考核暂行办法等，切实推进政协工作制度化、规范化和程序化建设，大力加强民主监督。县审计局全面推行镇委书记与镇长的同步审计，对财政收支数额、有资金分配权和行政审批权的市直重要部门和事业单位进行轮审。

**【积极推进社会管理和公共服务创新】** 全面建成县综治信访维稳中心、16个镇级综治信访维稳中心和281个村（居委）、4个规模以上企业综治信访维稳工作站，落实工作人员2236人。在县法院设立诉前联调工作室，制订《诉前调解和司法确认工作规则（试行）》，综治、法院、公安、司法、信访、妇联等部门密切沟通配合解决一大批家事案件和人身侵权纠纷。创设层级研判机制。县委常委会每月定期主持召开由相关部门主要负责人列席的信访研判会议，对信访案件进行集中研判，重点对重访疑难案件进行商讨，寻求解决对策。建立调解联动机制，充分发挥中心统一指挥，对信访案件分流指派、调处指导、调处督办和定期研办的职能，促进人民调解、行政调解、司法调解的无缝衔接、调解联动。建立两个过渡性安置基地，建立健全刑释解教人员的信息库和个人档案管理库，通过就业培训、低保救助等举措帮助回归人员解决生活中的实际困难和问题，使刑释解教人员顺利融入社会，未出现一例重新犯罪现象。利用移动公司企信通平台建立“社区矫正短信平台”，加强社区矫正人员的监管和法制宣传教育。社矫对象未出现一例漏管、脱管和重新违法犯罪。

**【推进基层民主法治建设】** 全面建立村务监督委员会制度，监委会做到“四个有”：即有牌子、有人员、有制度、有档案。加强村务公开民主管理工作，全县261个村普遍建立健全村党支部、村委会联席会议、村民会议、村民代表会议的会议制度，基本实现“十有”：即每村都有村务公开规范化建设实施方案和村务公开管理规定；有经合法产生且符合本村实际的《村民自治章程》和《村规民约》；有健全的村民会议制度和村务公决实施办法；有完善的村民代表会议议事规则和村民代表联系户制度；有配套的考评奖惩机制和考核、通报、民主评议制度；有完善的财务管理制度；有规范的公开形式；有操作可行的“一事一议”制度；有健全的监督村务公开活动的机构和制度；有健全的档案管理制度。完善村务公开机制，统一公开内容，保障公开质量。对农民群众普遍关心的热点问题和涉及群众切身利益的实际问题都向群众公开，对中央的各项支农惠农政策实行常年公开；村级集体资产、资金的管理使用及村级财务状况进行定期公开。

全县有131家已建工会机关事业单位、国有企业已全部实行厂务公开，建制率达100%；有586家已建工会非公有制企业实行了厂务公开，建制率达73%。对经济效益较好、规模较大、人员较多的企业，独立开展工资集体协商工作；对规模小、人员少的中小非公企业，大力推进平等协商、签订行业性集体合同工作。已建工会（涵盖）企业建立工资集体协商制度率达83%。县总工会、县劳动部门、工商联合会及企业代表联合建立协调劳动关系三方机制，协调解决一大批涉及劳动关系纠纷。

全县教育系统积极探索依法治校、校务公开的规律，制定了《丰顺县教育系统开展法制建设五年规划（2011—2015年）》《丰顺县教育系统开展“法律进学校”活动的实施意见》《丰顺县中小学校务公开制度》《丰顺县治理教育乱收费局际联席会议制度》《丰顺县中小学校幼儿园校内申诉制度》等文件，全面推进依法治校和校务公开。

**【深入开展法治广东宣传教育】** “六五”普法工作启动实施以来，全县组织开展“法律宣讲下乡”活动212场（次），利用集市和重大节日，采取设置咨询点、出动宣传车、发放法律宣传小册子等方式，重点宣传人民调解、道路交通安全、毒品危害、妇女维权等与群众生产生活相关的法律法规，散发宣传资料5万多份，解答群众咨询1200多人（次），受教育群众50多万人。各地各单位还注重创新普法方式方法，广泛深入开展法治文化活动。县司法局网设立普法宣传专栏，并与司法部、省、市司法网对接互通；在电视台专门设立“理上往来”栏目，以案说法；自编自创“和谐神州艳阳天”普法广场舞歌曲、舞步，把普法知识编成广场舞歌曲并制作成DVD片免费发放给群众使用，增强普法工作实效。同时，在丰顺公园设置普法木牌，县电视台开设“法治在线”“每周警情”栏目，依托报社、网络等媒体和各单位企业工厂等门前的LED电子屏播放普法公益广告，举办赃款赃物发还大会等活动，大力推进平安建设进机关、进乡村、进社区、进学校、进企业、进单位宣传教育活动。坚持普法教育从小抓起，建立3个青少年法制教育基地，对青少年开展经常教育活动。

**2015年年底县依法治县工作领导小组办公室**
**主　任**　朱报锋

（朱报锋）

# 丰顺县人民政府

## 县政府主要工作

**【政府工作报告】** 2016年1月27日，县长曾永祥向县第十四届人民代表大会第七次会议作政府工作报告。《报告》指出：2015年，县政府在市委、市政府和县委的正确领导下，在县人大和县政协的监督支持下，紧紧围绕“当好全市振兴发展生力军”的总体要求，按照县委十二届五次全会的具体部署，主动适应经济发展新常态，落实“两大振兴”政策，聚焦“三大抓手”，全力推进“一区一带”规划建设，全县经济社会保持了良好发展态势。预计全年地区生产总值增长10.5%，增速排位实现“三连冠”；一般公共预算收入增长28.1%，规模以上工业增加值增长18.9%，社会消费品零售总额增长12.9%，上述三项主要经济指标增速均位居全市前三；固定资产投资增长46.2%，进出口总额增长16.3%，增速均位居全市第四。成功举办第九届世界丰顺同乡联谊会、环绕丰顺磨房200公里骑行活动和中国·丰顺“喜德盛杯”山地自行车国际邀请赛。

一年来，主要抓了如下几方面工作：

一是完善交通、水利等基础设施建设。充分发挥投资拉动增长的关键作用，全县48项重点项目完成投资71.14亿元，占年度投资计划的119.54%。完成计划投资2.96亿元、实际投资3.25亿元的14项交通项目建设。全力配合市做好梅汕高铁、大丰华高速公路规划建设，省道224线丰顺县城至埔寨农场段、大崇至下江段、丰埔桥段灾毁路面大修工程等一批重点线路工程全面完工，县城主干道铺设沥青工程如期完成，完成农村公路水泥硬底化改造107.1千米，加快全长41.6千米的国道206线建桥清潭至汕梅高速附城出口段改建工程立项。顺利完成山区中小河流治理工程年度建设任务、省级小型农田水利重点县、山洪沟防洪治理，动工建设3宗中央规划中小河流治理、小型病险水库除险加固工程。留隍、潭江、丰良3个中心镇污水处理厂、村村通自来水、水土保持工程等稳步推进，做好丰顺新区饮水工程规划。110千伏南湖站建设进度加快。

二是推进产业园区扩能增效。围绕“生态园区、工贸新城”发展定位，加快推进规划面积10平方千米、首期5平方千米的园区建设。站在梅兴华丰产业集聚带的战略高度，专门邀请广州市规划设计院专家团队，完成园区总规和控规、可行性研究报告等，积极优化提升起步区5平方公里的园区规划设计及环境影响评估报告编制工作。园区经省政府批准享受省产业转移园政策，获省5000万元基础设施建设专项扶持资金。征地、平整土地进度加快，全年新增征地70.2公顷，完成产业园首期33.33公顷和绿色饲料基地33.33公顷土地平整。110千伏埔寨变电站扩建工程获省批复同意。考虑采用PPP模式，邀请有实力的企业参与园区基础设施建设，加快推进园区土地平整、工业大道、供排水等公共服务设施建设，完成污水处理厂选址和土地调规前期工作。深入实施“乡贤回乡投资兴业”工程，园区共引进招商项目10个，计划总投资33.2亿元，其中列入省重点建设项目2个，市重点项目5个。全力推动计划投资10.5亿元的汇威科技、鼎新材料等6个项目加快建设，汇威科技、瑞丰粮油建成试产。至2015年年底，入园企业累计109家，投产企业96家，在建13家。园区完成省定固定资产投资8亿元任务，规模以上工业增加值、税收增长均超过30%。

三是培育发展百亿电声产业。围绕2017年打造百亿电声产业和创建“中国电声之都”的目标，积极实施创新驱动战略，成功举办中国电声（丰顺）发展论坛，加快省级质量监督电声产品检验站建设，推进电声企业智能升级改造。对接申报国家新型工业化产业示范基地要求，优化提升规划占地 133.33 公顷、计划投资 40 亿元以上的电声中小微企业创业园规划设计。开发区向海珠园扩区工作已报省政府审批。力促绿色饲料基地首批计划总投资 6.7 亿元、年产 174 万吨的双胞胎、大北农等 5 个项目入园建设。

四是推动县城扩容提质。以建设温泉宜居城为目标，坚持规划引领，注重城市规划的相互衔接，统筹推进“多规合一”。依托得天独厚的温泉资源，全力推动一批投资亿元以上的重点城建项目建设，丰顺碧桂园、锦江美景城、欧洲风情街、滨江湾、金溪源等完成主体工程，千江广场建成开业。加大投入、落实责任，整治“六乱”行为，购买保洁服务，完成五斗种生活垃圾无害化卫生填埋场升级改造和一批市政设施建设，污水处理厂二期集污干管和一期升级改造工程如期完成，县城沿江东路、丰达路改造工程基本完成，榕江北河、汶水河“两河四桥”景观亮化得到提升，治理占道经营，规范车辆停放，落实门前“三包”，如期创建省级卫生县城。

五是加快梅江韩江（丰顺）绿色健康文化旅游产业带规划建设。按照市委、市政府工作要求，扎实开展资源普查、项目谋划和设施建设，邀请专家团队编制丰顺片区产业带发展规划（2016—2030）。总投资 4000 多万元的韩江坚真大桥建成通车，留隍绕城公路、留隍大桥抢险维修加固、黄金大桥等路桥工程全面完成，新留隍大桥前期工作有序推进。立足资源禀赋和现有条件，梳理生态环保、工业、旅游项目的储备，重视抓好元生源、韩江医院等项目前期论证。文化生态旅游产业加快发展，鹿湖温泉假日酒店、八乡山、韩山生态旅游度假区试营业，龙归寨瀑布晋升国家 AAA 级旅游景区。全县旅游接待人数 430.9 万人次，旅游总收入 40 亿元，分别增长 26%、30%。

六是圆满完成新一轮扶贫开发“双到”工作。科学配置资源，强化帮扶力量，务实推进新一轮扶贫开发“双到”工作。至 2015 年 12 月底，各级帮扶单位共投入资金 4.86 亿元，平均每个村投入资金 694.9 万元，其中，到村 4.46 亿元，到户 4071 万元。共实施贫困村扶贫项目 2328 个、贫困户扶贫项目 36215 个，贫困户人均收入从帮扶前的 2790 元提高到 9053 元，增长 2.2 倍；70 个贫困村集体经济平均收入从帮扶前的 6305 元提高到 8.8 万元，增长 12.8 倍，超过省 5 万元的脱贫标准。培训劳动力 14784 人，实施住房改造 5636 户，符合低保和“五保”条件的贫困户 100% 纳入最低生活保障范围。各级帮扶单位投入村级基础设施项目建设资金 2.63 亿元，实施村级基础设施项目 1174 个，新增汤坑赤草、汤西南礤、龙岗马图等一批美丽乡村示范点。

七是着力改善重点民生。坚持民生为重，继续办好以“三就一保”为重点的民生实事。城乡居民基本养老保险、城镇和农村低保补助、五保对象供养等底线民生补助标准均有较大幅度提升。提高医疗卫生保障水平和基本公共卫生服务项目补助标准。推进教育公平均衡发展。推进四大重点生态工程，森林覆盖率达 76.84%。开工建设 9 个镇级森林公园，建设提升丰顺公园等一批文体公园和社区小公园。竣工公共租赁住房 120 套。开展农村环境连片综合整治试点工作。县综合政务服务大厅全年共受理业务 12.8 万件，办结率和群众满意度均为 100%，政府“12345”热线接受工单 191 件，办结率 100%、群众满意度 93.2%。同时，深入开展党的群众路线教育实践活动，认真落实“三严三实”要求，坚持依法行政，扎实推进责任政府、诚信政府、廉洁政府、高效政府和服务型政府建设，政府执行力和公务员能力建设得到加强。

**2015 年年底县人民政府**

**县　长**　曾永祥

**常务副县长**　郑春鹏

**副县长**　刘超平　黄纯忠　罗卫标　傅伟芳
　　　　房春鸣　黄智勇　黄守新

**副处级干部**　朱报正

**附：2015 年度县政府主要文件目录**

丰府〔2015〕1 号　关于印发丰顺县社会信用体系建设规划（2014—2020）的通知

丰府〔2015〕10 号　丰顺县人民政府关于活禽经营市场实行临时性休市的公告

丰府〔2015〕12 号　关于对留隍大桥实行限载的通告

丰府〔2015〕14 号丰顺县人民政府关于活

禽市场实行暂时性休市的公告

丰府〔2015〕17 号 关于依法关闭丰顺县汤坑镇五顺石场的通告

丰府〔2015〕18 号 关于印发丰顺县全面规范公务员津贴补贴实施方案和丰顺县全面规范机关事业单位津贴补贴实施方案的通知

丰府〔2015〕22 号 转发市政府关于修订梅州市城乡居民社会养老保险实施办法的通知

丰府〔2015〕26 号 关于下达丰顺县 2015 年国民经济和社会发展计划的通知

丰府〔2015〕30 号 关于支持创建国家新型工业化产业示范基地的意见

丰府〔2015〕35 号 关于严禁在辖区范围内上街送葬的通告

丰府〔2015〕39 号 关于国道 206 线建桥至北斗石桥头段改建工程公路规划用地控制的通告

丰府〔2015〕40 号 丰顺县人民政府关于颁发 2014 年度丰顺县科学技术奖的通报

丰府〔2015〕50 号 关于在县城区开展环境卫生专项整治行动的通告

丰府〔2015〕51 号 关于授予张万寿等 70 人为 2015 年丰顺县优秀教师称号的决定

丰府〔2015〕67 号 关于公布丰顺县第三批非物质文化遗产保护名录的通知

丰府〔2015〕68 号 关于表彰陈满英等 53 位环卫先进工作者的决定

丰府〔2015〕71 号 关于在丰顺县城区依法实施试鸣防空警报的通告

丰府〔2015〕74 号 关于印发丰顺县行政复议工作激励制度和过错责任追究暂行办法的通知

丰府〔2015〕75 号 关于印发丰顺县社会矛盾化解工作制度的通知

丰府〔2015〕76 号 关于印发丰顺县重大行政决策听取意见制度等六项制度的通知

丰府〔2015〕77 号 关于印发丰顺县人民政府行政赔偿补偿制度的通知

丰府〔2015〕82 号 丰顺县人民政府关于公布县政府部门权责清单（第一批）的决定

## 县政府办公室工作

**【简述】** 2015 年，政府办在县委、县政府的正确领导下，以党的十八大、十八届三中、四中、五中全会精神和习近平总书记系列重要讲话精神为指导，紧紧围绕振兴发展大局，传承创新，真抓实干，全力做好“服务、协调、把关、督办、参谋”等工作，全面提升“三服务”工作水平，有力保证县政府各项工作高效运转和各项决策部署的贯彻落实。

**【高度注重调查研究，充分发挥参谋助手作用】** 坚持研究在领导决策之前、参谋在领导思考之中，把主要精力放在全局性大事要事的研究、谋划上，放在参与县政府重大决策、重点工作部署上，协助做好各项基础工作。坚持把搞好决策参谋作为办公室服务中心工作的首要职责，围绕县委、县政府确定的重点工作和领导关注的重大问题以及群众关心的热点、难点问题，广泛收集信息，力求在项目建设、资金补助、政策倾斜方面为政府决策、谋划提供准确全面、翔实可靠的情况和富有针对性、操作性、可行性的意见和建议。特别是在推动丰顺新区、韩江文化生态健康旅游特色产业带规划建设、统筹城乡发展、办好民生实事等重点工作中，陪同县政府领导深入调查研究，努力为政府决策提供全过程、多层次、高质量的服务，当好参谋。一年来，起草文件资料、会议讲话和调研报告等材料 300 多万字，撰写调研材料 30 多篇；高质量起草印发县政府文件 84 号，县政府函件 125 号，县政府办文件 62 号，县政府办函 231 号，发出通知 4260 份、会议纪要 45 期，编辑丰顺政务 24 期；有效地推进县委、县政府各项工作政策的落实，较好发挥了“智囊团”和“思想库”的作用，得到县政府领导的充分肯定。

**【着力加强综合协调，确保重点工作全面落实】** 牢固树立全县工作一盘棋的思想，围绕县政府重点工作和日常工作运转，主动协调联络，搞好配套联动，增强工作合力，保证政府工作的高效运转。对上及时请示汇报，准确领会领导决策和工作意图，注重做好领导之间的工作衔接和活动安排，及时解决工作中出现的困难和问题，避免工作脱节，确保领导分工不分家，协调一致地推进工作。对下加强与县直部门和各镇（场）的联系衔接，把握重点工作和关键环节，精心组织协调县政府各项重要活动，主动从全局思考、谋划、安排工作和处理问题。2015 年，组织有关部门先后就交通基础设施建设、产业园区扩能增效、中心城区扩容提质、“十三五”规划纲要起草、深入推进行政审批制度改革、农村综合改革、产业园区建设、精准扶贫、韩江文化生态健康旅游特色产业带规划建设、十件民生实事办理等一系列事关全局的重点工作和热点难点问题，做了大量的组织协调工作，确保县委、县政府各项决策的顺利实施，有力促进了振兴发展。同时，认真做好县政府重大活动的统筹协调工作，筹办第九届世界丰顺同乡联谊会、环绕丰顺磨房 200 千米骑行活动、“喜德盛杯”国际自行车邀请赛等重大活动。在横向协调中，主动加强与县委、人大、政协办公室之间的联络协调，及时交流情况、沟通信息、衔接工作。

**【强化督查督办工作，确保重点决策部署落实】** 紧紧围绕项目建设、深化改革、精准扶贫、社会管理、惠民实事等方面的重大决策部署，综合运用集中督查、联合督查、现场督查、催报督查、报告通报等多种方法，加大督查落实力度，创新督查机制，发挥督查工作在促进各项重点任务落实中的作用。对县委全委扩大会议决策部署、《政府工作报告》确定事项、三十项县政府重点工作、经济社会发展指标、政府常务会议工作任务、十件民生实事进展情况等工作进行梳理量化，定期不定期采取“四不一直”工作方法，全方位、全过程跟踪督查，有力推动县委、县政府各项重点工作任务的落实。一年来，共发出书面督查文件 113 份，电话督办 1600 余次，组织现场督办 120 多人次；按期办结市政府交办件 31 件，跟踪督促完成县领导批示和交办事项 182 件。

**【统筹推进各项工作，确保政务工作高效运转】** 一是不断提升办文办会水平。按照关于精文简会的有关要求，严格执行有关规定，注重精简会议、文件数量。进一步规范行政公文审核流程，加强 OA 现代化办公系统使用管理，严把“依据关、内容关、格式关”，严格控制发文数量和发放范围，做到精简行文、按需发文，保证机关各项工作规范、有序、高效运转。全年共办理处理普通公文 3300 余份、三密件 311 份、传真 3000 多份。承办县政府常务会议、县政府工作会议等 100 多场次。

二是全力做好政务公开工作。主动公开政府信息，全年公开法规公文 45 篇、公示公告 64 篇、政务动态 431 篇、部门信息 395 篇、乡镇信息 353 篇、民生回复 655 篇，发布政府采购及招标信息 65 篇（条），让更多的人了解、关注丰顺。

三是不断优化金融服务。推动金融机构支持地方经济发展不断增强，修订《丰顺县扶持拟上市企业发展实施办法》《关于县领导挂点服务企业登陆主板市场、新三板市场工作方案通知》等政策措施，促使 3 家企业分别在广州、深圳股权交易中心挂牌；上市后备企业增加至 21 家，全市数量第一。强化措施维护金融稳定，按照上级的部署，大力开展各项排查和宣传工作，提高民众识别非法集资行为意识，全力加强小贷公司日常监控工作，促进金融生态环境优化提升。普惠金融不断深入，积极开展农村信用体系建设、积极实施“金融村村通”工程，大力实施金融知识、金融业务、金融服务、征信服务“四下乡”工程，让农户在家门口就可享受高效、便捷的基本金融服务。

四是大力提升应急管理能力。进一步加大投入，加强应急平台及队伍建设，设立县政府总值班室，新增 5 名编制人员，投入 28.6 万元对县政府总值班室进行改造。编制、修订各类应急预案 77 个，开展应急专项演练 35 次，部门预案演练 69 次。加强值班工作管理，制定应急值班轮流表，明确值班值守任务，认真做好突发事件处理和信息报送工作。

五是着力提升提案议案办理水平。紧密联系人大、政协工作实际，全年共办理县人大建议 25 件，县政协提案 36 件，答复率均达到 100%，代表委员满意率达到100%。

六是积极开展反走私行动。积极贯彻国家和省、市有关打击走私综合治理的方针、政策、法规，组织、指导、检查、协调、监督各部门反走私联合行动、综合治理等工作。

**【着重优化规范管理，切实提升服务保障能力】** 一是全面推进依法行政。加强法律法规制度学习，举办党规党纪保密法规及本办规章知识测试活动，不断强化法制意识，增强法制观念，全面推进政府法制建设。全面落实《丰顺县人民政府办公室工作规范》，健全规范性文件管理等制度，做到合理编制计划，对重大民生事项、重大问题决策、重大项目投资决策、大额资金使用及规范性文件，坚持集体讨论决定，并严格依法审查，促进政府工作的规范性和法治性。

二是规范后勤接待。贯彻落实党中央“八项规定”，反对“四风”，严肃财经纪律，加强公务用车管理。坚持勤俭节约的原则，切实加强财务管理，共同遵守财经纪律，推行“阳光操作”，领导班子和各股室从严要求，互相监督，勤俭节约，合理开支，杜绝铺张浪费，未发生任何违规违纪现象。切实加强接待管理，严格按接待标准，做好接待工作，做到热情好客，以礼待人，勤俭节约，规范接待。

三是着重加强作风建设。深入践行“三严三实”，认真传达学习有关文件和会议精神，紧紧盯住“不严不实”的问题和具体表现，认真分析原因，找准症结根源，开展专项整治，严格正风肃纪，作风建设水平明显提升。执行党的各项决议，扎实开展“讲担当、比奉献”活动，提高工作效率和积极性，服务丰顺振兴发展。深入贯彻落实新修订的《中国共产党廉洁自律准则》和《中国共产党纪律处分条例》精神，紧紧结合纪律教育月活动，深入推进党性党风党纪、廉政法规、廉洁自律教育，让干部知道危险、查找风险、不敢冒险、力求保险；突出示范教育，加大对各级干部身边勤政廉政典型的宣传力度，形成典型示范带动的良好氛围，筑牢拒腐防变思想道德防线。

**2015年年底县政府办公室**

**主　任**　梁玉辉

**副主任**　陈奕鹏　罗　灏　邱宣伟　杜嘉雄

（陈　尚）

## 县综合政务服务中心

**【简述】** 2015年，县综合政务服务中心在县委、县政府的正确领导下，全面贯彻落实党的十八大精神，不断完善各项平台建设和拓展服务工作，使综合政务服务水平跃上一个新台阶；进一步推进行政审批制度改革和网上办事大厅服务建设，不断清理行政审批（服务）项目，逐步规范审批流程，完善管理制度，各项工作取得明显成效，为全县经济社会平稳较快发展做出积极贡献。

**【完善制度建设，规范日常管理】** 中心不断加强日常管理，严肃工作纪律，增强服务意识，树立窗口形象，提高服务质量。一是抓制度。在已有的各项考勤制度基础上，进一步完善中心各项管理制度，坚持日巡查、周检查、月考核制度，并根据巡查、考核结果进行月度、年度考评，将每次考核结果进行通报。二是抓整改。定期召开窗口组长例会，及时指出存在的问题和薄弱环节，提出改进意见和整改措施。三是抓绩效。根据考勤、考核结果确定绩效奖励金数额，以督促窗口工作人员遵守工作纪律、转变工作作风、提高工作效率。四是抓惩罚。加大违反规定的处理力度，对违反规章制度、乱作为、无作为或窗口服务态度欠佳的工作人员，视情节轻重给予相应处罚。

**【抓好窗口服务，提高行政效能】** 一是强化服务。坚持以简化审批程序、提高办事效率为目标，业务上按照简易事项立即办、一般事项承诺办、重大事项联合办、上报事项负责办、紧急事项超常办的运行模式，不断强化管理，提高窗口行政效能，确保行政职权和便民服务事项实时、规范办理，为群众、企业和投资者提供便利、高效、规范、廉洁的政务服务。二是提高效能。进一步优化结构、整合功能、完善平台、提升服务，确保人员配备到位、管理授权到位，杜绝多头受理、双轨运行的现象，让群众切实感受到“一门式受理、一站式审批、一条龙服务”的优越性。2015年，中心实体大厅共办理127818件业务，办结率和群众满意度均为100%。

**【维护网厅运行，加大便民力度】** 一是维护日常运行。联合县纪委监察局抓好县镇村三级网上办事大厅的效能监察，督促各业务单位尽快办理网上申请业务，并于每月初通报上月各单位在网厅的业务办理情况。二是扩大宣传应用。采取一系列宣传措施，加大对网厅应用的宣传，使群众深入了解网厅的便捷高效功能，熟练掌握网厅应用操作。2015年，县网厅共受理业务11935件，办结10326件，办结率为86.5%。

**【紧抓热线督办，解决群众诉求】** 为加强服务型政府建设，畅通群众诉求渠道，营造良好的经济发展环境，市政府整合筹建集群众投诉、举报及业务咨询等一体的“12345”政府服务热线平台。秉着“事事有回音、件件有着落”的原则，积极跟进派发工单的处理进展，并根据《梅州市“12345”政府服务热线工单承办主体认定工作细则》制发《丰顺县“12345”政府服务热线工单承办主体认定工作实施方案》，加大对疑难复杂事项的协调处理力度，提高热线工单办理质量和效率，为维护人民群众的合法权益提供更坚实的保障。2015年，共收到民生诉求191件，办结率100%；群众满意度93.2%，在全市排名第二。

**【推进基层筹建，提升镇村服务】** 为创新社会管理模式，完善公共服务体系，切实转变政府职能，按照市、县两级工作部署，中心与县综治办、县社工委联合召开基层综合政务服务和社会治理工作会议，动员全县各镇积极做好镇村综合政务服务筹建工作。印发《丰顺县镇村综合政务服务中心建设工作实施方案》，为镇村实体大厅的建设作详细部署安排，并不定期派工作人员分赴各镇调研指导、跟进筹建工作进度。各镇实体大厅筹建工作已基本完成。

**2015年年底县综合政务服务管理办公室**
**主 任** 罗 铭
**副主任** 陈秋丽 朱德平

（办公室）

## 信访工作

**【简述】** 2015年，是全县信访系统开拓创新、奋发有为的一年，也是信访工作再次取得明显成效的一年。在县委、县政府的正确领导下，县信访局和全县各级信访部门以全面深化信访工作制度改革为动力，以打造“阳光信访、责任信访、法治信访”为目标，以开展“三严三实”专题教育为契机，进一步转变工作作风，强化群众观念、严实意识和责任担当，进一步畅通群众诉求表达渠道和落实“事要解决”的要求，及时处理群众来信来访，加大对信访突出问题督办的力度，推动责任单位解决一大批信访突出问题，全县信访总量稳步下降，超级上访逐步减少，各项工作得到县委、县政府的充分肯定，在全市信访考核中成绩继续靠前。

**【信访总量】** 2015年，县信访局接待群众来访207宗，其中立案受理来信来访55宗，通过现场调解、引导分流及教育说服后息诉罢访的152宗。立案受理宗数比2014年的90宗减少35宗，下降率为38%。群众在《梅州民声》投诉、建议、反映各类问题631件，比2014年的974件减少343件，下降率为35%；群众向市以上部门信访97件（含“国网”、“省网”、市信访局），与2014年基本持平。

**【越级上访】** 2015年，丰顺县群众到北京上访（被国家登记、属涉法涉诉案件）1宗、到省上访2批次，到市上访8批次，与2014年同比基本持平。

**【现场调解】** 2015年，通过现场调解、引导及教育说服后息诉罢访的152宗，其中由县信访局主导调解成功的21宗。尤其是在春节前后，经信访局、人社局、住建局等部门的通力合作，先后帮助近 300 名农民工解决被拖欠工资近 1000 万元，至 2015 年农历十二月二十七日，全部来上访反映被拖欠工资的问题都得到较为妥善的解决。保持春节前后丰顺县社会的和谐稳定。

**【加强《广东省信访条例》的宣传贯彻】** 通过发放《信访人须知》、宣传画、邮政视频机滚动播放等形式，借力卫生系统送医送药下乡义诊的契机，将《广东省信访条例》的宣传结合其中，使“条例”得到很好的宣传贯彻。

**【加强源头治理推动解决群众信访问题】** 全县各级信访部门将化解涉土地、农村、林业、环保、水事、劳资纠纷、房地产等领域的信访问题作为工作重点，推动有关部门化解一大批突出问题。

**【进一步健全领导干部接待群众来访和阅批群众来信机制】** 继续坚持从 2008 年实施以来的每个工作日由 1 名县（镇）党政领导在县（镇）信访维稳中心接待群众来访制度，县信访局全年受理交办案件 55 宗，办结 55 宗，办结率 100%。

**【充分发挥县综治维稳中心平台作用】** 加强现场调解工作，通过现场调解、引导分流及教育说服后息诉罢访的 152 宗。加大对信访突出问题督查督办力度。县信访局全年下基层实地督办案件 23 次，办结案件 23 宗，办结率达 100%。

**【加强信访调研和案件研判工作】** 2015 年，县信访局会同县有关部门分别对民办代课教师、涉军人员等突出信访问题进行调研，形成调研材料分别报送有关部门。在县政法委牵头下，召开 13 场次的突出信访问题研判会，提出工作建议，为县委、县政府科学决策发挥参谋助手作用。

**【延伸了梅州市信访信息工作平台】** 17 个镇（场）、42 个县直单位均开通梅州市信访信息平台终端，实现网上交办、网上报送材料，大量节约行政成本。

**【切实加强重点敏感时段信访维稳工作】** 在中共十八届五中全会、全国“两会”和省、市、县“两会”期间，切实加强排查稳控，丰顺县没有发生群众大规模到省集体上访和集体进京非正常上访，没有发生因信访问题引发的群体性事件、极端恶性事件。

**2015 年年底县信访局**

**局　长**　罗旭丰

**副局长**　赖春柳　张裕生

（陈绍真）

## 法 治 工 作

**【严格法律审查，提高规范性文件质量】** 把握四个环节，提高规范性文件审查质量。一是加强调查论证。增进与起草部门的沟通，改进审查工作方式方法，增强规范性文件制定的前瞻性和可操作性。对涉及全县经济社会发展的重大决策事项，与人民群众利益密切相关的决策事项，向社会公开征求意见，充分听取各方面意见，确保政府科学、民主决策和依法合理行政。二是加强规范性文件制定程序审查。不符合程序规定的，建议完善后再出台，确保规范性文件的程序合法性。三是开展制度廉洁性评估。将预防腐败贯穿于制度建设之中，消除滋生腐败的土壤和条件。四是坚持有件必备、有错必纠，从源头确保规范性文件的质量。2015 年，法制局从以上四个环节着手，审查县政府及部门规范性文件 26 份，确保每一份文件的合法性和可操作性。

**【坚持依法复议，全力化解行政争议】** 坚持依法办理行政复议案件，妥善化解行政争议。一是努力提高行政复议案件办理质效。2015 年，共收到行政复议申请 10 件，受理 6 件，结案 6 件，其中：维持 3 件，撤销 3 件；其他处理 4 件。案件涉及土地管理纠纷、行政处罚等类别。在审理行政复议案件中，注重采用纠错与调解相结合的方式，把每一个行政复议案件的办理，当作一次解决人民群众切身利益关乎民生问题认真对待，及时有效化解矛盾纠纷，维护人民群众的合法权益，树立行政机关有错必纠、依法行政的良好形象。二是认真做好各类案件代理应诉工作。2015年，县法制局共代理县政府行政诉讼案件3件。针对建桥镇环西村村民小组不服县政府作出的《林木、林地权属争议处理决定书》提起行政诉讼案，县法制局积极参与市中院协调会议，客观分析最佳处理方案，依法提出处理建议，有效化解矛盾纠纷，最大限度地消除不利影响。

**【积极发挥法治部门参谋、助手作用】** 县政府常务会以及重要的议事会议、政府合同、协议等涉及法律问题的文件都有法治部门全程参与。全年共派员参加各种协调会82场次，完成县领导交办的法律事务78件，审查征求意见稿93件，提出建议意见63条。特别是在丰顺新区建设的征地拆迁、韩江(中上游)生态文化经济带建设、招商引资等工作中，法制部门全程介入，助推各项工作顺利推进。

**【组建政府法律顾问室】** 为建设法治政府，防范行政法律风险，组建由县法制局局长担任首席法律顾问、聘请嘉应学院政法学院副院长、法学副教授、法学硕士廖劲敏等人担任法律顾问的政府法律顾问室，为重大行政决策、重要行政行为提供意见，并代理行政复议、诉讼、仲裁和其他非诉讼法律事务等。

**【创新学习培训方式，提高行政执法人员素质】** 为提升行政机关工作人员依法行政的意识和能力，切实提高运用法治思维和法治方式能力，提升行政执法人员素质，创新学习培训方式，积极营造学法用法的氛围，组织县法制局经验丰富和深厚理论知识的专业人员进单位开展综合性执法学习培训。2015年，共组织3次综合性执法培训，参训人员达480多人次。

**【加大行政执法监督力度，提高依法行政整体水平】** 丰顺县行政执法证件管理工作稳步推进，共办理执法证330多人次。做到持证上岗、亮证执法，杜绝违法执法现象的发生。同时，开展有行政处罚权的行政单位对其职责范围内的行政处罚自由裁量权进行细化量化标准工作，使其做到严格执法、文明执法、公正执法。

**【圆满完成2014年依法行政考评工作】** 根据《丰顺县2014年度依法行政考评方案》(丰府办函〔2015〕6号)的有关规定，县政府组织法制、司法、监察等有关部门于2015年1月至3月期间采取行政系统内部考核和社会评议相结合的方式，按照考评对象自查自评、监管部门评价、社会评议、考评组实地考评、综合评审等步骤，对2014年度全县依法行政工作情况进行考评。从考评结果看，丰顺县依法行政工作整体情况良好，大部分政府部门能够把依法行政作为各项工作的基本准则，依法行政的意识和能力逐步提高，依法行政配套制度建设逐步完善，行政决策逐步规范，政府信息公开稳步推进，行政执法效能得到提升，行政监督力度加大，防范和化解社会矛盾的渠道不断拓展，依法行政保障逐步增强。

**2015年年县底法制局**

**局　长**　徐名阁

**副局长**　陈双福　徐海生　卢宝敏

（杜院尔）

## 外事侨务工作

**【简述】** 2015年，县外事侨务局在省、市外事侨务主管部门的指导下和县委、县政府的正确领导下，全面贯彻落实中共十八届四中、五中全会精神，深入学习贯彻习近平总书记系列重要讲话和省委书记胡春华来梅调研重要讲话精神，以科学发展观为指导，贯彻落实党中央关于外事、侨务工作的指导思想、基本方针和基本原则，紧紧围绕县委、县政府工作部署，坚持以人为本，做好为侨服务、为大局服务、为基层服务工作，准确把握外事、侨务工作面临的新形势、新任务和新要求，推动丰顺县外事侨务工作的发展。

**【对外联络】** 加强与海外社团、侨领、港澳同胞的联络沟通。一年来，县外事侨务局与海外华侨社团、侨领、新侨民、港澳同胞等通电话、发传真、发贺电等联络共106人次。8月2日，在新加坡丰永大三邑楼开幕典礼暨美食图片展中，县外事侨务局为新加坡丰顺会馆提供选送丰顺埔寨纸花（非物质文化遗产）、丰顺古民居及著名风景图片等介绍丰顺文化特色、人情风俗等方面的实物和图片资料，参展期间受到新加坡政府高级政务部长杨莉明女士和当地华侨、华人的肯定和赞扬。5月18日至24日，应泰国丰顺会馆和新加坡丰顺会馆等海外侨团邀请，市委书记黄强率领梅州市商务考察团前往泰国、新加坡、印度尼西亚三个国家考察访问，县外事侨务局原局长陈红伟和现任局长徐显涛两人随团考察访问泰国、新加坡。考察团在泰国拜访泰国客家总会、泰国客属商会、泰国华人青年商会、泰国丰顺、大埔、兴宁、梅县会馆，以及东方实业机构、东方国际工业城总裁陈修试先生等知名侨领。在新加坡拜访新加坡南洋客属总会，新加坡丰顺、茶阳（大埔）会馆，新加坡隆英私人有限公司主席何侨生等社团和侨领。了解侨胞在海外发展情况，通报乡情，宣传和推介梅州市和丰顺的发展情况，诚意邀请他们出席参加10月在梅州举行第四届世界客商大会。8月5日至13日，县外事侨务局局长徐显涛、汤坑镇党委书记钟凌玮等一行3人前往泰国，一是代表县委、县政府前往泰国曼谷参加张秋梅女士逝世吊唁仪式，并向其丈夫陈修试先生慰问；二是为丰顺大同中学的重建进行协调和引导发动捐资工作。10月10日至11日，主题为“共谋振兴发展、同创财丰人顺”的第九届丰顺同乡联谊大会于10月11日在丰顺会展中心大会堂隆重召开，县外事侨务局按照大会筹委会统一部署，扎实做好丰顺县旅居海外社团、侨领的联络、邀请、接待、接送工作，让海外参会嘉宾在丰顺期间舒心愉快。12月19日至20日，应香港梅州社团总会的邀请，县政府县长曾永祥、县委常委邱翠茂、县委统战部部长徐江生、县外事侨务局局长徐显涛、县府办李威等一行5人出席在香港会议展览中心3楼大会堂举行的香港梅州社团总会成立暨第一届会董会就职典礼。

**【对外接待】** 一年来，积极配合县委、县政府和有关部门接待海外华侨、华人、港澳同胞534人次。接待的团体主要有：新加坡丰顺会馆前会长何侨生率领参加黄金镇四个慈善项目落成剪彩庆贺团；马来西亚中马丰顺会馆会长胡士强率领的旅游探亲团；马来西亚柔佛丰顺会馆前会长张美福率领的旅游探亲团；香港嘉应商会会长曾智明、副会长曾自香率领访问考察团；省政协副主席王珣章任顾问，全国政协常委、省政协常委、香港四洲集团主席戴德丰为团长的香港地区广东省政协委员视察团；新加坡丰顺会馆荣誉会长兼会务顾问刘佐炽带领的参观参观访友团；泰国丰顺会馆常务秘书（新侨民）徐永添率领的参观考察团；泰国丰顺会馆副主席陈细金率领的参观考察团；泰国丰顺会馆名誉主席陈文广率领的旅泰陈氏宗亲拜祖团；泰国华人青年商会会长李桂雄率领的庆贺团；泰国丰顺会馆主席胡惠南率领的代表团；马来西亚中马丰顺会馆会长胡士强率领的代表团；马来西亚柔佛丰顺会馆会长张贤万率领的代表团；马来西亚柔佛潮州八邑会馆会长陈泰昌博士寻根问祖团；旅泰新侨民陈欢庆率领的参观探亲团；旅居泰国的第三代华裔、泰王国驻大使馆武官处蓬萨布恩（海军武官）大校率领的探亲拜祖团；泰国丰顺会馆副主席徐恒星、徐位合率领的旅泰徐氏宗亲探亲拜祖团；泰国丰顺会馆永远名誉主席黄承金率领的探亲拜祖团等华侨、华人、港澳同胞等团体26个次，团体人数452多人次。

**【外事和港澳工作】** 一年来，为县有关单位（企业）出国赴港招商、引资、引智、经贸、考察等工作业务提供服务，受理因公赴港澳通行证10批19人次；协办因私护照2批3人次。在受理通行证报批工作中，做到即来即受理，及时上报送审批，确保丰顺县出境人员按时出境。

**【华侨捐赠】** 全县接受华侨、华人、港澳同胞捐资兴建公益项目13宗，捐资金额人民币1047.5万元。捐资兴建的主要项目有：旅港同胞张芳荣为球山中学捐资人民币400万元；旅港同胞朱孟依为球山中学和东留中学捐资人民币240万元；旅新侨领何侨生捐资人民币220万元兴建黄金镇中心小学；旅泰侨领陈修试为西岩寺捐资人民币60万元；旅泰华侨徐强捐资人民币38万元维修汤坑镇侨思小学；旅泰侨领黄承金捐资人民币 30 万元兴建北斗镇下溪村金凤桥；旅泰侨领罗锦碟捐资 29 万元扶贫济困维修水利和道路；旅新侨领何侨生为太平寺捐资人民币 10 万元；旅泰徐氏宗亲捐资人民币 10 万元修缮埔河村徐氏祠堂等公益项目。

**【侨务信访】** 侨务信访工作是了解侨情，联结侨心的桥梁和纽带。县外事侨务局严格按照《信访条例》管理规定，在侨务信访工作中，做到热情接待、认真听取、深入调查、耐心解释、积极办理，做到事事有回复。一年来县外事侨务局受理来信来访 12 件次，组织人员深入到镇、村调查，处理答复来信来访 12 件次。

**【扶持贫困归侨】** 外事侨务局分别在 2015 年 1 月、5 月、12 月三次进行扶持贫困归侨专项资金发放工作，组织各镇（场）侨务干部深入调查摸底，掌握困难归侨情况，由外事侨务局会同县民政局对困难低保归侨名单进行审核，并对发放名单公示。一年 3 次为 230 人（户）次归侨进行资金扶持，扶持金额达 415100 元。2015 年专项资金扶持、救助困难归侨人数较多，补助金额较高，受助对象的贫困情况得到有效缓解，为侨解了忧，暖了侨心，促进侨界稳定及社会和谐。

**2015 年年底县外事侨务局**

**局　长**　徐显涛

**副局长**　高兴泰　丘奕芬

（蓝秋荣）

## 招 商 工 作

**【简述】** 2015 年，丰顺县围绕振兴发展主线，落实原中央苏区和粤东西北振兴政策，按照“一个目标、三大抓手、两条底线”的部署要求，主动融入梅兴华丰产业集聚带建设，深入实施丰顺新区和韩江（中上游）特色旅游带“一区一带”战略，重点培育电子电声、绿色饲料、温泉养生三大特色主导产业。2015 年，新增招商项目 20 个，计划投资总额 90.5 亿元；总部经济创税 2.23 亿元，比 2014 年同期增长 11%。

**【突出重点，增强招商引资针对性】** 1. 围绕打造百亿电声产业抓招商。依托核心区 10 平方千米、首期起步区 5 平方千米的广州海珠(丰顺)产业转移工业园，按照市建设梅兴华丰产业集聚带的要求，围绕拉长电声产业链条招商，努力引进类似汇威科技等相关产业链配套项目。深化与工信部电子五所、中国机电商会战略合作，启动占地 133.33 公顷的电声中小微企业创业园的规划建设，推动电声产业技术创新、拓展国际市场，加快培育电声百亿产业集群，成为名副其实的中国电声之都。

2. 围绕擦亮中国温泉之城品牌抓招商。彰显温泉文化旅游特色，依托温泉宜居城建设推动县城扩容提质，围绕 2015 年扩大城区面积 1 平方千米的目标，推进种王上围、石桥头等重点片区开发，培育发展休闲旅游、健康养生、文化创意和旅游地产等产业，推动城市综合体、旅游地产、酒店等项目建设。其中，种王上围片区盘活土地 1000 亩，引进中高端商住和汽车城等项目。

3. 围绕聚焦项目抓招商。依法依规推进土地征收，力争明年新增征地 66.67 公顷以上，保障项目建设用地需求。加快推动计划投资 10.5 亿元的汇威科技、鼎新材料、旺兴达光电等 6 个项目建设进度。力争绿色饲料基地首期计划总投资 6.7 亿元、年产 174 万吨的双胞胎、大北农等 5 个项目 2016 年底前全部建成投产，明后两年再引进 3～5 家企业落户建设，着力打造年产能 250 万吨、产值约 80 亿元的全省重要绿色饲料生产基地。重点盯紧列入第四届世界客商大会的华于能源粉末冶金、金都电子等 25 个投资 56.7 亿元的“三个一批”工业项目，力促签约项目落地、动工项目建成投产、竣工项目试产达产。

**【注重提供优质服务，增强招商引资实效性】** 坚持领导带队洽谈招商、对接项目、采取乡贤回归、以商引商、产业链招商等方式，抓龙头带配套、抓重大促中小，有针对性地开展补链、建链、强链招商，着力引进一批投资规模大、产业关联紧、科技含量高、品牌效应好的优质项目、力促电子电声、绿色饲料等产业集群加快发展。同时深化“暖企”行动，实行一个项目、一套方案，强化跟踪服务，统筹解决企业用地难、用工难、融资难等问题，对重大项目和重点项目，按照“一企一策”的原则，促进项目落地、建设、投产。

**【借节会，交客商，促招商】** 借助举办第四届世界客商大会的有利时机，始终聚焦产业和项目，主动对接省内外客属地区和重点目标企业，广泛开展产业招商、专题招商、扎实推进“项目建设年”活动，推动实现签约落地一批、动工建设一批、竣工投产一批。在第四届世界客商大会期间，现场签约项目“三个一批”项目合计 48 个，计划投资总额合计 153.2 亿元，其中：拟签约项目 12 个，计划投资总额 53 亿元；拟动工项目 14 个，计划总投资 27.1 亿元；拟竣工项目 22 个，计划投资总额 73.1 亿元。

**2015 年年底招商局**

**局　长**　林楚辉

**副局长**　李蕊青　邱文丽

（朱洲丹）

# 政协丰顺县委员会

## 县政协工作

**【简述】** 2015 年，政协丰顺县委员会及其常委会在中共丰顺县委的正确领导下，在县政府的大力支持下，深入学习贯彻中共十八大和十八届四中、五中全会精神和习近平总书记系列重要讲话、特别是关于人民政协工作的重要指示精神，高举爱国主义和社会主义旗帜，把握团结和民主两大主题，组织带领全体政协委员，紧紧围绕党政工作大局，突出推动振兴发展、关注公共民生、增进团结和谐等工作重点，求真务实、开拓创新、积极履职，为丰顺加快振兴发展做出新的贡献。

**【全体委员会议】** 县政协九届五次会议于 2015 年 2 月 9 日至 10 日在县城举行。中共丰顺县委、县人大常委会、县人民政府、县纪委全体领导及县武装部、县人民法院、县检察院主要领导和历届县政协领导出席开幕大会和闭幕大会。县委办、县府办、纪委办领导，县直没有政协委员的正科级以上单位主要负责人，县政协、县人大机关副科级以上干部和在丰的市政协委员列席会议。

县政协副主席谢仁泉、县政协主席徐庆青分别主持开幕大会和闭幕大会。会议听取并审议县政协主席徐庆青代表政协丰顺县第九届委员会常务委员会所作的工作报告及县政协副主席曾庆珠代表政协丰顺县第九届委员会常务委员会所作的提案工作报告；会议递补选举罗真对为县政协九届常务委员会委员、副主席。会议期间，蔡桂林、张学军、黄丹红 3 名委员，就广大干部群众关注的“太平公园建设”“创建教育强镇后续管理完善工作”和“科学规划建设路网，缓解县城交通压力”等热点问题进行大会发言；同时，大会对《关于完善丰顺县农产品交易市场和肉菜市场规划建设的建议》《关于整改东里至汶水桥原 206 国道路段的建议》《关于在上、放学期间，对汤坑镇第一中心小学周围路段拥堵实行综合治理的建议》等 3 件优秀提案，以及县公安局、县城管局、县交通局 3 个承办提案先进单位进行表彰；会议期间，与会委员积极建言献策，大会共收到提案 37 件，经提案委员会审查立案 36 件，转为意见建议处理 1 件；全体委员列席县十四届人大六次会议，听取并协商讨论县政府工作报告及其他报告；审议并通过县政协九届五次会议决议；在闭幕大会上，县委书记陈志宁作重要讲话，对县政协九届四次会议以来所做的工作给予充分肯定，同时对今后县政协如何更好地履行职能和助推丰顺加快振兴发展提出新的要求。

**【严格按照要求，精心组织，“三严三实”专题教育取得实效】**

思想认识进一步深化。深入学习习近平总书记关于党员领导干部践行“三严三实”的新思想新观点新要求，以学习党章和《中国共产党廉洁自律准则》《中国共产党纪律处分条例》等为重点，通过理论学习中心组会议、政协党组会议、机关党员干部会议等专题学习教育形式，学习《优秀领导干部先进事迹选编》《领导干部违纪违法典型案例警示录》等专题教育读本，自觉撰写学习体会，认真组织上好党课；积极参加县委“严以修身、严以律己、严以用权”专题学习研讨，牢固树立“三严三实”检验标尺，准确把握践行“三严三实”基本要求。

存在问题进一步找准。强化问题导向，对自身存在的修身做人、用权律己、干事创业等方面的“不严不实”问题和遵守党的政治纪律、政治规矩和组织纪律方面的问题认真查摆和剖析，坚持开门搞活动，采取座谈走访、网络平台交流等多种方式，深入基层一线，密切联系干部群众，面对面听取政协委员、退休干部、工商联、各人民团体，以及各专委会和挂钩联系镇村干部群众的意见建议，查找梳理"不严不实"问题，自觉接受群众监督和批评。从严从实开好班子专题民主生活会，达到增进团结、共同进步的目的。

整改工作进一步落实。坚持把即知即改、马上就改要求贯穿于专题教育的始终。针对征求梳理的班子及班子成员的30条意见建议，县政协党组多次召开专题会议，明确解决思路，落实整改方案，按照"责任到人、分头专抓、限定时间、一抓到底"的要求从严从实抓好整改落实和立规执纪，推动践行"三严三实"要求制度化、常态化、长效化，不断提高政协的履职层次和工作实效。

**【着眼发展大局，主动作为，履职水平全面提升】** 常委会充分发挥人民政协协商民主的主渠道作用，把推动振兴发展作为第一要务，以促进民生改善为主线，积极为县委、县政府建言献计。

紧扣中心，政治协商谋发展。县政协常委会紧紧围绕全县发展目标，服务中心工作，通过全委会议、常委会议、主席会议和专题协商座谈会等多种形式，就全县经济、政治、文化和社会生活中的重大问题开展协商活动。县政协九届五次会议期间，先后有蔡桂林、张学军、黄丹红3名委员，就广大干部群众关注的"太平公园建设""创建教育强镇后续管理完善工作"和"科学规划建设路网，缓解县城交通压力"等热点问题进行大会发言，另有文史、经济、农村、社法等4个专委会分别就丰顺县的古村落保护与开发、农村"三资"平台建设、农村饮用水保护管理和"长寿之乡"荣誉称号的做强做大等印发书面议政发言材料，为政府及相关部门工作决策提供参考。

会议期间，全体委员列席县十四届人大六次会议，听取《政府工作报告》及计划、财政执行情况报告和法院、检察院的工作报告，对事关经济和社会发展的全局性问题进行专题协商讨论，围绕丰顺新区建设、城市建设、交通建设、发展优势产业、生态旅游、文教卫生、环境保护、新农村建设等重点民生问题，提出许多意见和建议。一年来，县政协常委会议、主席会议，始终紧紧围绕县委、县政府的中心工作和社会关注、群众关心的热点问题进行专题协商，并将协商意见及时报送县委、县政府，得到了县委、县政府及有关部门的高度重视，有关意见建议得到采纳，反映的问题得到解决。同时，通过情况通报会、协商座谈会和委员担任特邀监督员等多种形式，倾听社会各界人士对党政重点工作的意见建议，为委员知情明政创造条件，更好地提出意见和建议供县委、县政府决策参考。

关注民生，民主监督促发展。通过委员提案和反映社情民意等途径开展民主监督，促进群众关注的民生热点问题得以解决。在提案办理方面：县政协九届五次会议以来，共收到提案37件，经审查，立案36件，内容涵盖经济、交通、城建、文教、环保、农林水、社会管理等多个领域。一直以来，书记陈志宁、县长曾永祥高度重视政协提案的办理工作，始终坚持书记、县长和政协班子成员督办重点提案制度。在召开提案交办会后，陈志宁亲自圈定并领衔督办《关于新开梅汕高铁丰顺东站通往城区快速通道的建议》，曾永祥领衔督办《关于在埔寨生态工业区规划建设小微企业创业园的建议》等重点提案，对丰顺县加快振兴发展起到重要的引领作用。两件重点提案办理工作在陈志宁和曾永祥的高度重视下，正在扎实有效推进。在其他提案办理过程中，县政协有关部门不断加强与承办单位的联系，坚持重要提案现场办，难点提案协商办，协调主办单位与协办单位的关系，有效推动一批民生实事的顺利落实。如在《科学规划路网，缓解县城交通压力》的提案办理工作中，县公路、交通、发改和汤坑镇等部门加强协调，提高效率，并于11月动工改造原省道224线东兴路及东山路段，各项工作正紧张有序推进；对《关于加强韩江留隍河段的管理》提案的办理，县农业部门积极协调公安、检察等机关单位，联合市支队及大埔执法大队，采取各种有效措施，共同打击违法电鱼行为，为韩江文化生态健康旅游特色产业带建设做好服务保障；而《关于规范县城居民丧葬活动的提案》的办理，则有效遏制迎街送葬和燃放烟花爆竹等影响交通秩序和危害公共安全的行为；还有《关于东山公园纪念碑维修的建议》提案的落实，使"人民英雄纪念碑"及东山公园面貌焕然一新，得到广大干部群众的一致好评。至6月中旬，36 件提案已全部办复完毕，提案办复率、委员满意率均达 100%。其中《关于在埔寨生态工业区规划建设小微企业创业园的建议》《关于新开梅汕高铁丰顺东站通往城区快速通道的建议》《关于加强韩江留隍河段的管理》3 件提案，以及县开发区、县公路局、县农业局 3 个单位分别被评为优秀提案和承办提案先进单位。在反映社情民意方面：重点围绕全县有关重要政策的贯彻落实情况、重大工程建设的实施进展情况和群众关注的热点难点问题，积极反映社情民意，为温泉城建设、产业转移园建设、新区后备供水项目、创建卫生县城等工作向党委政府及相关部门提出许多参考意见和建议，推动以改善民生为重点的项目规划和工作的落实。

抓住重点，参政议政助发展。县政协把专题调研视察作为政协建言献策、参政议政的一项重要工作来抓，组织委员围绕加快振兴发展的重大问题和社会热点难点问题开展调查研究和专题视察活动。5 月，常委会专门组织 50 多名委员深入广州海珠（丰顺）产业转移工业园及部分企业开展重点提案督办暨实体经济发展调研活动；6 月，围绕加快实体经济发展问题，组织调研组远赴惠州、深圳、东莞等地区的委员和乡贤企业调研，认真了解企业生产经营和发展情况，并与企业代表座谈，通报介绍家乡经济社会发展情况，听取委员群众意见。同时鼓励在外创业的乡贤要适应工作新常态，把握发展新机遇，加强沟通联络，关注家乡发展，主动牵线搭桥，引进项目资金，支持家乡建设。通过调研县内外企业的生产经营和发展情况，综合整理委员和企业家们的建议意见，形成《关于加快丰顺县实体经济发展的调研报告》并报送县委、县政府作决策参考。7 月至 8 月，结合重点工作需要，先后组织港澳委员回乡兴业情况调研、产业转移园土地征收工作调研和推进黄屋坝公路以及高铁站线路规划建设工作调研。9 月上旬，为扎实推进丰顺县创建省级卫生县城工作，专门组织由政协常委、专委主任和企业界委员代表组成的专项视察组，对丰顺县创建广东省卫生县城开展专题视察议政活动，委员们针对创建工作中存在的困难和问题提出许多建设性的意见和建议，并形成《关于丰顺县创建广东省卫生县城工作的视察报告》。这些调研视察成果，凝聚了委员们的辛劳与智慧，所提意见建议得到县委、县政府的重视，并在相关工作中得到有效落实。

此外，还积极配合省、市政协来丰顺开展有关扶贫开发、发展特色主导产业、增强县域经济实力等专题调研视察工作，有力促进丰顺县经济社会的持续、稳定和健康发展。

**【发挥委员作用，立足岗位，干事创业氛围浓厚】** 常委会不断总结履职实践中的经验和成效，积极鼓励引导委员主动参与全县中心工作，服务大局干要事，立足岗位做实事，奉献爱心办好事。

履职有为做贡献。以专题协商为平台，调研视察为载体，界别活动为纽带，积极组织广大委员参加各种协商议政活动，统筹安排委员参与社会监督管理，重要规划和重大项目的评审论证，重点工作的督查督办等民主监督活动。组织委员积极参与全县政风行风和机关作风评议，参与有关部门政策研讨和述职述廉活动，参与司法监督和党风廉政建设监督以及省、市对丰顺县贯彻落实科学发展观工作的综合考评活动。在履职活动中，委员们本着高度负责的精神，详细了解情况，深入分析论证，力求做到言之有物、言之有据，所提意见建议作为决策参考，得到重视和采纳。

立足岗位建功业。鼓励委员在履行政协职能的同时，爱岗敬业，务实创新，在本职岗位上敢于担当，有所作为，在行业建树上大有作为。一年来，县政协常委班子积极配合县委、县政府抓好广州海珠（丰顺）产业转移工业园建设用地征收工作，定期组织召开征地拆迁专题会议，深入一线现场办公，加强协调指导，全力推进产业园区建设。冯礼见常委的旺兴达光电有限公司敢于迎接机遇和挑战，进驻广州海珠（丰顺）产业转移工业园打造电子电声科技项目，预计提供就业岗位 300 个；徐代燎委员的深华药业有限公司，大胆做强做大，实现扩容提质，是目前粤东最大的现代医药物流配送中心，提供就业岗位 500 多个；邱伟能委员的广东汇威高科技有限公司以市场为导向，投资 1.5 亿元，主动将电视、手机及互联网相关产品引入汇威（丰顺）产业园实施规模生产，展现了科技创新和行业引领风采；刘碧辉委员的穗丰食品发展公司，投入增资扩产和技改资金6000多万元，打造新型多元化食品生产基地，带动食品行业的创新发展；还有邱绍金委员的八乡山大峡谷旅游度假区和徐显插委员的韩山生态旅游度假区为丰顺县大力发展生态文化旅游起到积极的推动作用。在结束不久的世界丰顺同乡联谊大会、环绕丰顺磨房200公里骑行活动、喜德盛杯国际山地自行车邀请赛等各项重大宣传推介活动中，积极参与组织和协调工作的政协委员切实负起应尽的责任和义务，为活动的顺利开展贡献智慧和力量；除此以外，还有奋战在县内外各条战线、各行各业的委员们在各自岗位、各个领域和经济社会各项事业建设中开拓创新、敢于拼搏、主动作为、积极履职，为丰顺加快振兴发展做出应有的贡献。

倾情公益暖民心。引导政协委员发展经济，做大事业，热心公益，扶贫济困，多办实事，多做好事。在各种捐赠活动中，县政协委员特别是港澳委员和经济界委员积极捐款捐物、奉献爱心，弘扬真善美、传递正能量，充分展示县政协委员良好的社会形象。据不完全统计，一年来，县政协委员在扶贫助学、文教卫生、爱心公益事业建设中捐资达2000多万元。与此同时，县政协班子紧密结合扶贫双到工作要求，把帮扶工作与开展“三严三实”专题教育结合起来，班子成员分别深入埔寨、潭江、留隍、北斗、汤南等镇，慰问老党员、贫困户、“五保户”、单亲困难家庭等，积极协调县直有关部门为挂钩帮扶镇村筹措资金，解决修路筑桥、环境卫生和村容村貌整治等实际困难和问题。

**【坚持团结民主，搭建平台，彰显政协独特优势】** 常委会充分发挥协调关系、凝聚力量的作用，联系社会各界，加强沟通协调，做好教育引导工作，不断扩大对外交流，努力为丰顺县经济社会发展凝聚智慧和力量。

巩固团结协作基础。坚持以人为本，关注社情民意，维护广大人民群众的根本利益，积极配合党委、政府做好大量维护团结、凝聚人心的工作，认真协助落实第九届世界丰顺同乡联谊大会的各项筹备工作，确保大会的顺利召开。一年来，通过走访各界别委员，不断加强与工商联、无党派人士、各人民团体的联系，着力营造宽松和谐、民主活跃的参政议政环境，畅通合理诉求反映表达渠道，充分调动各方面的积极性。坚持政协领导与各人民团体、各界人士的分工联系制度，主动加强工作交流，充分听取意见建议，形成互动、合作共赢的工作新格局。

加强委员联络工作。围绕县委、县政府关注、人民群众关心的热点问题，利用委员发挥界别活动组的独特优势，选择重点领域、重点项目开展调研活动，积极为委员知情明政、建言献策创造条件，组织委员听取政府及相关部门的工作通报，征求委员对全县经济社会发展的意见建议，为委员履职搭建平台，营造融洽、和谐、民主的政治氛围，形成促进发展的强大合力。加强委员联络，发挥委员主体作用，协助县委、县政府协调关系、化解矛盾、增进共识。丰富委员精神食粮，向委员赠阅《人民政协报》《同舟共进》《梅州政协》等报纸杂志，让委员们有书报可读，有知识可学。适时组织委员外出考察，学习兄弟县（市、区）的先进做法和经验，开阔委员的视野。

做好文史宣传工作。发挥政协文史的地方特色和资政作用，加大史料征编力度，推进文化传承，展现丰顺的人文魅力。文史专委完成《丰顺文史》第十九、二十、二十一辑的图文征集和出版。加强与新闻媒体的协作，不断拓展政协宣传渠道，完善“委员之家”网络建设，利用县政协网站、委员之家和《丰顺政协》《梅州政协》等宣传平台，着力做好委员履职和政协工作的宣传报道，多层面、多角度地宣传政协履职成效，展现委员履职风采。

**【注重自身建设，提升素质，履职能力不断增强】** 坚持把自身建设作为提高履职能力和工作水平的基础性工作，坚持内强素质，外树形象，不断提高政协的履职能力和工作水平。

抓学习，提升履职能力。发挥政协党组领导核心作用，组织委员深入学习中共十八届四中、五中全会和习近平总书记系列重要讲话精神，学习党风廉政建设和反腐败工作的文件和会议精神，学习政协业务、法律法规、经济科技以及文化等方面的知识。同时，选派干部参加省、市、县举办的各类学习研讨活动，增强全体委员和机关干部履职为民的理念和参政议政能力。

抓互动，提升政协活力。自觉坚持党的领导，在政协履职过程中，做到重要问题、重大事项主动向县委请示汇报，把县委的决策部署贯彻落实到政协工作之中；坚持围绕县委、县政府的中心工作履职尽责，配合县委、县政府抓大事、议大事，做到思想上同心、目标上同向，工作上同步，使政协工作与党政工作形成良性互动。同时，高度重视专委会活动的规范化、常态化建设，加强与政府职能部门对口协商，走访调研，互通信息，开拓了工作新途径，增强了工作活力和成效，使政协委员联系群众的渠道更为畅通、作用更好发挥、优势更加彰显。

抓作风，提升服务水平。结合“三严三实”专题教育活动，严格执行中央“八项规定”，深入开展“学党章、守纪律、当先锋”和“讲担当、比奉献”主题教育，教育引导机关干部察民情、转作风，精业务、提效能，强服务、树形象，提升了服务发展、服务群众能力，巩固党的群众路线教育实践活动成果，机关各项建设跃上新台阶，服务水平和工作质量全面提升，保障政协常委会各项工作的有效开展。

**2015 年县政协发布的部分文件目录**

丰协〔2015〕1 号《关于表彰县政协九届四次会议以来优秀提案和承办提案先进单位的决定》

丰协〔2015〕2 号《关于调整县政协主席、副主席、秘书长分工的通知》

丰协〔2015〕3 号《关于印发〈政协第九届丰顺县委员会常务委员会 2015 年重点工作安排〉的通知》

丰协〔2015〕4 号《关于视察丰顺县创建广东省卫生县城工作的报告》

丰协办〔2014〕4 号《关于印发县领导领衔督办政协重点提案的通知》

**2015 年县政协**

**主　席**　徐庆青

**副主席**　林桂庵　谢仁泉　蔡运林
蔡伟娟（任至 2015 年 2 月）　曾庆珠
徐旭亮　罗真对（2015 年 2 月起任）

**秘书长**　谢录丰

**办公室主任**　谢录丰

**办公室副主任**　陈声礼

**提案科科长**　刘集贤

**提案科副科长**　张小芳（任至 2015 年 8 月）

**文史科科长**　朱焱桥

**文史科副科长**　曾学军

**提案委员会主任委员**　朱开华

**文化和文史资料委员会主任委员**　陈建新

**经济委员会主任委员**　蔡少灏

**农村工作委员会主任委员**　陈建宁

**科教卫体委员会主任委员**　杲粤平

**社会法制和人口资源环境委员会主任委员**　徐海生

**港澳台侨外事委员会主任委员**　黄佳迎

（陈声礼　杨　星）

# 中共丰顺县纪律检查委员会

## 县纪检监察工作

**【简述】** 2015 年，在县委和市纪委的坚强领导下，全县各级党组织认真落实全面从严治党要求，把党风廉政建设和反腐败工作放在更加突出的位置来抓，广大党员、干部的纪律观念和廉洁自律意识进一步增强，全县纪检监察组织充分发挥职能作用，把纪律和规矩挺在前面，聚焦监督执纪问责，扎实推进全县党风廉政建设和反腐败工作，为丰顺构建风清气正的政治生态、保障民生利益、加快振兴发展提供强有力的纪律保障。

**【县纪委十二届五次全会】** 中国共产党丰顺县第十二届纪律检查委员会第五次全体会议，于 2015 年 1 月 28 日在县会展中心举行。出席这次会议的有：县委、县人大、县政府、县政协、县纪委全体领导，县人民法院院长、检察院检察长，县正、副（县）级干部；县纪委委员、各镇（场）党委书记、镇（场）长、纪委书记；县直副局以上单位和省、市属驻丰顺单位副科职以上干部；县纪检监察机关全体干部。全会传达学习十八届中央纪委四次、省纪委十一届四次及市纪委六届五次全会主要精神，听取县委书记陈志宁的重要讲话，审议通过县委常委、县纪委书记唐秀娟代表县纪委常委会所作的题为《适应新常态形成新作风全力推进党风廉政建设和反腐败工作》的工作报告。

**【抓“两个责任”落实】** *层层传导，狠抓责任落实。*县委、县政府高度重视党风廉政建设和反腐败工作，认真落实主体责任，经常听取纪检监察工作汇报，及时进行部署，形成党风廉政建设工作由县委统一领导、县委班子成员各负其责、县纪委监察局具体监督抓落实的良好格局。2015 年年初，党廉领导小组将全年党风廉政建设和反腐败工作细化为 39 项重点任务，以清单形式分解落实到 38 个职能部门，做到任务明确、职责到位、齐抓共管。县纪委监察局专门制订班子成员挂钩联系镇工作制度，定期到基层督促指导。正、副书记分别深入 16 个镇巡回督导，通过约谈镇党政“一把手”和纪委书记、检查现场、随机开展问卷调查等形式，掌握基层党委、纪委落实“两个责任”情况，引导和推动落实“两个责任”。年终，严格开展派驻监督量化评分和党廉责任考核，把各单位接受派驻监督评分按一定比例计入党廉责任考核，把党廉责任考核分为优秀、良好、合格、不合格四种等次，考核结果报送县委作为干部选拔任用的一项依据，并把未达到良好以上等次的单位列为下一年度县纪委监察局重点跟踪监督对象。2015 年，重点跟踪监督上一年未达到良好以上等次的 12 个单位。

*深化改革，攥紧监督拳头。*按照上级统一部署，积极深化纪律检查体制改革。科学调整内设机构职能，对机关原有 14 个室按 10 个室设置进行整合，在内设机构总数减少的情况下，纪检监察室从 3 个增加至 5 个，进一步充实监督执纪问责力量；认真清理议事协调机构，经县委同意，印发《关于县纪委监察局议事协调机构调整情况的通报》，明确取消或退出议事协调机构 134 个、保留或继续参与 10 个；专门组织县委反腐败协调小组深入学习中办《关于查办党员和国家工作人员涉嫌违纪违法犯罪案件中加强协作配合的意见》，全年召开协调小组会议 6 场，切实加强沟通协作，收到成员单位报送线索 15 条；认真落实查办腐败案件以上级纪委领导为主原则，严格执行线索处置和执纪审查“两报告”制度，全年各镇纪委共报告线索处置 52 条、报告立案 8 件、报告拟处分意见 10 件；县纪委向市纪委报告线索处置 10 条、报告立案 1 件、报告拟处分

意见2件。认真落实各级纪委书记、副书记的提名和考察以上级纪委会同组织部门为主的原则，对出缺的1名镇纪委书记、10名镇纪委副书记进行提名考察。

大抓基层，延伸监督链条。重点组织和督促全县16个镇纪委对照省、市纪委关于镇纪委软硬件两个“六有”标准，进行查漏补缺，不断巩固和提升规范化建设成效，突出抓好人员配置、业务提升和自办案件。2015年，组织16个镇纪委书记或负责人参加省、市纪委业务轮训，选送4批15名镇纪检专干到市纪委陪护跟班，抽调3批9名镇纪检专干到县纪检监察机关跟班以干代训，有力提升履职能力。

**【严格惩处腐败】** 持之以恒抓作风，保障监督实效。把违反中央“八项规定”精神作为执纪审查的重要内容，运用查办、督办、联办和问责等措施倒逼干部改进作风。坚持以重大节日为节点，深入开展明察暗访，紧盯“四风”新形式、新动向，注重加强对党员领导干部“八小时以外”活动以及操办婚丧喜庆事宜等情况的监督。全年，组织明察暗访120场（次）、检查单位73家，曝光3宗，约谈单位一把手3人，转立案查处3人。同时，严格按照市“一意见、两办法”的要求，围绕县委、县政府“一区一带”和创建省级卫生县城、教育强县等重大决策、重点工作开展专项督查，对主责部门不作为、慢作为和乱作为的行为从严问责。全年，共对5个单位和18人进行问责，其中责成1个单位和4人作出书面检查，诫勉谈话4人，约谈5人，建议免职3人，转立案审查5人。此外，重点加强对进驻县综合政务服务中心各办事窗口的监督，紧盯网上办事大厅电子监察系统，发现问题及时提醒、调查核实、督促整改，不断优化办事环境、提升干部办事效率，全年共受理网上行政效能投诉10件。

坚定不移惩腐败，彰显监督威慑。积极运用监督执纪“四种形态”，落实抓早抓小，做到有腐必反、有贪必肃。2015年，全县纪检监察组织立案56件56人、同比增长3.7%，结案61件61人（含上年遗留案件5件5人）、同比增长24.5%，其中涉及科级干部8人，受党纪处分55人、政纪处分11人、双重处分5人，移送司法机关6人，万元以上经济案件23件，挽回经济损失302.7万元。严格按照上级部署，把追逃追赃作为反腐败的一项重要工作，专门成立县追逃追赃工作领导小组，厘清思路、分清职责，建立跟踪督办机制，切实把追逃工作抓实抓细，通过多部门的共同努力，成功劝返携款外逃十多年的原县司法局干部陈某明。严格落实纪律审查安全责任制，保持安全“零事故”，顺利通过省、市纪委的考核检查。通过建立信访研办制度、加强信访举报宣传，进一步规范信件管理和办理程序，有效提升信访核查质量和效率，2015年信访举报重复件和业务范围外举报数量均呈下降趋势，渐现反腐倡廉良好势头。全年，县纪检监察机关共受理群众信访举报137件、同比下降34.4%，其中：重复件58件、同比下降36.3%，业务范围外5件、同比下降86.6%，应核74件、核查率100%。坚持查办腐败案件为抓手，惩前毖后、治病救人，既严惩腐败分子，又注重保护广大党员干部干事创业积极性。全年实施信访监督函询13人次，其中函询5人次、约谈8人次，对轻微违规尚不构成违纪的21名党员干部给予诫勉谈话或批评教育，澄清保护42名受到诬告或错告的党员干部。

开展线索大排查，创新监督形式。丰顺县把开展农村基层党员、干部违纪违法线索集中排查工作作为加强基层党风廉政建设的重要途径，作为深化基层治理的重要抓手，作为扩大案源线索的重要渠道，紧盯矛盾比较突出、问题比较严重、群众反映比较强烈的“重点村”，地毯式开展排查。重点是在成立县、镇两级专项工作领导小组，制订工作方案，建立排查机制的基础上，通过采取“三督”措施，扎实开展排查工作。“三督”，即：一督思想认识，层层压实责任。由委局带队，在各镇分别召开专题会议，详细解读排查工作重点难点，指导开展具体排查工作，认真落实越到基层集中排查责任越向党委倾斜的工作要求，做到镇党委亲自协调部署，镇纪委具体组织排查。二督方式方法，拓宽线索来源。主要加强对各镇摸排线索方法的指导，通过从镇综治信访维稳中心“要线索”、从镇“三资”管理中心“排线索”、从党员干部直联驻村工作“找线索”，切实推动基层转变工作思路。三督责任追究，确保排查实效。主要督促各镇党委、纪委扎实开展好线索排查工作，抓好工作落实不力的责任追究。全县共排查线索398条，初核319条、初核率80.2%，其中重大线索61条、立案56件。全县16个镇纪委办案率均达到100%，每镇均有2件以上自办案件。

**【抓源头防控】** 拓宽教育，营造监督氛围。坚持惩防并举，积极加强党风廉政建设舆论宣传，开展党纪政纪法纪教育，不断提升廉政氛围。一是廉洁文化建设进一步加强。在完善坚真廉洁操行馆“全息数码”建设的同时，重点抓好美丽乡村廉洁文化建设。全县已建成 “一馆一中心一基地”为龙头的廉政教育基地，一年来接受教育、参观学习的县内外干部群众达1.4万人次。二是廉洁从政教育进一步深化。开展“守纪律、讲规矩、作表率”为主题的纪教月活动，组织全县副科以上干部及村居（委）干部集中学习、集中培训，深入开展党员干部宗旨教育、纪律教育、“两项法规”教育和作风教育，组织青年干部开展反腐倡廉主题辩论赛等，有力提升教育的针对性和实效性。三是示范警示教育进一步落实。编印《乐于奉献的“领头羊”》和《迟来的悔恨》等正反面教材，制作专题警示教育片。运用正面教材，引导党员干部执政为民；运用反面教材，警醒党员干部廉洁从政。同时，利用县电视台定时播放廉政公益广告（漫画），开展下乡巡回放映廉洁题材影片，切实加强宣教工作。一年来，被中央和省级以上媒体采编刊登反腐倡廉题材文章10篇，其中被《中国纪检监察报》采用2篇。

严格防控，夯实监督机制。积极推进《丰顺县贯彻落实〈建立健全惩治和预防腐败体系2013—2017年工作规划〉分工实施意见》87项工作的落实。重点督促各级各部门制订和完善党风廉政建设领导班子和领导干部主体责任清单、权责清单，明确部门职责权限、规范权力运行，并通过书面“三述”和抽取10个县直单位和镇党委“一把手”向县纪委全会现场“三述”等方式，督促各级各部门自觉报告主体责任清单执行情况，接受监督、落实整改。同时，对农村“三资”管理工作开展三级巡查，进一步规范村集体经济运行。重点引导、督促民政、农业等10个单位加强廉政风险防控机制建设，进一步筑牢廉政风险防控堤坝。坚持开展政府投资项目、重点建设工程廉政风险监督。全年受理工程备案549宗，已结算439宗，提出整改意见11条，通过结算审核节约财政资金3540万元。

**【抓队伍建设】** 加强教育培训。开展“三严三实”专题党课教育，组织纪检监察干部联系自身思想和工作实际，认真对照“三严三实”要求、“两项法规”开展自查、自纠、自省，坚持理想信念“高线”和守住纪律规矩“底线”的自觉性进一步增强。坚持定期组织干部集中学习、举办岗位练兵，专门邀请市国家保密局领导为全县纪检监察干部作保密知识专题讲座。全年组织干部开展学习研讨6期，选送机关干部参加中央和省、市纪委组织的业务培训28人次，干部综合素养不断提升。

完善机关制度。重点新编印《县纪检监察机关制度汇编》和《县纪检监察机关案件办理工作手册》，不断推进干部管理规范化、制度化，为全县纪检干部履职引路导航，做到有章可循、有规可依。

落实风险防控。组织机关各室（组）建立权责清单，共梳理职权28项，排查廉政风险岗位43个、风险点73个，制订防控措施188项，统一规格挂墙提醒干部执行；严格落实干部层级管理责任制，加强纪检监察干部“八小时内外”的监督管理，注重对干部拉耳朵、扯袖子，坚决杜绝“灯下黑”。

**2015年年底县纪委监察局**

**书　记**　唐秀娟

**副书记**　廖若旦

**县监察局局长**　廖若旦

**县纪委常委**　刘辉响　陈献威　谢淑娟　王湘阳

**县监察局副局长**　黄祖东　邹春雷

（王湘阳　朱传讯　李思思）

**附：2015年纪委监察局发布的主要文件目录**

丰纪发〔2015〕1号《关于调整县纪委监察局信访举报工作领导小组成员的通知》

丰纪发〔2015〕2号《转发市纪委〈关于认

真贯彻落实关于加强党员领导干部“八小时以外”活动监督管理的意见坚决刹住中秋国庆期间公款送礼等不正之风的通知〉的通知》

丰纪办发〔2015〕1号《关于落实机关2015年人口计生综合治理工作实施意见的通知》

丰纪办发〔2015〕2号《关于印发丰顺县纪委监察局2015年工作要点和各室（组）重点工作的通知》

丰纪办发〔2015〕3号《关于县纪委监察局委局成员挂点、指导镇纪委查办案件工作的通知》

丰纪办发〔2015〕4号《转发省纪委、省监察厅〈关于开展农村基层党员、干部违纪违法线索集中排查活动的意见〉的通知》

丰纪办发〔2015〕5号《印发〈关于开展农村基层党员、干部违纪违法线索集中排查活动工作方案〉的通知》

丰纪办发〔2015〕6号《关于开展农村基层党员、干部违纪违法线索集中排查活动有关事项的通知》

丰纪办发〔2015〕7号《关于成立丰顺县开展农村基层党员干部违纪违法线索集中排查活动领导小组的通知》

丰纪办发〔2015〕8号《丰顺县镇纪委查办腐败案件延伸“双报告”制度实施方案》

丰纪办发〔2015〕9号《关于成立县纪检监察机关控烟领导小组的通知》

丰纪办发〔2015〕10号《印发〈关于进一步开展农村基层党员、干部违纪违法线索集中排查活动工作方案〉的通知》

丰纪办发〔2015〕11号《关于深入推进镇纪委规范化建设及线索集中排查的通知》

丰纪办发〔2015〕12号《转发〈关于加强舆论监督严防中秋国庆期间“四风”问题反弹的通知〉的通知》

丰纪办发〔2015〕13号《关于转发〈梅州市纪检监察干部监督办法（试行）〉的通知》

丰纪办发〔2015〕14号《关于调整县纪委监察局保密工作领导小组成员的通知》

丰纪办发〔2015〕15号《关于进一步加强保密工作的通知》

丰纪干〔2015〕1号《关于朱传讯等同志免职的通知》

丰监发〔2015〕1号《关于成立丰顺县监察局权责清单制度工作领导小组的通知》

# 地方军事

## 县人武部工作

【思想政治建设成效明显】 2015年，县人武部把学习习主席系列讲话精神和全军政工会议精神作为首要政治任务，作为党委领导工作的头等大事，狠抓落实，不断夯实官兵听党指挥、能打胜仗、作风优良的政治思想根基。一是坚持用党的创新理论武装。坚持领导带头，先学一步。部领导带头参加理论学习，深入学习贯彻习主席系列重要讲话特别是关于国防和军队建设重要论述，深刻理解掌握习主席提出的一系列重大战略思想、重大理论观点、重大决策部署，并以此引领人武部全面建设方向。二是借好重大教育活动的东风。按照军区和省军区统一部署安排，深入开展"学习践行强军目标，做新一代革命军人"主题教育活动，做到"五个坚决"：坚决紧跟上级的学习教育内容，坚决以考试考勤确保学习教育效果，坚决落实休假值班值勤人员的补课，坚决以奖惩办法调动学习教育积极性，坚决做到领导干部在学习教育中率先垂范。三是落实经常性思想教育。把当代革命军人核心价值观培育、国史党史军史教育、党纪党性教育、廉政法规学习与中国特色社会主义理论结合起来，纳入经常性思想教育，不断深化理解认同。突出干部队伍主体，针对少数同志精神状态不振、敬业精神不强等问题，广泛开展"进步观、责任观、苦乐观、得失观"经常性教育活动，增强干部事业心责任感。扎实抓好深化军队改革的正面宣传和教育引导，加深官兵对党的路线、方针、政策的理解认同，引导大家正确对待改革、自觉拥护改革。加强群众纪律和拥政爱民教育，引导大家增强政治敏锐性，端正对待群众的根本态度，营造和谐的外部环境。

【党的建设进一步加强】 2015年，以"三严三实"专题教育整顿活动为抓手，狠抓党建工作。一是党委班子建设有新气象。党委一班人坚决贯彻落实军分区党委和县委的决策指示，认真总结制约丰顺县武装工作全面发展的瓶颈短板，从抓班子团结着手，积极为干部职工排忧解难，完善各种规章制度，建立健全激励措施，狠抓全县专武干部队伍的作风建设，正副书记敢于叫响"看我的、跟我学"，学习训练模范带头。党委一班人聚精会神谋发展，一门心思干事业。全县武装工作队伍风清气正，心齐劲足，全面建设稳步推进。二是"三严三实"专题教育整顿活动扎实深入。部党委严格按照上级党委的决策部署，深入扎实开展专题教育整顿活动。重点抓好专题民主生活会的召开，对照上级"过坎"开会的标准，部党委研究确定"坚持'三严三实'标准，努力转变作风"的主题，逐个环节抓落实，准备不充分不开会，严密组织自查自纠，集中整治存在问题。5月28日，军分区后勤部卢部长带督导组全程指导人武部民主生活会。在批评与自我批评中，班子成员直呼其名，直点其事，畅所欲言，做到有"辣味"、不变味。卢部长对县人武部开展"三严三实"专题教育整顿活动的做法和取得的效果给予充分肯定。

【战备训练水平整体提升】 严格落实党委议训，始终把加强训练、提高战斗力作为武装部建设发展的出发点和落脚点，按照能打仗、打胜仗的标准狠抓战备训练。一是修订完善战备方案。根据年度军事训练任务安排和可能担负的非战争军事行动任务，及时修订完善各类应急防卫作战方案和各种处突维稳、抢险救灾方案，并组织民兵应急分队进行实战化训练演练。二是抓好民兵整组工作。依据军分区《关于开展年度后备力量组织整顿工作的通知》精神，上半年重点抓好民兵整组工作。按要求组建军兵种任务保障分队，对全县基干民兵进行编组，按照基干民兵组织规模和建设种类，落实了编组任务，优化结构布局，提升编组质量。三是抓好军事比武竞赛。根据年度军事训练计划，主要抓好现役干部、职工和民兵应急分队训练的组织筹划。按上级要求严密组织专武干部、轻舟分队和民兵专业骨干集训，5 月，组织轻舟分队骨干队员参加军分区组织的集训考核，获得两个单项第二、第三名，总分第三。现役干部在参加分区组织轮训的基础上，重点抓好连贯演练、野外现地定点和战术标图训练，每周二、四进行连贯考核，在 6 月军分区组织的考核中，全体干部考核成绩总评良好。民兵应急分队每天下午进行体能训练，穿插进行防爆队形、队列等训练内容；职工队伍每周一大交班后进行半天的队列训练，每天下午最后一个小时进行体能训练。在军分区组织的应急分队、职工队伍比武竞赛中均取得较好 成绩。

**【管理教育秩序不断正规】** 认真贯彻军委从严治军方针，按照省军区、军分区关于加强部队管理和改进作风的一系列指示要求，针对武装部小远散、与地方来往多、单独执行任务多、管理难度大的实际，坚持用制度管人管事，严格规范单位和人员管理。一抓学习，扎实开展“条令月”活动。二抓教育，树牢安全发展理念。结合形势、任务、季节的转换，充分利用每周一“学习日”搞好随机教育。三抓排查，对重点岗位人员、重要目标、车辆、枪支弹药、涉密载体管控等进行拉网式排查，把隐患消灭在萌芽状态。四抓制度，召开党委会，对全体干部职工进行职责分工，把责任落实到具体人具体事。门岗落实双人双岗、晚上轮班执勤和登记、巡逻制度，所有车辆凭出入证进出，外来车辆在登记后凭临时出入证进出。坚持安全领导小组每月、各科每半月召开一次安全工作形势分析会，梳理安全隐患，拿出对策措施。五抓管理，针对民兵武器弹药仓库职工轮流去分区中心库执勤、人员分散难管理这一特点，部党委决定更改仓库职工的管理模式，将未执勤的职工统一召回部机关上班，专门腾出房间设立仓库职工办公室，按照部机关作息时间上下班，较好解决零散人员难管理的问题。

**【后勤保障能力逐步提升】** 注重谋长远、打基础，全面提升人武部的发展后劲。一是抓好基础设施建设。2015 年共投入基础建设经费 100 余万元，用于改造供电线路、危旧围墙改建、战备库室改建、饭堂改造、文印室建设工程等，营区面貌焕然一新。针对丰顺县没有实弹射击场的实际，县委、县政府投入近 500 万元建设占地 2.67 公顷的射击场。二是抓好财务大清查。根据上级统一部署，人武部重点查纠 2013 年、2014 年两个年度资金流向、票据情况、预算外经费管理等问题。人武部共清查凭证 635 份，发票 2682 张、1273 万元；查出违规开支发票 74 张，清退款项 11.97 万元。为确保清查工作落到实处，部党委高度重视，召开党委会，学习上级财务清查会议精神，以总部财务“四查四纠”为依据，确保清查工作目标明确、效果明显。三是抓好资产大清查工作。根据上级统一部署，对人武部实物资产进行一次彻底清查，按照使用部门、责任人、资产价值登记造册，严格一对一进行数据采集录入。

**【征兵工作圆满完成】** 贯彻落实广东省“阳光征兵”政策，确保征兵工作公平、公正、公开。通过电脑派号来确定新兵入围和去向的方式，圆满完成征兵工作，无责任退兵。一是加强组织领导，提前筹划安排。根据征兵工作领导小组人员的变动，及时调整征兵工作领导小组成员，对征兵中的体检、政审、纪检、保障等进行安排部署。二是搞好宣传发动，营造良好氛围。征兵办采用墙报、板报、标语、横幅和给每个适龄青年发书面通知等多种形式进行宣传教育活动，营造参军光荣的社会氛围，增强全民国防意识和广大青年依法服兵役的自觉性。三是及时召开会议，统一思想认识。7 月 15 日全市征兵工作会议后，丰顺县于 7 月 16 日及时组织召开征兵工作会议，县长曾永祥高度重视征兵工作，亲自出席会议并作出重要指示，为全县征兵工作取得优异成绩提供坚强保障。四是严把体检、政审关。县征兵办精心组织、科学筹划，认真学习有关征兵政策规定，针对以往征兵中出现过的问题，进行专门讨论、研究，进一步明确标准和方法，规范程序，严格落实谁签字、谁负责的制度，严把体检关和政审关。

**【“双拥”工作扎实有效】** 县人武部积极发挥桥梁纽带作用。针对近年来征兵难的问题，积极协调县委、县政府有关部门提高义务兵优待金和一次性安置费标准，较大程度提高广大适龄青年应征入伍的积极性。春节、“八一”前夕，县委、县政府到军分区、驻军单位进行走访慰问，融洽军政军民关系，营造军民一家亲的良好氛围。在8月军区组织的2015—C演习中，县委、县政府有关部门对参演部队导演部一行人员热情接待和慰问，得到军区及参演部队的一致好评。人武部积极协助县水务局、汤坑镇与广州军区通信团、二炮（火箭军）部队协调工程施工中的光缆改迁问题；积极响应县政府要求，向军分区请示报告将武装部仓库围墙内迁2.5米，无偿提供以便移民村扩建道路，解决好村民出行问题。常驻民兵应急分队在2015年“清明”森林防火行动中，出色完成抢险救灾任务，最大限度保障受灾群众的生命财产安全；应急分队全年共出动6800多人次积极参加省委书记胡春华到丰顺县参加高铁开工仪式安保、“喜德盛”杯全国自行车邀请赛安保、创卫、贯穿全年的治安巡逻及生猪清理整治等地方维稳活动和丰顺新区建设等工作，积极作为，展示了人武部和民兵预备役的良好形象，受到全县干部群众的一致好评。在扶贫“双到”工作中，人武部按照上级部署，认真落实“规划到户、责任到人”的要求，坚持党委统揽、主官亲抓、精心筹划、周密组织，确保工作落到实处，取得实效。

**2015年年底县人武部**

**部　长**　黄勇登

**副部长**　裴中秋

（陈文辉）

## 消防大队工作

**【简述】** 2015年，丰顺县公安消防大队在县委、县政府和县公安局的正确领导下，坚持以中共十八届五中全会、习近平同志系列重要讲话精神为指引，以提质增效为主线，紧紧围绕防火和灭火救援“两个中心”，狠抓“班子建设、素质建设、品牌建设、机制建设和执行力建设”五大建设，圆满完成既定的工作目标，实现队伍管理和社会火灾形势双稳定，部队无行政责任事故、无违法违纪和投诉案件，1名官兵荣立市消防支队个人三等功，1名官兵被评为“优秀党务工作者”，2名官兵被评为“优秀共产党员”。

**【狠抓队伍管理，灭火救援攻坚能力显著提升】** 严抓正规化管理，队伍保持规范有序。一是规范训练秩序。每月坚持对中队进行量化考评考核，建立和完善大队岗位练兵奖惩机制，协调政府召开1次综合应急救援专家联席会，2次组织联动单位开展综合应急救援演练；二是规范执法秩序。规范窗口设置、办事指南、信息公开、岗位培训和窗口人员的言行举止，明确接访群众、执法办案等工作流程。

严抓实战化训练，打造现代化消防铁军。大队坚持以打造消防铁军为主线，积极开展日常实战化训练工作。2015年，大队对42家重点单位逐一制定“六熟悉”卡，完善重点单位灭火救援预案和水源图册等战训档案资料，开展大队级灭火演练12次、中队级灭火演练50余次、大队级训练考核12次，全面筑牢执勤备战基础。截止2015年年底，共接警出动84起，出动消防车辆171辆次，消防官兵878人次，抢救被困人员45人，疏散人员45人，抢救财产价值1123万元，参与公务执勤保卫11次，拥政爱民活动30次，为驻地冲洗地板25次。

**【狠抓后勤保障，部队建设水平显著提升】** 加大投入力度，强化装备保障。在全县财政较困难的情况下，争取县政府拨款20万元用于购买车辆器材装备，拨款36万元采购一辆微型消防车，拨款30万元在县城新建50个市政消防栓。

适应任务要求，强化营房基础保障。2015年，大队投入35万元升级改造篮球场和室外停车场；投入12万元完成食堂餐厅改造和功能设置；投入6万元用于执法档案室升级改造；投入5万元修缮综合楼门厅。

抓住机遇，消防队站建设有突破。大队党委

一班人充分发挥主观能动性，抢抓机遇，攻坚克难，先后 10 余次向县委书记陈志宁、县政府县长曾永祥、常务副县长廖茂忠、副县长房春鸣等领导汇报第二消防站建设工作，积极与住建、国土、规划、汤南镇政府等有关单位协调解决红线、征地等事宜，第二消防站建设工作已顺利完成立项工作。

**【狠抓火患整治，社会火灾防控水平显著提升】** 紧紧依靠党委政府，构筑社会消防安全防控体系。2015 年，消防大队紧紧依靠县委、县政府，扎实推动城乡消防安全防控体系建设，建立消防工作责任机制，定期召开消防工作会议，研究解决消防工作中存在的重大问题，大力推进潭江专职队等多种形式消防队伍建设，逐步形成政府主导、有关部门和多种救援力量参与的社会消防安全防控体系。

持续深化排查整治，大力开展火灾隐患重点地区整治。大队深入开展劳动密集场所整治、夏季消防检查、冬春火灾防控工作，切实抓好黄金镇火灾隐患重点地区整治工作。县、镇两级党委政府高度重视，投入整改资金 170 万元，大队每周到黄金镇指导整治工作，狠抓隐患的整改，整治行动取得显著成效。

完善“网格化”管理机制，消防工作社会化进程加速。持续深化完善“网格化”消防管理，督促镇、村两级逐一建立完善消防基本情况登记册、消防组织人员登记册、火灾情况登记册等档案资料，澄清底数。依托综治办、安全办、派出所、乡镇政府专兼职消防队等基层组织，在每个网格建立消防巡查队，对辖区小单位小场所开展检查巡查，提示消防安全。全县 16 个乡镇全部完成“网格化”划分，其中 100%的镇实施网格化管理，各网格内配备相应的网格管理员，网格内的各类单位、场所全部纳入常态化监督、动态化监管。

健全机制，提升执法规范化水平。一是提升惠民、便民服务水平。大队不断加强业务受理窗口规范化建设，公开办事流程，严格规章制度，强化主动服务意识，使消防审批程序阳光公开，避免暗箱操作，杜绝体外循环，有效确保执法队伍清正廉洁，受到群众的一致好评。二是突出抓好执法规范化建设。大队进一步规范日常执法流程，用好相关技术仪器，并在执法中借助执法记录仪进行对照检查，提升执法水平。大队形成消防监督执法工作学习制度，对法律法规和消防技术标准规范进行学习和探讨，坚持每月召开监督执法例会，研究大队执法工作，并大力推进执法档案管理信息化、规范化建设。

社会消防宣传氛围进一步提升。积极利用专项治理、法定节假日和大型活动，依托电视、广播、报刊、网络消防学校等平台、以“七进”为基点大力开展消防宣传培训演练，广泛宣传“96119”火灾隐患举报投诉热线，发动群众查找举报火灾隐患，营造全民围剿火患的良好工作氛围。利用宣传咨询、知识培训、疏散演练、队站开放、发放资料、注册微信等方式使消防安全知识渗入到社会的各个层面。全年共举办各类消防安全培训班 20 期，培训各类人员 6100 余人，举办各类宣传、咨询活动 10 余次，播放户外视频 1000 余条（次），悬挂横幅 70 条，发送手机短信 1 万条，派发宣传资料 5 万份，注册消防微信 2600 余人，全民消防安全素质普遍提升。

**2015 年年底县公安消防大队**

**大队长** 徐运军

**教导员** 彭新锋

**副大队长** 朱浩义

（潘龙）

## 武警中队工作

**【简述】** 武警丰顺县中队位于汤坑镇新生路，成立于 1949 年 10 月，称“广东省丰顺县公安部队”，隶属于丰顺县公安局。1951 年改番号“中国人民公安部队丰顺县公安队”，隶属于兴梅公安大队。1952 年 4 月部队改编为“中国人民解放军丰顺县公安队”，列入解放军序列。1955 年 8 月改编为“粤东行署公安处丰顺县民警队”，1962 年 1 月恢复部队建制，改番号为“中国人民武装警察部队丰顺县中队”。1963 年 1 月改称为“中国人民公安部队丰顺县中队”。1966 年 7 月列入解放军序列，由丰顺县武装部建制领导。

1976年1月改编为“丰顺县人民武装警察中队”，隶属于梅县地区民警科。1983年1月改编为“中华人民武装警察部队丰顺县中队”至2015年底。主要担负丰顺县看守所的看守任务。根据任务需要还担负武装押解、武装逮捕、武装追捕、武装巡逻、抢险救灾等任务，协助公安局处置突发事件和恐怖袭击等，维护丰顺县的安居稳定和人民财产安全。

**【武警工作】** 2015年，武警丰顺县中队在武警梅州支队党委、县委、县政府的正确领导和关心厚爱下，坚持以《军队基层建设纲要》为依据，始终响应习主席提出的“建设一支‘听党指挥、能打胜仗、作风优良’的现代化人民武装警察部队”的强军梦，认真贯彻执行中共十八届三中、四中全会精神、全军政治工作会议和总部、总队、支队党委会议精神，依托主题教育和驻地红色文化，继承革命传统，筑牢官兵的思想防线，提升政治素养，凝练以“赤胆忠诚、团结奋进、敢打敢拼、永争第一”的中队队魂，始终以“能打胜仗”为战斗力唯一标准，着眼实战要求和任务需要，大力掀起军事训练热潮，努力提升部队遂行多样化任务的实战能力。近年来先后参加总队、支队、县公安局的实战对抗演练20余次，并在梅州支队各县市区对抗演练中取得较好名次，完成广东省统一部署的“12·30雷霆扫毒”跨区武装逮捕任务、埔寨元宵节烧火龙机动备勤、长途武装押解、处置汕头突发事件和春节、“两会”、“6·4”等敏感期的城区武装巡逻等任务，得到总队、支队党委的充分肯定和县委、县政府与人民群众的高度认可。

2006年被总队评为基层“五配套”先进中队、2007年参加地方抗洪抢险任务中，被总队记集体三等功一次，连续十几年被支队评为“安全工作先进单位”，2011年被支队评为“基层正规化建设先进单位”，2012年、2013年、2014年连续三年，中队党支部被支队评为“先进基层党组织”，2013年、2014年、2015年中队团支部被总队评为先进基层团组织，2013年中队被支队评为“士官人才培养先进单位”，2012年、2013年、2014年连续三年被总队评为落实基层《纲要》建设“先进单位”。在取得各项荣誉的同时，中队党支部及时进行反思总结，扎实推进工作，努力争取再创先进中队。

**2015年年底县武警中队**

**中队长** 杨甲政

**政治指导员** 王 波

**副队长** 顾东东

（杨甲政）

## 县人防工作

**【机关建设得到加强】** 2015年，人防办采取切实措施，加强机关内部管理。一是继续深入学习贯彻党的群众路线教育实践活动，按照人防机关“准军事化”建设要求，开展机关制度的“废、改、立”工作，坚持按制度办事，以制度管人，推动机关内部合心合力，高效运转，确保宗旨意识得到全面、持续地体现。二是关口前移，从源头上预防和治理腐败。一方面，抓“财”。坚持“收支两条线”，按照“人防办开出的缴费通知书—缴交单位凭缴费通知书到财政设有账户的相关银行缴费—再将对账单交回人防办”的流程收取人防规费，人防办管单，财政管钱，做到钱单分离、应缴尽缴；坚持“一支笔”、政府集中采购、重大项目请示报告等制度，进一步规范资金的管理使用。另一方面，抓“法”。重视对执法人员的业务学习培训，组织专人成立人防执法工作队，继续对欠缴、未缴人防易地建设费等遗留项目进行专项执法，在执法过程中无袒护、曝光、举报等不良现象，无索、拿、卡、要等违法违纪行为。三是档案保密工作严守规范，确保安全。落实机构、人员、制度，完善保密设施，严格执行保密法规和单位的保密规章制度，落实涉密部位以及涉密活动和项目的保密措施，一年来未出现任何泄密、失密事件。

**【宣传教育形成格局】** 为了让全社会了解人防、接受人防，营造人人都关心、支持、理解人防工作的氛围，县人防办在宣传上不断加大力度，开展一系列活动。一是利用丰顺政府网及时公开人防最新动态、政策，方便群众查阅，提高全民对人防的认知度。二是在年度防空警报试鸣活动中，利用丰顺电视台、微信平台“逛丰顺”、“丰顺论坛”以及OA系统发送政府文件的形式公布防空警报试鸣公告、人防标语等，扩大宣传效果。三是安排专人进驻县政府行政服务办事大厅，以综合业务受理方式设立窗口，开展人防咨询、业务宣传，扩大人防影响。四是利用学校阵地抓好“三防”教育工作。2015年，县人防办在县城5个初级中学二年级学生共1970人中开设防空知识课程，并投入1万多元落实教材、课时（8节）、教学方式（社会服务与社会实践、机动课时和课外活动时间）、师资队伍和奖惩措施等。重点开展督促检查工作，让防空知识课程按计划进行，使学生切实掌握基本防护要领，增强国防意识。五是投资2万多元与邮政局合作制作人防视频广告，使用梅州邮政广告传媒广泛铺设的视频机进行人防知识宣传，以点状发布，形成网状规模，与市民维系情感，让市民在工作场所、居住场所、娱乐场所都能够认识人防知识，加强学习和了解。

**【“结建”工作不断规范】** 人防规费征收应缴尽缴。根据丰府办〔2010〕56号文件精神，县人防办依法依规开展防空地下室易地建设费的收缴工作。一是严格审批程序。按照梅州市人民防空办公室“行政审批事项办事指南”规定的申报材料正确齐备地收集资料，确保审批依据完善清楚；按照梅州市建设工程人防报建审批表设定的“受理人意见、审核意见和批准意见”顺序逐项审核，确保审批行为依法依规；按照“缴费、自建、缓缴、减免”4大类分项管理，电脑同步录入基本信息、审批信息和发出的人防凭证信息，做到纸质材料和电子文档同步存档等，确保审批结果有据可查。二是根据县委、县政府的工作部署，开展权责事项清理工作。对照法律法规、有关规范性文件、部门“三定”规定和省、市直部门实行重心下移的事项以及省里统一制定的分类标准，对丰顺县人防现有的行政职权进行全面梳理，明确职权对应的责任事项，填写相关表格，形成县人防办权责事项职权目录。

地下人防工程建设大幅提高。一是按照“平时服务、急时应急、战时应战”的方针，在丰顺新区建设的审批过程中，遵循“以建为主、以收促建”的原则，在条件许可的情况下都要求建设单位设计建设防空地下室，把人防建设与城市建设同步规划、同步推进，推动人防工作加快转型升级，全面提高综合防护能力和平战结合能力。二是按照“精致建设，质量第一”的要求，与规划、建设部门协调配合，全程监督人防工程建设，不断完善提升人防基础设施。2015年，丰顺县在建防空地下室和新报建拟设计建设防空地下室项目均有大幅提高，已通过图审的在建“结建”人防面积65000平方米。

**【应急管理扎实推进】** 一是应急报知准备。人防办重视防空警报的维护管理，每年都雇请专业人员对全县防空警报设备进行全面的除锈防锈维护、线路电路检测、设备充电保养，保证防空袭警报效能正常。2015年11月27日，依法组织年度防空袭警报试鸣工作，通过固定、移动、电视三种方式同步发送防空警报信号，参试率、鸣响率、完好率均达100%，表明丰顺县的防空应急报知渠道畅通。二是应急掩蔽场所准备。县人防办着眼于战时和灾时为人民群众提供疏散场所的需要，制定专门的掩蔽、紧急疏散行动方案，强化掩蔽疏散措施，健全掩蔽疏散体系，并准备实地组织疏散单位与接收单位开展对接活动，确保突袭来了能疏散、灾害来了能避险。

**【围绕县委、县政府加快振兴发展的决策部署，认真做好工作】** 一是做好挂钩扶贫工作。按照党的群众路线教育实践活动要求，县人防办领导带队专程前往挂钩村开展工作5次，督促过问和协助挂钩村发展经济与开展计划生育工作，力所能及地扶持发展经费45000元，进一步完善村基础设施建设和促进地方经济的发展。二是做好县委、县政府布置的各项工作任务。县人防办按照丰顺新区建设、“五大会战”、重点民生改善、十件民生实事等重点工作，按时高质地完成县委、县政府布置的每项工作。

**2015年年底县人防办**

**主　任**　许日山

**副主任**　徐瑞祥

（徐建满）

# 人民团体和工商联

## 县总工会

【简述】 一年以来，在丰顺县委、县政府的支持和市总工会的精心指导下，深入学习实践科学发展观，认真学习贯彻落实中共十八大四中、五中全会精神，结合实际，按照年初制定的工作目标，与时俱进、开拓创新、扎实推进，工会工作取得新的发展。

【抓好基层组织建设，提高建会质量】 一是抓企业民主换届工作。按照《广东省企业工会民主选举实施办法》做好基层工会民主换届工作，县总工会将任务分解到各镇，加强指导，并拨给经费。各镇工委高度重视，落实人员，把它作为一项重要工作来抓。经各级工会努力，2015 年，38 家基层工会完成任务民主换届工作。

二是抓“农民工入会集中行动”工作。为扎实有效地推进“农民工入会集中行动”工作，县总及基层工会工作人员，走访工商、税务、建设等相关部门，深入工厂实地调查，掌握企业名称、地址、法人代表、联系电话、职工人数、开业时间、企业的生产经营等，有效地推动农民工入会工作的开展。2015 年，共组建工会 28 家，其中：较大型建设项目组建工会 3 家；物流（快递）组建工会 9 家；家庭服务业组建工会 3 家；民办学校组建工会 10 家；组建联合工会 3 家。发展农民工会员 6366 人。

三是抓女职工委员会建设工作。2015 年，女职工人数 10 人以上企业建立女职工委员会 19 家，建制率 100%。

【维护职工合法权益，促进社会和谐】 一年来，县总工会积极联合有关部门在职工合法权益维护上狠下功夫，为构建和谐丰顺做出努力。

一是继续推行工资集体协商制度。到 2015 年 10 月底，全县续签工资集体协议共 26 份，覆盖企业 1111 家、职工 32311 人。占 2014 年建会企业数的 100%。

二是积极组织参加“安康杯”竞赛活动。2015 年，组织丰顺县 9 家企业参加“安康杯”竞赛，覆盖职工 3982 人，激活职工生产的热情，促进企业与职工的和谐发展。

三是完善丰顺县劳资纠纷台账制度。由县总工会主要领导亲自抓，分管领导全程组织，指定专人负责台账管理和维护工作，及时掌握丰顺县当月劳资纠纷情况。

四是积极参加相关部门组织的安全生产方面的活动。参加县人社局组织的劳监会 7 次、县安监局组织的安全生产检查 3 次，为职工群众的生产活动提供安全、可靠的环境。

【完善困难职工档案，关爱职工生活】 县总工会把关心职工生活当作一项长期的工作任务，摆到重要议事日程，常抓不懈。

一是不断完善困难职工档案。把因重大疾病、因灾、因祸等家庭出现不幸造成生活特别困难的职工，及时了解、及时掌握、及时纳入困难职工档案。建立全县困难职工（包括农民工）档案 425 份。

二是做好困难职工帮扶活动。积极向上级争取资金 50 多万元，慰问困难劳模、教师、职工、农民工 5000 多人次；为高温期间奋战在一线的职工送去防暑降温物品；为考上大学的特困职工家庭的学子发放助学金，解决他们上学难问题。

三是“五一”期间，召开各级劳模代表座谈会，县总领导慰问困难劳模 20 多人。

四是继续推行在职职工住院医疗综合互助保障制度。2015 年，完成续保 5 家单位，覆盖会员职工 632 人；协助完全在档符合要求困难职工新（续）保 88 人；为在职（困难）职工医疗救助方面提供切实保障，在职各级劳模 30 多人。

**【继续开展教育培训，提高职工素质】** 一是充分发挥工会大学校作用，以举办专题教育培训班等方式，继续开展“创建学习型组织，争做知识型职工”活动，深入开展职工职业道德建设活动，努力提高职工的思想道德素质、民主法律素质、科学文化素质、技术技能素质。2015 年，举办 2 期培训班，培训工会干部 115 人次。据不完全统计，各基层工会配合单位行政提升职工学历 2513 人，提升职工技术等级 516 人。

二是加强职工的思想政治工作。继续加强职工理想信念教育，帮助职工牢固树立正确的人生观、价值观和世界观。2015 年 5 月和 7 月，连续举办两届“幸福丰顺（公益）道德大讲堂”活动，传播中华优秀传统文化，为丰顺的和谐社会、和谐家庭注入正能量。在职工中广泛开展《工会法》《劳动法》《劳动合同法》《妇女权益保障法》等法律法规学习教育;使职工进一步增强法制观念，提高依法从业、依法办事意识。引导职工通过理性、合法的方式，正规的渠道表达自己的利益和诉求。

三是丰富职工文化生活。2015 年，新建职工书屋 2 个，增加书刊，杂志，音像制品，引导职工读书提高自身素质。使职工树立“终身学习”的理念。各基层工会也积极开展职工群众喜闻乐见的文娱体育活动。国税局林少芬被评选为省级女工先进个人。

**【切实加强自身建设，提升工会形象】** 为适应新形势对工会工作的新要求，县总工会不断加强自身建设，从多方面入手，加大工会工作的规范化管理，工会在职工群众中的影响力和凝聚力进一步增强。一是加强机关作风建设。制订和完善机关工作各项制度，使机关干部职工在行为实践上有明显的改观，工作作风有明显的转变，宗旨意识、服务意识明显增强。在县直机关作风建设评比中，县总工会连续多年被评为优秀单位。

二是加强工会经费的收缴工作。2015 年，丰顺县已按时全额上解上级工会经费 30 余万元。

三是完成报刊的征订任务。已征订《南方工报》204 份、《工人日报》32 份，超额完成上级下达的任务。

四是抓好挂钩点汤西镇大罗村的帮扶工作。

**2015 年年底县总工会**

**主　席**　徐建辉

**县总工会党组书记、常务副主席**　张炽礼

**副主席**　王湘辉　张怀仁

（徐俊森）

## 共青团工作

**【简述】** 2015 年，共青团县委在县委、县政府和共青团市委的正确领导下，围绕中心，服务大局，坚持党建带团建，扎实开展工作，各项工作取得较好成效。

**【以服务党政中心工作为根本，引领青年积极投身经济社会建设】** 一是做好大学生“展翅计划”实习岗位对接工作，积极联系机关和企事业单位，为大学生提供实习岗位。二是积极开展“启航计划”梅州市青年企业发展融资扶持工作，为青年企业提供优惠、便捷的金融服务，力争为青年企业解决融资难、融资贵的问题。三是积极组织农村青年和农村致富带头人参与现代青年农场主计划申报，拓宽了农村青年的视野，提高他们的就业创业能力。四是积极向团市委推荐有一定群众基础和丰富创业实践经验、有较强示范带动能力的农村青年作为农村青年创业致富“领头雁”培养计划对象。

**【以团队活动开展为载体，加强青少年思想道德教育】** 一是注重价值引领。在全县范围内组织开展“社会主义核心价值观”专题讲座和主题辩论赛，进一步引领广大青年干部社会主义核心价值观的自觉和习惯，在加快丰顺振兴发展实践中践行。二是丰富教育载体。精心组织开展“雷锋月”、“五四”、“六一”、“9·3”抗战胜利纪念日、全国法制宣传日等节庆团队活动，参与活动的团员青年和青少年达 3 万多人次，进一步弘扬雷锋

精神，激发青少年的爱团热情，推动法治丰顺建设。三是激发团队活力。举行“与人生对话——我的中国梦”新团员入团、老团员重温誓词活动，举办红领巾相约“中国梦”等主题演讲、征文比赛和足球、羽毛球、篮球等文体赛事活动，进一步丰富广大青少年精神文化生活，传播积极向上的青年精神，进一步增强各级团队的活力。

**【志愿服务活动深入开展，彰显志愿精神】** 一是志愿队伍不断壮大。继续规范和完善青年志愿者的申报、注册和管理工作，广泛组建青年网络文明志愿者队伍、深入推进青年网络文明志愿行动。二是志愿活动有序开展。组织全县各团队、志愿者组织开展洁净家园、植绿护绿、关爱留守儿童等志愿服务活动，累计参与人数达8000多人次，为丰顺县特困青少年、重大疾病学生奉献爱心，为丰顺创建省级卫生县城，打造温泉宜居城树立新时期青少年形象。三是志愿精神深入人心。组织200多名青年志愿者参与第九届世界丰顺同乡联谊会和中国·丰顺“喜德盛杯”山地自行车国际邀请赛服务工作，向领导和嘉宾展示丰顺青年志愿者“奉献、友爱、互助、进步”的精神风貌，赢得县委、县政府的充分肯定和乡贤嘉宾的广泛点赞。

**【以把握青年需求为切入点，服务青年成长成才】** 一是继续加大“希望家园”建设力度。2015年，丰顺县成功申报2间“希望家园”学校，11月下旬对这两间学校举行“希望家园”授牌仪式。“希望家园”的设立为农村留守少年儿童提供心理疏导、情感交流、学习帮助、文体活动的平台，促进青少年儿童的健康成长，得到家长的广泛好评。二是认真开展好“扶贫助学”工作。整合各方资源，牵手爱心团体和企业做好关爱困难青少年工作，同时，开展好扶助特困生上大学等助学项目工作。三是积极抓好预防青少年违法犯罪工作。全面开展重点青少年群体排查摸底专项行动，进一步加强对重点青少年群体的教育、服务和管理工作，进一步完善预防青少年犯罪工作机制，切实维护社会和谐稳定，助推平安丰顺建设。四是积极开展青少年社区矫正教育帮扶工作。联合县司法局有针对性地开展青少年社区矫正教育帮扶工作，在全县范围内招募一批法律、教育学、心理学等专业知识的志愿者，对青少年社区矫正对象进行“一对一”的思想道德教育、法制教育、心理矫正、社区服务等教育帮扶工作。五是筹备组织留守少年儿童参加福彩夏令营等活动，以实际行动关爱农村留守少年儿童和外来务工人员子女。

**【以坚持“党建带团建”为原则，进一步加强基层团组织建设】** 一是加强团的基层组织建设。以共青团“百县千乡”分类示范创建活动为契机，继续加大“大团委”建设力度。通过召开乡镇团委工作述评会，推举出2个优秀示范乡镇农村基层团建创新项目。开展丰顺县“村村联动联青年”加强农村团建工作，进一步促进基层团组织建设规范、干部配齐配强、活动经常开展、机制不断完善，进一步夯实全县各乡镇农村共青团的组织基础，扩大有效覆盖面，推动农村团的工作整体活跃。结合丰顺县实际发展情况和各行业、各地团员分布情况，在全县非公有制企业和“两新”组织中新建立9个基层团组织。二是进一步加强团干部队伍建设。在全县范围内组织优秀团干部开展“万名团干讲团课”讲座活动，组织全县20名少先队辅导员参加全市共青团队工作培训会，组织共青团干部参加广东省团干专题培训班，组织团干参加第二届中国青年志愿服务项目大赛暨志愿服务重庆交流会活动。通过一系列学习培训交流活动的开展，进一步提高广大团干的业务素质和综合能力，通过团干服务青年水平的提高，不断增强团组织对青年的吸引力和凝聚力。

**2015年年底共青团县委**

**书　记**　王凌凌

**副书记**　李　珊　朱杭洲　苏晓华（挂职）

（办公室）

## 县妇联工作

**【简述】** 2015年，在县委、县政府的正确领导和上级妇联的具体指导下，全县妇女组织认真学习贯彻党的十八大、十八届三中、四中、五中全会精神，深入学习贯彻习近平总书记系列重要讲话精神，认真贯彻党中央关于加强和改进党的群团工作的部署要求，深入贯彻省、市、县委全会精神，紧紧围绕县中心工作，适应新常态，服务大局、服务妇女，全面推进丰顺妇女儿童事业发展。

**【弘扬美德，倡导社会主义核心价值观】** 一是举办首届幸福丰顺公益道德大讲堂。进一步弘扬社会主义道德风尚和中华优秀传统文化，提升公民道德素养，联合县教育局举办以“弘扬传统文化，实现民族复兴”为主题的首届幸福丰顺公益道德大讲堂。讲堂以中华优秀传统文化为导向，引导广大民众如何做好子女道的本分，如何引导孩子走向正确的人生道路方向，如何以慈心感恩心做人，爱心责任心做事，知足平常心生活，破解幸福婚姻密码，为丰顺民众带来一份丰盛的精神文化大餐，让广大民众充分感受到中华优秀传统文化的道德精髓和无限魅力。二是开展寻找“最美家庭”活动。认真贯彻落实习近平总书记关于“以培育社会主义核心价值观为主要内容，继续积极探索，广泛深入地开展家庭文明建设活动，以好的家风支撑起好的社会风气”的重要批示精神，推进家庭文明建设新常态化，使千千万万个家庭成为国家发展、民族进步、社会和谐的重要基点。积极配合上级妇联开展广东寻找“最美家庭”系列活动，通过活动引导广大妇女和家庭在参与中接受道德教育，积极传承夫妻和睦、尊老爱幼、科学教子、勤俭持家、邻里互助的家庭美德。丰顺县小胜镇小胜村被命名为“广东省家庭文明建设示范点”。三是开展发现“丰顺好媳妇”系列活动。进一步加强重视家庭文明建设，注重家教、家风，联合县委宣传部、县精神文明办、县广播电视台以“和睦·幸福一家”为主题，在全县开展发现“丰顺好媳妇”系列活动，评选出20名“丰顺好媳妇”典型，通过挖掘和宣传好媳妇事迹，引导家庭成员勇担家庭责任，弘扬敬老、孝亲、信任、宽容等传统美德，促进家庭和睦与幸福，使活动开展的过程成为宣传教育群众的过程。

**【依法履职，关注妇女儿童权益维护】** 一是举行“儿童性安全教育知识讲座”。进一步做好儿童关爱工作，切实增强儿童的自我保护意识，提高儿童的自我保护能力，杜绝侵害儿童合法权益事件的发生，县妇联利用两个月的时间，特邀市嘉应医学院周英华副教授深入全县16个镇中心小学巡回开展“儿童性安全教育知识讲座”18场（次）。通过防性侵安全教育活动的开展，提高儿童的辨别和防御性侵害的意识，增强她们自护自救的知识与技能，动员社会各界关爱女童，关注少年儿童人身安全，倡导守望互助、传递温暖、关爱奉献的幸福理念。二是举办妇女维权知识讲座。进一步增强妇女维权意识，提升妇女知法、懂法、用法的水平，以汤西镇双湖村“妇女之家”为依托，举办以“建设法治中国·巾帼在行动”为主题的妇女权益法律知识教育讲座，特邀律师结合具体事例，从婚姻财产、遗产继承、妇女土地承包、劳动权益、家庭暴力、人身权利等方面向妇女同胞们详细讲解妇女在家庭中如何处理矛盾纠纷，保障自己的权利；对家庭暴力、赡养义务、财产继承与分割、债务分担等问题，特别是对婚姻关系中涉及的热点、难点问题进行详尽的解答，鼓励大家要自尊、自信、自立、自强，不断提高自身的法律意识，维护妇女的合法权益。三是完善维权网络，提高维权实效。不断完善以妇联窗口信访、“12338”维权热线为渠道，基层妇女儿童维权服务站为基础的维权网络建设，同时发挥妇联干部担任人民陪审员的作用，积极参与法院陪审工作，提高维权实效。一年来，县妇联接待来信来电来访案件20件（次），参与法院陪审案件26宗，为维护妇女儿童合法权益做出努力。四是推进“两个规划”监测评估工作。2015年是妇女儿童发展规划（2011—2020年）的中期监测评估年，为顺利完成全县妇女儿童中期评估工作，组织全县各成员单位召开“两个规划”中期评估工作会议，落实省、市妇女儿童规划中期评估工作部署，总结丰顺县2011年至2015年实施“两个规划”所取得的成绩，分析存在的主要问题，研究部署丰顺县下一阶段的妇女儿童工作，同时认真部署做好年度“两个规划”统计监测工作，及时掌握进度、认清差距，为政府制定政策措施，推动规划目标顺利达标提供科学依据。

**【真抓实干，关爱帮扶弱势妇儿】** *一是开展妇女“两癌”救治活动*。切实关心广大妇女的身心健康，在全县范围内开展免费“两癌”筛查调查摸底工作，开展广东省“贫困单亲母亲关爱工程”，确诊并录入全国妇联“两癌”信息采集系统患者5人，争取广东关爱妇女“博爱基金”7.5万元，缓解5名“两癌”患者因家庭贫困就医难的突出问题。*二是开展节日帮扶慰问活动*。利用春节、“三八”、“六一”等节日期间，开展巾帼帮扶慰问活动，慰问单亲特困母亲、困境儿童、老妇干、挂钩扶贫户135户，为他们送上慰问金、慰问品和温暖包共计价值约6.5万元，为她们带去党和政府的关怀及温暖。*三是大力开展困境儿童助学、纾困、助教行动*。广泛招募机关、团体、企事业单位、社会组织等各界热心人士，加入“爱心父母”牵手困境儿童大联盟行动。2015年，县妇联筹得善款10多万元，发动1130名“爱心父母”与1100名困境儿童结对帮扶，开展助学、纾困、助教行动。主动联系慈善组织“狮子会”梅州客都服务队给予丰顺县49名在读特困儿童每人每月250元的固定资助，直至年满15周岁。同时发动社会爱心人士，为白血病儿童患者进行重大疾病救助。为进一步弘扬叶帅精神、倡导关爱儿童理念，争取叶剑英基金会助学金11万元资助寒门学子110名。*四是推进扶持农村妇女创业小额担保贷款财政贴息工作*。深入贯彻落实中央和省委、省政府有关加强“三农”工作和“大众创业、万众创新”的决策部署，在总结第二期扶持妇女创业小额担保财政贴息贷款项目经验的基础上，组织召开项目工作推进会，进一步推动妇女积极投身创业创新的社会实践，促进妇女创业致富。

**【立足活动，营造文明和谐社会氛围】** *一是举行庆元宵迎“三八”活动*。为让广大群众度过一个欢乐祥和的节日，联合汤坑镇人民居委、县老年大学等单位举办“2015庆元宵迎“三八”文艺晚会”，载歌载舞庆元宵，迎接“三八”国际劳动妇女节105周年纪念日。相关部门领导以及群众500多人参加晚会，晚会中欢乐喜庆的舞蹈、悦耳动听的歌曲、潮乐合奏、五句板、渔鼓、架子鼓、诗歌朗诵等一个个精彩纷呈的节目接踵而至，充分展现当代妇女健康向上、自信阳光的精神风貌和对幸福生活的热爱。晚会期间还穿插举行有关妇女权益的法律、法规有奖知识问答互动环节，让广大群众在活跃的气氛中，轻松掌握相关法律法规知识。*二是全方位开展“六一”活动*。各级妇女组织抓住节日契机，以儿童活动中心、儿童友好社区、家长学校、家庭教育指导中心、各地幼儿园为阵地，精心组织“六一”儿童节各项庆祝活动。例如，潭江镇开展庆祝“六一”儿童节暨“献爱官溪，情暖童心”和关爱山区孩子等主题系列活动，营造全社会关注儿童健康成长的良好氛围。汤西镇中心幼儿园开展庆“六一”国际儿童节活动，让孩子们在自己的节日里快乐的展现自我，体验成功，感悟成长。小胜镇小胜村“妇女之家”通过开展各类“六一”趣味游戏活动，深入教育引导小朋友们在实践活动中提升道德素质，培养文明习惯，树立高尚情操。

**【固本强基，加强妇联组织自身建设】** *一是巾帼建功活动不断拓展*。全县各级妇女组织积极响应县委、县政府的号召，勇于担当，奋发有为，积极投身丰顺改革和现代化建设，为丰顺县经济社会发展做出无愧于半边天的突出贡献，涌现出一大批先进个人和先进集体。如，丰顺县国家税务局副局长杨萍萍被省妇联授予广东省“三八红旗手”荣誉称号；县金叶发展公司门市部被省妇联授予广东省“巾帼文明岗”荣誉称号等。*二是抓好“妇女之家”“儿童友好示范社区（村）”建设*。争取第二期“妇女之家”示范点项目资金和儿童友好社区建设经费共7.44万元。加强对各个示范点跟踪服务和督促指导，进一步完善软硬件建设，同时利用“六一”儿童节、“三八”妇女节等节日契机，通过宣传教育、维权服务、组织活动，使之成为联系和服务妇女儿童的窗口，建立起社会支持系统，带动妇联基层工作更加活跃，更有成效。*三是成功召开县妇女第十三次代表大会*。2015年是县妇联第十二届代表大会任期届满年，根据规定，组织召开丰顺县妇女第十三次代表大会，会议总结过去五年丰顺县妇女儿童事业发展取得的可喜成就，明确提出今后五年妇女儿童事业和妇联工作创新发展的目标和任务，选举产生新一届县妇联领导班子，对妇联组织自身建设提出新的要求。

**2015年年底县妇联**

**主　席**　罗丽娜

**副主席**　朱赤英　罗旭娜

（杨藤花）

## 县侨联工作

**【简述】** 2015年，丰顺县侨联在市侨联关心指导和县委、县政府的正确领导下，按照省、市侨联的工作要求，围绕丰顺县委、县政府的工作部署和工作中心，认真履行工作职责，团结和带领全县侨界群众积极参与丰顺各项事业振兴发展，取得一定成绩。

**【深入学习、贯彻《意见》文件精神】** 深入学习、贯彻《关于加强和改进新形势下侨联工作的意见》精神，仍然是2015年各级侨联部门的首要任务。丰顺县侨联的做法：一是组织部分归侨、侨眷、侨界企业代表专题学习会，全面学习《意见》文件精神，围绕丰顺新区建设、韩江中上游生态文化经济带建设、“三大抓手、两条底线”的目标，结合侨界情况就如何充分发挥海外关系、侨界群众的优势，侨界企业转型升级，创新发展、做大做强企业规模、树品牌、促营销增效益等方面进行认真讨论，为地方经济建言献策。二是本会侨联，分期分批分派干部下到各镇侨联，指导《意见》精神的学习情况，检查《意见》贯彻落实情况，真正做到上下互动，用《意见》精神指导工作实践。

**【凝心聚力，助推丰顺振兴发展】** 2015年，县侨联以贯彻落实中央《意见》精神为动力，按照县委十二届五次全会的工作部署，动员全县侨界群众以“走出去，请进来”的方式，多渠道、多层次、多形式拓展海外联络联谊活动，调动社会力量和侨界群众的力量，积极宣传推介丰顺和“丰顺新区”的招商引资政策，利用他们与海外侨团、侨胞关系亲密，便于交流的特点，做好宣传、发动、引导工作。2015年，一是做好“走出去”的联谊工作：2015年6月参加由市侨联组团，随团出访马来西亚、泰国、柬埔寨等国进行外事活动；二是做好“请进来”的接待服务工作：一年来，接待泰国、新加坡、马来西亚、缅甸等国家及中国香港、澳门地区、上海侨商会等的侨胞和同胞回乡探亲、旅游、拜祖活动达300多人次；还参与县第九届世谊会海外侨团的接待服务工作；三是加大力度开展国内侨资企业“乡贤回乡投资兴业工程”项目引资工作；四是加大力度开展国内侨资企业转型增资的推进工作；五是做好社团组织的引导协调工作：2015年县蔡氏同乡联谊会筹划丰顺县大同学校的重建工作，到12月止，发动泰国侨领、侨胞及国内乡贤认捐资金人民币800万多元。

**【继续开展“侨联助学行动”】** 2015年，为丰顺县各类困难归侨侨眷子女大学生就读帮扶共11人、资金3.9万元，其中：市侨联帮扶3人、王俊宏先生帮扶4人、县侨联帮扶4人。这项助学行动已连续坚持多年，得到侨界群众一致好评。

**【做好基层工作和挂钩扶贫工作】** 贯彻落实县基层工作会议精神，加大力度做好相关村的基层工作和挂钩扶贫工作。一年来，帮扶挂钩砂田镇占山村计生服务经费7000元、汤坑镇城南居委创建省级卫生县城经费7000元、汤坑镇后安村计生服务经费5000元。

**【做好侨联活动信息的编报工作】** 一年来，丰顺县侨联参与外事活动和举行各类调研、座谈、慰问等活动共13场次；编写侨联活动信息30篇，其中省、市侨联网刊登22篇、县人民政府网刊登8篇，促进侨联文化信息交流起到一定的宣传作用。

**【做好信访工作】** 一年来，接受侨界群众来访30人次、来信2件，其中：5月6日调处留隍镇环市东洋山凹村侨眷关于侨村被开发和要求落实侨房的信访诉求事项；2015年第九届世联会召开期间，为马来西亚中马会馆华侨寻根国内亲人2起、泰国华侨1起。县侨联高度重视，落实专人负责，在短时间里，寻找到其国内亲人，圆了其寻根梦。对所有来信来访事项，都依法依规调解、处理、回复。

**【履行主体责任，加强党风廉政建设】** 坚持党要管党、从严治党的方针，按照党风廉政建设责任制总体要求，认真落实党风廉政建设主体责任，切实履行“两个责任”的职责。具体做法：一是重视反腐倡廉教育，切实履行领导责任，组织党员、干部学习习近平总书记系列讲话精神和中央、省、市、县纪委全会精神，筑牢思想防线。二是推动党风廉政建设责任制落实到实处，制定工作方案、签订责任书把责任分解细化，同时，制订完善各项规章制度，用制度管人、管事，努力做到干部清正廉洁，机关风清气顺。

**2015年年底县归国华侨联合会**

**主　席**　徐小燕

**副主席**　詹国双

（吕绍恩）

## 县残联工作

**【简述】** 2015年，丰顺县残联在县委、县政府的正确领导下，在省、市残联的重视支持下，高举中国特色社会主义伟大旗帜，以邓小平理论、“三个代表”重要思想、科学发展观为指导，认真贯彻落实中共十八届四中、五中全会精神和国家、省、市、县有关加强残疾人工作的各项法规政策，经过全县残疾人工作者的共同努力，较好地完成各项年度任务。在残疾人康复、教育、就业扶贫、社会保障、维权、组织建设和综合服务设施等各项工作取得较大的进展，残疾人受益面进一步扩大。

**【民生实事】** 认真落实省、市、县2015年十件民生实事工作任务，及时成立关于实施省、市、县十件民生实事工作领导小组，认真制订实施方案，召开工作会议，部署摸底调查工作，会后及时组织镇、村干部入户调查核实情况，认真组织实施各项民生实事工作任务。

1. *提高底线民生保障水平项目*。残疾人生活津贴标准由600元/年提高到1200元/年，重残护理补贴标准由1200元/年提高到1800元/年。9月30日已将提高标准后的残疾人生活津贴和重残护理补贴资金通过银信部门发放到残疾人存折账户。全县共有5716名重度残疾人享受护理补贴待遇；共有4597名低保残疾人享受生活津贴待遇，发放津补贴资金合计15805200元。

2. *建立全民助残健身示范点项目*。根据《广东省创建全民助残健身工程示范点实施方案》的要求，丰顺县残联积极向县领导汇报，认真制订实施方案和建设标准。通过下基层调研场所情况，确定在丰良镇老年人活动中心内建立全民助残健身工程示范点。县残联下拨4万元资金用于完成场地装修工程和无障碍改造，其中室内面积100多平方米、室外面积250平方米，全民助残健身器材已通过政府采购安装投入使用，共有各类健身器材30种。通过调查登记在册建档的残疾人共有106人，建立实名制健身档案。积极选派3人参加全省残疾人健身指导员培训班，编印《残疾人健身方法手册》，示范点积极组织辖区内残疾人开展常态化健身训练工作。11月24日，省检查验收组一致认为示范点已达到广东省创建全民助残健身工程示范点验收标准和要求，综合评分为91分，予以通过验收。

**【康复服务】** 1. *认真开展残疾人“人人享有康复服务”先行先创县培育活动*。2013年10月，省残联将丰顺列为全省残疾人“人人享有康复服务”先行先创县培育活动单位之一，丰顺县严格按照《中国残疾人“人人享有康复服务”评价指标体系（2005—2015）年》（全康办〔2005〕17号）等文件要求，把做好残疾人康复服务工作作为构建和谐丰顺的重要组成部分来抓，整合社会资源，扎实有效地开展培育工作，建立完善康复服务网络。县残联建立三个康复训练载体，以镇卫生院为平台，建立镇社区康复指导站；以村卫生站为基础，建立社区康复站；以残疾人家庭为依托的残疾人康复服务载体。所有康复站（室）做到“三统一”“四上墙”和“五个有”。“三统一”即：康复员必须统一职责任务，统一培训上岗，统一工作程序；“四上墙”即：工作职责上墙，工作流程上墙、服务内容和残疾人情况表上墙；“五个有”即：有活动场所和康复室，有康复服务计划，有康复人员，有康复档案，有考核目标。县残疾人康复技术指导中心（站）作为全县残疾人康复训练服务指导中心，负责指导各镇社区康复指导站（卫生院）；镇社区康复指导站负责各村社区康复站（村卫生站）康复员的技术培训和业务指导；村社区康复站康复员负责对残疾人家庭开展指导，普及康复知识，帮助和鼓励残疾人树立康复信心。形成县、镇、村（社区）纵向贯通，村（社区）和家庭横向联合的康复服务网络。各康复中心（站、室）为残疾人提供康复医疗心理支持、知识普及、训练指导、咨询转介等康复的近距离服务，基本上满足村（社区）残疾人的康复需求。

2. 进一步完善脑瘫康复机构建设。根据脑瘫残疾儿童康复工作需要，进一步完善康复中心硬件设备投入，购置运动治疗、物理治疗等一批康复器材设备，添置符合儿童生理心理特点的儿童运动设施等。积极组织康复员参加省市残联举办的培训班，不断提高引导式教育和康复训练服务水平，更好地为广大脑瘫残疾儿童提供优质的康复服务。中心共接收50名脑瘫残疾儿童进行免费康复训练服务，取得较好的康复训练效果，深受患儿及其家属的好评和社会的认可。

3. 加强社区康园中心建设，创建残疾人幸福之家。2015年，在黄金镇新建一个社区康园中心，中心配备1名康复指导员和2名管理人员，为辖区内的精神、智力和重度残疾人提供日间照料、辅助就业、康复训练与咨询、社交文娱活动和转介服务等。同时对已投入使用的汤坑、丰良、潘田、潭江四个社区康园中心加强跟踪管理，五个康园中心共接受124名残疾人进行工疗、娱疗和康复服务。康园中心让残疾人不仅有了和社会沟通的机会，还能让自身价值得到体现，他们的精神状况和身体状况也得到很好的改善。

4. 继续巩固“白内障无障碍县”工作。为帮助贫困白内障患者重见光明，认真落实市、县扶贫复明活动，做到白内障“发现一例、手术一例”。日常白内障复明手术到定点医院市残联康复医院实施，集中开展活动时，争取市残联选派“光明快线”手术流动服务车和眼科专家到丰顺县实施复明手术活动。2015年，共完成310例白内障复明手术，其中为165名贫困白内障患者实施免费复明手术，帮助他们重新恢复视力，又能重见灿烂的阳光和明亮的世界。

5. 继续做好“全国精神病防治试点县”工作。通过残联、卫生医疗等部门的认真调查摸底，至年底已登记造册建档的全县精神疾病患者有4432人。精神病治疗按“两个纳入”进行保障，即纳入城乡居民医疗保险制度和特困患者医疗救助范畴，为364名贫困精神疾病患者给予500元/年服药补助，为25名贫困精神疾病患者4000元/年住院治疗补助。

6. 认真实施居家康复服务工作。通过与丰顺县中山友好医院进行合作，投入资金18万元，采用政府购买服务的方式，由医院选派具有资质的康复医生每周上门为居家康复服务对象提供康复训练服务，共有30名因脑中风、脑外伤、脊髓损伤等疾病致功能障碍的残疾人得到居家康复服务。

7. 认真开展残疾人辅助器具适配工作。县残疾人辅助器具服务站做到“六有”：有机构人员、有场地、有牌子、有印章、有经费、有服务内容。开展为250多名残疾人免费配发辅具活动，发放轮椅、助行器、手摇三轮车、沐浴椅、拐杖、放大镜、盲人电饭煲、听书机等一批辅具。

8. 认真做好残疾人日常康复工作。一年来，全县共为10名低视力患者进行配用助视器；开展盲人定向行走训练55名；为残疾人提供矫形器装配22例；免费配发轮椅、拐杖、助听器等残疾人辅助器具250件；为10名残疾人装配假肢补偿功能；加强社区康复训练与服务工作，958名残疾人接受社区康复服务；70名肢体和45名智力残疾人在社区接受康复训练；开展残疾儿童筛查，新诊断0~6岁残疾儿童18名；认真做好残疾预防知识和特需人群补碘宣传教育工作，提高科学与安全意识。

**【社会保障】** 1. 在实施城乡最低生活保障中，积极与县民政部门沟通协调，优先保障残疾人，切实将符合条件的贫困残疾人纳入最低生活保障线，给予定期救济。2. 认真落实县委、县政府为重度残疾人免费购买农村养老保险民心工程。在已落实为16周岁以上的3601名重度残疾人购买了农村养老保险基础上，2015年又资助34名60周岁以上的重度残疾人购买农村养老保险，保障其基本生活。3. 切实做好残疾人机动轮椅车燃油补贴的调查摸底和资金的发放工作，将国家补贴资金及时发放到294名补贴对象手中。4. 切实做好2015年度丰顺县城乡重度残疾人基本医疗保险参保工作，共投入资金34万多元，资助2854名重度残疾人免费购买城乡居民基本医疗保险。

**【特殊教育】** 认真落实"两免一补"政策和实施"扶残助学工程"，与有关部门共同推动残疾人享受教育的同等权利，对学前教育、义务教育以及其他各类教育的残疾学生给予鼓励扶助，初步形成了以随班就读为主体，其他教育方式为补充的特殊教育办学格局。为2015年秋季新入学的5名贫困残疾大中专生和10名家庭困难的学龄前儿童提供资助，发放扶残助学金8.5万元，使他们顺利入学接受教育。

**【就业扶贫】** 1. 认真执行残疾人保障法，残疾人就业工作稳步发展。认真贯彻执行《残疾人就业条例》，首先是对没有安排或安排比例达不到要求的单位征收残疾人就业保障金，促进分散按比例安排残疾人就业；其次是，开展以农村残疾人种养为主的各类培训，提高残疾人及家庭的生产创业技能，充分发挥残疾人扶贫就业基地的作用，共建立丰顺县教堂排种养场专业合作社、丰顺县马图洋西坑生态农业专业合作社、丰顺县斌光养殖场、广东龙星茶业发展有限公司、丰顺县八乡扶贫基地等5个残疾人扶贫就业基地，采取公司＋基地带动残疾人的方式，安置40名残疾人在基地就业，辐射带动120名残疾人发展农村种养业。启动残疾人创业就业补助机制，投入资金21.85万元为24名有创业能力的残疾人（企业）种养大户提供技能培训和资金扶助。

2. 将推进残疾人脱贫工作与扶贫开发"双到"工作有机结合。积极争取党政领导重视，将残疾人扶贫工作列入政府扶贫规划同步实施，动员各级各部门采取"帮、包、带、扶"多种形式重点扶持贫困残疾人家庭脱贫，全县共有987户1369名残疾人在扶贫双到中得到扶持。县残联投入危房改造资金45万元，为75户农村贫困残疾人家庭实施了"危房改造"工程，帮助部分贫困残疾人解决住房困难问题；投入残疾人家居无障碍改造资金30万元，对60户贫困残疾人家庭进行家居无障碍改造，大大方便残疾人日常生活，提高残疾人的生活质量。

**【专项调查】** 精心组织实施全国残疾人基本服务状况和需求专项调查工作。根据国家、省、市残联的通知精神，丰顺县从2015年1月1日起正式开展残疾人基本服务状况和需求专项调查工作。为做好此项工作，丰顺县制订《全国残疾人基本服务状况和需求专项调查丰顺县调查方案》，方案明确县、镇残联及相关部门的具体工作职责，做到层层抓落实，确保高质量完成专项调查工作。2015年，全县共完成10435名残疾人入户调查问卷，完成率为100%。

**【状况监测】** 认真组织实施残疾人状况监测工作。为了及时、准确、全面地掌握残疾人状况的变化情况，对残疾人状况进行动态监测，为国家制订相关政策、规划及业务工作的调整、评估提供依据。根据省、市残联的统一部署，丰顺县作为第二次抽样调查抽中县，承担监测任务，成立监测工作小组，在黄金镇中心社区和杨石村设立2个监测点。选派监测员参加全省统一培训，严格按照《2015年度全国残疾人状况监测方案》，认真组织完成56名残疾人家庭基本情况、残疾人生活、教育、康复、就业、环境等监测问卷任务。

**【组织建设】** 深入开展"基础管理提升年"活动，提升基层组织服务能力。继续实施强基育人工程，以健全规范基层残疾人组织建设为重点，全面加强县、镇残联建设，切实发挥县、镇残疾人组织作用，加强完善服务功能，着力提高为残疾人服务的水平，282个村（社区）残协积极开展工作，逐步规范基层残疾人组织制度化建设。认真做好镇、村（社区）残疾人专职委员的选聘和培训工作，并在邮政银行为298名残疾人专职委员开设岗位补助账户，镇级专职委员每人每年补助3600元，村（社区）级专职委员每人每年补助1200元，专职委员补助资金委托银行发放。积极动员和组织专职委员参加中国残联组织的网上系统学习，建设一支“人道、廉洁、服务、奉献”的高素质残疾人工作人才队伍，为加快推进丰顺县残疾人社会保障体系和服务体系建设提供组织保障和人才支撑。

**【信访维权】** 进一步加大残疾人法律法规宣传力度，财政、教育、卫生、工商、税务、城管、广播电视台等部门也结合各自实际，认真制定和落实优惠政策。县法律援助中心的律师为残疾人提供“优先、优质、优惠”的法律援助，保障残疾人的合法权益。县残联认真做好残疾人来信来访工作，各类信访件办结率为100%，做到事事有着落、件件有回音，使来访的残疾人和亲属满意而归。没有发生残疾人越级上访、集体上访和恶性上访事件。

**【扶残助残】** 在春节、“全国助残日”“国际残疾人日”等重大节日期间，各级党政领导亲自参加慰问贫困残疾人活动，深入基层走访慰问贫困残疾人、残疾人自强模范，给他们送上慰问金、慰问品，给残疾人以极大的鼓舞。2015年5月17日是第25次法定“全国助残日”，助残日主题是“关注孤独症儿童，走向美好未来”。丰顺县在县残疾人康复中心召开第二十五次“全国助残日”活动慰问座谈会，县委常委、副县长黄守新、县府办党组成员罗剑峰、县残联理事长彭洪胜出席座谈会。10名孤独症儿童和50名在训脑瘫儿童及其家长们参加座谈会。在慰问座谈会上，县委常委、副县长黄守新要求各级各部门要高度重视，认真实施孤独症儿童康复筛查工作，深入了解孤独症儿童及其家庭的基本状况及所面临的主要困难，帮助他们解决生活中的实际困难。

**【宣传文体】** 县城乡镇充分利用各种社区资源帮助残疾人参加各种文体活动，丰富残疾人的文化生活。大力协助省、市残联选拔残疾人运动员，为省、市推荐一批优秀残疾人运动员。

**【服务设施】** 按照“广东省残疾人服务设施建设标准”，县级残疾人康复中心建设面积必须达到2000～3000平方米，丰顺县目前还没有独立的残疾人康复中心场所。丰顺县委、县政府高度重视残疾人工作，把建设“丰顺县残疾人康复中心”作为一项重要民生工程来抓，在城市中心用地十分紧张的条件下，将位于城区中心五一路29号原县文具厂（县财政以300万元购买安置该厂职工）划拨给县残联用于拆旧新建残疾人康复中心。该处交通便利、人居集中，十分适合建设残疾人康复中心。县文具厂占地面积765.4平方米，规划建设七层，总建筑面积2725平方米，总投资约1100万元。资金落实情况：省级专项资金300万元，中央苏区县专项彩票公益金350万元，地方政府配套和自筹300万元，缺口资金150万元。建设的相关工作正紧张进行之中，已进入设计、立项、招投标阶段，预计2016年年初动工兴建，计划2016年12月底完工投入使用。

**2015年年底县残联**

**理事长** 彭洪胜

**副理事长** 魏流新

（赵永新）

## 县文联工作

**【简述】** 一年来，丰顺县文联坚持以习近平总书记在文艺工作座谈会的讲话精神为指导，紧紧围绕县委、县政府的中心工作，坚持深入生活、扎根人民，开展一系列的文艺活动，有力地推动全县文艺事业的发展。

**【文艺作品成果】** 广大文艺家潜心创作出一批质量较高的文艺作品。见刊方面：年初，由花城出版社出版的《2014 中国散文诗年选》收入陈其旭等作者的散文诗；彭汉如分别在《人民日报》发表散文《醉在梅花村》《古巷飘扬丝竹声》和《那片青山绿水》，还在《光明日报》《南方日报》《羊城晚报》等报刊发表多篇散文；罗琼、朱明海、杨永强、徐木梨、张扬、王向东等会员在《南方农村报》《厦门文学》《美中时报》《汕头日报》《梅州日报》等报刊发表50多篇散文、诗歌。此外，中国作协会员林伟光撰写的评论“对话诗歌谈人生——读陈其旭《诗话人生》”在《汕头日报》发表。由中国冠豸山文学院（福建省）主编的《客家潮》杂志，刊登丰顺作家陈其旭、彭汉如、黄梦瑶、杨永强等作者的诗文10多篇。此外，还有大量会员的摄影作品被《在丰顺等你》《美丽丰顺》《种王上围探幽》及县委宣传部微信平台《财丰民顺》、“潮客汇”等书刊网站选用。获奖方面：7月，罗培衡的《丰顺县县长名录》、陈其旭的《丰顺古村落申报工作的实践与体会》分别获梅州市政府专著和论文三等奖；林三益的小品《打工变奏曲》、张世琳的相声《中国饭儿》等作品分别获市二等奖，欧阳红的小品《拖车记》、罗延泽的小品《生态白菜》等作品分别获市三等奖。11月上旬，在2015中国（广东）民间工艺博览会上，由县文联上送徐代铭的丰顺石雕《中国梦圆》获银奖；在第八届广东省民间工艺精品展中，《富贵人生》获铜奖；吕海宁的《龙威壮我行》《金丝银线》《水墨黄山》等摄影作品在美国、德国、印度、俄罗斯等14个国家主办的国际摄影展（赛）中获奖，奖项达59项。由省音协会员、县文联原主席陈光华创作的全国首创普法广场舞“和谐神州艳阳天”过关斩将，成功晋级2016年1月29日晚的广东电视台直播决赛。这是梅州市唯一晋级决赛的广场舞队，也是丰顺首次在广东电视台表演节目。

**【文艺交流】** 一是召开各协会主席工作会议。春节一过，县文联即在县城鸿来轩召开全县各协会主席工作会议。总结2014年工作，研究新一年的工作重点，传达上级党政和主管部门有关“清理规范非专业出身的各级领导干部兼任县文艺家协会领导职务的通知”，并转发文件，配合县委有关部门做好此项工作。到12月底，共有8人次辞去兼任县书协、美协、音协、作协的名誉主席、顾问、副主席、秘书长等职务。县美协、作协、摄协、书协、音协等协会也根据各自的工作职责举办会员大会，共同为做好丰顺的文艺工作出谋献策。二是举行“兰亭”纪念日活动。4月中旬，县书协在县城举行“兰亭”纪念日活动，市书协主席彭贵山一行8人、县委宣传部和文联领导到会指导，全县会员近70多人参加，并举行笔会交流活动。三是联谊老区，润墨汤城。11月上旬，广东楹联学会会长邹继海率领采风团8人与丰顺县相关县党政领导和80多位文艺家在韩山茶场举办“联谊老区，润墨汤城”采风座谈会，邹继海为“粤东韩公书画院”创作基地授匾，标志着广东省楹联书画创作基地正式落户丰顺；四是举办《围龙画刊》百期回顾座谈会。同月，由市美协、县文化馆和县美协承办的《围龙画刊》百期回顾座谈会在丰顺县召开，市政协原副主席陈珍书和来自梅州市美协、嘉应学院、兴宁美协、丰顺美协的画家和书画爱好者近100人参加座谈会，对宣传文化丰顺、培养发现美术新人具有积极的意义。还有就是采取“走出去和请进来”的方法。一方面是走出去：县摄影家协会外出采风活动比较活跃，其中组织两次全体会员的大型摄影采风活动，分别到揭西坪上梅花林采风和福建南靖采风，共90人次。除协会组织的集体采风外，部分成员积极自发组织或参与到省内外进行摄影采风，其中到内蒙古、河北丰宁坝上、四川等省外采风创作共5批35人次。到汕头、揭东、梅州各县区采风创作共20批150人次。8—9月，县文联分别组织20多位书画、摄影和作家到揭阳望天湖和八乡山大峡谷采风，创作一批文学和摄影作品。县文联按市文联、市作协的要求，多次组织文艺家随队到江西、福建和湛江、阳江、珠海等地学习交流。另一方面是请进来：3月28日，县文联、县作协与汕头市作家协会40多位作家开展文学座谈会、互赠书刊、参观汤南镇古村落等“汕头·丰顺作家文学联谊活动”，增进两地作家的友谊，并推出一批作品，广东省作协、中国作家网等报刊网站多次予以宣传报道。

**【配合有关单位开展活动】** 一是在春节前夕，组织在城省市级书协会员10多人开展“深入生活、扎根人民——丰顺县2015迎新春送春联活动”，为当地群众免费书写春联700多副。此外，县书协还和团县委先后在潭江镇凤坪畲族村、县城锦江美景城开展义务送春联的活动。二是举办

“深入生活、扎根人民·丰顺县迎新春书画摄影作品展”。春节元宵期间，在县坚真纪念馆展出丰顺县书画摄影爱好者创作的书画摄影作品200多幅，丰富广大群众的节日文化生活。三是举办“谢水乡书画作品展”。元宵节上午，由县文联主办、县美术家协会承办的“谢水乡书画作品展”在县城鸿景画苑揭幕，展出乡贤谢水乡的书画作品60多幅。副县长刘超平作开幕讲话，县委常委周滨和100多位书画爱好者出席开幕仪式。四是举办迎春灯谜晚会。县灯谜协会在元旦、春节、元宵等节日在县城举办6场迎春灯谜晚会，制作4000多条谜作供群众展猜。五是县舞蹈协会开展文艺惠民。先后和县文化馆、县新节奏艺术中心等单位举办“花儿绽放朵朵开”少儿舞蹈专场、欢乐广场、幸福丰顺”文艺晚会、“法治丰顺，幸福丰顺”普法广场舞比赛等5个惠民活动。七是唱响梅州城乡。县音乐家协会于元旦在石桥小学组织一台“崇高尊师重教·建设教育强县”新春慈善晚会的基础上，8月中旬，还与梅州市客家银声合唱团在梅州市亮胜艺术中心协办一场具有历史意义且是梅州市近几十年来最大型的纪念抗战胜利70周年《黄河大合唱》大型音乐会，得到市领导的高度评价。

**2015年县文联**

**主　席**　陈其旭

**副主席**　何宝玉

（徐东霞）

## 关心下一代工作

**【简述】**　在县委、县政府的正确领导和省、市关工委的指导帮助下，县关工委深入学习贯彻党的十八届三中、四中、五中全会和习近平总书记系列重要讲话精神，努力实践科学发展观，坚持“急党政所急、想青少年所需、尽关工委所能”的工作方针，加强调研，敢于创新，大力发挥“五老”的优势作用，在加强和改进青少年思想道德教育，促进青少年健康成长等方面，做了深入而细致的工作。2015年是全面学习贯彻中共十八届三中、四中、五中全会精神的一年，是积极探索、不断创新发展的一年，是全面开展青少年核心价值观教育的一年，同时也是全体“五老”贡献大、为青少年办实事好事最多的一年。同时，多项工作获得上级关工委表彰，其中县关工委连续12年被中国关工委评为“宣传工作先进集体”，县关工委办公室主任江智强于2015年8月被中国关工委、中央文明办授予“全国关心下一代工作先进工作者”荣誉称号。

**【深入学习中共十八届四中、五中全会精神】**根据中国关工委的通知精神和上级党委的统一部署，丰顺县各级关工委采取灵活多样的形式，把学习贯彻中共十八届四中、五中全会和习近平总书记系列重要讲话精神作为首要任务，迅速在广大青少年和“五老”中掀起学习的热潮：一是县关工委多次组织全体常务班子成员和邀请部分“五老”人员，学习全会通过的《会议公报》《中共中央关于全面推进依法治国若干重大问题的决定》和习近平总书记关于《决定》的说明等重要文件和讲话精神等；二是开展专题宣传活动，县关工委根据全会提出的“依法治国”的精神，编印宣传材料下发至基层关工委，同时出版大型专题宣传栏，张贴挂图等，营造良好的学习宣传氛围；三是紧紧围绕“依法治国”精神为中心，大力抓好全县中小学生思想道德和法治教育，先后到汤西镇中心小学、丰顺中学等学校调研，指导各中小学校深入开展法治教育，积极组织和参与汤西镇中心小学、汤坑中学、黄金中学等110多间中小学校举行法治教育报告会、学习会，受教育学生达6万多人次。

中共十八届五中全会召开期间及会后，县关工委采取多种形式，深入学习宣传会议精神。一是在会议召开期间，组织常务工作班子成员收听收看开幕式及会议盛况报道；二是会议结束后于11月初开始连续三个星期一召开会议，组织全体常务班子成员和邀请部分“五老”人员，认真学习《全会公报》《中共中央关于制定国民经济和社会发展第十三个五年规划的建议》和习近平总书记的重要讲话精神，学习贯彻中国关工委〔2015〕19号文和省、市关工委有关文件精神，把学习教育活动引向深入。

**【深入学习贯彻习近平总书记对关心下一代工作的重要指示精神】** 在8月25召开的纪念中国关心下一代工作委员会成立25周年暨全国关心下一代工作表彰大会上，中共中央总书记、国家主席、中央军委主席习近平对关心下一代工作作出重要指示。《人民日报》8月26日第一版刊载《习近平就做好关心下一代工作作出重要指示强调：坚持服务青少年的正确方向，推动关心下一代事业更好发展》一文，以及新华社、中央电视台等媒体播发习近平总书记重要指示后，县关工委马上组织县关工委常务班子全体成员进行学习，及时向县委、县政府主要领导汇报，得到县领导的高度重视。同时，学习贯彻中国关工委〔2015〕15号文《关于认真学习贯彻习近平总书记重要指示的通知》、16号文《关于印发〈刘延东同志在中国关工委成立25周年暨全国关心下一代工作表彰大会上讲话〉通知》，以及省、市关工委文件精神，和省委书记胡春华、市委书记黄强的重要批示精神。在市两办发出梅市明电〔2015〕184号《关于进一步加强我市关心下一代工作的通知》后，又及时向县委主要领导汇报，并经县委、县政府领导同意，县委办、县政府办11月12日印发《关于进一步加强丰顺县关心下一代工作的通知》，明确提出要"深入学习贯彻中共十八大、十八届三中、四中、五中全会和习近平总书记系列重要讲话精神，更好地指导和推动关心下一代工作"，要求各镇（场）党委、政府、县副局以上单位和市属驻丰顺单位加强学习，深刻领会，抓好贯彻落实。

各镇（场）、县直单位等党委（党组）、关工委高度重视学习贯彻习近平总书记重要指示和中共十八届四中、五中精神，汤西、丰良、留隍、黄金、汤南、小胜等镇党委专门召开会议，全文学习习近平总书记重要指示全文，学习中共十八届五中全会精神，汤西镇的吴宏伟、隮隍镇的马扬闲、丰良镇的刘海燕、小胜镇的李华锐、黄金镇的李志坚、龙岗镇的杨永亮、埔寨镇的朱耀辉等镇党委书记和北斗镇党委副书记、镇长黄洪伟还专门撰写文章，谈感想心得、谈以后关工委工作计划等，汤西、留隍、丰良、汤坑、汤南、埔寨等镇党委，县委办、县政府办、县总工会、县老干局等单位，汤坑镇新铜村、汤西镇南礤村等村关工委，以及培英公司、泰昌公司等民营企业，在显眼位置出版专题宣传栏，各镇（场）党委还发文要求各村、学校进行深入的学习贯彻，推动活动更加深入地开展。

**【深入开展社会主义核心价值观教育活动】** 各级关工委认真学习贯彻中国关工委、省市关工委有关文件和会议精神，突出重点，找准主题，继续以"学雷锋、心向党、讲品德、见行动"主题教育活动为载体，结合开展"老少共筑中国梦""纪念抗日战争暨世界反法西斯战争胜利70周年"系列活动，深入进行社会主义核心价值体系教育，全面提高青少年理想信念和思想道德素质。以中小学校为重点，以加强理想信念和道德品质教育为中心，把教育活动具体化、形象化、生动化，唱响主旋律，引导青少年学习理解党的路线方针政策，弘扬中华民族优秀传统文化，使广大青少年更加爱党爱国，坚定走富民强国的道路。据不完全统计，全县中小学校共有83060名学生参加活动，见行动做好事56260件，涌现一大批好人好事先进事迹。

**【抓好基层关工委组织建设】** 县关工委从抓基层、建制度方面下功夫，进一步建立健全关心下一代工作长效机制，继续开展"基层工作年"和创建"五好"基层关工委活动，深入到各镇村、学校做好指导协调工作，并根据需要调整充实了部分镇村、学校关工委成员班子。全县17个镇（场）、282个村（社区）、72个县直单位、21个民营企业及中小学校建立596个关工委组织（另有318个自然村成立关工小组），成员11890人（其中聘请企业家任名誉主任2045人，"五老"3885人），另有老人志愿者3258人，基本实现"七有"（有机构、有队伍、有牌子、有印章、有办公地点、有经费、有活动）目标。

**【大力开展关心下一代宣传工作】** 县关工委以宣传中共十八届四中、五中全会精神和习近平总书记重要指示精神为契机，采取多种形式，大力开展关心下一代宣传工作，根据各时期的工作出版专题宣传栏，开设学习园地，悬挂宣传横额等，先后出版大型专题宣传栏《习近平总书记就做好关心下一代工作作出重要指示》《全面推进依法治国》《聚焦两会共谋发展大计》等，更新办公楼两条大横额宣传标语，并印制学习习近平总书记重要指示的彩色图片120多张、宣传材料1000多份，发至基层关工委作为出版宣传栏和宣讲材料。同时，认真抓好订刊学刊工作，2015年度订《中国火炬》638份、《秋光·关心下一代》418份。5月12日，县关工委与县老干部局、老促会联合召开宣传报道工作会议。会议总结和部署宣传报道工作，并对2014年度在宣传报道工作中取得优异成绩的16名通讯员进行表彰。同时，全体通讯员深入采访，积极报道，在《中国火炬》《源流》《秋光·关心下一代》《梅州日报》和市关工委《工作通讯》等市级以上媒体发表90多篇。另外被丰顺县电视台、《丰顺学刊》、《丰顺乡情》等媒体采用30多篇。丰顺县的关心下一代宣传工作，得到上级关工委的充分肯定，县关工委宣传工作从2004年开始至2015年连续十二年被中国关工委评为先进集体。在订阅2016年度关工委刊物工作中，完成订《中国火炬》641份、《秋光·关心下一代》420份、《源流》23份，实现稳中有升的目标。

**【全面开展“大手牵小手、共筑中国梦”系列活动】** 各级关工委坚持以中国梦为主题，全面深入开展思想道德教育，从青少年不同群体的不同思想、精神需求出发，采取举办演讲报告会、书画比赛、出板报等多种形式，大力开展学习教育活动。如汤西镇中心小学开展“中华魂”读书活动、龙山中学举办“中国梦我的梦”书画展、丰顺县第一中学开展“读名章名句共筑中国梦”主题阅读征文比赛等活动，取得很好的效果。同时，根据市关工委〔2015〕4号文《关于参加省2015“牵手你我、携梦人生”书画创作活动的通知》，县关工委精心组织，动员各级关工委成员、“五老”以及青少年学生参与书画创作活动，共收到书画作品180多幅，向省关工委推荐优秀作品22幅，其中有3幅作品被省关工委、省文联等四家单位评为优秀奖，其中汤西镇陈瑞村的书法作品被评为成年组优秀奖，留隍镇余忠对的绘画作品被评为成年组优秀奖，汤坑镇第一中心小学何妍同学的书法作品被评为少年儿童组优秀奖。同时，经县关工委组织专业评委评比，丰顺县参评作品评出特等奖3名、一等奖5名、二等奖6名、三等奖11名、优秀奖12名，县关工委分别给予表彰奖励。

**【积极争取社会各界的支持帮助贫困生圆“上学梦”】** 县关工委在深入调研的基础上，积极争取县关工委名誉主任、企业家许应裘、巫俊平等的支持，其中许应裘捐资2万元资助汤坑镇李照城、留隍镇张圳意等4名考上二本的贫困单亲家庭大学生每人5000元。汤坑镇爱心人士吴先生伉俪分别给予留隍镇考取华南师范大学的孤儿家庭大学生江春勇，和埔寨镇考取华南农业大学的单亲家庭大学生张锦屏2人每人分3年每年1万元共6万元的资助。县关工委名誉主任、民营企业家巫俊平多年来热心参与关心下一代工作，慷慨捐资帮助贫困学生上学、建校修路等。2015年8月期间，巫俊平又委托县关工委捐资资助建桥镇贫困生王城峰等多名大学生。同时，县关工委积极协助广东省紫琳慈善会开展帮扶贫困生调查和推荐工作。9月1日，广东省紫琳慈善基金会隆重召开纪念基金会助学10周年暨颁发2015年助学金大会，县委书记陈志宁出席会议并作重要讲话，市关工委常务副主任陈林荣出席会议并作讲话。县关工委主任胡云流出席会议并作书面发言。县关工委副主任、紫琳慈善会秘书长朱朝奉代表慈善会作发言。会上为183名贫困大学生颁发助学金118万元。

县关工委还积极协助县团委等部门开展帮扶贫困生工作。经有关单位和部门的努力，团县委争取市关工委、市慈善会、“叶剑英基金会”等爱心机构资助近百名贫困大学生，县总工会继续开展“金秋助学”活动资助贫困大学生43名，县侨联资助12名侨界贫困大学生，还有培英公司、汤西镇、黄金镇、小胜镇等镇村、单位深入开展帮扶贫困生活动，全县共帮扶贫困大学生500多名。此外，根据市关工委发放“叶剑英基金助学金”的部署，县关工委深入开展调查摸底和推荐工作，并于8月24日举行发放仪式，向68名家庭贫困的初三升高中和在读高中生每人颁发2000元助学金，共颁发助学金13.6万元。

**【省关工委在丰顺县举行捐建“香江爱心图书室”项目揭牌仪式】** “香江爱心图书室”是由省关工委与香江社会救助基金会联合开展的捐助项目，于2014年捐助丰顺县山区中心小学16间。县关工委为发挥图书室的作用，认真组织和指导各相关小学做好图书室建设，抓好管理和制度建设，并专门印制一本各校“香江爱心图书室”图片集。丰顺县认真实施“香江爱心图书室”项目的做法和取得的良好效果，得到省关工委和香江社会救助基金会的高度评价。根据省关工委的部署，决定于2015年上半年在丰顺县举办“香江爱心图书室”揭牌仪式。县关工委认真贯彻落实市委书记黄强的指示精神，积极争取县委、县政府的高度重视，认真筹办揭牌仪式有关事项。在县委书记陈志宁、县政府县长曾永祥等领导的直接指导下，在县委办公室、汤西镇党委等单位的协助下，6月5日“香江爱心图书室”揭牌仪式在汤西镇中心小学隆重举行，省关工委主任张帼英，市委书记黄强，香江集团总裁、香江社会救助基金会主席翟美卿，市关工委主任何正拔共同为爱心图书室揭牌。市委常委、秘书长彭耀新，市委常委、组织部部长曾祥华，县委书记陈志宁参加活动。曾祥华在仪式上代表市委、市政府致辞。县关工委主任胡云流代表县关工委向香江社会救助基金会赠送锦旗。县关工委全体常务工作班子成员、汤西镇党政领导及汤西镇中心小学全体师生共1100多人参加揭牌仪式。

为配合这次活动，县关工委积极协助受省关工委、香江社会救助基金会委托的广东电视台，到丰顺县汤西镇拍摄《知识改变命运》微电影，使拍摄任务圆满成功。丰顺县对香江集团捐建“爱心图书室”项目的成功实施，以及揭牌仪式的成功举办，取得良好的社会效应，得到省关工委和香江集团领导的高度评价，6月16日，汤西镇中心小学副校长胡开初和2名该校学生，受香江集团邀请出席在北京钓鱼台国宾馆举行的“中国首届非公募基金会慈善事业论坛暨香江社会救助基金会成立十周年大会”。此外，香江集团还增加并指定捐助丰顺县大龙华镇铜山村坚真纪念小学一间“香江爱心图书室”。

**【加强培训和帮扶农村青年创业】** 根据省、市关工委的部署，为培养造就一批“想创业、敢创业、会创业”的新型农民和农村创业带头人，县关工委改变以前的培训方式，采取送学到村、面向群众的做法，先后在汤坑镇和昌专业合作社举办“农村创业青年黄栀子种植技术培训班”、石桥村举办“养猪技术培训班”，在汤西镇河西村举办“种植甘薯技术培训班”，联合汤西镇富民养蜂专业合作社举办“养蜂技术培训班”等，培训农村创业青年和新型农民261名。同时还推荐2名创业有成的学员参加市关工委举办的“提高班”，推荐龙岗镇创业青年学员何运新参加省关工委举办的“高级班”。

县关工委在帮扶和跟踪服务中下功夫，注重引导农村青年打造特色品牌，增强社会影响力。据不完全统计，经过多年的艰苦创业，大部分学员取得长足的进步，经济效益明显。至2015年年底，学员中创业年产值达1000万元以上的有3户，500万~1000万元的有5户，100万~500万元的有45户，50万~100万元的有38户，20万~50万元的有120户，10万~20万元的有460户。同时，学员中吸收为党员的有郑君贤、吴洪灼等28人，选任为村“两委”干部的有刘玉仓、郑君贤等38人，考取公务员的有杨德庆、吴仁和等3人。汤坑镇学员徐显忠经多年的发展，突出打造种猪场特色，其创办的良种猪场已先后被农业部评为“生猪标准化示范场”和“广东省农业标准化示范区”。汤坑镇学员高宁烽与同是曾参加培训班学习的父亲高永炎父子携手，经多年的努力，至年底有猪场2个，共有11栋猪舍9000多平方米，年总产值达600多万元，并被省、市关工委评定为“青年创业培训示范基地”。

**【深入开展“三百”活动】** 2015年是梅州市开展“三百”活动的第6个年头。六年来，在县委、县政府的重视支持下，根据市委办公室梅市办〔2009〕48号文、县委办公室丰委办〔2009〕49号文件精神，县关工委把“三百”活动摆上重要工作日程，持之以恒深入开展活动，加强与教育、文明办、老干局、共青团、司法、妇联、工商联等部门的沟通协作，努力争取各镇（场）党委、政府的重视和支持，发动企业家、“五老”积极参与，取得明显成效。在2015年4月召开的梅州市“三百”活动工作会议上，丰顺县关工委、汤坑镇关工委等5个单位被评为梅州市“三百”活动先进集体，许应裘、朱朝奉等9人被评为梅州市“三百”活动育苗帮少先进“五老”，陈金彪、王晖等7人被评为梅州市“三百”活动尊老孝亲先进少年，陈绍常、巫俊平等5人被评为梅州市“三百”活动助校助学先进个人，获得市委老干部局、市文明办、市关工委的联合表彰。

1.“百业助百校”活动深入开展。丰顺县发挥2045名县、镇、村关工委名誉主任的优势和作用，动员海内外热心人士，积极参与关心下一代事业。据不完全统计，几年来丰顺县各级关工委名誉主任朱拉伊、陈绍常、许应裘、徐旭亮、陈富柱、巫俊平、马扬圳、谢小章等300多名企业家，以及旅外同胞张芳荣、何侨生等，慷慨解囊捐巨资4.5亿元建学校、成立奖教奖学金等，其中2015年达8650万元，为丰顺县的教育事业做出突出贡献。同时，在县关工委主任胡云流、副主任朱朝奉的大力倡导下，馏隍镇茶背中学发动校友及企业家、各界人士支持成立奖教奖学基金会，已筹集资金100多万元。

2.“百老帮百少”活动成绩斐然。丰顺县把帮助“三失”即“失学、失业、失足”青少年为重点，尽最大努力帮助留守儿童、因家庭贫困而面临失学或弱势群体的青少年解决实际困难，帮助一大批贫困生上学。由原县关工委名誉主任朱的捐资1050万元成立丰顺县教育助学基金会，2010年朱氏集团企业再捐资4亿元组建为广东省紫琳慈善基金会，至2015年共资助贫困学生3714人，资助金额共1274万元。还有陈绍常、许应裘、徐旭亮、巫俊平等一大批县、镇关工委名誉主任、企业家，多年来慷慨捐资，帮助贫困学子圆上学梦。埔寨、潭江、汤西、丰良、黄金、八乡山等镇关工委重视“留守儿童”问题，并根据实际积极协助中小学校开展关爱帮扶活动。

3.“百小尊百老”活动形式多样效果好。各级关工委采取多种形式，结合开展“日行一善”等活动，组织广大青少年学生向“五老”人员、百岁老人、“五保户”及孤寡老人等结对，进行不定期看望慰问、献爱心，在教师节看望慰问老教师，在“七一”看望老党员，帮助“五保”、孤寡老人搞卫生、送小礼品等。各中小学校关工委把尊老孝亲活动作为学生思想品德教育的一项重要内容，经常组织学生开展团队活动、尊老爱老活动，一年来“日行一善”做好事达56260件，取得了良好的效果。

**【围绕中心工作发挥参谋助手作用】** 县关工委围绕上级党政中心工作，认真学习贯彻曾永祥县长两次对关工委工作的批示精神，把做好大服务作为践行党的群众路线的实际行动，急党政所急，尽关工委所能，努力为青少年健康成长服务。

1.大力支持创建“教育强县”活动。县关工委通过多种渠道和方式，努力争取和发挥各级关工委名誉主任、企业家的积极作用，结合开展“百业助百校”活动，为各镇的“教育强镇”工作出钱出力。据初步了解，一年来共有各级关工委名誉主任、企业家为“教育强镇”捐资达8650多万元。

2.大力支持丰顺县招商引资工作。在县委、县政府的重视支持下，为帮助解决部分青年就业问题，支持丰顺县招商引资工作，县关工委继续帮助丰顺立讯精密工业股份有限公司在建厂、发展生产、招工等方面下功夫。至年底该项目已正常生产，有工人600多人，主要生产电脑连接器、连接线等。同时，继续支持帮助该公司在汤西镇大罗村建设“丰顺立讯度假酒店”。

3.协助丰顺韩江坚真纪念大桥坚真纪念亭的建设。由县关工委名誉主任许应裘先生捐资1500万元建设的丰顺县韩江坚真纪念（潭江）大桥2014年已完成主体工程。为深入纪念丰顺县籍华夏女杰李坚真，更进一步宣传李坚真的革命精神和丰功伟绩，县关工委主动与企业家许应裘联系，多次为该桥附属工程“坚真纪念亭”建设提出建议意见，并在工程资金划拨、施工建设、各方协调等方面给予必要的支持。到年底，共投资300多万元的纪念亭、西桥头公园、李坚真山歌长廊等工程基本完成，成为当地开展爱国主义教育的好基地和周边群众休闲旅游的好去处。

**2015年年底县关工委**

**主　任**　胡云流

**副主任**　刘德姜　刘愉快　王锦辉　朱朝奉
　　　　李献强　梁千辉　黄晓阳

（江智强）

## 老促会工作

【简述】 2015年，随着《国务院关于赣南等中央苏区振兴发展的若干意见》《赣闽粤中央苏区振兴发展规划》以及省发改委有关文件精神的贯彻落实，全县老区得到党和国家对中央苏区县的大力扶持。2013年和2014年，中央和省下达项目47个，投资总额2亿多元；2015年已经收到中央资金3.4亿元，其中中央苏区补助资金3040万元。这些资金涉及农业农村、基础设施和社会保障等方面，为推动丰顺县老区振兴发展提供有力的资金支持。

4月23日，由省委党史研究室、梅州市委、市政府主办，梅州市党史研究室、丰顺县委、县政府承办的红四军出击梅州86周年，暨东江苏维埃政府、红11军成立85周年座谈会在丰顺县举行；5月29日和30日，省老促会名誉会长肖耀堂、副会长刘文炎以及梅州市老促会会长罗德宜等一行，到丰顺调研革命遗址；11月14日至16日，省老促会会长陈开枝到丰顺县调研，县长曾永祥、会长陈修忠、第一副会长钟廷璧陪同；9月，廖金发被评为发放烈士后裔助学金工作的先进个人；10月中旬，郑少台出席北京《中国老区建设》宣传工作表彰会。丰顺县老促会获三等奖。

2015年，“扶贫双到”帮扶70个村（其中有53个老区行政村），全面达到省定的脱贫要求和标准。70个村集体经济收入，平均达到6.39万元，超过省定标准5万元。

【把学习党和国家领导人对于老区工作的重要讲话、指示以及老区建设的方针政策作为要务】 1. 学习的主要内容有：习近平总书记的有关指示、胡春华书记的讲话、《国务院关于赣南等中央苏区振兴发展的若干意见》、《关于贯彻落实国家“赣闽粤中央苏区振兴发展规划”》以及省发改委有关文件等内容。一年来，市老促会为各县（区）老促会及时提供关于中央苏区优惠政策的学习文件资料和福建等地的信息。在自身学习的基础上，将其中部分文件资料，选择复制，分别送给县委、县政府以及有关部门的负责人，让上级关于对老区工作的要求指示，及时传达到相关部门。

2. 集中学习国家老促会领导在重要会议上的讲话，学习市、县的重要会议精神以及报纸杂志有关老区建设的经验等。

3. 采用灵活多样的学习形式，提高老促会一班人凝聚力，增强开展工作的自信心和自觉性，提高新形势下工作的责任感、紧迫感和光荣感。坚持学习，为老促会有位有为，提供扎实的思想保证。

【把抓好调研老区这项主体工作作为重要抓手】 2015年，县老促会调研的地域有汤坑、汤西、砂田、小胜、大龙华、龙岗、丰良、留隍、八乡、潭江、黄金、北斗等老区乡村。调研的主要内容是：

1. 跟踪调研县内革命斗争活动的旧址、革命文物、烈士纪念碑、纪念亭的静态和动态状况。调查显示，维护的革命红址中，有投入350万多元、地处县城的革命烈士纪念碑，有投入92多万元、地处北部山区的砂田闽粤赣边纵司令部旧址。到2015年止，全县得以修建的革命遗址达15处。其中属于土地革命战争时期7处，抗日战争时期2处，解放战争时期4处，综合类型的2处。革命历史遗址的维护和完善，为大力开展革命传统教育、弘扬老区精神，提供了其他形式难于替代的基地平台，从而得到广大干部群众的交口称赞。

2015年，上级有关部门已经拨出专款计达260多万元，正在规划启动改造升级县内2处重要的革命纪念地。一是李坚真的黄金蕉头窝故居，二是红四军朱德军长进驻马图村当年的驻居地——见龙居。

2. 调查老区乡村建设的成就。丰顺老区乘“扶贫双到”东风，面貌取得了喜人变化。新一轮被帮扶的70个行政村，各级帮扶单位投入村级基础设施项目建设资金2.63亿元，实施村级基础设施项目1174个，完成村道水泥硬底化158.9千米，安装路灯1707盏，实施饮水工程113个，建成农田三面光水渠148.63千米，修建机耕路38.39千米，新建垃圾池（桶）2685个，新建文体场所

295个，修缮村委会办公场所70个。筹集1.12亿元资金促进民生保障发展，培训劳动力14784人，实施住房改造5636户，资助贫困学子2663人，资助购买新农合4.1万人，新农保3729人，符合低保和“五保”条件的贫困户100%纳入最低生活保障范围，解决群众的后顾之忧，增强群众的发展能力，提升群众的幸福指数。

3. 调研老区人民的愿望要求。九龙行政村，是丰顺县革命斗争史上共产党领导的第一支革命武装——中国工农红军东路第十团的诞生地，柑子窝（地名）是1927年春至1930年冬中共梅丰县委，中共丰顺、梅县、兴宁、五华、大埔五县暴委，中共丰顺、揭阳、潮安等七县联合行动委员会所在地。在日益重视保护革命遗址的今天，当地干部群众迫切要求建立起纪念碑、纪念亭或者是纪念园等。经过多次调研，认为做好九龙革命遗址的挖掘保护相关工作，有其特殊的历史影响意义，其中包括聚集人气、改善交通、促进当地发展绿茶名产（2015年，全村的茶叶总产已经达到5万余斤）等。因此老促会提出初步建议，并与当地党政领导商讨，逐级向上级反映当地群众的愿望需求。

**【振奋精神做好宣传老区工作】** 1. 利用下乡、会议或其他形式的各种机会，宣传丰顺县老区的光荣革命历史，宣传为党的革命事业做出牺牲和贡献的人物事迹，让尽量多的干部群众尤其是广大青少年认识老区、了解老区，不断树立起热爱老区、感恩老区的思想情怀。

2. 争取政府和有关部门重视支持，全面完成《中国老区建设》《源流》杂志的发行订阅任务。2015年度，全县订阅《中国老区建设》170份，比上年度增加14份；《源流》270份，比上年度增加14份。实现老区订刊、读刊全覆盖。2015年度，丰顺县获得《中国老区建设》授予的宣传工作三等奖，获得《源流》授予的宣传工作优秀奖。

3. 组织通讯员队伍，积极主动向“两刊”上送信息。通讯员队伍中有媒体工作人员、教师和机关干部等。在2015年的向上发稿中，被《中国老区建设》采用了4篇，（含2幅图片）；《源流》采用丰顺县125篇（含90幅图片）稿件。

4. 会同扶贫部门在《源流》组织专题报道。2015年第12期，《源流》刊载丰顺扶贫内容的图片文字计达30页，除18篇署名文章外，还登载大量反映丰顺建设成就、人文风光的文字和照片，又一次在老区主流媒体上有规模、有品位地宣传丰顺老区和丰顺的扶贫成效，从而得到众多点赞。

**【纽带桥梁，有为有位】** 主动及时向县委、县政府的主管领导和上级老促会汇报工作，争取上级对老促会工作的及时指示。2015年，县老促会做了一系列的具体实事。

1. 参与党政和相关部门组织的各项活动，如参加纪念抗日战争胜利70周年、祭奠革命烈士、参加老干部的集体学习活动等。

2. 梅开二度，圆满做好雁洋公益基金会暨省老促会为丰顺县烈士后裔助学、助困工作。1月，在丰良镇举行仪式，发放2014年度经过调查核实的丰顺县40位烈士后裔发放对象，共计资金80000元；10月14日，为20位特困学生、30户特困户发放10万元现金。每个对象2000元；2015年，继续为新上大学的烈士后裔发放助学金，全县计11人，每人4000元，共44000元。

3. 调研汇报老促会系统的交通补助资金。2015年为北斗下溪村、潭江箭竹村、八乡滩良村、潭江凤坪村，上报了支持修路资金申请，金额分别为3万、3万、3万和2万元，扶持鼓励他们改变当地的交通面貌。

**2015年年底县老促会**

**会　长**　陈修忠

**第一副会长**　钟廷璧

**副会长**　李少级　廖全发　黄光心　陈富柱

（郑兆台）

## 县老干部、老年大学工作

**【简述】** 2015 年，县老干部、老年大学以十周年校庆为新起点，制订新的工作计划，结合本县实际情况和学员们的要求，开办医疗气功班和太极拳提高班，使校本部的教学班增至 11 个班，保证学员们报读热情和人科次的数量，报读学员520人860余人科次，做到常办常新；并根据主管部门的要求，对年龄过高体质较差的老年教师、班队室干部进行适当调整，以确保教学工作及校务工作能正常进行。同时加强与丰良、留隍两个分校和老年健康学校的联系合作，扩宽办学平台，真正使老年朋友老有所学、老有所乐、老有所为，为创建和谐幸福丰顺添砖加瓦，传递正能量。

**【成功举办与梅州市老干部老年大学太极拳联谊活动】** 4月18日，梅州市老干部老年大学太极拳队106人在校长古小平、副校长胡国和、李福安带领下，到丰顺与县老干部老年大学太极拳学会120多名会员举行联谊活动，这是本校办学十多年来的一次盛会，县政府副县长罗卫标、县老干局局长王锦辉、县民政局局长罗建安及县老龄办、体育局、老体协等有关单位负责人参加联谊活动。联谊大会在县体育公园举行，由县老干部老年大学校长卢广甜主持，县老干部局局长王锦辉致欢迎辞，市老干部老年大学副校长李福安讲话，大家都希望通过交流、联谊活动，促进两校太极拳运动的开展，不断提高拳艺技术水平。市、县两校学员表演了太极拳、太极剑、太极刀、太极扇等10个太极类武术节目。

**【抗战胜利七十周年纪念活动】** 2015年是中国抗日战争暨世界反法西斯战争胜利七十周年，各地举行隆重的纪念活动，县老干部老年大学开展多种形式的纪念活动：1. 6月25日至7月5日学校书法美术班在学校大厅举办《纪念抗战胜利七十周年书法美术作品展》，40多位师生展出抗战题材的书画作品50多幅。2. 6月29日，学校举办《纪念抗日战争暨世界反法西斯战争胜利七十周年歌咏活动》，县老干局、县民政局有关领导及抗战老兵侯登舟夫妇，县老革命战士联谊会冯团等10多位离休老干部参加纪念大会，并观看演出。大会由校长卢广甜主持，副校长蔡礼轩作纪念抗战主题讲话。学员们共演出大合唱、小组唱、男女声独唱、快板等19个抗战题材的节目，让全校师生员工受到一次深刻的爱国主义教育。

**【丰顺县史上首次武术段位考评】** 10月25日至27日，梅州市太极拳协会主办、丰顺县老干部老年大学承办、广东省太极拳协会培训与主考的《中国武术段位制》培训考评，在丰顺县体育馆举行，老师和主考官由省太极拳协会主任陈子浩、曾获国家级太极拳竞赛冠军的黎懿林担任，这是丰顺县历史上首次举办，并组织太极拳运动选手参评。全梅州市共有91位太极拳选手参加培训考核，丰顺县有31人参加，其中县老干部老年大学有29人参加。经过三天严格紧张有序的培训考核，全市91人均通过考核，这是梅州市有史以来规模最大、人数最多的一次考核，其中五段位31人、四段位57人、三段位3人，全部通过考核。县老年大学参考通过考核29人，其中五段位3人（卢广甜、黄克香、陈开深），四段位26人（吴清兰、徐子绍、陈君学、邱丽娟等），这是丰顺县历史上首次集体组织的规模最大、人数最多的武术段位考评；也是学校十多年来开展太极拳学习训练的一次重要的成果检阅，促进了丰顺县太极拳武术运动的开展普及，在此基础上促成了丰顺县太极拳协会的成立。12月2日，丰顺县太极拳协会经申报批准成立，使全县太极拳运动爱好者们有了合法的组织。

**【学校舞蹈队获广场舞比赛一等奖】** 9月23日，县司法局、县文广局在体育公园举办《法治丰顺幸福丰顺》普法广场舞比赛活动，县老干部老年大学派出黄克香等24人组成的舞蹈队，参赛舞蹈《和谐神州艳阳天》《公仆赞》在全县23个代表队中表现突出，获得比赛一等奖，为学校赢得荣誉；9月25日，学校召开校务委员和舞蹈队员会议，决定对舞蹈队给予记功表彰，奖励奖金1千元。

**【开展内容丰富多彩促进老年人身心健康的各项活动】** 1. 2015年元旦，学校全体师生员工在县城新世纪广场，举行庆元旦文体联欢会，校长卢广甜主持会议并作讲话；各班队室演出的节目有潮州大锣鼓、弦乐合奏、大合唱、表演唱、独唱、集体舞、交谊舞、太极拳、太极刀等17个。2. 5月，学校组织春游活动，200多名学员分别到汕头南澳岛、平远五指石旅游景区开展一日游，大家对祖国美丽的山海景观留下深刻的印象，盛赞改革开放三十多年来各地发生了翻天覆地的变化。3. 10月，学校联系县人民医院体检中心，组织300多名学员进行体检，以预防老年疾病的发生。4. 重阳节组织登山游览演出，300多名师生员工到丰顺公园参观中华龙并合影留念，同时候参观观音阁、济公殿、滴水观音、九曲桥等景点，并在公园内野餐，300多人同时候在野外用餐的场面颇为壮观，给老年人留下深刻的印象；稍事休息后，在清韵阁由各班队室演出14个文体节目。5. 11月，学校开展一场献爱心活动，130多位师生员工为汤西镇和安小学三年级孤儿陈晨霖捐助善款6155元。

**2015年年底丰顺县老干部大学、老年大学**

**名誉校长** 丘 炀 王锦辉 罗建安 巫金星 马文腊

**校 长** 卢广甜

**副校长** 蔡礼轩

（吴春海）

## 县工商联工作

**【简述】** 2015年，县工商联在县委、县政府的强力领导下，在市联和县委统战部的直接指导下，深入贯彻中共十八大、十八届四中、五中全会以及县委十二届五次全会精神，牢牢把握“两个健康”工作主题，紧紧围绕县委中心工作，以服务民营经济发展为重点，积极配合政府推进丰顺新区建设，传承创新，真抓实干，开创丰顺县工商联各项工作的新局面。

**【做好非公有制经济人士思想政治学习教育工作】** 工商联准确自身角色定位，切实加强非公有制经济人士思想政治建设，夯实思想根基，促进了非公有制经济人士健康成长，实现了非公有制经济的健康发展。县工商联将开展理想信念教育实践活动和党的“三严三实”教育实践活动相结合，加强非公有制经济人士思想政治工作，增进企业家尤其是“新二代”对中国共产党的坚强领导的支持，进一步增强企业家的改革开放和锐意创新意识，有效增强非公有制经济人士对党和政府的信任，也增强非公有制经济人士发展企业的信心，有力推动丰顺县民营企业家的中国特色社会主义建设者的责任意识。

**【做好工商联服务企业职能工作】** 切实履行商会职能，不断提高服务水平。当前，国内外经济形势的发展变化给民营经济发展带来一系列新问题、新情况，民营企业发展遇到诸多困难。县工商联积极行动，始终把为会员服务放在日常工作的首位，切实转变工作作风，创新服务方式，拓宽服务渠道。一是围绕海珠（丰顺）产业转移园建设，积极采取多种形式招商引资；二是加强企业融资沟通协调，着力做好银企对接牵线搭桥工作；三是着力做好会员企业培训工作，不断提高非公有制经济人士的经营管理水平、业务素质和创新发展的能力。2015年，县工商联协助指导成立丰顺县电子商务商会和壹家电子商务公司，为推动丰顺县电子商务和农家特产O2O产业对接快速健康发展具有指导意义。协助建立丰顺县电声行业电子商务综合服务平台，为丰顺县电声行业注入新的发展动力。

同时，扎实落实省委书记胡春华考察丰顺的讲话精神，落实市委创建“梅兴华丰产业集聚带”的经济部署，积极向县委、县政府建议创建电声产业园，深入到各电声企业做细致的工作，发动中小微电声企业进园，至年底有83家企业申报入园，占地168公顷，总投资30亿元，电声产业园已获省政府批复同意成立，为早日实现百亿电声产业打下夯实基础。。

**【做好工商联会员参政议政工作】** 发挥桥梁纽带作用，正确引导参政议政是工商联在新时期的一项重要工作职能，是工商联当好政府助手、联系非公有制经济桥梁纽带作用的具体体现。1月6日，县长曾永祥主持召开关于征求丰顺县“十三五”规划建议意见座谈会，专门听取人大代表、政协委员和工商联等相关单位的建议意见，陈洁华代表工商联为进一步重视和加强非公有制经济建设方面提出建议意见，已被政府采纳。同时，县工商联积极组织引导工商联界别的人大代表、政协委员正确参政议政，履行好职责，为党和政府当好参谋，为人民群众多谋利益，为经济社会发展多做贡献。他们提出的一些议案、提案被县政府和有关部门采纳，为政府决策提供可靠的依据。还多次配合省、市、县人大、政协开展有关非公有制经济发展等专题调研，并分别写出调查报告，报送上级和有关单位参考。

**【工商联组织建设】** 1. 不断壮大工商联队伍。2015 年，县工商联更加注重质量发展会员。稳步壮大工商联队伍组织是商会的脉络，会员是商会的血液，会员的规模与层次直接反映着商会活动开展的空间与成效。县工商联在会员发展中按照不求数量、注重质量、成熟一个发展一个的原则，重点发展一批经济实力强、思想觉悟高、热爱工商联工作、热心社会公益事业的非公有制经济代表人士入会。2015 年，新吸收会员 26 名，现有会员 532 名。

2. 加强领导班子建设。县工商联坚持贯彻落实中央“八项规定”精神，认真开展“三严三实”专题教育。进一步推进制度机制创新，完善机关规章制度，实施兼职副主席轮值制度，建立健全运行协调、行为规范、廉洁高效的工作机制，严守政治纪律政治规矩，形成反对“四风”的长效机制。完善充实机构班子建设，增强工商联活力和领导力，2015 年，新增补副主席 1 名、常委 2 名。

**【做好工商联光彩事业工作】** 继续引导企业弘扬扶贫济困、乐善好施的传统美德，以更饱满的热情投身光彩事业和社会公益事业，实现企业发展和社会受益的双赢。2014 年 12 月，广东省光彩事业促进会在丰顺县宝丰酒店召开光彩事业建设募捐动员大会，会上来自全省的民营企业家为丰顺的社会公益事业踊跃捐资、慷慨解囊，现场捐资 1630 万元。省光彩事业老区（丰顺）行项目落实和资金监管小组办公室设在丰顺工商联，丰顺县工商联认真负责抓好 14 个光彩项目的落实和资金的监管工作，确保各个项目有序推进，让群众受益，社会增光，增加光彩事业在丰顺县的影响力。2015 年“6·30 扶贫济困日”活动中，县工商联会员共捐款 350 多万元。

扎实抓好挂钩扶贫工作。县工商联大力扶助扶贫挂钩村砂田镇南坑村各项建设，一是加强村党组织建设，摘除软弱涣散党组织的帽子；二是积极筹措资金 17 万元用于发展集体经济，每年增加集体经济收入 3 万多元；三是筹集资金 60 多万元，完善村道硬底化建设，大大改善村容村貌。

**2015 年年底县政协副主席、工商联主席** 徐旭亮

**县委统战部副部长、工商联党组书记、第一副主席** 陈洁华

**专职副主席** 黎伟东

（张 炼）

# 法治

# 政法综治工作

## 县政法委工作

**【简述】** 2015 年，全县政法各部门在县委、县政府和上级政法委的正确领导下，继续深入推进“平安丰顺、法治丰顺”建设，提高执法司法工作能力和水平，有效防控各类风险，忠实履行好维护国家安全和社会大局稳定、促进社会公平正义、保障人民安居乐业的职责使命，为建设“财丰人顺、幸福丰顺”创造安全稳定的社会环境、公平正义的法治环境和优质高效的服务环境。

**【落实维稳责任，创造和谐稳定社会环境】** 丰顺县维稳工作在县委、县政府正确领导和上级维稳部门的指导下，进一步加强情报信息掌握，深化不稳定因素排查化解，落实各项管控措施，严防死守，为丰顺县加快振兴发展经济，创建美丽丰顺，谱写“丰顺梦”创造和谐稳定社会环境。

（一）构建“大调解”格局。2015 年，丰顺县维稳工作按照省、市委政法委进一步开展“社会矛盾化解年”活动的统一部署，以“解决实际问题”为核心，以“维护社会稳定”为目标，明确分工，落实责任，加大对涉农村土地、劳资纠纷、涉环境保护问题、特殊利益诉求群体等矛盾集中领域和部位的隐患排除化解力度，及时做好防范化解和应对处置工作，把矛盾化解在初始阶段，多措并举，攻坚克难，化解大量社会矛盾纠纷和信访案件。全年县领导共接待群众来访 47 件，责任单位及时回复 47 件，及时率达 100%。同时实行干部带案下访、定期下访、限期化解等工作制度，做到早排查、早发现、早化解，率先在全市 100%化解信访历史积案；公安机关共获取各类情报 185 条，其中政情 46 条，社情 139 条，化解不安定因素 22 起；受理群众来信 48 件，办理《梅州民声》网上投诉、咨询、举报件 23 件，回复率 100%，办结率 100%；县委维稳部门召开重大疑难案件分析研判会议 15 场（次），被市维稳办列为重点督办案件 10 宗，化解 10 宗，向市申报撤销社会矛盾纠纷个案 10 件，化解率为 100%；摸排掌握重大矛盾纠纷案件 32 宗，化解 32 宗，化解率 100%；县信访局共立案受理来信来访 55 宗，信访总量同比下降 38%，全年没有群众大规模上省进京上访、没有因信访问题处理不当引发群体性事件和极端恶性事件，有效维护全县社会政治稳定。

（二）开展“多元化”调解。县、镇、村三级综治信访维稳平台继续充分发挥调解核心作用，提前介入排查调处可能引发的矛盾纠纷，把矛盾纠纷解决在基层，消除在萌芽状态，为丰顺振兴发展提供和谐的社会环境。2015 年，全县三级平台共受理矛盾纠纷 3032 宗，成功调处 3026 宗，成功率达 99.8%，95%以上的矛盾纠纷在镇、村得到有效解决，无“民转刑”案件发生。同时，加强诉调对接平台、专业性矛盾纠纷化解平台和矛盾纠纷化解信息化建设，建立和完善多元化解矛盾纠纷机制，建立企业调委会、医调会、交通事故调解工作室等行业调委会，推动诉讼调解与人民调解、行政调解、行业调解等无缝对接，落实诉前联调机制，实现党群沟通“零距离”、服务帮扶“零障碍”、社会矛盾“零复发”。县法院专门设置立案调解人员，做好立案庭前调解工作，调解结案达 128 件；大力推进民商事案件以调解撤诉方式结案，达 774 件，调解撤诉率 68.7%；与其他部门诉前联调民事纠纷案件 31 件，调解确认 29 件，有效降低当事人维权的司法成本，实现法律和社会双重效果的和谐统一。

（三）巩固“防邪教”成果。认真贯彻落实中央、省委、市委和县委政法工作会议以及全国、全省、全市防邪办主任会议精神，以市委防邪办《关于印发〈市委防邪和处理邪教问题领导小组

2015年工作要点〉的通知》为总体要求，组织协调公安、国保等相关职能部门及各镇（场）党委、政府，切实增强做好防邪工作的事业心、责任感和紧迫感，按照“主动攻击、创新突破”的思路，重点做好防范控制、精准打击、转化巩固工作，大力推进反邪教警示教育工作，进一步挤压邪教组织的生存空间，切实遏制了各类邪教在丰顺县渗透滋生蔓延之势，全县没有发生“法轮功”等邪教组织人员上省进京滋事和参与群体闹事事件，维护全县社会政治稳定。

**【坚持严打整治，增强人民群众安全感】** 县委政法委充分发挥对政法工作的领导、组织、指导、协调和监督职能作用，引领好全县政法部门坚定不移地贯彻严打方针，依法严厉打击各种违法犯罪活动。

县公安机关坚定不移地贯彻严打方针，保持打击犯罪活动的主动攻势，毫不松懈地打击违法犯罪分子。全年共立刑事案件644宗，同比下降22.3%，破382宗，破案率54.6%，抓获犯罪嫌疑人230人（其中“两抢一盗”立219宗，破167宗，抓获犯罪嫌疑人105人）；查处治安案件819起，处罚503人；查处毒品违法案件153起，送强制戒毒121人，缴获各类毒品600多公斤。县检察机关共受理公安机关移送审查逮捕案件142件226人，经审查批准逮捕179人；提起公诉175件244人，无错误定性、错捕错诉、漏捕漏诉、刑事赔偿和超期羁押，批捕、起诉准确率均达100%。县法院共受理各类刑事案件192件，审结188件，同比分别上升37.1%、33.3%，判处罪犯211人。

**【强化社会治理，创建平安和谐美丽丰顺】** 积极探索适应丰顺县实际的平安创建和社会治理服务新路子，平安丰顺创建和社会治理取得初步成效。2015年，刑事“零警情”天数达120天，创下十多年来新高，社会治安秩序良好，群众安全感和幸福感得到大幅提升。

（一）大力培育平安细胞。继续大力推进平安细胞工程建设，有效拓展平安建设的广度和深度，使每个社会细胞都主动履行责任，积极参与平安丰顺创建活动。如县人社局建立“信访、仲裁、监察三位一体”的解决劳资纠纷机制，对林业、建筑等行业实行“工人工资支付保证金管理”制度，预防企业拖欠工人工资，构建和谐劳动关系，全年共处理来信来访209宗1015人次，涉案金额1700多万元。县妇联、宣传部、广播电视台等部门以“和睦•幸福一家”为主题，开展“丰顺好媳妇”等平安家庭系列活动。县教育局、丰顺中学、汤坑中学等部门通过开展校园及周边专项治理、学生安全教育、聘请法制副校长上法制教育课、实施学校“五无”完善改造工程等一系列活动，积极打造平安校园，全县中小学无校园安全、师生违法等事件发生。县公安、民政等部门继续推进平安边界建设，投入300万元完善和推进“南大门平安工程”，完成丰顺—大埔、丰顺—兴宁、丰顺—五华边界联检工作，维护边界群众的和谐稳定。县交通局继续深化平安机关、平安车站、平安工地、平安公路、平安渡口等交通行业系列平安建设活动，实现交通运输安全生产“零事故”。

（二）加强法治政府建设。丰顺县制订《丰顺县法治政府建设指标体系（试行）》和《丰顺县依法行政考评办法》，县人大、法制局、依法治县办等部门加强联动，加大行政执法监督，使各部门坚持严格执法、公正执法、文明执法。县检察院不断完善“两法衔接”信息共享平台运行机制，扎实推进行政执法检察监督工作，坚持对公安等24个单位办理的447宗行政处罚案件进行网上监督和严格审查，实现打击犯罪与保护权益的有机统一。

（三）服务民生和经济发展。县政法部门坚持“司法为民、公正司法”的工作主线，认真履行职责，处理好影响民生和经济发展的各类矛盾纠纷。如县法院共受理民商事案件1165件，审结1126件，同比分别上升27.48%、24.42%，诉讼标的总额3.97亿元。着力保障民生，维护平等、和睦、文明的婚姻家庭关系，审结婚姻家庭案件756件。规范适用赔偿标准，维护受害人合法权益，审结道路交通事故人身损害赔偿案件68件。积极化解经济下行压力下的两类矛盾纠纷案件，审结民间借贷纠纷案件89件，审结房地产开发经营、金融借款、买卖、建设工程等合同纠纷案件220件，同比分别上升61.82%、

85.59%。加强案件调解工作，强化四个人民法庭化解矛盾纠纷的前沿阵地作用，努力做到案结事了，全年以调解撤诉方式结案的有 774 件，调撤率 68.74%，排在全市基层法院首位。

（四）完善基层网格化管理。实行综治网格化管理与干部挂点联系制度同步推进，全县 500 多名干部建立挂点村 282 个，实现全县行政村网格化管理全覆盖。并加强对县、镇、村干部职工的培训，提高干部职工维护稳定、协调关系、适应新常态的能力和水平，促进改革发展和社会稳定。

（五）建立和完善民主决策制度。大力培育发展村民理事会，加大协商沟通议事的力度，推进基层民主协商。5 月，县委办印发《丰顺县培育发展村民理事会的实施方案》（丰委办〔2015〕17 号），成立培育发展村民理事会领导小组，推进村民理事会建设，提高了村民自治水平，推动了农村公益事业的发展，密切了党群、干群关系，已取得初步成效。

（六）加强“一村（社区）一法律顾问”建设。县司法局积极推进“一村（社区）一法律顾问”建设，1 月，完成全县 282 个村（社区）的法律顾问全覆盖，通过建立健全上下联动、经费保障、日常管理、督导检查、考核评估、奖励激励、信息通报、学习交流等 8 个机制，为群众提供免费法律服务，使群众在家门口就能享受到公共法律服务。

（七）强化“天网”防控群防群治。一是打造“平安天网”。由县公安局、中国电信丰顺分公司牵头，县、镇投入 3000 万元资金，全面升级视频监控网，全县安装摄像头 3000 多个，其中安装高清摄像头 600 多个，率先在全市实现县、镇高清视频监控网联网，主要交通道口、重点区域、重点场所实现全覆盖和全天候监控，构建高科技智能社会治安防控体系，有效震慑犯罪分子。二是加强治安联防队伍建设。联防队统一配备巡逻救护装备，深入开展收集社情民意、治安巡逻防范、调解邻里纠纷。17 个镇（场）有治安联防专业队员 350 多人，282 个村（社区）有治安联防队员 2000 多人。县财政每年投入 250 万元，还组建应急特勤分队和全市唯一的县级警犬中队，参与治安巡逻、处突维稳，提高见警率、巡查率。

（八）创新重点人员管理机制。一是加强社会管理，切实加强矫正对象的教育和监管。认真贯彻落实《社区矫正实施办法》，健全当庭入矫无缝衔接机制、服刑人员假释衔接机制、调查评估、信息联络员和联合季度督查制度，与中国电信公司合作运用 GPS 手机定位系统等手段对社区服刑人员进行监控管理，做到日定位、周听声、月汇报、季考核，每季度县司法局社矫股都与县检察院监所科联合督查，确保矫正对象无漏管、脱管现象，无重新违法犯罪。二是加强帮教帮扶，切实降低安帮对象的重新违法犯罪。县司法局制定服刑在教人员核实率的考核机制，与监所建立信息交流沟通机制，确保服刑在教人员核实率达 100%；建立健全刑释解教人员的信息库和个人档案管理库，建立 3 个过渡性安置基地，所有帮教对象均建立了档案，落实了措施。通过就业培训、低保救助等举措，积极主动与相关部门沟通协调，尽最大努力帮助回归人员解决生活中的实际困难和问题，使刑释解教人员顺利融入社会，最大限度地减少重新违法犯罪，实现无重新犯罪目标。

（九）培育村民民主法治意识。通过开展多种形式的法律法规宣传活动，提高村民规则意识、法治意识、公共精神，充分调动群众参与农村社区服务与管理的积极性，不断提高村民自我教育、自我管理、自我服务、自我监督的能力和水平。一是创新普法宣传形式。县政法委、司法局、文广局等单位联合创作被誉为法治“小苹果”普法广场舞《和谐神州艳阳天》，用畲族舞蹈编制广场舞，免费发放给全县城乡居民跳广场舞，使群众在潜移默化中接受法制教育。二是开展公益普法宣传。开展大型法律咨询 10 多场，接待咨询 5000 多人；上法制教育课 380 场（次），受教育人数 40 万人；出普法宣传专栏 500 多期，印发宣传资料 20 万份。县广播电视台坚持办好每周 1 期《丰顺公安》和每周 5 期《法治在线》栏目，全年播放综治普法公益广告 1200 多条、电视新闻 320 条、专题 15 期，始终主动担当宣传主阵地的作用。

【加强党的领导，强化党委政法委职能作用】县委政法委进一步加强对全县政法部门执法活动的组织、协调和执法监督工作力度。按照中共中央政法委员会、纪律检查委员会等八个门联合制定并下发的《关于党委政法委员会对政法部门执法活动进行监督的规定》的工作要求，充分发挥党委政法委组织协调和监督职能作用，认真做好执法督查工作。坚决执行好刑事案件执法联席工作会议制度。组织安排好每月召开公安刑侦、检察侦监和公诉、法院刑事审判等部门领导会议，季度末还规定公、检、法三家分管领导参会，通过通报当月办案工作情况，及时发现和协调解决办案工作中存在的一些疑难问题和困难，政法各部门互相配合、互相制约，共同把好案件质量关，提高办案的工作效率，确保司法公正。认真接待和处理好涉法涉诉来信来访。全年共接待和处理涉法涉诉信访案件10件，做好上访人的教育疏导工作，协调责任单位解决好信访人反映的问题，及时为群众排忧解难，维护其合法权益。

【加强基础建设，提升政法干警工作综合能力】（一）加强队伍建设，提升政法队伍整体素质。做好新形势下政法工作，最根本在于建设一支政治过硬、业务过硬、作风过硬的政法队伍。为深化政法工作和司法体制机制改革，提升人民群众安全感，加快丰顺振兴发展，全面推进依法治县提供强有力的人才保障。一是加强政法队伍的思想政治和业务能力建设。2015年，在全县政法队伍中，先后开展“三严三实”专题、社会主义法治理念和政法干警核心价值观教育等为主要内容的学习教育活动，大大地提高全县政法队伍的政治思想素质。同时，在全县政法队伍中还针对不同人员，开展多种类型的业务练兵和学习培训活动，使政法队伍的业务水平、业务能力得到新的提升。二是毫不松懈落实中央“八项规定”。2015年，全县政法各部门持之以恒严格落实中央“八项规定”。精简各类会议，减少会议数量，精简文件，改进文风，可发可不发的文件简报一律不发，文件、报告、信息、简报等材料少讲空话、套话，就事论事，用具体事例、数据说话。厉行勤俭节约，严格控制经费开支。推行无纸化办公，加强普通公文通过办公系统发送，减少纸张浪费。严格执行公车警车管理使用规定。

（二）加大资金投入，继续完善政法网建设。广东省政法网建设是创建平安广东行动十大工程之一，2015年丰顺县政法网建设按照省委、市委及政法委的部署，在省、市、县各级财政部门的支持下，政法网建设工程已完成线路铺设、信号调试工程建设任务。同时，按照上级要求已经启动涉密机房项目申报、设计、委托市一级开展施工招投标工作。

**2015年年底县委政法委**

**书　记**　陈辉祥

**副书记**　房春鸣　赖昌仁　张映文　郑春李　罗卫胜　陈新云

（调研室）

## 县综治工作

【综治责任】县委、县政府把平安建设和综治工作与全县经济社会发展工作同谋划、同部署、同落实，并列入全县重点工程项目，积极打造公平公正、平安和谐的幸福丰顺。3月11日，召开县委政法工作会议，书记陈志宁作重要讲话。县委组织部在干部选拔任用时征求综治部门意见，并把党政领导干部抓社会治安综合治理工作的能力和实绩列为干部任免奖惩的重要依据。12月，县综治委对全县各单位进行年终检查。丰顺县综治工作紧紧围绕“平安丰顺”建设这一中心，积极打造良好发展环境，助推丰顺振兴发展。

【矛盾化解】继续加强县、镇综治中心和村综治工作站建设，提高化解矛盾纠纷能力和水平。全县综治三级平台共受理矛盾纠纷3032宗，成功调处3026宗，成功率达99.8%，95%以上的矛盾纠纷在镇、村得到有效解决，无民转刑案件发生。一是构建“大调解”格局。建立健全日接访、月研判制度，坚持每天安排一名县领导带班接访、每月安排一名县领导主持矛盾纠纷排查研判会，对排查出来的矛盾纠纷实行“五个一”领导包案。全年县领导共接待群众来访47件，责任单位及时回复47件，及时率达100%。同时实行干部带案下访、定期下访、限期化解等工作制度，做到早排查、早发现、早化解，率先在全市100%化解信访历史积案。县信访局立案受理来信来访55宗，同比下降38%；群众在《梅州民声》投诉、建议、反映各类问题631件，同比下降35%。二是开展“多元化”调解。县、镇、村三级综治信访维稳平台继续充分发挥调解核心作用，紧紧围绕丰顺新区、产业转移园等重大建设，提前介入排查调处可能引发的矛盾纠纷，把矛盾纠纷解决在基层，消除在萌芽状态，全年无发生群体性事件。同时，加强诉调对接平台建设、加强专业性矛盾纠纷化解平台建设、加强矛盾纠纷化解信息化建设，建立和完善多元化解矛盾纠纷机制，建立企业调委会、医调会、交通事故调解工作室等行业调委会，推动诉讼调解与人民调解、行政调解、行业调解等无缝对接，落实诉前联调机制，实现党群沟通“零距离”、服务帮扶“零障碍”、社会矛盾“零复发”。县法院专门设置了立案调解人员，做好立案前调解工作，调解结案达128件；大力推进民商事案件以调解撤诉方式结案，达774件，调解撤诉率68.7%；与其他部门诉前联调民事纠纷案件31件，调解确认29件。有效降低当事人维权的司法成本，实现法律和社会双重效果的和谐统一。三是创建“零上访”村居。通过建立“分片包干、逐层化解、联合调处”的调解机制，发挥驻村法律顾问作用，把村“两委”打造成为“村民心中的110”，创建“零上访”村居203个，覆盖率达72.2%。

**【基层治理】** 以群众满意不满意、答应不答应、高兴不高兴作为基层治理实效标准，立足实际，从群众需求出发，走群众路线，快速提升社会管理服务水平，为群众美好生活的实现提供精准有效的服务和管理。一是加强法治政府建设。制订《丰顺县法治政府建设指标体系（试行）》和《丰顺县依法行政考评办法》，加大行政执法监督。县检察院不断完善“两法衔接”信息共享平台运行机制，扎实推进行政执法检察监督工作，对24个单位办理的447宗行政处罚案件进行网上监督和严格审查。二是完善基层网格化管理。实行综治网格化管理与干部挂点联系制度同步推进，全县500多名干部建立挂点282个，实现全县行政村网格化管理全覆盖。并加强对县、镇、村干部职工的培训，提高干部职工维护稳定、协调关系、适应新常态的能力和水平。三是建立和完善民主决策制度。大力培育发展村民理事会，加大协商沟通议事的力度，推进基层民主协商。5月，县委办印发《丰顺县培育发展村民理事会的实施方案》，成立培育发展村民理事会领导小组，推进村民理事会建设。四是加快镇村综合服务中心建设。6月11日，丰顺县召开“全县基层综合政务中心和社会治理工作会议”，统一基本模式和功能，全面推进基层综合政务中心和社会治理服务中心建设。12月，全县各镇中心已全面建成并投入使用。五是加强“一村（社区）一法律顾问”建设。1月，完成全县282个村（社区）的法律顾问全覆盖，为群众提供免费法律服务，使群众在家门口就能享受到公共法律服务。

**【平安创建】** 全年刑事“零警情”天数达120天，创下十年来新高。2月13日，省综治委对丰顺县2014年度做到“命案零发生”进行表扬通报。7月8日，全省命案防范工作现场会在丰顺县召开，省政法等七个部门领导和各地级以上市综治办、公安局等相关部门有关负责人共100多人参加会议，县长曾永祥在会上作“织好四张网 实现零命案”的经验介绍发言。一是强化严打整治。进一步健全和完善情报信息收集、分析、研判机制，及时打击影响和危害国家安全及社会政治稳定的敌对势力、邪教组织等破坏活动；瞄准重点案件、重点场所，对黑恶势力、涉枪涉爆、严重暴力、“两抢一盗”、非法传销、食品药品安全等易发命案的违法犯罪活动保持高压打击态势，立刑事案件644宗，同比下降22.3%。二是强化天网防控。投入3000万元资金，全面升级视频监控网，全县安装摄像头3000多个，其中高清摄像头600多个，率先在全市实现县、镇高清视频监控网联网，主要交通道口、重点区域、重点场所实现全覆盖和全天候监控。三是强化群防群治。17个镇（场）共有治安联防专业队员350多人，282个村（社区）有治安联防队员2000多人。四是强化突出问题治理。7月，丰良镇被梅州市综治委列为重点治理镇，8月，由县委常委、政法委书记陈辉祥带队到丰良镇政府召开重点治理动员会议。丰良镇制订了《丰顺县丰良镇2015—2016 年社会治安综合治理重点治理工作方案》；县综治办、县公安局建立检查督导工作制度，分别开展各 3 次检查督导。12 月下旬，县综治委对丰良镇重点治理工作进行半年检查，通过半年的治理，重点治理工作取得明显成效。*五是大力培育平安细胞。*继续大力推进平安细胞工程建设，有效拓展平安建设的广度和深度，使每个社会细胞都主动履行责任，积极参与平安丰顺创建活动。劳动部门建立“信访、仲裁、监察三位一体”的解决劳资纠纷机制，对林业、建筑等行业实行“工人工资支付保证金管理”制度，预防企业拖欠工人工资，构建和谐劳动关系，全年共处理来信来访 209 宗 1015 人次，涉案金额1700 多万元。妇联、宣传部、广播电视台等部门以“和睦·幸福一家”为主题，开展“丰顺好媳妇”等平安家庭系列活动。教育部门通过开展校园及周边专项治理、学生安全教育、聘请法制副校长上法制教育课、实施学校“五无”完善改造工程等一系列活动，积极打造平安校园，全县中小学无校园安全、师生违法等事件发生。公安、民政等部门继续推进平安边界建设，投入 300万元完善和推进“南大门平安工程”，完成丰顺—大埔、丰顺—兴宁、丰顺—五华边界联检工作，维护边界群众的和谐稳定。交通部门继续深化平安机关、平安车站、平安工地、平安公路、平安渡口等交通行业系列平安建设活动。

**【专项治理】** *一是开展危爆物品寄递物流清理整顿和矛盾纠纷排查化解专项行动。*贯彻落实10 月 22 日全国电视电话会议精神，开展危爆物品、寄递物流清理整顿和矛盾纠纷排查化解专项行动。10 月 28 日，县综治办组织召开 8 个相关责任单位分管领导的推进会。组织了两次集中统一清查行动，全面落实寄运物品先验视后封箱、寄递物流活动实名登记、邮件快件 X 光机安检“三个 100%”制度。*二是加强严重精神障碍患者救治救助工作。*8 月 10 日，召开全县精神障碍患者救助工作会议，会后，约谈汤坑镇、留隍镇综治领导。丰顺县重性精神障碍患者有 262人，两家专业收治精神障碍患者医院共收治患者580 人。

**【普法宣传】** *一是创新普法宣传形式。*县政法委、司法局、文广局等单位联合创作被誉为法治“小苹果”普法广场舞《和谐神州艳阳天》，用畲族舞蹈编制广场舞，免费发放给全县城乡居民跳广场舞，使群众在潜移默化中接受法制教育。这一做法得到市司法局的充分肯定，并向市人大专题会议进行汇报，市人大建议 2016 年在全市推广。同时，经过重重选拔，荣获广东省电视台“舞动人生——广东省广场舞群英会”比赛亚军。*二是开展公益普法宣传。*开展大型法律咨询10 多场，接待咨询 5000 多人；上法制教育课 380场（次），受教育人数 40 万人；出普法宣传专栏500 多期，印发宣传资料 20 万份。县广播电视台坚持办好每周 1 期《丰顺公安》和每周 5 期《法治在线》栏目，全年播放综治普法公益广告 1200多条、电视新闻 320 条、专题 15 期。

**2015 年年底县综治办**

**主　任**　陈新云

**副主任**　刘向新

（刘向新）

## 县维稳工作

**【简述】** 2015年是全面深化改革的关键之年，是全面推进依法治县的开局之年，是全面完成“十二五”规划的收官之年，也是加快振兴发展的攻坚之年。丰顺县维稳工作在上级维稳部门的指导和县委、县政府正确领导下，强化“发展是第一要务、稳定是第一责任”的理念，坚持“以人为本、民生为重”的部署要求，切实把维护稳定工作摆上全局重要位置，严密防范打击敌对势力的捣乱破坏活动。紧紧围绕“四个不发生”的目标（即不发生进京上访事件、不发生到省聚集上访事件，不发生游行示威事件、不发生串联声援事件），进一步深化不稳定因素排查化解，加强情报信息工作，落实各项管控措施，严防死守，为丰顺县加快振兴发展经济、创建美丽丰顺、谱写“丰顺梦”创造和谐稳定社会环境。

**【加强社会建设和完善维稳责任制度】** 在日常工作中，县委书记陈志宁、县政府县长曾永祥经常听取维稳工作汇报，对维稳工作的重大问题亲自过问、亲自部署，对重大群体性苗头、事件亲临现场、亲自做群众工作。2015年10月15日，丰顺公安要情专刊上报埔寨镇横坑村原盆围小学因改建为幼儿园而将原来围墙转角改为直角存在群体性械斗的隐患。县委书记陈志宁高度重视，当即批示“请辉祥常委牵头化解，请耀辉同志高度重视，全力解决好矛盾纠纷，防止事态升级，确保埔寨稳定”。县委常委、政法委书记陈辉祥迅速前往埔寨镇，会同埔寨镇主要领导召开由镇信访维稳中心、国土所、派出所、司法所、村干部参加的影响当前埔寨社会稳定的突出不稳定因素的研判会议，了解事态最新发展动向，分析情况，制定详细解决纠纷方案，落实具体措施，安排专人负责，及时化解了矛盾，确保和谐稳定。2015年10月14日，县政府县长曾永祥在召开2015年环绕丰顺磨坊200公里骑行活动筹备工作会议上强调：骑行活动是一场宣传丰顺形象，是一场招商引资的盛会，大会期间众多媒体记者前来采访，稳定压倒一切，群众对借用山道作为赛道不理解的要及时沟通协调，认真贯彻党的群众路线，不断提高新形势下做好群众工作的能力，把保障和改善民生作为推动发展、维护稳定的着力点。

**【全力做好“社会矛盾化解年”工作】** 按照省、市政法委（维稳办）在全省进一步开展“社会矛盾化解年”活动的统一部署，以“解决实际问题”为核心，以“维护社会稳定”为目标，明确分工，落实责任，加大对涉农村土地、劳资纠纷、涉环境保护问题、特殊利益诉求群体等矛盾集中领域和部位的隐患排除化解力度，及时做好防范化解和应对处置工作，把矛盾化解在初始阶段，多措并举攻坚克难，化解大量社会矛盾纠纷和信访案件，最大限度地预防和减少不稳定因素的发生，为丰顺县经济社会跨越式发展创造和谐稳定的社会环境。2015 年，共召开重大疑难案件分析研判会议 15 场（次），被市维稳办列为重点督办案件 10 宗，化解 10 宗，向市申报撤销社会矛盾纠纷个案 10 件，化解率为 100%；摸排掌握重大矛盾纠纷案件 32 宗，化解 32 宗，化解率 100%。

**【抓源头、重化解，确保矛盾化解的根源化】** 一是通过开展创建“零上访”村居活动，把矛盾解决在基层，化解在萌芽状态，从源头上预防“民转刑”命案发生。如，汤坑镇黎峰村通过建立良好的“分片包干、逐层化解、联合调处”的调解机制，充分发挥“一村一法律顾问”的作用，实现多年来无村民到镇级以上政府部门上访，村两委被村民称为“村民心中的 110”。丰顺县“零上访”村居共有 203 个，占全县 72.2%。二是整合资源，关口前移，坚持基层化解矛盾。为把矛盾纠纷化解在基层，县维稳办将工作关口前移，充分利用乡镇综治信访维稳工作中心这个平台，整合各类资源，发挥各自的优势，施行多部门“一体化”运作，实现“一个窗口服务群众、一个平台受理反馈、一个流程调解到底、一个机制监督落实”的运作方式，建立“矛盾纠纷联调、社会治安联防、重点工作联动、突出问题联治、平安联创、社会管理联抓”的长效机制。同时，发挥“三调联动”的大调解运行机制，促进公调、审调、检调的有效衔接。公安在基层派出所成立治安纠纷调解中心，化解基层治安纠纷。法院在立案庭和基层法庭建立诉前联合调解分中心，对当事人实行劝调制，发放《劝导书》，引导当事人先行调解。检察院在乡镇检察室导入人民调解工作，实现检察工作与人民调解工作的互动互进。在城区街道，建立派出所与街道、社区、家庭警务室、治安分子联动机制，最大限度地将矛盾纠纷化解在社区，解决在萌芽状态。对于排查出的矛盾纠纷，坚持未雨绸缪，及时有效的将各类矛盾纠纷化解在基层，消除在萌芽状态。

**【全力以赴、严防死守，做好特别防护期间维稳工作】** 丰顺县紧紧围绕“四个不发生”的目标，进一步深化不稳定因素排查化解，加强情报信息工作，落实各项管控措施，严防死守，确保在特别防护期间丰顺社会和谐稳定。

1. 纪念抗战胜利 70 周年是党和国家的重大政治活动，其间的北京大阅兵是系列纪念活动的重头戏，“9·3”期间维稳工作的政治意义重大，任何发生涉及军退人员或其他的重大不稳定活动，都是对党执政能力的损害，都是对国家形象的抹黑。一是严格落实维稳工作“属地管理”及“谁主管谁负责”原则；二是牵头建立重大不稳定因素每日通报机制，直接收集县公安局、信访局、国保大队等单位上报的重大不稳定进行综合整理，形成每日情况反映，抄报县领导，通报给各有关部门；三是在摸清情况的基础上继续加大情报信息收集力度，全面收集掌握“9·3”期间影响稳定的苗头隐患，做到情报灵、反应快，进一步增强工作主动性。

2. 加强重点人的管控工作，对排查出来的涉稳重点人员，下足力气耐心细致地做好政策解释、思想疏导和法制教育工作，对一时无法解决的问题，信访人可能有非法越级上访苗头的制定稳控方案，明确稳控责任单位，责任领导和责任人，切实对上访人看好、盯牢、稳住，确保不出现非法越级上省进京访。

**2015 年年底县委维护社会稳定办公室**

**主　任**　罗卫胜

**副主任**　黄佳龙

（黄佳龙）

## 县公安工作

**【严厉打击刑事犯罪活动】** 县公安局根据上级公安机关的统一部署，突出重点，集中力量，精心组织开展“客都民意警务”“平安丰顺”“3+2”专项打击整治等专项行动，精心组织部署，强力开展破案战役，成功侦破一批大案，有力地打击了各类违法犯罪分子的嚣张气焰，确保全县社会治安的持续稳定。2015 年，全县共立刑事案件 664 宗，破 382 宗，抓获犯罪嫌疑人 230 人（其中“两抢一盗”立 219 宗，破“两抢一盗”案件 167 宗，抓获 105 人），提请检察院批准逮捕 224 人，检察院批准逮捕 189 人。通过一系列的严打整治行动，打出声威，确保丰顺社会治安的持续稳定。

**【治安管理】** 县公安局狠抓治安管理工作，深入开展严厉打击“胡豆子”“鱼虾蟹”“押大小”、扫除“黄赌毒”等专项行动。2015 年，全县共查处行政案件 819 起，行政处罚 503 人，其中赌博案件 78 宗 187 人，行政拘留 153 人，行政罚款 160 人；毒品违法犯罪 153 起 195 人。通过有力的打击整治，全县辖区内的“黄赌毒”等违法犯罪活动得到有效地遏制，营造了良好的社会风气。

**【户政管理】** 县公安局户政部门认真抓好换发“二代证”和人口信息系统建设等工作，加强户政业务建设，为领导决策提供人口信息依据，为人民群众提供了优质服务。2015 年，共办理居住证 197 张、受理二代证 4736 张，临时身份证 7200 张，全县四项人口变动 32161 人次。

**【“3+2”专项打击整治行动】** 县公安局根据省、市开展“3+2”专项打击整治行动的统一部署，结合丰顺实际，精心组织部署，在全县开展以打击涉毒、涉赌、涉诈骗、涉盗抢、涉黑恶犯罪为主要内容的“3+2”专项打击整治行动，取得明显性工作成效，有力确保全县社会治安持续和谐稳定。2015 年，*涉盗抢*：侦破盗抢案件 235 宗，提请逮捕 36 人，移送起诉 45 人；*涉黑恶*：共办理涉恶案件 18 起，移送起诉 66 人，判决 61 人，打掉“恶势力”团伙 7 个，抓获恶势力团伙成员 34 名；*涉毒*：破获贩毒案件 18 宗，抓获贩毒人员 33 人，查获毒品氯胺酮 644 千克，冰毒 426 克；查处吸毒人数 320 人次，强制隔离戒毒 121 人，社区戒毒 97 人。*涉诈骗*：抓获诈骗犯罪嫌疑人 13 人，其中侦破电信诈骗团伙 1 个，抓获犯罪嫌疑人 4 名，破获跨区域电信诈骗案件 65 宗；*涉赌*：共查处涉赌案件共 78 宗，其中刑事案件 19 宗、行政案件 59 宗。共抓获 387 人，行政拘留 153 人，罚款 160 人，教育 27 人，刑事拘留 47 人，提请逮捕 48 人。

**【科技强警】** 2015 年，在全县主要街道、路口、重点复杂场所以及各乡镇建立高清视频监控摄像头 600 多个和 7 个治安卡口。实现对丰顺县的主要街道、公共复杂场所、主要道路出入口、重点单位进行 24 小时的全天候监控，提高公安机关对社会面的掌控能力。

【出入境管理】 县公安局出入境管理部门以争创全省文明窗口为动力，继续落实便民利民措施，提升服务质量和管理水平。2015 年，共受理各类出入境申请 46484 人/次。其中因私护照 8787 人次、港澳个人游 23987 人次、港澳双程探亲通行证 697 人次、赴台申请 160 人次、港澳单程 57 人次、港澳商务通行证 9 人次、台胞延期 9 人次，民警在受理各类证件中发现和查处违规办证 15 人次。查获处罚超期居留 2 人，驱逐出境越南犯罪刑满释放人员 1 人。全队无发生任务违法违纪现象。

【道路交通管理】 县公安局交警部门认真贯彻落实上级公安机关预防道路交通事故的重要指示，紧紧围绕“压事故、保平安、护畅通”的工作思路，加大道路交通违法行为治理力度，有效地整治了假牌、套牌机动车、报废车、无牌无证机动车及酒后驾驶、“三超一疲劳”等严重交通违法行为，对全县校车进行检查，确保丰顺县道路交通安全畅通。2015 年，交警大队共出动警力 13000 多人次，检查机动车 4.4 万余辆，交警大队共查处各类交通违法行为 3670 起，其中乱停乱放违法行为 1835 起、货车超载 350 起、无牌无证报废摩托车违法行驶 371 起；查处酒驾毒驾 69 起；查扣机动车 467 辆，其中摩托车 108 辆、货车 300 辆、小车 59 辆。在服务群众方面，替驾驶员换证、补证 6794 份；汽车入户 1687 辆、摩托车入户 205 辆；汽车年审 7724 辆、摩托车年审 272 辆；办理抵（解）押、补牌、补证 547 份。纠正一般轻微交通违法行为给予口头警告 9000 多人次；一年来，共接处各类交通事故（含轻微）1808 多宗，交通事故死亡 40 人，受伤 836 人，直接经济损失 93000 元。

【消防工作】 县公安局消防部门坚持认真贯彻落实新《消防法》，以打造消防铁军为契机，不断加大岗位练兵力度，努力增强部队灭火和抢险救援能力，以消防宣传“五进”和消防站开放为载体，大力开展消防宣传教育活动，全面提高全社会的消防安全意识，扎实开展专项整治，大力消除火灾隐患，积极营造良好的消防安全环境。2015 年，共接警 75 起，出动消防车 153 辆次，消防官兵 788 人次，抢救被困人员 42 人，疏散人员 44 人，抢救财产价值 39.8 万元。

【调研宣传与信息】 县公安局指挥中心结合公安工作中心任务，充分发挥指挥中枢和桥梁纽带作用，扎实开展调研活动，及时为领导决策提供参谋服务，实现调研工作新突破；强化宣传舆论引导工作，扩宽宣传渠道，积极发挥宣传工作在打击犯罪、教育群众、弘扬正气、树立公安新形象等方面的作用。2015 年，被市局以上部门转发公安简报 120 篇，《丰顺公安大事记》《社会治安情况反映》各 12 期，撰写文件、会议、调研、领导讲话等材料 68 份；摄制《梅州公安栏目》5 期、《丰顺公安》12 期、《警情通报》45 期，撰写专项行动快讯、简报共计 66 期，在市级以上报刊和网站等媒体共发表文章 315 篇；“110”报警服务台受理报警电话 27733 次，其中有效警情 13581 起，协助抓获违法犯罪嫌疑人 225 名，解决群众求助电话 2902 次。

【队伍建设与立功受奖】 县公安局组织民警深入学习实践科学发展观活动，扎实开展粤警创新大赛活动，狠抓队伍建设工作，加强党的基层组织建设，强化公安队伍的教育与管理，全面落实执行《丰顺县公安局职能配置、内设机构和人员编制规定》，建立和实施《丰顺县公安局队伍建设和业务工作年终考核评比办法》，有效地提高公安队伍的整体素质和战斗力，涌现出一大批先进单位和个人。2015 年，参加市局警衔培训 59 人，新警培训 17 人。荣获市级以上集体三等功 3 个、个人三等功 17 个；县局嘉奖单位 9 个、嘉奖个人 137 人、先进工作者 74 人，县局表彰先进党支部 3 个、优秀党员 31 人。

**2015 年年底县公安局**

**副县长、公安党委书记、局长、督察长** 房春鸣

**局党委副书记、政委** 李政江

**副局长** 冯丹心 刘辉林 易锦洲 罗勇胜 陈建飚

**局党委委员** 杨新云 徐旭舜 冯柳勋 罗 欣 蓝永明

（魏耀阳 徐俊轩 吴志欣）

## 县公安局森林分局工作

【简述】 丰顺县共有林业用地 22.26 万公顷，其中生态公益林 8.73 万公顷、商品林等 13.53 万公顷，地处扼汕梅要冲，是梅州市木材流向潮汕木材特大集散区的必经之地。丰顺县森林公安机关编制 30 人，2015 年，有民警 24 人，内设政秘股、治安股、刑警队、法制股 4 个股（队），下设汤坑、丰良、留隍 3 个森林派出所，受县林业局和县公安局双重领导，在辖区内负责林区治安秩序，保护生态安全，依法打击各类破坏森林资源违法犯罪活动，组织清查发生在本辖区内的森林刑事、治安、林业行政案件。

【开展多项专项行动，林区治安持续稳定】 2015 年，在上级的领导下相继开展“雷霆行动”“蓝天行动”“霹雳行动”等多项专项行动，林区治安持续稳定。一年来，共接警受理涉林警情 162 起。共立森林刑事案件 17 宗，破 12 宗，其中盗伐林木 4 宗、滥伐林木 3 宗，森林火灾 7 宗，非法占用农用地 3 宗。刑拘 16 人，取保候审 4 人，提请逮捕 6 人，移送起诉 12 人。查处林业行政案件 82 宗，协助县林政部门及各镇执法 51 起，处置信访案件 12 宗。

**2015 年年底县公安局森林分局**

**局　长**　李毅峰

**教导员**　曾令广

**副局长**　蔡耀文　张潜涛

（彭世逊）

## 检 察 工 作

【简述】 2015 年，县检察院在上级检察机关和县委的领导下，在县人大监督和县政府、县政协以及社会各界的支持下，坚持以中共十八大、十八届四中、五中全会精神为指导，认真贯彻落实中央关于深化司法体制改革的部署和要求，以努力让人民群众在每一个司法案件中都感受到公平正义为目标，严格履行法律监督职能，全力推进平安丰顺和法治丰顺建设，为“一区一带”建设提供坚强有力的司法保障。

【批捕起诉工作】 始终保持严打高压态势，坚决依法从严打击严重暴力犯罪、多发性侵财犯罪、毒品犯罪等严重刑事犯罪，切实维护社会治安秩序和人民群众生命财产安全。全年受理公安机关提请批准逮捕案件 142 件 226 人，经审查批准逮捕 104 件 179 人，同比上升 17.76%；受理公安机关及本院自侦部门移送起诉案件 197 件 309 人，经审查提起公诉 175 件 244 人，同比上升 12%。积极配合公安机关开展“3+2”专项打击整治行动，共提起公诉涉黑、涉毒、盗抢及电信诈骗、赌博案件 75 件 132 人，有效震慑犯罪。

【查办职务犯罪工作】 加大职务犯罪查办力度，反贪部门突出查办侵吞教育资金和国有企业资产以及侵害民生民利的贪污贿赂犯罪。全年立案 6 件 7 人，追缴赃款和非法所得 48.6 万元。强化追逃追赃工作，成功敦促潜逃 15 年的职务犯罪嫌疑人陈某明投案自首，退回部分赃款，接受法律惩罚。反渎部门积极回应人民群众反映强烈的“为官不为”“为官乱为”问题，立案查办渎职侵权案件 4 件 4 人。严肃查办畜牧、林业领域干部玩忽职守、滥用职权犯罪，促进国家机关工作人员严格履职、依法行政，营造风清气正的良好生态。

【刑事诉讼监督工作】 坚守防止冤假错案的法律底线，把好案件质量关，及时纠正案件错误。全年改变公安机关定性 6 件 10 人，追加罪名 3 件 3 人，要求公安机关撤销案件 4 件 8 人，审查不构成犯罪的不捕案件 2 件 2 人，审查另案处理案件 6 件，向公安机关发出补充侦查提纲 67 份，退回公安机关补充侦查案件 22 件 36 人，向法院发出量刑建议书 91 份，检委会对 9 件重大疑难复杂、拟不起诉案件集体讨论研究，确保案件程序合法、实体公正。

【监所检察工作】 注重保障被羁押人员合法权

益，强化对监管活动中违法行为的监督，依法向看守所提出书面纠正违法通知书1份，口头检察建议13次，配合看守所清仓12次，给在押人员上法制教育课12场，个别谈话教育100人次，确保看守所管理安全有序。加强社区矫正工作的监督，完善与司法部门社区矫正工作日常联络制度，防止社区服刑人员脱管漏管，批准逮捕社区矫正服刑人员重新犯罪1人，起诉1人，维护法律权威。

**【民事行政检察工作】** 全面开展民事行政诉讼监督工作，积极督促行政单位履行职责，依法向有关行政单位提出检察建议3份，有效提升城市化管理水平，为国家和集体挽回经济损失100多万元。扎实开展破坏环境资源专项立案监督和危害食品药品安全犯罪专项立案监督活动，运用“两法衔接”信息共享平台，对24个行政执法单位录入系统的507宗案件进行网上审查监督，发现倾向性执法问题，及时向有关单位发出纠正意见。深入行政执法单位进行执法检查，对检查发现的执法程序不合法、认定事实不清、证据不足、适用法律不准确等问题向行政执法单位进行反馈通报，监督行政执法机关将构成犯罪的案件移送司法机关处理，对不构成犯罪的案件要求侦查机关撤案，实现打击犯罪与保障人权的有机统一。

**【控告申诉检察工作】** 坚持把执法办案与化解矛盾相结合，加强信访与营造和谐相促进，通过促成刑事和解、办理信访案件、发检察建议、提供司法救助等措施，不断提高化解社会矛盾纠纷的能力和水平。全年受理群众来信来访及举报线索44件，检察长接待群众24批38人，促成4名犯罪嫌疑人与被害人、被害人家属达成刑事和解，对1名未成年被害人实施司法救助，体现司法人文关怀。

**【社会治理创新工作】** 认真落实检察环节的综合治理措施，积极开展羁押必要性审查工作，对3名捕后无羁押必要性的犯罪嫌疑人进行社会危险性综合评估，依法提出变更强制措施建议。积极参与校园周边、医院等重点地区治安突出问题专项整治，构建安全有序的良好社区环境。通过开展举报宣传周、宪法宣传日等活动，进村入户开展法制宣传教育，发放“检民联系卡”和《阳光检务宣传手册》等宣传资料2000多份，提高群众的法制观念。

**【预防职务犯罪工作】** 紧密结合办案深化职务犯罪预防，向5个涉案单位及其主管部门提出防控风险的检察建议，促进发案单位建章立制，堵塞漏洞。继续在县城沿江东路建设项目等4个县重点在建工程开展专项预防，促进工程廉洁优质。深入全县各镇、县委党校、武警中队和部分县直单位上法制教育课36场，以幻灯片形式进行宣讲，收到良好的教育效果。加大行贿犯罪档案查询宣传力度，提高工作效率和服务水平，为有关单位和个人提供查询589次，切实把好廉洁准入关，促进社会诚信体系建设。

**【派驻丰顺新区检察室工作】** 坚持对丰顺新区司法和执法活动进行常态化监督，建立健全执法办案工作制度，主动在农村基础设施建设以及征地拆迁等领域开展行政执法检察监督。及时发现新区范围内违建抢建行为，监督有关部门依法作出处理，保障征地拆迁工作顺利推进。主动配合辖区党委、政府开展平安创建，积极化解各类矛盾纠纷，深入企业调查研究，化解劳资纠纷，促进企业依法经营。

**【案件管理工作】** 充分发挥案件管理中心案件监督和窗口服务作用，全面推进执法信息网上录入、执法流程网上管理、执法活动网上监督，实现对执法办案全过程的动态管理和实时监督。通过案件受理、办理、换押等环节强化审查监督措施，有效防范和纠正超期羁押案件发生。全年受理赃证款物管理案件122件，受理涉案赃证物数670件，接待律师群众等人22人次，评查各类型案件10件。加大司法公开力度，利用高检院案件信息公开网，公开程序性案件信息352条，发布终结性法律文书40份，公开重大案件信息7条，提高执法办案透明度和司法公信力。

**【调研信息宣传工作】** 撰写各类信息调研宣传

材料106篇，在各类媒体刊物发表文章45篇次，编发《检察信息》11期、《规范司法行为专项整治工作专刊》9期、《检察动态》43期。《检察机关保护生态环境路径探索》《存疑不捕案件存在问题分析及对策研究》等4篇论文在国家级刊物登载。张映文检察长撰写的《“四坚持”加强检察机关领导班子作风建设》《深入践行“三严三实”，持续推动检察工作上新台阶》理论文章在广东检察队伍建设刊登。李传智撰写的《敢于担当是一个好检察官的基本素质》获全市检察机关“践行‘三严三实’，争做讲担当比奉献先进标兵”征文比赛一等奖。

**【队伍建设】** 深入开展“三严三实”专题教育活动，院领导班子成员深入大龙华镇龙北村开展调研活动并轮流为全院干警上专题辅导课，增强党员干警的党性观念和规矩意识。加强队伍素质能力建设，组织3批22名干警到浙江大学、厦门大学等高校参加领导干部素能培训，组织干警参加任职资格、专项业务、岗位技能等正规化培训82人次，1名干警参加全市检察机关公诉人比赛获业务笔试第一名，1名干警参加“三严三实”主题演讲活动获优秀奖。全面推进文化育检，组织羽毛球队参加全市检察机关首届羽毛球团体比赛获得亚军，参加丰顺县“民兴杯”羽毛球比赛获得团体第三名，组织辩论队参加丰顺县第二届青年干部辩论赛获得冠军，连续两届夺冠，1名干警获得大赛唯一“最佳辩手”称号。扎实开展规范司法行为专项整治工作，坚持问题导向，深入查找司法不规范问题，建立一系列公正文明司法的工作制度，端正干警的司法理念，规范司法行为。加强检务督察工作，开展督察活动12次，严肃办案工作纪律，纠正干警不良作风，保持队伍的先进性和纯洁性。

**2015年年底县人民检察院**

**党组书记、检察长** 张映文

**党组副书记、副检察长兼反贪局局长** 戴志勇

**党组成员、副检察长** 黄丽玲 郑旭芳

**党组成员、纪检组长** 罗国强

**党组成员、政工科科长** 游常庆

**党组成员、检委会专职委员** 邹贵鹏

（李传智）

## 县人民法院工作

**【简述】** 2015年，面对案件数量增长较快、办案难度不断增大的严峻形势，县人民法院在县委领导、县人大监督和县政府、县政协、社会各界支持下，坚持“司法为民、公正司法”工作主线，认真履行审判职责，深入推进司法公开，努力加强队伍建设，较好地完成全年各项工作任务。全年共受理各类案件1659件，同比上升24.92%，受理案件数量创近十年新高；办结1600件，同比上升20.30%。在县人民法院全体干警的努力下，年度结案率和服判息诉率仍然达到96.44%和95.65%，两项指标均位居全市基层法院首位。

**【发挥刑事审判职能】** 依法惩治刑事犯罪，维护社会稳定，共受理刑事案件192件，审结188件，同比分别上升37.14%、33.33%。坚持宽严相济，罚当其罪，共判处罪犯254人，其中判处五年以上有期徒刑27人，重刑率10.63%；判处缓刑105人，缓刑率41.34%。严厉打击严重暴力犯罪和多发性侵财犯罪，审结故意伤害、抢劫、强奸、盗窃、抢夺、诈骗案件66件83人，诈骗金额近百万元的特大电信诈骗案的4名被告人分别被判处八年至十四年不等的有期徒刑。维护公共安全和社会管理秩序，审结危险驾驶、交通肇事案件18件18人，审结黄赌毒、寻衅滋事案件51件87人。依法惩治腐败，审结贪污、贿赂、渎职等职务犯罪案件8件9人。积极调解刑事附带民事纠纷，审结刑事附带民事案件12件，调解7件，赔偿到位金额23.92万元。加强未成年人司法工作，贯彻“教育、感化、挽救”方针，设立少年审判法庭，采用圆桌审判方式审结未成年人犯罪案件10件12人，其中8人适用缓刑。注重保障诉讼权利，被告人穿日常服装出庭受审，依法封存12名未成年罪犯的犯罪记录。

**【发挥民商事审判职能】** 依法审理民商事案件，服务民生和经济发展，共受理民商事案件1165件，审结1126件，同比分别上升27.48%、

24.42%，诉讼标的总额3.97亿元。着力保障民生，维护平等、和睦、文明的家庭婚姻关系，审结婚姻家庭案件756件。规范适用赔偿标准，维护受害人合法权益，审结道路交通事故人身损害赔偿案件68件。积极化解经济下行压力下的两类矛盾纠纷案件，审结民间借贷纠纷案件89件，审结房地产开发经营、金融借款、买卖、建设工程等合同纠纷案件220件，同比分别上升61.82%、85.59%。加强案件调解工作，强化四个人民法庭化解矛盾纠纷的前沿阵地作用，努力做到案结事了。全年以调解撤诉方式结案的有774件，调撤率68.74%，排在全市基层法院首位。

**【发挥行政审判工作】** 依法开展行政审判，促进依法行政，共受理行政案件8件，审结7件。严格执行新修订的《行政诉讼法》，坚持保护人民群众权益与监督行政机关依法行政并重的原则，依法审理好涉及人民群众生产生活的城建、民政、治安等行政案件，依法撤销不当行政行为3件，驳回原告诉讼请求3件，准许原告撤诉1件，使行政争议得到有效化解。积极支持依法行政，审查征收计划生育社会抚养费非诉行政执行案件65件，裁定准予执行52件，标的金额249.83万元。

**【发挥执行工作职能】** 加强执行工作，努力实现胜诉当事人权益。开展涉民生案件专项执行活动，完全执结一批追索劳动报酬、抚养费、赡养费、道路交通事故人身损害赔偿案件。充分运用全省法院执行指挥中心，率先在全省法院开通网络执行查控财产系统，与全省20多家银行联网，实现网上快速查询被执行人账户信息，及时冻结账户，有效解决被执行人财产难查、难控问题。完善失信被执行人名单公布机制，依托全国执行信息公开网，将有履行能力而拒不履行的36名“老赖”列入全国失信被执行人“黑名单”，并在丰顺电视台、法院门户网站、官方微博曝光，让失信被执行人的违法成本提高。2015年2月，县人民法院被最高法院评为“有效实施失信被执行人名单制度示范法院”。通过启用“互联网+执行”新模式，全面加强执行工作信息化建设，提升了执行工作的质量和效率。共受理执行案件294件，执结279件，执结标的金额9391万元，执行标的到位金额7781万元，执行标的到位率82.86%，同比提高了17.13个百分点。

**【落实司法为民举措】** 强化立案窗口服务功能，为当事人立案提供导诉、答疑、查询和刷卡缴费等服务。强化诉前指导，对当事人的诉讼权利义务、举证责任、诉讼风险等方面进行提示，引导其理性诉讼。做好立案前调解工作，降低当事人维权的司法成本，全年立案前调解结案128件。规范工作作风，机关和四个人民法庭的立案窗口工作人员统一穿制服上班，遵守司法礼仪，文明礼貌接待。适应立案登记制度改革需要，加强立案引导，及时更改《诉讼指南》，一次性告知当事人立案需补充的材料，对依法应该受理的案件，做到有案必立、有诉必理。2015年收案数比2014年增加329件。做好涉诉信访工作，安排专人负责信访接待，坚持院庭领导轮流接访常态化。积极开展司法救助工作，依法为符合条件的当事人缓减免交诉讼费用11.42万元，为2名困难当事人发放救助金5万元。畅通民意沟通渠道，加强对“院长信箱”的管理，收到的6封邮件全部及时回复，得到群众的点赞。

**【推进司法公开工作】** 依托“中国裁判文书网”统一公开平台，规范高效推进生效裁判文书上网工作，做到既保障当事人隐私等内容，又满足群众对司法公开的需求。共上网公开生效裁判文书558份，文书上网率达100%。大力推进科技法庭建设，机关大中小五个审判庭全部建成科技法庭，具备庭审速录、证据展示、数字化影像采录、存储、播放、控制一体化管理功能。完善主动公开方式，通过法院门户网站、官方微博，电子显示屏及时发布审判信息，方便群众查看。大力开展法治宣传，精选典型案例在报纸、电视媒体上进行报道，充分发挥司法裁判引领社会风尚、普及法治理念的作用。《人民法院报》《南方法治报》《梅州日报》等各类媒体刊发县人民法院宣传稿件96篇，梅州电视台、丰顺电视台播放县人民法院电视新闻63条。加强人民陪审员工作，选送2名陪审员到省高院参加培训班，陪审员陪审案件150件180人次。加强人大代表联络工作，邀请人大代表见证案件执行、观摩案件庭审，召开座谈会听取意见建议。

【加强司法能力建设】 积极开展全员岗位大培训，组织干警参加上级法院举办的刑事、民事、行政、立案等各类培训班，9名年轻干警完成全省法院初任法官培训，实行初任法官轮流到信访窗口工作锻炼制度。积极开展学术研讨，举办“青年法官沙龙”法律研讨活动，鼓励干警多动笔撰写调研报告、案例分析和法律论文，理论研究蔚然成风。有2篇调研报告、5篇案例分析被市中院采用，有3篇案例分析被省高院《法庭》杂志采用，有1篇论文首次在全国法院学术论文讨论会评比中获二等奖，上述成果已突破全市基层法院的历史记录，理论研究与审判实践相结合的审判团队初显雏形。

【切实改进司法作风】 深入开展“三严三实”专题教育活动，查摆和纠正存在的“不严不实”问题。开展廉洁司法集中教育和纪律教育学习月活动，加强对机关各部门和四个人民法庭审务督察工作，端正司法作风，严肃司法纪律。严格落实廉政建设主体责任和监督责任，制订党风廉政建设主体责任清单，抓好廉政责任状的逐级签订及履行工作，加强对干警八小时内外的监督管理，确保干警的工作责任和院庭领导的“一岗双责”落到实处。

【强化审判管理建设】 深化审判业务系统信息化应用，完善案件审判执行流程管理，全部案件实现网上全程留痕、网上监控关键节点。适应司法改革需要，积极开展审判执行业务竞赛活动，出台了竞赛活动方案，全面加强对法官办案业绩的管理和考核，每季度评出2个优胜部门和7名办案标兵，鼓励法官多办案、办好案。开展案件质量评查活动，全年共评查案件115件，案件优良率达96%。2015年3月，县人民法院被省高院评为“案件质量优秀法院”。

2015年，县人民法院有多个集体和个人获市级以上表彰奖励，其中，县人民法院被最高法院评为“有效实施失信被执行人名单制度示范法院”，被省高院评为“案件质量优秀法院”，实施“岭南工程”法院文化建设获省高院通报表扬，被市中院授予“全市基层法院工作先进单位”“全市法院信息工作先进集体”和“全市法院新闻宣传工作嘉奖集体”称号，县人民法院办公室被市中院授予“集体三等功”，冯伟辉被省高院授予“个人二等功”，陈习勇、徐略军被市中院授予“个人三等功”，卢燕燕被市中院评为“全市法院新闻宣传工作嘉奖个人”。

**2015 年年底县人民法院**

**党组书记、院长** 赖昌仁

**党组副书记、副院长** 吴木生

**党组成员、副院长** 廖俊洪

**党组成员、副院长** 郑志刚

**党组成员、纪检组长** 刘振环

**党组成员、政工科科长** 徐春瑶

（徐略军）

## 县司法行政工作

【简述】 2015 年，丰顺县司法行政工作在县委、县政府正确领导下，在市司法局的具体指导下，以服务丰顺新区建设大局为目标，围绕韩江生态文化经济带建设、“三大抓手”、重点民生改善等重点工作，以创建平安丰顺、构建公共法律服务体系为统揽，积极主动为丰顺振兴发展提供优质高效的法律服务。

【人民调解工作】 以开展人民调解规范化建设活动为主线，健全矛盾纠纷化解工作机制，完善矛盾纠纷排查化解工作网络，以评选“优秀人民调解员”活动为载体，继续推进人民调解工作与司法调解、行政调解的有机衔接，提高履行率，做到案结事了。加强“企业调委会”“医调会”“交通事故调解工作室”等专业性人民调解组织的指导力度，推动调委会规范化正常运作，积极拓宽调解组织覆盖面，重点健全开发区、工业园区、城乡接合部等人民调解组织。深入开展“矛盾纠纷大排查、大化解”活动，坚持日常排查、定期排查、专项排查和特别防护期排查制度，开展“进社区、进农村、进企业、进学校、进市场、进景区”专项矛盾纠纷调处活动，紧紧围绕新区建设征地拆迁，组织开展“百名干部下基层、化解矛盾促和谐”活动，全面排查及时调处新区建设土地、房屋征收等可能发生的矛盾纠纷，最大限度把矛盾纠纷化解在基层，消除在萌芽状态，推动了“平安丰顺”建设。2015年，全县各级调解组织共调处各类民间矛盾纠纷2820件，调解成功2820件，调解率和调解成功率均为100%，没有发生民转刑案件，维护了社会和谐稳定。

**【安置帮教工作】** 制定服刑在教人员核实率的考核机制，与监所建立信息交流沟通机制，确保服刑在教人员核实率达 100%；建立健全刑释解教人员的信息库和个人档案管理库，建立 3 个过渡性安置基地，所有帮教对象均建立档案并落实措施，通过就业培训、低保救助等举措，积极主动与相关部门沟通协调，尽最大努力帮助回归人员解决生活中的实际困难和问题，使刑释解教人员顺利融入社会，最大限度地减少重新违法犯罪，无重新犯罪现象。2015 年，全县在册刑释解教人员 411 人，其中新收 97 人，解除帮教 35 人，安置帮教对象 363 人，服刑在教人员核实率 100%，无漏管脱管。

**【社区矫正工作】** 认真贯彻落实《社区矫正实施办法》，健全当庭入矫无缝衔接机制、服刑人员假释衔接机制、调查评估、信息联络员和联合季度督查制度，与中国电信公司合作运用 GPS 手机定位系统等手段对社区服刑人员进行监控管理，做到日定位、周听声、月汇报、季考核，每季度社矫股都与县检察院监所科联合督查，确保矫正对象无漏管、脱管现象，无重新违法犯罪。2015 年，全县共接收社区矫正对象 416 人，其中旧存 250 人、2015 年新接收 166 人，解矫 169 人，现有服刑人员 247 人，矫正对象未出现一例漏管、脱管现象和重新故意犯罪的记录。

**【普法依法治理工作】** 一是编制法治广场舞。专门创作被誉为法治“小苹果”普法广场舞《和谐神州艳阳天》，利用畲族舞蹈编制广场舞，在《法制日报》《南方网》《梅州日报》等国家和省市媒体进行了宣传报道，在9月23日举办“法治丰顺、幸福丰顺”普法广场舞比赛，来自全县各乡镇和县城周边的19支代表队400多名群众参赛，最后呈现参赛队伍和群众千人齐跳普法广场舞的热闹场景，使全县城乡居民在跳广场舞潜移默化中接受法治宣传教育，该普法舞在全省广场舞大赛中取得了第二名的优异成绩。二是开设“法治在线”普法专栏。与县电视台合作开设《法治在线》普法宣传栏目，4月1日起每周一至周五每晚《丰顺新闻》播出后的黄金时间，播出典型案例并以案例分析宣传普及法律知识，同时，每晚《丰顺新闻》播出期间用滚动字幕播放依法治县、普及法律知识宣传标语，形成浓厚的法治社会氛围。三是推进社会主义法治文化建设。依托丰顺县现有的设施，增添法制故事长廊、法制宣传橱窗、法制对联、法制名言警句、法制人物头像等法制元素营造全社会遵循法治规律、崇尚法治精神的氛围，建立丰顺公园法治文化公园和新世纪法制文化广场，创建法治文化宣传的“美丽乡村”南礤村、梅溪村、拾荷村等。四是抓好法律“六进”活动。大力推动领导干部任职前参加法律知识培训考试，考试率达到100%。统一采用普法考试软件组织全县在职干部职工统一网上学法考试，取得比较好的成效。充分利用驻村法律顾问重点抓好汤坑、汤南、埔寨等区域的普法宣传工作，着力在土地、房屋征收等方面开展预防性针对性的法制教育，引导群众自觉守法、依法办事、解决问题靠法，为推动重点项目建设营造良好的法治氛围。通过开展大型法律咨询活动、举办中小学生（含青少年、学校）法制讲座、法制动漫、法制挂图、宣传栏等各种方式进行法制宣传。组织相关单位开展法制纪念日、宣传周、宣传月等系列主题宣传活动，对全县领导干部、青少年、企管人员、外来务工人员、农村群众等进行全方位、立体式的法制宣传教育，确保全县每年公民学法普及率85%以上。2015年，开展大型法律咨询8场次，接待咨询1950人次，出普法宣传专栏110期次，上法制教育课390场（次），印发普法宣传资料2万多份，受教育人数40万人。

**【法律服务工作】** 以汤坑、汤南、埔寨为重点，服务到一线，为新区建设建言献策，为新区建设的顺利进行提供良好的法律服务和法律保障。发挥服务新区建设法律顾问服务小组的积极作用，积极主动为县重点区域房屋土地征收等重点工作进行点对点、面对面的法律顾问、公证服务。组织引导律师深入重点区域乡镇、农村（社区）、工业园区开展法制宣传、人民调解等工作。主要围绕丰顺新区建设重点区域汤南镇阳光村征地工作，律师、公证员进村入户做群众的工作，参与征收文书送达，有效推动该项工作顺利完成。主动到埔寨农场为大塘村土地征收工作提供上门法律服务，通俗易懂地介绍土地征收的法律流程，使负责征地工作的埔寨农场负责人、驻村干部、村书记主任当场明白土地征收工作的法定程序，为加快推进土地征收工作提供法律保障。为新区建设做好法制宣传，抓好新区建设重点区域汤坑、汤南、埔寨镇土地房屋征收方面的普法宣传工作，为推动新区开发建设营造良好的法治氛围。2015年，县公证处已办结各类公证业务共623件，其中国内公证344件、涉外公证279件（含涉港澳台）。律师事务所担任法律顾问64家，办理各种案件157件，代写法律文书180份，解答法律咨询592人次。

**【法律援助工作】** 一是紧扣民生改善和社会稳定主题，简化程序和手续，建立农民工、老年人、残疾人、未成年人等法援绿色通道，及时提供个性化、专业化、便捷化的法律服务。法律援助为社会稳定和困难群众的民生问题发挥特有的职能作用，上访案件中凡牵涉到法律问题时，县司法局都积极主动的提供法援援助，直至案结事了，起到解决矛盾纠纷“减压器”的作用。二是推动村级法援工作站的完善和规范化运作，在县看守所设立法律援助工作站，巩固好法治惠民工程成果，不断增强法律援助工作实效，举办镇村法律援助工作站工作人员培训班，进一步提升镇村法律援助联络员工作业务水平。三是提高信访工作的法律援助和法援处接待室的服务水平，引导人民群众通过法律渠道维护自身合法权益，努力做到应援尽援。2015 年，法律援助处共办理各类法律援助案件 119 件，其中刑事案件 13 件、民事案件 105 件、行政案件 1 件。另接待法律咨询 653 人次，代起草法律文书 72 件。

**【一村（社区）一法律顾问工作】** 县委、县政府把一村（社区）一法律顾问工作列为 2015 年的十项民生实事，在 2014 年 4 个试点村的基础上，于 2015 年 1 月完成全县 282 个村（社区）的法律顾问全覆盖。全县投入工作经费近 40 万元，完成 16 个镇 282 个村的法律服务工作站场所建设，高标准建设 18 个公共法律服务实体平台示范点。通过建立健全上下联动、经费保障、日常管理、督导检查、考核评估、奖励激励、信息通报、学习交流等 8 个机制，法律顾问立足于村（社区）的免费法律服务，担任“六员”角色，解答群众的电话咨询等，使群众在家门口就能享受到公共法律服务，初步提高基层组织依法治理能力和水平，满足基层群众法律服务需求，推动法治丰顺建设。在省厅专项督查和交叉检查评估、市人大专题调研、市局督查、县政府主要领导专题调研中，受到各级领导的充分好评和肯定。2015 年，村（社区）法律顾问共为村（社区）提供法律服务 5470 件（次），接访、电话咨询 2985 次，审查合同 37 件，提出法律意见 39 件，提供法律援助 18 件，上法制课、法律培训 1100 次；协助规范村务管理 22 件，指导村集体经济订立合同 47 份，参与村（社区）调解矛盾纠纷 235 件，调处成功 218 件。

**【队伍建设】** 一是以“三严三实”和“守纪律、讲规矩、做表率”为主题，以岗位目标责任制为抓手，切实提高司法行政队伍贯彻落实各项工作任务的执行力，扩大司法行政的社会影响力，不断提升司法行政的地位。二是通过深入开展“调解能手”“先进司法所”评选，不断提高司法行政队伍整体素质，提高工作效能。同时，加强教育培训工作，组织司法所干警开展各种业务知识培训，联合党校等单位对村级调解员、法援联络员进行培训。三是坚决贯彻执行中央“八项规定”和省、市、县廉洁从政各项规定，进一步加强作风和党风廉政建设，严守政治纪律和政治规矩，切实改进机关工作作风，加强廉政文化建设，努力营造积极向上的良好氛围，党建和党风廉政建设工作在县检查中受到好评。

**2015 年年底县司法局**

**党组书记、局长** 陈声欢

**党组成员、副局长** 罗育斌 陈爱宁 刘钦泰

（谢福祥）

# 经济

# 经济管理

## 发展和改革工作

**【简述】** 2015 年，丰顺县发展改革工作在县委、县政府的正确领导和省、市业务主管部门的具体指导下，紧紧围绕“两大”政策和“三大抓手”，主动作为，真抓实干，加强谋划，全力推动重点项目建设，为加快丰顺振兴发展发挥积极作用。

**【发挥统筹协调职能】** 一是认真编制年度经济社会发展计划。围绕县委、县政府发展目标任务，认真测算分析，编制 2015 年丰顺县国民经济和社会发展计划草案，提交县十四届人大六次会议审议后执行。二是加强经济运行分析。密切监测全县经济运行态势，认真分析全县经济社会发展现状，撰写 2015 年度《丰顺县国民经济和社会发展计划执行情况报告》，对丰顺县主要经济指标完成情况、经济运行存在主要困难和问题等进行了深入剖析，及时掌握经济运行中出现的新情况、新问题，并提出对策建议，提交县十四届人大七次会议审议。三是抓好“十三五”规划编制工作。根据县委、县政府的部署和省、市发改部门的要求，在广泛开展前期调研的基础上，委托广东省社会科学院编制丰顺县“十三五”规划，2015 年 12 月底前形成《丰顺县国民经济和社会发展“十三五”规划纲要（草案）》，经县政府审定后，将提交县十四届人大七次会议审议。

**【扎实推进重点项目建设】** 围绕开展“项目建设年”主题活动，全面贯彻落实《梅州市 2015 年重点项目工作目标责任制实施方案》和《丰顺县 2015 年重点项目工作目标责任制实施方案》，深入落实重点项目工作责任制、领导联系制、办公会议制、信息报送及统计制度，扎实推进重点项目建设。全县共有 25 项省、市正式重点项目总投资 124.2 亿元，年度计划投资 37.7 亿元，累计完成投资 55 亿元，其中 4 项省重点正式项目总投资 25 亿元，年度计划投资 5.1 亿元，累计完成投资 8.4 亿元。

**【积极争取项目资金】** 全面谋划策划项目，及时组织做好项目资金申报工作，争取丰顺县更多项目列入中央和省资金配套，支持丰顺县项目落地建设。全年争取中央预算内投资资金和省级项目资金共 2844 万元，包括沿海防护林建设资金 199 万元、汤西粮仓项目资金 500 万元、瑞丰粮油加工基地建设项目资金 875 万元、农村饮水工程水质监测能力建设项目资金 72 万元、水利基建资金 1082 万元等。

**【加强行政审批工作】** 进一步加强政务服务窗口建设，坚持便民高效原则，提高行政审批服务水平，做好行政审批工作，积极为企业和群众提供优质高效的服务。全年共办理项目立项 97 项，总投资额 26.4 亿元；项目备案 16 项，总投资额 87.8 亿元；办理价格调节基金缴交、收费许可证核发等事项 201 件。

**【全力推动牵头工作】** 一是抓好梅江韩江（丰顺）绿色健康文化旅游产业带规划建设。认真贯彻落实县委、县政府关于规划建设梅江韩江（丰顺）绿色健康文化旅游产业带的部署安排，加强牵头协调，扎实推进梅江韩江（丰顺）绿色健康文化旅游产业带规划编制、项目普查、基础设施建设等前期工作。在深入开展调查研究的基础上，经多次修改完善，编制单位广东省城乡规划设计研究院于 2015 年 11 月形成《梅江韩江（丰顺）绿色健康文化旅游产业带发展规划（2016—2030 年）》专家评审稿。12 月 18 日，《梅江韩江（丰顺）绿色健康文化旅游产业带发展规划（2016—2030年）》通过专家评审。二是推动梅汕高铁项目规划建设。积极配合中铁第四勘察设计院、市铁路办做好梅汕高铁丰顺境内路由和站场规划选址、林地报批、用地预审、交通公路设计、环境影响评估和社会风险评估等前期工作，做好先期开工准备工作，推动梅汕高铁于4月27日在丰顺县正式开工建设。三是做好国家生态功能区申报工作。根据国家生态功能区申报要求，县发改局组织编制丰顺县国家生态功能区申报材料，报县政府审定后及时上报省发改委呈报国家发改委审批。

【加强物价调控管理】 一是加强市场价格监测。加强对粮、油、肉、蛋等主要副食品和成品油、液化气、钢材、石油化工产品、农业生产资料等重要商品的调查巡视监测，及时准确掌握市场价格动态，每天向市发改局上报粮、油、肉、菜等价格，每周五向市发改局上报《梅州市重要商品市场价格监测表》，为上级制定调控政策提供依据。二是抓好清费减负工作。联合县财政局落实国家公布取消、停征、免征涉及丰顺县的收费项目5项，一年可减轻企业负担10万多元。三是加强价格调控。加强对平价商店的监督管理，促进平价商店依法经营、健康发展。加强价格调节基金的征收，全年共征收价格调节基金117.69万元。四是加大价格监督检查力度。开展涉企收费、教育收费等专项检查，查处价格违法行为1宗，没收违法所得金额上缴财政24.01万元。加强价格举报工作，积极受理和查处群众价格投诉，切实维护群众合法权益。全年共受理价格咨询、投诉8件，办结率100%。五是加强价格认证工作。共受理涉案物价格鉴定279宗，鉴定金额790.59万元，较好地为公安司法部门、行政执法部门办理案件提供价格依据。

【积极做好扶贫工作】 认真贯彻落实省、市、县委关于开展扶贫开发“规划到户、责任到人”工作的部署，加强领导，明确责任，落实措施，进一步推进扶贫“双到”工作，顺利完成挂钩大龙华镇上溪村三年扶贫工作任务，达到预期目标，并通过省、市、县检查验收。三年一共投入帮扶资金442.32万元，其中中央财政专项资金54.59万元、省级财政资金221.62万元、县级财政资金65万元、单位自筹资金13.21万元、社会帮扶资金8.1万元；到村合计291.374万元，到户合计199万元（含非贫困户住房改造69户、贫困户19户）。至2015年年底，该村集体经济收入每年已超8.5万元。

**2015年年底县发改局**

**局　长** 刘盛生

**副局长** 谢伟豪　蔡伟彬　曾德胜

（王维恒）

## 县工商和质监局

【简述】 2015年，丰顺县工商和质监局在县委、县政府的坚强领导和上级主管部门的全力支持下，按照省委、省政府关于工商、质监体制下放的规定，精心组织，加强领导，明确责任，落实措施，于4月初顺利完成体制下放工作。同时，根据丰顺县委、县政府关于政府职能转变和机构改革方案精神，将原丰顺县工商行政管理局、丰顺县质量技术监督局职责进行整合，组建丰顺县工商和质量技术监督局。

2015年，新领导班子团结一致，紧紧围绕县委、县政府中心工作，以推进商事登记制度改革为主线，以推进广东省质量监督电声产品检验站（梅州）项目建设为重点，以开展“质量强县”、企业年报公示、禽流感防控、创卫、党的“三严三实”主题教育等系列工作为切入点，抓班子带队伍，明纪律促稳定，强监管重民生，主动作为，依法履职，全面维护健康有序的市场经济秩序，为服务“梅州南大门，潮汕后花园，温泉宜居城，生态工业区”建设做出积极的贡献。

【积极应对，主动作为，完成体制机构改革有效率】 2015年是工商、质监体制下放和机构改革的重要历史时期。面对人财物移交、职责整合等工作派生的新问题、新困难，工商和质监局积极应对，于4月初顺利完成工商、质监体制下放工作。体制下放后，以赖建军为局长的新领导班子迅速适应新常态，狠抓改革攻坚，通过内抓稳定外强沟通、主动争取县委政府及县财政、人社部门支持等一系列有效措施，在不到一个月的时间内提前完成体制改革工作，切实做到“三不”：职能整合而不失责，合署办公而不分家，运行规范而不混乱。

**【严明纪律，转变作风，提升队伍形象有亮点】** 机构改革期间，为保障队伍安全稳定，一是不定期对机关各股室上班纪律和工作作风情况进行检查，强化日常监督，对发现的问题，及时督促纠正，扎实推进全局工作作风持续好转，同时，通过明察暗访、领导勉谈、厉行节约等措施，严格执行各项工作纪律，坚决杜绝上下班迟到早退、炒股、玩游戏等各种违法违纪行为发生。二是结合党的“三严三实”专题教育活动，坚持“一把手”亲自抓，班子明确分工，齐抓共管的“一岗双责”工作机制，健全完善财务管理制度，严控招待、维修、购置等各项费用，着重解决纪律作风、效能建设方面存在的问题。推进廉政文化教育，采取上党课、学党规、LED荧屏播放廉政宣传标语、清洁卫生大扫除等系列活动，进一步筑牢拒腐防变思想防线。三是强化作风督查，以政令畅通、日常出勤、公车使用等为重点，进行整风肃纪，监督和激励广大党员干部不断改进作风，提升队伍形象。四是加强业务培训，提高队伍业务水平，2015 年，先后组织开展企业信息公示、农资信息系统、新广告法、质监法规业务等多项业务培训，提高干部职工业务素质提供有力保障。

**【转变职能，提升效能，服务经济发展有深度】** 按照“便民、惠商、促发展”的工作目标，县工商和质监局采取“一改革二建设三驱动”的方式，有效促进市场经济健康稳定发展。

“一改革”：领导班子纵沟通、横联系、下基层、强调研，在继续深化商事登记制度改革的基础上，以“三证合一”改革为抓手，通过全面实行注册资本认缴制、先照后证、改革住所和经营范围登记，工商注册便利化等举措，进一步简化登记手续，缩短办理时限，降低市场准入门槛，激发市场活力，推动大众创业、万众创新。2015 年，新发展个体工商户 1699 户、私营企业 263 户、农民合作社 69 户。全县各类市场主体 17322 户、其中企业 1971 户、农民专业合作社 457 户、个体工商户 14842 户。

“二建设”：一方面结合丰顺作为全国三大电声产业基地之一的实际，有条不紊地推进省级电声产品检验检测站项目的建设，另一方面，组织开展企业信用体系建设，通过强化责任落实、加大宣传指导、下拨工作经费、深入企业督导等措施，全面推进企业年报工作；创新方式，针对农民专业合作社年报率较低的问题，主动与县扶贫局、各镇党委政府沟通联系，得到大力支持，并通过函件、文件形式广泛动员各村委督促辖区农民专业合作社按期进行年报公示。2015 年有 1178 户企业报送 2013 年年报，1380 户企业报送 2014 年年报，年报率分别为 83.37%、81.37%。同时推进企业信用监管，建立经营异常名录管理制度，将未按规定报送年报的企业 614 户、农民合作社 34 户列入经营异常名录，通过企业信息公示平台向社会公示。

“三驱动”：一是实施融资、信用驱动工程，深入开展企业回访活动，了解企业经营状况，评选认定“守合同、重信用”企业 35 家，帮扶 33 家企业、个体户实现融资贷款 2.21 亿元。二是实施商标驱动工程，指导旺兴达、蓝田、培英、泰昌等公司申报广东省著名商标，提升企业品牌形象，全县有广东省著名商标 6 件。三是实施技术标准驱动工程，鼓励和推动八乡山鸿图绿茶省级茶叶标准化示范区等企业参与国家、行业和地方标准制的修订，促进产业优化升级。

**【依法行政，规范管理，维护市场秩序有力度】** 2015 年不但是体制机构改革的重要历史时期，更是各种矛盾、问题易在改革期间爆发的一年。为防范监管风险、保障部门履职到位，县工商和质监局积极发挥部门职能整合优势，主动履行职责，依法行政，有序推进监管执法工作的开展。一是组织开展以查处取缔无照经营、打假、“质检利剑”和安全生产执法行动为主线，以日常检查与专项行动、区域整治与节日监管相结合的办法，不断加大对各类经济违法案件的查处力度。2015 年，全系统共查处各类违法违章案件 108

宗，罚没入库 36.99 万元。特别是在打假工作中，紧紧围绕打假工作重心，采取专项执法行动的方式，先后开展节日食品、建材市场、成品油、烟草等多起专项整治行动，严厉打击各类假冒伪劣违法行为，2015 年共查处制假售假违法行为案件 20 宗，有效维护了市场稳定。二是突出锅炉、电梯、起重机械、气瓶充装等特种设备监控重点，加强隐患排查和行政执法力度，2015 年发出安全监察指令书 26 份，完成整改 100%。三是敏锐洞察，举一反三。围绕天津港爆炸、山东青岛“天价虾”等时事热点问题，迅速部署，组织落实，有效维护丰顺县社会市场经济秩序的繁荣稳定。在 2015 年 10 月 10 日中午安徽省芜湖市镜湖区发生一私人小餐馆液化气罐爆炸致 17 人死亡的重特大安全事故中，为深刻吸取事故教训，迅速召开专题党委会议，组织执法办案单位加大对燃气供应点和饭店、酒店、食堂、学校等重点领域的燃气安全隐患排查力度，立案查处无照经营案件 3 宗，查扣过期煤气瓶 21 瓶，得到县政府相关领导的肯定和人民群众的好评。

**【注重维权，服务民生，构建和谐社会有保障】** 1. 做好消费维权工作。2015 年，工商和质监局以“保障民生、改善民生、惠及民生、促进和谐”为出发点和落脚点，通过加强新消法宣传，组织县食品百货商会开展“3 · 15”宣传咨询活动，在县城五斗种垃圾焚烧场设立“3 · 15”销毁假冒伪劣商品现场等举措，着力营造全社会人人关注保护消费者合法权益的良好氛围。同时“一把手”亲自部署，组织人员收听省、市工商局“民声热线”直播，并针对群众反映的热点难点问题，及时召开专题会议，举一反三，整改提升。其次依托“12345”政府服务平台作用，进一步规范工作制度，处理好每一件消费投诉案件，做到“事事有回音，件件有落实”。2015 年，受理办结各类消费投诉案件 67 件，为消费者挽回经济损失 9.3 万余元。

2. 做好民生计量工作，惠及百姓。一是帮扶培英电声有限公司完善二级计量保证体系复评工作。二是加强社区、集贸市场等民生计量的管理，对全县集贸市场衡器和血压计实施免费检定。2015 年，免收企业计量检定费 32.03 万元，检定、校准各类计量器具 4725 台（套）；对 18 间加油站、4 家液化石油气充装站、8 间眼镜店、5 家超市商场进行 1 次以上的计量监管。

3. 切实做好禽流感防控工作。2015 年年初，广东省 H7N9 禽流感防控工作十分严峻。在丰顺县委、县政府的统一领导和具体布置下，局领导班子高度重视，迅速行动，严防死守，通过实行网格监管、错时监管、节假日轮班巡查、专项工作督查、逐户清查等一系列有效措施，严格落实临时休市和“1110”防控制度，有效维护丰顺县活禽市场的稳定，得到市、县有关领导的充分肯定。防控期间，发放休市公告 600 多份、消毒粉 1200 多包、清理库存活鸡点 12 个，制止代宰点 11 个，查处休市期间违规经营活禽经营店 2 家。

4. 大力开展创卫工作。一是制定工作方案，成立领导小组，加强对创卫工作的领导部署，明确责任分工。二是广泛宣传，营造氛围，深入到企业、个体户，向经营者宣传创卫工作，并动员他们利用自身的 LED 宣传栏，播放创卫宣传标语，营造人人了解创卫工作、参与创卫工作的良好社会氛围。三是结合工商质监工作职能，突出重点，开展烟草广告专项整治和查处无照经营行动。共发出行政指导通知书 41 份，查处无照经营案件 30 宗，罚没 11.63 万元，县城区的烟草广告已全部清除。四是加强内部卫生建设，认真落实“除四害”工作，保持办公场所环境卫生。

**2015 年年底县工商和质监局**

**党委书记** 刘益锐

**局　长** 赖建军

**副局长** 徐国南　罗洁营　蔡征涛　郑春广　巫书平

（彭星红）

## 审　计

**【简述】** 2015 年，县审计局深入贯彻中共十八大、十八届三中、四中、五中全会和《国务院关于加强审计工作的意见》精神，在县委、县政府和上级审计机关的正确领导下，围绕“反腐、法治、发展、创新”大局，主动适应新常态，扎实开展“三严三实”专题教育活动和“质量、效率、创新”活动，内强素质、外树形象、争创一流，围绕稳增长、促改革、调结构、惠民生、防风险等政策措施落实以及公共资金、国有资产、国有资源、领导干部经济责任履行情况等方面进一步加强审计工作，实现审计监督全覆盖。2015年，完成审计项目34个，审计查出主要问题金额2221万元，其中：违规金额556万元（上缴财政：471万元），管理不规范金额1665万元；核减工程投资额 1100 万元；提出审计建议 63条，被采纳57条；移送纪委监察和检察院案件3宗。

**【财政预算执行审计】** 根据《国务院关于加强审计工作的意见》，重点关注丰顺县“稳增长、调结构、促改革、惠民生、防风险”方面的资金使用情况，对借出款项督促加大催收力度，尽快收回资金；对违规担保的债务进行跟踪监督，促进丰顺县举债合理、降低风险；对企业职工养老保险出现亏空问题及时披露，要求加强社保扩面征缴工作，及时做好征缴宣传，扩大征缴范围，加大征缴力度，确保社保征缴管理工作健康运作；对财政存在虚列支出问题，督促限期改正，加强财政资金管理。

**【全力配合、完成上级交办项目】** 2015 年，继续对丰顺县2014年城镇保障性安居工程进行跟踪审计，审计项目资金总额为2441.95万元，审计发现非金额计量问题2个，提出审计建议2条。2015 年丰顺县认真贯彻落实中央和省市各项政策要求，在县委、县政府的直接领导下，结合实际做好城镇住房保障工作。积极推进各项保障性安居工程建设，推动改善困难群众居住条件、推进新型城镇化建设和促进社会和谐等方面取得一定成效。

**【经济责任审计】** 2015 年，完成经济责任审计项目25个，审计经济责任人25人（其中任中审计11人）。审计查出违规金额259万元，管理不规范金额1411万元，为国家增收节支259万元。提出审计建议 48 条，被采纳审计建议 45条。通过审计，促进财务核算的规范和相关制度的建立和完善，增强领导干部财经法规意识和经济责任意识，加强对领导干部权力制约和监督，为县委管理、评价和考核使用干部服务。

**【加强“三公”经费支出审计】** 坚决贯彻落实中央“八项规定”和审计署关于加强公务支出和公款消费审计若干意见精神，加强对“三公”经费及会议费、培训费的审计，重点关注预算安排、经费使用、经费核算、报支的规范。2015 年年初实施预算执行审计的5个部门中，“三公”经费及会议费、培训费支出分别比 2014 年下降29.64%、22%、20%、18.2%、15.5%。但在全年审计中也发现一部分单位存在对中央规定置若罔闻，审计局依据相关法律、法规分别作出处理。

**【深入开展“三严三实”教育，在提高审计干部综合素质上取得新成效】** 深入开展“三严三实”专题教育活动，促使审计干部不断增强责任意识，完善知识结构，提高综合素质，切实做到修身严、用权严、律己严，谋事实、创业实、做人实。一是锻造优良的政治品质。坚定理想信念，忠于审计事业，弘扬奉献精神，服务改革发展，做无愧于党、无愧于时代的审计干部。二是锤炼精湛的业务本领。练就过硬的基本功，做到不仅会查账，更能透过现象看本质；不仅会审数据，更能通过数据找规律；不仅精通财务，更能熟悉政策法规、法律；不仅善于发现问题，更能善于推动解决问题。三是打造过硬的纪律作风。教育引导审计人员严格自律，正己正人，严格遵守政治纪律、组织纪律、保密纪律、财经纪律和工作纪律，做到以责立志、以德立身、以能立业、以行立信。

**2015年年底县审计局**

**局　长**　黄金星

**副局长**　刘兆陆　彭捷兴

（胡　泓）

## 统 计

【维护和提高统计数据权威，深化统计制度方法改革】 2015年，县统计局紧紧围绕县委、县政府制定的工作目标任务和统计“四不”主线，把维护和提高统计数据的科学性、准确性和权威性作为统计工作的出发点和落脚点，解放思想，实事求是，深化改革，加快建设，围绕落实“两大政策”，紧扣“三大抓手”，凝心聚力，攻坚克难，加快丰顺振兴发展战略目标，做好统计工作。具体表现在：1. 开展正常GDP、农业、基本单位、投资、工业、商业、建筑、房地产等专业统计月报、季报、年报。2. 开展畜牧业产品产量调查及畜禽生产情况监测、规模以下工业的抽样调查、工业品价格调查、服务业、商业、旅游业、餐饮业、城乡一体化住户调查、农村人口定点调查等。3. 做好全县130家企业统计数据网上直报的监管工作。4. 完成2015年全国1%人口抽查工作。

【深化统计制度改革，提高统计数据质量】 统计数据质量是统计工作的生命，“不出假数”，保证统计数据的真实可信是统计工作者的职责。2015年，县统计局做好以下几方面工作：一是进一步加强统计法制工作的领导，落实好统计执法责任制，规范统计执法行为，切实做到依法治统，努力营造良好的统计执法环境。二是加强统计执法队伍建设，提高执法人员综合素质，保证文明执法，持证执法，2015年全局有16人取得行政执法证。三是实施“六五”统计普法工作，做好统计从业人员上岗前的统计法律基础知识培训，提高他们对统计法律法规认识，增强他们遵守统计法律法规及依法统计的自觉性。四是全方位、多渠道广泛宣传统计法律法规，强化广大民众、企业的统计法律意识，促使他们自觉如实地申报统计调查数据。五是推进统计工作改革。2015年按省统计局的统一部署，完成投资统计网上直报，所有联网直报企业完成投资上报率100%。农村统计网上直报开始试行。六是做好县统计局权责清单清查工作。

【优化环境，提升政府统计功能】 2015年，丰顺县统计局不断优化统计工作各种软硬环境，充分发挥统计的信息、咨询、监督功能。

1. 抓好统计基层基础建设。5月22日，召开全县联网直报企业和镇（场）统计办统计人员业务培训会议，按照省、市统计局统一部署，开展统计台账建设工作。7月，全县所有联网直报企业和镇、村完成统计电子台账和纸质台账。

2. 注重队伍建设，提高综合素质。首先，县统计局以“三严三实”专题教育学习为载体，引导广大党员干部为振兴丰顺建设和服务基层群众，提供统计保障。二是组织、开展统计业务等相关知识培训。2015年选派30人次参加省、市举办的统计业务知识培训，组织全县各镇（场）统计负责人培训3场次，部分专业统计相关负责人培训4场次，培训联网直报企业业务骨干300多人次、县直部门统计人员30人次。三是加强统计从业资格和统计技术职称资格培训考试，积极组织有志于统计事业的各界人士参加统计从业资格和统计技术职称资格全国统一考试。发动81人参加从业资格培训考试，实际参加考试78人，其中74人通过从业资格考试，全县有5人参加技术职称培训考试。四是按县委组织部要求，选派1名党员担任黄金镇埔东村第一书记。

3. 增强服务意识，提供优质服务。（1）加强全县经济社会运行质量的分析、监测，发布2014年度的《丰顺县国民经济和社会发展统计公报》，组织力量做好妇女儿童发展规划（2010—2020）2014年度的《丰顺县妇女儿童发展规划统计监测评估报告》，撰写印发《丰顺统计资料》14期。（2）提供信息咨询。2015年为各级党政部门和有关单位提供统计信息、咨询100多次1000多条。（3）做好统计资料开发编辑工作。2015年编发《丰顺县统计月报》11期；2015年编印《丰顺县国民经济和社会发展统计资料汇编》200本；（4）2015年7月，建成开通丰顺统计网站，及时为公众提供统计信息。

4. 完成2015年全国1%人口抽查工作。县统计局作为主要参与牵头单位，全力做好2015年全国1%人口抽查工作各项工作，按照全国的统一部署，丰顺县人民政府办公室于2015年3

月10日下发《关于开展丰顺县2015年全国1%人口抽样调查的通知》文件，就调查目的、对象和范围、内容和时间、组织和实施、经费保障、工作要求等作出要求，同时成立以分管统计工作的副县长罗卫标为组长的丰顺县2015年全国1%人口抽样调查工作协调小组。县组建2015年全国1%人口抽样调查工作协调小组办公室，从县卫计局、公安局、统计局等单位抽调人员组成，具体负责1%人口抽样调查日常工作。2015年5月22日，召开全县1%人口抽查工作会议，启动丰顺县1%人口抽样调查，布置1%人口抽样调查样本框收集上报工作。10月16—30日，全县16个镇共84个抽中村进行入户摸底调查，11月1—15日调查员使用PDA入户正式登记上报。11月16—20日完成行业职业编码，顺利完成1%人口抽样调查工作。

**2015年年底县统计局**

**局 长** 蔡 君

**副局长** 刘祖孟 刘 愈

（李东升）

# 农　业

## 农　业

**【稳定粮食生产】** 2015 年全县农作物播种面积 40100 公顷，总产量 37.88 万吨；粮食作物种植面积 25733 公顷，预计总产量 14.2 万吨（其中水稻种植面积 18106 公顷，总产量 10.7 万吨），超额完成市政府对丰顺县粮食生产考评指标任务。

**【落实种粮补贴】** 全年落实种粮补贴面积 18025 公顷，补贴金额 2527.98 万元，全面调动了农民种粮积极性。

**【植保病虫测报和综防】** 积极开展田间病虫情况调查和预测预报 300 多人次，长期预报准确率 85%以上，印发农作物病虫情报和防控信息、通知 17 期，病虫害防治总面积 75047 公顷，挽回损失 7676 吨。

**【推进农田水利基本建设】** 充分利用冬季或农闲季节等有利时机，加大农业基础设施建设力度，建设现代标准农田，提高农业抵御自然灾害能力。2015 年，高标准基本农田建设任务为 1314 公顷。

**【推进科技创新驱动发展精致高效农业】** 认真抓好农业产业转型升级，培育引导和扶持发展新型农业经营主体，积极争取上级在政策上倾斜，在资金上扶持，县委、县政府安排了财政专项资金 100 万元用于奖励科技创新驱动、发展精致高效农业，印发《关于推进科技创新驱动发展精致高效农业奖励实施办法》《关于开展农民专业合作社县级示范社申报工作的通知》等一系列文件，出台激励政策措施，激发和调动全县发展新型农业经营主体的积极性；围绕优势特色产业，积极引导新型农业经营主体进行产业对接，加强技术指导，使新型农业经营主体层出不穷，发展势头良好。

**【培育发展新型农业经营主体】** 全县省市重点农业龙头企业 27 家（其中省级 6 家、市级 21 家）；马山茶业、蓝田科技、穗丰食品、正八乡茶业等多家龙头企业实施技术改造升级，总投入资金超过 3000 万元；全县农业企业预计实现总产值 12 亿元，带动 4 万多农户增收。其中，蓝田科技年产鲜菇 1.5 万吨，年产值 1.3 亿元，带动农户 2000 户；马山茶业发展种植高山绿茶 1 万多亩，年产量 500 吨，年产值 4000 多万元，带动农户 1200 户。全县农民专业合作社 433 家（其中被评为国家级 4 家、省级示范社 8 家、市级 2 家），合作社成员总数 8200 人，带动农户 3 万户，合作社成员人均纯收入比当地农民人均收入要高 20%以上。2015 年，新申报评选市级示范社 4 家，拟申报评选县级示范社 140 多家，家庭农场 20 家。丰顺县以农业龙头企业、农民专业合作社、家庭农场为主的新型农业经营主体结构已初步形成。

**【擦亮农业品牌】** 打造优质茶、台湾枣、火龙果、三棱榄、八乡红薯、黄金姜糖、留隍糕、山茶油、食用菌、铁皮石斛等一大批名优产品。2015 年，全县有无公害农产品 1 个，绿色食品 6 个，有机食品 4 个，省级名牌产品 4 个。积极引导农业企业和合作社进行农产品“三品”认证，通过宣传动员，有 5 家企业的产品提交绿色食品标志使用申请书，认定工作在进行中。

**【培育休闲农业】** 注重扶持发展休闲、生态、旅游观光农业，鼓励科学耕山致富，形成黄花村、梅溪村、石桥村、拾荷村、韩山生态茶园观光区、八乡山生态茶园旅游风景区等一批以休闲观光为特色的农业旅游景点景区，拓展和促成现代农业发展的新业态。全面推进农业产业化发展，推动农产品精深加工，马山、蓝田、天亿、丰联、穗丰、正八乡等一批大型农业加工企业建成投产，农业产业初具规模。全县有农产品加工企业18家，农产品加工率35%，加工产值18亿元，占农业总产值的50%。

**【加强基层农技推广体系建设】** 2015年，丰顺县基层农业技术推广工作和农技服务水平有新突破。选聘80名技术指导员进村入户与全县500户科技示范户挂钩对接，并进行指导培训；确定水稻、茶叶、水产、生猪4个主导产业的主推品种和主推技术，建立3个农科试验示范基地。实施第二批8个镇农技推广条件建设，投入资金140多万元，抓好项目镇农技站办公室、检测室的改扩建工程，配套办公用品、交通工具和农产品检测仪器等，改善镇级农技站的工作条件。认真开展农技人员技能培训，全年举办各类型农技培训班36期，培训农技人员和农民共1200人次，印发各类技术资料12万份；按时按质完成省、市分配丰顺县300名农村劳动力阳光工程培训任务。

**【农业综合执法与农产品质量安全】** 一是认真履行农业综合执法职能，规范农产品和农资产品生产经营秩序，严格查禁高毒、剧毒农药的销售，从源头上把好关；大力宣传农药安全使用常识，提高全民的质量安全意识，规范农产品、农资产品经营市场，全年累计出动执法人员752人次，印发张贴宣传资料5000多份；对全县252间农资经营门店进行全面清查，其中清查5家水稻种子经营公司106个代销点。全年未发现有违规经营农资产品现象。二是加强农产品质量安全监管，局成立农产品产地质量监管股，抽样送检种子样本18个、农药样本5个，共抽取蔬菜、水果、稻谷、茶叶、食用菌、水产品等样品1955个进行定量定性检测，合格率97.5%；配合农业部、省、市级农产品专检、例检、抽检共14次，检测样品137个，大部分合格率100%。三是开展渔政执法，加大执法宣传力度，在主要江河加强巡逻值守，共出动执法车辆43次，出动执法人员172人次，快艇、橡皮艇出航60小时，检查渔业捕捞船只300多艘，缴获电鱼设备6套，对非法捕捞船只和涉及人员作出行政处罚，初步扭转了乱捕滥捕野生鱼类、破坏渔业资源的局面。同时，在韩江开展人工增殖放流活动，增殖放流200多万尾，有效地增加渔业资源，保护水生生态环境。

**【农村工作扎实推进】** 一是全面落实国家强农惠农富农政策。全年落实种粮补贴面积18024.8公顷，补贴金额2527.98万元；受理农机购置补贴农户455户，补贴金额41.3万元；办理户用沼气池补贴69户，补贴金额11.04万元。二是扎实推进农村土地承包经营权确权登记颁证工作。成立农村土地确权工作领导小组及其办公室；确定北斗、龙岗、小胜3个镇为确权工作试点镇；召开全县确权试点工作动员会；印发土地确权试点工作方案和《致全县农民朋友的一封信》，做好宣传动员，编印3期工作简报。3个试点镇和县农村土地确权办组织人员进村入户积极开展工作，印发宣传资料，加大宣传力度，摸清农村土地现状及需要确权登记颁证的土地分类情况。按照县国土部门提供的数据，全县16个镇（场）属集体所有的土地总面积17300公顷，按土地性质全部需列入确权登记范围；举行外业公司公开招投标工作，分别与3家中标公司签订《测绘服务合同》，试点镇的各项前期准备工作基本完成，为进一步开展土地确权工作打下基础。同时，认真宣传贯彻《农村土地承包法》《农村土地承包经营权流转管理办法》，全县实现土地流转面积172.87公顷，流转方式以租赁为主，租赁面积138.2公顷，占总流转面积80%。三是实施村级公益事业一事一议财政奖补项目。2015年分别在汤坑、汤西、北斗、潘田、留隍、潭江等6个镇15个村实施，项目总投资1719.75万元，其中中央和省财政奖补资金458.6万元（含上年剩余资金17.6万元），市县财政奖补资金57.33万元，农民筹资筹劳资金1146.5万元，受益农户9407户，受益人口4.98万人。从2011年起至2015年年底止，丰顺县已实施完成的村级公益事业“一事一议”财政奖补项目 71 个，涉及 71 个村，项目总投资累计 7881 万元，其中争取省级以上财政奖补资金 2093.6 万元，市、县级财政奖补资金 249.21 万元，农民筹资筹劳资金 5234 万元，累计受益农户 4 万多户，受益人口 25 万人。一大批农村基础设施项目完工，有力地促进丰顺县农村经济社会的快速健康发展。在项目实施过程中，认真总结工作经验，正视存在问题，研究制订改进措施，创新开展“一事一议”项目的申报等环节工作，修订完善工作制度，规范和完善操作程序，加强资金使用管理，充分激励和调动了镇、村做好公益基础设施项目的工作热情，使丰顺县“一事一议”项目工作稳妥健康有序开展，取得较大的进步，受到上级考评单位和广大人民群众的好评，通过努力，2015 年申报下一年度实施的镇、村数量大幅提升，有 8 个镇 23 个村申报一事一议财政奖补项目建设计划，工程预算总投资 2328 万元，其中农民筹资筹劳 1552 万元，申请中央和省财政资金 620.8 万元，市县财政奖补资金各 77.6 万元。四是贯彻落实《广东省政策性涉农保险基层协保体系建设意见》。调整充实领导机构，制订工作方案，16 个镇（场）建立政策性涉农保险服务站，巩固充实 361 人的基层协保员队伍，实现基层涉农保险机构、队伍全覆盖；全面开展政策性涉农保险工作，2015 年全县政策性水稻种植保险投保面积 2.01 公顷，超额完成省、市下达的投保任务。五是稳步推进幸福村居和名村示范村创建。丰顺县首批项目总投资 5000 万元（其中省财政专项补助 1000 万元、自筹 4000 万元），以汤南镇种王上围古村落为主，其他自然村为辅，将新楼村、新埔园村建成融汇客潮文化特色的幸福村居示范片，项目正式启动；全县重点打造 7 个名村、19 个示范村等建设成效显著，农村环境进一步优化，农村面貌焕然一新，提升农村两委的号召力和凝聚力，增添百姓的幸福感。

**【发展水产养殖】** 全年水产品养殖面积 1446.67 公顷，总产 1.52 万吨，产值 1.61 亿元，比 2014 年有所增长。丰顺县水产养殖总体特点是传统池塘养殖和山塘水库养殖并驾齐驱；利用山塘水库养鱼和地热温泉资源养殖观赏鱼成为丰顺县渔业独具特色的亮点，面积约占全县水产养殖总面积的一半，居梅州市首位，其中利用山塘水库养殖的水产品因无污染、口感鲜美深受广大消费者欢迎。

**【扶贫双到工作】** 全年落实帮扶资金 732.88 万元，其中中央财政专项资金 35.43 万元，省级财政资金 165.32 万元、县级财政资金 73.16 万元、行业扶贫资金 271.13 万元、社会资金 129.39 万元、农业局自筹 58.2 万元、其他资金 0.25 万元，县农业局圆满完成上级下达的各项扶贫双到工作任务，顺利通过省、市、县检查验收。

**2015 年年底县农业局**

**局　长**　陈新化

**副局长**　王长青　黎杰武　刘　斐　刘宋大

（杨步云　张栋明）

## 畜　牧　业

**【简述】** 2015 年，在丰顺县委、县政府的高度重视和正确领导下，在梅州市畜牧兽医局的支持下，丰顺县畜牧兽医局坚持解放思想，开拓创新，实践科学发展，积极探索、建立和完善动物防疫长效机制，齐心协力抓好重大动物疫病防控工作，取得明显成效。全县没有发生高致病性禽流感等重大动物疫情，保障畜牧业持续健康发展。2015 年全县生猪存栏 26 万头，其中能繁母猪存栏 2.6 万头，生猪出栏 22 万头；家禽存栏 456 万只，其中蛋鸡存栏 8 万只，肉鸡存栏 430 万只；家禽出栏 2210 万羽，其中肉鸡出栏 2110 万只；牛存栏 1.2 万头，其中奶牛存栏量保持在 220 头；肉类总产量 4.9 万吨，禽蛋产量 900 吨，奶类产量 2400 吨，其中牛奶产量 980 吨；实现畜牧业产值超过 12 亿元。可以说，在重大动物疫情防控的严峻形势下，畜牧业依然保持着良好的发展态势。县畜牧局为确保丰顺县畜产品有效供给，保障全县经济社会和谐稳定，促进全县畜牧业的健康发展和农民持续增收做出重要贡献。

【坚持走养殖业规模化产业化经营道路】 县畜牧局坚持以发展瘦肉型猪、温氏鸡养殖为重点，不断扩大瘦肉型种猪群数量和推进温氏鸡养户的发展，同时大力发展牛、羊、鸭，形成以养猪、养鸡为主，牛、羊、鸭齐头并进的良好格局。一是把抓好跟踪服务，帮助养户解决问题作为第一要务来抓。与养户经常保持联系，询问情况，征求意见。对养户遇到的问题和困难，想办法及时予以解决，不属业务范围内的事情，积极联系有关部门，帮助协商解决。二是重点扶持一批带头示范强、管理规范、影响大、效益好的养殖企业，通过“公司+基地+农户”的方式，带动全县养殖业的生产。三是以国家实施一系列惠农强农政策为契机，建设生猪标准化规模养殖场 21 个、种禽场 1 家、特色养殖场 1 家。形成养猪以广东中联、养鸡以温氏公司、特色养殖以粤顺养鸽场、富民养蜂专业合作社为主的一批养殖企业或基地，养殖业规模化产业化经营方式形成。

【大力发展特色养殖】 蜜蜂养殖方面，多年来得到省农科院昆虫研究所的大力支持和技术指导，生产得到快速发展，涌现一批以富民蜜蜂养殖专业合作社为主的骨干蜂场，全县蜜蜂规模场24个，散养户170个，产值835万元。其中“中华蜜蜂抗递高产稳产试验”获得成功，富民蜜蜂专业合作社老板获全国星火科技带头人奖励，奖金5万元，科学养蜂更加深入人心，效益也有显著提高。丰顺县每年举办的养蜂培训班，蜂农们均踊跃参加。粤东黑猪和花猪是丰顺县分布最广、饲养历史最悠久的品种，现已被外来良种猪品种所取代，边远山区有少量作为种母猪使用。粤东黑猪主要集中产地为丰顺县林海实业有限公司猪场，是省级扩繁场，专门繁育粤东黑猪，并将产品销售县内外。2015年存栏种猪125头，年出栏量2200头，年产值250万元，生产经营情况良好，有相当程度的发展，走出一条特色养殖的路子来。肉鸽养殖方面，肉鸽饲养在本县原来很罕见，规模化饲养更是如此，在粤顺养鸽场带动下肉鸽养殖异军突起，发展迅速，有养户40户。

【做好生猪屠宰专项整治工作】 2015 年按照省、市文件要求开展生猪（牛、羊）屠宰专项整治工作，加强丰顺县生猪（牛、羊）屠宰环节监管，严厉打击私屠滥宰和制售病害肉、注水肉等违法犯罪行为，确保出厂肉品质量安全，保障消费者合法权益。一是成立丰顺县生猪（牛、羊）屠宰专项整治工作领导小组。领导小组下设办公室，负责监督、指导、检查和协调全县重点目标、重点区域专项整治工作。立足本地实际，制定工作方案，统筹协调、集中整治，坚决取缔私屠滥宰行为，建立健全的生猪（牛、羊）屠宰质量安全监管长效机制。二是由县畜牧、公安、食药监、环保、工商、武装部等部门抽调人员成立生猪管理联合执法队，负责对县城及各乡镇定点屠宰工作的稽查和管理，杜绝私屠滥宰，严禁白板肉和病死猪肉流入市场。三是把握时间节点，围绕工作重点，不定时对辖区内屠宰场（点）、市场进行巡查执法，严厉打击私屠滥宰。重点针对城乡接合部、行政区域交界地、主要交通道路周边、肉食品加工集中地等私屠滥宰和制售注水注药肉品问题高发区域，进行集中排查清理。坚决取缔私屠滥宰户和制售注水肉品的黑窝点、黑作坊及不法商户，依法查处向违法分子提供场所或储存设施的单位或个人。四是加强定点屠宰场（点）的内部管理。全面落实生猪定点屠宰厂主体责任，加强生猪定点屠宰厂责任意识。县畜牧局严格按照《生猪屠宰管理条例》等法规要求，加大对屠宰企业日常监管力度和“瘦肉精”抽检力度，强化对屠宰环节“瘦肉精”的监管和查处，严格执行屠宰检疫制度，认真做好生猪宰前、宰后检疫。加大投入，完善定点屠宰企业检验、检疫的基础设施，规范检疫程序；对屠宰生产线进行全面改造，提高生产效能；完善自来水管道、供电设施等其他配套设施。规范定点屠宰企业的收费标准，严格执行上级有关部门的税费标准。五是强化部门协作，严格畜禽屠宰监督执法。积极健全完善生猪屠宰管理联席会议制度，主动会同公安、食品药品监管、环保、工商等部门联合开展工作。

【加强养殖业污染防治和节能减排工作】 2015 年，丰顺县制订《丰顺县 2015—2017 年养猪业污染防治方案》。丰顺县的规模养猪场和养鸡场污染防治工作，结合农业部、省农业厅关于生猪标准在规模养殖场改扩建项目的实施，在环保工程治理方面取得重大进展。2015 年温氏养猪户均配套建立完善的排污设施，污染物处理实现“雨污分流+干清粪+废弃物综合利用。”其他各规模养殖场也普遍落实、配备发酵池、氧化塘等工程设施并长年坚持使用，排污管道化、雨污分流也得到严格执行，这些措施都有力促进农村环境保护工作。部分规模场利用农田、林地、果园、鱼塘等土地的消纳能力，极大地减少污染物的排放，养殖业对农村环境的影响越来越小，农村环境切实得到保护。一是从制度法规方面严管非法养殖，减少污染源的产生。畜牧局严格执行“禁养区”和“限养区”的区域划分，首先从养殖准入方面入手，严格审核，没有当地村、镇许可坚决不给办理，从源头上减少新污染源的产生，制止养殖业盲目、无序发展的势头。 二是加强各示范场和温氏公司的环保监督工作。广东新中联农牧有限公司、温氏公司种猪场、温氏家禽有限公司等，都已通过环保部门的环保评估减排认定。广东昌盛农牧发展有限公司也于 2015 年内要通过环保减排认定。温氏汤西种鸡场采用鸡粪发酵当作辅料循环再利用，基本达到环保要求，其余规模化养猪场和养鸡场在保护当地环境方面也基本达标，非法养殖已有所遏制，总体来说县内养殖业与周边农村环境保护尚能达到和谐。三是严格按照养猪业防治方案执行“三严”。新建、改建、扩建规模化畜禽养殖场（小区）要实施雨污分流、粪便污水资源化利用。严格限制新建规模猪场，新建规模养猪场一律执行“三严”制度，即：严格养殖登记备案、严格动物防疫条件审核、严格环境影响评价制度，确保新建规模养殖场配套完善生产区、生活区、粪污处理区等设施，符合兽医卫生防疫条件和污染物达标排放标准，经县环境保护局、畜牧兽医部门验收合格，领取“排污许可证”和“动物防疫条件合格证”后方准予投入生产。

**【做好畜产品质量安全监管和疫病防控工作】** 为了保证畜产品的质量安全，根据国家、省、市等有关食品安全法律法规的规定，按照“规范、引导、监管、服务”的原则，丰顺县畜牧局采取强化责任、加强监管、严防严控经营和使用违禁兽药等措施，建立了畜禽产品质量安全工作长效机制。对动物及动物产品的质量安全监测情况为：1. 采集猪血清 336 份，牛、羊血清各 159 份进行布病检测；2. 采集鸡血清 510 份，鸭、鹅血清各 200 份，采集禽的喉头、肛门棉签试子共 156 份，进行禽流感病毒检测；3. 采集肉猪尿样 6500 份，进行“瘦肉精”检测；4. 采集动物产品（包括内脏）40 份进行病原微生物、药物残留量进行监测。通过监测，确保畜禽产品质量安全，保障全县水产畜牧业的健康发展和人民身体健康。同时加强对秋冬两季动物强制免疫工作，确保各种疫病不在丰顺县流行。

**【抓好兽药专项整治和动物检疫监督工作】** 动物源性食品安全工作是公共卫生工作的重要组成部分，是保持社会经济全面、协调、可持续发展的一项基础性工作。2015 年全县进一步依法规范种畜禽、兽药、饲料和饲料添加剂生产经营以及质量监督管理工作。对申报兽药经营许可证的单位和个人进行严格审查，按照申领证照的规定核发兽药经营许可证。2015 年，牧政股和动物卫生监督所联合组织兽药执法人员对兽药经营企业和规模养殖场进行检查，确保兽药经营者不出售违禁药物，养殖户不添加和使用违禁投入品。2015 年共出动兽药执法人员 150 多人次，清查兽药企业 140 多个，有效遏制制、售伪劣养殖投入品的违法行为，维护消费者合法权益，保证用药安全。规范动物检疫监督工作，坚持“以监促检，以检促防”。一是继续抓好产地检疫，各乡镇检疫开展面 100%。实行报检制度，设立报检点，坚持 24 小时值班，到场到点实施检疫，凭免疫档案和经检疫合格才能出具动物产地检疫合格证。二是加强屠宰检疫和市场监督。对进入屠场牲畜要做到 5 个 100%；每批进入屠宰场的生猪都要按比例进行盐酸克伦特罗抽检，对问题生猪严肃处理；组织监督人员对肉品市场进行检查，对未经检疫或检疫不合格动物产品禁止出售，确保群众能够吃上“放心肉”。三是对动物交易市场实施检疫监督，对温氏公司交易市场派驻检疫员和监督员，对检出不合格或无检疫证明的一律不准运输、出售，对病害畜禽监督其无害化处理。2015 年，全县产地检疫 28.5 万头，屠宰检疫25.1万头，禽检2250万只，处理病死畜禽2500只。

【开展农资产品打假工作】　2015年，畜牧局打假工作在县委、县政府和上级业务部门的统一领导下，认真贯彻上级业务部门和县政府打假办的文件精神，坚持“标本兼治、打防结合”方针，以加强源头治理，市场整顿和建立长效和有效机制为重点，深入开展农资市场专项整治活动。畜牧局积极联合工商、质监等部门，加强协作、密切配合，结合“放心农资下乡进村宣传周”活动，对全县兽药门市进行一次拉网式清查专项整治。2015年共出动执法人员82人次，清查兽药门市68个次，检查企业24个次，查处涉假案件1宗，销毁假冒伪劣产品货值0.04万元，有效地维护农民的合法权益，净化农资市场，起到“打假护农，维权增效”目的。

【开展畜牧业安全生产大检查，消除安全隐患】由于2015年中国多个地区发生重特大安全生产事故，造成重大人员伤亡和财产损失。为避免类似安全事故再次发生，畜牧局领导班子高度重视本系统内的安全生产工作，按照广东省全面开展安全生产大检查深化“打非治违”和专项整治工作要求，及时召开了畜牧业安全生产工作会议，部署全面开展辖区内畜牧业安全生产大检查，并派出由副局长谢贤亮为组长的检查组，到丰顺县辖区内的饲料厂、屠宰场、规模化养殖场等重点场所进行了认真细致地检查。重点检查饲料生产企业粉尘清理情况，生产原辅料物资管理和使用，锅炉使用情况、易燃易爆物品、高腐危险化学品物质的存放等情况；检查屠宰场检疫工作、瘦肉精检测、制度建设、消毒、无害化处理、生产设备、房舍安全等情况，以及规模化养殖场规范用电情况和沼气处理设施建设情况、漏电保护器、灭火器材配备情况等几个方面。对检查存在安全隐患的企业和养殖场，提出整改措施，督促其限期整改，并对其整改情况进行跟踪落实，切实消除安全生产隐患，为丰顺县畜牧业持续健康发展保驾护航。

**2015年年底县畜牧局**

**副局长**　罗泽宏　曾玉花　谢贤亮

（徐京巧）

## 林　业

【简述】　全县林业用地面积22.26万公顷，其中生态公益林地9.4万公顷、商品林地12.86万公顷。森林覆盖率76.84%；林地绿化率93.48%；森林蓄积量650万立方米。2012年至2015年年底，累计完成3.29万公顷碳汇林造林工程，全县荒山基本完成绿化工作；继续完善韩山省级森林公园建设，开工建设9个镇级森林公园，完成8个森林公园的选址和规划设计工作；建成和完善汤坑镇石桥村、梅溪村，北斗镇坪坑村，砂田镇黄花村，潭江镇官溪村、龙岗镇马图村等32个乡村绿化美化示范点，进一步加强3个市级自然保护区和3个县级自然保护区保护管理工作。

【森林资源保护】　1. 全力抓好森林防火工作。按照“多种树、种好树、严管护”林业工作总体思路，严抓森林火灾防控工作。2015年以来，全县只发生5起火警、火灾，森林火灾的预防和发生发展得到良好控制。具体做法是：一是加大巡山护林力度，划定路段和山头地块，安排护林员每天从上午9点半到下午6点在责任区巡山护林。二是县防火办坚持每天巡、督护林员工作情况，确保人到岗、责到位。三是加强信息共享。县林业局局长每天6点钟前以短信形式，将全县当天森林防火工作情况和最新林火形势发送给县委书记、县长、分管领导及各镇（场）书记、镇（场）长，为各级领导做好森林防火工作提供决策依据。四是动员全县人民移风易俗，文明祭祖，不再烧香纸、放鞭炮。县委、县政府印发《关于严禁党员干部祭祀扫墓燃放烟花爆竹的规定》，要求全县党员干部带头遵守，出台《丰顺县森林防火工作责任追究实施方案》，实行森林防火最严格标准，切实减少森林火灾隐患。

2. 切实加强林政执法。一方面，保持严厉打击涉林违法犯罪的高压态势，减少森林资源损失。2015年，丰顺县森林公安共立森林刑事案件13宗，刑拘10人，取保候审3人，刑拘转逮捕4人，移送起诉8人；查处林业行政案件15

宗，协助各镇执法 30 起，处置野生保护动物 8 起，处置信访案件 5 宗，查处擅自改变林地用途案件 5 宗。另一方面，抓好森林病虫害防治检疫工作。认真贯彻落实《森林病虫害防治条例》和《植物检疫条例》，全面开展全县林业有害生物普查工作，加强检疫执法检查，特别是抓好造林苗木复检，抓好竹蝗、松材线虫病防治工作。

**【落实林业惠民政策】** 继续完善、规范生态公益林补偿资金发放程序，补偿资金全部由县财政直拨到各镇（场）8.5 万多份补偿对象银行账户，并将发放情况在各村张榜公示，设立投诉电话接受群众监督，确保群众利益不受侵害，确保林业惠民政策落实到位。2015 年，生态公益林建设取得新的工作成果：一是完成扩大生态公益林 30 万亩的工作任务，二是在 2013 年丰顺县生态公益林激励性补助资金 PK 成功的基础上，于 2015 年上半年完成生态公益林激励性补助资金 683.7 万元的发放工作。三是完成广东省生态公益林效益补偿专项资金省统筹经费项目申报标准文本。四是投入 150 多万元专项资金，推进八乡山镇和潘田镇生态公益林示范区建设工作。

**【巩固集体林权制度改革】** 林改工作通过省级验收后，为了解决一些历史遗留问题，坚持做到林改机构不撤、人员不散、工作不停，把调处林权纠纷、化解林区矛盾、勘界确权登记发证当作是维护林区和谐稳定的一项重要日常工作抓紧抓好。2015 年共受理 53 个不同单位和个人的林权登记申请，核实林地 91 宗，面积 3547.7 公顷，发证 108 本（含一权、三权及流转三权）。受理 8 个不同单位和个人的林权二次流转申请，涉及林地 18 宗，面积 1156.02 公顷，林权证 12 本。

**【发展林业产业】** 积极发动群众，广泛吸引不同主体投资林业，加强扶持，从技术、信息、林地承包经营权流转等方面提供服务，为农民提供良好的政策环境，激发农民发展林业，提高农民经济收入，推动全县林业产业经济发展。

**【加强党风廉政建设】** 以开展党的群众路线教育活动和开展“三严三实”专题教育为契机，不断深化廉洁从政教育，深入学习党章、党的纪律和习近平总书记系列讲话精神，不断加强对干部职工纪律作风的管理，把抓好纪律作风作为从严管理干部的重要抓手，加强对干部职工上下班、工作效率、为民服务、落实制度等方面的监督检查，打造文明、高效、廉洁的机关形象。同时，牢牢把握建设林业生态文明的丰富内涵，切实加强了林业各项工作的监督检查，强化各项制度的落实，预防违纪违规行为的发生，使生态受保护、经济得发展、群众得到实惠。

**2015 年年底县林业局**

**局　长**　朱国武

**副局长**　黄德明　郑立文　徐小文

**县公安局森林分局局长**　李毅峰

（曾秋龙）

## 水　务

**【简述】** 2015 年，在县委、县政府的正确领导和上级部门的关心支持以及相关部门的积极配合下，县水务局深入贯彻落实中央、省、市水利改革发展精神，紧紧围绕县委、县政府的重大决策和工作部署，以民生水利工程、水资源管理、水政执法、小水电建设管理、水土保持等为重点，推动水务事业不断发展，为全县经济社会平稳较快发展提供强有力的水利支撑。

**【重点水利工程】** 一是山区中小河流治理工程。根据《广东省山区五市中小河流治理实施方案》，丰顺县规划项目共 25 项，治理河长 302.1 公里，居梅州市第二，规划总投资 5.99 亿元。市委、市政府提出争当全省排头兵，自我加压，调整任务，“五年任务、三年基本完成”。为此，经县委、县政府研究，2015 年度实施 6 项，治理河长 83.2 千米，概算总投资 1.45 亿元，7 月 23 日县政府组织召开动工暨动员大会，开始进场施工。已按要求完成主体工程建设任务，正在抓紧做好工程收尾工作。二是 2013—2015 年中央计划中小河流治理工程共 5 项，概算总投资 11813 万元，其中：丰良河（大龙华镇段）、八乡河（八乡段）工程建设已接近收尾，正在抓紧完善验收相关资料；汶水河、白溪、北河于 10 月完成招投标，11 月开工建设。三是省级小型农田水利重点县建设工程（2012—2014 年），概算总投资 6516 万元。其中：2012 年度、2013 年度建设任务已经基本完成，正在做好工程扫尾及结算验收准备工作，2014 年度建设任务于 2015 年 10 月 16 日开标，11 月开工建设。四是龙车溪山洪沟防洪治理工程，总投资 925.87 万元，于 2015 年 7 月开工建设，该工程建设任务已基本完成，正在抓紧做好收尾工作。五是新增 4 宗小型水库除险加固工程，概算总投资 848.65 万元，于 2015 年 10 月完成设计施工总承包（EPC）招投标，11 月开工建设。六是三个中心镇污水处理厂建设项目，总投资 6886.87 万元，该项目采用设计采购施工总承包（EPC）模式招标，采用 BT 模式融资建设，于 2015 年 12 月 29 日开工建设。七是村村通自来水工程，省委、省政府提出粤东西北地区力争 2018 年年底实现村村通自来水，丰顺县规划分五个阶段实施，总投资 4.02 亿元，其中：县级扩网工程（碧桂园至埔寨镇供水主管）已基本完成，汤南镇自来水厂正在抓紧实施，留隍、潭江、汤坑镇正在开展相关前期工作。

**【水资源管理水政执法】** 一是 2015 年办理到期更换取水许可证 103 份，办理法人变更 4 宗，地热水到期更换许可证 18 宗，法人变更 1 宗，各类信访答复 6 宗，依法征收电站水资源费 223 万元，地热水资源费 15.73 万元，水土保持费 7.25 万元，自来水水资源费 0.774 万元。二是完成丰顺县韩江干流 2013 年度 2 个可采区完工验收工作；成功招标 2014 年度 2 个可采区河砂开采出让权；完成 2015 年度下栅采区报名工作。三是加强河砂管理工作，高度配合当地镇政府打击非法采砂行为，查处一宗利用钩机和运输船进行非法采砂，行政处罚 50 万元，非法运输车 4 辆，行政处罚 2 万元，现场销毁非法链斗船 2 条、抽砂船 2 条，较好地规范了河砂管理工作，提高水政执法能力。

**【小水电建设管理】** 农村小水电技改净增容量 2045 千瓦，全县发电设备拥有量 287 处 279149 千瓦，（含东山电站），年发电量 62000 万千瓦时，总收入 26897 万元，税收 4301 万元。同时，落实全县水电站的防汛责任制、安全生产和安全监管“双主体”责任制 287 宗；完成丰顺县农村水电发展“十三五”规划及“十三五“水电新农村电气化规划。

**【水土保持】** 2015 年，治理“五沿”范围崩岗 21 宗，合计 8.6 公顷绿化面积，总投资 661 万元，计划完成时间 2014—2016 年。韩山崩岗综合治理工程已列入试点示范工程，2014 年开始实施，总投资 180 万元。

**【水库移民后期扶持】** 2015 年度上级下达水库移民后期扶持已审批的项目资金共 620.82 万元。其中：1. 大中型水库移民后期扶持项目资金 253.32 万元，“直补到人”四个移民村共发放补助资金 83.46 万元；“公共基础设施项目建设” 7 个移民村 7 宗项目，投入后期扶持资金共 169.86 万元。2. 小型水库移民后期扶持项目资金 240.64 万元，完成移民户建房补助差额 12 个移民村，共补助资金 162.32 万元；工程项目完工 1 宗，在建工程 2 宗，完成投资 179.39 万元。

**【机关效能建设及安全生产】** 局计财、人事监察、办公室等团结协作发挥重要作用，确保局领导、机关干部职工的服务水平得到全面提高。计划生育、综合治理、安全生产等形势稳定，全局系统无计划外生育、无违法违纪案件、无人为安全生产和人员伤亡事故发生。

**【党建和思想教育】** 全面落实党建工作目标任务，完善党建工作制度，全年转为正式党员 8 人，预备党员 2 人；全局党员干部职工积极参加“三严三实”专题教育实践活动，使干部职工整体素质明显提高，“团结奋进、人心向上”的良好精神风貌逐渐形成。有效地促进各项水务工作的顺利开展。综治、信访、安全、工青妇、老干部工作齐头并进，也都取得明显成效。

## “三防”工作

【灾情概况】 2015 年，丰顺县旱涝态势总体平稳略偏旱，汛期没有发生大的洪涝灾害，洪涝灾害损失相对较轻，台风影响亦较轻。1—12 月丰顺县三个区域降雨量分别为汤坑 1606 毫米，丰良 1490 毫米，留隍 1350 毫米，属雨量偏少年份，较多年平均降雨量偏少一至二成。降雨在时空分布上还较均匀，开汛较晚，1—4 月降雨稀少，但全县未出现人畜饮水困难情况。降水主要集中在 5—8 月，9—10 月降水偏少，12 月出现了大面积降水，未出现冬旱现象。短历时强降雨多，局部性明显。在主汛期，受季风低压槽影响，有两次发生局部性短历时强降雨，即 7 月 9 日 8—22 时丰顺县普降暴雨至大暴雨，其中八乡高基坪站降雨量为 266.5 毫米，埔寨镇站点测得降雨量为 145 毫米，梅子坝站测得降雨量为 129 毫米，8 月 10 日 5—6 时发生短时强降雨。两次均不同程度造成了灾情。受两次暴雨袭击，全县部分乡镇发生洪涝灾害，但总体程度较轻。全年统计有 7 个乡镇发生洪涝灾害，受灾人口 9575 人，房屋损坏 8 间，农作物受浸、受损 1726.67 公顷，损坏山区小河堤护岸 25 处，损坏灌溉设施 67 处，冲毁塘坝 5 座等。一年来，全县因受洪涝灾害影响各项直接经济损失 2746 万元（其中水利水电损失 1624 万元）。

【“三防”工作开展情况】 一是加强组织领导。丰顺县各级党委、政府高度重视防汛抗洪和抢险救灾工作。县委、县政府多次召开专题会议，研究部署防汛抢险救灾工作。县委、县政府主要领导和分管领导经常带领工作组检查水利防汛工作，每次出现灾害性天气时，及时作出批示、指示，部署、指导防御工作。各镇（场）党委、政府领导、各成员单位负责人切实加强了对防汛工作组织领导，周密部署，确保防汛准备和抢险救灾各项工作的有序开展。二是狠抓防汛准备。入汛前组织汛前安全大检查，进一步完善防汛检查制度，对发现的问题及时进行整改、处理，消除安全隐患。进一步落实防汛抢险保障措施，修订完善了各类应急预案，县政府及县三防指挥部相继印发《丰顺县洪涝灾害抢险救灾应急联动方案》《丰顺县防汛防旱防风防冻应急预案》《丰顺城区防汛应急预案》；全县山洪灾害易发地区每个村配置一面预警铜锣、一部手摇警报器、一部半自动雨量计，一只口哨，提高预警能力；2015 年，县三防指挥部专门印发山洪灾害海报、手册，分发到各镇、村和各中、小学学生手中，加强山洪灾害宣传；轻舟机动五大队丰顺分队通过集中训练、考核、演练，增强队伍的抢险能力；县三防办、各镇（场）和工程管理单位增加防汛救灾物资储备，购置、更新一批防汛物资和救生器材。三是及时启动响应。各级三防指挥部门根据汛情、风情的发展，及时启动应急响应，加强监测、加强值班，各成员单位迅速行动，切实履行职责，全力做好抢险救灾。四是加强协调配合。“三防”指挥部各成员单位进一步加强会商联动，防汛抗旱行动更加协调。各级“三防”、水文、气象等职能部门快速响应，及时掌握雨情、水情、灾情，为领导决策提供科学依据；其他三防指挥部成员单位均能按照各自职责分工，从防汛准备、资金下达、抢险救灾、恢复重建等方面给予大力支持和协作，形成了抗灾救灾的强大合力。

在县委、县政府的正确领导下，在各镇（场）党委、政府，县三防各成员单位和三防部门的共同努力下，通过各级干部的全力履职，把灾害损失降到最低，确保人民群众的生命财产安全，取得了显著的成绩，得到市委、市政府和省防总的充分肯定和社会好评。

**2015 年年底县水务局**

**局　长**　刘雪峰

**党委委员**　徐　义

**副局长**　吴小铧　林庆丰　张炳坤

（办公室）

## 气　象

【简述】 2015 年，在县委、县政府和上级业务部门的正确领导下，以“四个全面”战略布局为指引，以提升气象服务能力为目标，把全面深化体制改革工作与基本实现气象现代化工作紧密结合，扎实推进服务体系现代化，服务能力现代化，积极推进气象法治建设、规范化管理进程，全年各项工作扎实有序推进，较好地完成上级下达的各项任务。

【2015 年气候特点】 1. 主要气候特点：气温显著偏高、日照略偏多、雨量偏少。龙舟水一般，年内有 1 个热带气旋影响严重，冷空气强度较弱，春季无低温阴雨天气，秋季无寒露风天气。

2. 气温：年平均气温 22.8℃，较常年平均偏高 1.1℃，为有气象记录以来历史最高。年内各月气温均偏高，其中 6 月平均气温 29.2℃，较常年平均偏高 2.4℃，11 月平均气温 22.6℃，较常年平均偏高 2.9℃，6 月和 11 月平均气温均创历史新高。年极端最高气温 37.8℃，出现在 6 月 19 日和 8 月 7 日，年极端最低气温 4.2℃，出现在 12 月 18 日。

3. 雨量：年降水量 1620.3 毫米，与常年比较偏少 245.3 毫米。年内雨量分布不均匀，但洪涝不明显，其中 12 月平均降雨量 128.9 毫米，较常年显著偏多 3.1 倍，为历史同期次多。全年 ≥0.1 毫米的雨日有 144 天，≥50.0 毫米的暴雨日为 6 天。年日降水量最大为 80.9 毫米，出现在 7 月 9 日。

4. 日照：年日照时数为 1843.8 小时，与常年比较偏多 27.5 小时。

5. 强对流：全年有雷暴日 55 天，较常年偏少。

6. 冷空气：年度影响丰顺县的冷空气强度较弱，春季无低温阴雨天气过程，无倒春寒天气，秋季无寒露风天气，无霜降风天气。全年无霜（冰）冻天气。

7. “龙舟水”天气：2015 年“龙舟水”属一般年景。

8. 热带气旋：2015年度有1个热带气旋严重影响丰顺县，较常年偏少。7月9日受台风“莲花”环流影响，丰顺县出现暴雨，局部大暴雨到特大暴雨，并伴有6~8级大风。全县共有4个镇受灾，受灾人口达7715人，临时紧急转移186人，倒塌房屋4户8间，直接经济损失1813万元。

【气象服务】 县气象基础业务质量是气象的立足之本，气象局始终加强业务管理工作，狠抓业务质量，完善各项规章制度，明确细化业务人员职责，积极组织开展业务技术学习，按规定完成各类设备的维护、数据传输、监控及故障排除，保证业务工作稳定运行。

1. 坚持“一年四季不放松每次过程不放过”的服务精神，为县委、县政府以及丰顺社会经济提供优质服务，认真做好暴雨、台风、强对流及其他重大天气的气象保障工作。2015 年丰顺县总降雨量较往年偏少一成左右，年平均气温为历史最高值，局地强对流天气频繁发生，强降水时空分布不均匀，尤其在 4 月丰顺县潘田镇、隔隍镇先后出现冰雹，在此过程中气象台准确发布历史首次冰雹预警信号。县领导对气象防灾减灾工作高度重视，每次重大天气过程都亲临业务第一线，对气象预报预警服务工作进行周密部署，及时发送提醒信息和防御指引，累计发送决策服务短信 21 万多人次。准确、及时的预报服务，为县委、县政府抢险救灾赢得了时间，为当地党政领导及有关部门指挥农业生产及安排有关工作，充分发挥参谋助手的作用，得到县委、县政府的高度肯定。

2. 紧贴需求做好公共气象服务。牢固树立“你的冷暖，在我心中”的服务理念，积极做好气象服务工作。2015 年 11 月中国 · 丰顺“喜德盛杯”国际山地自行车邀请赛期间，气象局积极主动提供良好的气象服务，保障县活动顺利举行，对宣传丰顺新区建设、提高丰顺的知名度发挥推动作用。在丰顺县政府领导的关心支持下，气象局组织技术力量，在全县各乡镇均安装气象显示屏，并建立气象信息服务站，可实时播报气象预警信息，能够将丰顺县强降水、冰雹、大风等气象预警信息以及山洪、泥石流、滑坡等地质灾害防御信息快速、及时、准确地传播给社会公众，逐步解决预警信息传播“最后一公里”问题，对保障气象事业健康稳定快速发展，推进气象现代化建设将起到重要作用。

3. 真抓实干，积极推进气象科技服务工作。为确保丰顺县生产安全和人民生命财产的安全，县气象局一向把防雷设施安全检测作为防雷减灾工作的重点来抓，不断加大防雷科技服务力度，继续加强与有关部门的沟通，严格把好防雷审核关，依法对有防雷设施建筑物特别是易燃易爆场所和人口密集场所进行防雷安全检测，加强新建建筑物报建审批工作，做到协调发展。2015年6—7月，县气象局联合安监、经信、住建、教育等部门完成县级气象灾害防御暨防雷安全生产执法检查和市级复查工作，对检查中发现的问题积极落实整改，促进丰顺县防雷减灾工作的健康发展。

**【切实履行党风廉政责任制，加强廉洁自律】** 2015年，县气象局履行“一岗双责”和党风廉政建设责任制，严格遵守《党章》《中国共产党廉洁自律准则》《中国共产党纪律处分条例》等规章制度，严格执行中央“八项规定”，在住房、公务接待和职务消费等方面没有违反规定的情况发生；廉洁办事，严格遵守民主集中制，自觉接受监督，凡是“三重一大”的事都经过班子讨论决定，报上级批准后坚决贯彻执行；严格执行人事纪律；能坚持从当前实际出发谋划事业，从严从实谋发展。

**2015年年底县气象局**

**局　长**　谭九香

（刘宝升）

# 工　业

## 经济和信息化

【简述】 2015年，在上级党政的正确领导下，在市经信、市外经贸、中小企业主管部门的指导下，丰顺经信部门继续坚持"工业强县"发展战略，以科学发展观为统领，以加快转变经济发展方式为主线，以打造百亿电声产业集群为目标，积极应对经济下行压力的影响，加快推进新型工业化建设，全县工业经济呈现出平稳较快发展的良好态势，服务企业、争资立项等各项工作有效推进，极大促进丰顺县工业经济增量提质，转型升级。

【主要经济指标完成情况】 2015年全县工业总产值126.87亿元，同比增长13.3%，其中规模以上工业总产值95.78亿元，同比增长15.1%；外贸进出口总额3.39亿美元，同比增长16.3%，外贸出口总额3.35亿美元，同比增长17.6%。

【主要做法】 （一）强力推进打造百亿电声产业集群工作

根据《丰顺县打造百亿电声产业集群实施方案》，经信局认真组织力量深入开展相关工作，2015年电声产值79亿元，比2014年增长16%。

一是与工信部电子五所战略合作。为贯彻省委书记胡春华来丰顺调研时关于加快发展丰顺电声产业等实体经济的要求和省、市委关于加快振兴发展的工作部署，围绕建设百亿产值集群、打造"中国电声之都"目标，3月31日，丰顺县人民政府与工业和信息化部电子第五研究所签订战略合作框架协议，此举成为全国首个县级政府与全国知名科研单位牵手合作成功。5～6月，丰顺电声区域品牌建设、电声产业发展规划、地热节能减排项目申报等合作项目已经开展实施。

二是共建中国电声出口基地。4月16日，丰顺县"中国电声出口共建基地"授牌仪式在丰顺电声大厦隆重举行。这是继丰顺县与工信部电子五所签署战略合作框架协议后的又一喜讯，也是丰顺县为促进电声出口转型升级，培育经济增长新动力，在电声发展中取得的又一成果。

三是推进电声公共服务平台建设。广东省质量监督电声产品检验站（梅州）项目正式落户丰顺，投资3186万元的电声产品检验站已经动工建设；成立丰顺县电声电子商务公共平台管理有限公司，丰顺县电声电子商务综合服务平台已经正式建成，完成"丰顺电声"国内国外的商标注册。

四是申报国家新型工业化产业示范基地。组织力量编写申报国家新型工业化产业示范基地：电子信息（电声）· 广东省梅州市丰顺基地的申报材料，并完成了申报答辩。

五是扩大丰顺电声宣传。编写全县电声宣传手册、拍制电声宣传片、注册境内外电声集体商标等工作。10月31日，组织30家电声企业共46人参加"赢享中国 · 2015年演艺设备行业峰会"，旺兴达（丰顺）电子有限公司产品入选十佳配件类品牌；"广东演艺产业十大专业委员会"的扬声器技术专业委员会正、副主任均由丰顺县电声企业负责人当选；由广州大学、广东演艺设备行业商会、广东省声像灯光科技促进会、丰顺县电声行业商会、恩平市电声行业协会以及慧聪音响灯光网共同主办的"赢享中国 · 2015年演艺设备行业峰会"在广州大学隆重举行。相关单位领导、各主办单位全体会员、标准化技术委员会全体委员、行业专家、高校师生约900人参加峰会。

六是举办电声研讨会和座谈会。3月19—20日，由丰顺县电声行业商会、广东省音频设备与系统标准化技术委员会、广东学艺设备行业商会、广东省电子行业协会、广东省声像灯光科技促进会联合主办的“广东省珠三角与粤东北丰顺电声行业创新合作发展高峰研讨会暨音响行业标准化工作会议”在丰顺举行，中国电子音响行业协会秘书长陈立新，广东省音频设备与系统标准化技术委员会主任委员、广东省声像灯光科技促进会会长、广州大学声像与灯光技术研究所所长彭妙颜以及各协会、分标负责人、专家学者和珠三角行业企业家、丰顺县电声企业负责人等共150多人参加会议。4月7日下午，丰顺电声产业发展座谈会在丰顺县召开。市委书记黄强、市长谭君铁出席会议并讲话，强调要深入实施创新驱动发展战略，提高创新能力、搭建发展平台、优化营商环境、培育龙头企业，加快打造百亿元电声产业集群。

七是举办电声产业发展新闻发布会和电声发展论坛。为发展壮大丰顺电声产业，以召开第九届世界丰顺同乡联谊会为契机，10月11日由中国电子音响协会、丰顺县人民政府主办，工信部第五电子研究所承办的“中国（丰顺）电声发展论坛”和“丰顺电声产业报告发展新闻发布会”在丰顺县举行，全国电子电声行业专家学者、电子电声行业主要企业家等电声行业“大腕”云集丰顺研讨电声行业创新发展，为丰顺电声行业的发展壮大和围绕丰顺打造百亿电声产业集群、建设“中国电声之都”目标，进行“把脉”、研讨，建言献策，从而进一步扩大丰顺电声产品的知名度，做大做强电声产业。

八是共建产学研创新示范基地。12月26日，广州大学与县政府共建产学研创新示范基地成立暨广东演艺十大产业专业委员会高峰论坛在丰顺县举行。会议期间还举行广州大学与县政府签约和揭幕仪式。

（二）有效推进服务企业行动

一是组织企业参展。3月份，经信局组织全县30家电声企业以“丰顺电声”名义集体参加2015年中国（花都）春季视听博览会；10月5—11日与市商务局联合组织10家电声企业组成参展团赴台湾参加“第十二届海峡两岸电子信息暨自动化设备展”，总成交额4000万美元；同时组织企业参加“第四届世界客商博览会”“第十二届中国国际中小企业博览会”及广交会、文博会、茶博会等活动，通过参展加大宣传力度，促进企业间的交流合作，开拓了市场，提升丰顺企业产品的知名度。

二是组织开展机电能效提升工作。组织专人负责推进机电能效提升工作，动员9家企业开展试点工作，其中1家东方金属连铸公司已经做好电机能效提升工作，申报补助资金162652元。

三是举办和组织企业参加有关培训。一年来先后联合县委组织部、帮扶办和海珠区科信局在中山大学举办“海珠—丰顺电声企业产业提升培训班”，组织38家电声企业参加培训，并组织企业到广州花都区国光电器、励丰科技、飞达音响等公司考察学习；联合县委组织部、县委党校在省委党校举办“电声企业人才培训班”，30多家企业老板、管理人员参加培训并参观广州锐丰音响科技有限公司、励丰文化科技有限公司；举办“丰顺县出口电声质量安全示范区培训班”，邀请省出入境检验检疫局专家授课，全县35家企业参加；组织企业参加全市中小微企业电子商务运营实操相关培训，丰顺5家企业参加梅州市骨干民营企业家高级研修班；组织40家企业参加工信部电子五所“推进丰顺电声区域品牌建设项目专题讲座”和“以顾客满意为导向的企业管理者质量意识提升的专题培训”，同时组织企业人员参加财税及会计实务知识培训班、赛宝大讲堂、电子商务培训班等各种培训班的学习。9月10日，由广东省中小企业局主办，工业和信息化部电子第五研究所、丰顺县经济和信息化局承办的广东省中小微企业人才培育专题培训“智能制造业管理人员培训班”在丰顺县举行。广东省内中小微企业的董事长、总经理、技术负责人和其他中高层管理人员共100多人参加了培训。培训班邀请国光电器股份有限公司电声部经理黄汉雄，东莞技研新阳电子有限公司副总经理宋小平前来授课。

四是开展成品油年检工作。做好21家加油站年检和安全生产工作。

五是开展节能宣传月和低碳活动。积极开展节能宣传月和低碳活动，有效提升企业节能、低碳生产的意识。

六是组织开展中小微企业上规。1—12月已经确认新增15家企业上规。

七是开展技术改造申报工作。2015年来组织丰顺优通科技有限公司〔高稳扁平线（FFC排线）技术改造项目〕、广东宇星阻燃新材有限公司（连体锑白发生炉及其分级系统技术升级改造项目）向省经信委申报2015年省级企业转型升级专项资金设备更新淘汰老旧设备专题项目；组织鸿润电子公司向市申报工业发展三年行动计划专项资金。

八是广州海珠（丰顺）产业转移园成功申报并获得5000万元启动资金。广州海珠（丰顺）产业转移工业园位于丰顺县埔寨镇，核心区面积10平方千米，起步区5平方千米。2015年3月，丰顺产业园经省政府批准纳入省级产业转移园管理，享受省产业转移相关扶持政策。2012年园区启动规划建设，分三期建成，重点发展电声电子信息、电子医疗设备、先进制造业、绿色饲料等产业。已投入资金2.4亿元，完成土地储备133.33公顷和66.67公顷土地平整及供水管道、110千伏埔寨变电站扩建工程、污水处理厂、工业大道等配套基础设施加快建设。计划投资10.5亿元的汇威科技、鼎新科技等6个项目已动工建设，其中汇威科技、鼎新科技将于年底投产。与此同时，规划占地面积133.33公顷、计划投资30亿元的电声中小企业创业园已完成专项规划，并通过国家新型工业化产业示范基地申报答辩。创业园规划100家以上电声企业进驻，已有85家电声企业报名意向进驻，首批4家企业进园建设，建成后将是国内首个电声基地。计划总投资7.5亿元的绿色饲料生产基地于10月11日动工建设，大北农、双胞胎、江西联合农牧、福建海新、广东现代农业集团等5家国内大型龙头企业已签约入驻。

九是做好金属硅厂职工安置和债权回赎工作。根据县政府工作安排，认真做好县金属硅厂20名职工一次性安置工作，做好该厂债权回赎，确保改制工作顺利进行。同时做好县染织厂职工安置前期工作。

十是设立工业园区股。为做好园区相关工作，经报县编委同意，设立县工业园区股，全面对接省园区处、市园区办工作及推进海珠（丰顺）产业转移园各项工作。

十一是做好商贸服务与市场建设工作。1.加快发展现代物流：依托广东深华药业有限公司现有的物流配送基础，积极发展深华物流园，把该公司创建成为粤东地区一流的现代药品物联网应用示范基地；鼓励引导丰顺县瑞丰粮油食品有限公司加快建设丰顺县粮油仓储物流配送中心，致力打造华南地区“生产规模最大、设备流程最先进、配套设施最齐全、综合实力最强”的大型粮食产业集团。2. 加快电子商务发展：鼓励支持广东深华药业有限公司加快建设丰顺深华电商园；帮助企业成立丰顺电子商务商会，梅州立易顺电子商务发展有限公司积极开展网站运营、电子商务培训等业务。丰顺县泰雅达脚轮厂积极发挥电商优势，企业产品通过该企业官方网站、阿里巴巴等电商平台销往美国、巴西、日本等国家和南美洲地区以及全国各地，2015年营业额高达1600多万元。3. 提升信息服务水平。推动物联网发展，鼓励引导企业对物联网技术的应用，加快（广东深华药业有限公司）梅州药品物联网应用示范基地建设。

**2015年年底县经信局**

**局长、党委书记**　黄忠明

**党委副书记**　罗长军

**副局长、党委委员**　胡玉富　冯文胜　邱建文

**副局长**　罗英顺

**党委委员**　陈思明　李国桥

（李国桥）

## 国有资产投资

**【简述】**　2015年，丰顺县国有资产投资有限公司在县委、县政府的正确领导下，在各级职能部门的大力支持下，切实加强国有企业资产管理，充分利用现有资源挖潜增效，增创企业效益，不断完善各项规章制度，狠抓工作作风建设，严肃纪律，稳大局、抓生产、保安全，积极推动企业健康发展。

**【经济指标完成情况】**　一是2015年因受厄尔尼诺天气影响，降雨量偏少，各项经济指标均比

往年有所下降，全年累计完成上网售电2783万千瓦时，销售收入1427万元，同比减少17.8%。上缴税款208万元，同比减少29%。

二是完成县委、县政府部署的经济发展工作任务，投资入股县信用联社，认购入股1600万股，总股本3200万元，占信用联社总股份的5.04%。

三是完成“十二五”规划建设项目竹子坜水电站增效扩容工程建设，于2015年2月顺利投产，累计投入资金450万元；完成八乡一级水电站压力管道、隧道多年漏水修复堵漏工程和机组设备、保护装置、监测设施更换改造、购置储备防汛物资器材一批，以及木头凹水电站闸阀、调速器、保护装置等更新工作，共计投入维保资金65万元。

四是完成挂钩帮扶村银溪村计划生育，完善部分公共设施等任务，投入资金约3万元。

五是努力提高和改善干部职工的福利待遇，从2015年1月起，人均提高福利待遇367元/月。

六是积极清偿历史债务，归还银行贷款本息216万元，完成县信用联社1100万元大额历史债务转贷工作。

**【规范企业内部管理】** 2015年，通过完善制度，规范程序，严肃纪律，加强管理，进一步理顺内部管理体制，依法撤销八乡一级水电站独立法人资格，完成县电业公司和县八乡一级水电站企业法人的兼并工作；理顺历史遗留账务承接，按照会计准则，正确设置会计科目，准确核算；进一步严肃财经纪律，切实加强资金监管力度，严格控制各项费用开支，对各电站的日常费用进行核定标准，规定用途，各项费用开支明显得到有效控制，使各项资金能够用在刀刃上、用在实处；进一步严肃劳动纪律，加强管理，稳定队伍，很好地实现年度安全生产无事故和综治信访维稳零上访的目标。

**【安全生产管理】** 一年来，县国投公司在安全生产管理工作中不断完善各项管理制度，严格落实安全生产责任制，通过抓培训、抓设备管理、抓除险技改和各项指标任务的落实，进一步规范企业管理；通过大力开展安全生产月活动，加大岗位知识和业务技能的培训考核力度，提高行业工人的业务技能和应变能力；通过经常性地开展对下属电站的生产工作进行全面的安全生产大检查，针对存在问题，制定专项措施，强化跟踪管理，提高设备健康水平，保障设备、设施的正常运行，确保全年的安全生产。

**【综合工作开展】** 切实加强党的组织建设，深入贯彻落实中共十八大精神和习近平总书记系列重要讲话精神及中央“八项规定”等，以开展“三严三实”教育实践活动为载体，以党的建设和机关作风建设为抓手，促进企业各项工作健康有序开展；不断完善工会组织和妇女组织机构的建设，积极发挥工会、妇女团体组织在企业生产管理过程中的重要作用，有效推动公司各项工作的顺利开展；不断规范综治信访维稳工作，严格落实信访维稳责任追究制度，加大信访维稳工作力度，规范信访行为，使信访案件得到有序有效落实，维护社会稳定；落实挂钩帮扶、“扶贫双到”工作的总体部署，制订工作计划和帮扶措施，扶助挂钩村修建道路桥梁，帮扶工作取得了一定的实效。

**2015年年底县国有资产投资公司**
**副总经理** 丘世务

（陈达行）

## 供　电

**【简述】** 2015年，在县委、县政府和梅州供电局的正确领导下，丰顺供电局认真贯彻落实中共十八大、十八届三中、四中、五中全会精神和上级各项决策部署，始终坚持以南网中长期发展战略为统领，把握“量化、限时、定责”的工作要求，着力抓好深化创先工作，强化重要指标管理，各项工作取得了新成绩。全年完成供电量9.67亿千瓦时，售电量9.33亿千瓦时。综合线损率3.6%，同比下降2.29个百分点。当年电费回收率100%，同比持平。用户年平均停电时间4.04小时。主营业务收入净额4.32亿元，资产总额4.12亿，纳税总额3218.68万元。2015年全年没有发生四级及以上电力安全事件，截至2015 年 12 月 31 日，全局实现安全生产超 5600 天，电网安全运行超十五周年。连续两年获得梅州供电局年度绩效考核“A”级水平；获“2015 年丰顺县民主评议政风行风群众满意单位”，得分 100 分，在 29 个县直单位排名第一；个人方面，获省级表彰 5 人，市级表彰 7 人。

**【守住安全底线，持续推进安全生产一体化建设】** 深化安全生产责任传递机制，组织全局签订责任书 580 份。每月深入基层班组检查指导体系和“两书”应用情况，提升安全生产一体化水平；制订 2015 年安全生产风险管理体系推进方案，扎实开展体系存在问题整改，体系外审得分 69 分（保持三钻水平）。定期召开三级安全网活动，加强安全区代表、安全工器具管理等制度、业务流程的宣贯培训。全年累计督查次数 1655 次，对发现的问题和隐患跟踪整改，实现安全监察闭环管理。各级领导现场安全检查 377 次；开展全生产大检查 5 场、安全生产月活动 18 项、安全宣贯培训考试 58 场共 3138 人次，各项应急演练 40 场共 532 人次。加强防风防汛管理，出动线路设备特巡特维 580 人次，成功防御汛期强降雨和台风“莲花”“苏迪罗”等自然灾害的袭击。规范保供电组织和实施，圆满完成重大节日、“两会”、中高考、纪念抗战胜利 70 周年、环绕丰顺磨坊 200 千米骑行活动、第九届世联会、“喜德盛杯”自行车邀请赛等 12 项保供电任务，共投入人力 5200 人次、应急车辆 825 辆次。分两个时期对安全生产实行特殊时期管控，抓好施工作业提级审批（共 37 项）和风险管控，防范各类事故事件发生，确保安全生产局面平稳。

**【抓好“稳增长”，着力强化电网建设属地化管理】** 超额完成2015年度基建配网工程投资1942.41万元，占年度计划的105.41%；全县10千伏配网可转供电率达56.04%，城网达91.67%。顺利推进2016年配网基建稳增长第一批、第二批项目前期工作。110千伏南湖变电站土建和电气安装工程基本竣工，站址用地和配套线路走廊调整规划取得市、县两级政府批复同意。促成小水电站加装智能真空开关，形成一套符合山区有效管理小水电的实践经验，得到梅州局的发布推广。广东省首例大型新建住宅供配电设施建设维护项目——丰顺碧桂园工程（约5300万元）顺利竣工投产。落实目标责任，与丰顺县政府、各镇（场）签订《2015年推进电网建设目标责任书》。加强业主项目部持证上岗管理，11人分别获得C、D级项目经理专业资格证书。贯彻执行网公司“五个严禁”检查指引和承包商日常检查扣分管理规定，全年累计开具考核扣分通知单9张，有效提升基建安全和质量工艺水平。开展节能宣传月活动， 以“节能有道，节俭有德”“低碳城市，宜居可持续”等活动为主题，引导广大群众共守绿色生活、勤俭节约。

**【优质规范到位，有效推进客户全方位服务体系建设】** 制定客户服务改进行动方案，持续开展服务质量监测活动，对营业厅、故障急修、业扩报装等行为进行暗访、测试，促进服务水平不断提升。规范营业厅VI标识，塑造统一、规范的服务形象。提供大客户增值服务，举办4期电工培训（共 400多人），为客户进行免费安全培训和节能诊断。全面实施业扩工程投资界面延伸至客户红线工作，着力解决供电服务“最后一公里”的问题。积极做好县招商引资和新建小区供电服务，碧桂园别墅区和锦江美景城A、B区增容顺利完成。全年新增客户5118户，容量62047.95千伏安（其中专变用户52户，容量57845千伏安）。试点开展低压集抄建设，对千江花园、金河湾等6个住宅小区3100个用户进行前期改造，为全面实现低压集抄做好准备。创新服务载体，通过与第三方合作，借助当地具有较大影响力的自媒体平台，深入开展村电共建、关爱福利院、用电安全宣传、营销业务咨询等便民利民系列活动，共40多场次，有效拓宽缴费渠道、保障电费回收。2015年，银行代扣缴费率达29.99%，同比提高6.92个百分点，非现金缴费率达83.85%，同比提升29.3个百分点。

**【坚持依法治企，企业经营管理效益显著】** 强化财务工作，抓好预算、资金、资产的全过程管控。制定财务重点工作计划，共 8 个方面 24 大项和 59 项具体工作任务，完成率 100%。做好经济活动及预算分析，滚动测算全年经营目标完成情况，及时应对经营变化。强化资金全过程管理，所有账户及业务数据纳入信息系统，实现资金监控无死角。实现资金支付审批与执行分离，加强了银行对账、付款票据与印鉴以及电费资金缴存管理。深入贯彻中央“八项规定”精神，严肃财经纪律和做好“小金库”专项治理工作，积极配合省公司开展财务专项检查，并到大埔供电局进行交叉检查。办公、业务招待、差旅、通信等费用严格控制在预算内。积极推进财务管理“6+1”系统上线，加快财务一体化管理体系进程。

深入推进依法治企。积极发挥法律服务作用，疏理法律、合同管理风险。全年共审查各类经济合同292份，合同金额共计6357.17万元。做好法律服务事前预防工作，全年未发生法律诉讼案件。“六五”普法顺利收官。严格落实上级信访维稳安保工作部署，完善每月领导接访日机制，全年未发生来人来访事件，未发生影响企业形象的重大行风事件；收到客户反映线路、电压质量等用电咨询6份，答复率100%。

**【坚持系统谋划，深化创先工作取得实效】** 认真落实创先指标管控措施，通过每月创先例会开展指标总结和分析，及时进行风险预警。落实指标提升计划，安全类、优质类、经济类、绿色类排名梅州县局前列。稳步推进供电所指标监控考核，强化管理重心下移，汤坑供电所（全年第7名）连续12个月排名全市前十，汤南供电所（全年第9名）6次排名前十；同时，针对末位供电所管理现状，抽调各职能部门业务骨干开展两期指标驻点帮扶工作。根据季度考核结果，对排名靠前的供电所进行绩效奖励，有效激发基层员工的积极性和干事热情。签订合作协议，区域“双”联动迈入实质性阶段，与中山火炬片区的南区分局建立战略合作伙伴关系，持续开展对标诊断；在梅州范围内与大埔局签订合作协议，有效实现管理和实践经验的优势互补、资源共享。

**【党建治企新实践，坚定不移推进从严治党】** 抓好组织建设，顺利完成22个在职党支部换届选举和设置调整工作，全面实现“一局一党委、一所一支部”，进一步提高基层党组织的凝聚力和战斗力。抓作风改进，巩固实践活动成果，认真开展好“三严三实”等各类主题的民主生活会和学习研讨会，学习贯彻中央系列会议精神和习近平总书记系列讲话，通过群众提、自已找、上级点、互相帮、集体议等形式征求意见建议33条。扎实推进学习型党组织建设，组织广大党员关注“幸福南网微信号”，参加新“条例”“准则”知识竞赛和上级公司各类知识测试，全年局中心组学习13次，支部学习47次，参学率100%。工会工作发挥服务纽带作用，切实维护职工合法权益，通过职代会认真审议各项工作报告和重大事项，梳理并公布职工关注的4项重点内容，全年完成局务公开4期。走访慰问困难职工和退休职工76人次，共发放慰问金28.83万元。圆满完成扶贫双到工作，统筹省市县三级政府（3年）共投入自筹资金402.5万元，为黄金镇芹寨洋村建造休闲广场、村道绿化、灌溉水渠、自来水到户等工程，并为贫困户缴交社保、发放鸭苗、饲料、复合肥等，帮助贫困户脱贫致富。

加强组织部署，制定下发反腐倡廉建设要点和审计工作重点计划；按业务领域及岗位细化并印发反腐倡廉建设岗位责任通知书和廉洁从业承诺书。组织开展观看反腐倡廉教育片、反腐倡廉培训、OAK廉洁警示短信等形式多样的教育活动，并订购下发各类教育书籍、电教片，召开学习会议100多场次，员工受教育率100%，教育活动取得一定成效。配合完成网公司延伸审计、省公司专项审计以及梅州局各类审计工作，及时做好资料提交、问题沟通等协调工作。全面完成局长届中经济责任审计发现问题的整改工作。

**【纵深加强员工队伍建设，全面促进企业和谐发展】** 做好教育培训及评价管理。组织开展培训需求分析与调查，分级、分层、分专业制定28项培训计划，圆满完成承接梅州局2015年新员工配电专业课程培训任务。做好人才评价管理工作，通过岗位胜任能力考评“一考双证”方式，2015年新增高级工193人。充分利用实操场地组织举办多场次的配网运维技能提升、配网生产班组作业规范化、装表接电、用电检查等培训班，同时还针对省公司配电运行维护班岗位大比武进行赛前培训，进一步提升专业技能，培训效果显著。全年共组织培训 116 期，4175 人次。按“三严三实”要求进一步加强年轻、后备干部培养，2015 年共选拔任用年轻干部 5 人，调整干部岗位 7 人，全部充实到基层供电所。

丰富职工文化活动，营造和谐企业氛围。举办离退休老干部座谈会，通报企业发展情况，共同畅谈供电发展大计；开展“三八”妇女节厨艺比赛；积极参加省公司手工作品大赛，个人作品获二等奖；结合“五四”开展羽毛球赛，广大职工踊跃参与，尽享节日欢乐。鼓励员工参与并分享安全生产经验，提出合理化建议，“安康杯”新《安全生产法》知识普及竞赛活动取得圆满成功。助推团员青年成长成才，以志愿者服务为契机，组织团员青年参加埔寨烧火龙保供电、关爱福利院、重阳敬老、第九届世界丰顺同乡联谊会以及“喜德盛杯”自行车邀请赛志愿服务活动，以青春活力擦亮“万家灯火 南网情深”的服务品牌。积极参加省公司“团干部如何健康成长”大讨论活动，选送的征文获省公司一等奖。局团总支获梅州供电局“五四红旗团（总）支部”荣誉称号。

**2015 年年底广东电网梅州丰顺供电局**

**局　长**　冯　挺

**党委书记**　梁荣彬

**副局长**　陈　捷　罗华荣

**纪委书记**　杨建辉

（王海东）

## 安全生产监督管理

**【安监机构概况】**　丰顺县安全生产监督管理局为县安全生产工作主管部门，正科级，并设立安监局党组。内设机构有办公室、矿山监管股、危险化学品监管股、监察执法大队、职业安全健康监管股。下属事业单位为安全生产应急救援指挥中心。全局共有干部职工 20 人。县安监局有 5 名领导班子成员，分别是：党组书记、局长罗长军，党组成员、副局长陈声丢，党组成员、副局长陈照阳，党组成员、执法大队长罗海清，党组成员、办公室主任张作贤。丰顺县人民政府成立安全生产委员会，由县长曾永祥任主任、县政府相关班子成员及安监局局长任副主任，县直相关单位主要负责人任成员。县安委会下设办公室，由县安监局承办日常工作。

**【安全情况】**　县安全生产工作是一票否决的内容之一。安全生产工作的方针是“安全第一、预防为主、综合治理”，责任落实是“属地管理”和“党政同责、一岗双责、齐抓共管”，工作要求是“管行业必须管安全，管业务必须管安全，管生产经营必须管安全”。2015 年，全县共发生各类生产安全事故 59 起，比 2014 年减少 3 起；死亡 7 人，与 2014 年持平；受伤 18 人，与 2014 年同期相比减少 3 人；直接经济损失 193.6 万元，与 2014 年同期相比减少 5.3 万元，其中：道路交通事故 24 起，死亡 6 人；火灾事故 33 起，无人员伤亡；工矿商贸行业事故 1 起，死亡 1 人。总体看来，丰顺县安全生产形势总体稳定，生产安全事故死亡人数控制在市下达控制指标的 87.5%，各行业领域死亡人数控制指标均控制在市下达的控制指标之内。

**【监管情况】**　2015 年，丰顺县安全生产监督管理局深入贯彻落实总书记习近平、总理李克强等中央领导关于安全生产工作系列重要讲话和批示精神，按照“党政同责，一岗双责，齐抓共管”要求，严格抓好安全生产责任落实，全县安全生产形势持续稳定向好，为加快振兴发展营造安全有序环境。主要做法：一是高度重视，时刻绷紧安全发展这根弦；二是落实责任，确保安全生产工作落到实处；三是加强宣教，提高全民安全防范意识；四是突出重点，全面夯实安全生产基础；五是居安思危，强化应急管理建设。

**2015 年年底县安全监管局**

**党组书记、局长**　罗长军

**党组成员、副局长**　陈声丢　陈照阳

**党组成员、执法大队长**　罗海清

（范晓燕）

# 交通　通信

## 交通运输工作

【简述】 2015年，县交通运输局在上级主管部门的全力支持下，按照县委、县政府的部署要求，加压奋进，采取超常规的措施，着力抓好交通运输各项工作，顺利完成交通建设大会战目标任务，为实施“一区两带”发展战略筑牢交通基础。交通行业管理水平进一步提升，荣获“2015年省交通运输厅行政执法评议考核优秀单位”荣誉称号，党风廉政建设、依法行政工作被评为县先进单位；公路站道班职工赖崇胜荣获“全国交通运输系统劳动模范”称号。各项工作的顺利完成，为“十二五”交通运输工作画上句号。

【毫不动摇推动交通基础设施建设，服务经济发展】 2015年列入市、县重点交通项目共9个，除大丰华高速公路外，其余8个在建项目（总长151.73千米，总数投资约5.7亿元，年度计划投资1.6亿元）有序推进。为确保完成目标任务，交通局抢抓施工黄金季节，紧扣关键环节和时间节点，落实推进一批、竣工一批、储备一批“三个一批”项目，树立项目意识，强化项目攻坚，发挥项目效益。2015年全县交通建设项目完成投资1.76亿元，占年度计划的110%。完成水泥路面铺筑149.6千米，完成路基168.5千米。重点抓好以下几个方面工作：

1. 全力配合“两高”工程建设。配合市做好梅汕高铁建设，规划丰顺东站、建桥站连接线建设；此外，积极主动配合市做好大丰华高速公路丰顺至五华段高速公路建设工可评审等各项前期工作，确保项目2016年按时动工实施，促进与梅大、潮惠等高速公路有效衔接，进一步打通对接汕潮揭地区的出海升空便捷通道。

2. 全力推进路网升级改造。紧紧围绕既定目标任务，精心组织，抢抓进度，加快推进重点项目建设，着力打通断头路，优化连接线，进一步完善交通网络，充分发挥交通基础设施对经济发展的支撑作用。重点推进3条省道、2条县道、2条旅游线路、1条乡道建设。全长25.17千米、总投资13782万元的省道224线黄金三合至潘田段改建工程已完成路线内黄金大桥工程、路基工程10.3千米、水泥混凝土路面铺筑单边7千米；全长7.17千米、总投资4464.5万元的省道224线丰顺县城改线段和全长20.18千米、总投资7788.11万元的县道094线八乡山黄竹坪至戏潭段以及全长27.5千米、总投资6800万元的留隍大桥至大埔古野已完成水泥路面铺筑；全长19.55千米、总投资7319万元的省道233线北洞至大坳段及全长19.5千米、总投资3200万元的铜鼓峰旅游公路基本完成路面工程；全长17.66千米、总投资2980万元的韩山森林公园园区公路已累计完成路基工程11.5千米，水泥路面铺筑7千米；全长15千米、总投资4250万元的小胜镇珠胜公路于11月底进场施工。此外，完成列入全县十件“民生实事”之一的农村公路水泥硬底化改造目标，计划完成60千米，实际完成107.1千米（其中计划内83.9千米、计划外23.2千米）。

3. 积极跟踪落实项目（资金），增强交通引领发展后劲。根据县委、县政府工作要求，交通运输局积极做好7条重点经济网络线路规划建设前期工作。汕梅高铁丰顺东站连接线、省道224线至省道228线连接线（西环路）、新高园至铜盘林场大宝山旅游经济线路、省道224线至广州（丰顺）产业转移园工业大道、丰顺县X072线文祠至留隍段、贵田至龙归寨旅游景区等6条线路已委托河源鸿图公路勘察设计院完成工可编制，并获得县发改局可行性研究立项审批，已报送省、市交通部门争取项目入库。丰良九龙嶂旅游经济线路因征求镇村意见，拟对线路进行调整，正抓紧做好相关前期工作。其中全长 2.17 千米、总投资约 1146.03 万元的省道 224 线至省道 228 线连接线（西环路）12 月开始进场施工。

4．全力抓好组织领导保障。在县领导挂点负责的基础上，落实局领导具体挂点项目，成立重点项目工作小组，全面做好项目建设的协调、调度和管理工作，以目标任务倒逼工作落实，细化、量化、具体化工作目标，实行时间倒排、任务倒逼、责任倒追，盯人、盯事、盯结果并举，全面提升项目建设的速度和效益。坚持县镇联动、部门互动，强化部门和建设单位、镇（场）的对接和协调，依法依规重点解决好土地供应、征地拆迁、资金筹措和工程进度等瓶颈问题。加强工程建设领域廉政监督和全程跟踪督查，强化安全监管，努力打造优质、高效、安全、廉洁的精品工程。

**【建养并重抓好地方公路养护，确保公路畅通】** 1．公路安全生命防护工程工作。根据上级安排，丰顺县 2015 年地方公路安全生命防护工程计划完成 110 千米整治，于 12 月底顺利完成整治工作任务。完成一般公路安全设施增补设标志牌 1750 块，完成标线 94.35 千米，完成道口桩 1000 根，累计投入资金 177.23 万元。

2．绿色廊道建设工作。共投入资金 155 多万元，以县道 094 线大竹至贵人段、韩山旅游公路作为工作的重点，全力开展绿色廊道建设，打造靓丽休闲风景线。完成 17.36 千米绿色廊道建设，其中县道 094 线大竹至贵人段 6.16 千米种植大红花 500 株，双荚槐 500 株、红绒球 470 株、红叶石楠 1000 株、黄季菊 4000 株；韩山旅游公路 11.2 千米种植樟树 800 株、荫香 500 株、罗汉松 500 株、大红花 850 株、双荚槐 530 株、红绒球 550 株、红叶石楠 800 株、黄季菊 5600 株。同时，积极推进实施“绿满丰顺”大行动计划，分步实施重点旅游农村公路绿化建设，其中完成种植红叶石楠 1500 株、双荚槐 3200 株、大红花等 3800 株、香樟树 1780 株；完成部分乡道路肩草种植 45 千米。

3．地方公路建管养工作。一是全面提升公路路况质量，共投入资金 90 万元，完成县道 950 线黄金至留隍段、县道 072 线潭江至东留段、县道 027 线砂田至溪西破碎路面软基换填修复工程和县道 027 线砂田至潭江段破碎路面挖补；加强对全县省、县、乡公路共 375 座桥梁进行排查，完成隐患桥梁设置警示标志，并对排查出的隐患桥梁进行项目重建或加固维修申报。二是继续深化乡道公路养护管理。完成全县每镇 1 至 2 条乡道示范路工作，其中完成硬水沟建设 5.4 千米，完成路肩绿化共 45 千米，完成路肩加固 60.7 千米，新装警示标志牌 114 块；完成乡道 3 条线段共 30.1 千米硬水沟建设，完成乡道破损路面挖补 5200 平方米工作。

4．水毁工程抢修工作。累计投入水毁抢修资金 65 万元，出动抢修人员 421 多人次，投入机械 48 多台班。清除塌方淤泥 1.2 万多方，疏通修复局部毁涵洞 84 道，完成抢修县道交通阻断 6 处。水毁修复方面，投入 316 万元完成县道 950 线 K61+900 处、县道 094 线 K33+700–K33+750 处专项水毁修复。

5．公路安保工程工作。全力推进总长 120 千米的一批公路安保工程。至 12 月底，县道 951 线安保工程已完工，留隍西岸路、韩山森林公园公路、县道 094 线戏潭至黄竹坪段等路段安保工程正在施工中；完成 2013 年危桥乡道 117 线万安桥危桥整治建设任务，2014 年 5 座危桥改造已经完成施工图设计工作，正在进行前期准备工作。

**【全力以赴强化交通综合执法，优化发展环境】** 2015 年，县交通运输局全面加强超限超载运输、道路旅客运输、道路危险货物运输、水上运输等领域违法案件查处，推动“打非治违”工作深入开展。2015 年，交通局共出动执法人员 2944 人次，执法车辆 1140 车次，立案 323 宗，结案 323 宗，罚款金额 114.9 万元，与上年同期相比立案率和结案率增加 17.4%。全年没有接到行政复议请求，也没有发生行政复议应诉案件。

1．全面落实“三联三控”措施，严打超限超载运输行为。一是与公安交警联合，加强路面防控。从县公安局交警大队、交通综合行政执法局分别抽调执法人员组成 20 人的常态化联合执法专业队伍，常驻县治超办（设在交通运输局）集中办公，全力整治车辆超限超载运输违法行为。二是与各镇、各县直部门联合，加强源头防控。由县人民政府与28个县直单位及镇（场）签订道路货物运输源头超限超载治理工作责任书。各货运源头单位的监管部门按照“谁主管谁负责，谁审批谁负责”的原则，与货运源头单位签订责任书。三是与镇村共同联合，加强违规车辆防控。由各相关镇组织成立治超工作队，通过层层发动县、镇、村各级力量，建立全线联防联控联动机制，切实增强打击和震慑力度。

2．整治涉路违法行为，全力以赴“迎国检”。由执法局联合丰顺县公路局等有关部门组织专业队伍，开展道路两侧乱摆卖、乱搭建、乱堆放、乱丢弃、乱拉挂“六乱”现象联合整治行动，针对在国道206沿线公路两侧建筑控制区内架（埋）杆线，建厂，修养殖场，设置广告标牌，悬挂宣传横幅，对公路沿线违章建筑、违章占用公路的行为、非公路标志、标牌和摊点等加大巡查力度，及时查处各类路政案件。全年共出动执法人员452人次，执法车辆135车次，清查路政案件205宗，拆除擅自设置的路边广告牌61块，清拆违章面积325平方米，罚款金额1.61万元。

3．整顿道路交通运输市场秩序，严厉打击违规客运车辆。采取视频执法方式，通过自主完善创新，针对客运车辆违法行为进行查处，重点打击客运站私自接纳未经批准的客车进站经营、客车超载出站等违法行为，进一步规范客运站场的经营行为，实现“车进站、人归点、站管车”的目标，维护站场的安全有序和旅客安全，确保运输市场的良好稳定。统一行动中共出动执法人员180多人次，查处和教育运输车辆合计66台，处罚金额44000元。

4．加强巡查，强化港航管理。加大对沿江业主单位和各施工单位的巡查力度。港航中队每月开展巡查工作1~2次，加强对沿江拦、跨、临河建筑物的管理，督促施工单位规范施工弃渣、弃土行为，严格制止向河道倾倒弃渣、弃土的违法行为。为保护航道和航道设施，航标和航标设施不受侵占或破坏，依法制止和严肃查处各种侵占、破坏航道和航道设施、航标和航标设施的违法行为。2015年，发现韩江黄金段联通公司缆线净空高度不足等问题6处，及时发出整改通知或口头警告，限期整改。1月，监督潭江、小胜渡口销毁渡船9艘，消除安全隐患。

**【统筹兼顾推进行业管理，提升服务能力】**
1．抓好运输行业管理各项工作。交通局通过进一步完善行业管理机制，积极抓好机动车辆维修、驾驶员培训市场的专项治理工作，以及营运车辆经营资质年度查验的工作，全年共办理客货运输经营许可31件。此外，深入抓好交通行业安全生产，加强水陆客货运输和交通建设领域的安全督查，在春运、“五一”、国庆等假期重点加大对易燃品、易爆品和危险品查堵力度，及时排查可能存在的隐患。严厉查处未经许可、使用无效证件、无从业资格证从事道路危险货物运输及非法改装危险货物运输专用车辆等违法行为。从检查情况来看，丰顺县危险货物运输总体形势较好，未发现违规违法经营行为。通过认真做好各项工作，确保2015年交通运输领域安全生产工作形势稳定，没有发生重特大事故。

2．积极推进公共交通服务均等化，并着力提升公共交通服务水平。加快发展城区公交和出租车行业，大力推广使用新能源环保汽车。2015年，丰顺县益丰城市公交有限公司购进164台纯电动汽车及建造与纯电动车配套的智能充电站。同时，根据县委、县政府主要领导意见，待条件成熟后，计划在县城区域实施特定群体免费乘坐公交车优惠政策。

**2015年年底县交通运输局**
**党委书记、局长** 吴伟明
**党委委员、副局长（主任科员）** 罗灿雄
**党委委员、地方公路管理站站长** 曾令冰
**党委委员、副局长兼综合行政执法局局长**
许能洪
**党委委员、副局长** 吴武城

（张志荣）

## 县公路局

**【简述】** 县公路局基本情况：丰顺公路局管养国道、省道5条公路，总里程265.43千米，实际养护199.14千米，还有66.29千米未接养。其中实际养护里程：国道206线清潭至汤南九斗54.33千米；省道224线砂田丰埔桥至埔寨农场59.45千米；省道228线八乡分水坳至汤坑镇29.8千米；省道334线盐坪至丰良55.56千米。2015年全局有干部职工135人，退休人员100人。局机关设置8个股所，下设1个服务中心、3个养护中心、10个道班、1个养护专业队。

2015年，在市公路局和县委、县政府的正确领导下，认真贯彻落实中共十八大、十八届三中、四中、五中全会精神，紧紧围绕建设"财丰人顺，幸福丰顺"的目标。按照"对外快速联通、对内全面畅通"的总体要求，加快"一区一带"建设，全力以赴"迎国检"，坚持推进依法治路，认清形势，凝聚力量，攻坚克难，努力打造"畅、安、舒、美"的公路环境，较好地完成公路建、养、管和精神文明建设等各项工作任务。被县政协评为九届五次会议提案工作中成效显著承办提案先进单位。

**【攻坚克难推进公路建设】** 2015年是"迎国检"和工程质量管理活动年，县公路局把三个国检项目作为全局工作的重中之重，分别派驻三位领导专职管理：一是省道224线丰顺县城至埔寨农场段灾毁路面大修工程，该工程全长17.8千米，总投资8937万元；二是省道224线丰顺县大宗至下江段灾毁路面大修工程，该工程全长15.4千米，总投资2616万元；三是省道224线丰顺县丰埔桥段灾毁路面大修工程，该工程丰顺段长3.42千米，总投资680万元。通过抓进度，保安全，提质量，三个国检项目在2015年国检前均如期完工，得到县委、县政府主要领导的表扬。其他已完工项目有：一是丰顺县留隍大桥抢险维修加固工程，第二阶段6#—7#墩抢险加固维修项目，预算总投资759万元，已全面完工；二是省道224线丰顺县埔河华香桥、善堂桥改建和维修加固工程，总投资251.87万元，已全面完工；续建项目：国道206线与省道224线连接线新建工程，长4.82千米，预算总投资3580万元，截至年底，完成工程总投资的95%。新开工项目：解放桥、箭坪桥、大南桥、金河大桥改建和维修加固工程，计划总投资861.76万元，截至年底，大南桥、金河大桥、解放桥、箭坪桥各完成工程总投资的98%、80%、65%、38%。

**【三个文明扎实推进】** 一是扎实推进文明机关建设：按照市公路局统一部署，努力创建学习型机关、服务型机关、实干型机关、创新型机关，为推进办公场所规范化建设，县公路局按照省公路管理局《关于规范广东省公路行业统一标识的实施意见》和公路文化建设的要求，共投入10多万元，对局机关办公场所的标识、灯光以及桌凳、橱柜等办公设施、办公用品进行统一规范。

二是扎实推进文明示范路建设：省道224线丰顺县城至埔寨农场段作为文明示范路建设，按二级公路标准设计，设计路基宽18米，路面宽15.5米，按四车道沥青砼路面标准实施，全线两侧路肩进行美化、绿化、亮化，安装LED路灯。并投入80多万元，兴建合山、南方药厂两个休闲景点，内设便民设施，方便司机停车休息，有效提高公路服务水平，真正实现便民、惠民的宗旨。同时，完善沿线标志标线、太阳能警示灯等安全设施，有效提高公路安全水平。为海珠（丰顺）产业转移工业园提供便利的交通环境，为丰顺增添一道亮丽的风景线，更为丰顺新区的振兴发展打造"新引擎"。

三是扎实推进文明养护中心建设：以"养好公路，保障畅通，方便出行"为宗旨，进一步加强一线职工的教育培训力度，全年共计培训80多人次；提升养护作业技能，服务群众意识和爱岗敬业理念；改造和完善养护中心建设，投入资金进一步提高养护机械化水平，从而进一步改善职工的工作生活条件，激发职工干事创业的热情。

**【多措并举提升养护水平】** 全年平均好路率87%。全线路面灌纵横缝、不规则裂缝57.2万米；

对管养的69座桥梁进行二次安全隐患排查；清除路边坡塌方27处，3.8万立方米；养护车等机械设备完好率100%，无丢失损毁；迁移沿线被遮挡的标志14座，修复单悬高杆标志12座，修复单杆标志31座，更换警示柱569条。县公路局在绿化、美化、亮化方面共投资360多万元，在管养的265.43千米的国道、省道干线公路种植小叶榄仁和黄槐等乔木1600多棵；种植夹竹桃、小叶紫薇、大红花等灌木8325株。同时，在省道228线八乡山伯公坳、九个小景点、省道224线汤南合山、省道334线留隍木头坳等处建设含休闲区、临时休息区、观景台的绿色景观长廊和小景点，做到一路一景、一段一特色，进一步提升公路服务内涵，得到丰顺县委、县政府的表扬。

**【真抓实干加强路政管理】** 2015年，路域环境整治进一步加强。全年路政上路3788人次，上路率100%，清除各种违章占用公路269处，4275立方米，发出各种违章行为法律文书179份，移送交通综合执法局65宗案件，拆除各种违章建筑及棚寮25处，查处损坏路产案29宗，行政许可报批1宗，回收修复费和公路赔（补）偿费共22.84万元；整顿运输沙石材料、污染公路车辆96台次，教育车主（司机）96人次，砍伐枯死路树155株，拆除违章建筑广告标牌（条幅）137处，578平方米。

**【常抓不懈杜绝安全事故】** 一是高度重视安全生产工作。局领导班子多次开展新《安全生产法》等专题学习，并召开“丰顺局举办‘安全生产月’暨《安全生产法》宣贯培训班”，丰顺县安监局领导、在建工程各施工和监理单位代表等40多人参加，有效促进安全管理水平和事故防范能力的提升。二是有效监管施工企业安全生产工作。通过规范安全生产管理费的使用和管理，惩劣奖优，调动施工企业的积极性，引导施工企业自觉做好安全生产。三是抓好安全设施完善工作。结合公路养护和改建工程，投入549.2万元资金完善管养国、省道公路安全设施，全年完成安装危险路段钢护栏14516米、太阳能安全警示黄闪灯19座、安全警示标志牌63块，反光道口标柱512条、路面标线14836平方米。通过在安全生产上大量人力、物力和财力的投入，全局实现全年安全生产零事故。

**【深入持续开展队伍建设】** 一是全年及时回复《民声热线》信息5条，解决群众来信来访和电话投诉12宗，回复率100%。因措施落实，成效显著，被丰顺县政协九届五次会议评为承办提案先进单位。二是全年未发现干部职工任何违法乱纪行为，未发现干部职工及家属参与邪教组织；未发生火灾和公款、公物失窃事件，实现“二无”（无职工上访事件、无重大治安刑事案件）的良好治安环境，县公路局综治工作群众评议满意度99%。

**【千方百计加强基层建设】** 一是基层得到不断夯实。养护一线道班工人福利待遇不断提高。二是职工教育培训不断加强。进一步提高全员的整体素质，特别是专业技术人员更新了专业知识，增强了业务能力，从而为丰顺县公路事业跨越式发展提供强有力的知识、技术和人才保证。

**【党、青、工、妇工作扎实开展】** 一是切实加强党的思想建设、组织建设和作风建设，充分发挥党组织的战斗堡垒作用和共产党员的先锋模范作用，局党总支下设三个支部，共有党员46人。二是积极开展“文明单位”“青年文明号”等活动。三是健全职代会制度，发挥工会在局务工作中参与决策及监督作用。四是开展“送温暖”活动，为职工办实事。五是做好女工工作，发挥“半边天”作用。开展“巾帼文明岗”和“专一门、会两门、学三门”活动，积极引导和教育女工树立“四自”精神，做“四有”新人的社会主义劳动者；同时，倾听女工的呼声，为她们排忧解难。

**【形式多样建设精神文明】** 开展“人在路上，路在心上”爱岗敬业的从业理念活动，发扬公路人吃苦耐劳、乐于奉献、团结协作的铺路石精神，转变思想作风，加强文化建设，以服务新理念促进公路精神文明建设取得新成果。一是深入开展“创先争优比奉献”、纪律教育学习月、劳动竞赛活动。二是加强公路文化建设。加大资金投入，完善公路宣传标牌、标语，统一公路行业标志、标识和制服。三是机关作风建设取得显著成效。四是做好廉政建设工作。按照“建好一个工程，锻炼一支队伍，树立一种形象”的要求，加强招投标管理，加强资金物资管理，加强队伍管理，搞好廉政建设和行风建设。

**【扶贫开发“双到”工作攻坚战取得良好效果】** 2015 年，投入扶贫“双到”帮扶资金 236.14 万元，主要帮扶工作是：先后为贫困户发展种养产业提供生产所需帮扶物资；增加村集体经济收入，到 2015 年村集体经济收入 6 万元；修复水毁道路；改造农田水利；完成住房困难改建任务和整村推进示范户共 91 户；建成三合村文体休闲广场；贫困户 100%参加医保和社保；贫困户年人均纯收入增长；确保贫困户九年义务教育阶段适龄子女 100%不因贫辍学；整村推进示范点投入 84 万元。

**2015 年年底县公路局**

**党组成员、局长**　高国升

**党组成员、副局长**　罗伟光　罗　哲　黄济荣

（叶汕汕）

## 中国电信股份有限公司丰顺分公司

**【简述】** 2015 年是全面深化改革的关键之年，是全面推进依法治国的开局之年，也是全面完成“十二五”规划的收官之年。县分公司深入贯彻落实中共十八大、十八届三中、四中全会和中央经济工作会议精神，坚持稳中求进工作总基调，以提高发展质量和效益为中心，主动适应经济发展新常态。在市分公司的正确指导和县分公司党组的坚强领导下，认真贯彻落实市公司部署，围绕“改革攻坚　加快转型　强化执行”这一主心线，推动企业规模和质量效益实现双提升，坚定信心、迎难而上，全年各项工作均取得一定成绩。2015 年累计完成年度预算的 98.09%，全市排名第 5，税后收入累计同比增长 0.41%。丰顺分公司 2015 年累计税收缴纳超过 400 万元。

**【内部管理】** 6 月，为强化县分公司线路维护支撑的至关重要性，构建一个面向客户和市场的线路维护管理新体系，在丰顺分公司业务部下设线路维护中心。主要负责区域内营销服务中心管线业务能力提供，提升端到端专业化线路运维能力和运营效率，打造成为支撑一线的核心保障单位。重视人才、选拔人才，通过竞聘晋级和考核晋级等方式，达到人尽其才。关心关爱离退休老同志及困难员工，共有 49 位家庭困难员工得到慢性病补助，同时困难员工获得互助会资助金和慰问金。

**【网络建设】** 2015 年丰顺电信积极参与政府提出“宽带中国”示范城市行动，加大宽带骨干网、承载网、光网络建设的投入，积极寻求省市公司的资金支撑。不断深化光网到户建设，为广大家庭提供高速网络，县城（含附城）光覆盖率 80%，乡镇光覆盖率 75%，行政村光覆盖数量达到 30 个，有效提升居民生活品质。丰顺电信县城区域和乡镇主要区域的 4G 基站建设约 100 个，电信手机用户 5 万多，4G 信号已覆盖县城、工业园区、乡镇镇中心区及部分旅游风景区，实现用户能够随时随地实现高速上网。

**【信息化建设】** 一是积极寻求市公司资金支撑政府丰顺新区的规划建设，用于各项管道、杆线的迁改工作，支撑当地政府的各项市政建设工作；服务支撑龙归寨瀑布酒店、八乡山大峡谷景区酒店、金源商务酒店的综合信息化接入项目，为提供综合智能信息服务，提高信息服务质量，为丰顺新区建设和打造旅游胜地奠定发展基础。二是不断推进“平安丰顺”社会治安视频监控系统建设，2015 年丰顺分公司完成“平安丰顺”项目 152 路高清监控图像开通建设（主要分布在县城乡镇重点部位、案件多发地、交通要道、人员复杂场所等）和 32 路电子警察建设的光路资源配置，主要分布在县城重要路段；有效实现治安联动效应，为破获大案要案发挥重要的作用。三是有计划、有步骤推进政务信息化建设，完成优化改进现有政务 OA 系统运行机制，保证电脑移动客户端的 3G 向 4G 平滑过渡，更好更方便地实现各单位之间的公文纵横交流。四是完成县

内 8 家乡镇卫生院的系统二次上线培训和日常支撑维护，支撑全县卫生院的医保接口上线；支撑潘田中心完成镇政府 14 个会议会场的视频会议系统的调测开通并培训上线。五是配合县政府争创“广东省推进教育现代化先进县”工作，不断完善学校教育专网和校园网，提升网络带宽。有 29 所学校成功提速至 100M 专线和 56 所面上小学成功营销升级教育城域网。

**【党建工作】** 加强党组织建设，优化调整农村营销中心的党员管理，调整至统一由分公司党总支管理，打造与企业核心经营工作紧密结合的基层战斗堡垒。落实好“三会一课”，组织党组中心组学习会。认真开好专题民主生活会，征求基层各单位的意见，对员工反馈的问题，分析原因，制定整改计划。开展“认真学习贯彻习近平总书记重要指示精神进一步加强党风建设和反腐败工作专项活动”。

**【社会责任】** 一是严把“四关”（认识关、门槛关、落实关、质量关），积极配合县政府相关部门开展“黑网吧”整治行动，参与政府清查行动 8 人次，配合执法部门关停无牌无证“黑网吧”1 间；二是严格按照国务院“三电办”的工作部署，积极配合县公安局开展以打击盗窃和破坏电力电信广播电视设施犯罪行为的专项斗争行动，专门安排人员全程跟踪和协调综治、公安、工商、电力等 8 个单位的工作，参加清查废旧物资回收 4 次，清查范围达 22 多间；三是履行责任，感恩社会，奉献爱心，积极履行挂钩扶贫的各项工作。

**【企业荣誉】** 荣誉感是一个团队的灵魂，丰顺分公司高度重视荣誉选树工作。丰顺分公司被市公司评为 2013 年先进绩效单位三等奖和 2014 年度简化网络先进单位二等奖；丰顺分公司被评为丰顺县 2015 年度党风廉政建设责任制量化良好单位；丰顺分公司新世纪营销服务中心经理徐瑜伶荣获“梅州市五一劳动奖章”。

**2015年年底中国电信股份有限公司丰顺县分公司**
**总经理** 许 穗
**副总经理** 邹岳龙 温万胜

（陈逸）

## 邮政通信

**【简述】** 2015 年，县邮政分公司牢牢把握丰顺邮政实现“市场化”发展战略不放松，主动适应社会经济发展新常态，带领和团结广大员工统一思想、明确目标、锐意进取、开拓创新、真抓实干，在面对社会经济缓中趋稳、下行压力较大等严峻形势，克服利率市场化、互联网金融、农村村镇银行成立和邮务类业务市场消费低迷等诸多不利因素的影响，取得较好的成绩。

**【业务发展实现快速增长】** 2015 年，县邮政分公司以更加扎实的举措、更加求实的作风，积极调优结构、转变方式，努力做大经营规模、提高经营质量和效益。

2015 年完成业务总量 2914.4 万元，实现业务收入 3803 万元，完成年计划进度的 103.48%，同比增长 14.61%。函件：进口 83.04 万件，出口 37.84 万件；包件：进口 0.63 万件，出口 0.34 万件；机要通信：进口 0.16 万件，出口 450 件；发行：报纸订销 219 万份，杂志订销 16 万份，完成报刊流转额 294.78 万元；集邮：票品销售 64.45 万元；邮政储蓄：年末余额 17.96 亿元。

**【服务地方经济社会能力不断增强】** 丰顺邮政作为国家重要的社会公用事业和通信基础设施，充分发挥实物流、资金流、信息流“三流合一”优势，不断提升服务地方经济社会发展的能力和水平。一是继续推进网点整治提升发展实力，对营业网点制订专业化、标准化管理标准，提升网点的硬环境和软实力，为当地群众创造更好的服务环境。通过网点 LED 屏、扫村宣讲、微信公众号及视频广告等手段持续开展保障意识宣传，逐步培养和提高客户对保险保障的意识，为保险业务的转型打下较好基础。二是加大渠道宣传，利用助农商户前期宣传供电代缴话费为抓手，以财政下发补助金为契机，要求网点做好后续维护工作，通过助农商户平台，大力宣传协议存款等业务。三是结合代理金融网点开展“存款、买保险送化肥”活动，整合资源，捆绑邮储客户，引导种植户、农户把钱存入邮政，促进代理金融业务发展，提高邮储客户的忠诚度。四是通过网点组织“夏日扫村”专场活动，到各行政村开展宣传，深入一线基层，宣传和介绍邮政产品。活动场次 68 场、销售平安卡 270 张、农资 613 包和激活二代社保卡 2443 张。通过一系列示范、赠送、试用等推广活动，提升邮政农资的知名度及影响力。五是利用通达城乡每一个角落的网络优势继续开展同城专递业务。主要有公安局证照专递业务、信用社资料箱专递业务。六是充分利用全市统一部署安装在城乡人流量大的消防安全宣传视频机、营业厅视频宣传牌的广告功能，挖掘市场。2015 年成功与各机关单位、商家签约 30 多单，创收 40 多万元。主要签订业务的单位为政府部门、企事业单位，重点营销的方向为政府部门公益广告和大型企业。启动 WiFi 路由器的安装工作，为邮易发广告的发展打下了基础。在设备不稳定、广告功能尚不完善的条件下，经过各网点的努力，已安装 20 台。七是在农村乡镇以文化扶贫为抓手，在当地镇委、镇政府的支持下，取得挂钩扶贫单位的支持，留隍、砂田、汤西等镇由挂钩扶贫单位出资 10 多万元订阅邮发报刊给对口帮扶村，提升贫困村群众的文化素养。通过开展“文化荟”“金秋加邮”等营销举措，大力开展集邮品鉴会等专场活动，现场展示集邮产品，激发客户购买欲望，提高集邮产品销售业绩。在全县范围内组织 13 场专场销售活动，销售 12 万元集邮产品。深入一线网点，宣传集邮产品，扩大销售范围，促进集邮业务的发展。

**【企业管理水平不断提升】** 以“效益优先战役、人才兴企战役、基础保障战役”为工作抓手，扎实推进各项管理工作。一是开展“一个巩固、两个提升”的“安全意识巩固年”活动，按照市分公司《关于开展梅州邮政 2015“安全意识巩固年”活动的通知》要求，制定《丰顺邮政 2015“安全意识巩固年”活动实施方案》。邮、银共同努力，积极培育合规文化，通过加强关键岗位和相关人员的履职管理，逐步提高网点规范操作能力和制度执行力。通过进一步加大安全硬件建设力度、抓好安全意识和安全知识培训，落实检查，不断提升员工安全防范意识，夯实安全管理基础，全年未发生任何安全事故。二是开展机要“六有”建设活动，进一步增强责任意识，坚持通信质量导向，大力推进信息系统应用，稳步推动机要安全保障体系建设和质量管控模式转型，进一步强化机要专业管理，努力实现两个确保，即：确保机要通信安全畅通、万无一失；确保机要通信服务优质、高效。三是加强人力资源管理：健全管理干部考核评价体系。实施重点项目发展考核问责制，配合业务部门做好重点项目发展考核问责制的落实和推进。突出效益导向，完善激励和约束机制，根据考核结果及时兑现奖罚，并加大将考核结果与领导干部评价的挂钩力度。员工的薪酬水平直接与业绩、业务收入完成情况挂钩，激励员工多发展业务、多创收、多拿奖金。做好教育培训工作，集中、远程和自学等方式相结合举办各种类型的培训班，同时加强持证上岗考试工作，银行业专业人员从业资格持证率 73% 以上，提高员工的综合素质。市公司开发的员工培训积分系统，可以把员工课堂成绩、考试成绩、训后表现积分导入系统，实现对培训班的精细化管理。四是财务管理机制创新：建立、健全财务规章制度，夯实管理基础，促进资金集中管理工作。在年初出台财务收支审批办法，新网点损益核算考核办法，为财务制度打下基础；为有效地加强县邮政局公司资金回笼率，中心协同业务部门、人力部制定资金回笼考核制度，建立合理有效的内控管理，及时归集各种营收资金。按照资源配置以效益为导向的精神，继续将 2015 年收支差额预算与资源占用费、新增收入挂钩，县分公司占用资源越多、新增收入越多，上交的收支差额相应按比例增加，进一步强化投入和产出匹配的关系。加强网点损益核算工作，对网点下达营业利润指标，适当下放成本计划到各网点，促使网点增强增收节支意识；对专业、产品、客户和营销项目，开展“事前算赢”的预算配置和“事后评估”的损益核算，以核算结果指导资源配置，支撑经营决策，促进业务结构调整，提升业务发展。

**【持续推进和谐企业建设】** 一是全县邮政开展以“为民、务实、清廉”为主题的党的群众路线教育实践活动。历经“学习教育、听取意见”“查摆问题、开展批评”“整改落实、建章立制”三个环节。转变机关作风，县局部室、中心人员经常深入支局一线支持业务宣传和发展工作。二是加强职工小家管理，对网点职工食堂制订分批整治计划；农村支局职工小家均配备“五个一”标准生活用具、电冰箱、抽油烟机、煤气灶、太阳能热水器供员工使用，并对支局员工每月发放小伙食补助，为基层员工创造较好的生活条件。三是开展冬送温暖、夏送清凉工作，认真做好特困职工的建档申报和困难职工的慰问工作。四是依法做好员工社保工作，为全部从业人员、内退人员和离退休人员购买员工住院、重大疾病、意外伤害及交通意外商业保险，解除职工后顾之忧，增强企业凝聚力。

**2015 年年底县邮政分公司**

**总经理** 江旭均

**副总经理** 徐振光 何永坚

（徐惠君）

## 移动通信

**【简述】** 2015 年，中国移动通信集团广东有限公司丰顺分公司围绕省市公司工作思路，公司上下团结一心，推动公司稳健持续发展。在丰顺县委、县政府的关心支持及上级部门的正确指导下，紧紧围绕县委、县政府发展战略部署，加大投资力度，巩固网络优势，提升服务水平，全力加快全业务运营，推进信息化建设。截至 2015 年年底，公司网络覆盖率 99.69%，移动客户数持续增长，达到 26 万户。2015 年，丰顺移动分公司连续 16 年被评为广东省守合同重信用企业、荣获中国移动梅州公司年度经营考核先进单位奖、“全业务建设进步奖”等多项荣誉称号。

**【业务发展实现有效增长】** 根据国家大力推动“互联网+”的整体战略思路，开展以 4G 发展为主体的市场服务提升工作，全年推陈出新不断推动社会产业链开展 4G 终端、4G 流量套餐优惠活动，不定期开展 4G 网络体验活动。进而实现全县 30%的移动客户享受 4G 服务。同时，全力落实“提速降价”工程，为大众推出 20M、100M 等“高质量、高带宽、低资费、低门槛”的光纤宽带优惠，年度光纤客户新增超 6000 户，创历史新高。积极贯彻工信部实名补登记等工作要求，联合公安局，组织各网点为全县客户提供实名补登记便捷服务，实名率 90%。

**【网络建设】** 持续加大网络建设投入，优化提升网络质量，为客户提供一张高质量、高安全的移动网络。无线网络方面：2015 年继续加强应急通信保障工作，山区信号薄弱区域及道路信号通过工程站点建设和现有站点调整得到有效改善，县城信号综合覆盖率达 95.93%；4G 网络建设方面：根据省市 4G 网络规划建设要求，2015 年全面开展丰顺县域内 4G 网络建设，全年投入 4G 网络站点建设数达 158 个，实现城区 4G 网络全覆盖，乡镇圩镇中心 4G 网络的覆盖，领先县域内 4G 上网需求，全面提高移动互联网感知。同时新建 2G 基站 9 个，有效提高移动用户语音感知；家宽建设方面：整合资源攻克进驻砂田镇，实现镇镇通，并以汤西镇为试点，加强家宽深度覆盖，在县域内成功打造行政村移动宽带村村通标杆乡镇；传输建设方面：2015 年继续夯实丰顺分公司司传输基础网络，有效支撑家宽预覆盖建设和集团全业务预覆盖工作；另外，进行 PTN 成环建设，保障传输安全。

**【企业文化建设】** 为进一步提升公司的管理水平，促进公司业务发展的知识视野，关爱员工的幸福成长，以员工为本，深入基层，因地制宜，组建多个兴趣小组，开展劳动竞赛激励、丰富员工业余文化生活，营造良好的团队氛围。公司内部组织培训 29 次，参训人数 189 人次。组队参加全员学习竞赛获得团队第一名、业务竞赛获得团队第三名。按照省市公司要求，紧紧围绕廉洁安全管理，2015 年开展廉政、纪律、安全教育月学习活动，扎实推进各基层班组的规范运营。

**【社会责任】** 积极响应丰顺县委、县政府号召，在上级公司的正确指导下主动履行社会责任，积极参与“青年文明号走基层”“展翅计划”“爱心献血”青年志愿者行动等一系列社会活动。履行社会责任，回报社会。2015 年完成多个大型活动通信保障任务：“喜德盛杯”中国全国山地自行车公开赛的通信应急保障、潭江镇官溪演唱会、埔寨镇元宵独特传统节目“烧火龙”网络通信保障工作，保证丰顺多项活动期间的网络畅通。

**2015 年年底中国移动通信集团广东有限公司丰顺分公司**

**总经理**　陈立征

**副总经理**　陈　文

（陈　雁）

## 联 通 通 信

**【简述】**　2015 年，丰顺联通在县委、县政府的大力支持下，在上级公司的领导下，积极响应国家网络强国、互联网+行动计划，实施聚焦战略，创新合作发展。在互联网+智慧城市新型领域、ICT 2.0 业务、云计算、大数据、物联网、集客双线业务和教育信息化市场等六个重点业务领域，创新营销模式。对促进丰顺县新兴信息产业发展，以及企业与农村信息化各类应用的推广，做出应有的贡献。2015 年被中国联通梅州市分公司评为“先进集体”。

**【生产经营情况】**　2015 年度总体经营稳定，规模和业绩平稳增长。

主营收入完成 2630 万元，预算完成率同比增幅均全市排名第一，同比“十二五”初期 2010 年的 1800 万元增长 50%，年复合增长率 8%。

**【工程建设】**　2015 年完成固定资产投资约 1500 万元，其中光纤传输网升级改造约 700 万元、4G 基站建设投资 800 万元。2015 年 4 月完成全部乡镇原 2G 基站设备替换 4G 设备，乡镇农村手机网速 21Mbps，全年完成 12 个乡镇光纤网络覆盖，乡镇宽带网速 100Mbps。

**【信息化建设】**　响应国家“实施网络强国战略”，加快构建高速、移动、安全、泛在的新一代信息基础设施。积极参与“互联网+政务”“互联网+能源”“互联网+制造”“互联网+教育”“互联网+农业”“互联网+旅游业”“互联网+交通”“互联网+物流业”“互联网+电子商务”“互联网+环保”“互联网+金融”等领域信息化建设，为各级政府和部门提供智慧城市建设管理的解决方案。

**【党建工作】**　加强党风廉政建设宣传教育，落实综治各项措施，为员工谋福祉，持续开展员工健康、生活、文体等关怀工作；在党员干部中开展“党员当先锋”支部主题实践活动。坚持用“三严三实”指导工作实践，紧紧围绕公司的改革发展，一心一意谋发展，齐心协力促改革，凝智聚力，营造团结和谐上进的企业文化氛围，让员工在公司这个平台上“激情工作、快乐生活”，激发员工创业、创新精神，以高度的责任感、事业心，勤勤恳恳、扎扎实实的作风完成各项工作任务，为智慧丰顺的建设做出更大的贡献。

**2015 年年底中国联通丰顺县分公司**

**总经理**　张　添

**副总经理**　林俊锋

（罗佳佳）

# 城乡建设　环境保护

## 住房和城乡规划建设

【简述】　2015 年，县住建局在县委、县政府的正确领导下，以党的十八大精神为指引，以新型城镇化为主线，以城乡规划、住房保障、建筑市场管理和安全质量监督为重点，统筹兼顾，推进城镇化进程，改善重点民生，为丰顺县社会经济全面发展、城区扩容提质等各项工作做出应有的贡献，为“十三五”开局之年的各项住房和城乡规划建设工作夯实基础。

【充分发挥党建保障作用】　县住建局党委充分发挥党建工作的优势，坚持把党风建设各项工作纳入年度工作目标，强化责任意识，切实提升机关各项工作服务水平。一是加强组织领导，细化主体责任。坚持“一把手亲自抓、分管领导具体抓班子成员、各股（室）各负其责的党风廉政建设领导体制和工作格局”。印发《县住建局党风廉政建设主体责任清单》，把党风廉政建设和反腐败工作任务落实到每位班子成员、相关股室、每个党员干部，做到责任主体明确、责任范围明确、责任内容明确，形成“一把手”对职责范围内的党风廉政建设和反腐败工作负总责，领导班子其他成员对职责范围内的党风廉政建设负直接领导责任的责任体系。二是加强学习，提高理论修养。制定完善县住建局理论学习制度，做到学习汇报制度以及理论学习与干部考核相挂钩，充分认识加强理论学习对于全面贯彻执行党的路线、方针、政策，提高自身政治思想素质，促进各项工作顺利开展的重要性。通过每月至少一次集中学习，在职自学和领导干部脱产进修、培训，切实加强干部职工的政治学习和业务学习，以适应新形势的需要。通过加强干部职工自身素质，进一步加强机关作风建设，发挥党建的优势，赢得广大群众的良好口碑，为住房和城乡规划建设工作顺利地开展奠定坚实的基础。

【稳步推进城区扩容提质】　根据《丰顺新区概念规划》和《丰顺县城市总体规划（2012—2030）》，编制完成温泉宜居城和生态工业区控制性详细规划，形成一套高标准、可实施的规划体系，指导“一城两区”新格局的建设工作。一是进一步加快新城区提质增效。深入贯彻落实中央城市工作会议精神，坚持以人为本、科学发展、统筹规划，加快建设和谐安宁的梅城副中心、宜居温泉城。着力打造温泉宜居城、生态工业区、生态旅游区“一城两区”新格局，金德宝凯悦国际温泉度假酒店建成开业，总投资 70 多亿元的丰顺碧桂园、美景商城、罗孚酒店、滨江湾、金溪源、客潮风情商业街等城市精品工程顺利建成或加速推进，千江商业广场年底建成开业，有效提升丰顺县中心城区的竞争力，进一步加快促进丰顺县实现城市旧区人居环境改善。二是提升老城区承载服务能力。着力加快老城区改造建设，抓好大山背等旧城改造项目，进一步完善老城所在地给水、排水、排污、道路、市场等市政基础设施建设。全面完成年度危房改造任务，改良市民民住房设计，力争在讲究美观的同时，更加注重实用性。进一步完善丰顺县县域城镇体系规划，优化城镇化布局和形态。

【扎实有效推进镇村建设】　1. 规范管理农村垃圾处理。深入开展城乡环境综合整治，在投入 1000 多万元，完成“一镇一站、一村一点”农村环境卫生设施建设，科学规划垃圾卫生运转路线，机械设备投入使用的基础上，深入开展农村环境卫生综合整治，农村面貌大为改善。2. 抓好特色乡镇建设。充分依托丰富的特色资源，统一规划设计八乡山留隍两个特色镇。韩江鹿湖度假村已开始试营业；投资3.5亿元的八乡山大峡谷旅游景区规划扎实推进。3．大力建设美丽乡村。坚持“政府主导、农民主体、企业主唱”的建设路径，坚持特色乡村建设与发展精致高效农业、特色文化旅游产业和新一轮扶贫开发工作相结合，打造梅溪村、石桥头、拾荷村等一批美丽乡村示范点。

【主动作为服务民生】　1．持续发力改善重点民生。2015年，在汤南红狮新建设120套保障性住房，发放廉租住房租金补贴50户，有效解决城镇困难家庭住房难问题。精心组织，扎实开展农村泥砖房核查和确认工作，完成农村低收入住房困难户的住房改造任务3993户，有效妥善解决农村困难群体居住问题，促进城乡公共服务均等化。

2．质量安全监管平稳可控。严格执行工程基本建设程序。围绕施工起重机械、脚手架、高大模板支撑体系、深基坑工程和工程质量等安全重点方面，组织开展建筑工程质量监督执法专项检查3次，质量隐患整改率100%，未发生有质量事故。组织开展建筑工程安全生产检查3次，发出整改通知书约33份，并进行动态扣分，全年共检查34次工地，受检建筑面积80万平方米，检查中提出整改意见112条，未发生有安全生产事故。

3．建筑市场管理全面加强。2015年，办理私人报建82份（建筑占地14687.09平方米、总建筑面积16.3万平方米）；企业、机关单位报建23份（建筑占地87338.93平方米、总建筑面积54.5万平方米）；市政工程报建15份（管道长度17683.2米、改造、维修面积60594.15平方米）。办理私人建设工程规划竣工验收55份，企业、机关单位建设工程规划竣工验收22份。建设工程规划验线16宗，核查涉嫌违法建筑，发出《涉嫌违法建筑情况的复函》79份，严格按照报建程序服务群众。

4．做好服务市场主体工作。2015年，办理商品房预售许可证10份，面积14.2万平方米。新审批房地产企业共3家，新审批物业资质1家。严格建设工程程序。办理施工许可43项，面积14.06万平方米，造价8.5亿元；审查办理工程招投标项目87项，造价6.13亿元，应招标工程招标率100%，应公开招标工程公开招标率100%，通过招投标交易节约投资约986.4万元。同时严格做好房地产交易、产权登记、他项权抵押登记，2015年房产登记1742宗，受理业务按时办结率100%，通过优质服务、严格把关，为政府把好房产税收关，有效促进丰顺县房地产市场健康有序的发展。

5．加强村镇燃气安全管理。加强对丰良、留隍燃气站的监管力度，特别是四大节日，“五一”、国庆、元旦、春节以及夏季、国家重大活动日，县住建局牵头组织县消防大队、县安监局联合开展对丰良、留隍燃气站安全大检查，发现问题，要求企业及时整改处理，确保村镇燃气安全运营。

6．发挥规范档案管理作用。做好档案的规范化、标准化的管理工作。2015年接收并整理房产档案1560宗，他项权档案790卷，规划档案311卷，城建档案570宗，司法协助查调办理扣押、解除扣押共423份，查阅档案1607份。协助相关部门查询档案资料97批次。为城市建设、工程备案、房产办理、司法取证、房屋维修等方面提供大量的凭证和依据，取得良好的社会效益。

**2015年年底县住建局**

**党委书记、局长**　徐奕禄

**副局长**　刘辉忠　黄佳迎　徐建放
李运泉（挂职）

（谢国锋）

## 城市供水

【简述】　2015年，在县委、县政府的正确领导下，丰顺县供水服务中心坚持以邓小平理论和“三个代表”重要思想为指导，深入落实科学发展观，认真贯彻中共十八大和十八届四中、五中全会精神，紧紧围绕县委、县政府确定的目标和工作任务，始终把安全供水、发展经济作为首要任务来抓。强化体制管理，采取发展和治理多方并举措施，妥善解决好供给区域群众用水问题，促进县城供水事业的稳步发展。2015 年，实售水总量 817 万立方米，售水总产值 1470 万元，利税 80 多万元；代收污水费 475 万元。

**【发展供水网络】** 2015 年，丰顺县供水服务中心把确保市民饮水安全、城市发展用水需求和环境保护当作重要工作内容来抓，积极协调有关部门，妥善解决好群众用水、丰顺县科学发展用水问题和丰顺县污水处理污染物减排任务工作。一是发展供水主管网，主要工程有投资 1500 万元、全长约 8.5 千米碧桂园至埔寨生态工业园供水管道工程，保障埔寨生态工业园园区建设发展用水需求；为汤坑城区及周边乡村 420 户用水难用户安装自来水；对老城区老化残旧供水管网进行网格化改造。二是加大查漏力度，提高供水效率。用水所查漏队在配备先进测漏仪履行正常巡查的基础上，调配专职人员对丰顺县城区管网进行全面检测。2015 年，查漏队共测到并及时修复 1828 个漏点，降低产销差率，节约供水成本，提高企业效益。

**【加强水质安全管理】** 一是按照《丰顺县虎局水库饮用水水源水质保护管理办法》建立和完善虎局水库的保护管理规划，确保集雨库区范围内的生态安全，切断污染源，保证水源水常年达到环境地表水Ⅱ类水质标准，保护饮用水水源水质安全，提高城市供水安全。二是每月定期请县疾控中心对水库库底水、库面水、水厂待滤水、出厂水、管网水进行检测，发现问题及时解决，投入 25 万元对制水厂使用多年的滤砂进行更换，确保全年出厂水合格率 100%。

**【强化服务意识】** 中心将服务素质和服务质量放在供水管理的首位，加强员工的业务素质、文化知识、个人修养的培训学习，强化员工服务意识。一是以制度管人，奖罚分明，树立良好的工作作风。二是积极推行服务承诺制，将工程安装、抄表、收费、管道维修等服务标准、办结时限、违诺责任公之于众，建立对内对外两个保障体系，树立良好的企业形象。为保障城市供水安全和供水效率，值班室、抢修人员采用 24 小时值班制度保障城市正常供水。在行政服务中心设立服务窗口方便群众一站式申办用水需求业务，营业处设置用户接待室方便用户了解相关的供水经营管理问题。

**【做好污水处理厂建设、运行管理工作】** 投资 5100 多万元建设县污水处理厂二期工程集污干管 7.11 千米，技改、提标改造污水处理厂一期日处理 2 万吨污水处理生产线。2015 年污水处理厂全年共处理污水 910 万吨，削减 COD 总量 581 吨，削减总磷 5.7 吨，削减氨氮 138.9 吨，处理污泥 435 吨，完成丰顺县的污染物总量减排任务。

**【加强县兴丰温泉公司管理工作】** 2015 年，投资 1500 万元动工建设丰顺县兴丰温泉有限公司地热发电站热水供水管网工程，该工程实施合理利用地热发电站尾水，可使资源再利用得到最大最优化，促进当地节能减排，减少二氧化碳排放，有力推进丰顺县旅游业，有利于促进当地经济的又好又快发展。

**2015 年年底县供水服务中心**

**主　任**　徐　义

**副主任**　陈会汉

（陈学捷　刘海波）

## 国土资源管理

**【简述】** 2015 年，在县委、县政府的直接领导和上级国土资源主管部门的具体部署和指导下，县国土资源局以服务经济建设为中心，以贯彻落实基本国策为主线，以保护资源保障发展为重点，抢抓机遇，主动适应新常态，积极谋求新作为，统筹实现新突破，促进资源节约集约利用，稳步推进国土资源管理各项工作，全力为丰顺新区建设和全县经济社会振兴发展提供资源保障和优质服务。

**【耕地保护】** 一是坚守耕地红线。认真贯彻耕地保护基本国策，落实最严格的耕地保护制度，实行目标责任管理，认真做好 2015 年度耕地保护责任目标履行情况考核工作，切实守住丰顺县基本农田和耕地保有量两条红线，保持全县耕地总量动态平衡。二是做好高标准基本农田建设。国土资源局承建的2013年度高标准基本农田建设任务为936.67公顷，2014年10月该项目正式开建，2015年3月底完成，11月通过市级验收，得到市领导高度肯定。三是做好永久基本农田划定工作。2015年已完成永久基本农田划定调查摸底工作，为实现基本农田永久保护、提高丰顺县耕地质量提供依据。

**【矿产资源管理】** 一是加强矿产资源规划，基本完成丰顺县矿产资源（2015—2020年）规划编制工作。二是加强矿山企业监管，保障资源合理开发。按照上级部门规定，深入全县15个矿山企业进行年检工作；完成全县矿山企业矿产资源补偿费征收工作；开展矿山企业安全生产大检查，全年检查并整改7处安全生产隐患。三是优化矿产资源开发利用。制定岽下天子岭矿区饰面用花岗岩矿、金岗栅子肚矿区饰面用花岗岩、留隍镇下南牛湖寨陶瓷土矿区、留隍镇鹿湖地热四个采矿权挂牌工作实施方案，并上报市局审批。四是加强地热资源勘探，完成邓屋、丰良、留隍鹿湖地热田储量核实工作。

**【执法监察】** 一是加强土地动态巡查监管，充分发挥国土资源在线巡查系统作用，健全巡查网络，形成早发现、早制止、早报告、早查处的工作机制，始终保持遏制土地矿产资源违法行为的高压态势。2015年发出《责令停止土地违法行为通知书》53份，拆除违章建筑面积约0.17公顷，复耕复绿面积约0.15公顷；发出《责令停止开采通知书》8份，捣毁非法矿点5个。二是扎实做好全县土地矿产卫片检查监督工作。2014年度、2015年度第二季度土地矿产卫片执法工作成功通过省级验收，2015年度第三季度卫片执法工作顺利通过市级验收。三是从严查处各类国土资源违法案件。结合农村土地突出问题三项治理工作、卫片执法等，认真组织开展土地违法违规整治、非法采矿整治等专项行动。2015年共立案查处违法违规用地行为155宗，其中涉及农村集体土地“三乱”问题有103宗，共拆除涉及农村“三乱”问题的违法用地29697.48平方米，没收8354.71平方米，罚款49.13万元；立案查处非法采矿行为6宗，移送公安机关刑事立案4宗。

**【用地保障】** 一是认真做好用地预审、中期调规等工作。围绕保护资源和保障发展的目标，优化用地布局，确定土地利用总体规划中期评估调整工作作业单位，落实工作经费，结合梅兴华丰产业集聚带建设，完成广州海珠（丰顺）产业园区省级产业园区申报认定工作，加强产业园规划和土地利用总体规划的衔接，全力保障全县振兴发展大局。二是着力做好项目用地报批工作。为加快推进梅汕高铁重点项目进程，县国土资源局认真组织梅汕高铁重点项目单独选址用地上报国土资源部审批，同时还组织2015年3个批次城镇建设用地材料上报省、市审批，正努力与上级主管部门沟通，力争项目早日批复。三是及时抓好土地收储出让工作。一年来，县国土资源局共收储土地11宗共57.61公顷；丰良丰田村、留隍西洞村及汤南镇种王上围征收项目等正在实施中的7宗收储项目共91.63公顷；储备土地出让8宗，面积共30.26公顷，为全县重点项目建设提供强有力的资源支撑。

**【土地交易】** 为加强土地市场建设，优化土地资源配置，按照节约集约用地原则，对工业用地和经营性建设用地严格按照招拍挂出让程序进行供地，并充分运用网上交易系统，规范土地交易市场，为丰顺经济快速有序发展营造良好的氛围。2015年，通过网上拍卖出让土地使用权11宗，面积32.87公顷；办理土地使用权补办出让154宗，面积8.7公顷；办理土地使用权转让265宗，面积7.27公顷。同时按照基准地价定期更新公布的要求，于5月18日完成丰顺县城镇基准地价更新并进行网站公布。

**【地灾防治】** 一是抓好地质灾害群测群防工作。建立健全三级地灾群防群治网络，完成2015年度地灾防治工作方案编制工作，并根据方案提出的重要隐患点和重点防治区段落实防灾责任人，做到早绸缪、早部署、早安排。2015年，完成全县558处地质灾害隐患点再排查，建立台账，纳入群测群防体系，并按要求核减地灾危险点56个，顺利完成核减10%的刚性目标。二是加大地质灾害点治理力度。潭江镇大胜村溪背组仙人石崩塌群治理工程、蹓隍镇圩镇北段特大型崩塌治理工程已结算完毕，马图铅锌矿矿山地质环境治理项目进入结算阶段；小胜镇三坑村特大型滑坡群的勘查已进入资料汇总阶段；汤西镇南礤村崩塌地质灾害应急抢险工程治理和潘田镇流坑村潘华学校崩塌治理已基本完工；东海中学地质灾害治理进入招投标阶段。

**【信访工作】** 健全信访矛盾排查网络体系，畅通信访渠道，扎实做好群众信访件、网上信访等工作，把矛盾解决在萌芽状态，切实解决群众合理诉求。2015年，县国土资源局收到来信13件，个人访5批12人次，集体访7批25人次；网上民生46件；“12336”举报8宗，政府“12345”热线26件，全部得到妥善处理，没有造成集体上访等重大问题，息访效果明显，有效地维护社会稳定。

**【地籍管理】** 一是规范日常土地登记管理，提升业务水平，为丰顺县土地市场健康发展创造良好环境。一年来共颁发集体土地使用权证230宗，国有土地使用权证1350宗，他项权利证180宗，向金融机构贷款金额86621万元，共接待地籍档案查询835人次。二是落实土地登记监管系统应用相关工作。在市局的技术指导下，顺利完成县级土地登记信息系统与省级监管系统信息联动的对接工作，推进县级土地登记信息系统的上线运行。三是及时做好集体土地所有权数据成果更新维护和土地变更调查工作。四是完成丰顺县耕地后备资源建库工作，并于6月通过省级验收。五是全力推进丰顺县不动产权统一登记发证工作。至年底，各项硬件设施、数据平台软件建设及人员整合等工作已基本完成，待时机成熟即可实现不动产统一登记。

**【队伍建设】** 为加强基层所建设，打造一支高素质的国土资源干部队伍，国土资源局秉着公正、公开、公平的原则进行公务员录用工作。2015年，新录用14名公务员充实到国土资源所管理队伍，增强干部队伍活力，营造创业干事的良好氛围。

**【节约集约模范县创建活动】** 严格按照上级主管部门有关工作部署，县国土资源局以新一周期节约集约模范县创建活动为平台，以提高节约集约利用资源水平为目标，加强组织领导，成立创建领导小组，印发实施方案和管理办法，层层部署创建活动；抽调业务骨干，扎实推进创建活动，突出温泉资源节约集约利用亮点，认真做好申报资料报送工作；积极牵头，加强沟通协调，推进制订《丰顺县国土资源节约集约利用考核办法（试行）》；发挥舆论宣传引导作用，营造浓厚的创建氛围。多措并举、多管齐下，实实在在把创建活动引向深处。

**【数字丰顺地理空间框架建设工作】** 为提升丰顺县城乡规划与信息化水平，按照省厅、市局工作部署，县国土资源局把“一村一镇一地图”建设工作与丰顺数字县建设紧密结合起来，全力推进数字丰顺地理空间框架建设工作，切实为政府科学决策、精细管理、服务民生提供优质可靠的空间信息保障。数字丰顺建设项目已通过项目招投标和工程设计书专家评审；数据资源建设已基本完成；硬件设备安装到位，平台公众服务系统、公众版移动端和五应用示范专题数据建设已基本完成；县“一村一镇一地图”建设工作进入内业作业阶段；软件平台及支撑环境建设进入调试阶段。

**2015年年底县国土资源局**

**党组书记、局长** 刘勤奋

**党组副书记** 张环琪

**副局长** 杨愉兆 钟剑锋 徐华森

**执法监察队队长** 张炳坤

**局党组成员** 刘天生 李志盟

（李志盟 罗嘉胤）

## 环境保护

**【简述】** 2015 年，县环保局在丰顺县委、县政府的正确领导和省市环保部门的关心指导下，紧紧围绕工作中心，以中共十八大、十八届四中全会、五中全会精神为指导，坚持依法行政，推进建设法治政府，以建设“丰顺新区”发展战略和实现“振兴丰顺发展”为目标任务，坚守生态环保底线，强化污染减排，加强环境监督管理，推进污染防治，不断加大环境执法工作力度，全力推进生态文明建设。2015 年，县城区环境空气质量优良率 100%。城市功能区噪声达标率保持 100%。水环境质量达标率保持 100%，未发生重大环境安全事故，为丰顺振兴发展提供良好的环境保障。

**【责任落实】** 坚持党政“一把手负总责，分管领导具体抓”，按照“属地管理”原则，落实辖区管理责任，把辖区（行业）内的环境保护工作责任落到实处。实行县环境保护领导小组联席会议工作制度，明确职责、部门联动、齐抓共管，强力推动环境保护工作发展。落实环保责任考核机制，把环保法律法规、环境质量变化和公众满意度等指标纳入政府政绩考核指标体系，作为政府、部门领导班子和领导干部政绩考核的重要内容并延伸到镇（场）。同时，扩大环保网格管理。在贯彻落实县人民政府《关于转发梅州市环境保护监督管理“一岗双责”暂行规定的通知》（丰府〔2012〕39 号）的基础上，在县委、县政府的关心重视下，各镇（场）设立了环境保护所，强化县辖区内环境监管力度，不断扩大环境保护网格管理。

**【总量减排】** 一是根据市对丰顺县主要污染物排放量进行核定情况，结合丰顺县经济、社会、人口、能耗等相关指标变化情况，对生活源、工业源、农业源的主要污染物排放总量进行核定，并以此为基础，制订丰顺县年度主要污染物总量减排计划，对 2015 年年度减排任务进行较为科学的分解，稳步推进丰顺县“十二五”减排进程。二是严格执行建设项目环保管理主要污染物排放总量前置审核制度，凡排放纳入国家总量控制的主要污染物的建设项目，没有核定主要污染物总量控制指标的，一律不予审批和验收。三是加大督查力度，跟踪落实各项减排工作，做好预警报告，及时发布预警信息。四是指导企业做好项目减排台账，督促完善污染治理设施规范化管理。

**【环境监管】** 2015 年是全面实施新《环保法》和《广东省环境保护条例》的第一年。2015 年，主要做好以下几方面工作：一是开展“环境法治年”活动，出重拳、用重典、零容忍，严厉打击环境违法行为。并结合开展环境保护大检查，全面排查排污单位和建设项目环保守法情况，开展生态环境监察执法，排查各类资源开发利用活动对生态环境影响情况，以及全面排查阻碍环境管理的“土政策”和本地区的突出环境问题解决情况等。完成 6 家配套电镀车间安装在线监控重金属项目工作，并委托有资质第三方运营。二是全年共出动执法人员 1100 多人次，有效打击环境违法行为。三是落实大气污染防治，推动锅炉污染整治，丰顺县列入重点项目的锅炉 29 个，2015 年年底已全部完成整治任务。

**【管理服务】** 一是严格执行环境影响评价、环保“三同时”、污染物排放总量前置审核等制度。经审项目的环评执行率和“三同时”执行率均 100%。同时，着力抓好“未批先建、未验先投”建设项目的专项整治工作。二是做好发放机动车环保标志，在县行政服务中心设立窗口，确保环保标志能按时发放。三是配合抓好丰顺县 3 个中心镇生活污水处理厂建设，三个厂区前期工作扎实推进，并于 12 月 29 日全面动工建设。已累计下拨财政资金 800 万元。四是积极争取专项资金，带动环保投入。2015 年，申报水质保护、农村环境综合整治、能力建设、节能减排财政政策综合示范典型项目奖励资金等项目专项资金 838 万元，努力改善基层基础设施建设。

**【能力建设】** 一是继续抓好环境监测网及监测

站标准化建设，解决丰顺县环保监测能力滞后的问题。在县政府的关心支持下，拨款160多万元，按照新标准对丰顺县空气自动监测站进行升级改造。二是加快“数字环保”体系的建设，按照省提出的建设省市县一体的环保电子政务网络和环境信息管理系统的要求，继续推进电镀配套车间，完善远程监控、采样等监控平台建设。三是创新环保宣教方式，大力宣传环保，让环保理念深入人心，让环保成为全社会的自觉行为。

**【信访宣传】** 县环保局重视环保信访，畅通信访渠道，强化值班制度，严格执行24小时值班制度，保证“12369”环保热线和梅州市政府“12345”电话畅通，确保有投诉必受理，第一时间掌握群众有关环境问题的呼声和投诉。对来人来信来访，认真对待，热情接待，组织环境隐患和矛盾纠纷的深入排查，开展大调解活动，把矛盾解决在基层和萌芽状态，做到信访案件件件有落实、事事有回音。2015年，未发生因环境污染而引发的群体性事件，无重大案件发生。2015年所有案件均已办理，结案率100%。县环保局的环境信访工作，切实做到党委、政府满意，群众满意、社会满意。

**【扶贫“双到”】** 县环保局按照县委、县政府统一部署，认真贯彻落实《丰顺县新一轮扶贫开发“规划到户、责任到人”工作实施方案》文件精神，全力以赴做好扶贫开发“双到”工作，整体推进区域协调发展。重点做好年收入增幅大的贫困户确保持续增收，对年收入增幅小的贫困户加强扶贫力度，集中局全体干部职工继续跟踪帮扶服务，加大帮扶力度，确保2015年有劳动能力的贫困户人均纯收入达到或超过当年全省农民人均纯收入的45%及以上。

2013—2015年，上林村扶贫“双到”落实投入各项帮扶资金为488.45万元。村帮扶项目44个，户帮扶项目1794个。2015年有劳力贫困户年人均纯收入8494元，比2014年增长150.93%。2015年全村农民年均纯收入达到9090.3元，比2014年增长61.15%。帮助上林村完成协助落实村农田水利“三面光”建设工程、上林村路灯建设、上林村下村饮水工程改造等20多项民生工程。

**【环保队伍建设】** 县环保局高度重视环保队伍建设，将队伍建设与“三严三实”专题教育互相贯穿结合，贯彻落实习近平总书记关于“既严以修身、严以用权、严以律己，又谋事要实、创业要实、做人要实”的要求，不断推进工作作风建设，以常抓不懈的姿态抓作风建设与环保队伍建设。一是落实党委（党组）党风廉政建设主体责任，经常学习有关理论，执行“中央八项规定”，管好干部职工“八小时以外”工作与生活圈，着力构建反腐倡廉防线。二是组织干部职工开展纪律教育学习月活动、机关作风建设以及政风行风建设等活动，切实把思想和行动统一到党委、政府关于做好环保各项工作上来。三是组织干部职工参加“第三届民兴杯”羽毛球比赛，荣获团体比赛第五名；以不同方式，着力打造一支“政治素质好、业务水平高、奉献精神强、整体形象佳”的环保队伍。

**2015年年底县环境保护局**

**局　长**　黄业宏

**副局长**　朱开华　陈茂荣

**县环境监察分局局长**　刘尔堵

（黄立威　黄嘉蔚）

## 城市综合管理

**【简述】** 2015年，在县委、县政府的正确领导下，县城管局认真贯彻落实县委十二届五次会议精神，紧紧围绕县委、县政府的工作大局，结合县创建广东省卫生城市的总体部署，精心组织，广泛宣传，强势推进市容秩序综合治理。领导靠前指挥，全局上下同心协力，积极行动起来，投身到全民创卫工作当中，使县城市容市貌在较短时间内有了前所未有的改善，受到广大干部群众的大力好评。通过整治，县城环境得到进一步优化，丰顺城市整体形象大大提升，确保创卫工作顺利通过验收。

**【认真组织，全面加强班子建设和党风廉政建设】** 一是继续贯彻落实党的群众路线教育实践活动，积极开展“三严三实”和“学党章、守纪律、当先锋”等主题教育活动，进一步增强党员干部立党为公、执政为民和争当先锋的意识，增强依法执政、廉洁从政的观念。局领导班子认真学习市、县两级党委、政府各种会议精神，不断解放思想，开拓创新，确保领导班子在思想、行动上与县委、县政府保持一致。

二是加强党风廉政建设。积极开展党风廉政教育活动，通过学习有关文件、警示教育，观看电教片等形式，从正反两方面教育领导班子认清廉政建设的重要性和堕落腐败的危害性，切实筑牢干部职工预防腐败的思想防线，树立克己奉公的公仆意识，保持城管系统党员干部队伍的纯洁性，增强单位的凝聚力和向心力。

**【突出重点，扎实做好市容秩序管理和执法工作】** 一是围绕中心工作，充分发挥管理职能，全方位开展“六乱”治理。2015 年，省、市各级领导到丰顺视察、检查活动较多，为了保持良好的市容秩序，展现丰顺县的良好形象，县城管局加大市容秩序整治力度，提升管理标准，大力开展沿街“六乱”治理，加大对城区关键路口、重要路段的市容秩序治理力度，确保在各项重大活动期间有良好的市容环境。共对城区集中整治 32 次，出动人力 2500 多人次，纠正规范经营摊点 11560 多个，行政处罚 35 宗，清除小广告约 7000 处，拆除不规范及缺损、破旧等有碍市容的广告牌匾 580 多块；摘除市区沿街私自悬挂彩条、横幅 260 条。

二是全面监控，依法查处“两违”（违章建筑和违法建筑）建设。加强日常巡查力度，组织人力对县城区所有在建项目开展拉网式检查，对背街小巷、城乡接合部重点部位重点检查，对顶风建设屡教屡犯的工地依法处理。全年查处“两违”建筑案件 35 宗，规划执法震慑力不断增强。

三是多管齐下，建筑渣土扬尘得到有效治理。采取“抓两头、控途中”的工作方式，对建筑工地渣土生产情况进行实时监控，规范工地渣土出场管理；加强沿路车辆检查，依法查处运输车辆不封盖密闭、沿路撒漏、违规倾倒行为。全年行政处罚 7 宗，清理运载余泥、建筑废料 73 车次。

**【优质高效，强化县城环境卫生保洁水平】** 环卫所继续严格按照道路清扫保洁质量标准要求，切实做好每天的清扫保洁工作，对重点路段加大清扫力度，进一步提高路面的保洁质量，并圆满完成上级领导莅临丰顺调研和各种重大活动期间的突击任务，县城环境变得更加整洁亮丽。

一是改变环卫运作模式，加大机械化作业程度，汤坑路、金盘路等主要道路采用机械化作业和人工保洁相结合的运作模式取得明显效果。

二是加大环卫设施的投入，增购小型吊桶式垃圾运输车三辆，垃圾桶五百多个，在县城老城区汤坑路、汤西路、河滨路、顺发路划分地段，每段放置 240 升垃圾桶 8～10 个，保洁工人收集垃圾不再用人力脚踏三轮车运载，而是收集到垃圾桶由垃圾车运载，减轻保洁工人劳动强度，延长路面保洁时间两小时，经过半年多操作，保洁质量明显提升。

三是投入约 200 万元对东山中转站进行升级，改造成压缩中转站。安装水平卧式双机位垃圾压缩系统，配备大型拉臂式密封垃圾车，大大提高垃圾中转站日处理垃圾的能力，减少直接运垃圾进填埋场的车辆数量。同时对河滨、湖下垃圾中转站增加污水处理设施，增设除臭降尘设备，安装封闭式卷闸门。避免运载过程“二次污染”，基本达到创卫工作要求。

四是按照县创建省级卫生县城的标准，从 4 月开始分步骤对县城区不符合创卫要求的公厕进行升级改造。截至 12 月底，共投入资金 200 多万元完成县城区 14 座公厕的升级改造工作，剩余公厕将按计划逐步完成改造任务。

**【加强检查，全面消除燃气管理安全隐患】** 一是积极开展“燃气经营许可证”审查复核工作。进一步加强燃气安全管理工作，准确掌握各燃气经营企业现状，保障人民群众生命财产和公共安全，促进燃气行业安全、稳定、健康发展。

二是做好节假日期间燃气安全检查和突发事件风险隐患排查整改工作。日常要求各燃气经营企业要高度重视，做好各项安全管理和防范措施，坚决消除安全隐患，严防生产安全事故发生。全年共开展燃气安全生产专项检查6次。

三是积极与各相关部门配合，形成齐抓共管的强大合力。

**【强化管理，不断提升城市亮化绿化品位】** 一是实施城市亮化美化工程。及时抢修被盗路灯电缆，修复破损、显亮功能不好的路灯，确保县城路灯亮灯率始终保持在98%以上。为打造城区亮化品牌、增加城区新景点，经县政府常务会议决定，投入540万元在榕江北河、汶水河“两河四桥”规划设置景观亮化工程，为市民提供一个休闲娱乐新场所。

二是抓好城市绿化管理。在确保城区绿化日常养护管理的同时，按工作计划对城区和公园的绿化进行全面普查，认真落实排危、排险工作，对自然死亡的绿化花木进行补种，对树木进行修枝、修剪、除虫。同时，在台风季节来临之前，对整个县城区的绿化树木进行一次全面的检查，发现安全隐患及时排除，并在台风袭击期间，及时清理被台风刮倒的树木，确保群众生命财产安全和道路畅通。

**【及时维护，确保市场管理安全运行】** 2015年，县城管局扎实推进市场监管标准化、制度化、规范化建设，加强市场内的秩序和卫生管理，提高市场服务质量，加强对市场管理员的培训，加大巡逻检查力度，严格实行安全生产及消防安全工作责任制，确保全年无安全事故发生。2014年10月至2015年2月，投入426.5万元对南市场进行改造，极大地改善市民购物环境。根据创卫要求，计划对东山市场和湖下市场进行达标改造。东山市场已进入设计阶段；湖下市场已完成立项、设计、图审等工作，现已送财审进行招标造价控制审核，下一步进入招标阶段。

**【严格监督，把好市政工程建设质量关】** 2015年，县城管局按照县委、县政府要求，认真组织监督，严格把好工程质量关，各项市政工程建设均有序进行。

1. 小圆岭北侧道路东段工程。该工程长210米，宽23.5米。现已进入竣工验收阶段。

2. 城区部分道路铺设沥青混凝土路面工程。该路段全长3070米，铺设53410平方米，标线2588 平方米等工程数量。已完成立项、设计、图审和招标等工作，现进入施工阶段。

3. 沿江东路建设工程项目。该工程由汤西桥头至黄埔桥头东侧河堤建设2.52千米市政道路，宽25米。至年底已完成路基整平2200米、水泥路面2200米、人行道1400米、石栏杆1300米、路沿石1900米。除3处征地工作正在进行中，其余工程年底前完成。

**2015年年底县城管局**

**局　长**　刘荣华

**副局长**　陈建宁　吴宁金　张　斌　黄宏伟

**党委委员**　蔡礼堂

（叶连胜）

## 住房公积金管理

**【简述】** 2015年，在县委、县政府正确领导和梅州市住房公积金管理中心指导下，丰顺分理处认真贯彻《住房公积金管理条例》，与时俱进，开拓创新，切实抓好住房公积金的运营和管理，努力促进住房公积金管理工作健康发展，确保住房公积金的安全和有效增值，开创公积金管理工作新局面。

主要特点是：一是公积金管理平稳有序。2015年归集住房公积金1.35亿元；发放贷款724户共1.55亿元，办理购（建）房提取住房公积金3100笔8819万元。二是缴存覆盖面不断提高。加强住房公积金政策法规宣传，全力扩大缴存覆盖面。2015年，新增非公有制企业缴存单位19个 312 人。全县参与缴存住房公积金的单位有292个15921人。三是干部职工房贷款压力减小。丰顺财政统发工资人员公积金缴存标准由原来的100元提高至200元，缴存比例6%左右，上半年居全市前列；贷款额度由原来的单方15万元提高至20万元，双方由原来的单方25万元提高至30万元，减轻干部职工购房按揭压力。放宽公积金提取条件。允许提取公积金支付房租、重大疾病申请提取、增设电梯提取、异地购房提取等等，进一步扩大公积金的使用范围，普惠更多缴存职工。四是便民服务水平不断提高。一方面简化提取和贷款手续，从2015年6月取消单位领导签名盖章等手续，方便干部职工提取公积金。另一方面采取进驻服务中心的办法，对提取公积金采取现场受理、现场审批、现场办结的"一站式"服务。

**【加强宣传，缴存覆盖面得到提高】** 2015年，根据上级的工作部署，丰顺分理处把加强住房公积金政策法规宣传作为一项首要工作，全力扩大缴存覆盖面。特别是加强对非公有制企业的宣传动员，力促非公有制企业从业人员参与缴存住房公积金。至2015年，新增非公有制企业缴存单位19个312人。全县参与缴存住房公积金的单位有292个15921人。县机关事业单位职工都按标准缴交住房公积金，大部分国有集体企业缴存住房公积金，部分民营企业缴存住房公积金。

**【制度健全，管理规范】** 丰顺分理处稳步健全各项规章制度，加强自身建设，提高工作效率。先后制订《首问负责制》《服务承诺制度》《各岗位职责》《财务管理制度》等各项规章制度，明确服务内容和责任人，不断推动日常工作规范化、制度化。同时，在办公室门口设立意见箱，在办公室设立政务公开栏，公开单位人员姓名、岗位职责、办事条件、业务流程和服务承诺，增强工作透明度，自觉主动接受社会各界的监督。另一方面，及时建立长效机制。认真制订《机关工作人员廉洁自律规定》等廉政监督约束制度，规范全体干部职工的行为，做到廉洁从政、干净干事、依法办事，不断提高分理处整体业务工作水平。

**【流程规范，依法办理】** 严格按照上级的规定，依法依规办理公积金业务，流程规范。在提取方面，分理处对申请提取住房公积金的职工，严格按照执行提取住房公积金的有关规定，对符合条件提取资料齐全的（建房除外），当即办理，对不符合条件提取住房公积金的当即作出不准予办理的答复。在审批提取的过程中，分理处对每一户申请提取住房公积金的，都做到认真审查资料，对建房提取的，由三名工作人员现场签名确认，并填写现场核实单；按揭贷款偿还本息的，由本人持按揭合同原件办理，每提取一次就在合同上注明提取日期和金额，杜绝骗（套）取或重复提取公积金的发生。在放贷方面，分理处严格按照住房公积金贷款的有关规定，积极稳妥推进贷款业务，贷款的数额根据贷款职工的房产评估价格、偿还能力等实际情况委托银行发放贷款。在发放贷款的过程中，分理处对每一户申请住房公积金贷款，都在贷前、贷中、贷后做好认真细致的管理工作。在贷前，做好引导、提醒，讲清楚住房公积金贷款的用途和作用。在贷中，一方面分理处派出2名干部到购（建）房现场调查，拍照存档，并填写"现场审核表"，由在场人员签名确认；另一方面通过征信系统等多渠道进行信用调查。在贷后，及时跟踪还贷情况，做到逾期一期，单位打电话告知；逾期两期，发书面还款通知书；逾期三期，联合银行上门催收；逾期四期，由法顾律师负责催收；逾期五期，移交县法院依法申请资产保全，确保贷款逾期率降到最低限度。

**【简化手续，改进服务】** 根据上级的要求，为方便干部职工办理公积金业务，简化手续，改进服务。一方面，积极与业务委托银行协调，主动争取市、县银行的配合，对公积金提取审批单、对账印章进行必要的缩减，简化办事手续，缩短办事流程，方便干部职工提取公积金。另一方，面采取进驻服务中心的办法，抽调得力干部，进驻县综合行政服务中心，对提取公积金采取现场受理、现场审批、现场办结的"一站式"服务。

**【加强管理，提升效能】** 对全县干部职工的公积金账户进行清理清查，健全干部职工个人账务信息管理，特别是因工作调动，出现账户"休眠""一人二户"或是"一人多户"的问题进行转移并户，规范账户管理，顺利实现市、县信息联网管理。设立网上个人信息查询平台，开通微信平台，方便缴存户自行查询，实现账户透明，个人凭身份证可以查询个人缴存情况、资金余额、房贷余额等等，每个人都可以对自己的公积金清清楚楚，明明白白，实现"阳光管理"，得到干部职工的良好反响，廉洁、高效、务实的机关新形象得到树立。

**【开展教育活动，加强党组织建设】** 一是根据县委的安排部署，住房公积金丰顺分理处党支部认真开展“三严三实”为主题的教育实践活动。制定专项学习计划，采取集中学习与个人自学相结合，提高理论水平和政治觉悟；针对“四风”问题，广泛征求意见建议，结合实际边学边查边改，不断提高党支部的战斗力，不折不扣地贯彻落好上级的决策部署，与党中央保持高度一致。二是改进作风，切实加强干部队伍建设。完善工作制度，规范工作流程，重点治“庸、懒、散、奢”问题，改进工作作风，提高工作效益。三是坚持民主集中制。坚持集体领导与个人分工负责相结合，不断完善党支部议事和决策机制，班子成员能够围绕中心工作各司其职，相互支持，自觉服从大局，党支部始终保持着团结和谐、奋发有为的精神状态。四是坚持实事求是的群众路线，真诚地帮助帮扶对象，深入了解他们在生产生活上的难处，把他们的难处当作自己的难处，结合实际，积极筹措资金支持挂钩的隘隍镇葛布村村二委换届选举、计划生育工作和解决2位贫困户子女上大学难问题。

**2015年年底梅州市住房公积金管理中心丰顺县分理处**

**主　任**　黄稳鑫

**副主任**　朱志坚

（陈增平）

# 商品流通

## 供　销

**【简述】** 中共十八大以来，中共中央、国务院高度重视深化供销社改革，出台一系列政策支持供销系统综合改革，为供销社迎来好的改革契机。2015 年，县社在县委、县政府的大力指导和支持下，县社以中共十八届三中全会、四中全会精神和省委书记胡春华来梅州调研重要讲话精神为指导，坚持科学发展观，牢固树立为“三农”服务的宗旨。坚持合作制原则，领办专业合作社、综合服务社，日用品配送中心使供销合作社在建设社会主义新农村的进程中焕发出生机与活力，促进全县供销合作社工作取得新进展。

**【积极稳妥推进县社综合改革工作】** 自县社被列为全省首批 20 个县级供销社综合改革试点县以来，县社一直把做好综合改革工作作为全年重点任务来抓。天润大楼是省、县综合改革试点建设对接的项目，项目建筑面积 2181.6 平方米，总投资 580 万元，目的是建立上下贯通、运转高效的实体性合作经济组织，是县社综合改革的重点项目，该项目重点打造三大平台：一是辐射带动全县粮油网络建设，力争在 2015 年年底建设 1 个丰顺新供销天润农产品配送中心和 1 个粮油超市的目标任务，辐射带动丰顺县粮油经营连锁网络发展；二是建设“三农”综合服务平台；三是建设粤东地区农副产品培训基地。在建设日用消费品现代经营网络方面，依托县社参股企业丰顺金标商贸有限公司与广东新供销商贸连锁股份有限公司进行合作，推进日用消费品统一采购平台向全县各地延伸。建设一个现代化区域物流配送中心，对接省级采购平台，运用连锁经营、网络、营销、集中采购、统一增加优质商品供配送等现代流通方式，因地制宜，突出丰顺特色，整合全县系统网络资源，按县城—中心镇—建制镇—行政村路径，建设 16 个以上标准规范的连锁经营网点、乡镇加盟店 50 个，发展配送网络，逐步覆盖全县区域乡镇。积极发展镇村连锁超市、便利店等新型业态，营造安全、便利的农村消费环境。

**【深入贯彻学习中发〔2015〕11 号文件精神】** 中共十八大以来，中共中央、国务院高度重视深化供销社改革，出台一系列政策支持供销系统综合改革，为供销社迎来好的改革契机。总书记习近平和总理李克强都对深化供销社改革作出重要批示，国家领导对供销社的重视，就是供销社改革的最大动力。中发〔2015〕11 号文件出台以来，县社多次召集全体干部职工集中学习文件精神，深入贯彻落实中共十八大以来中央及各级党委、政府的一系列关于供销社改革的重要精神，坚持以社会主义市场经济为改革方向，遵循“改造自我、服务农民”的总思路，坚持以服务“三农”为核心，以服务规模化、流通现代化为重点，坚持合作制原则，创新组织体制和服务体制，打造市场经济条件下的“供”和“销”新优势，努力建设成为城乡居民生产服务的生力军和主力军。

**2015 年年底丰顺县供销合作联社**

**主　任**　冯远飞

**副主任**　张亮宏　张哲

（黄江锋）

## 粮　食

**【简述】** 2015 年，在县委、县政府的正确领导下，在市粮食局的正确指导下，县粮食局进一步开拓创新，求真务实，较好地完成全年各项工作任务。

**【首次争取中央建仓资金 500 万元】** 为彻底改变丰顺储备库落后状况，粮食局积极自筹资金建设汤西储备库扩容改造项目。同时积极向上争取项目资金，在上级的重视下首次争取中央建仓资金 500 万元。这是 10 多年来首次争取中央大额资金的支持，彻底解决建仓资金的困难。

**【首次实现储备库现代化作业】** 汤西储备库是按照散储、散运、散装、散卸的“四散”化粮仓高标准建设的仓库，主体工程竣工后，县粮食局积极筹措资金，投入约 97 万元完善三个仓库的环流熏蒸系统、机械通风系统（包括轴流风机 4 套）、机械装卸设备（包括装仓机 1 台、输送机 4 台、补仓机 1 台、除杂机 1 台、耙粮机 1 台）、粮情测控系统、化验室和设备（包括化验台、天平、碾米机、脂肪测定仪等）、呼吸空气压缩机 2 部、正压式消防空气呼吸器 10 台、监控设备等配套设施，并于 2015 年 10 月顺利投入使用。汤西储备库的投入使用，实现历史性的突破，是丰顺县首次采用现代设备对储备粮出入库、粮食质检、环流熏蒸、粮温检测等进行作业。彻底改变丰顺县储备库落后状况，使丰顺储备库仓容仓貌、设备设施走在全市前列。为丰顺县进一步加强储备粮管理方面开创新的篇章。

**【首次实现县人大对仓储工作的视察】** 为加快丰顺县粮食仓储建设工作，积极争取县人大的重视。县人大常委会将丰顺县粮食仓储建设工作列入议事日程，组织有关部门先后深入到汤南、汤西、丰良等 3 个储备库及计划建仓的丰良原璜溪中学，现场查看储备库建设、粮食储备情况以及建设规划等情况，召开储备库建设专题座谈会，肯定县粮食局在粮食储备管理及储备库建设工作中所取得的成绩。积极发挥人大职能作用，县人大对丰顺粮食仓储建设现状问题及长远建设规划向县政府提出宝贵的建议意见。这是 10 多年来县人大首次对粮食仓储工作进行视察，为推动丰顺县粮食仓储建设工作打下坚实的基础。

**【首次对储备粮进行公开竞价采购】** 2015 年轮换后需购入新粮 2116 吨，新增地方储备规模需购入新粮 3200 吨，合计购入新粮 5316 吨。粮食局在全力做好新增地方储备规模方案制订、资金落实的基础上。10 月，报县政府批准，丰顺县对需购入的储备粮 5316 吨进行公开竞价采购。有来自江苏、东莞、汕头、梅州等 9 家企业参加，此次粮食竞价交易会的顺利召开，为丰顺县接下来的粮食收购工作积累宝贵经验。丰顺县全面完成 2015 年储备粮轮换和新增地方储备粮收购入库任务。

**【首次全市粮食监督检查现场会在丰顺县召开】** 县粮食局以“监管能力提升年”为抓手，以“全国粮食流通监督检查示范单位”为动力，加强部门联合，加大粮食流通执法力度，认真做好粮食收购许可审核，扎实开展粮食流通监督检查，取得一定的成绩。2015 年 3 月，湛江市粮食局到丰顺进行经验交流。7 月，全市粮食流通监督检查工作现场会首次安排在丰顺县召开，这对粮食局的工作提出更高要求。粮食局以此作为契机，进一步强化粮食监管，坚守监管底线，确保丰顺县粮食流通市场的正常秩序。

**【粮食安全工作不断加强】** 一是抓好储备粮到期轮换。2015 年 4 月，报县政府批准，对已到期轮换的 2116 吨县级储备粮进行公开竞价销售。县府办、财政局、发改局、农发行等有关单位负责人参加这次的投标会。有来自东莞、梅州等地的 6 家企业报名参与投标。二是抓好粮食安全责任届满前评估。各部门各司其职，各负其责，做到管理工作常态化。同时，积极做好材料收集、整理和申报工作，顺利通过市级的评估。三是抓好安全生产。与各下属企业签订安全生产目标责任书，认真做好安全生产责任的落实，并安排人力对汤西库消防设备进行演练，熟悉操作规程；同时，对其他储备库的各种安全隐患进行排查，坚持不留死角，杜绝各类安全事故发生。

**【军粮供应水平稳步提升】** 除加强点定采购，定期回访等工作外，在提升服务上下功夫，经常组织相关人员深入驻丰部队，进行走访座谈，深入了解军营情况。10 月，结合“粮油科技进军营”活动，编制《粮油科普知识宣传小册》，赠送给驻丰顺部队官兵，向部队官兵传授科学储粮、安全用粮、爱粮节粮等粮油知识，积极倡导均衡膳食、谷物优先、粗细搭配的科学饮食营养理念，营造勤俭节约光荣的氛围，得到驻丰顺部队官兵对粮食工作的一致好评。

**【应急体系建设日益完善】** 不断加强和完善粮食应急网点建设，强化责任的落实，成立粮食局粮食应急指挥部，总指挥由局长担任，副总指挥由副局长担任，成员为有关股、队人员，下设 6 个工作小组，做到分工明确、责任落实。同时，加强应急网点的业务指导和督促检查，组织有关股室人员对应急加工进行应急演练，不断完善网点的建立工作，确保平时应急，战时应战。

**【国有资产管理更加规范】** 一是严格程序做好国有资产处置工作。根据县政府常务（扩大）会议精神并报市粮食局同意，做好汤坑镇大山背粮库和庄园路店铺、汤南仓库、大龙华仓库、北斗仓库、龙岗镇仓库、丰良镇高桥头店铺和西厢房屋、大龙华镇店铺、潭江镇店铺等国有资产的测量、土地性质变更、补办土地使用权出让手续等处置前相关工作。二是全力推进大山背粮仓房屋征收工作。紧紧围绕县委、县政府加快丰顺新区建设的决策部署，粮食局抽调得力干部 4 人，认真做好大山背粮仓房屋征收工作。完成大山背粮仓国有资产的评估及处置的报批等工作，签订协议 49 份，实施补偿 26 户，搬迁 26 户，拆除仓库面积约 14300 平方米。三是严格按照县国资管理的有关规定，做好资产租赁的申报审批工作。做好门店、仓库、住房的消防安全检查及建设和维修工作，使国有资产管理更加规范。

**【机关作风建设呈现新面貌】** 一是深入开展教育实践活动。根据县委组织部的统一部署，深入开展“落实总书记要求，建设模范部门”教育实践活动。在活动中，紧扣粮食工作实际，对照“三严三实”，认真查找存在问题，高标准、高要求推进各项工作，取得明显效果。同时加强党的群众路线教育实践活动回头看工作。通过开展教育实践活动，机关建设呈现作风强、素质硬的新面貌。二是做好扶贫后续跟踪工作。2015 年是扶贫开发双到后续跟踪工作最后一年，县粮食局加大力度做好这一工作，投入 2.44 万元油茶基地的管理、投入 2.88 万元为村民购买新农合、投入 1.62 万元为 9 名老人购买社保、投入 0.35 万元为 7 人发放升大学补助。

**2015 年年底县粮食局**

**局　长、党组书记**　吴振群

**副局长**　谭东生　王志健

（吴柳林）

## 烟　草

**【简述】** 2015 年，丰顺烟草在县委、县政府和梅州市烟草专卖局（公司）党组的正确领导下，认真贯彻落实中共十八大会议精神及总书记习近平一系列重要讲话精神，扎实开展“三严三实”专题教育，以全面推进“卷烟上水平”为主要任务，坚决执行卷烟提税顺价重大决策，认真抓好“两烟一专卖”工作，以务实拼搏的精神完成全年各项工作任务，在全市各县级公司年度工作目标考核成绩总分数位居前列，取得令人可喜的成绩。2015 年，实现营业总收入（不含税）43020.3 万元，同比增长 10.45%；税利 16967.19 万元（其中，实现税收 9046.8 万元），同比增长 182.04%；实现利润 8455.83 万元，同比增长 32.25%。

**【综合管理】** 精益求精，抓好基础管理工作。一是严格执行中央“八项规定”和行业各项财经政策，积极开展“三严三实”专题教育，严控三公经费支出。2015 年使用业务招待费 7.22 万元，同比减少 52.66%，差旅费 12.66 万元，同比减少 6.12%；车辆运行费 61 万元，同比减少 20.27%。其余开支均控制在合理范围之内。二是加强党风廉政建设。层层签订廉政建设目标责任书，明确工作职责，为丰顺烟草可持续发展提供风清气正的良好环境。三是普法工作成绩显著。在市局（公司）组织的案件评查工作中被评为优秀。编写的行政处罚案例入选国家局典型案例集。

**【卷烟销售】** 2015年全年销售卷烟84332.54万支，5月10日，烟草行业调升卷烟批发价格，通过大力提升营销能力，个性化经营指导等措施，不断提升零售客户满意度，建立和谐融洽的客户关系，卷烟销售呈现“三个增长”良好势头，即经济运行增长、销售结构增长、一二类烟销量增长，经济效益良好。

**【烟叶生产】** 严格落实国家局“严控面积、坚守红线”的要求，加强管理，提升烟叶生产水平，大力推进现代烟草农业建设。2015年，丰顺县共种植烟叶159.27公顷，收购烟叶314.5吨（因4月20日冰雹袭击丰顺县潘田、丰良两个种植产县镇，导致23.87公顷烟叶受灾，经市局批准，减少烟叶收购担数），完成收购计划的99.84%，收购金额824.81万元，均价2.62万元/吨。在烟叶生产工作中始终坚持把维护烟农利益作为烟叶政策的出发点和落脚点，2015年全县烟农亩平均收入3452.5元，平均每亩增加267.7元，同比增幅8.4%；平均每亩投入生产补贴527.17元，平均每亩增加45.56元，同比增幅9.46%。

**【烟草专卖】** 主动有为，提高市场管理力度。一是积极营造打假打私合力。为维护零售户和消费者合法权益，积极与县打假办、公安、工商、质监等部门协作配合，实现联合执法常态化和奖励机制长效化。2015年，查处各类违法涉烟案件152宗（其中一般程序25宗、简易程序127宗）。案值699.36万元，上缴财政罚款8.21万元。二是加强宣传与排查工作。一方面，利用“3·15”“12·4”加大宣传。2015年派发法律法规宣传资料4800多份，回答群众咨询1150多人次。另一方面，加大排查工作力度。2015年，全县共出动专卖执法人员3200人次，累计检查卷烟零售客户18413户次。三是稳步推进“百日专项行动”。取得县政府的重视和支持，丰顺县政府成立“全县卷烟打假百日专项行动”领导机构，并制定行动方案发文至各镇、村，重心下移，由丰顺县电视台在《综合频道》每天滚动播放烟草专卖法律法规知识和打假奖励政策宣传，深入开展打假工作。2015年开展卷烟打假打私“百日专项行动”，丰顺烟草局出动专卖执法人员697人次，检查卷烟零售户3966户次。查处涉烟案件47宗，查获非烟24.04万支，案值14.96万元；假烟0.14万支、案值850元；私烟0.14万支，案值858.2元。上缴财政罚款金额1.19万元。

**【精神文明】** 扎实开展“三严三实”专题教育，不断深化精神文明创建活动，着力加强基层党建工作，着力提高干部职工综合素质，狠抓机关作风建设，营造团结一致、奋发有为、与时俱进、开拓创新、求真务实、真抓实干的良好氛围，为全年目标工作任务的完成提供强有力的思想保证和智力支持。履行社会责任，做好精准扶贫工作。2015年共走访慰问困难群众、困难党员32名，投入扶贫资金12万元，解决对口帮扶小椹村安装路灯、搭建烤房铁皮网等实际困难。

**【企业文化】** 为了丰富职工业余文化生活，促进职工之间的互相交流，利用“三八”“中秋”“国庆”等节假日组织干部职工进行乒乓球、羽毛球、象棋竞赛等有益身心健康的文娱活动。积极参加市局举办的“客融天下杯”文体活动，并取得乒乓球男单第二名、女双第二名、男双第三名、混双第一名；羽毛球女单第二名、女双第三名、男双第三名，足球比赛第三名，书法比赛三等奖。同时积极排练舞蹈《走向辉煌》参加市局（公司）的文艺会演。

**2015年年底广东烟草梅州市有限公司丰顺县分公司**

**局长（总经理）** 钟青泉

**副局长** 邹　煌

**副经理** 刘　裕

（朱桂香）

# 财税 金融 保险

## 财 政

【简述】 2015 年，全县财政工作在县委、县政府的正确领导，县人大、政协依法监督和大力支持下，紧紧围绕预算收支目标，统筹城乡发展工作大局，积极应对复杂严峻经济形势，敢担当、善作为，各项工作全面落实，财政运行总体平稳，为全县经济社会各项事业发展提供强有力的财政支撑。

【财政收入】 全县一般公共预算收入 73637 万元，完成年度计划 67270 万元的 109.46%，比 2014 年同期 57496 万元增加收入 16141 万元，增长 28.07%，增幅居全市第三位。

【财政支出】 一般公共预算支出 379684 万元，比上年同期 265302 万元增加支出 114382 万元，增长 43.11%。具体如下：

### 2015 年公共财政支出情况表

单位：万元

| 序号 | 支出科目 | 2015 年支出数 | 比上年+–% |
|---|---|---|---|
| 1 | 一般公共服务支出 | 25065 | –27.02 |
| 2 | 公共安全支出 | 15885 | 46.87 |
| 3 | 教育支出 | 72392 | 12.68 |
| 4 | 科学技术支出 | 1618 | 232.92 |
| 5 | 文化体育与传媒支出 | 3530 | 62.45 |
| 6 | 社会保障和就业支出 | 81701 | 22.47 |
| 7 | 医疗卫生与计划生育支出 | 52837 | 23.97 |
| 8 | 节能环保支出 | 7744 | 246.33 |
| 9 | 城乡社区事务支出 | 6238 | 260.58 |
| 10 | 农林水事务支出 | 55689 | 124.73 |
| 11 | 交通运输支出 | 40058 | 440.59 |
| 12 | 资源勘探信息等支出 | 2378 | 152.17 |
| 13 | 商业服务业等事务 | 2907 | 309.44 |
| 14 | 国土资源气象等支出 | 3501 | 353.50 |
| 15 | 住房保障支出 | 6051 | 31.57 |
| 16 | 粮油物资储备支出 | 1941 | 276.16 |
| 17 | 其他支出 | 149 | –11.31 |
| 合 计 | | 379684 | 43.11 |

【财政收入实现新突破】 2015 年全县一般公共预算收入 73637 万元，完成年度计划 67270 万元的 109.46%，比 2014 年同期 57496 万元增加收入 16141 万元，增长 28.07%，增幅居全市第三位。其中：税收收入完成 51811 万元，比 2014 年同期 40437 万元增加收入 11374 万元，增长 28.12%；非税收入 21826 万元，比 2014 年同期 17059 万元增加收入 4767 万元，增长 27.94%。

【保障水平迈上新台阶】 2015 年，全县争取上级财力性转移支付资金 11.6 亿元、专项转移支付资金 17.4 亿元，财政总收入突破 40 亿元，达到 42.11 亿元，为各项事业发展提供有力的保障。

【服务发展取得新成效】 认真贯彻落实扶持中小企业发展政策，投入 469 万元支持企业自主创新，投入 2212 万元支持中小企业转型生产，投入 1235 万元扶持外贸进出口企业开拓国际市场，投入 1293 万元支持旅游企业发展。大力支持工业园区和基础设施建设。想方设法筹资 13350 万元用于丰顺新区和埔寨工业园区征地开发；投入 1900 万元用于河东路和金河湾河堤除险加固工程建设；投入 5790 万元用于创建“省级卫生城市”。

**【社会民生得到新改善】** 一是全面落实工资改革有关政策。增支3亿多元落实提高基本工资、职务职级并行、公车改革、规范津贴补贴等各项工资改革政策。投入4000多万元用于提高村干部工资、保障村（社区）工作经费和发放离任村干部生活补助。

二是支持教育文化事业发展。全年财政对教育投入7.24亿元，同比增长12.68%。科学技术和文化体育事业支出5148万元，同比增长93.61%。

三是提高社会保障水平。将城市和农村居民最低生活保障标准分别提高到450元/月和300元/月，全年纳入低保对象11424户28192人，共发放保障金6588万元。支持城乡居民基本养老保险改革，发放60岁以上老人基本养老金11933万元。加大弱势群体扶持力度，全年发放孤儿生活补助和重度残疾人生活补贴及护理补贴1711万元。实施更加积极的就业政策，落实就业补助资金574万元。

四是支持医疗卫生体制改革。人均基本公共卫生服务经费从35元提高到40元，城乡居民医疗保险财政补助标准由320元提高到380元。全年城乡居民医疗保险基金支出22284万元，惠及城乡居民156713人次；支付城乡居民大病保险费1146万元。支持人口和计划生育工作，投入319万元落实农村计划生育家庭和城镇独生子女父母奖励。

五是落实各项惠农政策。全年发放各项惠农补贴资金9525万元。其中：种粮补贴1771万元、水稻良种补贴406万元、农机购置补贴37万元、生态公益林补贴3866万元、农村低收入住房改造补贴1874万元、"两不具备"贫困村搬迁补贴572万元、农村"一事一议"补助资金488万元、能繁母猪保险补贴75万元、水稻保险补贴389万元、农房保险补贴47万元。扶贫开发工作顺利通过省验收。

**【财政改革取得新进展】** 一是明晰部门权责事项。对本单位权责事项进行全面清理，编制部门权责清单，并向社会公布。

二是积极推进预算公开。全县政府预决算、部门预决算和"三公"经费预决算实现100%公开。

三是扩大国库管理制度改革。实施镇级国库集中支付制度改革，实现国库集中支付全覆盖。

四是深化政府采购改革。全年完成政府采购847宗，预算采购金额10087万元，实际采购金额8986万元，节约资金1101万元，节约率10.91%。

五是加强农村集体"三资"管理。投入250万元完成农村集体"三资"管理服务平台建设。对全县4021个农村集体经济组织的资金、资源和资产状况进行全面清理核实。

**【财政监管得到新提升】** 一是加强财政投资评审。全年审核工程预决算547项，送审金额65375万元，审定金额56547万元，核减8828万元，核减率13.5%。

二是加强国有资产管理。实行国有资产产权登记管理制度和动态管理制度。加强闲置国有资产处置，共处置闲置国有资产3宗，实现收入7990万元。

三是加强"三公"经费管理。全年会议费及"三公"经费财政拨款同比下降12.41%。

四是加强办公用房管理。对全县行政事业单位办公用房情况进行了全面检查清理。

五是加强财政监督检查。对关系群众切身利益的社保、农业、扶贫、教育以及重点工程等方面资金开展检查。对5个县直单位进行会计信息质量检查。

**2015年年底县财政局**

**局长、党委书记** 黄建斐

**副局长** 杨家业 蔡少颢 罗鸿辉 张喜堂

**县国资办主任** 王宁州

（李逊浩 谢 鑫）

## 国家税收

**【税收收入】** 2015年度，全县国税系统共组织税收收入41143万元，同比增长3.66%，增收1451万元，占市局下达考核收入计划40500万元的101.59%。其中县级收入8624万元，超额完成县政府下达的考核收入任务，为丰顺县经济社会健康发展做出积极的贡献。

**【征管质效】** 2015 年，全县国税系统征管的各类纳税户共 4649 户，其中：国有企业 44 户，集体企业 48 户，私营企业 271 户，联营企业 2 户，股份制企业 16 户，港澳台投资企业 43 户，外商投资企业 16 户，个体工商户 2787 户，其他经济实体 1422 户。全县共有增值税一般纳税人企业 717 户。

县国税局选准征管改革落脚点，突出提升税收管理质效。一是认真贯彻落实工商执照、税务登记、组织代码证“三证合一、一照一码”改革，加强部门沟通配合。二是简化流程，简政放权，落实取消税务行政审批事项，优化 19 个办税流程，取消 15 个涉税审批文书报表。三是全面推广应用防伪税控增值税发票升级版工作，全县一般纳税人和小规模纳税人用票户 998 户按时按质完成发票升级版，实现发票开具数据实时上传。四是稳步推广零星税收委托信用社代开发票、代征税款“双委托”服务，进一步方便纳税人。

**【优化服务】** 县国税局牢固树立“最大限度便利纳税人、最大限度规范税务人”的理念，积极开展了“便民办税春风行动”，全面推行《全国县级纳税服务规范 2.0 版》《税收征管规范 1.0 版》《出口退税规范》和《国地税工作合作规范》，积极打造减负、便民、提速的高标准、高质量纳税服务，充分发挥纳税服务促收、促管、促和谐的重要作用。

一是服务效能进一步提升。税务登记、代开发票、存款账户账号报告等业务实行“免填单”；涉税事项办理事前提示提醒服务；增加多项即时办结事项；服务规范明确要求报送资料统一标准化，限时办结等，对纳税人的报送资料清单及时通过 QQ 群及前台受理窗口更新告知。

二是服务宣传全面无缝隙。充分利用纳税服务 QQ 群、出口退税税企 QQ 群和“至善微言”微信平台等各类信息平台，及时推送纳税服务规范实行的消息，开设纳税人学堂，开展面对面交流辅导，让纳税人第一时间掌握国税工作的动态和新举措。

三是多元办税三重奏。即申报方式多元化、认证方式多元化和获取缴款凭证多元化。在加强网上办税和自助办税基础上，积极推行手机 APP 移动办税，向纳税人提供网上办税、自助办税和手机 APP 移动办税等多种选择，方便纳税人，有效提升服务质量。2015 年，在全县行政执法职能部门政风行风民主评议中名列前茅。在丰顺县综合政务中心对 42 个窗口及 166 名工作人员组织开展的绩效综合考评中，丰顺国税服务窗口被授予“文明窗口”荣誉称号。

**【队伍建设】** 2015 年，全县国税系统在册人员 96 人，其中公务员 89 人，事业编制 3 人，工人 4 人。按学历层次划分：本科以上学历 44 人，占总人数的 46%；大专学历 47 人，占总人数的 49%；中专（高中）以下学历 5 人，占总人数的 5%；按政治面貌统计，党员 79 人。另有离退休人员 69 人。

**【取得荣誉】** 丰顺县国家税务局被中华全国总工会评为“全国模范职工之家”；被中共梅州市委宣传部、梅州市精神文明健身委员会办公室选定为培育和践行社会主义核心价值观示范点；被丰顺县机关作风评议工作领导小组办公室评为“优秀单位”； 被评为县行政服务中心“优质服务窗口”。陈凌菱被授予全省国税系统“纳税服务之星”、梅州市国税系统“十佳巾帼税官”的光荣称号；杨萍萍被广东省妇女联合会授予“三八红旗手”荣誉称号；林少芬被广东省总工会授予“2009—2014 年广东省工会女职工作先进工作者”荣誉称号。

**2015 年年底丰顺县国家税务局**

**局　长**　李吉祥

**副局长**　罗绍雄　魏明建　杨萍萍　罗大军

**纪检组长**　吴顺荣

（冯静雯）

# 地方税收

【简述】 2015年是深入贯彻落实习近平总书记重要讲话和中共十八届四中、五中全会精神的重要一年。在面对经济新常态所带来的重要发展机遇和严峻挑战下，丰顺地税以争当“四有”地税人和“五官端正”地税人为目标，认真践行“三严三实”和“马上就办”精神，切实抓好组织收入、政策落实、纳税服务、依法治税、队伍建设重点工作，各项工作取得实效。

【组织收入实现了进度要求】 在抓组织收入工作上，地税局严格按照预算法治的要求，坚持组织收入原则，通过开展精细化税源调查、科学分解收入预期目标、强化收入预测和分析、落实税收风险预警等措施，依法征收，应收尽收，确保收入的稳定增长。全年累计组织税费收入10.63亿元，同比增长20.11%，增收1.78亿元。其中：税收收入7.38亿元，同比增长22.12%，增收1.34亿元；从收入情况分析看，县级库收入4.32亿元，同比增长38.82%；省级库收入1.86亿元，同比增长3.62%。社保费2.88亿元，同比增长19.82%，增收4777万元；其他规费收入3662万元。

【深化信息化建设和数据管税取得新成效】 夯实数据管税基础。加大信息化建设力度，共投入250多万元，优化基层办税服务厅办税环境、改造县局办公大楼六类千兆网络、建设电子档案系统、在县局办公大楼和基层分局建设无线WiFi网络、购置高性能办公电脑、办公设备，为构建大数据管税打下坚实基础。

做好数据的分析、利用。加大涉税信息交换与共享力度，通过涉税信息应用平台加强与涉税信息部门的沟通，提高涉税信息传递时效，并建立内部分工机制，明确职责改变过去海量信息一转了之的局面。

全力推进网上办税。纳入管理的纳税人（不含自然人纳税人）共有5135户，比2014年年底增加473户。其中正常户4815户，非正常户320户。有1711户（CA用户111户）纳税人开通电子办税厅网报功能，占应开通户数的87%，网报月平均申报率70%，财务报表无纸化率32%，累计申报缴纳税费1.4亿元，占全年税收收入的28%，电子申报和使用率在全市地税系统排名靠前。

【严征细管促进征管质效进一步提升】 加强税种征管。通过县政府下发《关于开展耕地占用税专项清理的通知》，加强与财政、国土、经济开发区等部门的沟通联系，有重点地开展耕地占用税的清理。通过税源管理平台及房地产公司向购房业主发送缴纳契税信息，积极宣传契税政策，抓好契税征管，促进收入大幅增收。成立以分管局领导为总指挥，相关业务骨干为成员的土地增值税清算审核办公室，制订方案全力推进土地增值税清算工作，完成对丰顺县美景房地产有限公司的A4期和B1期的清算审核，共实现清算土地增值税税款745万元。

规范税收执法。搭建国地税合作新框架。与县国税局联合印发《国税局地税局合作专项工作方案》，制定7个方面合作事项，切实推动国地税更深层次合作领域。县局评估办组织开展对县内房地产开发项目建安工程税收的专项纳税评估，做好2014年期间取得预售许可的项目和2014年期间竣工的建安工程及在建工程项目的征管督查，累计实现纳税评估收入1723.3万元。留隍税务分局建立河砂行业综合治理机制，采取“三个到位”措施加强和规范该行业的税收管理。

整顿税收秩序。积极开展稽查协作，成立国地税联合稽查小组，建立联合案件审理制度，共同开展重点税源企业检查工作，检查立案3户，查补税款4225元，罚款4712元，没收违法所得262元。全面开展社保扩面征缴，对欠费进行催报催缴，杜绝企业零申报，实现新增参保人数1798人，完成县政府分配扩面任务1000人的179.8%。

【纳税服务满意度显著提升】 让纳税人缴“明白税”。在政策和纳税服务中，突出上下联动、统筹施策，完成 2015 年度企业所得税汇算清缴、年所得 12 万元以上个人所得税自行纳税申报工作任务，统一房地产业税前扣除政策，政策落实达到了预期效果。制定《丰顺县地方税务局落实税收优惠政策工作规范》，最大限度便利纳税人、最大限度规范税务人。开展“便民办税春风行动”系列活动，在丰顺县汤坑镇第一中心小学和汤坑镇第二中学开展“税收宣传进校园”，利用视频机播放《喜羊羊与灰太狼》《熊出没》等税法知识系列动漫，更新中兴四路户外灯箱宣传栏内容，拓宽税收知识的受众面；同时，开设面向纳税人专题业务培训 112 场，参加培训单位、企业累计 567 户，下户进行专门纳税辅导 385 户。

让纳税人缴“满意税”。城区分局建立税企 QQ 号，印制便民办税联系卡，发放给重点企业、小微企业，为纳税人提供直通服务。汤西分局对纳税人的申报提供二次提醒服务，即税期结束前五日内对未申报纳税人进行提醒，税期结束后再提醒，使每位纳税人都能享受高效、快捷的服务。

**【推进“五化”工作实现人文整体素养提升】** 基层建设迈上新台阶。紧紧抓住东莞市局对口帮扶的契机，对使用年限较长的县局及分局办公楼，进行一次全面外墙清洗保洁和维修，解决诸如楼面开裂、安防设施不足等安全隐患；对县局办公大楼各楼层卫生间、县局大小会议室、门坪、通道重新进行维修、改造，设施建设实现巨大变样，会议室布局一新，卫生间高雅明亮（达到星级标准），门坪、通道平整洁净，设施建设迈上一个新台阶，彻底改变过去设备简陋、设施陈旧、设计落后和年年修年年补、修修补补又一年的恶性循环的现象；重新打造运动场馆，更新运动场设备，装置运动元素，同时对各分局的活动室设备进行了全面更新，使整体运动设施达到全市系统最先进水平；在各分局统一设置文化阅览室，按照“六个一”（一台空调、一张床、一张桌、一张椅、一个衣橱、一盆花卉）的标准，为干部职工宿舍配备家居必需品。通过基础设施的改造和更新，提升全系统整体办公条件和环境的档次水平。

深入开展“五化”工作。大力推进环境绿化、亮化、美化、净化和文化作品进办公室、会议室、办税服务厅、食堂、宿舍、招待房“六进”工作，每个办公室至少装配有一幅画、一幅书法作品、一盆绿色植物，把办公室打造成自己的家园。还创新学习载体，在 OA 工作平台中创办《丰顺地税学习园地》栏目，为干部职工打造一个业务学习、思想交流、情感抒发、艺术展示的平台。至年底已刊发 10 期。栏目得到市局主要领导的多次批示，市局办公室还发出通知在全市系统中推广这一做法。通过推进“五化”工作，为干部职工干事创业提供良好的生活环境，调动基层工作积极性，促进基层分局和人员在思想、作风、精神风貌、办公环境、文化建设、设施建设等方面新的提升。

**【始终加强队伍和思想政治工作实现“四转变”】** 善待干部激发活力。针对当前队伍年龄偏大、执行力差的现象，通过开展精神砥砺教育，不断强化干部职工的岗位奉献意识，形成浓厚的团结向上的思想政治工作新局面。实现人员从思想禁锢到解放思想转变，从被动做事向主动作为转变，从墨守成规到敢于创新转变，从怕承担责任到敢于担当转变。印发《丰顺县地方税务系统着装仪容风纪管理暂行规定》《丰顺县地方税务局关于进一步加强机关内部管理的意见》等内部管理制度，用制度规范人员着装和内部管理；在全系统提出争当“四有”地税人、做“四个自己”地税青年和做到“五官端正”的理念，通过开展“马上就办”学习教育活动、“三心二意”学习讨论等，进一步强化政治荣誉感和职业认同感。在各分局设立阅览室，配备书桌、书橱、电脑等设备，统一购置各类书籍，积极为干部职工的学习创造必要的条件，构建学习前沿阵地。建立县局兼职教师师资库，举办业务知识培训班 15 期，并组织开展业务知识竞赛促进练兵常态化。另外，还通过召开“五四”青年代表座谈会、退伍军人座谈会和中年干部代表座谈会等，开展工间操、“庆三八”趣味活动和“迎国庆”体育竞赛等系列活动，丰富干部职工工作生活，倾听基层心声，及时给予思想引导，通过人文关怀促进地税工作开展。

严管干部匡正风气。制定《丰顺县地税系统 2015 年党风廉政建设工作任务分工表》，健全责任分解、检查监督、倒查追究的完整链条，以严格的问责追究促进责任落实。落实《梅州市地税系统全体人员严禁收送“红包”礼金承诺书》的签订，抓好违规收送“红包”礼金专项整治工作，开展“会所腐败”等专项整治工作“回头查”活动。组织系统内140多名干部职工观看一次《作风建设暗访片》，对基层一线工作人员进行警示、教育，强化地税人员防范风险意识。邀请县纪委常委陈献威上了一堂“守纪律、讲规矩、作表率”为主题的廉政教育课，提高参训人员廉洁自律认识。同时，重新聘请8位特邀监察员，加强外部监督。通过强化党廉工作的主体责任和监督责任，以做“五官端正”的地税人为目标，推动党廉工作的落实。

**2015年年底县地税局**

**党组书记、局长** 钟胜

**党组成员、主任科员** 梁国基

**党组成员、副局长** 罗远弘 胡海洋

**党组成员、纪检组长** 张锟意

（张宁）

## 中国人民银行丰顺县支行

**【简述】** 2015年，人行丰顺县支行认真学习贯彻中共十八届三中、四中、五中全会精神、中央经济工作会议和习近平总书记系列重要讲话精神，紧紧围绕上级行年初工作会议的决策和部署，继续坚持以改革开放引领金融事业、以严格管理带好干部队伍，按照稳中求进工作总基调，主动适应经济发展新常态，紧紧围绕梅州全国农村金融改革创新综合试验区、全国农村信用体系建设试验区建设“两大抓手”，认真贯彻执行稳健的货币政策，推动农村金融改革扩容提质，切实防范化解金融风险，不断提升金融服务和管理水平，全力支持丰顺经济加快振兴发展。

**【认真执行稳健货币政策，助推地方经济振兴发展】** 积极把握好落实稳健的货币政策与支持地方经济发展之间的平衡点，加大对地方经济的信贷投放，为辖区经济可持续发展提供动力。一是积极做好对存款准备金政策效应的调查分析工作和现场执法检查工作，督促辖区法人金融机构及时缴存法定存款准备金，并上报相关分析报告。二是积极优化货币信贷政策工具。通过科学合理运用差别存款准备金动态调整、支农和支小再贷款等货币政策工具，引导货币信贷和社会融资总量平稳适度增长，为转型升级与经济可持续发展提供稳定的货币金融环境。至12月31日止，支行对辖区法人金融机构共发放支农再贷款4笔，结清1笔，余额3.31亿元，有力地支持农村经济发展，充分发挥货币政策工具的调节作用。并按季对支农再贷款使用情况进行执法检查。三是利用行长联席会议，加强沟通。积极与地方政府、金融机构和社会公众的交流沟通，做好稳健货币政策的沟通、宣传和解释工作，准确传达货币政策意图，提高货币政策传导的有效性。四是认真做好系统性金融风险分析工作，加强对重点行业、信贷集中行业、民间金融等方面的分析，守住不发生区域性金融风险的底线。五是配合中支做好货币政策与理财巡回宣讲活动，2015年8月，中支组织市工行、市农行等市级金融机构到县党校对丰顺政银企相关领导、业务人员进行货币政策与理财培训，300多人参加。六是继续做好农村信用社后续监测和稳健性评估调查工作，积极稳妥推进丰顺县农村信用社向农村商业银行转型发展。七是做好存款保险实施宣传及缴费审核把关工作。至12月末，丰顺县农村信用社已交纳2015年下半年存款保险费40.26万元，2015年度共交纳保险费53.13万元。

至12月末，全县金融机构人民币存款余额138.07亿元，比年初增加18.38亿元，增幅15.35%。其中：住户存款余额104.94亿元，比年初增加94262万元;非金融企业存款余额83635万元，比年初增加11680万元；广义财政存款余额24.59亿元，比年初增加77976万元；境外存款余额1706万元，比年初减少163万元。全县各项存款保持良好的增长态势，增加了信贷资金来源，充分体现辖内银行业金融机构筹措信贷资金的积极性。全县金融机构境内人民币贷款余额达60.02亿元，比年初增加23748万元，增幅4.16%。其中：住户贷款余额25.03亿元，比年初增加25829万元。其中：短期贷款余额27806

万元，比年初减少 7874 万元；中长期贷款余额 22.25 亿元，比年初增加 33703 万元。非金融企业及机关团体贷款 34.99 亿元，比年初减少 1908 万元。其中：短期贷款余额 71371 万元，比年初增加 16268 万元；中长期贷款余额 27.85 亿元，比年初减少 18205 万元。全县各项贷款稳步增长，加大信贷投入力度，积极支持中小微型企业及“三农”经济发展和丰顺新区建设。

**【全面优化金融服务，稳步推进普惠金融建设】** 支行认真贯彻落实《关于印发〈梅州市农村金融改革创新综合试验区深化工作支持农村改革试验试点计划〉的函》精神，积极配合上级行和地方政府做好深化农村金融改革创新综合试验区的各项工作。

（一）开展社会信用体系建设工作，营造良好信用环境。一是扎实开展征信宣传教育活动。4 月 9 日，支行联合丰顺县政府金融办、丰顺县农村信用合作联社组成“征信知识宣传小分队”，深入到潭江镇胜溪村开展征信知识宣传教育活动，还专程到潭江镇政府与党委班子进行座谈，行领导向镇党委、政府班子介绍信用镇（村）建设总体思路、工作要求和工作任务。5 月 6 日，支行联合县邮政储蓄银行联合在龙岗镇马图村委门口开展主题为“加强征信宣传教育，提升国民信用水平”宣传活动。活动主要通过现场派发“《征信业管理条例》宣传知识”“农户要致富，信用来铺路”等宣传折页，有奖征信知识问答、现场咨询等方式开展宣传活动，营造知征信、懂诚信的良好氛围。户外宣传结束后，梅州中支受邀征信科领导还组织村委干部、茶农代表与宣传人员召开座谈会，深入调查了解农户的信贷需求情况，向农民宣传推介农户小额担保贷款及联保贷款的政策要求，推动普惠金融进入寻常百姓家。通过开展宣传活动，提高老区人民征信和金融知识水平。10 月 13 日，支行与农业银行丰顺县支行在汤坑镇黎峰村联合举办征信知识专题宣传活动，营造“加强征信宣传教育，提升国民信用水平”的良好氛围。二是开展送贷下乡活动。8 月 5—6 日，支行联合中国邮政储蓄银行丰顺县支行到砂田镇、潭江镇开展送贷下乡活动。活动中，与当地政府对接，建立良好的政银合作平台，召开银企对接会暨信贷业务推介会，实地走访当地企业，深入了解企业状况。通过送贷下乡活动，转变工作作风，对解决“三农”和中小微企业融资难、融资贵、融资慢的问题起到积极推动作用。三是加强征信文化宣传教育基地建设，2015 年四个征信文化宣传教育基地分别在丰良镇丰田学校、北斗镇拾荷村、丰顺县锦江美景房地产有限公司、丰顺县坚真纪念馆正式挂牌成立，标志着丰顺征信文化建设迈出新的一步。四是抓好信用村镇建设工作。2015 年支行根据上级行有关工作部署，结合辖区实际，开展对丰顺县潭江镇和辖属 16 个行政村信用村镇创建工作，并授予潭江镇为信用镇、授予潭江镇官溪村等 16 个行政村为信用村，为推动全县信用村镇建设和农村信用体系建设做出先行试点。2015 年 11 月 11 日，支行组织相关单位在丰顺县潭江镇举行首个信用镇和信用村授牌揭牌仪式，中心支行行长李新耀、副行长朱冕、丰顺县分管领导和有关部门、涉农金融机构、县韩江中上游乡镇负责人、潭江镇下辖 16 个行政村代表等参加此次仪式，丰顺县广播电视台派记者进行跟踪采访，并在当天《丰顺新闻》播出。五是抓好 26 个金融示范村工作。六是做好企业征信查询、个人征信查询、农户信用信息采集录入等工作。至 12 月末，支行共受理个人信用报告查询 451 笔，企业信用报告查询 36 笔。

（二）完善助农取款村村通工程，打通农村金融服务“最后一公里”。一是搭建助农取款示范点。根据上级行要求，在全县全辖区范围内共建成助农取款示范点 49 户，其中信用联社 36 户、农业银行 10 户、邮储银行 3 户。二是优化辖区服务点布局工作。根据中支年初下发的《中国人民银行梅州市中心支行关于进一步明确银行卡助农取款服务相关事项的通知》（梅银发〔2015〕14 号）要求，认真开展辖区助农取款服务点优化布局工作。“在确保行政村全覆盖的前提下，同一行政村服务点不得超过 3 个”的具体规定下，要求三家涉农机构对各自设立服务点进行详细清查，超额服务点一律不得悬挂“银行卡助农取款服务点”标示牌继续开展助农取款服务。经优化布局后，丰顺县助农取款服务点 496 户，比年初减少 26 户。三是开展服务点风险排查工作。为加强助农取款服务点风险防控，切实保障农户利益，根据《中国人民银行梅州市中心支行办公室关于转发2015年第2期〈支付业务风险提示〉的通知》（梅银办发〔2015〕211号）的要求，组织辖区三家涉农银行机构召开专题会议，部署开展助农取款服务点风险排查工作，及时查处辖区内违规收费、登记簿填写不完整、个别边远服务点巡检频率不够等不良情况，确保助农取款服务点业务持续健康发展。

（三）深入开展金融消费权益保护工作，努力营造公平、健康和谐的金融消费环境。支行为进一步推进辖区金融消费权益保护工作，及时和地方政府协调和沟通，充分利用上级行和地方有关部门组织开展的“3·15消费权益日”“金融知识进校园”“金融知识普及月”等活动平台，开展全方位、多元化的金融知识宣传、普及工作，使金融知识进校园、农村、社区、机关、工厂、商场、市场，提高社会公众对金融风险知识和风险责任防范意识，努力营造公平、健康和谐的金融消费环境。

（四）大力推进发行激活二代社保卡等相关工作，着重解决关系群众切身利益问题。支行协调有关金融机构注重解决关系群众切身利益问题。扎实推行惠民工程为着力解决与群众息息相关的二代社保卡发行工作，2015年，丰田村共发放二代社保卡3600张，激活率98%以上。为广大群众提供惠民便农的农村金融服务，切实把农行的“服务三农”惠民政策落到实处，得到当地群众的广泛好评。

**【夯实各项基础业务工作，充分发挥基层央行职能作用】** （一）做好国库业务工作。2015年，支行通过加强与上级国库及相关部门沟通协作，多方联动，共同推动现代化服务型国库建设迈上新台阶。

1. 加强制度学习，规范业务操作。组织国库业务人员认真学习《中央银行会计核算数据集中系统业务处理办法》《广东省国库会计数据集中系统业务操作规程补充规定》、2015年新颁布实施的《预算法》等规章制度，不断提高国库人员综合素质，扎实做好国库业务的各项日常工作。一是严把资金出入关，确保国库资金安全，提高国库会计核算质量。二是加强国库业务系统维护和管理工作，确保系统安全运行。三是做好乡镇国库集中支付资格审查核定工作。四是加强国库经收处业务的检查工作，增强国库资金风险防范能力，提高国库经收服务水平。五是积极做好国债发行宣传和推动国债下乡工作。2015年9月国债（凭证式）发行期间，丰顺支库联合农业银行丰顺县支行在丰良镇举办一期国债知识下乡宣传活动，并通过农行丰良支行国债销售专柜为群众现场办理国债购买共6.7万元。

2. 大力开展经理国库30周年宣传活动。2015年是人民银行经理国库和《国家金库条例》颁布实施30周年。按照上级行部署，结合丰顺县实际，开展一系列宣传活动。一是成立经理国库30周年宣传小组，号召全行干部职工踊跃参与国库知识宣传工作。二是编发《丰顺县金融动态简报》国库专题，组织国库人员上门走访，向县党委、政府、人大、政协领导和财税等相关部门，介绍人民银行经理国库三十年经验、做法。三是组织召开国库工作座谈会，介绍经理国库30年来取得的成绩及新常态下做好国库工作新思维，同时认真听取政府及参会单位对如何进一步做好国库工作的意见和建议。四是借助支行开展的综合宣传活动，进园区、学校、企业宣传国库方面内容。2015年5月，丰顺县支库联合丰顺县邮政银行深入到丰顺县革命老区—马图村举办国库特色宣传活动，普及国债知识，提高国债投资者维权意识，激发投资者对国债投资热情，受到群众普遍好评。五是通过大型LED屏动态广告进行宣传，增加社会公众对国库工作的了解，有效提升央行经理国库的服务形象，为基层人民银行经理国库职责营造良好氛围。

截至12月末，丰顺支库办理预算收入14.06万元，退库31489万元，支出45.75亿元。业务量39.61万笔，退回不合规票据6笔。

（二）做好货币金银及反假人民币宣传工作。一是抓好人民币收付业务检查。2015年6月24日至7月15日，支行派出检查组对辖区内6家金融机构共16个营业网点进行反假人民币和人民币收付现场执法检查，发现个别网点对反假人民币和人民币收付业务学习不够重视、营业场所未摆放反假人民币、爱护人民币等内容的宣传资料、无反假上岗证人员参与假币收缴业务等问题，对存在问题提出整改意见。同时，在县农信、县邮储行组织开展两场100多名临柜人员参加的防伪鉴伪实操考核。二是开展新版100元纸币宣传工作，为使公众了解、掌握新版100元纸币的票面特征和防伪特征，确保新版100元纸币发行后顺利被公众接受和正常流通，支行成立发行宣传领导小组，组织全辖金融机构于11月11—22日先后在县中行、县工行门口及火车站进行大型户外宣传，宣传内容当天在丰顺电视台“丰顺新闻”进行报道。三是抓好抗战胜利70周年纪念币及航天纪念币钞发行监督管理工作。四是开展反假人民币宣传活动。2015年，支行共组织开展6次户外反假人民币宣传活动，受到广大人民群众欢迎和好评。

（三）认真做好金融统计、反洗钱绩效评估和账户管理等工作。一是在积极做好辖区金融统计数据运行分析工作。做好统计执法检查。2015年7月27—31日，支行派出检查组对丰顺县农村信用合作联社进行统计执法检查，并督促县农村信用合作联社对检查中发现的问题落实整改。二是做好金融机构反洗钱绩效评估工作。组织人员对县财险、县寿险、安信证券进行了非现场反洗钱走访，扎实做好金融机构反洗钱绩效评估工作。三是做好账户管理工作。至12月末，支行共核发开户许可证590户，撤销核准类账户218户，变更203户。

**【落实从严治党，不断提升基层央行党建水平】** 2015年，支行认真贯彻落实上级行年初纪检监察工作会议精神，结合支行实际，落实党风廉政建设责任制，落实中央“八项规定”，加强岗位（廉政）风险防控管理，加强党员管理，大力推进党支部组织建设和廉洁支行建设。

（一）扎实开展“三严三实”专题教育活动，着力解决“不严不实”问题。根据《中共中央办公厅印发〈关于在县处级以上领导干部中开展“三严三实”专题教育方案〉的通知》《中共中国人民银行梅州市中心支行委员会关于印发开展“三严三实”专题教育实施方案的通知》（梅银党〔2015〕18号）的安排部署，支行党组从2015年5月起，在支行党员干部中开展“三严三实”专题教育活动。一是坚持领导带头，从严从实讲好专题党课。6月23日，中心支行党委委员、副行长朱冕为支行全体党员干部讲了一堂题为《梅州应乘着金融高速列车加快振兴发展》的“三严三实”专题教育辅导党课。7月1日，支行党组书记、行长卢导为全行干部职工作“三严三实”专题教育活动党课。卢导结合自身学习、实践体会和支行工作经验，认真讲解开展“三严三实”专题教育活动的重大意义和丰富内涵，讲清“不严不实”的具体表现和严重危害，并就如何落实“三严三实”提出具体要求。支行党组其他成员也分别结合中心组学习、“三会一课”，到分管部门、红色教育基地、廉政教育基地开展专题授课。二是坚持问题导向，从严从实开展好专题学习研讨。重点开展“严以修身，加强党性修养，坚定理想信念，把牢思想和行动的总开关”“严以律己，严守党的政治纪律和政治规矩，自觉做政治上的明白人”和“严以用权，真抓实干，实实在在谋事创业做人，树立忠诚、干净、担当的新形象”等3个专题学习研讨活动，结合辖区实际，将学习研讨与提高思想认识、解决实际问题有机结合起来，与履行央行职能、发挥基层央行作用有机结合起来，通过支部联学、专题辅导、集体研讨等多种形式，做到学习时间、学习内容、学习效果“三落实”。三是认真学习专题教育学习材料，学习先进典范。组织全体党员干部认真学习习近平总书记系列重要讲话精神和党章、《中国共产党纪律处分条例》《中国共产党廉洁自律准则》及中纪委、中组部组织编写的《优秀领导干部先进事迹选编》《领导干部违纪违法典型案例警示录》等专题教育学习材料，从焦裕禄、杨善洲、沈浩等先进典型中找到差距、见贤思齐，从周永康、薄熙来、徐才厚、令计划、苏荣等违纪违法案件中汲取教训、自警自省。四是召开“三严三实”专题民主生活会和组织生活会。11月26日，支行党支部书记、行长卢导主持召开“三严三实”专题教育组织生活会。会上，每名党员认真对照党章、党纪国法及党的优良传统，对照正反两方面典型，联系个人思想、工作、生活和作风实际，联系个人成长进步经历，联系教育实践活动中个人整改措施落实情况，深入查摆“不严不实”问题，严肃认真开展批评与自我批评，为下一步的整改落实和立规执纪工作打下坚实基础。

（二）加强廉政建设，强化“两个责任”落实工作。2015年，支行认真贯彻上级行2015年纪检监察工作会议精神，以“依法治行”为中心，强化“两个责任”落实，严明政治纪律和政治规矩，持之以恒加强纪律建设和作风建设，强化监督执纪问责，继续保持反腐败高压态势，不断强化纪检监察干部责任担当，驰而不息纠正“四风”，扎实推进建设“法治央行”和“廉洁央行”。一是落实党风廉政建设责任制。领导班子成员分别与各股室负责人签订《党风廉政建设责任书》，并对分管股室落实党风廉政建设责任制每半年检查一次。二是支行党组对支行党风廉政建设每季度进行分析，指出存在问题。三是各股室主负责人认真履行“一岗双责”，每季度召开专题会议，对落实党风廉政建设责任、制度执行情况、员工思想状况等方面进行分析，查找不足，并把情况及时填报办公室纪检岗。四是加强法治央行建设与“两个责任”落实相结合。纪检部门加强协调，形成上下联动，各负其责，齐抓共管的工作局面。

（三）深入推进岗位（廉政）风险防控工作。一是抓好关键领域和重点环节的风险防控。严格执行总行、分行、中心支行岗位（廉政）风险防控管理暂行办法、实施细则和排查制度，按照“全面防控、突出重点、动态管理”要求，认真落实“三级检查”制度，一把手每年检查一次，分管行长每半年对分管部门的岗位风险防控情况检查一次，股室负责人每季度对本股岗位（廉政）风险防控工作落实检查，做到及时排查风险隐患，积极开展风险评估，着力提高风险防控的针对性、时效性和前瞻性。对重要部门、岗位和重点环节，强化风险防范，切实排查员工“八小时以外”行为风险，做好员工是否参与“非法集资”排查，特定人员的排查等，做好记录，建立台账，控制风险的出现。二是发挥风险监督管理系统的再监督作用，做好系统的维护。2015年，支行做好事后监督岗位的调整、领导班子岗位风险的设置，全行各岗位风险点的分类归属等，确保指南有效管用；配合上级行有关业务部门对相关业务的对口督促指导检查，3月和6月，中心纪委到支行开展“两个加强、两个遏制”“纪检工作巡视”和“廉政监察”等三项检查，支行积极配合，特别是巡视工作发现的问题认真落实整改，及时录入监督信息，充分发挥系统的风险防控再监督作用。

（四）开展“内树正气”“外树形象”活动。一是抓好革命传统教育，5月上旬，支行组织部分党员干部到马图村朱德同志开展革命活动的地方“见龙居”进行革命传统教育和廉政教育；6月下旬，组织党员到广东省廉洁操行教育基地——华夏女杰李坚真纪念馆参观学习，学习坚真大姐廉洁奉公品格。二是召开中层干部、重要岗位人员等座谈会，要求员工互学互帮，既讲原则，又相互包容，不断传递正能量，努力塑造勤勉务实、高效履职的良好基层央行新形象。三是做好纪检信息调研工作，完成全年信息调研任务。

（五）抓好党建工作，有效发挥基层党组织战斗堡垒作用。一是加强基层组织建设工作。建立健全党支部领导班子，召开支委会和支部大会，重新选任新一届支委。二是支行党组书记认真履行党建工作“第一责任人”职责，带领支行党员干部，紧紧围绕“抓党建、带队伍，促发展”工作思路，立足支行实际，认真落实基层党组织建设工作各项措施。三是深入学习贯彻中共十八届五中全会精神。支行党支部根据上级行党委《关于深入学习贯彻党的十八届五中全会精神的通知》有关精神和要求，认真贯彻落实，采取有效措施，通过集中学习、个人自学、上党课、讨论交流、撰写学习心得体会等多种形式，深入开展学习活动。四是落实“三会一课”制度和民主评议党员制度，坚持民主集中制，重大问题都经过集体研究讨论，分工负责，逐级落实，确保党支部充分发挥基层战斗堡垒作用。

**【切实加强内部管理，不断夯实基层央行履职基础】** （一）抓好基础管理工作，努力提高干部职工业务素质。一是重点加强业务学习，努力提升业务水平，培养干部职工树立服务意识和自觉意识，认真履行工作职责，为支行顺利开展各项工作提供有力保障。二是组织干部职工认真学习总行《机关事务管理条例》，改进工作方式，完善操作规程，使支行事务管理合法合规，确保各项工作顺利运行。三是扎实做好思想宣传和文明单位创建工作。

（二）抓好综治及安全生产管理工作。一是认真落实金融系统社会管理综合治理暨平安金融创建工作。二是扎实开展安全教育。采取多种形式教育全体干部职工牢固树立安全意识，防止麻痹大意。三是加强应急、保密、法律事务、政务值班、重要空白凭证使用和保管、人员安全、办公场所安全、设备安全、信息安全、车辆安全等安全管理工作。四是认真学习贯彻《中国人民银行广州分行办公室关于做好当前安全生产和保卫工作的紧急通知》（广州银办发〔2015〕245号）精神，做好自查和整改工作，做到组织领导到位、安全教育到位、日常管理到位，克服麻痹大意思想，切实消除安全隐患。

（三）抓好节能减排工作。落实节能减排工作责任制，鼓励和提倡以绿色低碳的出行方式支持节能减排工作，对水、电、油、车进行严格管控，努力降低能耗，并取得显著成效。支行耗电量、用水量、车辆维修保养费用和用油消耗等均比2014年同期大幅降低，完成上级行下达的全年实现能耗下降目标的任务。

**2015年年底中国人民银行丰顺县支行**

**党组书记、行长** 卢 导

**党组成员、副行长** 杨敏华、张成良

（陈万灵）

## 中国工商银行丰顺支行

**【简述】** 2015年，丰顺支行在分行党委的正确领导下，紧紧围绕“争创第三个一千亿”的主题和“深化转型发展”的主线，坚持行稳致远、积极作为，以发展带转型，以转型促发展，以打造“山区优质精品银行”为目标，“适应新常态，实现新发展”，继续坚持“以效益持续增长为中心，以考核进位为导向”，继续强化“抓日常、抓基础、抓日均、抓履职”的工作思路，进一步巩固和扩大同业市场领先地位。持续支持丰顺新区发展；大力扶持商业流通企业、电声行业和生态旅游业，促进支行各项业务协调发展，坚持依法经营，实现全年安全无事故。

**【主要经营业绩】** 2015年，实现各项存款余额5.9亿元，比年初增加0.69亿元;各项贷款余额9.12亿元，比年初减少0.3亿元，工农中建四行贷款余额排名第二，存款与贷款倒挂，是名副其实的借差行，有力地支持丰顺当地企业和经济的发展；贷款质量良好，不良贷款率连续保持为零，逾期贷款额为零。

**【坚持存款市场领先战略，促进日均存款稳定增长】** 坚持存款市场领先战略，主动应对存款市场化的影响，继续开展“抓日常、促日增”劳动竞赛活动。重点抓好“四个坚持”：坚持问责考核机制，在强化存款日常监测通报的基础上，继续实施存款日均余额挂钩绩效考核的机制，增强推进存款日均增长的工作执行力；坚持以产品存款互动为重点，加大理财产品的营销，不断争揽优质客户；同时，从产品组合与客户服务入手，不断提升客户综合服务水平，稳固客户关系；坚持以代发工资业务营销活动为抓手，强化源头性市场的拓展，继续健全存款长效发展机制，坚持功在平时，贵在坚持，抓好基础性工作，进一步巩固和提升存款市场的竞争力；坚持以公司、机构拓户为桥梁，突出治理公司“裸贷”为重点，大力提升存贷比指标，继续做好重点项目、优质客户和潜力客户的争揽工作，加大外币存款的营销力度，实现外币存款新的增长。同时做好客户经理管户工作，提高客户综合贡献度，促进存款增长。

**【加强优质资产业务市场拓展】** 推进资产业务经营转型，提升综合经营效益。继续加大优质信贷市场的拓展力度，创新思路，拓宽融资新模式，加强重点项目和重点客户的营销工作。个人贷款方面，加大个人住房按揭贷款和小额消费贷款的发展力度，积极稳健抓好小额消费贷款产品“逸贷”的营销和管理工作；公司贷款方面，始终把拓户工程作为基础性工作常抓不懈；抓住丰顺新区大力发展工业以及构建“海珠（丰顺）工业园”带来重大机遇，切实做好重点建设项目、招商引

资项目、新落户项目的跟踪营销工作。积极开展中小企业拓户主题营销竞赛活动，大力挖掘客户，同时要加强对新兴行业的营销力度。贸易融资方面，要继续坚定不移地开展客户维护与拓展工作，夯实业务发展基础，既要抓存量客户维护，提升业务占比，又要围绕存量客户，加强联系，顺藤摸瓜营销其上下游客户。

**【加大中间业务市场发展力度】** 进一步拓宽收入来源，确保中间业务收入同业领先地位。深入推广全产品计价、全员营销、全过程管理“三全”机制，做大客户规模，提升产品渗透率；继续开展各阶段劳动竞赛，不断扩大传统中间业务领先优势；以各类保险、基金及理财业务营销竞赛为契机，加快促进中间业务收入的提升；进一步加强分期付款业务的推广力度，提高综合收益；积极把握市场变化的节奏，以贵金属实物和交易型产品为抓手，增加收入的新来源；继续加大表内外资产以及创收产品的营销，拓宽收入渠道和盈利空间。结合网点竞争力提升项目工程，不断提高网点人均、网均效能。此外，要继续强化中间业务发展的组织管理，认真贯彻落实总省行的收费管理工作要求，确保中间业务规范发展。

**【全力推进拓户工程】** 不断夯实客户基础，增强转型发展活力。个人客户要按照“竞争高端，赢在中端，培育潜力”工作思路，抓好个人客户群体拓户工作，促进金融资产5万元以上客户和四星级以上客户大幅增长；公司客户要继续落实分层次营销机制，在重点做好大客户、核心客户营销工作的同时，要着重抓好中小微企业市场营销工作；机构客户要坚持抓大不放小，在继续抓好机构大户以及住维账户等重点客户营销工作的同时，继续抓好乡镇会战、工会客户等中小机构客户的拓展，拓展一批中小企业客户群体，优化客户结构与规模。

**【继续加强渠道建设和服务工作】** 不断提升全行竞争力。持续做好网点竞争力提升项目，提升网点竞争优势；充分利用MOVA系统加强考核，继续调整人员结构，有效提升人员配置效率，加强业务与技能培训，强化网点的销售能力，提升绩效管理水平；扎实开展“客户服务体验建设年”活动，加强网点服务检查和监督，提升网点服务质量，进一步拓展工行“客户满意银行”品牌影响力，为加快转型发展夯实基础。

**【坚持稳健经营，从严治行】** 为全行转型发展筑牢基础。继续坚持稳健经营、从严治行的理念，不断强化三种意识、筑牢三道防线，扎实开展“一加强两遏制”专项检查活动，夯实全行内控管理基石；突出抓好重要风险点的防范工作，以及全力抓好各专业的监督检查工作，持续推进安全检查，切实消除安全隐患，确保业务运营安全。严格风险管理，全力稳定资产质量，确保不良贷款率连续保持为零，逾期贷款额为零，质量继续领先同业。同时以“三严三实”作为作风建设新坐标，深入抓好党风廉政建设和案件防范工作责任制的落实，认真贯彻落实中央“八项规定”和总省行相关要求，推进全行作风建设，确保实现全年内控案防“无案件、无重大安全事故、无重大违规行为”的管控目标。

**2015年年底中国工商银行丰顺支行**

**行　长**　叶　庆

**副行长**　罗　漩

（简竞文）

## 中国银行丰顺支行

**【简述】** 2015年，在丰顺县委、县政府和梅州分行党委的领导下，紧扣县委、县政府的一系列决策部署，围绕“做最好且争大的银行”的战略目标，支行以“紧盯市场、调整结构、强化联动、提升效能、创新发展”为工作主线，坚持以效益为中心，积极推动各项业务发展；坚持从严要求，确保安全稳定运营。全行上下齐心协力，积极拓宽思路，打好两大战役，全力以赴完成全年各项任务目标。2015年在职员工38人，其中：女员工10人，男员工28人，支行班子实行一正一副二中经。

**【2015年主要工作业绩】** 存款。围绕打赢营

收攻坚战的工作要求，狠抓核心存款拓展。加大行政事业单位的营销攻关，加强对行政事业单位的走访力度，进一步密切银政关系，积极招揽行政事业资金。上半年，成功争揽丰顺县财政局9000 万元定期存款，为全行完成上半年行政事业存款攻坚目标做出积极贡献，为完成存款日均任务奠定基础。对私方面，用好存款优惠利率政策，在维护好中高端客户同时吸引行外资金，做大存款基数，在不超偏离度情况下，努力实现时点存款多增。截至 12 月末，人民币企存日均较上年新增 7798 万元，任务完成率 206.4%，超额完成任务。人民币储存日均较上年新增 2244 万元，任务完成率 40.42%。

贷款。抢抓市场机遇，做好源头营销，做大项目储备，做实进程管理，确保项目有效落地，实现早投放，早收益。一方面，努力拓展中小企业授信客户，抓好中小企业贷款投放，在把好资产质量关的前提下，不断提高授信规模。另一方面，进一步拓展优质零贷客户，加强与千江、金溪源等房地产商的关系拓展，促成项目落地中行。截至 12 月末，中小企业授信当年新增 3525 万元，任务完成率 100.71%，个贷当年净增 1060 万元。

非息收入。双管齐下，大力拓展中间业务。一是加大传统业务和创新产品的推广。积极把握上半年的经济形势和投资热点，加强交叉销售，加强对基金、理财、保险代理、贵金属、银行卡、分期业务等的推动力度，加强对客户资金池整体运营和产品间转换的指引管控，以加大投资交易实现中收收益增长。截至 12 月末，贵金属完成全年任务的 117%，三方存管完成全年任务131%，信用卡完成全年任务 80%，白金卡完成全年任务 134%，代发薪完成全年任务 92%。二是大力推动跨境金融产品。持续巩固国际结算和跨境人民币业务的市场领先优势，用好跨境金融产品，确保完成分行下达的任务。截至 12 月末，实现非息收入 1032.9 万元，任务完成率 106.3%。

**【加强合规教育，增强员工合规意识】** 举行各项主题教育活动和典型案例的学习，加强员工合规意识教育，使全体员工充分认识当前内控案防的严峻形势，时刻持续保持案件防控高压态势，做到守岗有责，确保各项业务依法合规操作。加强日常管理，营造主动内控、内控人人有责的良好氛围。加强对重点人员的检查监督，加大对员工上班时间炒股等违规行为的管控力度和提示，加强内部资料管理，增强全员保密意识，切实不发生失密、泄密事件。加强员工信息保密教育，增强员工保密意识。高度重视反洗钱工作。通过开展培训，进一步提高员工对反洗钱工作的重要性认识，加强对反洗钱工作的检查，对检查出的问题及时整改落实。反洗钱工作水平进一步提高。加强安全保卫，做好维稳工作。对营业网点突发事件应急预案组织学习、演练，做到有备无患。组织人员对自助设备巡查，确保正常运行；对消防器具进行清查、统计、更换，确保正常运行。

**2015 年年底中行丰顺支行**
**行　长**　江晓军
**副行长**　刘助振

（曾建群）

## 中国建设银行丰顺支行

**【简述】** 2015 年，丰顺支行在市分行党委的正确领导下，认真贯彻落实中共十八届三中全会精神，围绕省市分行党委关于“走基层、转作风、促发展”的工作要求，根据市分行下达工作任务和目标，全行上下全力以赴对存款、项目储备，信贷、中收、综合融资及安全防控等主要指标，认真落实并稳步推进网点“三综合”建设，在全体员工共同努力下，各项业务稳健发展。至年末，支行一般性存款 80889.78 万元，其中：对公存款 29569.91 万元，个人存款 51319.81 万元；各类贷款余额 70327.61 万元，其中：对公贷款47361.99 万元，个人类贷款余额 18687.33 万元；不良贷款率为 1.94%。全年跨境人民币结算量为1482 万元，国际结算为 1040 万美元;中间业务收入 303.4 万元。丰顺支营业室被省分行评为百强网点。

**【加强创新服务，提升市场竞争力】** 支行始终围绕追求国际一流银行目标。积极进取开拓创新，努力提升市场竞争力，为更好地促进地方经济发展做出应有贡献。注重渠道建设，密切银政银企关系，紧紧围绕丰顺新区规划建设，韩江生态文化经济带建设，丰顺碧桂园等重点项目提供各种金融产品支持。

2015年与政府有关部门推介建行“助保贷”“税易贷”等产品，在上级行大力支持和有关职能部门的协助下，与丰顺县国家税务局成功签订了“税易贷”服务项目协议，此项业务开展有效缓解企业融资难问题并得到企业负责人的充分认可，也进一步拓展银企合作，更好地促进当地经济发展。另外，又与丰顺县人民医院签订“银医通及手机APP系统”项目协议，这是新的“创举”，将为病号提供更加方便快捷电子服务平台。

**【加强员工培训，提升履岗履职能力】** 根据网点“三综合”建设要求，进一步规范员工服务行为，实行绩分考核办法，强化管理，为业务发展打下了坚实基础；利用例会、班前班后会等对员工进行业务知识培训学习，提升员工知识和业务技能，员工履岗履职能力得到进一步提高。

**【加强党风廉政建设】** 认真贯彻落实中央“八项规定”精神、总行党委十项要求和省分行党委26项规定以及反对“四风”等要求，党员干部用党的标准严格要求自己，严格规范自己的行为，全体员工积极认真开展各项工作。特别是在各种劳动竞赛中，党员干部能起到先锋模范作用，形成创先争优良好氛围。

**【加强案件防控，确保安全营运】** 支行认真贯彻落实总行提出的坚持从严治行、坚持案件风险“零容忍”、坚持“三个不放过”、守住“三个底线”的工作要求，围绕省分行党委“两实”（即实事求是、真抓实干）“两化”（即强化基础管理、优化业务流程）经营管理思路和“合规平安年”活动目标，完善案防责任，通过每季案件联席会议、员工行为专项排查以及省市分行下发案情通报的学习，加强案件防控工作。结合员工行为规范、动态排查，管好员工合规操作，切实提高制度执行力，确保安全运营。

**2015年年底建行丰顺支行**

**行　长**　曾庆青

**副行长**　李伟峰

（杨光生）

## 中国农业银行丰顺县支行

**【简述】** 2015年，丰顺农行认真贯彻落实省、市分行各项工作部署，把握“管党治行、比学赶超”两大要求，主动适应、积极服务经济发展新常态，紧扣“控险”一个重心，努力夯实“存款、中收”两项基础，全力提升核心业务竞争力，积极推进各项业务快速有效发展。至2015年12月底，全行各项存款余额24.27亿元，比年初净增2.67亿元；各项余额6.21亿元，比年初净增4258万元；实现中间业务收入1726万元，同比增加311万元；实现经营利润4240万元。

**【强化“存款立行”理念，确保存款持续稳定增长】** 2015年度，支行紧紧围绕上级行的工作部署，坚持“存款立行”的理念，按照“突出时点、强化日均”的思路，加大考核力度，全力巩固存款业务特别是个人存款主体地位。一是强化支行网点数量与存款市场份额正相关考核督导。为有效全面调动和考核网点稳存、增存，支行党委要求在城网点个人存款增量份额必须与网点数量（四大行）占比一致。二是全员稳存、增存。通过每季的劳动竞赛，将“存款立行”的经营理念传导至每位员工，做到人人有任务、个个有考核，为网点的稳存、增存增加新的来源渠道。三是加强客户关系维护。支行新班子成立后一个多月的时间内，对政府各部门特别财政局上门拜访，建立良好的合作关系，同时对网点贡献较大的个人存款大户一对一进行营销，减少大额存款的流失。四是固本强基，防止存款大起大落。为做好全行存款特别是个人存款，支行多次通过行办会、主任例会强调金卡客户增长是支行稳存、增存的根基，要求网点全力增长家庭式客户量，既促进日均存款增量，又防止存款大起大落。五是将支行财务资源向网点倾斜。为充分调动网点增存的积极性和营销能力，支行将营销费用进行合理摆布，多增存就多配置营销费用，为网点在攻关吸存提供相对宽松的财力。

**【抓好有效贷款投放，努力改善信贷结构】** 围绕省市分行“一大一小”项目发展战略，支行以“小”——住房按揭贷款的投放为重点，进一步加深与碧桂园、美景房地产等准入楼盘的合作关系，同时新拓展“滨江湾”“千江苑”楼盘按揭业务，大力发展个人住房按揭业务，持续优化信贷业务结构，为业务可持续发展打下坚实的基础。同时通过对相关楼盘的持续营销，给支行带来大批优质、中高端的住房按揭客户和可观的中间业务收入，并为支行的分期业务提供坚实的客户基础。

**【挖潜中间业务创收能力，拓宽中收增收渠道】** 围绕“两项基础”工作任务，支行通过多种途径增强全行干部员工落实中间业务发展的紧迫感和责任感，加大中间业务的拓展力度。支行在加强基础性中间业务创收的同时，积极提高新兴中间业务收入的贡献度。在做实做厚代理基金、代理保险、电子银行等优势业务的基础上，全力拓展营销公务员、事业编人员的分期业务，既增加中收来源，又有效防范风险。

**【践行普惠金融，提升服务“三农”水平】** 支行在经营管理中始终把服务“三农”摆在重要位置，把坚持不懈加强和改进农村金融服务作为自身发展的客观需要、经营之基和立身之本，积极推进“金穗惠农通”工程提质增效，努力提升服务“三农”水平。工作中着力把握“一个核心”和“两个着力点”，对服务点及时调整，清理低效、无效服务点；在选点中兼顾服务网络完善需求与市场业务需要相结合，注重质量提升，提高服务点覆盖面。至年末，全行完成迁徙后服务点个数190个，绑定190个，顺利完成分行下达目标任务。同时，加强对乡镇网点发放二代社保卡激活工作的督导，利用镇有线电视台宣传农行二代社保卡的功能，激发群众的用卡热情，取得较大成效。至年末，全行发放的二代社保卡激活率达到80.8%，为进一步深入农村市场、发展农村客户，推进渠道和产品管理，强化服务打下了良好的基础。

**【积极落实从严治行要求，全面强化风险管理】** 支行紧紧围绕上级行“控险”重心工作要求，切实加强基础管理，全力抓好案件风险防控。一是强化从严治贷，严把信贷管理关，从信贷源头把好客户准入，强化贷后管理和风险排查工作，想方设法化解不良贷款，防范和化解信贷风险。二是加强员工行为管理和异常思想行为排查，强化员工行为“网格式管理”工作，切实提升对员工思想行为的管控能力。三是加强内控合规管理，以创建“三化三铁”工作为抓手，加强运营业务日常管理，强化监管，加大考核力度，促进内控合规管理取得明显成效。支行内控评价由“二类行”提升为“一类行”。四是强化安全管理，认真抓好“三防一保”工作，组织开展创建平安农行活动和安全保卫“三化三达标”考评工作，强化尽职监督和案件风险排查，杜绝安全隐患，确保安全经营。五是扎实组织开展“从严治党、从严治行”基础性专项工作、“两个加强、两个遏制”专项检查、“回头看”自查及信贷风险专项排查等工作，持续抓好重点工作落实，进一步防范违规经营和违法犯罪风险。

**【加强党建和企业文化建设，提升队伍凝聚力和战斗力】** （一）加强员工队伍建设，提升队伍整体素质。一是加强中层干部管理，强化对中层干部的考核考评，在干部管理工作中，农行严格贯彻落实“人事四项制度”，有计划地做好关键岗位人员到期轮换岗工作。二是切实加强基层党建工作，调整原7个党支部为9个党支部，实现一个网点一个支部，配置二级支行副行长（副主任）兼运营主管，健全二级支行班子建设。三是加强员工教育培训工作，努力提高员工队伍素质。根据业务发展需要，认真组织开展各类新产品、新业务、新制度的培训，促进员工专业水平和业务技能的全面提升。

（二）坚持人文关怀，推进企业文化建设。农行深入贯彻落实上级行注重人文关怀、关爱基层员工工作部署，强化落实以人为本理念，持续推进人文关怀工作。一是通过深入基层倾听员工心声，了解员工诉求，及时发现基层工作中的一些实际困难，想方设法改进支行食堂管理和网点员工配送餐工作。二是积极推进“职工之家”建设，进一步改善了乡镇网点员工居住条件，提升了基层员工的满意度。三是加强企业文化建设和维稳工作。组织员工开展形式多样有益身心健康的文体活动，丰富员工业余生活，增强团队凝聚力。

**2015 年年底农行丰顺支行**

**行　长**　赖　鹏

**副行长**　李朝曲　陈　明　李子路

（黄美云）

## 中国农业发展银行丰顺县支行

**【简述】** 2015 年，丰顺县支行在县委、县政府和上级行党委的正确领导下，认真贯彻落实全省分支行行长会议精神，积极开展业务营销，加强风险防控，加强内部管理和队伍建设，做好安全保卫工作，实现各项工作安全无事故。至 12 月末，各项贷款余额 6384 万元，比年初 15035 万元减少 8651 万元，减幅 57.54%；各项存款余额 4497 万元，比年初 6031 万元减少 1534 万元，减幅 25.44%；贷款利息收回率 100%；无不良贷款；账面利润 137 万元。

**【加强组织领导，开展政治理论学习】** 按照上级行的统一部署，年初农发行继续抓好群众路线教育实践活动问题整改落实工作，按要求召开整改落实情况通报会，上报班子及个人整改情况报告。从 4 月开始，支行积极开展“三严三实”专题教育活动，学习中央、总行、省市分行相关文件精神，收看总行、省分行党课视频，参加市分行专题讲座，组织党员开展座谈讨论，上报学习讨论情况，并在年底前做好召开民主生活会的准备工作。

**【加强业务营销，稳步推进各项业务】** 1.积极开展存款营销工作。2015 年，支行积极与县领导、财政、水利部门协商，争取丰顺县基础设施建设投资有限公司本息偿还资金及时到位，全年共到位 1100 万元；积极营销各项财政性存款，争取到财政性存款 3300 万元。支行还与县领导、国土部门沟通，要求政府将征地补偿资金存入农发行土储中心账户，动员征地机构到支行开户、办理结算；加强与广东穗丰公司的沟通联系，使公司货款回笼支行，做好其他开户企事业单位的服务。受县政府征地进度缓慢、资金投入少以及财政性存款划回国库等原因，支行土储中心、财政局账户存款比往年大幅减少，造成日均存款余额下降。

2.积极开展贷款业务营销。面临国家对地方政府债务的严控和农发行信贷政策的变化，支行积极适应新形势、新业态，年初到丰顺县发改局与该局领导就政府和社会资本合作项目进行座谈，了解丰顺县相关 PPP 项目情况，上报调研报告。2015 年支行多次到县政府、财政、发改、国土、水利、供水中心等部门了解丰顺县重点项目立项投资建设情况，向县领导及相关单位领导汇报农发行新的信贷政策，寻找新的合作项目，但还未取得成效。

3.做好各类贷款收贷工作。2015 年支行要收回土地储备项目贷款 8000 万元、水利项目贷款 1600 万元，面临收贷压力大。为做好项目贷款的收回工作，支行在年初就向当地政府提交请示报告，在人大开会前，请求把 2015 年应偿还贷款本息列入人大议案，纳入财政预算，同时经常与财政等有关部门沟通，协商还贷事宜。经过不懈努力，支行在 6 月份按计划收回土地储备项目贷款 5000 万元、水利项目贷款 800 万元。8—9 月，支行按要求做好政府债券置换贷款工作，提前收回水利项目贷款 800 万元、土储项目贷款 3000 万元，实现小圆岭土地储备项目贷款结零。

**【加强内部管理，确保支行安全稳定】** 1.扎实做好各项信贷基础管理工作。一是做好储备粮贷款发放、收回工作。2015 年丰顺县需轮换县储粮 2116 吨，为规范储备粮轮换行为，丰顺支行在市分行、市粮食局领导的支持下，通过与县粮食局、县财政局的协商研究，解决原 4412 吨储备粮成本价确认问题，按时收回县储粮贷款 203 万元，并按原成本价发放 203 万元。2015 年丰顺县需新增县储粮3200吨，支行提前做好贷款资料收集上报，发放县储粮贷款1024万元。支行通过及时发放贷款，支持县粮食收储公司按时完成2015年储备粮轮换、新增任务。二是按要求做好各类县储粮贷款展期工作。三是严格按上级行规定的范围、标准和程序，客观、公正地做好贷款客户信用等级评定、内部授信和资格认定工作；做好贷款押品重评；坚持每月认真做好贷款客户授信后管理，对贷款客户经营各环节进行核查及风险排查。四是积极开展合规文化根植年活动，制定实施方案，按照时序安排开展相关工作。五是完成2014年度信贷档案整理、归档工作，做好其他信贷基础管理，各应用系统数据维护、报表及报告上报工作。

2.加强财务会计工作管理。一是落实会计内控制度，坚持印、押、证三分管，落实强制休假制度，对会计人员临时休假做到交接手续完善、责任明确。IC卡管理、密码管理完善。二是严肃财经纪律，做好财务预算管理。按月编制业务管理费支出预测表，对刚性费用支出做到预测细致、准确，合理压缩弹性支出。三是按照财会规章制度，准确计提或列支各项业务费用，严格审批制度，使支行财务费用开支合法合规。四是进一步完善固定资产、低值易耗品的管理。做到固定资产和低值易耗品的账、卡、簿、实四相符，折旧计提准确，卡片、实物台账、指标台账登记及时，管理资料完整，及时掌握支行固定资产、低值易耗品的使用、保管情况。五是抓好第二代支付系统上线运行，做好反洗钱系统的监测上报以及与人行、工行、农发行存贷款客户对账工作，使农发行综合业务会计应用系统运行正常，大额交易监测严密，各项款项余额对账相符，实现会计结算工作安全无差错。六是明确和细化会计人员岗位职责，落实好柜员轮岗工作，定期对会计人员柜员钱箱与综合主钱箱实行轮换。七是落实坐班主任异地交流制度。八是扎实开展财会基础工作专项整治活动，按要求开展各阶段工作，及时上报工作情况。九是开展各类工作检查，配合市分行开展会计辅导检查、内部控制执行情况检查、支行行长任期经济责任审计等，对提出的问题及时整改完善。十是加强财务收入组织，对客户货款回笼、财政拨款及其他资金往来，填写到账通知单给客户部门，对各种利息应收尽收，利息收回率达100%。十一是在日常工作中及时、准确完成各类业务报表的上报工作，做好会计档案的整理、归档工作。

3.抓好办公室各项工作。一是抓好支行档案管理，对综合办公平台2014年公文进行归档。二是加强党风廉政建设，年初农发行与所有贷款企业签订《银企廉政共建协议书》，与所有员工签订《廉洁从业承诺书》，加强银企和员工的共同监督和制约。大力推行行务公开，促进行风建设，采取建立公开栏、投诉箱、意见簿、聘请行风监督员等多种形式，接受行内外群众监督，切实把农发行行务公开落到实处。三是做好支行安全保卫工作，派员参加省市分行组织的各类业务培训，按月组织员工学习安全保卫知识，开展安全保卫工作检查。四是配合上级行开展印章管理检查，对检查发现的问题及时整改，进一步完善印章管理。五是做好支行文秘、保密、后勤保障等工作，做好与县委、县政府、人民银行及有关单位的联系，收发文件资料汇报、传导等工作。六是做好反腐倡廉信息管理系统上线工作，每月对相关模块进行信息录入，上传相关资料，对预警信息进行处理。七是推进支行营业用房维修改造项目。4月，农发行对施工单位提交的工程结算书进行审核，做好结算资料的上报。6月，支行工程结算资料经中介公司审核，得到省分行审批。9月，支行会计结算部做好账务处理工作，及时做好基建档案的整理上报工作。

**【加强队伍建设，提高员工综合素质】** 一是组织全行员工认真学习法律法规、农发行政策和业务知识，学习各业务条线责任清单、负面清单，增强员工依法合规经营意识，提高业务操作水平。二是做好支行员工“双向选择、竞争上岗”工作，制定实施方案，通过会议动员、个人报名、资格审查、竞争上岗、民主推荐、支委会研究、公示结果、员工承诺、发文聘任等手续，顺利完成竞争上岗工作。三是组织员工参加“金农发行杯”法律合规业务知识竞赛、信贷基础管理业务技能知识竞赛、银行业消费者权益保护知识竞赛网络答题，参加考试的人员取得较好的成绩。四是做好支行员工的思想政治工作，关注员工的思想动态，积极开展谈心活动，以及有益身心健康的活动，干部职工队伍稳定。

**2015 年年底中国农业发展银行丰顺县支行**
**行长** 张明华

（吴松林）

## 农村信用合作联社

**【简述】** 2015 年是“十二五”规划收官之年，全面深化改革的推进之年，也是全面推进依法治国的起始之年，丰顺县联社在县委、县政府的坚强领导下，在上级主管部门大力支持帮助下，以中共十八大和十八届三中、四中全会为指导，深入贯彻习近平总书记系列重要讲话精神，全面落实中央、省、市有关经济改革的政策法规，不断转变经营模式和发展方式，坚持统筹协调发展，实现量与质的并重、规模与效益的平衡、大发展与可持续的统一，较好地完成省、市下达的各项目标任务，为实现“十三五”新农信健康可持续发展打下坚实基础。

**【主要经营指标完成情况】** （一）各项存款平稳增长。至 12 月末，各项存款余额为 50.57 亿元，比年初增加 78059 万元，增幅 18%，存款市场占有率 36.45%。

（二）各项贷款适度增长。至 12 月末，各项贷款余额为 31.86 亿元，比年初增加 16459 万元，增幅 5.45%，贷款市场占有率 52.76%。其中：农业贷款余额为 26.57 亿元，比年初增加 13826 万元，进一步加大了支农力度，有效地推动了当地农村经济的发展。

（三）利润首次进入亿元俱乐部。经营利润 11885 万元，再创历史新高。

（四）不良贷款持续下降。至 12 月末，不良贷款（五级分类）余额 10231 万元，比年初下降 15767 万元，降幅 60.65%。不良贷款占各项贷款的 3.21%，比上年末下降 5.39 个百分点。

（五）主要监管指标达到 4B 以上标准。资本充足率进一步提高。至 12 月末，资本充足率为 10.03%，比上年末的 3%增加 7.03 个百分点；拨备覆盖率 102.87%，比年初 24.78%增加 78.09 个百分点。

2015 年良好的经营业绩得到上级部门的充分肯定和鼓励，丰顺县联社工会委员会被中华全国总工会评为“全国模范职工之家”，丰顺县联社被省联社评为三类机构三等奖和监管达标升级奖，丰顺县联社金融市场部被梅州市团委授予市级“青年文明号”荣誉称号。全年纳税总额达到 3731 万元，继续蝉联地方纳税大户，为地方经济做出重大贡献。

**【全面开展增资扩股，推动改革创新】** 丰顺联社 2014 年 10 月开始开展增资扩股工作，积极争取当地优质企业及有实力的个人入股信用社，达到优化股权结构，提高整体竞争力的目的。截至 2015 年 12 月底，共募足股本金 20000 万股，其中江门新会农村商业银行股份有限公司等法人股东 11 户 16150 万股；自然人股（含职工股）555 户 3850 万股。法人股占比达到 49.66%，职工股占比 10.34%，年末资本充足率 10.03%，不良贷款率 3.21%，拨备覆盖 102.87%，主要指标达到 4B 以上标准。

**【开展不良贷款压降，力争监管达标】** 为抑制不良贷款反弹态势，确保丰顺县联社顺利完成改革升级目标，联社成立新账不良贷款压降攻坚工作领导小组，落实清收责任、贷款责任和管理责任，对全辖区新账不良贷款（含隐性不良贷款、潜在风险的新账贷款）掀起压降攻坚行动，并建立不良贷款清收通报制，确保不良贷款余额和占比的双下降。截至 12 月末，不良贷款（五级分类）余额 10231 万元，比年初下降 15767 万元，降幅 60.65%。不良贷款占各项贷款的 3.21%，比上年末下降 5.39 个百分点。

**【全力支农助小，稳守金融主力军】** 新常态下，农信社始终坚持以服务“三农”为己任，高扬农村主力军的大旗，牢固坚持服务“三农”的市场定位不动摇，加大对涉农贷款和小微企业的支持力度，积极做好农民工金融服务工作，通过设立“三农服务中心”，研发特色信贷产品，开办支农再贷款，完善个人消费贷款、个人自助循环贷款等，切实解决“三农”和小微企业贷款难、贷款贵问题。累计发放“三农”贷款593笔，贷款余额8.65亿元；小微企业贷款7.69亿元，支持小微企业196户，连续三年达到“两个不低于”的目标。

**【大力发展普惠金融，打造惠民便民新载体】** 发展普惠金融是一件利国利民的大事。丰顺农信进一步增强普惠意识，大力发展普惠金融，深入推进网点转型建设，全面推进普惠金融长效机制建设，确保城乡居民足不出村便可享受亲近、便捷、高效的金融服务。首先是完善普惠金融的物理渠道，开设梅州市首家“夜市银行”，全面升级改造网点，以满足社会各阶层的金融服务需求；其次是丰顺普惠金融移动渠道全覆盖，在全县263个行政村建立280个助农取款点，其中示范点36个；并加快推进社保卡、乡镇国库集中支付、代征代收等合作业务，打造一站式、综合化的农村金融服务新模式；同时积极履行社会责任，至2015年年末，共发行二代社保卡16.8万张。

**【加强企业文化建设，增强组织凝聚力和战斗力】** 为有效加强企业文化建设，着力强化农信精神弘扬、强化员工教育培训、强化文化创新、强化各类活动、强化激励机制这“五项强化”，通过党、团、工会开办的各类活动以及户外宣传、教育培训、考核激励等，培育全员共同的价值观念，使员工感受到自己存在和行为的价值，全面提高员工队伍素质，充分发挥员工的积极性和创造性，凝聚改革原动力，激活发展正能量，在实现个人价值的同时，提升全社整体素质，增强企业竞争力，实现转型发展。

**2015年年底农村信用合作社丰顺联社**

**理事长**　苏维新

**主　任**　陈锦扬

**监事长**　蓝海荣

**副主任**　杨敏军　钟发祥

（办公室）

## 中国人民财产保险丰顺支公司

**【简述】** 2015年度，中国人民财产保险股份有限公司丰顺支公司认真贯彻落实中共十八大精神，遵循“求实、诚信、拼搏、创新”的企业文化精神，以市场为导向，以客户为中心，坚持“诚信、效益、规范经营”，认真实践科学发展观，重视保险企业的社会效益和经济效益，发挥了保险的社会稳定器和经济助推器作用，为丰顺县经济、社会发展做出一定的贡献。

**【业务概述】** 2015年累计保费收入3809.56万元，同比增长12%；累计已决支付赔款1533.19万元，同比增长25.2%；缴纳营业税金及附加为151.49万元，同比增长12.8%。

**【签订责任状】** 继续签订2015年度党风廉政建设岗位责任状，依法合规经营承诺书、计划生育责任状，促使员工行为约束在制度内。

**【努力扩展保险业务】** 牢固树立“发展是第一要务”“效益是第一生命力”的观念，努力扩展保险业务。支公司通过多种途径加深广大党员干部特别是领导干部对科学发展观的理解和对发展形势的认识，认清公司加快发展的坚实基础和有利条件，解放思想、更新观念，克服在发展问题上存在的模糊认识和畏难情绪，牢固树立“发展是第一要务”“效益是第一生命力”的观念，强化“又好又快”的发展举措，不断地提升公司的发展、盈利能力，抗风险能力。

**【认真学习贯彻中共十八大精神，把发展作为兴司、强司的第一要务】** 中共十八大精神是以后一段时期全党全国发展的指引，党支部组织全体员工认真学习十八大精神，进一步解放思想，引导员工紧密联系改革开放和现代化建设实际，联系单位和县情的实际，引导、教育员工牢牢把握发展这个兴司的第一要务。年初，在研究制订全年工作计划时，把“发展高于一切”作为制定全年工作计划的指导思想，各项工作目标的制定都围绕“发展”两字做文章，把“促发展、讲效益、重合规、防风险”放在工作的首位。2015年度，支公司虽然面临较大困难，内部业务方面，因业务结构优化，非车险不少业务无法续保；大部分车险个人客户因无赔款优惠造成辆平保费下降等；外部方面，保险业竞争激烈，“价格战”很有杀伤力，但是公司上下一条心，主打服务牌，重抓车险业务，公司业务仍然保持较好的发展速度。特别值得一提的是，90%以上的县行政、事业单位车辆，大多数企业老板的车辆多年稳定在丰顺人保公司投保。

**【诚信为本，加强优质理赔服务】** 根据上级公司安排，支公司成立理赔分部，专门负责理赔业务，理赔分部按照规范化服务标准，不辞辛苦，切切实实做好查勘、立案、定损、赔付环节等理赔服务工作。工作中，做到接报案电话的10分钟内与客户联系，安抚客户，了解情况，30分钟内到达事故现场，配有专用照相机、急救药箱、消防器材、索赔资料袋等查勘工具。理赔分部工作在拼管理、拼服务过程中赢得客户的信任、好评和理解、支持，确保“理赔无忧”服务承诺的顺利实现。非车险方面，重点做好赔案的限时立案、案件处理时效和未结滞案考核工作，加快非车险赔案的结案速度，特别是农险案件、意外险和责任险的小额赔案的结案速度，提升非车险理赔服务的质量，提高群众满意度。

**【强化“三农”保险服务工作】** 支公司已办理能繁母猪、果菜、农房、水稻种植保险等“涉农”保险。支公司根据本县镇场分散的现状，成立了“三农”保险理赔服务队伍，专门负责全县的能繁母猪、果菜、农房等“涉农”保险理赔服务，他们接到群众的报案电话后，不辞辛苦，走山串户，做好查勘等工作，受到群众的好评。

**【党风廉政建设工作，执行“八项规定”】** 支公司班子强化“打铁还需自身硬”道理，做好班子自身廉洁工作，警钟长鸣，抓好公司党风廉政建设工作，引导共产党员在各项工作中充分发挥先锋模范作用，加强员工法制观念，禁止在业务经营中存在“吃、拿、卡、要、报”等不正之风行为，确保了省、市公司提出的“三年内不发生新大案、要案，小案也要减少到最低限度”的党风廉政建设工作目标的实现。

**2015年年底中国人民财产保险股份有限公司丰顺支公司**

**经　理**　严增良

**副经理**　徐　珩　吴才松

（王木生）

## 中国人寿丰顺支公司

**【简述】** 2015年，丰顺支公司以中共十八大思想为指引，在全省保险工作会议精神的指导下，在分公司党委、总经理室直接领导下，在当地党政的大力支持下，全体员工满怀信心，以高昂的工作热情，投入业务拓展中，确保业务发展继续保持良好势头。同时，进一步优化资源配置，强化规范操作流程，内务管理得到提升，员工队伍思想稳定。截至2015年12月1日，丰顺支公司达成自营业务总保6655万元，较上年增长-10.9%。满期给付金984万元；各类赔付金额450万元。支公司向当地上缴各类税金135万元。

**【认真贯彻落实省保会议精神，紧抓阶段性业务重点，全力促进业务向前发展】** 2015年，支公司认真贯彻落实省保会议精神，三大渠道紧紧围绕市分公司阶段性业务重点，抓住业务拓展机遇，大力抓好升级报告会、网点沙龙质量，不断提升从业人员业务素质，发展人力架构，不断推动业务发展。

个险业务方面：2015年，通过统一思想，优化资源配置，紧紧围绕分公司业务发展思路，抓好农网星级营销服务部的发展，有力促进个险业务的发展。一季度以三年期、五年期交为主聚焦“福禄鑫尊”业务，冲击个险业务总量。从二季度开始迅速转型以十年期交为主，通过“福禄”系列以及“美满”升级报告会的有效组织，并在四季度全力冲A，冲标保，严抓基础管理和队伍发展，取得成效。一是加大独立职场运作和管理力度，着重打造主管自主经营能力。二是统一思想，加强沟通，强化提升人力发展。三是整合资源，提升管理，统一早会经营，加强出勤管理。四是在农网组织发展方面，重点抓住中营留隍团队，通过挂点组训调整，固化出席率，强化培训，整个农网得到很大的改观，业务持续　发展。

团险渠道方面：通过有效组织，不断加强活动量的管理，抓住对公渠道业务，抓住机遇，重点公关，推动业务不断发展。

在小额信贷及建筑工程险业务方面，市场竞争非常激烈。一是积极加强与政府部门的沟通联系。取得金融办的支持，确定由丰顺支公司在潘田、八乡镇开办小额人身险的试点工作，在取得经验的基础上全面铺开，开展该项业务。二是开展学生险工作。通过校园意外伤害保险承保工作，与部分中小学校衔接沟通工作进一步深入，在条件较为成熟的地方开展学平险。三是重抓对公渠道业务。特别是加大与信用联社的沟通公关力度，做好与银行对公渠道业务的双方信息互通工作。

银保渠道方面：2015 年，银行渠道竞争面临较往年更加激烈的情况，支公司临危不惧，面对现实，通过统一思想，优化资源配置，抓好网点经营，严抓基础管理和队伍发展，有力促进业务的发展。

一是着力加强与各家银行、邮政银行方面的各个层面的沟通联系，并且适时抓住机遇，取得合作单位有力支持，业务取得快速发展，期交业务有明显增长。二是以“3300”项目三年期交为主聚焦重点发展期交业务。通过严抓基础管理和队伍发展，取得成效。三是加大职场运作和管理力度，强化业务追踪。各级密切配合，注重做好团队及网点的业绩追踪反馈工作。同时注重队伍建设，统一早会经营，加强出勤管理。

**【不断加强公司品牌宣传，着力提升服务质量】** 2015 年，在支公司继续加强业务品牌宣传。利用好在新世纪广场支公司的新职场的中国人寿广告，加强宣传。继续加强与当地相关单位和相关部门的沟通，加大保险宣传力度，提高服务质量，发挥品牌效应，使国寿品牌家喻户晓。

客服中心能认真按照公司制度要求，积极配合销售部门，圆满地完成公司交办的各项工作。在理赔时效、出单时效，保全给付时效与柜面建设方面都取得出色成绩。大力加强老业务的一次性交清及转账收费的宣导工作，取得广大客户的理解和支持。在下半年，支公司继续加强客户服务工作，抓好保单复效工作，既服务客户，同时又经营客户。

**【继续强化各项规章制度的贯彻落实】** 2015 年，支公司严格执行上级公司的各种内控制度、财务、单证管理等制度，提高执行力。认真做好后勤各项保障工作，做好各项内控制度管理工作。加强对各网点的机构证照、资产管理，严格执行 C I 手册，强化规范管理。单证管理人员认真履行工作职责，加强重要单证的管理，做好预警管理，使超期、超量单证得到有效控制。同时，严格财务管理制度，认真负责做好日清日结，各类资金交接，报税及费用报账工作，确保公司正常运作。

**2015 年年底中国人寿丰顺县支公司**

**副总经理**　何勇（负责全面工作）

**副总经理**　曾庆宏

（谢　生）

# 经济开发　旅游

## 县开发区

**【广州海珠（丰顺）产业转移工业园简介】** 广州海珠（丰顺）产业转移工业园位于丰顺县埔寨镇五里亭，核心区10平方千米，首期起步区5平方千米。园区借助广州市海珠区对口帮扶力量，合作共建省级产业转移工业园。2015年3月，经省人民政府批准纳入省级产业园管理，享受省级产业园扶持政策。园区重点发展电声电子信息、电子医疗设备、先进制造业、绿色饲料等产业。起步区引进汇威科技、鼎新材料、旺兴达光电、蓝科尔数码电子、中燃天然气、培英生产基地等计划总投资10.5亿元的6个工业项目已动工建设。2015年年底，汇威科技、鼎新材料已实现试投产。埔寨农场绿色饲料生产基地首期已引进大北农、双胞胎、立讯饲料、福建海新、广东现代农业集团等5个项目，计划投资6.7亿元。到2020年绿色饲料生产基地全面建成投产后，可实现产能250万吨、产值80亿元以上，创税约1.6亿元，着力打造全省重要绿色饲料生产基地。整个园区计划到2020年园区全面建成，将实现年产值300亿元，创税12亿元目标。

园区将认真按照省、市、县关于加快产业园区建设的工作部署，紧扣"三大抓手"，用活"两大政策"，主动融入梅兴华丰产业集聚带，全力加快产业园基础设施、生活配套区、中小企业创业基地等建设，全力推进产业园区扩能增效，助推丰顺县"一区一带"建设，全力打造梅兴华丰产业集聚带近海临空的开放窗口，创建"中国电声之都""中国电声产品出口基地"，国家新型工业化产业示范基地。

**【产业园区建设令人振奋】** 丰顺县经济开发区按照省委、省政府和市委、市政府关于产业园区建设决策部署，积极抢抓粤东西北和原中央苏区两大振兴政策，借助广州市海珠区全面对口帮扶的有利契机，融入梅兴华丰产业集聚带，加快推进园区基础设施建设，狠抓招商引资，强力推进重点项目，坚守环保底线，全力推进园区扩能增效，园区建设取得令人振奋的工作成效，在2015年度梅州市产业园（集聚地）建设管理评审中，丰顺县产业园被评为优秀等次，居全市第二名（在全市起步园中位居第一名）。2015年，园区工业生产总值74.74亿元，同比增长31%；规模以上企业工业增加值12.97亿元，同比增长30.8%；税收1.7亿元，同比增长30.8%；固定资产投资22.27亿元，同比增长70.92%，全面完成省下达的目标任务。2015年园区规模以上工业企业14家，其中列入省重点建设项目2个，市重点项目5个。

**【深化机构改革】** 根据梅市机编发〔2014〕78号和丰机编〔2014〕36号文件精神，撤销丰顺工业园管理办公室，设立广州海珠（丰顺）产业转移园管理委员会，正科级单位事业单位，内设综合部、工程部和招商部，10名事业编制，与开发区管委会合署办公，实行"一套人员，两套牌子"。

**【完善园区组织结构】** 与海珠区签订共建合作协议，完善产业园协调联席会议机制，成立丰海产业园投资开发有限公司和对口帮扶领导小组及办公室，在产业园1号地块对面建设产业园工程指挥部，县开发区、帮扶办和海珠区帮扶工作队将进驻指挥部联合办公，积极探索合作共建产业园的新机制。重点推进园区建设。

**【加快基础设施建设】** 2015年园区共投入征地、平整土地等资金2.5亿元，新增土地储备120多公顷，完成土地平整66.67公顷。园区建设基础设施采用 PPP 模式，通过公开招标的方式，确定有实力的企业参与园区基础设施建设，全力推进园区平整土地、工业大道、供排水等公共服务基础设施建设。

**【抓好综合环境整治】** 在进一步完善园区基础设施建设的基础上，积极实施“乡贤回乡投资兴业”工程， 软硬件两手抓营造良好的投资招商大环境。此外，园区围绕建设“生态园区、产城联动、工业新城”的目标，严格执行规划环评及产业准入标准，严把项目审批关，在要求入园企业做好企业日常环保管理工作的同时，严格控制园区主要污染物排放总量并严格处理园区环保违法违规情况企业，建立健全综合整治方案制度及长效机制。

**【抓好干部队伍建设】** 注重加强学习，积极开展“三严三实”为主要内容的教育实践活动。认真贯彻学习中共十八大精神和十八届四中、五中全会和习近平总书记系列讲话精神，深刻领会其精神实质，努力提高干部队伍，特别是领导干部的综合素质。注重加强领导班子建设，不断提高领导班子的决策能力和执政能力。注重建立和完善各项规章制度，确保党的方针、政策贯彻落实到位，政令畅通无阻。注重党风廉政建设，坚决贯彻中央“八项规定”，突出解决党员干部中存在的“四风”问题，要求领导、特别是主要领导率先模范带头严于律己，认真贯彻落实党风廉政建设责任和有关规定，建立健全各项制度，坚持做到厉行节约，勤政廉政，实现机关作风明显转变，干部职工人人遵纪，廉洁奉公，团结奋进的新局面。

**2015 年年底县开发区**

**主 任、党工委书记** 王象山

**副主任** 刘德灵 陈春晓 邱荣辉 叶永超

（办公室）

## 旅 游

**【简述】** 2015 年，丰顺县旅游局在县委、县政府和省、市旅游局的正确领导下，依托得天独厚的温泉和优美的生态文化资源，围绕“温泉之城、长寿之乡”主题，坚持文化与旅游、农业与旅游、养生与旅游的融合发展，着力推进温泉和生态旅游区的规划建设，以温泉为龙头的生态休闲健康旅游业得到持续快速发展。“温泉魅力城、休闲养生地”品牌形象不断推广，2015 年全年接待游客 430.9 万人次，旅游总收入 40 亿元，同比分别增长 26%和 30%。

**【切实为企业服务 旅游重点建设项目有序推进】** 1. 留隍鹿湖温泉度假村：总投资 20 亿元，已投入 9.5 亿元，鹿湖温泉假日酒店和温泉度假区已建成开业，韩江生态文化经济健康产业带规划优化中。度假村二期房地产项目建设有序推进，惠仁寺各项设施不断完善中。2. 八乡山生态旅游区：按照国家 AAAA 级旅游景区标准打造，已投入近 4 亿元，2015 年投入近 2 亿元，建设项目包括：旅客服务中心、生态酒店、山地度假酒店、戏水乐园、瀑布观光区等。八乡山大峡谷 6.3 千米栈道已经建成，大峡谷配套设施正在完善，度假酒店和游客接待中心已完成装修于 10 月 1 日试业。3. 金德宝凯悦国际温泉酒店：酒店客房、温泉区、中餐已于 2015 年元旦全面试业。游客们在尽情享受具有不同疗效的养生温泉和水上漂流的乐趣的同时，还可享受客潮美食。4. 龙归寨瀑布：按国家 AAA 级旅游景区标准建设，项目包括：游客服务中心、龙归寨瀑布酒店、戏水乐园、瀑布观光区等。已投入 1 亿多元，龙归寨瀑布酒店、登山栈道和观景平台已于国庆建成开放，山泉水游泳池和戏水乐园等项目正在规划建设中。已成功申报国家 AAA 级旅游景区。5. 韩山生态旅游度假区：已投入 3.3 亿多元，2015 年投入近 2 亿元，景区公路硬底化全面完成，度假木屋和栈道基本完成，茶文化楼和观景亭台已建成，元宝湖、停车场和农家乐已建好于 11 月 22 日试业，度假酒店和游客接待中心正在建设中。6. 千江温泉酒店温泉区升级改造：投资 8000 万元温泉区升级改造，已于 2015 年春节前完工对外开放。7. 龙鲸河漂流：全面升级改造，加快创建国家 AAAA 级旅游景区。投资 2000 多万元总面积 4000 多平方米的游客中心及投入 300 万元的径松龙鲸河漂流大桥投入启用，景区接待能力进一步提升。8. 铜鼓峰景区：2015 年已投入 700 多万元，全长 19.5 千米景区道路升级改造已完成，将极大加快景区的建设进度。9. 九龙嶂生态旅游开发：总投资 5 亿元，已投入 3000 万元。九龙嶂休闲农业生态旅游项目总体规划基本完成，已申请立项备案。建成简易游客接待中心和部分景观，开垦种植茶园约 66.67 公顷。

**【做好招商引资和协助企业做好前期筹备工作】** 旅游局积极做好招商引资工作，筑巢引凤，热心服务企业。众多乡贤老板看好丰顺旅游业发展前景，踊跃投资旅游企业：龙岗马山茶文化休闲产业园、丰顺县广东元生源生态旅游文化产业园、丰顺县千峰山生态旅游景区、丰顺县莲塘湖生态文化旅游项目、丰顺县大宝山旅游养生度假项目、丰顺种王上围古寨生态旅游区项目、丰顺县温泉休闲社区项目、丰顺县广东御逸温泉度假村项目、广东德和昌投资有限公司丰顺县石桥温泉山庄度假村项目、丰顺甲溪山水生态旅游区等，上述项目预计总投资超 80 亿元。立足温泉生态资源优势，依托大潮汕市场，积极拓展“温泉生态+”产业链，利用生态优势发展健康养生休闲旅游产业。

**【积极做好宣传促销　加强旅游目的地建设】** 一是开展旅游广告宣传。2015 年共投入旅游宣传资金 200 多万元，强化旅游宣传促销，在揭阳机场、梅县机场、汕梅高速公路、惠普高速公路等地设置大型 T 牌广告，在梅县机场国内国际出发厅 LED 广告屏滚动播放旅游广告；在梅州、汕头、潮州、揭阳等地电视台，全天候滚动播放丰顺旅游宣传广告。二是办好旅游推介会。联合市旅游局举办 16 场（次）旅游推介会，组织县重点旅游企业到上海、北京、天津、海口、台北等地，积极拓展省外市场，巩固省内市场；举办潮汕地区旅行社专场推介会，多次组织金德宝、宝丰温泉酒店、八乡山景区、鹿湖温泉度假区、龙归寨瀑布酒店等企业和景区联合推介会，不断将旅游推介活动引向深入。三是扩大网络宣传。8 月，开设丰顺县旅游局“美丽丰顺”官方微信公众号，举办“美丽丰顺”旅游风光摄影大赛，充分利用网络扩大宣传。

通过多渠道的宣传推介，“白天游山水、体验漂流乐，晚上泡温泉、享受慢生活”的旅游品牌形象更加深入人心，丰顺成为众多珠三角、潮汕和梅州等地游客首选目的地，接待游客数逐年大幅增长。

**【规范行业管理 提升服务质量】** 一是强化旅游市场管理。切实加强对旅行社检查，重点检查旅行社有无虚假宣传、超范围经营，有无黑导、黑车和零负团费形象，检查景区、酒店有无售卖伪劣商品，欺诈客人行为。二是强化安全保障。建立健全旅游安全工作体系和责任体系，制定应对突发安全事件应急预案，实行平时检查与重大节假日排查相结合，加强对宾馆饭店和旅游景点的安全督查，排除事故隐患。三是对从业人员进行培训和演练，提升从业人员的素质。四是切实抓好“五一”、国庆、春节等重点节假日的监督检查，努力实现全年旅游安全零事故、无重大旅游投诉。

**2015 年年底县旅游局**

**局　长**　陈春妮

**副局长**　邱淑民　陈加助

（邱淑民　刘访灵）

# 教科文卫体

# 教　育

**【简述】** 丰顺县教育局位于丰顺县县城汶水河河滨顺风路1号，主要负责全县教育教学管理工作。2015年有干部职工75人。内设机构有办公室、人事股、招生办、高中与中职教育股、基础教育股、电化教育教学仪器站、教育信息中心、计划财务股、体育卫生与艺术教育股、勤工俭学办公室、督导室、德育与学校安全管理股、监察股、教学研究室等14个股室。

2015年，丰顺县教育局管辖全县高级中学1所，职业高中1所，完全中学8所，初级中学12所，九年一贯制学校11所，中心小学18所，其他完全小学56所，小学教学点106间，特殊教育学校1所，县实验幼儿园1所，独立设置公办幼儿园17所，民办幼儿园58所，教师进修学校1所，县青少年宫1所。

2015年，丰顺县教育局认真贯彻落实党和国家教育方针，团结带领全县教育系统广大干部、教职工，以建设教育强县、加快推进教育现代化为目标，以加快发展学前教育，促进义务教育均衡发展，巩固提高普高工作成果，加强教师队伍建设，提高教育教学质量为工作重点，坚持依法治教，依法治校，促进全县教育持续、健康、协调发展。

**【教育创强工作】** 2008年启动“创强”工作以来，丰顺县在保障教育投入，调整学校布局，改善办学条件，缩小城乡教育差距，促进教育均衡发展，加强教师队伍建设，提升教育教学质量等方面采取有效措施并取得显著成效。2014年12月，顺利通过广东省教育强县督导验收。2015年1月，被省教厅授予“广东省教育强县”称号，获广东省人民政府授予的“广东省教育强县”牌匾。比原计划提前一年实现创建教育强县目标。

**【国家义务教育发展基本均衡县工作】** 县委、县政府高度重视解决学生上学难和上好学的问题。几年来共投资1.3亿多元，新建丰顺中学，县城义务教育阶段增加3000个学位，解决县城义务教育阶段学校学位紧张、上学难的问题；规划投入3亿多元，在丰顺新区建设实验中学、小学、幼儿园各1所，确保未来几年县城学校学位满足各级各类学生入学需求。县委、县政府高度重视学生乘车安全。每年县财政拨出120万元补贴公交公司，实施“政府+公交公司+师生／市民”乘车模式，新增5条公交车线路，解决学生乘车和交通安全问题。高度重视校园安全。2011年来，投入400多万元为学校加固围墙及安装校园视频监控系统，同时，各校落实安全职责，校园安全得到保障。2015年11月，丰顺县顺利通过国家义务教育发展基本均衡县验收。

**【学前教育】** 全县有163所小学和教学点附设混龄班，公办幼儿园17所，有合格证件民办幼儿园58所。在园幼儿17618人，学前三年儿童入园率92%。

**【义务教育】** 2015年，全县有小学74所，教学点106间，在校生39644人；11所九年一贯制学校，12所初级中学，在校生18052人。小学适龄儿童入学率100%，小学在校生辍学率为0；13至15周岁义务教育阶段教育学龄人口入学率100%，初中生辍学率0.35%，初中毕业生升学率94.8%。

**【特殊教育】** 县特殊教育学校2015年招收残疾学生12名，另外147名残疾学生在其他学校随班就读。全县三类残疾儿童入学率98%。

**【高中教育】** 2015年，全县有在校高中学生10544人。丰顺中学是广东省国家级示范性普通高中，为梅州市十所重点中学之一，设有76个班，学生3918人。全县有市一级学校7所，分别是华侨中学、丰顺县第一中学、东海中学、球山中学、龙山中学、汤坑中学、黄金中学。丰顺县普及高中阶段教育比率不断提高，2015 年全县普通高中教育招生 3496 人，高中阶段毛入学率 93.50%。

**【中职教育】** 全县有公办职业技术学校 1 所，2015 年全日制在校生 710 人。开设有幼儿教育、计算机及应用、会计、电子技术、数控技术等专业，继续与丰顺县培英电声有限公司等企业合作，培养企业实用型技术人才和管理人才。

**【体育艺术卫生教育】** 积极落实阳光体育运动，保证中小学生每天运动一小时，全面提升学生的身体素质。为适应新形势，新成立丰顺县青少年校园足球工作领导小组，加快推进校园足球运动。举办丰顺县第 41 届中小学生田径运动会，有 54 支代表队 534 名运动员参加，县长曾永祥参加开幕式并宣布运动会开幕，本次运动会有 11 人次打破四项县最高纪录。举办 2015 年丰顺县中小学生文艺会演，并组队参加市第 11 届中小学生文艺会演，所有参赛作品都获奖。继续大力推进丰顺县“农村义务教育营养改善计划”，共有 3000 多名农村义务教育学生受益。

**【学校安全工作】** 坚持安全第一理念，立足预防为主，强化监督管理，定期开展学校安全工作检查、督促、整改。全年学校安全工作有序开展，安全责任事故为零。

**【教学成绩】** 1.高考成绩实现重大突破。2015 年全县高考人数 4156 人。重点本科入围人数 67 人，比上年增加 31 人，增长 86%；二 A 线以上入围人数 411 人，比上年增加 81 人，增长 19.71%；二 B 线以上入围人数 882 人，比上年增加 50 人，增长 5.67%；三 A 线入围人数 1865 人，比上年增加 133 人，增长 7.13%，创历史新高。各批次上线人数均比历年增加。理科总分最高分 648 分，比上年最高分（609 分）高 39 分，有 3 位学生总分 640 分以上。单科进入市前 50 名的有 9 人次，比上年增加 9 人。其中理科数学 2 人、文科数学 3 人、理科综合 1 人、文科综合 3 人。2.中考成绩保持上升势头。2015 年全县中考人数 6350 人。上东山中学、曾宪梓中学最低录取分数线以上有 297 人，综合成绩保持稳中有升。

**【队伍建设】** 全县在编教职工 5751 人，2015 年继续实施“强师兴教工程”，提升教师队伍综合素质。一是通过考试，招录 91 名新教师，其中本科毕业生 65 人，大专毕业生 24 人，中专毕业生 2 人。二是全员培训 600 多名高中教师、1900 多名初中教师、2300 多名小学（幼儿园）教师；省教厅、团省委及合生珠江教育发展基金会共同发起“为中华而教”项目活动，通过“送教下乡”“校长班点评”“名师工作室”“教导主任培训”等活动为丰顺县的学校行政管理人员、教师举办多期培训。

**【教育经费】** 2015 年度教育资金投入总额 66613 万元，其中中央资金投入 2115 万元、省级资金投入 19443 万元、市县资金投入 45055 万元。

**【教育装备】** 全县中学现有理化生实验室 136 间，理化生仪器室 90 间，图书室 38 间，阅览室 40 间，电子阅览室 32 间，音乐舞蹈室 42 间，美术教室 46 间；全县小学有科学教室 84 间，仪器室 71 间，图书室 181 间，阅览室 86 间，电子阅览室 56 间，音乐舞蹈室 83 间，美术教室 82 间。中学的仪器室基本配备防盗、通风以及特殊药品专柜保管等设施。全县各类学校均按国家最新颁发的教学仪器配备标准和规范配备教学仪器，有普教仪器价值总金额 11653.54 万元。2015 年，县中小学有纸质图书 256.34 万册，电子藏书 2460.02 万册。全县中学有计算机室 44 间，计算机 5015 台，普通多媒体教室 523 间。全县小学有计算机室 77 间，计算机 5590 台，普通多媒体教室 767 间。

**【三所实验学校建设情况】** 实验中学规划为完全中学，确定建在汤南镇红狮宫，占地面积 89219.3 平方米，按省一级学校建设标准规划设计，高中部设 48 个班、2640 个学位，初中部设

30个班、1500个学位。实验小学、幼儿园确定建在邓屋村启智学校及旁边，占地面积48168平方米，按标准设计，实验小学设48个班、2160个学位；实验幼儿园设18个班、540个学位。2015年年底，三所实验学校建设项目已完成规划设计、征地拆迁、工程招标。

**2015年年底县教育局**

**党委书记、局长** 曾命城

**副局长** 黎足年 陈秋远 吴育钦 连细芝

（黄少宏 黄接顺）

## 广播电视大学

**【简述】** 丰顺县广播电视大学创办于1983年8月，是丰顺县唯一属国民教育的成人高等教育学校。学校位于县城郊区的双河河畔，占地面积2公顷，建筑面积6500多平方米，环境优美，教学设备齐全，教学手段先进。学校为县政府下属正科级单位，内设有办公室、教务处、继续教育办公室、远程教育培训中心、招生办公室等机构。2015年学校有正式教职工12人（其中3人不占编，人事工资关系未转入）。其中：校长1人、副校长2人、正科级干部1人、正股级干部3人、副股级干部3人、其他人员2人；兼职教师20多人，其中具有高级、中级职称的16人。

**【学校办学概况】** 县广播电视大学重点开展专科和本科两个层次的学历教育。2015年，在县委、县政府的正确领导下，上级电大的直接指导下，坚持党的教育方针、政策，深入学习贯彻中共十八大、十八届五中全会及习近平总书记系列重要讲话精神，积极开展党的群众路线教育活动，上下团结拼搏，群策群力。在办好电大教育的同时，还积极与华师、四川农大、中医大、哈工大等高校联合办学。学校办学条件不断改善，办学规模不断扩大，办学质量不断提高，专业设置更加科学合理。专科层次开设有会计学、法学、药学、行政管理、汉语言文学、教育管理、学前教育、人力资源管理、工商管理、计算机科学与技术等专业；本科层次开设有行政管理、汉语言文学、教育管理、法学、会计学、人力资源管理、英语教育等专业。努力为当地经济社会发展培养“下得去、留得住、用得上”的实用型人才。

**【学校内务制度建设】** 无规矩何以成方圆，为了规范工作流程，在原有的基础上进一步完善《丰顺电大内务管理制度》《丰顺电大招生奖励办法》《丰顺电大考务工作实施细则》《丰顺电大班主任工作细则》《丰顺电大开放教育考试监考工作及操作规程》《丰顺电大专职教师聘用条例》《丰顺电大任课（面授辅导）教师管理暂行办法》和《丰顺电大考风考纪整治方案》等八项制度。通过加强制度建设，使工作走上制度化、规范化的轨道，工作开展做到有章可循。用制度管人，使学校各项工作有序进行，并努力形成长效机制。

**【学校招生工作】** 为扩大办学规模，加快电大教育事业发展，全校教职工千方百计抓好学校招生工作。首先是领导带头，全校联动，全校教职工人人都成招生宣传员。其次动员广大干部和家属、亲戚朋友参与做好招生宣传工作。再次深挖生源，创新多种宣传形式，使招生宣传深入到各个领域。由于领导重视、措施有力、工作到位，2015年电大招生364人。华南师范大学、四川农业大学、中国医科大学、哈尔滨工业大学等大学联办班，招生130人。在抓好招生工作的同时，进一步做好服务教学工作，进一步充实完善电大网络，投资10多万元改善多媒体室的设备和条件。开办各类专业大专、本科29个班（专业），2015年有在校生1443人。

**2015年年底县广播电视大学**

**校　长** 黎柳青

**副校长** 曾小皇 张春灵

（广播电视大学办公室）

## 教师进修学校

**【简述】** 县教师进修学校前身系原丰顺师范学校。1970年创办于丰良，1980年迁至汤坑镇东秀坪山头。学校是一所经梅州市人民政府批准、省人民政府备案的中等师范性质的学校，是丰顺县“小学教师继续教育培训基地”，占地面积0.8公顷，教职工39人，其中，中学高级职称17人。学校于1999年秋开办附设初中班，2003年12月初中班被县人民政府命名为“丰顺县实验中学”。根据丰机编〔2013〕25号文件精神，2013年9月在进修学校内，将学校前栋三层办公楼改建为丰顺县特殊教育学校。进修学校与实验中学是同一套班子、两块牌子，学校设有培训部和初中部，其中实验中学有初中班1个级2个班，有学生116人。

**【教育教学概况】** 学校坚持“以教学为中心”，立足于全面推进素质教育，促进学生全面富有个性地发展；立足于质量的监控管理，促进教育教学质量的不断提高，这是学校生存与发展之本。

（一）以质立校，教学质量不断提高，办学成绩日见斐然。教学工作是学校的中心工作，始终坚持质量是学校办学的生命线，扎实抓好教育教学的过程管理。首先，重视优化课堂教学的各个环节，坚持课堂教学面向全体，因材施教，精讲巧练，培养能力，向四十分钟要质量，切实加强基础知识的教学和基本技能的训练，提高学生的综合素质。其次，重视单元小结和平时检测，使学生各学科的知识点不断巩固和熟练，把教学工作落实到实处。再次，加强科任教师教学教研工作，开展正常的听、评课活动，充分发挥多媒体教学与传统教学的优势，不断改进科任教师的教学方法，提高教学的效果。

（二）继续教育是当今世界教育发展的潮流。进校始终坚持师训和干训齐抓，培训和培养并举，职后继续教育提高并重的工作方针，进校按照省、市有关要求，立足县情、校情和师情，初步形成集中培训和校本培训相互支持、相互补充、相互贯通的师训工作新格局。加大促进小学教师专业化发展的培训力度，积极争取上级主管部门和学校的支持，聘请省、市、县教育教学专家、名师到丰顺县举办专题讲座，聘请8人次给丰顺县小学教师进行有针对性的培训讲座，深受教师们的欢迎。

1. 小学新任教师培训

2015年11—12月，按照教育主管部门的统一安排，完成丰顺县招聘的102名新任教师的岗位培训工作。从教师职业道德，教学常规，教育政策法规，教师心理健康等方面对这些新招聘教师进行全方面培训，使他们尽快成为县小学教育教学工作的中坚力量。

2. 小学校长任职资格培训

随着教育改革的不断深化，为加强学校教育教学管理，提高教育教学质量，着力培养和造就一支政治过硬、作风正派、业务精湛、管理科学，能引领县教育和谐发展的高素质、专业化的小学领导干部队伍。结合县小学教育的实际，2015年12月下旬对县50名小学校长进行任职资格培训。

**【教学成果】** 1位教师被评为梅州市2015年“叶剑英基金优秀教师奖”，1位教师被丰顺县人民政府授予“优秀教师”称号，1位教师被评为丰顺县“优秀班主任”；3篇教育教学论文获市、县级奖。学校的教育教学成绩突出，2015年116人参加中考，入重点中学分数线以上的有53人，各学科在丰顺县水平测试中均名列前茅，学校于2015年被评为初中教学质量一等奖，被县委、县政府评为“中考先进单位”，其中1人评为“中考先进个人”。

**2015年年底县教师进修学校**

**校　长**　张小宙

**副校长**　吴锦荣　罗少哲　罗庆辉

（冯庆锋）

## 丰顺中学

**【简述】** 丰顺中学创办于1928年秋，是广东省国家级示范性普通高中学校、梅州市十所重点中学之一。是“广东省一级学校”“广东省现代教育技术实验学校”“广东省绿色学校”“广东省传统体育项目学校”“广东省安全文明学校”“广东省书香校园”“广东省贯彻实施《学校体育工作条例》和《学校卫生工作条例》先进单位”“全省中学共青团建设先进单位”。

【办学规模】 2015年，学校有教学班80个（其中高中68个，初中部12个班），学生 4802人；教职工357人，其中特级教师1人，广东省名教师3人，梅州市名教师5人，中学高级教师 112人，中学一级教师 106 人，专任教师队伍结构合理，学科配套，整体素质好。

【学校管理】 丰顺中学坚持"创办可持续发展的学校，培养可持续攀高的学生，办人民满意的教育"的办学理念，坚持"人文·求实·创新"的办学思路，坚持"重视基础，强化素质，持续发展"的教学理念，把"科研强校、打造特色科组和备课组；以人为本，关注学生综合素质的发展"作为办学目标。2015 年，学校从多个方面狠抓管理，向管理要质量，一是狠抓内务管理，从8月起，门岗和宿舍实行半军事化管理，使学校教育教学秩序安全有序开展。二是继续完善生活设施，师生用水用电有保障。在追求发展中不断创新，采取"走出去，请进来"的策略，不断学习名校先进管理经验，全面实施素质教育，教育教学质量稳步提升，社会影响不断扩大，发挥示范作用。

【办学成果】 丰顺中学2015年普通高考取得好成绩，上重本人数 62 人（比上一年增加 29人），上本科线人数 789 人（比上一年增加 95人），上三A线人数1424人（比上一年增加105人）。教育科研取得丰硕成果，市级立项课题 2项，县级立项课题19项；教师论文获国家级奖励或发表2篇，省级4篇，市级16篇，县级15篇；学生参加各学科竞赛获国家级奖励2人次，省级奖励29人次，市级奖励21人次、县级一批。

2015年学校获得的荣誉有："2015年梅州市学雷锋活动示范点""2015年丰顺县高考工作先进单位""丰顺县消防工作先进单位""丰顺县社会治安综合治理工作考核先进单位""梅州市第五届高中物理实验能力操作比赛优秀组织奖""丰顺县第41届中小学田径运动会高中组团体总分第一名""丰顺县第41届中小学田径运动会体育道德风尚奖"。

冯习创、曾建明、刘振祥、刘介文、曾海波、张焕炬被评为"2015 年丰顺县高考工作先进工作者"、罗健鹏被评为"2015年南粤优秀教师"、刘介文被评为"叶剑英基金优秀教师"，马满芳、胡小茹被评为"2015 年梅州市教学工作先进教师"、张万春、吴和生、彭区被评为"2015年丰顺县优秀教师"、胡俊杭、简光程被评为"2015年丰顺县优秀班主任"、胡小茹、梁冬福、马满芳、曾志向、张晓燕被评为"2014—2015 学年丰顺县教育科研积极分子"。

**2015年年底丰顺中学**

**校　长**　冯习创

**副校长**　曾建明　罗志烽　徐秋红

（罗空辉　张万春）

## 华侨中学

【简述】 丰顺县华侨中学创办于1957年，于1987 年重建，是县内第一所全县性的侨办的学校，是县内规模较大、知名度较高的普通高级中学。全校有37个教学班，师生人数2600人。

【学校德育】 学校坚持德育为首，育人为本的原则，积极推进素质教育，坚持依法治校，健全各项规章制度。为此，学校成立校长室、政教处和团委组成的德育领导小组，年级组长、班主任、政治教师和生活管理老师组成的德育骨干队伍。全体教职工齐抓共管，构建教书育人，管理育人，服务育人，全员参与的德育管理体系。学校针对高中生的培养目标，实施"以人为本，坚持尊重教育""习惯养成教育""责任与自主教育"等形式，培养学生树立社会责任感和正确的人生观、价值观、世界观，努力把学生培养成"四有"新人。通过开展考核评比激励机制，设立"两箱、两栏"、开展"文明班、进步班"评选，"五项评比"等活动，科学地评价德育工作的落实和效果。使学校德育工作发挥整体功能，取得明显效果，"三风"建设和师生的精神面貌发生很大的变化。近年来学生操行评定优良率、后进生转化率92%以上，师生违法犯罪率为零。2015年，学校获得梅州市"中小学文艺会演"优秀奖。

**【办学成果】** 2015 年，学校办学成绩斐然，声誉日高，鼓励全体教师积极参加各种业务学习及教育教学技能培训，转变教学观念积极向上的意识，在教学教改考研方面获得可喜的成绩。陈名晓校长获得“2015 年度丰顺县高考工作先进工作者”。蔡小容、张晓燕等被评为丰顺县“优秀教师”；黄正平老师被评为“丰顺县优秀班主任”；巫秀青、刘裕席等 5 位老师被为丰顺县“教育科研积极分子”，此外，吴洪喜、刘小芳等教师在国、省级刊物发表或获奖的论文有 37 篇，市级有 51 人次，县级有 59 人次。学生获县高中一、二年级各文化学科竞赛一等奖 36 人次，二等奖 59 人次，三等奖 84 人次的好成绩。2015 年高考上省 A 专科线 195 人。

**2015 年年底县华侨中学**

**校　长**　陈名晓

（徐喜玲）

## 东 海 中 学

**【简述】** 丰顺县东海中学建于 1984 年，是一间侨建县属完全中学、市一级学校。学校位于埔河文庙，依山傍水，风景秀丽，是一所环境优美、教学设施完善、校风良好的学校。学校占地面积约 6 公顷，校舍建设 10000 多平方米。自建校以来，学校坚持“德育为首，教学为主，育人为本”的办学原则，积极实施素质教育，走特色办学之路。

**【教学特色】** 学校在抓好教学的同时，充分发挥自身优势，积极探索“艺术特色”的新路子，着力培养和发展高中艺术（美术和音乐）教育，为高等艺术院校输送一大批优秀的学生。经过多年的实践、探索，学校高中艺术教学已初具规模，形成自已的特色，艺术教学的成绩在梅州市也名列前茅。

**【学校德育】** 学校建立和健全由校长、党支部为核心的德育工作领导机构。成立以校长、抓德育的副校长、政教处主任组成的德育领导小组，以及由年级组长、班主任、政治教师和生活管理老师组成的德育骨干队伍，健全和完善各项规章制度。全校教职工齐抓共管，充分发挥教书育人、管理育人、服务育人的功能，寓德育于教学和管理之中。

学校组织教师积极开展德育科研。依据学生身心发展不同阶段的不同特点，分年级实施《中学德育大纲》，深入、有效地开展爱国主义、集体主义和社会主义教育，培养学生科学的人生观和世界观以及正确的价值取向。发扬中华民族的优良道德传统，养成良好的道德情操、行为习惯和个性心理素质。加强学生的爱国主义教育、理想前途教育、道德品质教育、行为规范教育和法制观念教育。搞好三化建设，建立德育基地，如校史室、本校师生美术作品陈列室等，形成良好的德育氛围。充分利用学校的特色教学，如美术展和文艺会演，通过寓教于乐的方式，提高学生们的审美水平和鉴赏能力。近年来学生德育优良率都保持在 90%以上，违法犯罪率保持为零。

**【师资建设】** 加强教师的思想建设，关心教师的政治生活。东海中学始终切实加强社会主义精神文明建设，依据国家教委颁发的教师职业道德规范，在教师中开展职业道德建设，加强师德教育。做到“一个坚持，三个结合”。“一个坚持”即是坚持正面引导，重视提高教师队伍的师德建设水平。“三个结合”，即把加强教师职业道德建设和建立教书育人机制结合起来；把加强师德的建设和加强法制观念，提高教师政治素质结合起来；把加强师德建设和校风、教风建设结合起来，逐步形成良好的教风。

经常鼓励教师特别是年青教师要“双向成才”。学校鼓励教师积极参加培训、进修、努力提供教师培训，进修的机会，在资金上给予补助。2015 年学校教师的学历达标率高中 96%，初中 100%。学校制定奖励条例，撰写论文、发表文章和得到各种荣誉称号的教师给予奖励。学校重视教师个人的发展，给教师提供表现的机会，每学期组织优质课评比活动，对优胜的教师给予一定的物质奖励和精神鼓励。以上的做法提高教师的自信心和成功感，使他们的创造需要、成就需要得到满足，让他们感到在教师岗位上，聪明才智同样可以得到发挥。

【教学业绩】 多年来，该校通过加强教师队伍管理和狠抓校风学风的建设，使教育教学质量有很大的提高，取得优异的成绩。中考和高考频传佳报，2015 年有 167 名考生考上重点中学，考上市重点宪梓中学、东山中学分数线的有 675 人。2014 年高考考上省线的 15 人，其中二本以上的 6 人，重点本科线的 1 人。教师撰写的论文获县级以上的奖项的有 28 篇；此外，教师中取得县级荣誉的有 25 人次。

2015 年年底东海中学

校　长　徐文丰

（徐永新）

## 丰顺县第一中学

【简述】 2015 年，学校在校学生 1386 人，其中，高中在校学生 711 人；初中在校学生 675 人。在职教职工 184 人，专任教师 174 人。学校领导班子成员 21 人。校长吴池，副校长：吴金城、吴春河、邹红云、郑春浇、彭胜昌；办公室主任罗竞栈，副主任谢玉宏；教导处主任吴昌吉，副主任彭继祖、吴素莲、谭长江、蔡立华；政教处主任吴庆洲，副主任吴耀文、邹兆生、冯凌峰；后勤处主任吴培伦，副主任吴羽长、郑啸明。团委副书记：黎旭芬。学校有 3 位教职工办理退休手续，5 位老师调出，1 位老师调入。

【积极做好学校章程修订工作】 为不断适应教育领域综合改革形势，全面推进依法治校，加强现代学校制度建设，完善学校章程建设，积极做好学校章程修订工作。

（一）学校成立章程编制领导小组和起草工作组，小组成员分工明确、各司其职、积极配合，认真进行各项工作，每一个成员都花费很多的精力，按照要求按时完成各项任务。

（二）认真学习教育法、义务教育法、教师法、中小学幼儿园安全管理办法、广东省规范办学行为、全面推进依法治校实施纲要等相关法律法规及政策文件，认真研究，做出修改调整。

（三）广泛征求校内外各界人士的意见。在起草过程中，广泛征求学校有关校领导、工作人员和上级机关的意见；之后将修订稿悬挂校园网，广泛征求教师、家长的意见；又通过多次召开教职工代表大会，深入研究，反复修改，最终大家集体举手表决，一致通过学校章程的制定。

学校章程是中国教育法律法规的基本要求，是现代教育发展的必然趋势，是学校自主发展的实际需要。合法规范、富有特色的学校章程，有利于校内规章制度的整体协调，有利于规范学校的决策机制，有利于提高管理水平和效益，促进学校的持续健康发展。全体教师充分认识到学校章程在学校治理中的重要意义，在以后教学工作中必将严格按照学校章程办事，做到依法执教。

【认真做好教育教学常规管理工作】 2015 年，学校教育工作坚持以人为本，落实科学发展观，以办人民满意教育为宗旨，围绕教育高水平均衡发展的主线，以加强教育内涵建设为重点，内抓管理，外树形象，坚持以科研为先导，提高教师素质，深化课程改革，强化教学管理，以质量为生命线，以管理为保证，认真做好教育教学常规管理工作，提高学校的核心竞争力，促进学校的可持续发展。

【加强校园文化建设，优化学校人文环境】 2015 年，学校本着“以人为本，和谐发展”的校园文化建设理念，高度重视校园文化建设，把校园文化建设纳入学校教育工作的重要议程，以创建“书香校园”为指导思想，不断加强校园文化建设，大力营造校园文化氛围，提升校园文化品位。着重做以下几个方面：1. 办好校园文化长廊。2. 办好鹏湖文学社。3. 办好各类竞赛活动。4. 举办校园文化节。5. 举办第 32 届学校运动会。加强校园文化建设，进一步美化优化人文环境，为广大师生创造优美的学习和生活环境，为教育教学工作提供有力保障。

【集体、个人荣誉】 参加丰顺县第 41 届中小学生田径运动会获高中组团体第 4 名、初中组团体第 7 名。学校老师撰写论文获县级以上奖励 30 多篇。管聪玲老师被评为梅州市优秀教师。

**2015 年年底县第一中学**

**校　长**　吴　池

（县第一中学办公室）

## 球 山 中 学

**【简述】** 丰顺县球山中学是县属一所普通完全中学，市一级学校，获广东省“书香校园”、梅州市“语言文字规范化示范学校”和梅州市“德育示范学校”荣誉称号。学校分东、西两个教学区，占地面积 50650 平方米，其中建筑面积 23950 平方米。2015 年有 41 个教学班，学生 2105 人，教职工 158 人。学校自创办以来，在政府和教育部门的关心和支持下，在张芳荣、游再成、邱达生、许应裘等海内外乡贤校友的热心资助下，一幢幢教学楼、宿舍楼、行政楼、图书馆、多功能科学馆等拔地而起，教学效果一年上一个台阶，建成硬件过硬、设备功能室齐全、师资雄厚、环境优美的美丽书香校园。

**【学校发展规划】** 学校成立以叶织南校长为组长的学校发展规划工作领导小组，在新常态下，学校工作新思路，与时俱进，开拓创新。

一是加大资金投入，改善办学条件。旅港同胞张芳荣再次捐资 600 多万元兴建“张芳荣大楼”，不断改善办学条件，完善设备实施，使学校布局更加合理，环境更优美。

二是加强思想政治教育。学校坚持以邓小平理论、“三个代表”重要思想和科学发展观为指导，认真贯彻落实中共十八大精神和习近平总书记系列讲话精神，树立“以人为本、全面发展”的办学理念，办好“让学生成才、让家长放心、让社会满意”学校，既教书又育人，教风好、学风浓，教育教学质量稳中有升。

学校以理想前途教育、养成教育和安全教育为重点，以学生自我教育为中心，以体验教育为特色，促进学生健康全面发展。狠抓德育工作，特别是注重青少年学生的思想政治工作，形成“文明、进取、合作、创新、和谐”的校园文化。

三是教师队伍建设。学校强化师资队伍建设，提高队伍素质，改善队伍形象。师资建设始终是学校工作的永恒主题，因此，学校建立健全师德建设规章制度，把师德作为学校教师考核评估的一项重要内容，确保师德教风建设活动的顺利开展。

**【学校业绩成果】** 2015 年 1 月学校顺利通过“广东省教育强镇督导验收专家组”的督导验收。叶织南校长被评为“丰顺县教育创强工作先进个人”。

2015 年 2 月，梅州市政府、市教育局批准球山中学为梅州市一级学校。

2015 年 3 月 5 日，设立“球山中学 88 周年校庆筹办工作小组办公室”。

2015 年 4 月 22 日，丰顺县积极动员全社会力量，深入开展“百业助百校”活动，本校是该两个活动示范点之一，及时总结球山中学主动争取校友、乡亲、企业家支持完善校舍和教学设施的经验，在全县进行学习推广。

2015 年 4 月，被评为“梅州市关心下一代‘三百’活动先进集体”。

2015 年高考上本科线 4 人，三 A 线以上 57 人（含自主招生 6 人），三 B 线以上 186 人；中考入围东山中学线 6 人，入围曾宪梓中学线以上 20 人，入围丰顺中学线以上 66 人。

2015 年 6 月，廖若惠老师获得梅州市叶剑英优秀教师基金奖。

2015 年 9 月 10 日，在东教学区举行隆重的开学典礼。隬隍镇党委书记马扬闲作重要讲话，并为获奖教师颁发奖状、奖金。

2015 年 10 月，“张芳荣大楼”和其他附属工程完工。

2015 年 11 月 2 日，顺利通过“全国义务教育发展基本均衡县”省级评估。

2015 年 11 月 29 日，举行球山中学 88 周年校庆暨芳荣园落成庆典活动。学校筹集教育基金 2600 多万元。

**2015 年年底球山中学**

**校　长**　叶织南

**副校长**　许建纯　吴少辉　郑献中　邱泽校

（李泽平）

## 龙山中学

【简述】 丰顺县龙山中学位于丰顺县南端的汤南镇，创办于1939年春，是一间华侨捐建的完全中学，梅州市一级学校。学校占地面积66667平方米，建筑面积22600平方米。校园布局合理，分教学区、运动区、生活区，设计美观。2015年有教学班33个，初中27个，高中6个，学生1432人，教职工155人。学校以“团结、感恩、求实、创新”的校训，持“创办适合学生成长的学校，培养适应社会需要的人才”的办学理念，秉承“以人为本、内强素质、外树形象”的办学宗旨，注重领导班子建设，采取半封闭式的管理模式，加大教育改革力度，以教学改革为中心，以师德建设为核心，以增强全体教师的教学技能为突破口，加强教师队伍建设，优化校园环境，加强品牌意识，教育教学质量稳步上升。

【学校管理】 2015年，学校为更好完成丰顺县“全国义务教育发展基本均衡县”国家认定的工作目标，努力提升学校教育教学质量。落实依法治校，制定学校章程，规范办学，加强师德师风建设。加强教学管理，完善层级负责制，加强学科组建设，完善集体备课制度的，形成教学规范化、制度化和责任制。继续深入“学案导学”教学改革，优化课堂教学模式，重点抓好初三中考、高三高考备考工作。

开展丰富多彩的德育活动，突出校训“感恩”主题教育活动，于2015年3月组织党员、团员师生在揭阳汾水革命烈士纪念园举行缅怀先烈，勿忘历史的爱国主义教育；2015年5月举办“感恩活动文艺会演”，学校原创感恩文艺节目《跪羊图》获得优异成绩，参加县中小学生文艺会演获三等奖，市中小学生文艺会演获二等奖；以诵国学、读经典、让学生感受传统文化教育；加强校本课程开发，开设“礼仪”“弟子规”“法制教育”“国防教育”等专题学习课堂，培养学生感恩意识；促进德育工作上一个新台阶，展现生机勃勃的教育教学动态。

【改善办学条件】 2015年，学校紧紧围绕县委、县政府和教育部门的中心工作、配合丰顺县“全国义务教育发展基本均衡县”国家认定的工作目标，继续完善学校办学条件，学校争取上级的支持和校友、乡贤帮助，县委、县政府划拨龙山中学西侧外约2.8公顷土地作学校教学用地，扩大学校发展空间；学校投入资金新装20个电教平台，实现班班通多媒体平台；加强安防建设，确保校园安全，美化校园绿化、充实校园文化设施、完善教学设施，大大改善学校办学条件。

【教育教学成果】 2015年参加中考人数438人，中考分数进入县重点围分数线以上学生人数150人；参加高考（含高职）56人，普通高考进入省大专院校学生19人。2015年教师科研课题立项7项；教师获荣誉称号：罗少京、张凤玲老师被评为梅州市叶剑英基金优秀教师奖；丘芸贞老师被评为梅州市教学先进工作者；罗晓畅老师被评为县优秀教师；丘俊君老师被评为县优秀班主任；丘芸贞老师被评为县教改积极分子；罗培辉老师被评为中考工作先进个人；罗汉斌老师被评为高考工作先进个人；刘扬丰老师被评为丰顺县创建教育强县先进个人，龙山中学被县教育局评为“丰顺县初中教学质量二等奖”、被县委县政府评为“中考工作先进单位”及创建广东省教育强县先进单位；学生获市、县荣誉称号36人、各类竞赛获奖11人次。

**2015年年底龙山中学**

**校　长**　罗江丰

（刘扬丰）

## 龙泉中学

【简述】 龙泉中学创建于民国30年1941年3月。曾改名为“埔寨中学”，1985年恢复“龙泉中学”校名。1988年6月，县将“丰顺县冠山农业中学”并入龙泉中学，改称“龙泉职业中学”。龙泉中学是一所农村完全中学，占地面积60000平方米，校舍建筑面积14620平方米，学校建有教学大楼4幢（其中一幢为实验室，一幢为功能室，两幢为教室），图书馆1幢，大礼堂1座，办公楼1幢，食堂和学生宿舍1幢，教师宿舍楼4幢共80多套。学校有400米环形跑道的标准运动场。校园按花园式设计，布局合理，校园环境优美，校园绿化率100%。2015年全校14个班，其中高中职业教育2个班，学生700多人，教职工64人。

**【教育教学成果】** 2015年，龙泉中学在上级党政领导下，加强学校内部管理机制，全面贯彻教育方针，坚持“德育为首，教学为主，育人为本”的原则，全体教师发扬“勤、严、细、实”的精神，积极开展教研活动，大胆进行教改试验，大力推进素质教育，使学校教育教学质量稳步提高。2015年中考，学校取得好成绩（考上重点高中51人）；2015年高考（高职院校）3A录取率96%（29人参加高考，录取28人），得到社会的肯定。2015年11月学校参加丰顺县第41届中小学田径运动会取得初中甲组第二名的好成绩。2015年，学生参加各学科竞赛和获得的市县级荣誉有47人次；教师在国、省、市发表作品4人次，教师获省、市、县级奖11人次，学校获县级奖2次。

**2015年年底龙泉中学**

**校　长**　张小青

（谢群辉）

## 县职业技术学校

**【简述】** 丰顺县职业技术学校是于1991年由梅州市政府批准开办的一所市级骨干职业技术学校，隶属于丰顺县教育局，是丰顺县唯一的公办职业技术学校，是梅州市职业技术教育先进单位，是梅州市农村劳动力技能培训转移就业定点培训机构。学校现有学生1952人（含三年级实习生及校企合作班），开设11个专业；教职工54人，其中高级职称教师19人，中级职称教师23人，“双师型”教师20人。

**【学校规模】** 学校位于丰顺县城区，占地面积约4.67公顷，建筑面积1.6万平方米。其中教学楼1幢，实验楼1幢。学生宿舍2幢，学生食堂1幢，教师宿舍1幢，办公楼1幢。现有教学设施设备包括：可使用课室16间，多媒体专用课室2间，电脑室5间，电子实验室1间，电拖实验室1间，音乐室3间，舞蹈训练室1间，会计模拟实验室1间等功能室均配备多媒体电教平台。学校图书室1间，阅览室1间，电子阅览室1间，美术室1间，心理咨询室1间，卫生保健室1间，图书室藏书2.9万册。设备总价值675万元。学校有独立的网站域名。200米环形4条塑胶跑道的田径运动场1个，篮球场2个，排球场1个，乒乓球室1间。学校依山傍水，环境幽雅，是读书求学的理想场所。

**【教育教学】** 学校全面贯彻党的教育方针，以培养“学有所长，学有所创”的实用型技术人才为办学宗旨，与时俱进，开拓创新，坚持以德育为首，加强师生政治思想素质建设，加强法制教育、职业道德教育和竞争意识培训教育。形成“勤奋、进取、开拓、创新”的良好校风。坚持以教学为中心，培养学生动手能力为目的，突出实践教学、技能教学，使学生学有一技之长，构建职业技校的办学模式和办学特色。以市场经济发展为导向，不断调整专业设置，2015年，开设幼儿教育、计算机及应用、会计、电子技术、数控等10多个专业和电脑初级、中级培训班，以及会计电算化等短训班。学校为扩大招生规模，创新办学模式，继续与其他兄弟学校签订联合办学协议，实现强强联合；继续加大与丰顺县培英电声有限公司、丰顺泰昌电声元件有限公司、旺兴达（丰顺）电子厂等县内10多家大企业开展校企合作，2014年秋季又新开设全日制电子技术（电声方向）专业班，为企业培养更多实用型技术人才和管理人才，为县实现经济和社会发展战略目标提供人才支持，体现“以服务为宗旨”的办学方针。自开办以来，培养9500多名适合市场需要的初、中级专业技术人才，遍布全省各地，深受用人单位的好评，并在各自的岗位上发挥积极作用，成为单位的佼佼者。学校师生参加各类竞赛也连创佳绩，2015年幼师班徐栋萍同学参加广东省第五届中小学艺术展演（梅州赛区）暨梅州市第十一届中小学生文艺会演中，荣获中学组优秀演员奖；张泽华、罗晓君 2 位学生被评为市级“三好学生”，陈锦清、邱淑敏 2 位学生被评为市级“优秀学生干部”，曾广广同学被评为市级“优秀共青团员”。罗茹玲老师在梅州市首届中小学心理教师专业能力大赛中，荣获中职组三等奖；曾晓鸿老师被梅州市政府评为“市优秀教师”；刘亮红老师教学成绩突出，被授予叶剑英基金优秀教师奖；彭秀春老师撰写的《师德，撑起教育的蓝天》荣获 2014 年广东省教育系统“立德树人，立教圆梦”主题征文活动中职组三等奖。

**【师资建设】** 学校以全面提高教师队伍素质为中心，不断加强专业教师的建设，培养中青年专业带头人和骨干教师为重点，建立有利于教师资源配置和优秀人才脱颖而出的有效机制。学校定期或不定期选派教师参加国家、省、市、县举办的各级各类专业培训和师德师风建设培训，加快“双师型”教师建设步伐。2015 年，学校选派 12 人次参加各级各类专业培训和师德师风建设培训。

**2015 年年底县职业技术学校**

**校　长** 徐　伟

（县职校办公室）

## 汤 西 中 学

**【简述】** 丰顺县汤西中学创办于 1956 年，是一所完全中学，2015 年有教职工 85 人、学生 453 人。争创全县一流中学、办群众满意学校是学校的办学目标；学校努力打造一支师德高尚、业务精湛、实绩明显的教师队伍；创建勤奋进取、公平竞争、正气向上、张扬个性、民主和谐，充满活力的大集体；营造净化、绿化、美化的校园环境；开展丰富多彩、富有特色的校园文化活动，努力积淀深厚的校园文化底蕴。

**【德育工作】** 在上级党委、政府、教育主管部门的正确领导下，全面贯彻党的教育方针，坚持“三个面向”，抓管理，促效益，行改革，求创新，全面推进素质教育，努力提高教育教学质量。学校把培养人的工作放在首位，遵循教育教学规律，坚持以党的基本路线、邓小平理论、“三个代表”重要思想为指针，以爱国主义教育为主线，以实施《中学生日常行为规范》为突破口，努力使学校、家庭、社会教育三育贯通，创造课堂教育、社会实践、环境熏陶、劳动锻炼，党、政、团齐抓德育工作的新格局。重教育、教学，重锻炼、实践，努力提高全体学生的思想、文化、心理、身体和劳动的素质，促使学生在德、智、体、美、劳等全面发展。

**【师资建设】** 教师的思想素质，业务水平直接影响着学校的办学质量。教师队伍的建设和管理在学校管理中显得尤为重要。因此汤西中学一贯注重教师的职业道德建设、法治建设、纪律观念建设，强化团队精神、敬业精神、奉献精神和创新精神；全面推进初中素质教育和高中特色教育；强化级组管理，学校行政领导全部挂级到各个年级，并到级组办公室办公，加强学校行政与教师的有效联系与沟通；建立并完善奖教奖学制度，要求教师特别是年轻教师不断提高综合素质，提高竞争意识和能力，并大力鼓励教师参加各种培训和进修。

**【教学成果】** 学校在各级、各类考试、竞赛中，成绩斐然，主要有：2015 年，在中考中考进东山中学和宪梓中学的 9 人、重点中学 56 人，获得县教育局颁发的丰顺县教学三等奖。高三学生在高考中也顺利完成县教育局下达的任务，实现低分进高分出的办学特色。师生参加各级各类知识竞赛获县级奖励 28 人次；师生在各级刊物上发表的论文、习作 51 篇。由于学校软硬件建设的不断完善，学校的教育教学质量正在不断提升。

**2015 年年底汤西中学**

**负责人** 刘绍明

（县汤西中学办公室）

## 汤坑中学

【简述】 丰顺县汤坑中学位于县城汶水桥头汤坑路1号，地处汶水河西岸，背靠金瓯山，面临汶水河，依山傍水，绿树葱茏，楼宇错落有致，环境幽雅，是培育人才的理想场所。2006年2月，为促进教育全面协调发展，优化教育布局，丰顺县委、县政府、教育行政部门根据教育布局调整的需要，将汤坑镇第一中学、第三中学两间初级中学合并迁至原丰顺中学老校区，也是汤坑中学老校址，定名为“丰顺县初级中学”。同年5月将“丰顺县初级中学”恢复“汤坑中学”老校名，并于2006年秋季复办高中。2007年5月通过县一级学校评估，晋升为丰顺县一级学校，2008年5月被丰顺县教育局评为“美丽校园”。2014年，学校为迎接“教育强县”和市一级学校的评估验收，继续加大资金投入，加强教育教学设施等硬件建设，使学校的办学条件和环境得到很大的改变。同时，学校加强内部管理，使教风和学风均有较大的转变。2014年12月通过省专家组对学校进行“教育强县”的“创强”验收。2015年2月通过市一级学校评估，晋升为梅州市一级学校。2015年秋季，招收高一新生336人、七年级新生826人，全校师生3000多人。

【德育工作】 德育是实施素质教育的灵魂和核心，汤坑中学一直把德育工作放在学校工作的首位。为加强德育工作，学校不断探索新路，深化改革，学校领导班子团结全体教师，群策群力，全面推行“信心德育”，做好学生的德育工作。

1. 贯彻落实教育部《关于开展弘扬和培育民族精神的若干意见》和《公民道德实施纲要》加强对学生的爱国主义精神、中华传统美德和革命传统、创新精神的教育，为学生的人生发展奠定思想基础。

2. 在校园内加强有关“信心德育”的文化宣传，通过有计划地组织学生参加劳动和社会实践，包括家务劳动、公益劳动、社会调查等，让学生养成“文明、礼仪”等良好的习惯，不断提升学生的信心。

3. 根据学生不同的年龄特征，利用黑板报、“学生信箱”、宣传栏，讲座等多种形式加强对学生的心理健康教育，消除学生的心理障碍让学生快乐健康地成长。

4. 为加强家校联系，提高对学生教育的实效性，每周五通过校讯通发短信息给家长，强调安全、学习等事项。通过班主任主动家访、电访，及时与家长交流，共同探讨教育子女的最佳办法；学校通过给家长一封信形式，及时掌握学校德育工作的中心任务和有关“安全健康教育”“信心德育”等内容，并要求家长在回执上写意见，使家校教育步调一致，更有实效。

【师资建设】 2015年，学校结合县委开展的党群众路线教育实践和学习中共十八届四中全会精神等活动，与时俱进，开拓创新，狠抓教师的职业道德水平和法制、纪律观念建设，坚持以法治校，强化团队精神、敬业精神、奉献精神和创新精神；加强学校廉政风险防控机制的建设，强化级组管理。学校行政领导全部挂级到各个年级，并到级组办公室办公，加强学校与教师的人性化管理和有效联系；为不断提高学校的办学质量，学校逐步建立并完善奖教奖学制度，对在教育教学过程中取得好成绩师生给予奖励，从而激活老师的工作热情。同时，学校要求教师特别是年青教师不断提高综合素质，增强竞争意识和能力，并努力为教师参加培训、进修提供机会。大批年轻教师成为学校的教学骨干，邱冬梅、何福珍被评为县优秀教师，邱森森、罗菊玲被评为县优秀班主任。

【教学成果】 学校在狠抓师生德育工作的同时，坚持“以质量求生存，以创新谋发展，以务实出效益”的原则，坚持“一切为了老师和学生的发展”的办学理念，强化常规管理，深化教学改革，让学生在德、智、体、美、劳全面发展，教育教学质量稳步提高。2015年，初中毕业生考入重点围175人，其中人东山中学分数线48人，宪梓中学分数线24人，林沪政、陈锦思2位同学进入全县10名内。205人报名参加高考，二A线1人，二B线2人，上三A线12人，上3B线78人。在2015年丰顺县中小学生田径运动会上，汤坑中学荣获团体总冠军，冯润涛破标枪丰顺县运动会记录，黄旭佳、曾伟强、谢景琛、邱品良四位同学破 4×100 米县运会纪录。

**2015 年年底汤坑中学**

**校　长**　谢　锐

（彭锡壮）

## 黄金中学

**【简述】**　丰顺县黄金中学创办于 1959 年，坐落在山清水秀、人文荟萃的黄金镇。2008 年 5 月升格为完全中学，8 月迁入由旅新侨领何侨生先生捐资兴建的新校区，广洋中学并入。学校花团锦簇，绿草如茵，占地面积 22 公顷，是全县校园面积最大的花园式学校。并于 2010 年 12 月被丰顺县教育局评为“丰顺县一级学校”，2012 年 3 月被梅州市教育局评为“梅州市一级学校”。2012 年 12 月被评为“梅州市德育示范学校”，2013 年 10 月，被评为“梅州市尊师重教先进集体”。2015 年 1 月被评为“梅州市文明单位”。全校现有 39 个教学班（初中级 15 个班，高中级 24 个班，其中高一 8 个班、高二 8 个班、高三 8 个班），学生 2252 人（初中 909 人，高中 1343 人，其中高一 523 人、高二 402 人、高三 418 人），教职员工 151 人。

**【设备设施】**　学校按省一级学校标准设计，建有各种现代场室。教学区、办公区、运动区、生活区布局合理，井然有序，是一所崭新的、现代化的、花园式的美丽学校。至 2015 年年底，学校有 300 多台电脑、26 个电教平台（其中高中部每个教室都已安装）、语音室 1 个、多功能电脑室 1 个、通用技术室 1 个、电子图书阅览室 2 个（140 多台电脑）。各个办公室、高三级与九年级教室安装空调。学校食堂通过“阳光厨房”验收。校园绿化和文化建设投入 5 万多元。新建教师停车位 26 个。在各界校友的回赠下，兴建“校友纪念林”、竹园， 种植生物园、樱花园、孔园、桂园草皮，铺设石板椅等等。

**【领导关怀】**　2015 年 10 月 20 日，县教育局局长曾命城陪同省创强资金核查组一行视察学校，要求学校以此次核查为动力，采取强力措施，对存在的问题和不足进行全面整改，确保教育创强资金落实到，从而实现教育创强。2015 年 10 月 25 日，县教育局副局长黎足年陪同省教育均衡督前检查组一行对学校的均衡教育情况进行督查，提出学校要以问题为导向，对照广东省义务教育学校办学基本标准督导评估体系的指标，全面抓好学校的整改工作，齐抓共管、狠抓落实，全力做好义务教育均衡发展评估验收工作。2015 年 12 月 4 日，梅州市委书记黄强、市委常委黄伟闻、县委书记陈志宁到学校进行教育调研，了解学校办学情况，充分肯定学校的办学成效。2015 年 4 月 24，黄金镇党委书记李志坚、镇长刘震辉、县城黄金镇同乡会会长彭国平等到校看望、慰问九年级、高三级毕业班的师生，为师生们加油鼓劲、增强信心、提振士气。要求教师以强烈的责任心、事业心，尽心尽力、尽职尽责，全力以赴打好中考、高考攻坚战。

**【教育教学成果】**　学校以“办好初中，发展高中”为目标，制订一套严格的教学管理制度，实行半封闭式管理，建立完善的班主任、科任工作责任制，对学生实行全方位、全天候的关爱和呵护，从而学校创造一次次的教育奇迹，也使金中成为家长心中值得信赖的一所好的学校。2015 年高考再次取得优异成绩，重点本科 4 人（其中 1 人享受贫困县农村加分政策）；本科 A 线以上 19 人，比去年增 11 人；本科 B 线以上 47 人，比去年增 19 人；专科 A 线以上 140 人，比去年增 58 人。2015 年中考参考人数比往年减少 60 人的前提下，上宪梓中学线的人数有 23 人，增 4 人；丰顺中学线人数有 67 人。2015 年，师生荣获由黄金镇外出乡贤、深圳黄金同乡会荣誉会长、旅加拿大侨民谢小章捐资 280 万元设立的“金秋——谢小章优秀师生奖励金”有 350 人次，奖励金 80.6 万多元。教师获县级以上奖励 20 人次，其中彭颖标被评为梅州优秀班主任。学生获市级奖励 7 人次，县级 50 人次。

**2015 年年底黄金中学**

**校　长**　彭劲松

（县黄金中学办公室）

# 科 学 技 术

**【简述】** 县科技局以全面贯彻落实县委十二届五次全会精神，积极抢抓粤东西北和原中央苏区县两大振兴政策，围绕实施“一区一带”规划建设，以推动科技创新和产业转型升级为重点，全力做好科技各项工作，为实现新常态下丰顺经济社会振兴发展发挥科技的引领和支撑作用。

**【重大科技活动】** 3月11日，省科技厅刘炜副厅长在县委书记陈志宁、县政府县长曾永祥、副县长傅伟芳带领下到丰顺县调研高新技术企业发展、产业集聚带建设、科技惠民工程等有关情况。

3月19日至20日，由丰顺县电声行业商会、广东省音频设备与系统标准化技术委员会、广东学艺设备行业商会、广东省电子行业协会、广东省声像灯光科技促进会主办的“广东省珠三角与粤东北丰顺电声行业创新合作发展高峰研讨会暨音响行业标准化工作会议”在丰顺县举行。

3月31日，丰顺县人民政府与工业和信息化部电子第五研究所签订战略合作框架协议，此举成为全国首个县级政府与全国知名科研单位牵手合作成功。

6月29日，为进一步推动“丰顺电声产业集群区域品牌培育示范区”建设，打造丰顺电声之都区域品牌，丰顺县在电声大厦举行工信部电子五所推动“丰顺电声”区域品牌建设项目启动仪式。

6月，丰顺县生产力促进中心与中科院广州能源所、广东工业大学等单位合作的国家科技支撑计划—地热资源综合梯级利用集成技术研究项目通过科技部验收。该项目在金德宝酒店实施，建成地热发电、制冷、干燥（供暖）、洗浴梯级利用系统。

9月18日，科技部公布的2014年国家可持续发展实验区通过验收名单，丰顺县成为2014年度验收获通过的24个单位（市、州、县）之一，也是广东省通过该验收的唯一的县。

10月10日，丰顺县骏达电子有限公司、广东蓝田农业科技有限公司通过国家高新技术企业认定。

**【科学技术工作】** 1. 围绕产业转型升级做好科技项目的申报工作。围绕电声、青蒿、现代中药、专业镇及“互联网+应用”发展，组织龙头骨干企业申报省科技计划项目，累计组织申报省级科技项目15项，立项13项，获资金资助1365万元，其中广东新南方青蒿科技有限公司申报的“扬帆计划”引进创新创业团队项目和广东新南方青蒿药业有限公司申报的“良种青蒿GAP示范基地建设及青蒿立体套种三香的可持续利用研究项目”各获得300万元，广东深华药业有限公司申报的“基于移动互联网的医药聚合供应链协同云平台关键技术研发及应用项目”获得200万元。2. 做好国家可持续发展实验区的验收工作。2014年11月，丰顺县国家可持续发展实验区在通过科技部专家组的验收考察基础上，2015年1月又通过科技部联席会议的视频验收评审，并得到与会领导和专家的高度评价，2015年9月通过科技部验收。3. 抓好《广东省人民政府关于加快科技创新的若干政策意见》（粤府〔2015〕1号文）的宣传贯彻落实工作。一是组织举办粤府〔2015〕1号文政策宣讲专题培训会，累计组织3期，参培人员500多人次。二是印发《科技惠企政策与管理文件汇编》2000多份，发放到企业，使中小型企业了解掌握相关出台的科技优惠政策。三是扎实做好高新技术企业入库培育工作。2015年新增认定高新技术企业2家（累计5家），培育入库企业3家，合计获高新入库资金补助67万元。培育拟入库的科技型企业（泰雅达、明音、鸿润、中品实业、泰源等）10家；有8个产品被认定为“高新技术产品”；2015年全县高新技术产品产值15亿元，比上年增长18%。4. 扎实开展产学研合作工作。继续加强与华南理工大学、南京大学、华南农业大学、广东省农科院、工信部广州第五电子研究所等16个高等院校或科研院所的合作。围绕2017年打造百亿电声产业和创建“中国电声之都”的目标，扎实推动科技创新，成功举办中国电声（丰顺）发展论坛，与广州大学（广州大学声像与灯光技术研究所）合作共建产学研科技创新基地，并在数字电视和多声道环绕音响系统、无线网络汽车音响系统、高保真数字汽车音响专用处理设备、安卓智能安全驾驶娱乐系统等方面开展技术攻关和成果转化，与工信部广州第五电子研究所合作做好电声产品检验检测平台建设，投资4000万元的省级电声产品质量检验检测站进入设备招标阶段。通过产学研合作，累计组织开展各类科技培训4期，培训技术骨干400多人次，发放科技资料6000多份，组织高校专家教授前来开展技术咨询20人次，技术咨询90多次。

**【知识产权工作】** 做好《广东省专利条例》宣传和实施、“省知识产权区域试点”绩效评价等工作，加强专利申报、保护和管理，促进专利应用，促进创新体系建设。2015年专利申请266件（其中发明6件，实用新型164件，外观设计96件），比2014年增长35.03%；授权249件（其中发明6件，实用新型176件，外观设计67件），比去年增长74.13%。2015年度办理申请费和授权专利资助203件，资助金额196175元。同时，做好科技成果鉴定及评审工作，有3项科技成果获市级科学技术奖，有14项成果获县级科学技术奖。

## 2015年度丰顺县专利申请数据一览表

## （申请266个，其中发明6个、实用164个、外观96个）

| 序号 | 专利号 | 专利种类 | 专利名称 | 申请人 | 申请地址 |
|---|---|---|---|---|---|
| 1 | 2015100141254 | 发明 | 一种稀土提纯方法和电热炉 | 罗英明 | 丰顺县汤南镇东方村合山口40队 |
| 2 | 2015100354405 | 发明 | 高强度防水挡水坝 | 丰顺县梅丰水电发展有限公司 | 丰顺县汤西镇火滩村老虎潭 |
| 3 | 2015200079649 | 实用新型 | 一种带有高音灵敏度调节功能的车载分体式高音喇叭单元 | 丰顺县培英电声有限公司 | 丰顺县汤坑镇顺发路 |
| 4 | 2015200079653 | 实用新型 | 一种带有双被动低音辐射器的有源汽车座椅低音箱 | 丰顺县培英电声有限公司 | 丰顺县汤坑镇顺发路 |
| 5 | 2015200114074 | 实用新型 | 散热风扇框 | 许远期 | 丰顺县八乡山镇居委宿舍 |
| 6 | 2015200204085 | 实用新型 | 水电站用电缆连接处的监测头结构 | 丰顺县梅丰水电发展有限公司 | 丰顺县汤西镇火滩村老虎潭 |
| 7 | 2015200298951 | 实用新型 | 一种具有拦污功能的水电站调压室 | 丰顺县梅丰水电发展有限公司 | 丰顺县汤西镇火滩村老虎潭 |
| 8 | 2015200512283 | 实用新型 | 一种高强度防水挡水坝 | 丰顺县梅丰水电发展有限公司 | 丰顺县汤西镇火滩村老虎潭 |
| 9 | 201520056512X | 实用新型 | 一种水电站库区清污装置 | 丰顺县梅丰水电发展有限公司 | 丰顺县汤西镇火滩村老虎潭 |
| 10 | 2015200586484 | 实用新型 | 水电站排水系统的排水口封堵结构 | 丰顺县梅丰水电发展有限公司 | 丰顺县汤西镇火滩村老虎潭 |
| 11 | 201520058661X | 实用新型 | 水电站排水管的管口气囊封堵结构 | 丰顺县梅丰水电发展有限公司 | 丰顺县汤西镇火滩村老虎潭 |
| 12 | 2015200586732 | 实用新型 | 水电站排水管的旋转式气囊封堵结构 | 丰顺县梅丰水电发展有限公司 | 丰顺县汤西镇火滩村老虎潭 |

续上表

| 序号 | 专利号 | 专利种类 | 专利名称 | 申请人 | 申请地址 |
|---|---|---|---|---|---|
| 13 | 2015200587025 | 实用新型 | 一种水电站中使用的自清污滤水器 | 丰顺县梅丰水电发展有限公司 | 丰顺县汤西镇火滩村老虎潭 |
| 14 | 2015200617868 | 实用新型 | 灯泡贯流式机组轴承润滑油系统 | 丰顺县梅丰水电发展有限公司 | 丰顺县汤西镇火滩村老虎潭 |
| 15 | 2015200618324 | 实用新型 | 灯泡贯流式机组轴承润滑油管路结构 | 丰顺县梅丰水电发展有限公司 | 丰顺县汤西镇火滩村老虎潭 |
| 16 | 2015300007858 | 外观设计 | 纸巾包装袋（温柔香–茉莉花） | 王少国 | 丰顺县汤坑镇汤坑路十二巷004号 |
| 17 | 2015300008352 | 外观设计 | 纸巾包装袋（润来—熊） | 王少国 | 丰顺县汤坑镇汤坑路十二巷004号 |
| 18 | 2015300009069 | 外观设计 | 纸巾包装袋（润来—红结） | 王少国 | 丰顺县汤坑镇汤坑路十二巷004号 |
| 19 | 2015300036244 | 外观设计 | 散热风扇框架 | 许远期 | 丰顺县八乡山镇居委宿舍 |
| 20 | 2015300191748 | 外观设计 | 连体球（圆形） | 刘双钢 | 丰顺县黄金镇坑尾村炉下尾 |
| 21 | 2015300193090 | 外观设计 | 连体球（方形） | 刘双钢 | 丰顺县黄金镇坑尾村炉下尾 |
| 22 | 2015300332676 | 外观设计 | 隐藏浴室镜柜（0913） | 张亿程 | 丰顺县留隍镇大坪村九龙石示 |
| 23 | 2015300332708 | 外观设计 | 隐藏浴室镜柜（AD–1） | 张亿程 | 丰顺县留隍镇大坪村九龙石示 |
| 24 | 201530033284X | 外观设计 | 浴室镜柜（AD–2） | 张亿程 | 丰顺县留隍镇大坪村九龙石示 |
| 25 | 2015300407367 | 外观设计 | 51单片机智能小车 | 黄立鸿 | 丰顺县汤西镇大罗村新华 |
| 26 | 2015201354215 | 实用新型 | 水电站用新型消力池结构 | 丰顺县梅丰水电发展有限公司 | 丰顺县汤西镇火滩村老虎潭 |
| 27 | 2015201354249 | 实用新型 | 用于浮动式除杂装置的除杂滚筒 | 丰顺县梅丰水电发展有限公司 | 丰顺县汤西镇火滩村老虎潭 |
| 28 | 201520135687X | 实用新型 | 新型水力消力池结构 | 丰顺县梅丰水电发展有限公司 | 丰顺县汤西镇火滩村老虎潭 |
| 29 | 2015201356899 | 实用新型 | 水电站水面杂物的浮动式清理装置 | 丰顺县梅丰水电发展有限公司 | 丰顺县汤西镇火滩村老虎潭 |
| 30 | 2015201462949 | 实用新型 | 一种五金伸缩管加工设备 | 曾柱良 | 丰顺县汤坑镇汤坑路254号 |
| 31 | 2015201724585 | 实用新型 | 一种脚轮上拨盘成型加工治具 | 丰顺县泰雅达脚轮厂 | 丰顺县汤坑镇狮山路 |
| 32 | 201520172473X | 实用新型 | 一种脚轮支架的成型治具 | 丰顺县泰雅达脚轮厂 | 丰顺县汤坑镇狮山路 |
| 33 | 2015201725338 | 实用新型 | 脚轮支架全自动生产模具 | 丰顺县泰雅达脚轮厂 | 丰顺县汤坑镇狮山路 |
| 34 | 2015201757216 | 实用新型 | 一种转盘型脚轮支架自动组装装置 | 丰顺县泰雅达脚轮厂 | 丰顺县汤坑镇狮山路 |

续上表

| 序号 | 专利号 | 专利种类 | 专利名称 | 申请人 | 申请地址 |
|---|---|---|---|---|---|
| 35 | 2015201864218 | 实用新型 | 一种扬声器T铁整形治具 | 丰顺县鸿润电子有限公司 | 丰顺县经济开发区工业园 |
| 36 | 2015201865795 | 实用新型 | 一种扬声器T铁冷镦进料装置 | 丰顺县鸿润电子有限公司 | 丰顺县经济开发区工业园 |
| 37 | 2015201886749 | 实用新型 | 一种电力工具箱 | 丰顺县梅丰水电发展有限公司 | 丰顺县汤西镇火滩村老虎潭 |
| 38 | 2015201887510 | 实用新型 | 一种高强度电缆支架 | 丰顺县梅丰水电发展有限公司 | 丰顺县汤西镇火滩村老虎潭 |
| 39 | 2015201887525 | 实用新型 | 一种多功能电力检修梯 | 丰顺县梅丰水电发展有限公司 | 丰顺县汤西镇火滩村老虎潭 |
| 40 | 201520188753X | 实用新型 | 一种防触电围栏 | 丰顺县梅丰水电发展有限公司 | 丰顺县汤西镇火滩村老虎潭 |
| 41 | 2015201888157 | 实用新型 | 一种环保检测电磁流量计 | 丰顺县梅丰水电发展有限公司 | 丰顺县汤西镇火滩村老虎潭 |
| 42 | 2015201888570 | 实用新型 | 一种环保水处理设备调节器 | 丰顺县梅丰水电发展有限公司 | 丰顺县汤西镇火滩村老虎潭 |
| 43 | 2015201888871 | 实用新型 | 一种电力接地桩 | 丰顺县梅丰水电发展有限公司 | 丰顺县汤西镇火滩村老虎潭 |
| 44 | 2015201889037 | 实用新型 | 一种刮泥吸泥机液压管路固件 | 丰顺县梅丰水电发展有限公司 | 丰顺县汤西镇火滩村老虎潭 |
| 45 | 2015201889060 | 实用新型 | 一种电缆放线架 | 丰顺县梅丰水电发展有限公司 | 丰顺县汤西镇火滩村老虎潭 |
| 46 | 2015201889287 | 实用新型 | 水电站的多级调压室布置结构 | 丰顺县梅丰水电发展有限公司 | 丰顺县汤西镇火滩村老虎潭 |
| 47 | 2015201889639 | 实用新型 | 叠层抽沙式沉沙池的抽沙结构 | 丰顺县梅丰水电发展有限公司 | 丰顺县汤西镇火滩村老虎潭 |
| 48 | 2015201890015 | 实用新型 | 一种防尘防湿电力柜 | 丰顺县梅丰水电发展有限公司 | 丰顺县汤西镇火滩村老虎潭 |
| 49 | 201520191592X | 实用新型 | 一种轴瓦 | 丰顺县梅丰水电发展有限公司 | 丰顺县汤西镇火滩村老虎潭 |
| 50 | 2015201931617 | 实用新型 | 一种注塑机加热装置 | 丰顺县梅丰水电发展有限公司 | 丰顺县汤西镇火滩村老虎潭 |
| 51 | 2015201931871 | 实用新型 | 一种混凝土搅拌机 | 丰顺县梅丰水电发展有限公司 | 丰顺县汤西镇火滩村老虎潭 |
| 52 | 2015201932249 | 实用新型 | 一种污水治理离心机配件 | 丰顺县梅丰水电发展有限公司 | 丰顺县汤西镇火滩村老虎潭 |
| 53 | 2015201932785 | 实用新型 | 一种环保污水净化活性炭生产设备 | 丰顺县梅丰水电发展有限公司 | 丰顺县汤西镇火滩村老虎潭 |
| 54 | 201520193286X | 实用新型 | 一种太阳能提水灌溉机械机箱 | 丰顺县梅丰水电发展有限公司 | 丰顺县汤西镇火滩村老虎潭 |
| 55 | 2015201932889 | 实用新型 | 水电站引水隧洞沉沙池的抽沙结构 | 丰顺县梅丰水电发展有限公司 | 丰顺县汤西镇火滩村老虎潭 |
| 56 | 2015201933538 | 实用新型 | 一种液压起吊行车 | 丰顺县梅丰水电发展有限公司 | 丰顺县汤西镇火滩村老虎潭 |

续上表

| 序号 | 专利号 | 专利种类 | 专利名称 | 申请人 | 申请地址 |
|---|---|---|---|---|---|
| 57 | 2015201936682 | 实用新型 | 一种脚轮刹车板的成型加工治具 | 丰顺县泰雅达脚轮厂 | 丰顺县汤坑镇狮山路 |
| 58 | 2015201936790 | 实用新型 | 一种T铁冲孔整形伸缩模 | 丰顺县鸿润电子有限公司 | 丰顺县经济开发区工业园 |
| 59 | 2015201936875 | 实用新型 | 一种节水灌溉储水箱 | 丰顺县梅丰水电发展有限公司 | 丰顺县汤西镇火滩村老虎潭 |
| 60 | 2015201938438 | 实用新型 | 压力平衡调节式多级调压室布置结构 | 丰顺县梅丰水电发展有限公司 | 丰顺县汤西镇火滩村老虎潭 |
| 61 | 2015201938476 | 实用新型 | 一种装饰照明专用LED泛光灯 | 丰顺县梅丰水电发展有限公司 | 丰顺县汤西镇火滩村老虎潭 |
| 62 | 2015201938781 | 实用新型 | 一种注塑机专用配件 | 丰顺县梅丰水电发展有限公司 | 丰顺县汤西镇火滩村老虎潭 |
| 63 | 2015201938917 | 实用新型 | 一种水电站进水口除污装置 | 丰顺县梅丰水电发展有限公司 | 丰顺县汤西镇火滩村老虎潭 |
| 64 | 2015201938936 | 实用新型 | 一种水电站锅炉的烟气冷却装置 | 丰顺县梅丰水电发展有限公司 | 丰顺县汤西镇火滩村老虎潭 |
| 65 | 2015201940156 | 实用新型 | 一种线材自动进料装置 | 丰顺县鸿润电子有限公司 | 丰顺县经济开发区工业园 |
| 66 | 2015201943578 | 实用新型 | 一种液压阀 | 丰顺县梅丰水电发展有限公司 | 丰顺县汤西镇火滩村老虎潭 |
| 67 | 2015201970132 | 实用新型 | 压力平衡调节式多级调压室布置结构 | 丰顺县梅丰水电发展有限公司 | 丰顺县汤西镇火滩村老虎潭 |
| 68 | 2015201979071 | 实用新型 | 水电站引水隧洞沉沙池的抽沙结构 | 丰顺县梅丰水电发展有限公司 | 丰顺县汤西镇火滩村老虎潭 |
| 69 | 2015201979103 | 实用新型 | 水电站的多级调压室布置结构 | 丰顺县梅丰水电发展有限公司 | 丰顺县汤西镇火滩村老虎潭 |
| 70 | 2015201979654 | 实用新型 | 叠层抽沙式沉沙池的抽沙结构 | 丰顺县梅丰水电发展有限公司 | 丰顺县汤西镇火滩村老虎潭 |
| 71 | 2015202011570 | 实用新型 | 一种用于T铁加工自动钻孔仪 | 丰顺县鸿润电子有限公司 | 丰顺县经济开发区工业园 |
| 72 | 2015202011725 | 实用新型 | 一种T铁加工冲床安全感应装置 | 丰顺县鸿润电子有限公司 | 丰顺县经济开发区工业园 |
| 73 | 2015202011778 | 实用新型 | 一种全自动脚轮压轴装置 | 丰顺县泰雅达脚轮厂 | 丰顺县汤坑镇狮山路 |
| 74 | 201520201705X | 实用新型 | 一种脚轮负重耐力测试装置 | 丰顺县泰雅达脚轮厂 | 丰顺县汤坑镇狮山路 |
| 75 | 2015202077953 | 实用新型 | 一种折叠式电力拉杆 | 丰顺县梅丰水电发展有限公司 | 丰顺县汤西镇火滩村老虎潭 |
| 76 | 2015202079959 | 实用新型 | 脚轮边刹车片及其生产自动模 | 丰顺县泰雅达脚轮厂 | 丰顺县汤坑镇狮山路 |
| 77 | 2015202080477 | 实用新型 | 一种T铁模具 | 丰顺县鸿润电子有限公司 | 丰顺县经济开发区工业园 |
| 78 | 201520208073X | 实用新型 | 一种用于运输T铁材料的轨道送料车 | 丰顺县鸿润电子有限公司 | 丰顺县经济开发区工业园 |

续上表

| 序号 | 专利号 | 专利种类 | 专利名称 | 申请人 | 申请地址 |
|---|---|---|---|---|---|
| 79 | 201520208098X | 实用新型 | 一种生产T铁用的线材除锈装置 | 丰顺县鸿润电子有限公司 | 丰顺县经济开发区工业园 |
| 80 | 2015202080994 | 实用新型 | 一种压线机 | 丰顺县鸿润电子有限公司 | 丰顺县经济开发区工业园 |
| 81 | 2015202126273 | 实用新型 | 一种配备可充电电池的汽车门窗防水开闭系统 | 吴志光 | 丰顺县汤坑镇南门路36号丰顺县中医院 |
| 82 | 2015202176802 | 实用新型 | 一种多功能生命体征监护仪的无线采集和传输系统 | 吴志光 | 丰顺县汤坑镇南门路36号丰顺县中医院 |
| 83 | 2015202239591 | 实用新型 | 一种水电站专用配电柜 | 丰顺县梅丰水电发展有限公司 | 丰顺县汤西镇火滩村老虎潭 |
| 84 | 2015202240160 | 实用新型 | 一种防水耐腐蚀电缆 | 丰顺县梅丰水电发展有限公司 | 丰顺县汤西镇火滩村老虎潭 |
| 85 | 201520224018X | 实用新型 | 一种折叠式电力拉杆 | 丰顺县梅丰水电发展有限公司 | 丰顺县汤西镇火滩村老虎潭 |
| 86 | 2015202240207 | 实用新型 | 一种下水道布线管道 | 丰顺县梅丰水电发展有限公司 | 丰顺县汤西镇火滩村老虎潭 |
| 87 | 2015202254958 | 实用新型 | 建筑棒料清洗超声清洗辅助装置 | 丰顺县梅丰水电发展有限公司 | 丰顺县汤西镇火滩村老虎潭 |
| 88 | 2015202255397 | 实用新型 | 一种电动机接触器 | 丰顺县梅丰水电发展有限公司 | 丰顺县汤西镇火滩村老虎潭 |
| 89 | 201520225540X | 实用新型 | 家具产品储存干燥装置 | 丰顺县梅丰水电发展有限公司 | 丰顺县汤西镇火滩村老虎潭 |
| 90 | 2015202255611 | 实用新型 | 家具产品旋转干燥装置 | 丰顺县梅丰水电发展有限公司 | 丰顺县汤西镇火滩村老虎潭 |
| 91 | 2015202255626 | 实用新型 | 家具样品储存展示装置 | 丰顺县梅丰水电发展有限公司 | 丰顺县汤西镇火滩村老虎潭 |
| 92 | 2015202290263 | 实用新型 | 家具板材喷涂辅助装置 | 丰顺县梅丰水电发展有限公司 | 丰顺县汤西镇火滩村老虎潭 |
| 93 | 2015202290297 | 实用新型 | 家具产品喷涂装置 | 丰顺县梅丰水电发展有限公司 | 丰顺县汤西镇火滩村老虎潭 |
| 94 | 2015202290386 | 实用新型 | 建筑材料清洗切割辅助装置 | 丰顺县梅丰水电发展有限公司 | 丰顺县汤西镇火滩村老虎潭 |
| 95 | 2015202290579 | 实用新型 | 园林种植供液辅助装置 | 丰顺县梅丰水电发展有限公司 | 丰顺县汤西镇火滩村老虎潭 |
| 96 | 2015202290672 | 实用新型 | 一种电力设备照明装置 | 丰顺县梅丰水电发展有限公司 | 丰顺县汤西镇火滩村老虎潭 |
| 97 | 2015202290691 | 实用新型 | 一种电子式电流型漏电保护器 | 丰顺县梅丰水电发展有限公司 | 丰顺县汤西镇火滩村老虎潭 |
| 98 | 2015202290776 | 实用新型 | 一种多功能电力柜 | 丰顺县梅丰水电发展有限公司 | 丰顺县汤西镇火滩村老虎潭 |
| 99 | 2015202290795 | 实用新型 | 一种空气阻尼式时间继电器 | 丰顺县梅丰水电发展有限公司 | 丰顺县汤西镇火滩村老虎潭 |
| 100 | 2015202290808 | 实用新型 | 一种新型电力柜 | 丰顺县梅丰水电发展有限公司 | 丰顺县汤西镇火滩村老虎潭 |

续上表

| 序号 | 专利号 | 专利种类 | 专利名称 | 申请人 | 申请地址 |
|---|---|---|---|---|---|
| 101 | 2015202303526 | 实用新型 | 一种水电站用浮萍杂物清理船 | 丰顺县梅丰水电发展有限公司 | 丰顺县汤西镇火滩村老虎潭 |
| 102 | 2015202303545 | 实用新型 | 一种防渗漏高强度河堤 | 丰顺县梅丰水电发展有限公司 | 丰顺县汤西镇火滩村老虎潭 |
| 103 | 2015202431030 | 实用新型 | 水轮发电机导叶保护机构 | 丰顺县梅丰水电发展有限公司 | 丰顺县汤西镇火滩村老虎潭 |
| 104 | 2015202438896 | 实用新型 | 水力发电机防油雾装置 | 丰顺县梅丰水电发展有限公司 | 丰顺县汤西镇火滩村老虎潭 |
| 105 | 201520243899X | 实用新型 | 水力发电机防油雾设备 | 丰顺县梅丰水电发展有限公司 | 丰顺县汤西镇火滩村老虎潭 |
| 106 | 2015202439051 | 实用新型 | 水轮机导叶保护系统 | 丰顺县梅丰水电发展有限公司 | 丰顺县汤西镇火滩村老虎潭 |
| 107 | 2015202439121 | 实用新型 | 水电站高压输出电缆结构 | 丰顺县梅丰水电发展有限公司 | 丰顺县汤西镇火滩村老虎潭 |
| 108 | 2015202439263 | 实用新型 | 水电站高压输出电缆 | 丰顺县梅丰水电发展有限公司 | 丰顺县汤西镇火滩村老虎潭 |
| 109 | 2015202439367 | 实用新型 | 水轮机导叶保护设备 | 丰顺县梅丰水电发展有限公司 | 丰顺县汤西镇火滩村老虎潭 |
| 110 | 2015202442497 | 实用新型 | 水力发电机油雾处理装置 | 丰顺县梅丰水电发展有限公司 | 丰顺县汤西镇火滩村老虎潭 |
| 111 | 201520244250X | 实用新型 | 水力发电机油雾处理设备 | 丰顺县梅丰水电发展有限公司 | 丰顺县汤西镇火滩村老虎潭 |
| 112 | 2015202447912 | 实用新型 | 导叶保护装置 | 丰顺县梅丰水电发展有限公司 | 丰顺县汤西镇火滩村老虎潭 |
| 113 | 2015202489879 | 实用新型 | 一种用于键盘按键间缝隙清洁的清洁片 | 何展凤 | 丰顺县汤坑镇新邮路 17 号 |
| 114 | 2015301024935 | 外观设计 | 百合螺钉包装盒 | 谢润祥 | 丰顺县埔寨镇横坑村外头角 |
| 115 | 201530117530X | 外观设计 | 手机防水夹 | 谭杭州 | 丰顺县留隍镇西洞村乌年岽 |
| 116 | 2015102341880 | 发明 | 一种打包式高保密碎纸机 | 丰顺县梅丰水电发展有限公司 | 丰顺县汤西镇火滩村老虎潭 |
| 117 | 2015102684575 | 发明 | 多功能汽车方向盘锁及其应用 | 丰顺中品实业有限公司 | 丰顺县城南开发区文化路 |
| 118 | 2015202848316 | 实用新型 | 石英晶片清洗装置 | 李海丰 | 丰顺县汤坑镇石碑街 17 号后幢 204 之二 |
| 119 | 2015202849412 | 实用新型 | 石英晶片外观分选机断电保护装置 | 李海丰 | 丰顺县汤坑镇石碑街 17 号后幢 204 之二 |
| 120 | 2015202849573 | 实用新型 | 石英晶片分选智能机械手 | 李海丰 | 丰顺县汤坑镇石碑街 17 号后幢 204 之二 |
| 121 | 2015202849785 | 实用新型 | 一种石英砂自动加料的输送装置 | 李海丰 | 丰顺县汤坑镇石碑街 17 号后幢 204 之二 |
| 122 | 2015202850496 | 实用新型 | 石英砂筛选装置 | 李海丰 | 丰顺县汤坑镇石碑街 17 号后幢 204 之二 |

续上表

| 序号 | 专利号 | 专利种类 | 专利名称 | 申请人 | 申请地址 |
|---|---|---|---|---|---|
| 123 | 201520285059X | 实用新型 | 一种石英砂杂色分选系统 | 李海丰 | 丰顺县汤坑镇石碑街17号后幢204之二 |
| 124 | 2015202973138 | 实用新型 | 新型摆动板式水电站出水口消能结构 | 丰顺县梅丰水电发展有限公司 | 丰顺县汤西镇火滩村老虎潭 |
| 125 | 2015202975171 | 实用新型 | 打包式高保密碎纸机 | 丰顺县梅丰水电发展有限公司 | 丰顺县汤西镇火滩村老虎潭 |
| 126 | 2015202975203 | 实用新型 | 泄水建筑物的新型消能结构 | 丰顺县梅丰水电发展有限公司 | 丰顺县汤西镇火滩村老虎潭 |
| 127 | 2015202975364 | 实用新型 | 水电站出水口的消能结构 | 丰顺县梅丰水电发展有限公司 | 丰顺县汤西镇火滩村老虎潭 |
| 128 | 2015203399456 | 实用新型 | 多功能汽车方向盘锁 | 丰顺中品实业有限公司 | 丰顺县城南开发区文化路 |
| 129 | 2015203491429 | 实用新型 | 散热风扇框 | 许远期 | 丰顺县八乡山镇居委宿舍 |
| 130 | 201530128315X | 外观设计 | 鱼缸底座 | 彭并游 | 丰顺县龙岗镇田坑村上楼 |
| 131 | 2015301292341 | 外观设计 | 手链(幸运四叶草) | 徐许红 | 丰顺县汤坑镇东秀村和顺 |
| 132 | 2015301394932 | 外观设计 | 罐子（繁体邓老凉茶310ml） | 广东邓老凉茶药业集团有限公司 | 丰顺县经济开发区工业园工业四路 |
| 133 | 201530139548X | 外观设计 | 罐子（繁体邓老凉茶245ml） | 广东邓老凉茶药业集团有限公司 | 丰顺县经济开发区工业园工业四路 |
| 134 | 2015301572272 | 外观设计 | 食品包装盒 | 廖史智 | 丰顺县留隍镇致和里 |
| 135 | 2015204230708 | 实用新型 | 一种边角装饰件 | 张召文 | 丰顺县埔寨镇埔南村中心 |
| 136 | 2015301786572 | 外观设计 | 情侣戒指(love心) | 徐许红 | 丰顺县汤坑镇东秀村和顺 |
| 137 | 2015301922238 | 外观设计 | 马达盒 | 钟锦城 | 丰顺县砂田镇居委宿舍 |
| 138 | 201530192357X | 外观设计 | U盘外壳 | 柯佳麟 | 丰顺县汤坑镇北社街2号-2 |
| 139 | 2015301924924 | 外观设计 | 旋转马达盒 | 钟锦城 | 丰顺县砂田镇居委宿舍 |
| 140 | 2015301971535 | 外观设计 | 网格灯罩 | 李镇区 | 丰顺县小胜镇硃坑村大斗 |
| 141 | 2015302000374 | 外观设计 | 香水盒 | 钟锦城 | 丰顺县砂田镇居委宿舍 |
| 142 | 2015302083108 | 外观设计 | 锁心情侣戒指 | 徐许红 | 丰顺县汤坑镇东秀村和顺 |
| 143 | 2015104241660 | 发明 | 太甲五行生肖阴阳牌棋 | 杨舒铮 | 丰顺县丰良镇新城路86号 |
| 144 | 2015204735596 | 实用新型 | micro-usb 公头 | 谢柳衡 | 丰顺县埔寨镇采芝村 |

续上表

| 序号 | 专利号 | 专利种类 | 专利名称 | 申请人 | 申请地址 |
|---|---|---|---|---|---|
| 145 | 2015204737290 | 实用新型 | Micro-usb 母座 | 谢柳衡 | 丰顺县埔寨镇采芝村 |
| 146 | 2015205116733 | 实用新型 | 可形变扇叶及风扇 | 谢柳衡 | 丰顺县埔寨镇采芝村 |
| 147 | 2015205209051 | 实用新型 | 一种三合一化妆镜 | 刘少丹 | 丰顺县留隍镇下街 49 号 |
| 148 | 2015205211776 | 实用新型 | 易清扫灭蚊灯 | 谢柳衡 | 丰顺县埔寨镇采芝村 |
| 149 | 2015205234250 | 实用新型 | 太甲五行生肖阴阳牌棋 | 杨舒铮 | 丰顺县丰良镇新城路 86 号 |
| 150 | 2015205237047 | 实用新型 | 一种带梳子的防水袋夹子 | 谭杭州 | 丰顺县留隍镇西洞乡乌年岽 |
| 151 | 2015205436178 | 实用新型 | 可变形扇叶及风扇 | 谢柳衡 | 丰顺县埔寨镇采芝村 |
| 152 | 2015302402090 | 外观设计 | 化妆镜（155） | 刘少丹 | 丰顺县留隍镇下街 49 号 |
| 153 | 2015302402118 | 外观设计 | 化妆镜（159） | 刘少丹 | 丰顺县留隍镇下街 49 号 |
| 154 | 2015302402226 | 外观设计 | 化妆镜（178） | 刘少丹 | 丰顺县留隍镇下街 49 号 |
| 155 | 2015302402245 | 外观设计 | 化妆镜（156） | 刘少丹 | 丰顺县留隍镇下街 49 号 |
| 156 | 2015302479139 | 外观设计 | 化妆镜（170） | 刘少丹 | 丰顺县留隍镇下街 49 号 |
| 157 | 2015302520504 | 外观设计 | 树状功放散热器 | 丰顺县培英电声有限公司 | 丰顺县经济开发区工业园丰达路 8 号 |
| 158 | 2015302520631 | 外观设计 | 音箱（汽车座椅超薄低音箱） | 丰顺县培英电声有限公司 | 丰顺县经济开发区工业园丰达路 8 号 |
| 159 | 2015302520699 | 外观设计 | 分频器(OLOM-FX-44A) | 丰顺县培英电声有限公司 | 丰顺县经济开发区工业园丰达路 8 号 |
| 160 | 2015302521206 | 外观设计 | 喇叭(OLOM-6.5 寸系列) | 丰顺县培英电声有限公司 | 丰顺县经济开发区工业园丰达路 8 号 |
| 161 | 2015302521475 | 外观设计 | 分频器(OLOM-FX-38B) | 丰顺县培英电声有限公司 | 丰顺县经济开发区工业园丰达路 8 号 |
| 162 | 2015302521846 | 外观设计 | 音箱(OLOM 汽车尾箱用低音箱) | 丰顺县培英电声有限公司 | 丰顺县经济开发区工业园丰达路 8 号 |
| 163 | 2015302522247 | 外观设计 | 音频接收器(OLOM-车家两用 WIFI 版) | 丰顺县培英电声有限公司 | 丰顺县经济开发区工业园丰达路 8 号 |
| 164 | 2015302522533 | 外观设计 | 音频处理器(OLOM-DSP 数字信号音频处理器) | 丰顺县培英电声有限公司 | 丰顺县经济开发区工业园丰达路 8 号 |
| 165 | 2015302523201 | 外观设计 | 分频器(OLOM-FX-42B) | 丰顺县培英电声有限公司 | 丰顺县经济开发区工业园丰达路 8 号 |
| 166 | 2015302540419 | 外观设计 | 喇叭（OLOM-M35A 中音喇叭+T28A 高音喇叭） | 丰顺县培英电声有限公司 | 丰顺县经济开发区工业园丰达路 8 号 |

续上表

| 序号 | 专利号 | 专利种类 | 专利名称 | 申请人 | 申请地址 |
|---|---|---|---|---|---|
| 167 | 2015302574542 | 外观设计 | 音箱（LK-K18） | 旺兴达（丰顺）电子有限公司 | 丰顺县汤坑镇铜盘村 |
| 168 | 2015205691311 | 实用新型 | 光触媒灭蚊器 | 谢柳衡 | 丰顺县埔寨镇采芝村 |
| 169 | 2015205801434 | 实用新型 | 用于手机固定架的扬声器 | 丰顺明音电子有限公司 | 丰顺县经济开发区工业园 |
| 170 | 2015205808217 | 实用新型 | 一种扬声器固定装置 | 丰顺明音电子有限公司 | 丰顺县经济开发区工业园 |
| 171 | 2015205822676 | 实用新型 | 一种用于键盘按键间缝隙清洁的清洁片 | 何展凤 | 丰顺县汤坑镇新邮路 17 号 |
| 172 | 2015205996381 | 实用新型 | 一种车载式中分带绿化修剪装置 | 朱国清 | 丰顺县留隍镇岽下村和丰 |
| 173 | 2015206112513 | 实用新型 | 一种新型扬声器 | 丰顺明音电子有限公司 | 丰顺县经济开发区工业园 |
| 174 | 2015206113465 | 实用新型 | 一种新型扬声器固定支架 | 丰顺明音电子有限公司 | 丰顺县经济开发区工业园 |
| 175 | 2015206442852 | 实用新型 | 汽车方向盘锁放置固定装置 | 丰顺中品实业有限公司 | 丰顺县汤坑镇城南开发区文化路 1 号 |
| 176 | 201520644354X | 实用新型 | 带提醒功能的摩托车用固定碟刹锁 | 丰顺中品实业有限公司 | 丰顺县汤坑镇城南开发区文化路 1 号 |
| 177 | 2015206584393 | 实用新型 | 带提醒功能的摩托车用固定碟刹锁 | 丰顺中品实业有限公司 | 丰顺县汤坑镇城南开发区文化路 1 号 |
| 178 | 2015206584586 | 实用新型 | 汽车方向盘锁放置固定装置 | 丰顺中品实业有限公司 | 丰顺县汤坑镇城南开发区文化路 1 号 |
| 179 | 2015302835720 | 外观设计 | 猫鱼情侣戒指 | 徐许红 | 丰顺县汤坑镇东秀村和顺 |
| 180 | 2015302882505 | 外观设计 | 立体声蓝牙耳机(BTQ5) | 蔡春玲 | 丰顺县汤坑镇汤坑路 254 号 |
| 181 | 2015302888855 | 外观设计 | 提包（笑脸） | 张俊龙 | 丰顺县埔寨镇浦北村远二 |
| 182 | 201530288903X | 外观设计 | 编织手机包 | 张俊龙 | 丰顺县埔寨镇浦北村远二 |
| 183 | 2015302889063 | 外观设计 | 提包（三宅一生-柒捌叁） | 张俊龙 | 丰顺县埔寨镇浦北村远二 |
| 184 | 2015302889078 | 外观设计 | 机车包（玖玖陆） | 张俊龙 | 丰顺县埔寨镇浦北村远二 |
| 185 | 2015302889082 | 外观设计 | 机车包（捌贰伍） | 张俊龙 | 丰顺县埔寨镇浦北村远二 |
| 186 | 201530288910X | 外观设计 | 提包（小猫） | 张俊龙 | 丰顺县埔寨镇浦北村远二 |
| 187 | 2015302889129 | 外观设计 | 机车包（柒壹壹） | 张俊龙 | 丰顺县埔寨镇浦北村远二 |
| 188 | 2015302889133 | 外观设计 | 编织包（贝壳） | 张俊龙 | 丰顺县埔寨镇浦北村远二 |

续上表

| 序号 | 专利号 | 专利种类 | 专利名称 | 申请人 | 申请地址 |
|---|---|---|---|---|---|
| 189 | 2015302889152 | 外观设计 | 提包（三宅一生-柒捌壹） | 张俊龙 | 丰顺县埔寨镇浦北村远二 |
| 190 | 2015302984496 | 外观设计 | 洋酒酒瓶(2) | 彭国权 | 丰顺县龙岗镇松江村大溪 |
| 191 | 2015303182581 | 外观设计 | 热水器(5) | 苏加定 | 丰顺县潭江镇大胜村甘凹 |
| 192 | 2015303182755 | 外观设计 | 热水器(3) | 苏加定 | 丰顺县潭江镇大胜村甘凹 |
| 193 | 201530318276X | 外观设计 | 热水器(1) | 苏加定 | 丰顺县潭江镇大胜村甘凹 |
| 194 | 2015303182810 | 外观设计 | 衣柜（1） | 李德乐 | 丰顺县潭江镇大胜村甘凹 |
| 195 | 2015303183175 | 外观设计 | 衣柜 | 李德乐 | 丰顺县潭江镇大胜村甘凹 |
| 196 | 201530318318X | 外观设计 | 梳妆台 | 李德乐 | 丰顺县潭江镇大胜村甘凹 |
| 197 | 2015303183461 | 外观设计 | 热水器(4) | 苏加定 | 丰顺县潭江镇大胜村甘凹 |
| 198 | 2015303183480 | 外观设计 | 热水器(2) | 苏加定 | 丰顺县潭江镇大胜村甘凹 |
| 199 | 2015303183531 | 外观设计 | 饰品柜 | 李德乐 | 丰顺县潭江镇大胜村甘凹 |
| 200 | 2015303183828 | 外观设计 | 四门衣柜 | 李德乐 | 丰顺县潭江镇大胜村甘凹 |
| 201 | 2015303266233 | 外观设计 | 移动电源（K1） | 陈小龙 | 丰顺县汤西镇新岭村栅仔 |
| 202 | 2015206656936 | 实用新型 | 饲料冷却系统 | 丰顺县新大实业有限公司 | 丰顺县汤坑镇河滨顺发路35号 |
| 203 | 2015206657337 | 实用新型 | 饲料全自动输送系统 | 丰顺县新大实业有限公司 | 丰顺县汤坑镇河滨顺发路35号 |
| 204 | 2015206659328 | 实用新型 | 饲料级动物油渣分离系统 | 丰顺县新大实业有限公司 | 丰顺县汤坑镇河滨顺发路35号 |
| 205 | 2015206676234 | 实用新型 | 一种扬声器安装结构 | 丰顺县培英电声有限公司 | 丰顺县经济开发区工业园丰达路8号 |
| 206 | 2015206745569 | 实用新型 | 一种扬声装置 | 丰顺县培英电声有限公司 | 丰顺县经济开发区工业园丰达路8号 |
| 207 | 2015206798208 | 实用新型 | 一种智能蓝牙音箱 | 丰顺明音电子有限公司 | 丰顺县经济开发区工业园 |
| 208 | 201520680066X | 实用新型 | 一种内置智能声卡的音箱 | 丰顺明音电子有限公司 | 丰顺县经济开发区工业园 |
| 209 | 2015206936335 | 实用新型 | 新型饲料粉碎机 | 丰顺县新大实业有限公司 | 丰顺县汤坑镇河滨顺发路35号 |
| 210 | 2015206938881 | 实用新型 | 新型饲料原料自动上料机 | 丰顺县新大实业有限公司 | 丰顺县汤坑镇河滨顺发路35号 |

续上表

| 序号 | 专利号 | 专利种类 | 专利名称 | 申请人 | 申请地址 |
|---|---|---|---|---|---|
| 211 | 2015206939827 | 实用新型 | 饲料级肉粉烘干系统 | 丰顺县新大实业有限公司 | 丰顺县汤坑镇河滨顺发路35号 |
| 212 | 2015207106859 | 实用新型 | 一种带指南针功能的运动臂带 | 谭杭州 | 丰顺县留隍镇西洞乡乌年岽 |
| 213 | 2015207136892 | 实用新型 | 饲料原料储藏设备 | 丰顺县新大实业有限公司 | 丰顺县汤坑镇河滨顺发路35号 |
| 214 | 2015207137096 | 实用新型 | 一种棒球型方向盘锁安全锤装置 | 丰顺中品实业有限公司 | 丰顺县汤坑镇城南开发区文化路1号 |
| 215 | 2015207139496 | 实用新型 | 饲料级肉粉加工用螺旋出料装置 | 丰顺县新大实业有限公司 | 丰顺县汤坑镇河滨顺发路35号 |
| 216 | 2015207140741 | 实用新型 | 新型方向盘棒球锁 | 丰顺中品实业有限公司 | 丰顺县汤坑镇城南开发区文化路1号 |
| 217 | 2015207271288 | 实用新型 | 方向盘锁具外壳激光焊接治具 | 丰顺中品实业有限公司 | 丰顺县汤坑镇城南开发区文化路1号 |
| 218 | 2015207289667 | 实用新型 | 内置K歌声卡蓝牙音箱 | 丰顺明音电子有限公司 | 丰顺县经济开发区工业园 |
| 219 | 2015207290325 | 实用新型 | 一种改良喇叭支架 | 丰顺明音电子有限公司 | 丰顺县经济开发区工业园 |
| 220 | 2015207290556 | 实用新型 | 一种喇叭网罩 | 丰顺明音电子有限公司 | 丰顺县经济开发区工业园 |
| 221 | 2015207315996 | 实用新型 | 智能无线充电蓝牙音箱 | 丰顺明音电子有限公司 | 丰顺县经济开发区工业园 |
| 222 | 2015207454749 | 实用新型 | 带通讯功能的方向盘折叠锁 | 丰顺中品实业有限公司 | 丰顺县汤坑镇城南开发区文化路1号 |
| 223 | 2015303369564 | 外观设计 | 行车记录仪 | 胡启院 | 丰顺县潘田镇居委宿舍 |
| 224 | 2015303370307 | 外观设计 | 行车记录仪 | 胡启院 | 丰顺县潘田镇居委宿舍 |
| 225 | 2015303710633 | 外观设计 | 吸顶灯（15） | 郑俊科 | 丰顺县留隍镇九河村黄华 |
| 226 | 2015303710686 | 外观设计 | 吸顶灯（16） | 郑俊科 | 丰顺县留隍镇九河村黄华 |
| 227 | 2015303712018 | 外观设计 | 吸顶灯（21） | 郑俊科 | 丰顺县留隍镇九河村黄华 |
| 228 | 2015303712022 | 外观设计 | 吸顶灯（20） | 郑俊科 | 丰顺县留隍镇九河村黄华 |
| 229 | 2015303712272 | 外观设计 | 吸顶灯（18） | 郑俊科 | 丰顺县留隍镇九河村黄华 |
| 230 | 2015303712287 | 外观设计 | 吸顶灯（17） | 郑俊科 | 丰顺县留隍镇九河村黄华 |
| 231 | 2015303712361 | 外观设计 | 吸顶灯（14） | 郑俊科 | 丰顺县留隍镇九河村黄华 |
| 232 | 2015303823576 | 外观设计 | 林达 | 移动电源 | 丰顺县汤坑镇米街一巷9号之一 |

续上表

| 序号 | 专利号 | 专利种类 | 专利名称 | 申请人 | 申请地址 |
|---|---|---|---|---|---|
| 233 | 2015303933294 | 外观设计 | 包装袋（粗粮面） | 丰顺县裕丰食品有限公司 | 丰顺县城南开发区 |
| 234 | 2015303933932 | 外观设计 | 包装袋（淮山面） | 丰顺县裕丰食品有限公司 | 丰顺县城南开发区 |
| 235 | 2015303930807 | 外观设计 | 包装箱（淮山面） | 丰顺县裕丰食品有限公司 | 丰顺县城南开发区 |
| 236 | 2015303962371 | 外观设计 | 锂电池盒（捷佳） | 郑永利 | 丰顺县留隍镇田坫村田站村黄崇 |
| 237 | 201530392959X | 外观设计 | 多功能 LED 灯 | 巫金辉 | 丰顺县汤坑镇金湖村下湖新屋 |
| 238 | 2015208148651 | 实用新型 | 一种车载空气净化器 | 丰顺县蓝爽科技有限公司 | 丰顺县工业园丰达路 8 号 |
| 239 | 2015304050664 | 外观设计 | 空气净化器（AG01） | 丰顺县蓝爽科技有限公司 | 丰顺县工业园丰达路 8 号 |
| 240 | 2015209285463 | 实用新型 | 一种雨伞装置 | 冯文涛 | 丰顺县八乡山镇戏潭村黄竹砼 |
| 241 | 2015304449231 | 外观设计 | 充电宝 | 李檀香 | 丰顺县北斗镇十荷村锡坑 |
| 242 | 2015304451000 | 外观设计 | 书夹 | 朱冠委 | 丰顺县黄金镇清溪村大老屋 |
| 243 | 2015304451710 | 外观设计 | 双出水单控阀门 | 张书壬 | 丰顺县留隍镇黄砂田村三队 |
| 244 | 2015304456663 | 外观设计 | 手机充电器 | 赖沛盏 | 丰顺县潘田镇居委宿舍 |
| 245 | 2015304459110 | 外观设计 | 双面镜 | 李檀香 | 丰顺县北斗镇十荷村锡坑 |
| 246 | 2015304737169 | 外观设计 | 4WD 单片机智能小车 | 黄立鸿 | 丰顺县汤西镇大罗村新华 |
| 247 | 201530483372X | 外观设计 | 无人机（6 轴 1200 轴距旋翼） | 邓世钱 | 丰顺县丰良镇兵营村船洋 |
| 248 | 2015304834050 | 外观设计 | 无人机（6 轴 1550 轴距旋翼） | 邓世钱 | 丰顺县丰良镇兵营村船洋 |
| 249 | 2015304834370 | 外观设计 | 无人机（四旋翼 1060 轴距） | 邓世钱 | 丰顺县丰良镇兵营村船洋 |
| 250 | 2015304835250 | 外观设计 | 无人机（四旋翼 680 轴距） | 邓世钱 | 丰顺县丰良镇兵营村船洋 |
| 251 | 2015210133546 | 实用新型 | 一种无人机电机固定座 | 邓世钱 | 丰顺县丰良镇兵营村船洋 |
| 252 | 2015210137960 | 实用新型 | 一种改良式防反松航空拔插件 | 邓世钱 | 丰顺县丰良镇兵营村船洋 |
| 253 | 2015210138431 | 实用新型 | 一种新型防反松航空拔插件 | 邓世钱 | 丰顺县丰良镇兵营村船洋 |
| 254 | 2015210236307 | 实用新型 | 一种摇臂式电视挂架 | 丰顺泰昌电声元件有限公司 | 丰顺县工业园 |

续上表

| 序号 | 专利号 | 专利种类 | 专利名称 | 申请人 | 申请地址 |
|---|---|---|---|---|---|
| 255 | 2015210236311 | 实用新型 | 角铁支架焊接平面铣削治具 | 丰顺泰昌电声元件有限公司 | 丰顺县工业园 |
| 256 | 2015210236330 | 实用新型 | 一种免焊接防过度转动电视挂架 | 丰顺泰昌电声元件有限公司 | 丰顺县工业园 |
| 257 | 2015210236487 | 实用新型 | 光盘播放机与音响一体式电视挂架 | 丰顺泰昌电声元件有限公司 | 丰顺县工业园 |
| 258 | 2015210804625 | 实用新型 | 汽车座椅加装件用固定装置 | 丰顺县蓝爽科技有限公司 | 丰顺县工业园丰达路 8 号 |
| 259 | 2015109835769 | 发明 | 一种生管品质智能管理系统 | 丰顺县培英电声有限公司 | 丰顺县经济开发区工业园丰达路 8 号 |
| 260 | 2015305152260 | 外观设计 | 灯（图–01） | 何荣腾 | 丰顺县黄金镇建新街 100 号 |
| 261 | 2015305153047 | 外观设计 | 放大镜 | 何荣腾 | 丰顺县黄金镇建新街 100 号 |
| 262 | 2015305157014 | 外观设计 | 灯（图–02） | 何荣腾 | 丰顺县黄金镇建新街 100 号 |
| 263 | 2015305209767 | 外观设计 | 卷发烫 | 何荣腾 | 丰顺县黄金镇建新街 100 号 |
| 264 | 2015305209771 | 外观设计 | 台灯（云–01） | 何荣腾 | 丰顺县黄金镇建新街 100 号 |
| 265 | 2015305544642 | 外观设计 | 吸顶灯配件（玫瑰花） | 邱小娜 | 丰顺县汤坑镇中兴四路信用联社宿舍 |
| 266 | 2015305544750 | 外观设计 | 吸顶灯配件（八匹马） | 邱小娜 | 丰顺县汤坑镇中兴四路信用联社宿舍 |

## 2015 年度丰顺县专利授权数据一览表
## （授权 249 个，其中发明 6 个、实用 176 个、外观 67 个）

| 序号 | 专利号 | 专利种类 | 专利名称 | 申请日 | 申请人 | 申请地址 |
|---|---|---|---|---|---|---|
| 1 | 2014203833991 | 实用新型 | 内置可触发 Webkey 功能的 USB 数据线 | 2014.7.12 | 刘锐敏 | 丰顺县小胜镇大南村甲溪 |
| 2 | 2014206202110 | 实用新型 | 一种由四单元模块组成的便携接插式床垫 | 2014.10.25 | 张志维 | 丰顺县汤坑镇新邮路 17 号 |
| 3 | 2014206202159 | 实用新型 | 一种由四块床垫模块组合成的海绵床垫 | 2014.10.25 | 张志维 | 丰顺县汤坑镇新邮路 17 号 |
| 4 | 2014206202182 | 实用新型 | 一种方便携带的接插式床垫 | 2014.10.25 | 张志维 | 丰顺县汤坑镇新邮路 17 号 |
| 5 | 2014206202197 | 实用新型 | 一种接插式可拆卸床垫 | 2014.10.25 | 张志维 | 丰顺县汤坑镇新邮路 17 号 |
| 6 | 2014206202229 | 实用新型 | 一种由六块床垫模块组合成的速拼床垫 | 2014.10.25 | 张志维 | 丰顺县汤坑镇新邮路 17 号 |
| 7 | 2014206202252 | 实用新型 | 一种拼装式四单元海绵床垫 | 2014.10.25 | 张志维 | 丰顺县汤坑镇新邮路 17 号 |

续上表

| 序号 | 专利号 | 专利种类 | 专利名称 | 申请日 | 申请人 | 申请地址 |
|---|---|---|---|---|---|---|
| 8 | 2014206202267 | 实用新型 | 一种由四块单元模块组成的拼装床垫 | 2014.10.25 | 张志维 | 丰顺县汤坑镇新邮路17号 |
| 9 | 2014206202286 | 实用新型 | 一种由两块单元模块组成的拼装床垫 | 2014.10.25 | 张志维 | 丰顺县汤坑镇新邮路17号 |
| 10 | 2014206202322 | 实用新型 | 一种由四单元模块组成的叠接式床垫 | 2014.10.25 | 张志维 | 丰顺县汤坑镇新邮路17号 |
| 11 | 2014206202337 | 实用新型 | 一种由四单元模块组成的卡接式床垫 | 2014.10.25 | 张志维 | 丰顺县汤坑镇新邮路17号 |
| 12 | 201420620238X | 实用新型 | 一种拆装方便的床垫 | 2014.10.25 | 张志维 | 丰顺县汤坑镇新邮路17号 |
| 13 | 2014206202411 | 实用新型 | 一种由四单元模块组成的嵌叠床垫 | 2014.10.25 | 张志维 | 丰顺县汤坑镇新邮路17号 |
| 14 | 2014206202426 | 实用新型 | 一种可速装的四单元组合床垫 | 2014.10.25 | 张志维 | 丰顺县汤坑镇新邮路17号 |
| 15 | 2014206202430 | 实用新型 | 一种速拼式六单元组合床垫 | 2014.10.25 | 张志维 | 丰顺县汤坑镇新邮路17号 |
| 16 | 201420620245X | 实用新型 | 一种由六块单元模块组成的收藏便利的床垫 | 2014.10.25 | 张志维 | 丰顺县汤坑镇新邮路17号 |
| 17 | 2014206202464 | 实用新型 | 一种由四块床垫模块组成的嵌叠床垫 | 2014.10.25 | 张志维 | 丰顺县汤坑镇新邮路17号 |
| 18 | 2014206202479 | 实用新型 | 一种由六块单元模块组成的拼装床垫 | 2014.10.25 | 张志维 | 丰顺县汤坑镇新邮路17号 |
| 19 | 2014206202483 | 实用新型 | 一种拼装式床垫 | 2014.10.25 | 张志维 | 丰顺县汤坑镇新邮路17号 |
| 20 | 2014206202498 | 实用新型 | 一种由三块带直角缺口床垫模块组成的床垫 | 2014.10.25 | 张志维 | 丰顺县汤坑镇新邮路17号 |
| 21 | 2014206202500 | 实用新型 | 一种由六块床垫模块组成的嵌叠床垫 | 2014.10.25 | 张志维 | 丰顺县汤坑镇新邮路17号 |
| 22 | 2014206202515 | 实用新型 | 一种由六块单元模块组成的拼接式床垫 | 2014.10.25 | 张志维 | 丰顺县汤坑镇新邮路17号 |
| 23 | 201420620252X | 实用新型 | 一种由四块单元模块组成的拼接式床垫 | 2014.10.25 | 张志维 | 丰顺县汤坑镇新邮路17号 |
| 24 | 2014206202553 | 实用新型 | 一种卡接式四单元组合床垫 | 2014.10.25 | 张志维 | 丰顺县汤坑镇新邮路17号 |
| 25 | 2014206202568 | 实用新型 | 一种卡合式床垫 | 2014.10.25 | 张志维 | 丰顺县汤坑镇新邮路17号 |
| 26 | 2014206202572 | 实用新型 | 一种可速装的六单元组合床垫 | 2014.10.25 | 张志维 | 丰顺县汤坑镇新邮路17号 |
| 27 | 2014206202587 | 实用新型 | 一种可快速拼装的四单元组合床垫 | 2014.10.25 | 张志维 | 丰顺县汤坑镇新邮路17号 |
| 28 | 2014206202638 | 实用新型 | 一种方便收藏的组合床垫 | 2014.10.25 | 张志维 | 丰顺县汤坑镇新邮路17号 |
| 29 | 2014206202642 | 实用新型 | 一种方便露营携带的组装床垫 | 2014.10.25 | 张志维 | 丰顺县汤坑镇新邮路17号 |
| 30 | 2014206202657 | 实用新型 | 一种由四块床垫模块组成的床垫 | 2014.10.25 | 张志维 | 丰顺县汤坑镇新邮路17号 |

续上表

| 序号 | 专利号 | 专利种类 | 专利名称 | 申请日 | 申请人 | 申请地址 |
|---|---|---|---|---|---|---|
| 31 | 2014206202661 | 实用新型 | 一种方便携带的海绵床垫 | 2014.10.25 | 张志维 | 丰顺县汤坑镇新邮路17号 |
| 32 | 2014206202676 | 实用新型 | 一种由六块床垫模块拼成的嵌插式床垫 | 2014.10.25 | 张志维 | 丰顺县汤坑镇新邮路17号 |
| 33 | 2014206202708 | 实用新型 | 一种可分拆收藏的组合式床垫 | 2014.10.25 | 张志维 | 丰顺县汤坑镇新邮路17号 |
| 34 | 2014206202712 | 实用新型 | 一种方便收藏的组合式床垫 | 2014.10.25 | 张志维 | 丰顺县汤坑镇新邮路17号 |
| 35 | 2014206202727 | 实用新型 | 一种可分拆收藏的组合床垫 | 2014.10.25 | 张志维 | 丰顺县汤坑镇新邮路17号 |
| 36 | 2014206202731 | 实用新型 | 一种由六块床垫模块镶嵌成的床垫 | 2014.10.25 | 张志维 | 丰顺县汤坑镇新邮路17号 |
| 37 | 2014206202746 | 实用新型 | 一种由四块床垫模块拼接成的床垫 | 2014.10.25 | 张志维 | 丰顺县汤坑镇新邮路17号 |
| 38 | 2014206202750 | 实用新型 | 一种方便携带的床垫 | 2014.10.25 | 张志维 | 丰顺县汤坑镇新邮路17号 |
| 39 | 2014206202765 | 实用新型 | 一种可分拆收藏的嵌装床垫 | 2014.10.25 | 张志维 | 丰顺县汤坑镇新邮路17号 |
| 40 | 201420620277X | 实用新型 | 一种方便露营携带的拼装式床垫 | 2014.10.25 | 张志维 | 丰顺县汤坑镇新邮路17号 |
| 41 | 2014206202784 | 实用新型 | 一种由六块床垫模块组成的镶嵌式床垫 | 2014.10.25 | 张志维 | 丰顺县汤坑镇新邮路17号 |
| 42 | 2014206202799 | 实用新型 | 一种由四块床垫模块拼成的粘扣式床垫 | 2014.10.25 | 张志维 | 丰顺县汤坑镇新邮路17号 |
| 43 | 2014206202801 | 实用新型 | 一种由六块床垫模块拼成的粘扣式床垫 | 2014.10.25 | 张志维 | 丰顺县汤坑镇新邮路17号 |
| 44 | 2014206202816 | 实用新型 | 一种由四块床垫模块拼成的嵌插式床垫 | 2014.10.25 | 张志维 | 丰顺县汤坑镇新邮路17号 |
| 45 | 2014206202820 | 实用新型 | 一种方便携带的拼接床垫 | 2014.10.25 | 张志维 | 丰顺县汤坑镇新邮路17号 |
| 46 | 2014206202835 | 实用新型 | 一种由六块床垫模块拼接成的床垫 | 2014.10.25 | 张志维 | 丰顺县汤坑镇新邮路17号 |
| 47 | 201420620284X | 实用新型 | 一种方便携带的拼装床垫 | 2014.10.25 | 张志维 | 丰顺县汤坑镇新邮路17号 |
| 48 | 2014206202854 | 实用新型 | 一种由四块床垫模块镶嵌成的床垫 | 2014.10.25 | 张志维 | 丰顺县汤坑镇新邮路17号 |
| 49 | 2014206202869 | 实用新型 | 一种方便拆装的床垫 | 2014.10.25 | 张志维 | 丰顺县汤坑镇新邮路17号 |
| 50 | 2014206202873 | 实用新型 | 一种可拆装的床垫 | 2014.10.25 | 张志维 | 丰顺县汤坑镇新邮路17号 |
| 51 | 2014206202888 | 实用新型 | 一种方便露营携带的组合床垫 | 2014.10.25 | 张志维 | 丰顺县汤坑镇新邮路17号 |
| 52 | 2014206202892 | 实用新型 | 一种方便露营携带的床垫 | 2014.10.25 | 张志维 | 丰顺县汤坑镇新邮路17号 |
| 53 | 2014206202905 | 实用新型 | 一种由六块床垫模块组成的床垫 | 2014.10.25 | 张志维 | 丰顺县汤坑镇新邮路17号 |

续上表

| 序号 | 专利号 | 专利种类 | 专利名称 | 申请日 | 申请人 | 申请地址 |
|---|---|---|---|---|---|---|
| 54 | 201420620291X | 实用新型 | 一种由四块床垫模块组成的镶嵌式床垫 | 2014.10.25 | 张志维 | 丰顺县汤坑镇新邮路17号 |
| 55 | 2014303150177 | 外观设计 | 防滑垫（圆点） | 2014.8.29 | 朱双会 | 丰顺县黄金镇望楼村望楼下 |
| 56 | 2014303152238 | 外观设计 | 防滑垫（网格） | 2014.8.29 | 朱双会 | 丰顺县黄金镇望楼村望楼下 |
| 57 | 2012105949964 | 发明 | 保健按摩丰胸罩杯装置 | 2012.12.28 | 冯娟 | 丰顺县汤坑镇石桥村上新屋 |
| 58 | 2014206201601 | 实用新型 | 一种通过连接叉连接的四单元拼装床垫 | 2014.10.25 | 张志维 | 丰顺县汤坑镇新邮路17号 |
| 59 | 2014206201616 | 实用新型 | 一种包含六单元模块的嵌接式可拆卸床垫 | 2014.10.25 | 张志维 | 丰顺县汤坑镇新邮路17号 |
| 60 | 2014206201688 | 实用新型 | 一种通过连接叉连接的六单元拼装床垫 | 2014.10.25 | 张志维 | 丰顺县汤坑镇新邮路17号 |
| 61 | 2014206201758 | 实用新型 | 一种通过连接叉连接的六单元可拆卸床垫 | 2014.10.25 | 张志维 | 丰顺县汤坑镇新邮路17号 |
| 62 | 2014206202093 | 实用新型 | 一种由四单元模块组成的便携嵌插式床垫 | 2014.10.25 | 张志维 | 丰顺县汤坑镇新邮路17号 |
| 63 | 2014206202248 | 实用新型 | 一种拼装式六单元海绵床垫 | 2014.10.25 | 张志维 | 丰顺县汤坑镇新邮路17号 |
| 64 | 2014206202271 | 实用新型 | 一种由三块单元模块组成的拼装床垫 | 2014.10.25 | 张志维 | 丰顺县汤坑镇新邮路17号 |
| 65 | 2014206202394 | 实用新型 | 一种由六块单元模块组成的可分拆收藏床垫 | 2014.10.25 | 张志维 | 丰顺县汤坑镇新邮路17号 |
| 66 | 2014206895576 | 实用新型 | 水电站用滚动式河道清污装置 | 2014.11.14 | 丰顺县梅丰水电发展有限公司 | 丰顺县汤西镇火滩村老虎潭 |
| 67 | 2014206895580 | 实用新型 | 水电站进水口清污用自动转动机构 | 2014.11.14 | 丰顺县梅丰水电发展有限公司 | 丰顺县汤西镇火滩村老虎潭 |
| 68 | 2014207774507 | 实用新型 | 用于水电站悬移质泥沙过滤的拦截装置 | 2014.12.10 | 丰顺县梅丰水电发展有限公司 | 丰顺县汤西镇火滩村老虎潭 |
| 69 | 2014207795185 | 实用新型 | 水电站悬移质泥沙的过滤拦截结构 | 2014.12.10 | 丰顺县梅丰水电发展有限公司 | 丰顺县汤西镇火滩村老虎潭 |
| 70 | 2015200204085 | 实用新型 | 水电站用电缆连接处的监测头结构 | 2015.1.12 | 丰顺县梅丰水电发展有限公司 | 丰顺县汤西镇火滩村老虎潭 |
| 71 | 2014202337617 | 实用新型 | 一种新型气动测试治具 | 2014.5.8 | 丰顺县培英电声有限公司 | 丰顺县汤西镇火滩村老虎潭 |
| 72 | 2014303376915 | 外观设计 | 鼠标（XJ–616） | 2014.9.12 | 曾庆寿 | 丰顺县留隍镇金岗村长潭 |
| 73 | 2011103336576 | 发明 | 一种青蒿提取物、其制备方法及用途 | 2011.10.28 | 广东新南方青蒿科技有限公司 | 丰顺县经济技术开发区工业园 |
| 74 | 2014207643568 | 实用新型 | 一种汽车坐垫抽风装置 | 2014.12.8 | 丰顺县蓝爽科技有限公司 | 丰顺县工业园丰达路8号 |
| 75 | 2014303278768 | 外观设计 | 包装袋 | 2014.9.5 | 彭郁民 | 丰顺县龙岗镇龙华路191号 |
| 76 | 2014305300450 | 外观设计 | 手机导航垫（双卡露纹） | 2014.12.16 | 朱双会 | 丰顺县黄金镇望楼村望楼下 |

续上表

| 序号 | 专利号 | 专利种类 | 专利名称 | 申请日 | 申请人 | 申请地址 |
|---|---|---|---|---|---|---|
| 77 | 201430537370X | 外观设计 | 充电器 | 2014.12.17 | 周元香 | 丰顺县汤坑镇金湖村下湖新屋 |
| 78 | 2014305377359 | 外观设计 | 洋酒酒瓶(1) | 2014.12.19 | 彭国权 | 丰顺县龙岗镇松江村大溪 |
| 79 | 2015200079649 | 实用新型 | 一种带有高音灵敏度调节功能的车载分体式高音喇叭单元 | 2015.1.1 | 丰顺县培英电声有限公司 | 丰顺县汤坑镇顺发路 |
| 80 | 2015200079653 | 实用新型 | 一种带有双被动低音辐射器的有源汽车座椅低音箱 | 2015.1.1 | 丰顺县培英电声有限公司 | 丰顺县汤坑镇顺发路 |
| 81 | 201520056512X | 实用新型 | 一种水电站库区清污装置 | 2015.1.27 | 丰顺县梅丰水电发展有限公司 | 丰顺县汤西镇火滩村老虎潭 |
| 82 | 2015200586484 | 实用新型 | 水电站排水系统的排水口封堵结构 | 2015.1.27 | 丰顺县梅丰水电发展有限公司 | 丰顺县汤西镇火滩村老虎潭 |
| 83 | 201520058661X | 实用新型 | 水电站排水管的管口气囊封堵结构 | 2015.1.27 | 丰顺县梅丰水电发展有限公司 | 丰顺县汤西镇火滩村老虎潭 |
| 84 | 2015200586732 | 实用新型 | 水电站排水管的旋转式气囊封堵结构 | 2015.1.27 | 丰顺县梅丰水电发展有限公司 | 丰顺县汤西镇火滩村老虎潭 |
| 85 | 2015200617868 | 实用新型 | 灯泡贯流式机组轴承润滑油系统 | 2015.1.28 | 丰顺县梅丰水电发展有限公司 | 丰顺县汤西镇火滩村老虎潭 |
| 86 | 2015200618324 | 实用新型 | 灯泡贯流式机组轴承润滑油管路结构 | 2015.1.28 | 丰顺县梅丰水电发展有限公司 | 丰顺县汤西镇火滩村老虎潭 |
| 87 | 2014304334233 | 外观设计 | 包装袋(良味老果园) | 2014.11.6 | 杜达彪 | 广东省丰顺县留隍镇环市村环新 |
| 88 | 2014304978989 | 外观设计 | 折叠灯罩 | 2014.12.4 | 李镇区 | 广东省丰顺县小胜镇硃坑村大斗 |
| 89 | 2015200298951 | 实用新型 | 一种具有拦污功能的水电站调压室 | 2015.1.15 | 丰顺县梅丰水电发展有限公司 | 丰顺县汤西镇火滩村老虎潭 |
| 90 | 2015200512283 | 实用新型 | 一种高强度防水挡水坝 | 2015.1.23 | 丰顺县梅丰水电发展有限公司 | 丰顺县汤西镇火滩村老虎潭 |
| 91 | 2015200587025 | 实用新型 | 一种水电站中使用的自清污滤水器 | 2015.1.27 | 丰顺县梅丰水电发展有限公司 | 丰顺县汤西镇火滩村老虎潭 |
| 92 | 2015201354215 | 实用新型 | 水电站用新型消力池结构 | 2015.3.10 | 丰顺县梅丰水电发展有限公司 | 丰顺县汤西镇火滩村老虎潭 |
| 93 | 2015201354249 | 实用新型 | 用于浮动式除杂装置的除杂滚筒 | 2015.3.10 | 丰顺县梅丰水电发展有限公司 | 丰顺县汤西镇火滩村老虎潭 |
| 94 | 201520135687X | 实用新型 | 新型水力消力池结构 | 2015.3.10 | 丰顺县梅丰水电发展有限公司 | 丰顺县汤西镇火滩村老虎潭 |
| 95 | 2015201356899 | 实用新型 | 水电站水面杂物的浮动式清理装置 | 2015.3.10 | 丰顺县梅丰水电发展有限公司 | 丰顺县汤西镇火滩村老虎潭 |
| 96 | 2015201938917 | 实用新型 | 一种水电站进水口除污装置 | 2015.3.31 | 丰顺县梅丰水电发展有限公司 | 丰顺县汤西镇火滩村老虎潭 |
| 97 | 2015201970132 | 实用新型 | 压力平衡调节式多级调压室布置结构 | 2015.4.2 | 丰顺县梅丰水电发展有限公司 | 丰顺县汤西镇火滩村老虎潭 |
| 98 | 2015201979071 | 实用新型 | 水电站引水隧洞沉沙池的抽沙结构 | 2015.4.2 | 丰顺县梅丰水电发展有限公司 | 丰顺县汤西镇火滩村老虎潭 |
| 99 | 2015201979103 | 实用新型 | 水电站的多级调压室布置结构 | 2015.4.2 | 丰顺县梅丰水电发展有限公司 | 丰顺县汤西镇火滩村老虎潭 |

续上表

| 序号 | 专利号 | 专利种类 | 专利名称 | 申请日 | 申请人 | 申请地址 |
|---|---|---|---|---|---|---|
| 100 | 2015202255397 | 实用新型 | 一种电动机接触器 | 2015.4.14 | 丰顺县梅丰水电发展有限公司 | 丰顺县汤西镇火滩村老虎潭 |
| 101 | 2015202290672 | 实用新型 | 一种电力设备照明装置 | 2015.4.14 | 丰顺县梅丰水电发展有限公司 | 丰顺县汤西镇火滩村老虎潭 |
| 102 | 2015202290691 | 实用新型 | 一种电子式电流型漏电保护器 | 2015.4.14 | 丰顺县梅丰水电发展有限公司 | 丰顺县汤西镇火滩村老虎潭 |
| 103 | 2015202290776 | 实用新型 | 一种多功能电力柜 | 2015.4.14 | 丰顺县梅丰水电发展有限公司 | 丰顺县汤西镇火滩村老虎潭 |
| 104 | 2015202290808 | 实用新型 | 一种新型电力柜 | 2015.4.14 | 丰顺县梅丰水电发展有限公司 | 丰顺县汤西镇火滩村老虎潭 |
| 105 | 2015202439121 | 实用新型 | 水电站高压输出电缆结构 | 2015.4.21 | 丰顺县梅丰水电发展有限公司 | 丰顺县汤西镇火滩村老虎潭 |
| 106 | 2015202439263 | 实用新型 | 水电站高压输出电缆 | 2015.4.21 | 丰顺县梅丰水电发展有限公司 | 丰顺县汤西镇火滩村老虎潭 |
| 107 | 2015300007858 | 外观设计 | 纸巾包装袋（温柔香–茉莉花） | 2015.1.4 | 王少国 | 丰顺县汤坑镇汤坑路十二巷004号 |
| 108 | 2015300008352 | 外观设计 | 纸巾包装袋（润来—熊） | 2015.1.4 | 王少国 | 丰顺县汤坑镇汤坑路十二巷004号 |
| 109 | 2015300009069 | 外观设计 | 纸巾包装袋（润来—红结） | 2015.1.4 | 王少国 | 丰顺县汤坑镇汤坑路十二巷004号 |
| 110 | 2015300036244 | 外观设计 | 散热风扇框架 | 2015.1.7 | 许远期 | 丰顺县八乡山镇居委宿舍 |
| 111 | 2015300332676 | 外观设计 | 隐藏浴室镜柜（0913） | 2015.2.4 | 张亿程 | 丰顺县留隍镇大坪村九龙石示 |
| 112 | 2015300332708 | 外观设计 | 隐藏浴室镜柜（AD–1） | 2015.2.4 | 张亿程 | 丰顺县留隍镇大坪村九龙石示 |
| 113 | 2015202126273 | 实用新型 | 一种配备可充电电池的汽车门窗防水开闭系统 | 2015.4.8 | 吴志光 | 丰顺县汤坑镇南门路36号丰顺县中医院 |
| 114 | 201410090322X | 发明 | 一种硫酸钠废水的处理方法 | 2014.3.12 | 广东宇星阻燃新材有限公司 | 丰顺县汤南镇龙上埔 |
| 115 | 2015201724585 | 实用新型 | 一种脚轮上拨盘成型加工治具 | 2015.3.26 | 丰顺县泰雅达脚轮厂 | 丰顺县汤坑镇狮山路 |
| 116 | 2015201725338 | 实用新型 | 脚轮支架全自动生产模具 | 2015.3.26 | 丰顺县泰雅达脚轮厂 | 丰顺县汤坑镇狮山路 |
| 117 | 2015201757216 | 实用新型 | 一种转盘型脚轮支架自动组装装置 | 2015.3.27 | 丰顺县泰雅达脚轮厂 | 丰顺县汤坑镇狮山路 |
| 118 | 2015201864218 | 实用新型 | 一种扬声器T铁整形治具 | 2015.3.31 | 丰顺县鸿润电子有限公司 | 丰顺县经济开发区工业园 |
| 119 | 2015201865795 | 实用新型 | 一种扬声器T铁冷镦进料装置 | 2015.3.31 | 丰顺县鸿润电子有限公司 | 丰顺县经济开发区工业园 |
| 120 | 2015201886749 | 实用新型 | 一种电力工具箱 | 2015.3.31 | 丰顺县梅丰水电发展有限公司 | 丰顺县汤西镇火滩村老虎潭 |
| 121 | 2015201887510 | 实用新型 | 一种高强度电缆支架 | 2015.3.31 | 丰顺县梅丰水电发展有限公司 | 丰顺县汤西镇火滩村老虎潭 |

续上表

| 序号 | 专利号 | 专利种类 | 专利名称 | 申请日 | 申请人 | 申请地址 |
|---|---|---|---|---|---|---|
| 122 | 2015201887525 | 实用新型 | 一种多功能电力检修梯 | 2015.3.31 | 丰顺县梅丰水电发展有限公司 | 丰顺县汤西镇火滩村老虎潭 |
| 123 | 201520188753X | 实用新型 | 一种防触电围栏 | 2015.3.31 | 丰顺县梅丰水电发展有限公司 | 丰顺县汤西镇火滩村老虎潭 |
| 124 | 2015201888871 | 实用新型 | 一种电力接地桩 | 2015.3.31 | 丰顺县梅丰水电发展有限公司 | 丰顺县汤西镇火滩村老虎潭 |
| 125 | 2015201936682 | 实用新型 | 一种脚轮刹车板的成型加工治具 | 2015.4.2 | 丰顺县泰雅达脚轮厂 | 丰顺县汤坑镇狮山路 |
| 126 | 2015201936790 | 实用新型 | 一种T铁冲孔整形伸缩模 | 2015.4.2 | 丰顺县鸿润电子有限公司 | 丰顺县经济开发区工业园 |
| 127 | 2015201938936 | 实用新型 | 一种水电站锅炉的烟气冷却装置 | 2015.3.31 | 丰顺县梅丰水电发展有限公司 | 丰顺县汤西镇火滩村老虎潭 |
| 128 | 2015201940156 | 实用新型 | 一种线材自动进料装置 | 2015.4.2 | 丰顺县鸿润电子有限公司 | 丰顺县经济开发区工业园 |
| 129 | 2015201979654 | 实用新型 | 叠层抽沙式沉沙池的抽沙结构 | 2015.4.2 | 丰顺县梅丰水电发展有限公司 | 丰顺县汤西镇火滩村老虎潭 |
| 130 | 2015202011725 | 实用新型 | 一种T铁加工冲床安全感应装置 | 2015.4.7 | 丰顺县鸿润电子有限公司 | 丰顺县经济开发区工业园 |
| 131 | 2015202011778 | 实用新型 | 一种全自动脚轮压轴装置 | 2015.4.7 | 丰顺县泰雅达脚轮厂 | 丰顺县汤坑镇狮山路 |
| 132 | 2015202079959 | 实用新型 | 脚轮边刹车片及其生产自动模 | 2015.4.9 | 丰顺县泰雅达脚轮厂 | 丰顺县汤坑镇狮山路 |
| 133 | 2015202080477 | 实用新型 | 一种T铁模具 | 2015.4.9 | 丰顺县鸿润电子有限公司 | 丰顺县经济开发区工业园 |
| 134 | 201520208073X | 实用新型 | 一种用于运输T铁材料的轨道送料车 | 2015.4.9 | 丰顺县鸿润电子有限公司 | 丰顺县经济开发区工业园 |
| 135 | 2015202080994 | 实用新型 | 一种压线机 | 2015.4.9 | 丰顺县鸿润电子有限公司 | 丰顺县经济开发区工业园 |
| 136 | 2015202176802 | 实用新型 | 一种多功能生命体征监护仪的无线采集和传输系统 | 2015.4.10 | 吴志光 | 丰顺县汤坑镇南门路36号丰顺县中医院 |
| 137 | 2015202239591 | 实用新型 | 一种水电站专用配电柜 | 2015.4.14 | 丰顺县梅丰水电发展有限公司 | 丰顺县汤西镇火滩村老虎潭 |
| 138 | 201520224018X | 实用新型 | 一种折叠式电力拉杆 | 2015.4.14 | 丰顺县梅丰水电发展有限公司 | 丰顺县汤西镇火滩村老虎潭 |
| 139 | 2015202240207 | 实用新型 | 一种下水道布线管道 | 2015.4.14 | 丰顺县梅丰水电发展有限公司 | 丰顺县汤西镇火滩村老虎潭 |
| 140 | 2015202254958 | 实用新型 | 建筑棒料清洗超声清洗辅助装置 | 2015.4.14 | 丰顺县梅丰水电发展有限公司 | 丰顺县汤西镇火滩村老虎潭 |
| 141 | 2015202255611 | 实用新型 | 家具产品旋转干燥装置 | 2015.4.14 | 丰顺县梅丰水电发展有限公司 | 丰顺县汤西镇火滩村老虎潭 |
| 142 | 2015202255626 | 实用新型 | 家具样品储存展示装置 | 2015.4.14 | 丰顺县梅丰水电发展有限公司 | 丰顺县汤西镇火滩村老虎潭 |
| 143 | 2015202290263 | 实用新型 | 家具板材喷涂辅助装置 | 2015.4.14 | 丰顺县梅丰水电发展有限公司 | 丰顺县汤西镇火滩村老虎潭 |

续上表

| 序号 | 专利号 | 专利种类 | 专利名称 | 申请日 | 申请人 | 申请地址 |
|---|---|---|---|---|---|---|
| 144 | 2015202290297 | 实用新型 | 家具产品喷涂装置 | 2015.4.14 | 丰顺县梅丰水电发展有限公司 | 丰顺县汤西镇火滩村老虎潭 |
| 145 | 2015202290579 | 实用新型 | 园林种植供液辅助装置 | 2015.4.14 | 丰顺县梅丰水电发展有限公司 | 丰顺县汤西镇火滩村老虎潭 |
| 146 | 2015202975203 | 实用新型 | 泄水建筑物的新型消能结构 | 2015.5.8 | 丰顺县梅丰水电发展有限公司 | 丰顺县汤西镇火滩村老虎潭 |
| 147 | 2015202975364 | 实用新型 | 水电站出水口的消能结构 | 2015.5.8 | 丰顺县梅丰水电发展有限公司 | 丰顺县汤西镇火滩村老虎潭 |
| 148 | 201530033284X | 外观设计 | 浴室镜柜（AD–2） | 2015.2.4 | 张亿程 | 丰顺县留隍镇大坪村九龙石示 |
| 149 | 2015300407367 | 外观设计 | 51 单片机智能小车 | 2015.2.11 | 黄立鸿 | 丰顺县汤西镇大罗村新华 |
| 150 | 2015201462949 | 实用新型 | 一种五金伸缩管加工设备 | 2015.3.14 | 曾柱良 | 丰顺县汤坑镇汤坑路 254 号 |
| 151 | 201520201705X | 实用新型 | 一种脚轮负重耐力测试装置 | 2015.4.7 | 丰顺县泰雅达脚轮厂 | 丰顺县汤坑镇狮山路 |
| 152 | 2015202439051 | 实用新型 | 水轮机导叶保护系统 | 2015.4.21 | 丰顺县梅丰水电发展有限公司 | 丰顺县汤西镇火滩村老虎潭 |
| 153 | 2015202439367 | 实用新型 | 水轮机导叶保护设备 | 2015.4.21 | 丰顺县梅丰水电发展有限公司 | 丰顺县汤西镇火滩村老虎潭 |
| 154 | 2015202973138 | 实用新型 | 新型摆动板式水电站出水口消能结构 | 2015.5.8 | 丰顺县梅丰水电发展有限公司 | 丰顺县汤西镇火滩村老虎潭 |
| 155 | 2015202975171 | 实用新型 | 打包式高保密碎纸机 | 2015.5.8 | 丰顺县梅丰水电发展有限公司 | 丰顺县汤西镇火滩村老虎潭 |
| 156 | 2015203399456 | 实用新型 | 多功能汽车方向盘锁 | 2015.5.22 | 丰顺中品实业有限公司 | 丰顺县城南开发区文化路 |
| 157 | 201530117530X | 外观设计 | 手机防水夹 | 2015.4.28 | 谭杭州 | 丰顺县留隍镇西洞村乌年岽 |
| 158 | 201530128315X | 外观设计 | 鱼缸底座 | 2015.5.5 | 彭并游 | 丰顺县龙岗镇田坑村上楼 |
| 159 | 2015301572272 | 外观设计 | 食品包装盒 | 2015.5.22 | 廖史智 | 丰顺县留隍镇致和里 |
| 160 | 201310407778X | 发明 | PET 软性电路板自动冲切机 | 2013.9.9 | 丰顺县骏达电子有限公司 | 丰顺县汤坑镇黄屋坝骏达工业区 |
| 161 | 201520172473X | 实用新型 | 一种脚轮支架的成型治具 | 2015.3.26 | 丰顺县泰雅达脚轮厂 | 丰顺县汤坑镇狮山路 |
| 162 | 2015201889060 | 实用新型 | 一种电缆放线架 | 2015.3.31 | 丰顺县梅丰水电发展有限公司 | 丰顺县汤西镇火滩村老虎潭 |
| 163 | 2015201890015 | 实用新型 | 一种防尘防湿电力柜 | 2015.3.31 | 丰顺县梅丰水电发展有限公司 | 丰顺县汤西镇火滩村老虎潭 |
| 164 | 2015202240160 | 实用新型 | 一种防水耐腐蚀电缆 | 2015.4.14 | 丰顺县梅丰水电发展有限公司 | 丰顺县汤西镇火滩村老虎潭 |
| 165 | 2015202431030 | 实用新型 | 水轮发电机导叶保护机构 | 2015.4.21 | 丰顺县梅丰水电发展有限公司 | 丰顺县汤西镇火滩村老虎潭 |
| 166 | 2015202438896 | 实用新型 | 水力发电机防油雾装置 | 2015.4.21 | 丰顺县梅丰水电发展有限公司 | 丰顺县汤西镇火滩村老虎潭 |

续上表

| 序号 | 专利号 | 专利种类 | 专利名称 | 申请日 | 申请人 | 申请地址 |
|---|---|---|---|---|---|---|
| 167 | 201520243899X | 实用新型 | 水力发电机防油雾设备 | 2015.4.21 | 丰顺县梅丰水电发展有限公司 | 丰顺县汤西镇火滩村老虎潭 |
| 168 | 2015202442497 | 实用新型 | 水力发电机油雾处理装置 | 2015.4.21 | 丰顺县梅丰水电发展有限公司 | 丰顺县汤西镇火滩村老虎潭 |
| 169 | 201520244250X | 实用新型 | 水力发电机油雾处理设备 | 2015.4.21 | 丰顺县梅丰水电发展有限公司 | 丰顺县汤西镇火滩村老虎潭 |
| 170 | 2015202447912 | 实用新型 | 导叶保护装置 | 2015.4.21 | 丰顺县梅丰水电发展有限公司 | 丰顺县汤西镇火滩村老虎潭 |
| 171 | 2015204230708 | 实用新型 | 一种边角装饰件 | 2015.6.18 | 张召文 | 丰顺县埔寨镇埔南村中心 |
| 172 | 2015301394932 | 外观设计 | 罐子（繁体邓老凉茶 310ml） | 2015.5.13 | 广东邓老凉茶药业集团有限公司 | 丰顺县经济开发区工业园工业四路 |
| 173 | 201530139548X | 外观设计 | 罐子（繁体邓老凉茶 245ml） | 2015.5.13 | 广东邓老凉茶药业集团有限公司 | 丰顺县经济开发区工业园工业四路 |
| 174 | 2012102921577 | 发明 | 一种汽车降温坐垫 | 2012.8.16 | 丰顺县蓝爽科技有限公司 | 丰顺县汤坑镇顺发路 288 号 |
| 175 | 2015202011570 | 实用新型 | 一种用于 T 铁加工自动钻孔仪 | 2015.4.7 | 丰顺县鸿润电子有限公司 | 丰顺县经济开发区工业园 |
| 176 | 201520208098X | 实用新型 | 一种生产 T 铁用的线材除锈装置 | 2015.4.9 | 丰顺县鸿润电子有限公司 | 丰顺县经济开发区工业园 |
| 177 | 2015204735596 | 实用新型 | micro–usb 公头 | 2015.7.5 | 谢柳衡 | 丰顺县埔寨镇采芝村 |
| 178 | 2015204737290 | 实用新型 | micro–usb 母座 | 2015.7.5 | 谢柳衡 | 丰顺县埔寨镇采芝村 |
| 179 | 2015205211776 | 实用新型 | 易清扫灭蚊灯 | 2015.7.18 | 谢柳衡 | 丰顺县埔寨镇采芝村 |
| 180 | 2015205237047 | 实用新型 | 一种带梳子的防水袋夹子 | 2015.7.17 | 谭杭州 | 丰顺县留隍镇西洞乡乌年崇 |
| 181 | 2015301024935 | 外观设计 | 百合螺钉包装盒 | 2015.4.17 | 谢润祥 | 丰顺县埔寨镇横坑村外头角 |
| 182 | 2015301292341 | 外观设计 | 手链(幸运四叶草) | 2015.4.27 | 徐许红 | 丰顺县汤坑镇东秀村和顺 |
| 183 | 2015301971535 | 外观设计 | 网格灯罩 | 2015.6.16 | 李镇区 | 丰顺县小胜镇硃坑村大斗 |
| 184 | 2015302000374 | 外观设计 | 香水盒 | 2015.6.17 | 钟锦城 | 丰顺县砂田镇居委宿舍 |
| 185 | 2015302402090 | 外观设计 | 化妆镜（155） | 2015.7.7 | 刘少丹 | 丰顺县留隍镇下街 49 号 |
| 186 | 2015302402118 | 外观设计 | 化妆镜（159） | 2015.7.7 | 刘少丹 | 丰顺县留隍镇下街 49 号 |
| 187 | 2015302402226 | 外观设计 | 化妆镜（178） | 2015.7.7 | 刘少丹 | 丰顺县留隍镇下街 49 号 |
| 188 | 2015302402245 | 外观设计 | 化妆镜（156） | 2015.7.7 | 刘少丹 | 丰顺县留隍镇下街 49 号 |
| 189 | 2015302479139 | 外观设计 | 化妆镜（170） | 2015.7.11 | 刘少丹 | 丰顺县留隍镇下街 49 号 |

续上表

| 序号 | 专利号 | 专利种类 | 专利名称 | 申请日 | 申请人 | 申请地址 |
|---|---|---|---|---|---|---|
| 190 | 2015205116733 | 实用新型 | 可形变扇叶及风扇 | 2015.7.15 | 谢柳衡 | 丰顺县埔寨镇采芝村 |
| 191 | 2015205801434 | 实用新型 | 用于手机固定架的扬声器 | 2015.8.4 | 丰顺明音电子有限公司 | 丰顺县经济开发区工业园 |
| 192 | 2015205808217 | 实用新型 | 一种扬声器固定装置 | 2015.8.4 | 丰顺明音电子有限公司 | 丰顺县经济开发区工业园 |
| 193 | 2015206112513 | 实用新型 | 一种新型扬声器 | 2015.8.14 | 丰顺明音电子有限公司 | 丰顺县经济开发区工业园 |
| 194 | 2015206798208 | 实用新型 | 一种智能蓝牙音箱 | 2015.9.1 | 丰顺明音电子有限公司 | 丰顺县经济开发区工业园 |
| 195 | 2015300191748 | 外观设计 | 连体球（圆形） | 2015.1.22 | 刘双钢 | 丰顺县黄金镇坑尾村炉下尾 |
| 196 | 2015300193090 | 外观设计 | 连体球（方形） | 2015.1.22 | 刘双钢 | 丰顺县黄金镇坑尾村炉下尾 |
| 197 | 201530192357X | 外观设计 | U 盘外壳 | 2015.6.12 | 柯佳麟 | 丰顺县汤坑镇北社街 2 号-2 |
| 198 | 2015302083108 | 外观设计 | 锁心情侣戒指 | 2015.6.15 | 徐许红 | 丰顺县汤坑镇东秀村和顺 |
| 199 | 2015302574542 | 外观设计 | 音箱（LK-K18） | 2015.7.17 | 旺兴达（丰顺）电子有限公司 | 丰顺县汤坑镇铜盘村 |
| 200 | 2015302984496 | 外观设计 | 洋酒酒瓶(2) | 2015.8.11 | 彭国权 | 丰顺县龙岗镇松江村大溪 |
| 201 | 2015303182755 | 外观设计 | 热水器(3) | 2015.8.24 | 苏加定 | 丰顺县潭江镇大胜村甘凹 |
| 202 | 2015303182810 | 外观设计 | 衣柜（1） | 2015.8.24 | 李德乐 | 丰顺县潭江镇大胜村甘凹 |
| 203 | 2015303183175 | 外观设计 | 衣柜 | 2015.8.24 | 李德乐 | 丰顺县潭江镇大胜村甘凹 |
| 204 | 201530318318X | 外观设计 | 梳妆台 | 2015.8.24 | 李德乐 | 丰顺县潭江镇大胜村甘凹 |
| 205 | 2015303183531 | 外观设计 | 饰品柜 | 2015.8.24 | 李德乐 | 丰顺县潭江镇大胜村甘凹 |
| 206 | 2015303183828 | 外观设计 | 四门衣柜 | 2015.8.24 | 李德乐 | 丰顺县潭江镇大胜村甘凹 |
| 207 | 2015303370307 | 外观设计 | 行车记录仪 | 2015.9.2 | 胡启院 | 丰顺县潘田镇居委宿舍 |
| 208 | 2015303710633 | 外观设计 | 吸顶灯（15） | 2015.9.23 | 郑俊科 | 丰顺县留隍镇九河村黄华 |
| 209 | 2015303710686 | 外观设计 | 吸顶灯（16） | 2015.9.23 | 郑俊科 | 丰顺县留隍镇九河村黄华 |
| 210 | 2015303712018 | 外观设计 | 吸顶灯（21） | 2015.9.23 | 郑俊科 | 丰顺县留隍镇九河村黄华 |
| 211 | 2015303712022 | 外观设计 | 吸顶灯（20） | 2015.9.23 | 郑俊科 | 丰顺县留隍镇九河村黄华 |
| 212 | 2015303712287 | 外观设计 | 吸顶灯（17） | 2015.9.23 | 郑俊科 | 丰顺县留隍镇九河村黄华 |

续上表

| 序号 | 专利号 | 专利种类 | 专利名称 | 申请日 | 申请人 | 申请地址 |
|---|---|---|---|---|---|---|
| 213 | 2014100950752 | 发明 | 一种用反应挤出工艺生产磷酸钡的方法 | 2014.3.13 | 广东宇星阻燃新材有限公司 | 丰顺县汤南镇龙上埔 |
| 214 | 2015205209051 | 实用新型 | 一种三合一化妆镜 | 2015.7.18 | 刘少丹 | 丰顺县留隍镇下街49号 |
| 215 | 2015205436178 | 实用新型 | 可变形扇叶及风扇 | 2015.7.25 | 谢柳衡 | 丰顺县埔寨镇采芝村 |
| 216 | 2015205691311 | 实用新型 | 光触媒灭蚊器 | 2015.8.1 | 谢柳衡 | 丰顺县埔寨镇采芝村 |
| 217 | 2015206113465 | 实用新型 | 一种新型扬声器固定支架 | 2015.8.14 | 丰顺明音电子有限公司 | 丰顺县经济开发区工业园 |
| 218 | 2015206452322 | 实用新型 | 一种物联网控制式纺织布清洁烧毛装置 | 2015.8.25 | 张粉红 | 丰顺县埔寨镇茅园村铺仔 |
| 219 | 2015206584393 | 实用新型 | 带提醒功能的摩托车用固定碟刹锁 | 2015.8.28 | 丰顺中品实业有限公司 | 丰顺县汤坑镇城南开发区文化路1号 |
| 220 | 2015206656936 | 实用新型 | 饲料冷却系统 | 2015.8.31 | 丰顺县新大实业有限公司 | 丰顺县汤坑镇河滨顺发路35号 |
| 221 | 2015206657337 | 实用新型 | 饲料全自动输送系统 | 2015.8.31 | 丰顺县新大实业有限公司 | 丰顺县汤坑镇河滨顺发路35号 |
| 222 | 2015206659328 | 实用新型 | 饲料级动物油渣分离系统 | 2015.8.31 | 丰顺县新大实业有限公司 | 丰顺县汤坑镇河滨顺发路35号 |
| 223 | 2015206676234 | 实用新型 | 一种扬声器安装结构 | 2015.8.31 | 丰顺县培英电声有限公司 | 丰顺县汤坑镇顺发路 |
| 224 | 2015206745569 | 实用新型 | 一种扬声装置 | 2015.8.31 | 丰顺县培英电声有限公司 | 丰顺县汤坑镇顺发路 |
| 225 | 2015206936335 | 实用新型 | 新型饲料粉碎机 | 2015.9.9 | 丰顺县新大实业有限公司 | 丰顺县汤坑镇河滨顺发路35号 |
| 226 | 2015206938881 | 实用新型 | 新型饲料原料自动上料机 | 2015.9.9 | 丰顺县新大实业有限公司 | 丰顺县汤坑镇河滨顺发路35号 |
| 227 | 2015207136892 | 实用新型 | 饲料原料储藏设备 | 2015.9.16 | 丰顺县新大实业有限公司 | 丰顺县汤坑镇河滨顺发路35号 |
| 228 | 2015207139496 | 实用新型 | 饲料级肉粉加工用螺旋出料装置 | 2015.9.16 | 丰顺县新大实业有限公司 | 丰顺县汤坑镇河滨顺发路35号 |
| 229 | 2015207290325 | 实用新型 | 一种改良喇叭支架 | 2015.9.18 | 丰顺明音电子有限公司 | 丰顺县经济开发区工业园 |
| 230 | 2015207290556 | 实用新型 | 一种喇叭网罩 | 2015.9.18 | 丰顺明音电子有限公司 | 丰顺县经济开发区工业园 |
| 231 | 2015207315996 | 实用新型 | 智能无线充电蓝牙音箱 | 2015.9.18 | 丰顺明音电子有限公司 | 丰顺县经济开发区工业园 |
| 232 | 2015302520631 | 外观设计 | 音箱（汽车座椅超薄低音箱） | 2015.7.14 | 丰顺县培英电声有限公司 | 丰顺县汤坑镇顺发路 |
| 233 | 2015302520699 | 外观设计 | 分频器(OLOM-FX-44A) | 2015.7.14 | 丰顺县培英电声有限公司 | 丰顺县汤坑镇顺发路 |
| 234 | 2015302521206 | 外观设计 | 喇叭(OLOM-6.5寸系列) | 2015.7.14 | 丰顺县培英电声有限公司 | 丰顺县汤坑镇顺发路 |
| 235 | 2015302521475 | 外观设计 | 分频器(OLOM-FX-38B) | 2015.7.14 | 丰顺县培英电声有限公司 | 丰顺县汤坑镇顺发路 |

续上表

| 序号 | 专利号 | 专利种类 | 专利名称 | 申请日 | 申请人 | 申请地址 |
|---|---|---|---|---|---|---|
| 236 | 2015302521846 | 外观设计 | 音箱(OLOM 汽车尾箱用低音箱) | 2015.7.14 | 丰顺县培英电声有限公司 | 丰顺县汤坑镇顺发路 |
| 237 | 2015302522247 | 外观设计 | 音频接收器(OLOM-车家两用 WIFI 版) | 2015.7.14 | 丰顺县培英电声有限公司 | 丰顺县汤坑镇顺发路 |
| 238 | 2015302523201 | 外观设计 | 分频器(OLOM-FX-42B) | 2015.7.14 | 丰顺县培英电声有限公司 | 丰顺县汤坑镇顺发路 |
| 239 | 2015302540419 | 外观设计 | 喇叭( OLOM-M35A 中音喇叭+T28A 高音喇叭 ) | 2015.7.15 | 丰顺县培英电声有限公司 | 丰顺县汤坑镇顺发路 |
| 240 | 2015302882505 | 外观设计 | 立体声蓝牙耳机(BTQ5) | 2015.8.6 | 蔡春玲 | 丰顺县汤坑镇汤坑路 254 号 |
| 241 | 2015303182581 | 外观设计 | 热水器(5) | 2015.8.24 | 苏加定 | 丰顺县潭江镇大胜村甘凹 |
| 242 | 201530318276X | 外观设计 | 热水器(1) | 2015.8.24 | 苏加定 | 丰顺县潭江镇大胜村甘凹 |
| 243 | 2015303183461 | 外观设计 | 热水器(4) | 2015.8.24 | 苏加定 | 丰顺县潭江镇大胜村甘凹 |
| 244 | 2015303183480 | 外观设计 | 热水器(2) | 2015.8.24 | 苏加定 | 丰顺县潭江镇大胜村甘凹 |
| 245 | 2015303712272 | 外观设计 | 吸顶灯（18） | 2015.9.23 | 郑俊科 | 丰顺县留隍镇九河村黄华 |
| 246 | 2015303712361 | 外观设计 | 吸顶灯（14） | 2015.9.23 | 郑俊科 | 丰顺县留隍镇九河村黄华 |
| 247 | 2015303930807 | 外观设计 | 包装箱（淮山面） | 2015.10.12 | 丰顺县裕丰食品有限公司 | 丰顺县城南开发区 |
| 248 | 2015303933294 | 外观设计 | 包装袋（粗粮面） | 2015.10.12 | 丰顺县裕丰食品有限公司 | 丰顺县城南开发区 |
| 249 | 2015303933932 | 外观设计 | 包装袋（淮山面） | 2015.10.12 | 丰顺县裕丰食品有限公司 | 丰顺县城南开发区 |

**【防震减灾工作】** 围绕 2015 年“防灾减灾日”主题——“科学减灾 依法应对”，在县电视台、县邮政局的 145 台视频机和 18 个邮政电子信息平台播放防震减灾知识宣传；通过中国移动丰顺分公司发送短信 8.3 万条；同时，在县城河滨开展“防灾减灾”知识宣传咨询活动，发放“防震减灾知识”小册子 1500 多份，有效提高人民群众防范自然灾害的意识，增长防灾减灾知识，提升防灾减灾的能力，收到预期的效果。2015 年，办理抗震设防许可证 8 张。

**【信息工作】** 结合第一次全国政府网站普查工作，继续做好科技信息网站日常管理和维护，完善、及时更新各栏目内容。至 12 月 31 日止，县科技局在政府网站发布或更新公开信息 127 条，其中发布工作动态信息 31 条、公告公示 26 条、知识产权 6 条、资料下载 8 条及图片 6 张，其他信息 50 条；新增中央省府政声、丰顺政声、规划计划、政策法规、网上调查等栏目，完善修改栏目设置和布局；没有收到依申请公开办理情况；无政府信息公开的收费及减免情况；没有发生因政府信息公开申请行政复议、提起行政诉讼的情况。

**【重大科技成果】** 贯彻落实科学技术进步奖的办法，加强科技技术成果的管理，及时组织做好科技成果的鉴定、评审和奖励。2015 年度全县获市科技进步奖二等奖 2 项、三等奖 1 项( 见下表)。

## 2015年度丰顺县获梅州市科学技术进步奖一览表

| 序号 | 项目名称 | 完成单位 | 完成人 | 获奖等级 |
|---|---|---|---|---|
| 1 | 客家绿茶传承与创新的研究应用 | 广东龙岗马山茶业股份有限公司 | 饶幸霞　乔小燕　黄海英　卓　敏　王秋霜　陈　栋　肖丽红 | 二 |
| 2 | 多媒体同轴扬声器音箱的技术研究与产业化 | 旺兴达（丰顺）电子有限公司 | 冯理爱　罗建生　刘柏兴　刘　斌　徐绍平 | 二 |
| 3 | 一种五氧化二锑干粉的制备方法 | 广东宇星阻燃新材有限公司 | 罗宏波　马访中　罗意志　甄利军　赵玉芬 | 三 |

**2015年年底县科学技术局**

**局　长**　廖月芝

**副局长**　刘国钦　陈俊辉

（吴楚香）

## 科　协　工　作

**【简述】** 2015年，丰顺县科协在县委、县政府的领导下，在省、市科协的指导下，深入贯彻中共十八大、十八届三中、四中全会和习近平总书记系列重要讲话精神以及县委十二届五次全会精神，以团结带领广大科技工作者服务和推动科技创新为主要任务，全面履行"三服务一加强"科协职能和组织实施全民科学素质纲要工作的职责，紧紧围绕"适应新常态，推动新发展"的全县工作大局，为丰顺县加快振兴发展做出新贡献。2015年，丰良镇丰良社区居民委员会、砂田镇黄花村村民委员会被梅州市科协授予"梅州市科普示范社区（村）先进单位"荣誉称号。在第30届市创新大赛中，丰顺县科幻绘画1幅作品获得市级三等奖。

**【开展"落实总书记要求，建设模范部门"教育实践活动，提升机关新形象】** 2015年，单位按照文件要求，精心组织开展"落实总书记要求，建设模范部门"教育实践活动。一是多举措促学习，筑牢思想底线。紧扣"三严三实"要求开展讲党课活动，组织党员干部研读《习近平谈治国理政》等。二是抓反腐强意识，推进廉政建设。着力构建和完善惩治和预防腐败体系，严格执行党风廉政建设责任制，抓好党员干部反腐倡廉建设。三是坚持查找问题，抓好问题整改。通过"加强思想教育、党的建设，提升服务水平及加强作风建设"等四个方面，对突出问题进行逐项回应，努力解决关系群众切身利益问题，确保整改措施要务实管用，同时明确整改责任人和时限要求，实行一把手负责制。活动取得成效：一是提高单位党员干部在思想上对该活动的重视程度，有利于指导单位干部更好地完成本职工作，而且形成良好的学习氛围。二是单位党员干部自觉用中央"八项规定"及县委、县政府制定的有关文件对照检查和总结反思自己在"四风"方面的问题，严格规范自身行为，推动本职工作扎实开展。三是进一步坚定单位党员干部的理想信念，引导党员干部坚持正确的政治立场、政治路线、政治观点。

**【开展纪律教育学习月活动，强化组织纪律观念】** 单位严格根据活动要求，扎实开展纪律教育学习活动。一是抓好理想信念教育学习，组织党员、干部重温党的性质和宗旨，学习党章。二是抓好党性党风党纪教育学习，引导党员尤其是领导干部全面加强思想作风、学风、工作作风、领导作风、干部生活作风建设，增强宗旨观念和责任意识，树立正确的事业观、政绩观，切实做到秉公用权、廉洁从政。三是抓好政治纪律教育学习，引导广大党员始终保持正确的政治方向、政治立场和政治观点。四是加强职业道德修养。不断提高全体干部的自身修养和综合素质，培育和践行爱岗敬业、服务群众和甘于奉献的职业道德。主要成效。一是增强纪律观念。领导干部的宗旨观念、责任意识明显增强，深入基层、真抓实干的作风进一步形成;机关工作作风明显好转，为基层服务的观念更加牢固，廉洁从政的自觉性有较大提高。二是完善规章制度。进一步强化制度建设，针对工作薄弱环节，进一步完善廉政监督管理制度,并要求对各规章制度进行全面整理和编辑，全面加强制度管理的力度。三是营造廉政氛围。增强廉政文化的辐射力，大力营造廉政文化的氛围。

**【积极开展各项科普活动，科技惠民】** 一是开展“防灾减灾日”宣传活动，效果显著。5月12日县科协会同县民政局等单位,在县城河滨路开展“5·12”集中宣传活动。向群众发送“防灾减灾日”宣传资料，组织群众观看科普展板。5月11日至17日，县科协在学校、城镇社区开展形式多样的活动。通过防灾减灾咨询、材料发放、图板展示等，向中小学生、居民普及防灾减灾知识和自救互救基本技能。活动期间，参与群众1000多人次，发放材料2000多份。通过此次活动，进一步增强全社会防灾减灾意识。二是开展食品安全宣传周活动，增强安全意识。通过丰顺移动分公司的企信通平台,向众多手机客户群发短信10000条，传播食品安全知识。通过微博平台，发送短信近30条。开展食品安全进社区、学校等活动，向广大师生、居民发放宣传册、宣传材料，普及食品安全科学知识，提高广大民众食品安全知识及维权意识,增强民众对食品药品安全的参与意识。活动期间，进社区2次，进学校2所，发放宣传材料2000份（册），参与群众2000 多人次。三是大力开展“三下乡”活动，科技惠及群众9月11日,省职业技术教育学会、仲恺农业工程学院教学科研基地管理中心专家在梅州市科协副主席刘海祥、县科协主席李围墙及县农业局主要技术员陪同下到潘田镇粤东蓝莓基地进行调研指导和开展温暖阳光活动。四是举办“科普大篷车”进校园活动，效果良好。10月16日，由广东科学馆、梅州市科协、丰顺县科协、丰顺县教育局主办，梅州市科技馆、丰顺县汤西中心小学承办的2015年“关爱青少年·共筑科技梦”提升青少年科学素质行动在该县汤西中心小学举行。活动内容丰富多彩，生动活泼，趣味性强。有“平稳球”“穿针引线”“九连环”等车载展品，还进行人机互动的科普游戏和科普知识拼图游戏;欣赏机器人表演;阅读科普图书;播放数码技术3D电影；科技老师现场演示多种飞机和汽车模型等活动。活动为学生发放奖品。参加人员1000多人次。通过活动，营造良好的校园科技文化氛围，培养学生爱科学、学科学、用科学的习惯,激发青少年的科学兴趣和创新能力，让广大青少年树立远大志向、放飞科技兴国梦想。活动取得良好效果。五是开展青少年科普活动，有新突破。2015年，与县教育局联合向全县各中小学发出通知（丰县科协联发〔2015〕1号和2号文件），举办2015年丰顺县青少年科技创新大赛。2015年全县20多所中小学、150多名辅导老师和学生参加,收到创新项目和科幻作品100多件。县创新大赛评委会对2014年参赛作品进行初审、终评，评出获奖作品52幅，其中一等奖4幅、二等奖5幅、三等奖9幅、鼓励奖34幅。评出优秀组织单位奖3个；优秀辅导老师8名。经研究决定，给予以上优秀组织单位、优秀辅导员和获奖学生进行通报表彰。通过此次活动，促进丰顺县中小学生素质教育的发展，培养青少年的创新精神和实践能力。2015年，科普活动悬挂横额12条，出版宣传栏和科普长廊17个，科普挂图展览10次，举办培训班20期，开展科技便民咨询活动20次。参加宣传的农、林、水、环保、卫生等机关领导干部、公务员、科技人员近100人，涉及20多个部门单位，开展科普宣传、咨询、培训、讲座、文化、卫生等重点活动13项。其中悬挂横幅11条，展出展板248块,举办各类实用技术培训班6场次，参训人员300人次,印发各种实用技术图书资料4000余册（份），送致富信息100余条，解答群众提出的问题200余条。

**【双罗村后续帮扶工作有成效】** 一是村集体经济得到稳步发展。单位帮助做好扶贫专项资金收支账目，监督帮扶资金的合理使用，共同商议发展村集体和贫困户经济，协助帮扶项目的实施，确保双罗村村集体每年的入股分红款 3 万元的到账。二是基础设施建设得到明显改善。单位协助双罗村，利用好省级财政帮扶资金，2015 年投入6万元，新建农田水圳200米，保障村民农业生产；新装路灯，美化村环境；维修大桥，方便村民出入。三是大力帮助贫困户增产增收。帮扶单位从资金、物质、技术上给予贫困户生产发展大力支持。投入帮扶资金0.8万元，为贫困户购买种苗、化肥等；举办各类技术培训班，参加培训的农户有40多人次，有效地提高农户的种养技能。四是贫困户的社会保障制度得到更好落实。在帮扶单位的帮助下，贫困户子女入学率为100%，投入1.6万多元为全部贫困户购买农村合作医疗，驻村干部还协助办理农村养老保险等，保证各项惠农政策得以落到实处。

**2015年年底县科协**

**主　席**　李国墙

**副主席**　简国敦

（吴洪钢）

# 文　化

## 文化艺术

【文艺创作】　县文化馆组织召开戏剧、音乐、舞蹈业余作者创作会议，聘请创作名家前来授课，并对业余作者提交的作品进行针对性点评帮助作者们拓宽创作思路。2015 年丰顺县群文作品通过评比荣获 2015 年全市群众文化作品评选活动组织奖第三名，歌曲《我在畲乡等你来》获省二等奖、市一等奖；小品《警察与小偷》《打工变奏曲》获市二等奖；小品《拖车记》《生态白菜》《路边奇遇》获市三等奖；相声《趣说谜语》《中国饭儿》获市二等奖；歌曲《爱的梦想》获市二等奖；舞蹈《火把欢歌》《盛世欢歌》获市二等奖。

【群众文化活动】　1. 节日期间，组织各种各样的文化活动。春节期间，县文广局组织下属各馆开展一系列文化活动，包括美术、书法、摄影和非遗展览、迎新春游园、灯谜有奖活动、新书推介、新春读者座谈会、“深入生活·扎根人民——丰顺县迎新春书画摄影作品”展览、馆藏名家书画作品展、丰顺县不可移动文物图片展、丰顺县历史文物展，极大地丰富群众文化生活。同时，县文化馆四楼展厅长期举办“美术、书法、摄影展览和非物质文化遗产展览”，免费书画下乡巡回展览，深受群众的欢迎。

2. 积极办好“南粤幸福周”文化活动。积极参与以“和谐、文化、健康、幸福”为主题的丰顺县 2015 年“南粤幸福活动周”启动仪式及“幸福我来秀”活动。筹办好“幸福我来秀”节目，组织丰顺县文化馆、丰顺县音乐协会、广场舞爱好者等单位联合演出，观看群众 1500 多人。

3. 组织多场文化下乡活动。2015 年丰顺县文化系统举办、参演 12 场较大型的文艺演出，包括“新年助学·安心行动”文艺演出、“丰顺县博爱慈善”总结文艺晚会、到汤坑、丰良等镇村举行送戏下乡“迎新春文艺”演出、“我们的中国梦——文化进万家”文艺演出、丰顺县“长寿之乡”庆新春文艺晚会、“欢乐广场·幸福丰顺——文艺”晚会、“花儿绽放朵朵开”——新节奏艺术中心童心筑梦十一周年庆舞蹈专场晚会演出、“法治丰顺·幸福丰顺”普法广场舞、唱响“中国梦”文化进万家文艺演出、丰顺县文化志愿文艺演出、第九届世界丰顺同乡联谊会“电声之夜”文艺晚会等，极大地活跃县文化氛围，激发广大人民群众参与文化活动的热情。

## 文化设施建设

1. 文化基础设施不断完善。

2015 年，丰顺县文化部门完成 108 个行政村（居委）文化室的达标建设，16 个乡镇文化站每年每站 6 万元的免费开放专项资金，三馆一站全面实行免费开放。

2. 抓好农村文化俱乐部建设工作。

2015 年，县文广局在全县范围内新建汤坑湖下平阳堂、汤西下坝公祠、大龙华径门淼忠庐、潘田流坑村乐育斋、汤南汤光村侨光里、埔寨塔下福宁公祠等 6 个农村文化俱乐部。

## 文物、文化遗产

【文物、博物工作】　1. 重点做好可移动文物普查工作。丰顺县第一次全国可移动文物普查工作的登录工作已按规定时间完成，采集 1194 条普查数据，并全部按照规定上传到上级有关部门。

2．开展陈列展示及宣传工作。2015 年，博物馆举办《国魂》——纪念中国人民抗日战争胜利 70 周年大型图片展等 4 个较大型展览，利用国际博物馆日对丰顺县的历史文化进行一次全面的展示，分别到 7 个镇村送展 11 场次。据不完全统计，2015 年的观展人数 7500 人。

3．圆满完成高铁丰顺段考古工作。2015 年 3 月至 5 月，博物馆配合广东省文物考古研究所对梅汕高铁丰顺段、206 国道改造等两项工程的文物考古调查、勘探工作。在汤坑镇石联村瓦窑林子山上采集到条纹及附加堆纹的陶片及石锛，年代应为新石器晚期。在石联村的叶屋埔的大布岗山坡上，也采集到灰色硬陶片，纹饰有菱格、双线菱格纹等，年代判断为先秦时期。在建桥镇坪上岗，采集到青花、青釉瓷片，可辨器形有碗、器盖等，年代应为明清时期。高铁丰顺段考古工作的圆满完成，为政府的重点工程建设的决策提供重要的参考意见。

4．推动丰顺县文物、博物事业健康发展。编印《丰顺县文物保护单位汇编》一书，第一次详尽地向社会各界介绍丰顺县各级的文物保护单位，宣传丰顺县的历史文化，助推丰顺县的旅游产业的发展。依照藏宝于民、大力发展与扶持民间博物馆事业的精神，从技术及人员方面全力支持丰顺县民间正在申办的集瑞博物馆、荆树楼博物馆，并在陈列内容、布展设计等方面为其提供帮助，有力地推动丰顺县文物、博物事业的健康发展。

**【非物质遗产工作】** 1．配合媒体录制各类非遗视频资料。县文化馆配合南方卫视台拍摄《探寻·传承》—广东省非物质文化遗产百集大型系列片之龙舞（埔寨火龙）制作、代表性传承人等工作；协助梅州市电视台“这里是梅州”栏目拍摄组前来丰顺拍摄龙舞（埔寨火龙）传承人视频等材料；协助梅州市电视台“围龙故事”栏目拍摄组前来丰顺拍摄埔寨纸花制作技艺、采访传承人等工作。

2．积极挖掘、申报丰顺县非物质文化遗产项目。为弘扬民族民间优秀艺术传统，推动民族民间艺术的传承和发展，不断挖掘收集、整理申报非物质文化遗产保护项目成果显著。2015 年申报第五批市级非物质文化遗产项目代表性传承人、第六批省级非物质文化遗产项目、申报第五批国家级非物质文化遗产代表性项目代表性传承人，申报 2015—2017 年度“广东省民间文化艺术之乡”，马图茶制作技艺传承人何运新被列入第五批市级非物质文化遗产项目代表性传承人，留隍云片糕制作技艺列入省级非物质文化遗产保护名录，黄金迎灯、敕封“谢圣仙娘”元宵圣驾巡游等 8 项列入丰顺县第三批非物质文化遗产保护名录。

3．组织参加非物质文化遗产文艺晚会。组织文化馆相关工作人员代表丰顺县参加 2015 年梅州市“非遗大观年”启动仪式暨“美丽非遗·客家记忆”专题文艺晚会、梅州市《非遗大观年客家文艺惠民演出》系列活动之《丰顺县非遗专场》文艺演出，提高丰顺县非物质文化遗产项目的影响力。

## 电影、电视

1．丰顺县首家多厅数字影院运营良好。丰顺县首家多厅数字影院于 2014 年年底建成运营，标志着县电影院开始进入数字多厅时代。2015 年以来，该多厅电影院运营良好，为丰顺县传播先进文化提供又一个高起点、高标准的群众性平台，进一步丰富广大人民群众的文化生活。

2．农村公益电影放映发展态势良好。2015 年累计放映农村公益电影 3132 场，坚持每周五到坚真公园公映，每两周到培英电声厂放映，不定期到工业园放映，为人民群众送上文化大餐。

## 文化市场管理

在文化市场管理方面，加强日常监管，切实加大对网吧、游艺场所执法检查力度，加大对网吧、游艺场所违规经营、接纳未成年人进入等违法经营行为的打击力度；对多次被举报的网吧，加大执法频度和次数，实施重点监控；对违规经营的网吧及游艺娱乐场所，依法从重处罚。

在2015年10月16日到11月14日期间，县文广局文化市场综合执法队联合公安、工商等职能部门，在全县范围内开展为期1个月的文化市场专项整治行动，工商部门发现无证无照经营网吧41户，查处取缔12户次，罚没17600元。

截至10月底，累计出动执法人员830人次，检查网吧191家次，立案调查5家，发出责令改正通知书3份，警告并处罚款4家，吊销“网络文化经营许可证”1家；检查游戏娱乐场所10家次，歌舞娱乐场所42家次，发出责令改正通知书3份；检查电影放映单位7家次；检查出版物经营单位26家次，没收非法出版物18本，盗版音像制品97张，取缔地摊档2家；检查印刷经营单位52家次，发出责令改正通知书2份。

**2015年年底县文化广电新闻出版局**

**局　长**　陈红伟

**副局长**　邱金水　张国良　陈学就

（邹　曼）

## 史志工作

**【简述】** 2015年，丰顺县史志办在县委、县政府的领导和省、市业务部门的指导下，紧紧围绕县委、县政府工作大局，以加快“一城两区”建设为重点，构建“财丰人顺、幸福丰顺”为目标的工作思路，充分发挥党史工作“资政、存史、育人”作用，认真做好党史、地方志业务工作及县委中心工作，为促进丰顺经济长期平稳较快发展和社会和谐稳定，全面建成小康社会献计出力。

**【认真做好《丰顺年鉴（2015）》编纂工作】** 成立年鉴编纂委员会，将编纂任务分到各编辑，明确责任，每位编辑制定工作进度，定期不定期进行督查，为节约时间，采用边收集资料边撰稿的方法，开展年鉴分纂工作。《丰顺年鉴（2015）》全面、系统、翔实地记载2014年度丰顺县政治、经济、文化、社会各方面的基本面貌和发展情况，汇集各行业最具代表性的重要信息，为各级领导决策提供依据，为海内外各界人士、各部门了解与研究丰顺提供服务，同时也为续修《丰顺县志》积累史料。《丰顺年鉴（2015）》设特辑、大事记、概况、政治、经济、法制、教科文卫体、社会生活、镇（场）概况、人物等10个编目，50万字。史志办在做好自身工作的同时，积极配合上级有关部门做好《梅州年鉴（2015）》丰顺部分、《广东年鉴（2015）》丰顺部分、《广东纪要》等编纂工作。

**【成功召开“纪念红四军出击梅州86周年暨东江苏维埃政府、红十一军成立85周年座谈会”】** 2015年4月24日，丰顺县成功召开“纪念红四军出击梅州86周年暨东江苏维埃政府、红十一军成立85周年座谈会”。全国政协委员、中共中央党史研究室原副主任、中国中共党史学会常务副会长李忠杰，市委书记黄强等领导；中国人民解放军军事科学院正师职研究员陈力，中共中央党史研究室研究员王新生，省委党史研究室主任杨汉卿，省委党史研究室副主任李淼翔等军事、党史专家；江西赣州、福建龙岩和省部分市党史部门负责人，中共早期领导人彭湃之孙女彭伊娜、红十一军军长古大存之子古延贤等革命后代代表80多人参加座谈会。此次座谈会为进一步弘扬苏区精神，引导全县党员干部坚定理想信念、承担历史责任，认真落实国家原中央苏区和粤东西北振兴发展“两大政策”，推动红色土地早日实现绿色崛起起到重要的推动作用。

**【继续推进《中央苏区历史丛书——丰顺县》编纂工作】** 按照省委党史研究室的工作部署，县史志办成立苏区历史丛书编纂委员会，将编纂任务分到各编辑，明确责任，每位编辑制定工作进度，定期不定期进行督查，为节约时间，采用边收集资料边撰稿的方法，开展丛书编纂工作，2014年年底完成初稿。丛书内容包括历史概况、档案文献、回忆资料、历史研究、人物足迹、革命遗址、红色歌谣、光辉历程、老区新貌等，全书20万字。2015年上半年，史志办根据中共中央党史研究室研究员王新生及中共梅州市委党史研究室的审核修改意见进行反复修改，并通过中共梅州市委党史研究室的审核，等待中共广东省委党史研究室的审核。该丛书将为丰顺县进一步打响中央苏区品牌、加快推动丰顺振兴发展发挥重要作用。

**【认真开展《党史二卷》编纂工作】** 丰顺县史志办认真贯彻中央、省、市党史工作会议精神，切实按照上级党史工作部门和县委的工作部署，深入贯彻落实中共中央、省委、市委《关于加强和改进新形势下党史工作的意见》和会议精神，严格按照《地方党史二卷及专题资料编写编辑规范》，积极推进丰顺党史第二卷编纂工作。组织人员，制定篇目，采取走访、查阅、征集等方式收集有关资料。编辑按专题进行编纂，在编纂中以中共中央《关于建国以来党的若干历史问题的决议》为准绳，客观、全面、深刻地反映丰顺县委领导全县人民进行社会主义革命和建设的历史发展进程，揭示规律，总结经验。县史志办专门聘请中共丰顺县委党校退休干部梁干辉等五位对党史有一定研究了解、文字功底过硬、责任心强的同志为编写人员。全办干部职工在协调好其他各项业务工作的同时，合理安排时间，按照分工安排负责查阅资料，配合五位同志做好编纂工作。

**【认真编纂审核 “广东抗战时期中国人口伤亡和财产损失调研丛书”B 系列丰顺部分】** 2015 年是抗日战争胜利 70 周年，出于对历史负责、对人民负责、对当年的牺牲殉难者负责、对子孙后代负责，由中共中央党史研究室牵头组织的“抗日战争时期中国人口伤亡和财产损失”课题调研丛书出版工作有序推进。这套丛书按照设计要出 300 册左右，分成两个系列，一个是 A 系列，一个是 B 系列，A 系列是各个省调研汇总和各个专题，比如慰安妇的专题、日本侵华日军强征劳工的专题、侵华日军使用细菌武器的专题，还包括各个省汇总的调研成果。B 系列主要是各个省里面在汇总研究成果之外的专题性的成果，涉及的问题主要是本省、本区、本直辖市的这种专题作为 B 系列的成果。为保证调研资料的质量和真实性，使调研成果经得起历史的检验，经得起历史学家的质疑，经得起日本人的挑剔，中共梅州市委党史研究室除了及时召开业务会议，进行业务指导，解答疑难问题外，还对调研工作逐步具体化、规范化。丰顺县史志办认真审核“广东抗战时期中国人口伤亡和财产损失调研丛书”B 系列丰顺部分的相关数据，在 2015 年 5 月及时上报。

**【积极开发利用党史、地情资料，为经济文化建设服务】** 充分利用史志工作成果，发挥其特有的史实资源、信息优势，服务于社会发展和经济建设，重点是围绕县委、县政府“绿色的经济崛起”、统筹推进 “建设梅州近海临空桥头堡，打造潮汕休闲养生后花园”发展战略、加快“一城两区”建设、招商引资等中心工作，积极开发利用地情资源：一是为各级领导决策提供资料。向领导和投资商赠送县志、年鉴、文献资料等。二是为人文资源、旅游资源开发和城镇规划、项目规划提供科学的历史依据和丰富的史料。三是实施年报制度，制定资料年报工作实施细则与编写要求，组织业务培训和研讨交流，组织对年报资料的审查验收与整理等。四是为县委、县政府的中心工作提供资料支持。如丰顺新区建设所需的温泉水温、水量、地形、地表等资料做参考用。五是为冯秀珍客家文化博物馆争取了立项资金2万元。该博物馆是以客家文化为主兼潮州文化、畲族文化、周易文化、道家文化、佛教文化的多元文化博物馆，展室16间（包括图书室）、展板160面（每块1米见方）、展柜123个、展品3000件。具有时代特色、客家特色、地方特色、民俗风情特色和社会活动特色，能够很好地发挥地方志资源作用，开发特色旅游，于2015年9月23日开馆。六是为丰顺革命遗址和纪念场馆建设提供资料服务。对市、县领导批示对李坚真旧居的修缮开发工作、马图革命老区遗址群的开发利用工作等进行认真的研究，给领导及来信者均给予答复。

**【认真做好中央苏区县后续政策对接工作】** 丰顺县史志办全力做好原中央苏区后续政策对接工作，根据国家支持赣南中央苏区振兴发展若干意见以及国家支持赣南中央苏区振兴发展重点和政策导向，结合丰顺县经济社会发展的中长期目标，围绕丰顺县产业特色、区位特色、资源特色和发展思路、方向定位配合县委、县政府及有关部门做好工作。并加强联系和沟通，做好与省、市对口部门的对接工作，争取国家和省、市更多的支持，争取纳入中央苏区振兴规划，确保项目对接落实工作落到实处，取得实效。

**【积极做好党史信息报送工作】** 丰顺县史志办充分认识信息报送工作的必要性和重要性，明确一名信息员，及时做好信息整理、上报工作，切实加强信息沟通，不断强化宣传意识，自觉通过各种渠道，主动开展宣传，从日常宣传、重点报道和综合性材料撰写等方面入手，报道工作动态，注重挖掘宣传亮点，使信息采用在新闻媒体和信息载体上取得新突破，确保完成信息报送任务，达到交流经验、促进工作的目的。2015 年，县史志办向“梅州党史”网站报送 10 篇简讯。

**【机关自身建设全面推进】** 2015 年，丰顺县史志办从增强作风建设的科学性、针对性、有效性入手，以促进事业发展和人民满意为导向，以改进作风为突破口，以深化活动为载体，全面加强自身建设。一是加强业务培训和理论学习，提高综合素质。认真组织全办干部学习党的理论、方针政策和县委、县政府重大决策，重点学习科学发展观，确保编辑人员与时俱进，熟悉、了解县情。同时，深化县志编纂知识、出版常识、史志相关法规等业务学习，加强学术讨论，以提高编纂能力、技巧。花费专款为县志编辑部人员提供学习的刊物、工具书等业务平台，积极选派人员参加省地方志办公室组织的业务培训，使全体编辑业务素质进一步提高。二是按照机关党建的要求认真抓好部门党建工作，认真贯彻落实党风廉政建设责任制，加强干部队伍党性党风党纪教育，深入开展反腐倡廉教育活动、群众路线教育实践活动、“三严三实”专题教育实践活动。通过这些活动的开展，全体党员干部党性进一步增强，党组织凝聚力、战斗力得到提高，为史志工作奠定坚强的组织保障。

**2015 年年底县史志办公室**

**主　任**　张镇有

**副主任**　简光瑞　张国强

（曾杏美）

## 档 案 工 作

**【简述】** 2015 年，县档案工作在丰顺县委、县政府的高度重视和正确领导下，在省、市档案局的指导下，紧紧围绕县委、县政府的中心工作，围绕丰顺振兴发展主线，认真贯彻落实中央办公厅、国务院办公厅《关于加强和改进新形势下档案工作的意见》和省委办公厅、省政府办公厅《关于加强和改进新形势下我省档案工作的意见》（以下简称《实施意见》）以及市委办、市府办《关于加强和改进新形势下我市档案工作的意见》要求，继续推动档案各项工作扎实、深入开展，档案工作不断提升服务县经济建设和社会发展的水平。这主要体现在档案行政职能建设、档案基础业务建设、档案信息化建设、档案利用服务建设、档案安全建设等几个方面。

**【开拓档案工作新局面】** 2015 年 5 月，县档案局（馆）原局（馆）长张炽礼交流到其他单位任职，副局长徐国信暂时负责全面工作，积极争取领导重视，筹集资金加强档案安全建设；抓好重点档案抢救工作；认真落实工作计划，做好市档案局执法检查迎检工作。11 月起，罗宗裕任县档案局党组书记、局长，着力加强与市档案局、兄弟县（市、区）档案局的业务交流，强有力地推进档案信息化和档案馆新馆建设工作。县档案局领导班子以高度的责任感和使命感，始终围绕县委、县政府中心工作，齐抓共管，以踏石留印、抓铁有痕的劲头，确保档案各项工作不断深入，提高档案工作科学管理水平，不断开拓档案工作新局面。

**【加强档案行政职能建设】** 一是完善机构设置，强化行政管理职能。为贯彻落实省委办公厅、省政府办公厅《实施意见》精神，进一步强化县档案局（馆）档案行政管理职能，加大全县档案工作监督指导力度，助推丰顺县档案事业健康发展，县档案局（馆）在不增加人员编制的前提下，经县机构编制委员会批准同意，对局（馆）主要职责、内设机构、人员编制进行调整，增设监督指导股，加强档案监督指导职责，为开展档案执法监督提供依据。二是重视执法检查，深入开展业务指导。为做好迎接市档案局到丰顺县开展档案行政执法检查的准备工作，县档案局对照检查标准，认真部署，提前在全县范围内深入开展自查工作，重点检查档案事业发展保障情况、档案安全保管情况、档案法律法规执行情况、档案基础业务建设、档案违法违规行为等，全面掌握各镇（场）、县直单位档案工作水平，从中总结丰顺县近年来档案工作经验，发现存在不足，并积极采取措施进行整改，提高全县档案管理意识和工作水平。

**【夯实档案基础业务，提升利用服务水平】** 一是加大档案接收征集力度，不断优化馆藏结构。为如期完成《实施意见》中提到的“到 2018 年，全省国家综合档案馆馆藏总量比 2010 年翻一番，民生档案达到馆藏的 60%以上”目标，县档案局（馆）制订相应的档案接收工作方案，分阶段分步骤实施，不断加大档案（特别是民生档案）接收征集力度。2015 年，接收 7 个全宗单位到期档案 756 卷又 4143 件，馆藏总数 23894 卷又 29749 件，其中民生档案总数 4675 卷，占馆藏比例 17.4%；征集族谱、照片、著作等档案资料一批，馆藏资料新增 25 册，总数 4505 册。二是做好重点档案抢救工作。针对馆藏的县委、县人大、县政府、县政协等全宗单位年代比较久远的档案都存在不同程度的虫蛀、纸张老化、字迹褪变等现象，县档案局（馆）制订详细的重点档案抢救计划，通过定期更换防虫药、卷皮、卷盒等方式对重点档案进行抢救，并对需要修裱的重点档案进行清点、登记，按计划分批送至市档案局进行修裱、去污、加固。三是做好档案开放鉴定，提升档案利用服务水平。经县开放档案鉴定小组对保管期满 30 年的档案进行鉴定，并经同级档案部门批准 3 个全宗单位的档案 30 卷，575 条目列为第九批向社会开放，对到期暂不开放的报市档案局审批，做到依法开放应开放的全部档案，充分保障人民群众利用档案的权利。同时，坚决执行简化手续和免除查档费用等规定，最大限度保障和方便人民群众利用档案。2015 年，接到县内、外群众关于毕业生档案流转、工龄鉴定、档案查阅等业务咨询电话 70 多宗，接待到馆查档群众 180 多人次，调阅档案 250 多卷，调阅资料 30 多册，复印资料 400 多页。

**【推进档案馆新馆建设和档案信息化建设】** 一是档案馆新馆建设有新进展。《赣闽粤原中央苏区振兴发展规划》出台后，县档案局领导主动跟县主要领导、县政府分管领导汇报情况，县领导高度重视，多次作出批示和指示要加快县档案馆新馆建设步伐，要求县档案局提交新馆建设工作推进方案，县有关部门全力配合，该项工作进入选址阶段。二是档案信息化建设有新突破。1. 制定档案馆馆藏档案数字化方案并获得县政府领导批准，计划分 2～3 期实施，完成档案数字化占馆藏总量的 50%以上的目标。2. 继续做好馆藏档案目录数字化工作，积极开展馆藏档案案卷级和文件级目录数字化和政府信息公开目录数字化，现有文件级目录 243228 条，完成比例 100%。

**【加强档案安全保密建设】** 一是改善档案保管条件。档案库房的部分空调由于使用年限久，制冷效果差，无法保证库房内温湿度达到档案安全保管的标准，县档案局领导向县长和分管副县长请示汇报，县领导高度重视，拨出专款，购置一批新的空调机、除湿机等设备，最大限度改善保管条件，确保档案安全。二是加强档案库房管理。采取节假日前定期对库房进行巡查，配合上级档案、保密部门进行重点检查，平时不定期巡查等方式加强库房安全管理，全年检查 30 次以上。三是加强汛期安全检查。在汛期到来之前，检查库房建筑情况，对漏雨屋顶进行加固，确保汛期期间档案安全。同时，指导各镇（场）、县直各单位加强档案室安全巡查，提前做好各项准备，采取必要措施，确保档案安全。四是加强档案保密工作。1. 结合纪律教育学习月活动，开展保密法纪宣传教育，进一步提高县档案局（馆）干部职工特别是涉密人员保守国家秘密的责任感和使命感，全面提升保密工作质量。2. 加强到期档案开放保密审查工作。对保密期满30年的档案进行开放鉴定时，对每条案卷目录、每份卷内文件都进行仔细检查，确保敏感内容不公开。3. 加强档案网站信息保密管理。结合全国政府网站普查工作，加强档案网站保密管理，实现网站自查常态化，加强信息发布审核和保密工作，加强政府网站的监控与管理，上网信息按照公开程序严格把关审批，确保网站内容的真实、准确，严防泄密事件发生。

**【提高档案人员综合素质】** 结合各镇（场）、县直各单位专（兼）职档案员变动比较频繁的实际，为保证进馆档案质量，确保档案人员素质水平，县档案局采取集中培训和分散培训相结合的办法，分期分批对各单位专（兼）职档案员进行业务培训，确保档案员在开展业务过程中掌握好标准和牢记操作规范，一方面从源头把好进馆档案质量关，另一方面有效提高档案人员综合素质。2015年，开展集中业务培训1期，培训20多人；分散培训多次，培训30多人次。

**【加大档案宣传力度，提高社会档案意识】** 一是丰富宣传方式。利用“六五”普法、“6·9国际档案日”、法制宣传日等活动和档案网站、单位宣传栏等平台，进行档案法律法规、档案作用和地位的宣传。二是充分发挥档案信息网站宣传作用。档案网站实行专人管理，公开政务信息、现行文件目录、开放档案、查档指南等内容，实时发布业务动态、丰顺新闻、网站展览等信息，不断扩充网上办事和互动功能，逐步建成“一站式”档案信息资源共享和服务平台。2015年，档案网站发布各类信息192条，年访问8万多次，总访问量11多万次。

同时，县档案局（馆）干部职工也积极担当宣传员角色，主动加强与全县各镇（场）、县直单位分管领导、档案员的联系，扩大受众范围，提高社会档案意识，促进档案各项工作顺利开展。

**2015年年底县档案局**

**局　长**　罗宗裕

**副局长**　徐国信　彭广沈

（吴汉疆）

# 广 播 电 视

## 县广播电视台

【简述】 2015 年，丰顺县广播电视台坚持以邓小平理论和“三个代表”重要思想为指导，深入贯彻落实科学发展观，把握正确舆论导向，确保安全优质播出，加快事业产业发展，各项工作在巩固中发展，在规范中提高，在创新中进步，保持良好的发展态势。

【坚持党性原则，把握正确导向】 2015 年年初，县广播电视台按照县委的总体部署，制定《关于加强新闻宣传工作的意见》，要求全体干部职工以中共十八大精神为统领，牢固树立政治意识、大局意识、责任意识、阵地意识，把坚持正确导向放在新闻宣传工作的首位，坚持党性原则，坚持“三贴近”，落实“三深入”，加强对重大主题宣传和重点活动报道的策划、协调、组织、管理，重要宣传战役与日常宣传工作紧密结合，自觉主动地为人民服务，为县委、县政府工作大局服务，努力使县委、县政府的各项工作部署深入头脑、扎根人心，转化为广大干部群众的自觉生动，充分发挥县广播电视宣传党的主张、弘扬社会正气、通达社情民意、引导社会热点、疏导公众情绪，搞好舆论监督的主力军作用。

【不断改革创新，提高宣传质量】 县广播电视台按照《关于加强新闻宣传工作的意见》的要求，努力使广播电视新闻宣传工作体现时代性，把握规律性，富于创造性，不断提高舆论引导的权威性、公信力、影响力，增强广播电视宣传的针对性和实效性。1. 加强节目策划，提升节目质量。进一步健全完善新闻宣传策划制度。每月初，台都要召开新闻宣传策划例会，以策划制度促进新闻宣传从业人员策划意识的形成和策划能力的提高。在新闻宣传策划过程中，注重抓好主题策划，着力解决节目主题陈旧、形式单一、内容平淡、艺术粗糙等问题。新闻中心从可读性、地域性入手，在原来每天一档新闻的基础上，在节目内容上下功夫，2015 年年初，集中报道全县人大政协两会，同时趁着“三严三实”思想教育大讨论的东风，在做好招商引资等宣传的前提下，围绕县开展的韩江（中上游）生态文化经济带建设，先后在节目里开辟《推进新区建设，实现科学跨越》《解放思想大家谈》《创建卫生县城热线追 踪》等 6 个专题报道，积极配合县委、县政府中心工作展开宣传，2015 年播发各类稿件近 1000 多条。其中，《父亲身患绝症，14 岁女孩撑起一片天》《养父患癌，“尖子生”艰难求学路》成为新闻中心民生新闻的宣传亮点。社教中心强化宣传策划，打造精品栏目，形成以《丰顺公安》《人口视窗》《丰顺人》《国税之窗》《食品药品安全》等本土化节目制作播出风格，增强可视性，收视率逐渐提高，提升广播电视的整体水平。2015 年，社教中心制作播出各类栏目 40 多期。2. 打造民生栏目，提升品牌形象。2015 年，县广播电视台开设《民生广角》新闻专栏节目，围绕打造品牌栏目，最大努力地关注民生，及时帮助群众解决他们所遇到的困难和问题。汤坑路中间有大坑未及时修复，热心观众来电告知，及时做好协调；环城路、河滨路垃圾死角，久未清理，群众打来电话向新闻中心投诉，及进作现场报道，督促相关部门解决问题。类似例子，举不胜举，群众对县广播电视台工作给予高度信任。还有许多农民因为县广播电视台播出的节目想要了解详细技术和政策，县广播电视台不厌其烦地与相关部门和个人联系，架设沟通的桥梁。对不便、不能播出的，与相关部门、乡镇领导联系、沟通，督促问题的解决。来信来电数量前所未有，亲民、爱民的形象逐步确立。3. 加强对外宣传，展示丰顺形象。2015 年，县广播电视台加强与中央电视台、旅游卫视和梅州电视台的联系，对他们来丰顺县采访，从选题、选景到拍摄，从饮食、住宿到车辆安排，县广播电视台都给予全力配合、细微服务，力争做到上级台记者生活舒心、工作满意。2015 年，中央电视台在《走遍中国》栏目专门播出反映县风土民情的专题 1 期，旅游卫视播出《丰顺名片》等专题 6 期，《梅州新闻联播》播出反映县各行各业活动的新闻 330 多篇，形成较好的宣传声势，有力地展示丰顺的对外形象。

**【提升服务水平，守住网络阵地】** 2015 年，县广播电视台积极应对“三网融合”带来的危机和挑战，以提高网络传输技术和服务质量为重点，在巩固发展城市数字化转换成果、积极发展小区和镇村有线数字电视用户的同时，认真履行服务承诺制度，为用户排忧解难，为用户提供丰富多彩的节目内容。同时不断拓展新业务，通过拉设专用光纤、联合开发经营、加强日常服务等方式，留住风度、金德宝、宝丰酒店和碧桂园、滨江湾小区等集团用户，保障网络收入。2015 年规划设计小区 6 个，新开通电视光点 10 个，建设地下管道 3000 多米，新装有线电视用户 1000 多户，较好地守住有线网络阵地。

**【拓展多种渠道，增强经济创收】** 2015 年，广告方面，面对广告业的严峻形势，县广播电视台不断适应新的发展形势，千方百计拓展创收渠道。一是增强服务意识，提高广告策划水平。根据客户需求，依托现有新闻、专题等广告平台，并根据市场需求，积极加强广告策划和品牌化建设，着力提升广告传播质量，以此来吸引和赢得客户。二是加大广告结构调整力度，改变过去广告创收主要依靠大户支撑的不科学做法，深挖广告源，积极开拓新领域，培育新市场，促进广告市场均衡、协调发展。专题方面，在积极与各单位联合制作栏目的同时，充分调动各种积极因素，以经济建设为中心，最大化地发挥栏目的经济效应，增加经济创收。2015 年，专题创收 90 多万元，创历史之最，为大幅增资和各项福利支出提供有力的支持。

**【坚持多措并举，确保安全播出】** 2015 年，县广播电视台严格执行“三位一体”的领导值班制度、机房值班制度和零报告制度，不断完善安全播出应急预案，定时组织安全播出演练和设备日常检查以及重要播出保障期前的大检查，使设备始终处在最佳的运行状态，安全播出的日常运行和应急保障的有机结合，形成安全播出综合防范机制，实现安全播出“零事故”。

**【加强队伍建设，提升总体素质】** 2015 年，县广播电视台按照县委的统一部署，在县委督导组的精心指导下，结合习近平总书记提出的“三严三实”总要求，扎实开展群众路线实践教育活动。全体干部职工认真学习中共十八大报告和习近平总书记一系列重要讲话精神、《厉行节约、反对浪费——重要论述摘编》《论群众路线——重要论述摘编》《党的群众路线教育实践活动学习文件选编》等文件书籍，一个环节紧扣一个环节，一个步骤紧接一个步骤，严格按照县委的要求，深入查摆个人“四风”突出问题，结合实际撰写剖析材料，积极开展批评与自我批评，对查摆出的问题立行立改。同时县广播电视台还以完善惩治和预防腐败体系为重点，认真贯彻中央“八项规定”等一系列制度，以打造“节约型”电视台为目标，严肃财经管理和财经纪律，开源节流，勤俭持家，坚决制止奢侈浪费行为，从源头上防止腐败和不正之风。通过教育实践活动，县广播电视台机关作风明显好转，干部职工面貌焕然一新，为人民服务意识明显增强。

**2015 年年底县广播电视台**

**台　长**　李森权

**副台长**　黄韩飞　朱明海　徐丽珊

（张　雯）

# 卫　生

## 县卫生事业

【简述】　2015 年，全县卫生计生事业坚持以人民健康为中心，以人民满意为标准，以深化医药卫生体制改革、人口计生综合改革为主线，以满足人民群众健康需求、人人享有基本公共卫生服务为目标，以重点民生工程为重点，紧紧围绕县委、县政府中心工作，围绕丰顺新区建设，努力实施建立基本医疗卫生制度，切实加强人口计生综合治理工作，稳定低生育水平，实现人人享有健康教育权益和基本医疗卫生服务，不断提高人民群众健康水平，提升人民群众幸福指数。

【继续深入开展医药卫生体制改革】　1.公立医院改革稳步实施。在县人民医院作为第二批县级公立医院改革试点单位开展改革工作的基础上，县中医院于 2015 年 1 月份补申报成为第二批县级公立医院改革试点单位，自 5 月 1 日起取消药品加成，实行零差率销售，同步根据医疗服务价格调整方案开始执行调整后的医疗服务价格，并落实政府财政补偿和调整医保支付政策；并加强组织领导和统筹协调，逐步推进中医院各项机制完善和制度改革，确保中医院综合改革工作任务落到实处。2.扎实开展基本公共卫生服务。（1）2015 年，全县产妇总人数 6586 人，活产数 6593 人，住院分娩率 99.91%，孕产妇保健管理率 99.15%，系统管理率 92.86%，0～6 岁儿童保健管理率 95.39%，0～3 岁儿童系统管理率 90.02%，孕产妇死亡 1 例，全县无新生儿破伤风病例发生，（目标人群叶酸服食率 90.12%），农村孕产妇住院分娩补助 4110 人，补助金额 358.06 万元。（2）全县全年活产数 6593 人，新生儿访视 6561 人，新生儿访视率 99.51%；围产儿死亡 28 人，死亡率 4.23‰；新生儿死亡人数 7 人，死亡率 1.06‰；出生缺陷 36 人，出生缺陷率 54.60/万。全县无新生儿破伤风病例发生；新生儿疾病筛查 6452 人，筛查率 97.86%。（3）重性精神疾病管理　2015 年 5 月对在册的精神病患者进行关锁调查，排查出 19 例关锁的重性精神病患者，并即时加强随访督导。对辖区内确诊的 2485 例严重精神疾病患者进行随访管理。丰顺县严重精神障碍管理工作在县委、县政府、县卫计局以及全县严重精神障碍管理工作人员的共同努力下，2014 年，县严重精神障碍管理工作被广东省精神卫生中心评为“2014 年度广东省严重精神障碍管理先进县”的称号，（4）高血压、糖尿病、健康档案、老年人保健管理全县管理高血压患者 33853 例，规范化管理 30136 例；管理糖尿病患者 7468 例，规范化管理 6791 例；建立居民健康档案 451，464 份，建档率 73.6%；纳入保健管理的 65 岁以上老年人为 52350 人。（5）国家计划免疫疫苗接种率 99.2% 以上。2015 年 6 月 29 日至 30 日省基本公共卫生服务项目评估组对丰顺县 2014 年度基本公共卫生服务项目进行评估，县 2014 年度基本公共卫生服务各项目工作得到省评估组的肯定。

【基层医疗服务体系不断完善】　积极实施省对乡镇卫生院装备设备配备设施设备“五个一”项目，根据实际需求合理配置各镇卫生院设备，重点建设五间中心卫生院，服务能力不断增强。2015 年，申报 2015 年人口与计划生育服务体系中央预算内投资项目 1 个，总投资 155 万元；申报广东省经济欠发达地区乡镇卫生院标准化建设项目 3 个，总投资 1885 万元。加强农村医疗卫生服务体系建设。积极完善包括健康档案、医疗服务、行政管理、收费系统、药事管理、财务管理等一体的卫生信息化平台建设。按照市卫计局关于组织的全科医师参加转岗培训班要求，

2015年上送16人参加基层医疗卫生机构中医全科医生转岗培训。丰顺县通过阶段培训，定期召开乡村医生会议，采取以会代培方式，积极开展乡医培训，进一步提高乡医的基本技能和药物使用规范知识。加强村卫生站管理和考核，并按上级有关要求足额发放村医补贴。

**【医疗服务能力显著提升】** 继续深入开展“医德医风建设”活动，深化“平安医院”创建，结合“服务百姓健康行动”“三好一满意”“大型义诊”等活动，大力推广便民惠民服务措施。不断强化医疗质量安全管理，完善三级医疗服务质量管理与控制体系。扩大优质护理服务覆盖面。加强医院感染管理与医疗废弃物管理，继续开展抗菌药物临床应用专项整治。加大县直医疗卫生机构支援乡镇卫生院的工作力度。深入实施基层中医药服务能力提升工程，开展中医适宜技术推广，加强基层中医药人才培养和队伍建设。县人民医院2015年1—10月止，总收入13474万元，同比增加1830万元，增长15.7 %；其中业务收入11791万元，收入同比增加921万元，增长8.4 %，药比40.18%，同比下降1.1个百分点。门急诊量171717人次，出院病人数13945人次，病床使用率105.94%，同比增加5个百分点。县中医院1—11月，总收入6146万元，同比增加610万元，增长11 %；其中业务收入5524万元，收入同比增加540万元，增长10 %，药比36%，同比下降5个百分点。门急诊量78296人次，出院病人数4526人次，病床使用率130%，同比增长2%。其他医疗机构的业务收入和门诊住院人数均有所增加。

**【坚持依法行政，落实好卫生计生惠民政策】** 认真做好对基层人口计生依法行政和有关业务的培训工作，进一步提高基层依法行政能力和工作水平。加强基层计生依法行政工作的指导和监督，一年来，在局的统一安排下，先后5次到各镇检查指导依法征收社会抚养费、再生育申请审批、行政执法制度建设、便民维权制度建设和信访受理登记情况，发现存在问题现场指导和及时完善。认真做好计划生育利益导向各项工作的审批和资金的发放：一是农村部分计划生育家庭奖励金；二是农村节育奖励金；三是城镇居民独生子女父母计划生育奖励；四是独生子女伤残、死亡家庭特别扶助；五是计划生育节育手术并发症特别扶助。未出现有资金发放不到位造成上访事件。认真做好群众来信来访工作，受理各类来信来访42件，各类信访件由专人处理，对每一件信访件都能认真进行查处和及时回复，群众满意度较高，未出现有越级上访的情况。认真做好“单独两孩”生育政策的落实和审批工作。2015年全县申请“单独两孩”生育申请230对，审批230对。

依法行政，加大执法力度，保障医疗市场安全。强力打击非法行医，出动卫生执法人员124人次，执法车31车次，查处案件18宗，立案18宗，结案18宗，罚款人民币54000元整，其中取缔非法行医12宗。加大“两非”整治力度，严格落实出生实名登记制度，加强对B超和终止妊娠药品的管理，定期开展“两非”专项整治行动，出动卫生执法人员96人次，执法车24车次，重点对县人民医院、县计生服务站、民营医院进行督查，防控其采血鉴定胎儿性别行为，全县无“两非”案件发生。

**【抓重点抓基层抓督导，落实好计划生育任务】** 重点以突出落实定点结扎为主，降低“四术”库存为目标，扎实抓好春季秋季计划生育集中服务活动。全县总人口759215人，全县有已婚育龄妇女145241人，占总人口的19.13%。2015年，全县落实“四术”6760例，其中定点结扎2838例，放环3922例，征收社会抚养费3418万元。全额上缴国库，未出现有被挪用或未及时上缴现象。

**【建立健全流动人口管理服务工作机制】** 积极协调公安、工商、住建、教育等相关部门，日常进行相通沟通形成密切配合，政策协商、管理互补、服务互动、信息互通的流动人口计划生育长效协作机制，各兼职单位认真履行职责，落实流动人口目标管理责任制，及时通报并督促育龄妇女落实相关计划生育手术和办理计生证件，进一步完善流动人口综合施治的工作机制。

完善流动人口登记制度和信息化工作制度，

及时录入和更新育龄妇女信息系统数据，做好信息通报工作。一是规定每天要登录两个系统进行接收和反馈信息。二是规范数据处理流程。三是规范数据的处理标准，提高信息反馈的准确性。四是规定信息反馈的时间，要求在5个工作日内反馈，做到有接收必反馈。五是规定电脑员与办证窗口互动办公。六是规范资料档案管理制度。通过健全工作机制，及时更新信息系统，有效提高系统的准确性，更提高信息平台信息反馈的质量和速度，收到很好的效果。2014年10月1日至2015年9月30日接收信息12814条，反馈率100%。

**【妇幼健康优质服务工作有效增强】** 整合卫生和计生的技术服务力量，继续抓好免费婚检和免费孕检项目规范运行，降低出生缺陷发生率，2014年10月至2015年9月全县结婚登记11124人，参加婚检10141人，婚检率91.17%，丰顺县从全市倒数第一跃升全市前茅，丰顺县婚检率得到有效的回升并取得较好的社会效益。进一步落实出生缺陷干预政策，加强地贫防控工作，孕妇5246人，筛查4963人，筛查阳性1171人，基因诊断294人，确诊168人，夫妻同型孕妇19人，产前诊断12人。县直医疗单位新生儿听力筛查工作有条不紊开展，筛查阳性4589人，转诊173人，确诊2人。

**【公共卫生保障能力全面提高】** 加强疾病预防控制能力建设，落实重大疾病防控任务，科学有序地开展登革热、埃博拉、中东呼呼综合征、HIV、麻疹、手足口病等流行病学监测、调查与处置，防止传染病疫情的发生和蔓延，在上级正确领导下，通过技术储备，依据预案，科学防控，丰顺县成功处置1宗人感染H7N9禽流感疫情，防止疫情扩散，最大限度地减少传染病对公众健康和社会造成的危害，有效地维护社会稳定和经济发展。全县无发生突发公共卫生事件，无甲类传染病报告，乙丙类传染病（按审核日期统计）有临床+实验室诊断病例1000例，比上年同期发病总数下降9.66%，主要传染病得到有效管理和控制，无重大传染病疫情暴发流行。基础免疫接种率和加强免疫接种率95%以上。全面加强卫生应急能力建设，做好突发公共卫生事件应急处置以及重大活动医疗卫生保障工作。继续完善县“120”急救指挥中心及三个院前急救点建设。认真开展公共卫生监督检查，出动卫生监督员107人次，执法车辆44车次。完成15家接害厂矿企业的100多名劳动者的职业健康检查。扎实开展生活饮用水卫生、学校卫生、公共场所卫生、传染病防治以及放射卫生等公共卫生监督监测工作，卫生监督覆盖率100%，无饮水安全和传染病疫情责任事故发生。

**【加强爱卫运动，推进创卫工作】** 以创建广东省卫生县城为契机，加强爱国卫生工作，深入开展创建省、市卫生村工作，大力整治城乡环境卫生，结合爱卫月活动积极开展除“四害”工作。使镇村卫生环境有很大变化，有力地促进丰顺县经济和社会的协调发展。在4月至11月县爱卫办邀请市专业消杀队五次来丰顺县进行防蚊灭蚊消杀，清理蚊幼虫滋生地1760处，环境整治面积100万平方米，灭蚊面积50万平方米，使用灭蚊药物5吨。在县城安装毒鼠屋10000多个，下水道雨水井口安装防蚊闸3500多套。投放四次毒鼠谷2000公斤，施喷灭蚊灭蝇药物3000公斤，下水道灭蟑螂药物3500公斤有效控制病媒生物密度，为创建省卫生县城奠定坚实的环境基础。

**【加强卫生计生宣传，开展全民健康教育】** 多位一体，全方位开展卫生计生宣传教育。一是统一印制图文并茂有关计生政策、优生优育、避孕节育、计划生育优惠政策和奖励政策宣传资料20万张，发放到镇、村；二是结合季节性多发病、常见病、慢性非传染性疾病、突发性传染病等，有针对性地编印卫生科普知识宣传资料6万份，免费发至群众手中，让保健防病知识普及到人民群众；三是开展部门联动，与电视台联手开设的《卫计视窗》电视专题栏目，每月播放知识类专题3期，时政类专题1期；四是开展“世界防治结核病日”宣传活动、全民参与爱国卫生月、世界地中海贫血、第22个防治碘缺乏病、预防接种、疟疾、世界无烟日等为主题的户外宣传公益活动20场次；五是利用电视、网络、微信等宣传手段和开展大型宣传活动，为创建卫生县城造势，形成人人认识创卫、人人支持创卫、人人参与创卫的良好宣传氛围；六是在各医疗卫生计生单位和行政村设置固定宣传栏，宣传手足口病、人感染禽流感、狂犬病、艾滋病、登革热、高血压、糖尿病等防治知识。同时，不定期举办以提高居民健康素养为主题的咨询、义诊、讲座、问卷调查。

**【其他卫生计生工作同步推进】** 一是加强无偿献血宣传招募和临床合理用血监管，完成无偿献血 1021 人 233850 毫升，无偿献血率 100%；二是开展“三严三实”专题教育，狠抓党风廉政建设和机关作风建设；三是开展全县卫计系统突发事件安全隐患排查和督查，确保稳定平安；四是完成年度引进卫计专业人才招录计划编报；五是继续加强挂钩贫困村的扶持力度，帮助贫困村尽快脱贫。

**2015 年年底县卫生和计划生育局**

**局长、党委书记** 林延钊

**副局长** 陈福凑 周健人 张暹春 黄瑞珍

**党委委员** 徐显游 冯流宝

**县医改办常务副主任** 陈东生

（县卫计局办公室）

## 县人民医院

**【简述】** 丰顺县人民医院是丰顺县唯一集医疗、科研、教学、急救、康复和保健为一体的二级甲等综合医院、爱婴医院。至 2015 年 12 月底，在编在岗干部职工 394 人，其中正高级职称 3 人、副高级职称 48 人、中级职称 92 人，开放床位 350 张。2015 年，丰顺县人民医院认真学习贯彻中共十八大、十八届三中、四中、五中全会精神，深入推进公立医院综合改革，强化内涵建设，加大人才培养与引进，持续改进医疗质量，深化优质护理服务，加强行业作风建设，不断提升医院综合服务能力，促进医院持续健康发展。2015 年，医院总收入 16183.41 万元，同比增长 13.14%，总诊疗人数 20.40 万人次，出院人数 16669 人次。

**【持续改进医疗质量，确保医疗安全】** 深入开展“三好一满意”活动，强化医疗质量与医疗安全管理。重点加强医疗核心制度、病历书写质量、输血安全管理、合理用药、护理质量、院感等督导检查，形成督查奖惩机制和问责制，通过狠抓质量与安全管理，医疗质量和医疗安全得到保障。一年来，无发生重大医疗差错和责任事故。

**【强化医院内涵建设，提升综合服务能力】** 以提升医院综合服务能力为目标，制定《丰顺县人民医院提升综合能力三年发展方案》，通过建设、培训、支援等方式，加强人才、技术、专科为核心的能力建设，实现医院管理法制化、规范化、精细化、信息化，医疗服务能力和水平达到要求，不断提高医院的服务能力和运行活力，使县域内就诊率三年内达到 90%左右、基本实现大病不出县。一是加强临床核心专科建设。以推广适宜的腔镜微创诊疗技术为抓手，进一步扩大微创诊疗技术范围。开展腹腔镜下子宫切除术、宫外孕、卵巢中囊肿剔除术、腹腔镜辅助下直肠癌根治术、宫腔镜下子宫内膜切除、子宫黏膜下肌瘤切除术等微创诊疗技术，使县域内患者不出县便能够在人民医院得到规范化的微创诊疗技术。二是加强临床薄弱专科建设。针对临床薄弱专科眼耳鼻喉科，加大设备投入，购买电子鼻咽喉镜，选派医生护士到三级医院进修学习，聘请三级医院专家技术指导，不断提升眼耳鼻喉科服务能力。三是坚持人才引进与培养。2015 年引进人才 14 人，其中研究生 1 人、本科生 4 人、大专生 3 人、中专 6 人；晋升副高职称 4 人，中级职称 15 人。四是开展科研新技术。2015 年申报市科技立项课题 9 项，在省以上刊物公开发表论文 17 篇。五是加快基础设施建设。县人民医院住院综合大楼建设项目，2015 年 12 月底进入申报验收阶段，投入使用。

**【深入推进公立医院综合改革】** 紧紧围绕公立医院综合改革，抓好各项任务落实。一是继续实行药品零差价政策，开展平价医疗服务，让利人民群众。二是进一步实施国家基本药物制度。继续推行优先使用基本药物制度，基本药物 491 种，配备率 51%，基本药物使用比例接近 50%。三是严格落实医保新政策。认真执行城镇职工、新医疗付费方式，居民医保按人次结算、按实结算医疗付费方式。通过新医疗付费方式，有效控制医疗费用。继续实行城乡居民职工医疗费用即时补偿。四是改革人事分配制度。实行编制内员工、合同工等工种并存的用人机制，修订绩效工资分配方案，调动广大职工的工作积极性。

**【扎实开展创建“广东省卫生县城”活动】** 根据《丰顺县创建广东省卫生县城实施方案》（丰委办〔2013〕27）要求，严格按照广东省卫生县城标准，扎实开展“创卫”活动，投入 45 万元改造院容院貌，开展健康宣传教育、环境卫生、传染病防治、病媒生物防治等工作，顺利完成上级下达“创卫”的各项指标任务。

**【切实加强党风廉政建设和行业作风建设】** 切实落实党风廉政建设和行风建设责任制。一是全面贯彻落实党风廉政建设主体责任制。医院主要负责人担负第一责任人职责，班子成员对职责范围内的党风廉政建设和行风建设负领导责任。年初，医院与各科室主任签订党风廉政建设和行风建设责任书，明确科室主任为科室党风廉政建设和行风建设第一责任人，落实层级责任，强化“一岗双责”意识，做到与业务工作同部署、同落实、同检查、同考核。二是进一步加强医德医风教育，扎实推进行风建设，落实行业作风“九不准”，深化政风行风专项治理工作和民主评议政风行风活动，切实改变工作作风，服务满意度进一步提升。2015 年县直民主评议政风行风活动中，人民医院在县直 5 家医疗机构中综合排名第一。

**【精神文明建设】** 培育和树立正面典型，大力开展向徐克成、车小燕、骆抗先等先进事迹学习活动，引导广大党员干部自觉践行社会主义核心价值观，开展创建梅州市“学雷锋示范点”活动，组织青年志愿者开展义诊、无偿献血、助学等活动，进一步弘扬“广东医生”精神，不断形成学习先进、崇尚先进、争当先进的良好风气。2015 年被梅州市评为“五四红旗团支部”称号。

**2015 年年底县人民医院**
**院　长**　李铁锋
**党总支书记**　朱春龙
**党总支副书记**　高清琴
**副院长**　黎剑泉　朱少慧　黄诗军　陈红莲

（郑丽娟　刘海捷）

## 县中医院

**【简述】** 丰顺县中医院是一所政府举办的非营利性二级甲等综合医院。2015 年有在编干部职工 167 人，其中高、中级职称 37 人。设有中医内科、中医骨伤科、外科、妇科、麻醉科、理疗康复科、中风专科、理疗科、耳鼻喉科等临床科室，和检验科、放射科、B 超室、血透室、胃肠镜室、碎石室等医技科室。编制床位 99 张，实际开放病床 140 张。拥有螺旋 CT、DR、四维彩超、腹腔镜、经皮肾镜、膀胱镜、C 型臂、碎石机、全自动生化分析仪、麻醉呼吸机等大中型医疗设备 20 余台件，固定资产总值 4251 万元。医院在大力引进人才、培养人才的基础上，广泛吸纳国内外先进诊疗技术，逐步使医院发展成为中医为重，西医为辅，多学科渗透，多科室广泛参与，多种诊疗手段优势互补的中西医结合医疗服务体系，社会效益和经济效益均获得双丰收。

**【中心工作】** 县中医院以质量为目标，以医院管理为核心，以提高管理者的素质和能力为切入点，提高中层干部的综合素质和管理能力，强化医疗队伍建设，使全体职工各司其职，各尽其能。同时，大力扶持特色专科建设，促进专病诊治水平的提高。2015 年门诊工作量 8.5 万人次，比 2014 年增长 4.8%；出院 4938 人次，增长 6.5%；病床使用率 140%；全年收入 6026 万元，其中医疗业务总收入 5524 万元，增长 11.6%。医疗服务质量满意度为 95 %，全年未发生一起重大医疗事故。

**【市级以上获奖情况】** 荣获“医改功勋·荣耀中国·2015 年全国最佳百姓放心示范医院”。

【主要工作情况】 1. 强化药品“质量第一”的管理理念，加大行业作风专项治理力度。建立完善各项制度，为保障广大群众的利益，本着“提高质量，降低费用”的原则，医院特制定《合理用药规定》《抗生素分级使用制度》《处方管理办法》等，严禁医生开大处方，并严禁药品商私下向医生推销药品的现象，并签订廉政承诺书 45 份、不收不送红包协议书 4800 份；严格执行药品购进验收制度，从厂家、包装、质量、批号、效期等多个环节予以验收，杜绝假冒危劣药品进入医院。严格实行药品效期管理，建立近效期药品督导工作机制，并加强质量问题疑似药品管理，保证医院用药安全有效，切实维护广大群众的身体健康和生命安全。2. 积极响应医改，加快医改步伐。自 2013 年《关于广东省县级公立医院综合改革医疗服务价格调整的指导意见》发布以来，医院领导高度重视，成立医改领导班子，研究文件精神，制定医改方案。根据 2015 年上级有关医改文件精神要求，决定 5 月 1 日实行药品零差价等医改，经核算平均每月药品让利于民 20 万元。3. 加强人才队伍建设，加快人才培养。医疗竞争的核心是人才竞争。医院按照“人才立院”的发展思路，把医学人才资源的开发放在医院工作重要的战略地位，加大对在职医务人员培养力度，首先培养学科带头人，以名医效应带动科室发展。2015 年，3 名同志赴市级医院学习。

【中医药文化建设】 医院中医药文化建设是党和政府振兴中医、弘扬民族文化的重要举措之一，医院在充分认识开展中医药文化建设重要性的基础上，成立中医药文化建设领导小组，负责全院的中医文化建设的领导，医务科、护理部和门诊部统筹协调，确保中医药文化建设规划的有效实施。结合医院现有条件，利用门诊候诊区、院宣传栏、走廊、楼梯墙壁、电梯、病房等地方，张贴制作中医药文化知识宣传海报、画报；面对面跟病人讲解中医药文化知识，让大多数老百姓患者都能了解中医、中药。充分利用院内会议、学术讲座、医院宣传栏、电教等各种、途径对医院职工进行中医宣传、切实把中医经典、医德警言警句等富含中医哲学思想内容渗透到医院文化建设中来。

【医院建设】 2015 年，按照“提升基础学科，突出重点学科，强化特色学科”的原则，中医院积极为特色学科建设与发展提供良好的支撑平台。外科购置腹腔镜、膀胱镜，积极开展微创技术业务，技术日臻成熟，为医院发展提供新的业务增长点。通过中医脑病专科、骨伤科等重点专科的辐射带动作用，医院综合实力大大增强，服务功能不断完善。

【预防保健】 强化医院感染管理工作，抓好重点传染病的预防和监测，做好疫情网络直报工作，使疫情报告更加完整、及时、准确。重新规范医院感染管理工作流程，改造消毒供应室和医疗废物暂存处，统一全院的消毒供应。

**2015 年年底县中医院**

**院　长**　吴志光

（吴志光）

## 卫生防疫

【简述】 2015 年，是“十二五”收官之年。丰顺县卫生防疫工作在县委、县政府和县卫计局领导下，在上级业务主管部门的指导下，贯彻落实中共十八大精神，推动发展模式从治疗为中心向健康为中心转变，国家基本和重大公共卫生服务项目顺利实施，在防控人感染 H7N9 禽流感、登革热、埃博拉出血热疫情和消除疟疾考核验收成效显著，推动疾病预防控制事业稳步发展。

【传染病防控】 贯彻落实《传染病防治法》，加强传染病的监测和预警，重点开展医疗卫生单位传染病疫情的监测和传染病网络直报管理的督导工作。科学有序地开展人感染 H7N9 禽流感、登革热、HIV、麻疹、手足口病等流行病学监测、调查与处置，防止传染病疫情的暴发和蔓延。1. 防控人感染 H7N9 禽流感。为防控人感染 H7N9 禽流感疫情，成立防控机构、制订预案，开展全员培训、卫生宣传，紧急采购达菲、N95 口罩、防护服和过氧乙酸等价值 20 多万元卫生应急物资，同时开展室外 H7N9 污染物监测，全年完成外环境采样209份，职业暴露人群血清标本25份，为人感染H7N9禽流感防控工作提供科学依据。通过联防联控机制、群防群治措施，成功处置1例散发的人感染H7N9禽流感病例，未再发生新发病例，保障人民群众身体健康。2．防控登革热工作。2015年下半年以来，毗邻的潮州市暴发登革热疫情，防控形势严峻。通过业务培训，做好技术物资储备；加强监测，落实科学防控；扩大宣传，搞好爱国卫生运动等落实“四方责任”，未雨绸缪，多措并举，确保丰顺县一方净土。3．防治艾滋病。贯彻实施“四免一关怀”政策，“五扩大，六加强”综合防治措施，深入推进艾滋病的防治工作。2015年累计分发给各高危场所6000多只安全套，完成HIV抗体检测182人。其中：看守所在押人员的HIV监测检查115人（未检出HIV阳性者）；群众自愿接受HIV抗体筛查9人，有效地遏制艾滋病在丰顺县的传播蔓延。4．防控狂犬病。开展宣传教育工作，同时加强对暴露人群的处置。处理狂犬病暴露人群3117人，全程接种狂犬疫苗3094人份，接种抗狂犬病免疫球蛋白313例，实现全县无狂犬病疫情的发生。5．年发病率。2015年度，丰顺县无发生突发公共卫生事件，无甲类传染病报告，乙丙类传染病临床+实验室诊断病例3047例，无死亡，比上年同期发病总数下降2.81％，年发病率616.08/10万，比上年同期发病率下降3.50%。发病居前五位的依次是：病毒性乙型肝炎1081例，手足口病620例，梅毒409例，肺结核348例，其他感染性腹泻326例。主要传染病得到有效管理和控制。

**【免疫规划工作】** 贯彻落实《疫苗流通和预防接种管理条例》，继续全面实行国家免疫规划全程免费服务管理，预防控制相应传染病的发生。一是增加投入，推进免疫规划信息化建设；二是加强流动人口的儿童免疫规划管理；三是加强检查督导，强化落实责任制；四是加强冷链系统管理和预防接种异常反应的监测工作；五是持续落实入托、入园、入学查验预防接种证制度；六是全力实施脊髓灰质炎灭活疫苗纳入国家免疫规划试点工作。

2015年，卡介苗应种人数7853人，实种人数7836人，接种率为99.78%；糖丸应种人数8341人，实种人数8161人，服食率97.84%；含麻疹成分疫苗应种人数8667人，实种人数8465人，接种率为97.67%；百白破应种人数8302人，实种人数8117人，接种率为97.77%；乙脑应种人数8348人，实种人数8169人，接种率为97.86%；乙肝疫苗应种人数8401人，实种人数8182人，接种率为97.39%；A群流脑应种人数8363人，实种人数8166人，接种率为97.64%；甲肝应种人数8138人，实种人数7925人，接种率为97.38%。全县适龄儿童国家免疫一类疫苗基础、加强接种率全部达到95%以上的目标要求，筑牢全县免疫屏障。

**【“十二五”规划终期考评】** 2015年是国家第十二个五年规划收官之年，丰顺县分别通过省、市评估考核组关于消除疟疾和防治地方病“十二五”规划终期评估工作。1．消除疟疾考评。根据国家、省、市和县消除疟疾行动计划，消除疟疾工作，依托县、镇、村三级卫生服务项目体系，加强发热病人血检与疾病监测和防控，扎实开展消除疟疾知识宣传，提高全民防疟意识，实现无本地感染疟疾病例的目标。2015年6月，丰顺县代表梅州市接受省级消除疟疾考核组检查，经考核组现场检查确认，实现消除疟疾控制目标。2．地方病考评验收。2015年5月，梅州市地方病考评组对丰顺县地方病“十二五”规划终期工作开展情况进行评估，通过查阅资料，现场评价等考评方式，丰顺县地方病“十二五”规划终期考核顺利通过市级专家组的考评验收。通过全市通力协作，梅州市顺利通过省考核专家组的地方病“十二五”规划终期考评验收。

**【职业卫生工作】** 职业卫生工作依靠上级专业技术支持，加强与安监部门的协调与联系，深入企业，扩大宣传动员，提高职业劳动人员健康意识，促进职业卫生全面快速发展。2015年，开展13间企业工人作业场所卫生监测，监测121项次，合格91项次， 项次合格率75.2%；配合市疾控中心完成15间医院37名放射工作人员个人剂量监测工作。完成职业健康监护123人；驾驶员健康体检6735人；公共场所从业人员健康检查 2763 人；招工入职体检 182 人；教师体检 225 人，开创职业卫生工作新局面。

【公共卫生工作】 1. 公共场所。监测 7 间公共场所，抽检公共用具 144 份，合格 144 份，合格率 100%；环境检测 88 项次，合格 88 项次，合格率 100%。2. 水质监测。建立健全丰顺县饮用水水质卫生监测网，开展全县饮用水卫生监测工作，完成县水厂生活饮用水监测 36 份 1258 项次，合格 23 份 1245 项次，份数合格率为 63.9%；二次供水水质监测 19 份，合格 13 份，份数合格率为 86.7%；完成农村饮用水安全工程丰、枯水质监测 208 份 7696 项次，合格 66 份 7554 项次，份数合格率 31.7%，超额完成全年的监测任务。3. 消毒质量监测。完成 175 间医疗单位的消毒监测，监测 669 项次，合格 658 项次，合格率 98.4%。4. 病媒生物监测。一是为分析病媒生物的长期变化和当地传染性疾病的相关性，县疾控中心每季度开展一次"四害"监测，自 3—11 月每月开展一次伊蚊的专项监测，布放诱蚊诱卵器 1620 个，入户布雷指数调查 3600 户。二是为加强人感染 H7N9 禽流感疫情防控，开展室外 H7N9 污染物采样检测，完成外环境采样 209 份，职业暴露人群血清标本 25 份，为防控人感染 H7N9 禽流感提供依据。

【学生健康体检工作】 为有效地预防、控制学校学生传染病、常见病的发生流行，2015 年完成在城 17 间中小学 21743 学生的健康体检及学生体检信息录入评价工作。

【地方病防治】 1. 碘缺乏病防治。完成小胜、留隍、埔寨等 5 个镇 300 户家用食盐的碘盐监测工作，结果为：无非碘盐，居民碘盐食用率 100%，居民碘盐覆盖率 100%，碘盐合格 299 份，不合格 1 份，居民合格碘盐食用率 99.67%。2. 地方性氟中毒防治。抽取汤坑、汤西、埔寨三个病区镇开展地方性饮水型氟中毒防治健康教育活动。通过活动，学生知晓率从现况调查的 67.78% 提升为效果评估的 94.07%、家庭主妇知晓率 92.59%提升为效果评估的 96.30%，持续巩固地方病防治成果。

【健康教育工作】 以开展卫生宣传日专题活动为契机，利用各种手段和传播载体，开展健康教育与健康促进工作。为提高人民群众对登革热防控意识，中心投入 15000 元与县邮电局联合制作"大家齐动手，预防登革热"公益广告，全县设置 100 个播放点，在黄金时间连续播放 2 个月。2015 年，下发埃博拉、登革热、H7N9、狂犬病、艾滋病、职业病预防等宣传资料 180 多万份，取得良好效果。

**2015 年年底县疾病预防控制中心**
**（卫生检验中心）**

**主　任**　郑春良
**副主任**　杜国歆　黄伟华　许日红

（郑春良　刘万丰）

## 妇 幼 保 健

【简述】 根据丰机编〔2015〕32 号《关于印发丰顺县妇幼保健计划生育服务中心机构编制方案的通知》文件精神，对原丰顺县妇幼保健院与丰顺县计划生育服务站职责、人员进行整合。重新组建"丰顺县妇幼保健计划生育服务中心"，加挂"丰顺县妇幼保健院"牌子。两个单位于 11 月 16 日正式合并，11 月 24 日挂牌。新组建的"丰顺县妇幼保健计划生育服务中心"，对科室设置、资产清理、账务清算合并、房屋、设备等各类资产作出明确规定，全部划归整合后的丰顺县妇幼保健计划生育服务中心，实行人、财、物统一管理，统一调配，统一使用，严禁固定资产流失。会上还宣布合并过渡期的纪律，从政治纪律、组织纪律、财经纪律、工作纪律等四个方面提出具体要求，在最短的时间里达到"机构合、人员和、工作合、人心合"，确保工作任务和机构合并工作"两不误"。2015 年有职工 110 人，副高级职称 4 人，中级职称 25 人，床位 50 张。开展的主要业务有：妇女儿童保健及妇科、产科、内科、儿科等常见病、疑难病的诊治，承担全院的计划生育工作。设有住院妇产科，开展住院分娩、全面收治、接诊基层医院转诊及本院门诊的各类妇科病人和生理、病理产科孕产妇，产科开展的妊娠合并内科疾病治疗、一对一责任制分娩、预防产后出血等技术。门诊开设的科室有：产科、妇科、内科、儿科、计划生育科、化验室、供应室、药房（设避孕药具发放窗口）、医保办、收费处等。门诊妇科开展红外线微波治疗术、子宫内膜增殖症治疗术、无痛人流术和计划生育手术（放环或取环术）等技术。门诊产科为孕产妇提供系统化保健服务和指导，开展常规产前检查，做好孕妇围产期保健，实施出生缺陷防控。

**【持续落实惠民、便民措施，主动服务群众】** 1. 在医院各科室岗前设宣传资料架，方便群众取阅，把宣传资料发放到各基层卫生院；组织医务人员上街设点进行“地贫防控宣传”和“出生缺陷防控宣传”。在婚检点重点进行出生缺陷防控宣传，让新婚夫妇充分认识到做好婚前孕前检查，是孕育健康宝宝的重要防线，把出生缺陷防控的优惠政策和优惠项目做成小册子赠送给新婚夫妇，还在婚检中心为新婚夫妇免费发放叶酸片（预防胎儿神经管畸形），为提高丰顺县出生人口素质做出应有的努力。2. 把好婚前检查第一关，把婚检、孕检工作站前移到县行政服务中心婚姻登记处，2015 年，全县结婚登记 11124 人，免费婚前检查 10142 人，婚检率 91.17%，检出疾病人数 41 人。婚检率在全市名列前茅，11 月的梅州市医改督导检查会上，县卫计局把这项工作作为亮点加以推介。3. 组织医务人员下乡到基层卫生院进行新生儿听力筛查，受到当地群众的好评。4. 组织骨干外出学习取经，借鉴兄弟医院好的经验、做法，结合本院实际，住院妇产科开展中药泡脚、局部熏洗达到祛风活络活血祛瘀、缓解疲劳的作用；针对现在许多产妇乳汁分泌不足的问题开展耳穴贴药，起到促进乳汁分泌、收缩子宫的作用，有利于产后康复。5. 紧跟时代步伐，满足群众需求，在整个病区安装 WiFi 为群众提供方便，开通公众微信平台，针对开放二胎的新政策，为广大群众解答问题，把医院新开展的技术、新的检查设备，更好地在微信平台中展现。6. 重新装修多媒体教室，加强业务学习培训，派出人员外出学习回来后培训本院职工，指导基层卫生院工作；通过多媒体教学定期为孕妇上课，传授相关的知识。7. 门诊妇科开展无痛人流术，让患者毫无痛苦地解决问题。

**【加强党风廉政建设和行业作风建设，持续改进医疗质量，保障病人安全】** 1. 加强班子和制度建设，落实院科层级责任管理。班子成员既职责明确又团结协作，发挥集体智慧。每月召开一次中层以上干部会议，由科主任、护士长总结当月工作，检查不足进行梳理。完善各项规章制度，做到民主决策、科学决策、以制度管人，做到公平、公正、公开。落实院科层级责任管理，确保政令通畅，各项工作均落实到位。2. 医院把提高医疗质量、确保医疗安全摆在非常重要的位置，坚持依法执业、规范执业，未取得执业资格者坚决不能独立上岗，严格执行诊疗护理常规，感染控制措施进一步完善，对高危孕产妇、难产、难度大的剖腹产业务院长亲自把关，做好关键环节的风险控制。3. 严格执行《医院感染管理办法》《消毒管理办法》《医疗废物管理条例》及隔离技术规范等条例，按照要求处置本单位的医疗废物。

**【妇女儿童保健工作】** 1. 妇女保健工作　2015 年全县产妇总人数 6586 人，活产数 6593 人，住院分娩率 99.91%，孕产妇保健管理率 99.15%，系统管理率 92.86%，0～6 岁儿童保健管理率 95.39%，0～3 岁儿童系统管理率 90.02%，1 例孕产妇死亡，死亡率 15.17/10 万；全县应补服叶酸 3264 人，补服 3170 人，服用依从率 97.12%，农村孕产妇住院分娩补助 4110 人，补助金额 358.06 万元。2. 儿童保健工作　全县活产数 6593 人，新生儿访视 6561 人，新生儿访视率 99.51%；围产儿死亡 28 人，死亡率 4.23‰；新生儿死亡人数 7 人，死亡率 1.06‰；出生缺陷 36 人，出生缺陷率 54.6/万。全县无新生儿破伤风病例发生；新生儿疾病筛查 6452 人，筛查率 97.86%，苯丙酮尿症确诊人数 1 人，干预人数 1 人。

**【母婴阻断及出生缺陷干预工作概况】** 1. 母婴阻断工作　在全县各医疗保健机构积极开展艾滋病、梅毒、乙肝防控工作。孕期免费检测 5205 人，初次产前保健人数 5246 人，孕期检测率 99.23%，产妇艾滋病免费检测 6556 人，梅毒免费检测 6554 人，乙肝免费检测 6559 人，咨询 5483 人，乙肝表面抗原阳性母亲所生新生儿免费注射免疫球蛋白 746 人，母婴阻断项目中央财政专项拨款补助 22 万元。2. 出生缺陷工作 门诊首次就诊孕妇 5246 人，筛查 4963 人，筛查率 94.61%，筛查阳性 1171 人，基因诊断为 294 人，确诊 168 人，夫妻同型孕妇书 19 人，夫妻同型地贫基因中接受胎儿地贫产前诊断孕妇 12 人。新生儿听力筛查筛查阳性 77 人，转诊 67 人，确诊 4 人。

**【加强人才队伍建设，增强医院综合能力】** 为加强智力投资，更新知识，提高业务技能，2015 年，派出 120 多人次参加省、市、县举行的各种短期业务培训和进修学习，派出多名技术人员到上级医院进修麻醉、检验、儿科、妇产科、B 超等专业。

**2015 年年底县妇幼保健计划生育服务中心**

**中心主任、院长** 陈 彬

**中心副主任、副院长** 陈育明 郑绍队
吴潜清 张小璇

（县妇幼保健计划生育服务中心办公室）

## 县慢性病防治院

**【简述】** 丰顺县慢性病防治院以中共十八届三中、四中、五中全会精神为指导，用科学发展观统领全局，着力深化医疗卫生改革，以提高技术水平和服务质量，打造服务品牌，突出专科特色，创建和谐医院为重点。深入开展学习“三严三实”“民主评议政风行风”和“纪律教育学习月”等实践教育活动。坚持慢性病工作“预防为主、防治结合”的方向。2015 年，丰顺县的严重精神障碍管理治疗工作被广东省精神卫生中心评为“2015 年度广东省严重精神障碍管理治疗工作先进县（区）”称号。

**【加强纪律教育，提高认识，全面实行优质服务】** 1. 加强纪律教育，丰顺县慢性病防治院组织全体干部职工认真开展“纪律教育学习月”专项活动。通过开展纪律教育学习月专项活动，使全体干部职工更加明确如何做到廉洁行医、勤政为民，如何坚持救死扶伤和全心全意为人民服务的宗旨，如何树立正确的世界观、人生观、价值观，自觉抵制拜金主义，提高领导干部和职工的政治理论水平。2. 加强学习，丰顺县慢性病防治院根据中央、省委、县委 2015 年，开展“三严三实”“民主评议政风行风”等实践教育活动的要求，严格按照上级的部署，扎扎实实开展以上各项教育活动。通过开展以上教育活动，丰顺县慢性病防治院各项工作出现崭新的面貌。以上教育活动既是 2015 年丰顺县慢性病防治院党建工作的重要内容，又是促进丰顺县慢性病防治院各项工作发展的一项重大举措，通过学习以上教育活动，使丰顺县慢性病防治院全体干部职工更好地做到多为病人着想，更好地为人民服务，为丰顺县卫生事业多做贡献。

**【健全机制，完善制度，进一步提高医疗质量】** 2015 年，丰顺县慢性病防治院加强学习《医疗事故处理条例》《传染病防治法》《药品监督法》《执业医师法》《医疗质量安全管理制度》等有关卫生法律法规和各项规章制度，切实提高医务人员医疗事故防范意识和法律意识，进一步提高为人民服务的宗旨。为确保诊疗安全，丰顺县慢性病防治院加强医疗质量监控，严格执行各项诊疗制度和操作规程，防止医疗事故的发生。丰顺县慢性病防治院没有发生医疗纠纷、医疗事故，医疗质量得到广大人民群众的一致好评。

**【加强特色专科建设，提升整体水平】** 丰顺县慢性病防治院继续以慢性病专科特色为标准，狠抓医院的硬件建设和内涵建设。2015 年，丰顺县慢性病防治院新开设肺结核患者痰培养检测项目，通过痰培养检测进一步明确肺结核患者的患病情况，有效地提高治愈率。

**【加强人才培养，提高专业技术水平】** 丰顺县慢性病防治院始终把培养人才，提高专业技术水平为重点。2015 年，多次派医务人员到省、市参加医疗学习培训班，通过学习，使丰顺县慢性

病防治院医务人员吸收新知识、新理论，掌握新技术、新方法，通过培训学习，切实提升丰顺县慢性病防治院医务人员的诊疗技术水平，做到更好地为患病服务。

**【积极做好“慢性病”防治工作】** （一）结核病控制工作方面：1. 领导重视结控工作和政府承诺起重要作用，上级主管部门支持结控工作，县财政配套经费及时到位，有力地保证结控项目的顺利实施，有效地控制丰顺县结核病的流行。2. 2015年，丰顺县慢性病防治院门诊免费检查可疑肺结核病人870例，胸片537例、胸透333例、查痰人次1493例。发现活动性肺结核病人330例，其中：初治涂阳病人140例，复治涂阳病人4例，涂阴病人186例，超额完成2015年结核病防治工作任务。3. 管理质量：2015年，登记管理涂阳病人中，初治涂阳病人二三个月末痰菌转阴率分别为99.6%和99.6%，复治涂阳病人二三个月末痰菌转阴率分别为100%和100%。初治涂阳治疗满疗程病人85例，治愈84例，治愈率98.8%，复治涂阳满疗程病人2例，治愈2例，治愈率100%，均达到项目工作指南要求。4. 资料管理：对初诊病人登记本、结核病人登记本、病人家属筛查登记本以及实验室登记本填写工整、正确。5. 经费、药品管理：为了保证结控工作顺利进行，丰顺县慢性病防治院不断加强项目资金和药品的管理，严防项目资金和药品出问题。项目财务管理实行专人专账管理，严格落实专款专用，严格执行财务支出制度，及时足额发放转诊费和督导管理费，保证项目经费全部用于结防工作上，真正的调动全县结防工作人员对结核病防治工作的积极性。进一步规范药品及相关物资的管理，做好药品专药专柜，专人管理，并及时发放和领取结控项目免费药品，严格做好出入库登记，严格做到日清月结，账物相符，杜绝失效浪费和差错事故的发生。

（二）皮肤、性病防治工作方面：丰顺县慢性病防治院继续突出皮肤、性病治疗方面的特色，赢得广大群众和患者的好评。2015年，丰顺县慢性病防治院皮肤性病科门诊诊治各类病人1.3万人次，发现各类性病91例，其中：梅毒3例、淋病8例、非淋菌尿道炎（宫颈炎）80例，均进行规范的治疗，均取得满意疗效，并且做好性伴侣的跟踪监测工作。

（三）精神病防治工作方面：1. 精神病人的发现：随着人们生活节奏的越来越快，生活压力的不断增大，精神疾病的发病率正呈现逐年上升的趋势。丰顺县慢性病防治院根据卫生部《重性精神疾病管理治疗工作规范》和《广东省重性精神疾病防治项目实施方案》的要求。在全县开展重性精神疾病的摸底调查及对精神病患者信息录入国家精神病信息平台以及开展管理等工作。2015年，丰顺县发现各类精神疾病患者2300例，通过摸底调查进一步加强丰顺县重性精神疾病管理治疗工作，预防与控制精神疾病患者肇事肇祸行为的发生，有效地保护人民群众生命财产安全，构建和谐平安丰顺做出应有的贡献。2. 2015年，丰顺县的严重精神障碍管理治疗工作被广东省精神卫生中心评为“2015年度广东省严重精神障碍管理治疗工作先进县（区）”称号。3. 重性精神病医疗救助工作：2015年，丰顺县继续实施重性精神疾病患者免费医疗救助工作，对582名重症精神疾病患者送医送药进行家庭监督治疗。对轻度精神疾病患者定期随访，严防肇事肇祸行为的发生，得到患者家属和上级领导的好评。4. 精神病人的治疗：丰顺县慢性病防治院精神病防治管理主要以门诊治疗为主和心理咨询相结合。2015年，丰顺县慢性病防治院管治各类精神病78例，其中：精神分裂症36例，情感性精神障碍22例，癫痫所致精神障碍6例，老年性精神分裂症2例，其他12例。这些病人规则治疗69人，治愈10人，显著好转36人，好转66人，治愈率为12.82%，为社会的安定做出应有的贡献。

（四）麻风病防治工作方面：2015年，丰顺县继续巩固麻风病达标成果，加强门诊监测工作，及时发现病人和统计上报。2014年，丰顺县发现1例麻风病新病例，现在蔗溪麻风病院接受治疗，丰顺县慢性病防治院麻防人员多次对其家属进行密切接受者的筛查及对周边人群进行流行病学的调查，通过筛查、调查没有发现新病例。

**【慢性非传染性疾病病人发现和规范管理工作方面】** 1. 领导重视，机构健全。为进一步加强慢非病防治能力建设，加快推进丰顺县慢非病防治工作的全面开展，县卫计局成立由局长任组长，各医疗卫生单位负责人为成员的慢非病防治工作领导小组，领导小组下设办公室，办公室设在县慢性病防治院。2. 积极发现，加强管理。丰顺县按照《国家基本公共卫生服务规范》《中共梅州市委、梅州市人民政府关于深化医药卫生体制改革的实施意见》和《梅州市卫生局关于进一步完善我市慢性非传染性疾病和精神疾病防治工作体系建议的通知》的要求，继续开展高血压、糖尿病、老年人和恶性肿瘤等慢非病的筛查及管理工作，并结合建立《居民健康档案》和老年人健康体检时发现的患者纳入规范的管理。

各医疗卫生单位对原发性高血压、Ⅱ型糖尿病、老年人和恶性肿瘤，村医每年必须完成4次以上面对面的随访管理。每月在27日定期把村医收集的慢非病患者资料数据送至县慢病院，县慢病院把汇总后的患者信息上报至上级主管单位及反馈到患者辖区的卫生院，再由卫生院反馈至各村医进行行为干预、康复指导、随访和督导管理工作。

2015年，丰顺县发现高血压患者33988人，规范管理31323人，规范管理率92.16%。发现糖尿病患者7535人，规范管理7088人，规范管理率94.07%。发现恶性肿瘤患者380人，规范管理380人，规范管理率380%。全县65岁以上老年人总数为62655人，规范管理52659人，规范管理率 84.05%，并为老年人提供免费体检及保健指导 94353 人（其中：免费测血糖 22547人，免费体检31302人），以上患者规范管理率均达到上级的要求。

**【认真做好新型农村合作医疗即时补偿工作】** 丰顺县慢性病防治院认真贯彻落实医疗保险即时补偿制度，解决广大人民群众的就医问题。2015年，丰顺县慢性病防治院办理结核病、精神病患者门诊即时补偿6504人次，医药总费用为 1209023.96 元，办理即时补偿手续费用为1054070.19元。通过医疗保险即时补偿，切实减轻丰顺县肺结核病、精神病患者的医疗费用，解决结核病、精神病患者买不起药品的问题，也有利于结核病的发现和归口管治，有效地防止结核病在丰顺县流行和暴发，以及减少精神疾病患者肇事肇祸行为的发生。

**【门诊业务工作情况】** 2015年，在全院干部职工的共同努力下，门诊就诊人次为1.8万人次，门诊业务收入为300多万元。丰顺县慢性病防治院继续以皮肤性病等一系列特色专科建设为发展的道路，继续拓展新特色专科项目，方便广大人民群众就诊，切实解决人民群众看病难的问题。

**2015年年底县慢性病防治院**

**院　长**　罗林涛

**副院长**　刘辉欣　罗馥珍　陈华南

（刘辉欣）

## 食品药品监督

**【简述】** 2015年，丰顺县食品药品监管工作在县委、县政府的正确领导下及省、市食品药品监督管理局的业务指导下，深入学习习近平总书记系列重要讲话精神，全面贯彻中共十八大、十八届四中、五中全会及省委十一届五次全会、市委六届五次全会、县委决策部署精神，牢固树立"四个最严"依法行政的理念，紧紧围绕全县经济社会发展战略目标，以做好人民群众饮食用药安全的维护者、绿色崛起的助推者、财丰民顺的建设者为要求，全力维护食品药品市场和社会和谐稳定，求真务实，开拓创新，扎实做好各项工作，确保人民群众食品安全、药品安全和监管队伍安全，较好完成"十二五"收官之年工作目标任务。

**【监督管理】** 紧紧围绕全县经济社会发展战略目标，扎实做好各项工作，确保人民群众食品安全、药品安全和监管队伍安全。

（一）深化学习教育，夯实队伍建设基础

1.强化党风廉政建设。一是对照中央改进工作作风、密切联系群众的"八项规定"，重点整治庸、懒、散、奢等不良作风；进一步改进文风、会风，增强办文、办会、信息报送等工作的规范性，提高机关运转效率。二是强化廉洁从政意识，提高干部素质。年初与各股室签订从政承诺书等“三书”，进一步细化、完善责任分解和具体要求，并对干部和药品监管业务实行事前、事中、事后监督，开展行政执法、行政审批事项的督查活动。时刻紧绷党风廉政这根弦，时刻警醒干部职工要依法行政，依法办事，锻造一支作风过硬，素质高，业务强的食品药监队伍。

2.强化执法风险防控管理工作，规范权力运行机制。根据省、市局的工作部署，食品药品监督局专门制定印发《丰顺县食品药品监督管理局查办和预防涉农领域职务犯罪专项工作方案》，全力推进丰顺县食品安全监管反腐倡廉建设，查办和预防食品安全监管工作中涉农领域职务犯罪，为保障人民群众食品安全，加快推进农业现代化，建设社会主义新农村提供有力支撑。抓好动态防控模式的建设，健全风险分析和防范机制，规范权力运行制度。

3.认真组织开展“三严三实”专题教育。以认真组织开展“三严三实”和“落实总书记要求，建立模范部门”专题教育为主题，把丰顺食药监队伍的思想和行动统一到中央、省委、市委、县委的决策部署上来，把社会主义核心价值观融入干部职工的政治立场、价值追求、职业操守、精神境界等各个方面，为全面安全监管好食品药品市场增强信心和决心。

（二）坚持科学监管，着力维护良好食品药品市场环境

2015 年年初，食品药品监督局把抓好食品药品安全工作作为全局各项工作的落脚点，履职尽责，切实保障人民群众饮食用药安全。在县委、县政府高度重视下，将食品安全工作列入全县重点工作之一，全力推进食品药品领域监管改革。年初，县委、县政府召开食品安全工作会议，传达省市有关食品安全会议精神，总结往年全县食品安全工作情况暨部署 2015 年工作任务。并结合丰顺县实际，认真调研和充分论证食品药品监管模式，制定印发《2015 年全县食品安全工作计划》，对各项工作进行早计划、早安排、早落实。同时，鉴于根据人员变动，县委、县政府及时调整丰顺县食品安全委员会成员。由县政府常务副县长亲自任食安委主任。县政府与各镇（场）和相关部门签订《2015 年食品安全工作目标责任书》，将食品安全任务细化分解到各镇、各成员单位，责任落实到各环节各岗位。同时，还将食品药品安全工作纳入县政府综合目标考核体系，将食品安全工作经费纳入财政预算，确保食品药品安全工作的顺利、有序开展，初步形成“政府统一领导、部门联合行动”的工作机制，形成全县上下统一协调、责任明确、齐抓共管、运行高效的食品药品安全管理工作格局。

开展护卫“舌尖上的安全”食品生产环节整治：认真履行监管工作职责，积极为食品生产加工企业的发展做好指导服务工作。

1.一是积极开展食用油专项整治工作，将食用油监管与日常监管与丰顺县开展“创卫”专项工作结合起来，全面摸底排查全县食用油生产加工经营情况。通过向广大市民宣传食品安全科普知识及科学合理选购使用食用油知识；不断强化食品生产经营企业、餐饮单位的食用油安全生产使用意识；同时建立有奖举报制度，支持鼓励群众积极参与“食用油”专项整治和餐厨废弃物管理工作。

二是强化“两个重点”的监管。认真组织开展白酒、糕点制品、糖果（巧克力）、蜂蜜、调味面制品、保健酒（配制酒）违法添加行为等专项检查和重要节日和庆典的节前检查，督促企业全面落实企业主体责任，加大对食品生产环节的质量安全检查，进一步净化丰顺县食品生产市场秩序。

三是加强食品安全宣传力度，提高企业主体责任意识。为切实做好食品生产环节安全监管工作，进一步增进丰顺县食品生产企业的法律意识、责任意识，推动食品生产企业质量安全主体责任的落实，保证生产加工环节的食品质量安全。2015 年 10 月，食品药品监督局对辖区内食品生产企业法人、质量安全负责人进行《食品安全法》《食品生产许可管理办法》《食品召回管理办法》《食品安全审计制度》及《食品安全授权人制度》等法律法规的培训，全县 29 家食品生产企业的法定代表人、质量安全负责人 40 余人参加培训。通过培训全面提升食品生产企业法

人、质量安全负责人的法律意识，更加清楚地认识到作为生产企业法人、质量安全负责人应承担的责任，应重视食品安全生产，自觉守法生产，从而促进食品生产者加强诚信建设，为丰顺县食品生产企业稳定持续发展保驾护航。

强化流通环节食品安全监管：为进一步深化食品安全治理整治，强化日常规范监管，继续深入推进乳制品、食用油、食品添加剂、肉品、散装食品等重点品种的专项整治；不断规范食品市场经营秩序，维护消费者合法权益，树立食品经营者诚信自律意识，建立流通环节食品安全监管工作长效机制。

2.一是组织开展肉制品专项检查行动，严厉打击不合格肉质流入市场行为。1月，组织执法人员开展病死猪肉产品的专项清查行动，出动执法人员53人次，检查食品经营单位19间，发出日常监督检查表16份，未发现有标示为“瑞丰食品有限公司”以及无合法来言的冷冻猪肉及其他制品。2月，开展丰顺县2015年春节前食品安全和打假联合执法行动。为确保消费者在“两节”期间能够吃上安全猪、牛肉。元旦至春节期间，组织执法人员在全县范围内，突出重点对走私疫区牛肉开展综合整治工作。对肉类冻库储存地点、批发市场、销售市场等进行全面清查，行动开展以来，出动执法人员196人次，检查冻库2家，检查肉类经营户60，发出日常监督文书62份，检查中未发现有违规违法行为。二是通过各种宣传活动、发放食品药品安全小手册等宣传方式，提升群众食品安全意识。三是以校园内和校园周边作为重点监管和巡查的区域突出抓好监管巡查。四是以保证酒类食品安全为重点，确保人民群众喝上“放心酒”为己任，严格落实备案登记制度。五是抓好食品批发企业、大型商场、超市和母婴店等重点企业巡查监管工作。六是加快推进婴幼儿配方乳粉电子溯源监管工作，逐步规范丰顺县的婴幼儿乳粉经营环境。

3.全面规范餐饮食品市场环境：一是严格实施索证索票管理。根据《食品安全法》规定，要求全县餐饮单位严格实行原材料索证索票台账登记制度，一旦发生食物中毒事件，能够通过台账记录对食品原材料进行追踪溯源。二是强化农村宴席食品安全监管。农村举办的婚庆、乔迁、祝寿、治丧、祭祖等宴席，严格按照梅州市人民政府《关于印发梅州市农村宴席食品安全管理办法（试行）的通知》（梅市府〔2010〕58号）文件要求进行分类指导，落实和完善农村宴席备案制度。按相关要求派出监督员对其现场进行指导、检查、督促做好“三防”工作。三是重点开展学校食堂食品安全专项整治行动。坚持政府推动与学校争创相结合、职能部门指导和主管部门联创相结合，引导学校和学校食经营者自觉履行法定义务和强化自律，增强学校食品安全意识，动员社会各界参与学校食堂食品安全监督，促进学校食堂食品安全保障水平的稳步提高，保障师生饮食安全。通过开展学校食品安全专项检查行动，检查学校食堂、幼儿园90家，出动执法人员340人次，执法车辆68辆次，发出监督意见书90份。通过检查有效预防群体性食品安全事故发生，全县学校食堂无一起食物事故发生。四是深入开展餐饮服务食品安全量化分级管理工作。严格按照餐饮服务食品安全量化分级管理工作实施方案，有计划、分步骤做好餐饮食品安全量化分级管理工作。截至12月底，已评餐饮服务单位505家，规范一批餐饮服务单位，提高餐饮服务食品安全监管水平和效能，促进餐饮服务提供者加强食品安全自身管理，提高餐饮服务食品安全整体水平。五是继续做好食品安全监管员教育培训工作。为进一步加强餐饮服务环节食品安全监督管理，有效落实企业食品安全责任，切实增强餐饮服务企业负责人和从业人员的守法经营意识，2015年，食品药品监督局培训中级食品安全管理员55人，初级食品安全管理员22人，中级食品安全管理员的继续教育80人，12月举办1期中级食品安全管理员的继续教育培训。六是开展各项重大活动食品安全保障。按照上级的工作部署，完成县人大、政协两会、中考高考、第九届世界丰顺同乡联谊会等重大活动的食品安全保障任务，活动前，食品药品监管局均按要求做好保障方案，向活动地点派驻工作组，检查食品原料来源、索证索票情况、餐饮食品制作过程、食堂的环境卫生等是否达到要求，同时利用快速检测仪器对食品样品进行安全检测。在重大节庆和活动期间，丰顺县没有发生食品安全事故。

4.抓示范，提升保化监管效能：科学制定监管计划，全面掌握保健食品、化妆品安全监管服务对象的分布、基本信息数据提升监管效能。一是抓住重点，认真落实打“四非”工作。二是完善监管制度体系，督促企业落实主体责任。坚持遵循科学发展观，以落实企业主体责任为落脚点，以创新监管体制机制为着力点，大力推进保健食品经营企业安全示范点建设，以示范促规范发展，全面提高保健食品安全保障水平。与保健食品经营企业签订责任书120多份。

5.突出监管核心，优化良好的药械市场环境：一是切实加强药械经营使用企业的日常监督检查对药品经营企业重点检查企业的药师在岗情况、药品购销记录、药品保管储存、血液制品、特药复方制剂、处方药凭医师处方销售的情况，尤其是对特药复方制剂的监管。二是继续加强对疫苗和二类精神药品的日常监管。对医药企业（单位）经营的二类精神药品的票、账、货是否相符进行认真核对，除了现场检查购进药品票、账、货、款等是否相符情况，检查有没有销售异常的情况。组织出动58人次对全县16家镇级医院疫苗经营使用情况进行检查，认真做好《医疗机构疫苗专项检查记录》。检查中发现主要存在以下3个问题：部分卫生院验收和报损、销毁记录不够完善，个别卫生院储存疫苗冰箱温度未及时记录。对上述存在的问题，检查人员现场指正有关医院和要求其改正。三是扎实开展各项专项整治工作。按照丰顺县医疗器械五整治“回头查”专项行动实施方案，对医疗器械经营使用单位进行监督检查，重点检查以体验式方式未经许可擅自销售第二、三类医疗器械，无证经营装饰性彩色平光隐形眼镜、助听器，未按要求贮存和运输体外诊断试剂，避孕套质量安全管理、近视眼、糖尿病和高血压等贴敷类、物理治疗类医疗器械进行违法宣传及医疗机构使用无证体外诊断试剂等行为。按照梅州市中药材中药饮片流通秩序专项整治方案，重点检查经营使用单位对中药材中药饮片购销渠道、验收、票据管理、储存养护、擅自加工和炮制以及涉嫌染色、人工增重、掺杂、掺假等行为。四是认真做好药品不良反应和医疗器械不良事件的上报工作。截至11月底，丰顺县完成药品不良反应报表202例，医疗器械不良事件上报37例。五是加强药品、医疗器械广告监测工作。六是进一步完善农村双网建设工作。加强农村用药安全宣传，加大培训力度，不断巩固和提高农村双网建设运行质量。7月27日，食品药品监督局召开全县医疗机构药械质量管理工作会议，参会人员有镇以上医院主要负责人、药剂科（药房）负责人56人，对参会人员进行《药品法》《药品法实施条例》《医疗器械监督管理条例》等法律法规知识的培训。8月，利用各镇卫生院召开卫生站例会的机会对埔寨镇的所有卫生站进行《药品法》《药品法实施条例》《医疗器械监督管理条例》等法律法规知识的培训。

6.保持稽查打假高压态势，维护食品药品市场秩序：一是按照监督处罚与规范教育相结合的要求，坚持“规范执法、和谐执法、科学监督”的理念，对食品药品市场进行全覆盖监督检查，进一步规范药械市场秩序，确保人民群众饮食用药安全。出动执法人员3576人次，检查食品药品经营、使用单位2533家次，发出责令整改通知书63份，查处食品药品违规案件56宗，结案56宗，涉案产品货值2.9万元，罚没款合计9.1万元，有力震慑食品药品违法违规行为。二是加强技术监督，认真落实抽验任务。根据市局关于“四品一械”抽验计划，完成食品生产抽检127批次，食品流通抽检104批次，食品餐饮抽检54批次，餐具抽检20批次，完成药品监督性抽检任务80批次，检验发现不合格药品36批次，靶向命中率为45%；其中完成中药饮片监督性抽检17批次，发现不合格药品12批次，靶向命中率为67.7%；完成保健食品监督性抽检任务2批次，化妆品监督性抽检任务5批次（检验结果均为合格）；完成医疗器械监督性抽检任务2批次。三是认真受理投诉举报。依法及时做好受理登记，调查核实处理、结果通报解释工作，切实保障群众的合法权益。及时妥善处理23宗食品药品投诉举报案件，受到群众的高度肯定和好评。

7.全面推进依法行政工作：一是通过公告栏、电视台、网络等渠道宣传和正面引导，使广大社会群众、行政相对人和食品药品监管工作人员充分认识依法行政的必要性，为相关法律条例的贯彻实施营造良好的舆论氛围。二是强化窗口人员责任意识，提高工作效率和服务质量。2015年受理各类食品药品审批事项709件，办结709件，办结率为100%，群众满意度100%。食品药品监督局窗口荣获2015年7—8月文明窗口，三位工作人员分获2015年1—2月、5—6月、9—10月服务之星。三是认真办结政协提案，优化丰顺县旅游用餐环境，2015年3月，县政协九届五次会议提出第34号《关于改善“农家乐”餐饮卫生条件，提高农业生态旅游特色发展的建议》的提案，收到提案后，食品药品监督局高度重视，指定分管领导和主管部门对提案所反映的问题进行专题调查和研究，并和有关职能部门沟通协调。通过认真调查研究，积极答复县政协的提案。四是完善“两法”衔接工作机制。食品药品监督局在加大打击制售假冒伪劣食品药品违法行为的同时，进一步完善涉刑食品药品安全案件移送和移送案件跟踪工作机制。在“两法”衔接的工作处置上逐步形成机制化，协作也越来越紧密、越来越有序。五是拓宽维权渠道，切实保障和改善民生。充分利用“12331”和“12345”政府热线平台，提升消费维权效能。健全消费纠纷调解机制，努力把消费纠纷和解在市场，降低维权成本。六是举办法律知识竞赛，增强干部职工依法行政意识。2015年4月，由食品药品监督局主办，县人民法院、县检察院、县公安局、县法制局、县综治办、县普法办协办，并邀请县检察院、县司法局、县法制局有关领导组成评委团， 举办以“依法行政，与法同行”为主题的法律法规知识竞赛。通过竞赛方式，营造良好的努力学法用法、坚持依法行政的氛围，使县食品药品监督局在新常态下更好地运用法治思维，开展食品药品安全监管工作，保障全县人民饮食用药安全。

8.坚持履行法定职责，提升食品安全综合协调能力。县食品药品监督局紧紧依靠丰顺县食安办食品安全监管协调平台，坚持履行法定职责，不断提高食品安全综合协调能力，切实做好各项食品法律法规学习贯彻和食品安全整顿工作，继续加大食品安全综合监管工作力度，积极组织各成员部门开展各项食品安全监督检查，有效的防范各种食品安全事件发生，一是积极组织开展食品安全的各项整治，督促相关职能部门切实做到落实各自的监管职责，确保各项专项行动取得实效，保障丰顺县的食品安全。二是加强宣传，营造氛围。为动员全社会关心、支持和参与食品安全工作，增强全社会对食品安全的参与意识，普及食品安全科学知识，进一步提高丰顺县的食品安全保障水平，精心组织开展形式多样、内容丰富的食品安全宣传周活动，最大程度的扩大宣传面，大力营造人人关心重视食品安全的社会氛围。三是贯彻落实各项法律法规，做好食品安全综合协调工作。丰顺县食品安全委员会办公室全面分析把握当前丰顺县食品安全工作的形势和任务，并及时调整工作的重点、思路和方法，紧跟政府职能调整工作的步伐，加强相关法律法规的学习，建立食品安全综合协调机制，全面提高食品安全综合协调能力。

9.努力完成上级交给的其他任务。在做好食品药品监管工作的同时，认真做好县委、县政府计生、综治、扶贫等各项中心工作任务。一是局领导亲自带队，落实帮促资金，有力促进挂钩村扶贫双到、计生工作开展。二是贯彻药品安全法律及食品安全，2015年7月底，食品药品监督局受县人民政府委托向县人大常委会报告丰顺县《中华人民共和国药品管理法》贯彻实施情况。三是省局医疗器械安全监管处与食品药品监督局开展联建活动，共同举办医疗器械经营使用法律法规培训班，进一步提高基层医疗器械安全监管水平和能力，维护医疗器械市场秩序。食品药品监督局食品药品安全监管人员50余人参加培训。四是为进一步强化乡镇食品药品安全监管，加快推进基层设所进程。2015年11月，汤坑、汤西、丰良、留隍食品药品监督管理所先后正式挂牌成立，标志着丰顺县食品药品监管工作重点向乡镇转移，迈入一个崭新的发展阶段。

**2015年年底县食品药品监管局**

**局　长**　李志奎

**副局长**　谢　旭　徐雪光　李牡丹

（县食品药品监管办公室）

# 体 育

## 体育工作

**【简述】** 2015 年是深入贯彻落实中共十八届三中、四中、五中全会精神，全面深化改革的重要一年，是县体育局务实巩固、创新突破、凝神聚力、再攀高峰的重要一年。县体育局在县委、县政府的正确领导下，在市体育局的指导下，以中共十八大精神为指导，以巩固党的群众路线教育实践活动为契机，深入贯彻《全民健身条例》和《全民健身计划（2011—2015）》，以提高全民身体素质和幸福指数为目标，主抓丰顺新区运动场项目建设，积极开展群众体育工作，着力提高竞技体育运动水平，全面推动县体育事业发展。

以开展党的群众路线教育实践活动成果为要求，进一步强化党建廉政等日常工作。坚持以科学发展观为指导，深入学习中共十八大精神，创新社会管理，以开展党的群众路线教育实践活动成果为要求，为加强和改善民生、社会建设做出新贡献。

一是认真学习领会十八大三中、四中全会精神，以开展党的群众路线教育实践活动成果为要求，开展“三严三实”专项活动，着力抓好党建工作。二是认真抓好各级班子建设和党员干部队伍建设。三是牢固树立人才资源是第一资源的理念，着力抓好行政管理人员、教练员、体育经营人员、社会体育指导员四支队伍的整体建设。四是认真抓好党风廉政和机关效能建设，做好信息公开工作。五是进一步优化内部管理，促进日常保障工作质量提升。六是做好挂钩村工作，深入大龙华镇大田村开展调研，慰问特困村民 15 户，发放慰问金和春耕物资，支持村建设资金 32000 元。七是开展纪律教育学习月活动。在纪律教育学习月活动中，以“守纪律、讲规矩、作表率”为主题，结合当前在县处级以上领导干部中开展的“三严三实”专题教育，深入开展宗旨教育、纪律教育、党内法规教育和作风教育，引导党员干部严守纪律规矩，强化组织观念，认真解决存在的突出问题，积极营造不敢腐、不能腐、不想腐的社会氛围，筑牢干部职工拒腐防变、干净干事的思想防线，达到反腐倡廉的教育目的，为加快丰顺振兴发展提供坚强有力的纪律保障。八是按照县要求做好有关创卫工作。

**【群众体育】** 以发展体育强县为抓手，进一步繁荣群众体育活动。坚持落实“开展体育运动、增强人民体质”方针，认真贯彻落实上级关于开展群众体育工作的重要指示精神，深化公共体育服务机制，提升全民健身设施品质，推动特色群体项目开展，举办特色品牌群体赛事活动，发挥各单项体育协会和社会体育指导员在全民健身和群众体育活动开展上的积极作用，探索发挥体育功能参与社会管理的新路子。

一是积极开展群众喜闻乐见的群体活动。充分发挥各单项体育协会联系市民和爱好者的桥梁纽带作用，积极开展群众喜闻乐见的群体活动。1. 1 月 10 日晚，丰顺县体育公园隆重举行中国丰顺“龙归飞瀑”七省拳王争霸赛；2. 2 月 20 日至 22 日在丰顺县体育公园拉膜篮球场举行由丰顺县经信局、丰顺县招商局主办，丰顺县体育局、丰顺县篮球协会承办的“丰顺县第三届‘电声杯’男子篮球赛”，比赛有 4 支代表队 50 多人参加；3. 2 月 21 日在丰顺县体育馆举行由丰顺县体育局主办、丰顺县乒乓球协会协办的“丰顺县 2015 年春节‘鸿润杯’乒乓球比赛”，来自全县各地有男、女选手 100 多人参加这次比赛，经过 80 多场的激烈角逐；4. 2 月 21 日至 23 日在丰顺县运动场举行由丰顺县体育局主办、丰顺县足球协会协办的“丰顺县 2015 年度新春贺岁杯足球赛”，有三支队伍参加；5. 在春节初一至初六期间，由体育局和各个协会组织在体育公园、运动场等举行象棋、街舞、羽毛球等比赛，有200人次参与，观众合计有25000多人次，场面热闹，丰富多彩，提高群众体育健身的兴趣，增加节日气氛；6. 5月25日—6月14日，丰顺县老体协举行运动会，举行太极拳、太极剑、乒乓球、健身操等比赛的项目；7. 6—7月协助县公安局篮球联赛的组织和裁判工作。8. 8月6日在丰顺县体育公园举行“全民健身日”及第十六届体育节启动仪式。9. 9月组织策划丰顺县中心小学篮球赛，有10个队200多人参加。10. 10月20日，丰顺县体育公园举行广东省第八届武术精英赛。来自广州、汕头、潮州、揭阳、梅州等市武术爱好者1000多人参加比赛。11. 10月15—16日在丰顺县体育公园羽毛球馆举行由丰顺县社会工作委员会、丰顺县团委、丰顺县体育局主办，丰顺县羽毛球协会、丰顺县双英羽毛球培训中心承办的“丰顺县第三届‘民兴杯’羽毛球团体邀请赛”，比赛有12支代表队150多人参加；12. 11月1日在县新世纪广场举行由丰顺县人民政府、磨房网主办、丰顺县体育局、旅游局和梅州市户外运动协会协办的“2015年环绕丰顺磨房200公里骑行活动”，有13000多人参加。这次活动促进体育与文化、旅游的融合，促进丰顺县精神文明建设，又通过新闻媒体的宣传报道，展示丰顺城市形象，提高城市知名度，进一步提升丰顺的形象。二着力开展社会体育指导员工作。在6月印发《2015年丰顺县三级社会体育指导员培训计划》。县社会体育指导员三级的有1111人、二级的有46人、一级的有28人、国家级的有1人，省市要求，到2017年占人口万分之十五，丰顺县就是1050人，县已经提前四年超标准完成（2013年已经完成）。三是以全民健身为主题，不断扩大服务规模和增进体育活动人口。县体育局高度重视发展和培育社会体育组织，把督促和帮助全县各类体育组织完成各项登记注册手续和年检工作作为常规工作，根据需要及时调整各类体育组织组成人员，并在此基础上不断完善组织网络。为满足人民群众不断增长的健身需求，提高体育活动人口比例，县体育局紧紧围绕全民健身主题，以增强人民体质为服务宗旨，不断丰富各类体育活动。2015年，各协会开展大型体育活动7次，活动参与人数近万人。通过开展体育活动，既丰富群众的业余生活，又增强群众参与体育健身的热情，有效增加全县的体育活动人口。

四是5—6月落实市国民体质监测工作，并制定县国民体质工作方案。10月完成市局下拨国民体质幼儿测试工作任务。计划测试352人实际测试有效345人。11—12月完成国民体质测试工作1000例以上成人测试。

**【竞技体育】** 以备战市运、省运会为契机，进一步夯实竞技体育发展基础。以强基育苗战略，精心科学安排为业训工作的指导思想，努力推进体育后备人才培养和业余训练规模化、科学化。

一是抓好篮球、武术两个运动队人员挑选和训练工作。根据市局任务安排要求，由县组织成立男子乙组篮球队和武术队，代表梅州市参加2018年省运动会。为尽快做好两个队的组队和训练等工作，县体育局组织各教练深入到各个学校和有关活动地点，借助省体校有关资源，采用联赛形式，完成篮球、武术两个运动队人员挑选工作，各项工作正常有序进行。

二是采用体教结合形式，进一步推进振兴足球工作。充分利用学校有利资源，以条件较好的学校为依托开展足球训练工作，同时聘请四名专业足球教练员利用节假日和课余时间集中抓好足球提高班的训练工作。逐年改造足球活动场地，不断招聘和培训足球专业的社会体育指导员，为县推动足球工作打下坚实基础。3月，组织汤坑镇第三小学组建小学女子足球队、埔寨镇三友中学组建初中女子足球队，6月由汤坑镇第三小学、埔寨镇中心小学二支球队合并挑选人才参加梅州市（2004—2005年龄段）男子足球选拔赛，被市体校选中三名队员，于暑假期间参加集训选拔。参加市组织的二次选拔赛和2014—2015年度全国校园足球梅州市初中组总结赛。三是乒乓球、跆拳道等都在培训中。组织参加2015年梅州市青少年乒乓球调赛、2015年全国少年宫跆拳道比赛。四是努力做好体育苗子选才输送工作。始终坚持优秀体育后备 人才的输送工作。1. 鼓励体育教师在日常的教学过程中，注意发现挖掘体育苗子，并及时地输送到上级业训部门。2. 积极为市级各业训教练员营造良好的选材氛围，经常邀请他们来丰顺县物色人才，9月23—25日市业余体校教练到丰顺县各中小学进行选材。

四、以依法行政为平台，进一步培育体育产业发展。一是以贯彻落实《全民健身条例》为重点，积极落实依法管体，依法治体要求，建立规范、有序、安全的体育产业市场依法监督管理环境，研究培育体育产业发展扶持政策，以满足日益增长体育产业市场各类休闲健身立体化需求，提供丰富多彩休闲健身服务产品。1. 重视依法行政环境，抓好全年度的依法行政和执法培训工作。做好与市直相关部门的协调对接工作，完善体育依法行政规范。2. 大力抓好《全民健身条例》的宣传、培训工作，开展体育系统“六五”普法学习宣传培训工作，做好全局范围内的“六五”普法工作。3. 依法加强体育健身市场管理，规范体育健身市场经营，督促提高场所服务质量，确保消费者人身安全，5—6 月组织人员检查游泳场所等高危性经营场所，6 月组织参加梅州市救生员培训。为广大市民群众提供优质安全的健身服务。积极支持老年人、残疾人等各类人群，开展各类不同人群、不同年龄的体育活动。

二是大力发展体育产业、带动社会体育产业发展，为县体育事业全面发展提供有力保障，为全市经济社会发展做出新积极贡献。1. 积极申办（承办）喜德盛自行车赛事，打造有丰顺特色的赛事品牌。以形成的品牌赛事为重点，努力形成社会兴体育、合力办赛事的良好局面，圆满成功举办 2 次。11 月 15 日再次举办中国·丰顺“喜德盛杯”国际山地自行车邀请赛。2. 探索新机制，开创新举措，争取新突破。努力做好体育彩票销售工作，加强对体育彩票公益性的宣传，加强对体育彩票玩法的推广，有体育彩票销售点 29 个，到 12 月底销量 1350 多万元。

**【场馆建设】** 以场馆建设为载体，进一步完善县健身场馆设施布局。强化公共体育设施管理单位的社会服务意识，提高设施利用率，探索新建体育场馆运作模式和运行机制，不断满足群众的体育健身需求。

一是积极为市民提供体育服务公共产品，加大公益开放力度，文化体育公园、河滨健身园、丰顺县运动场、全面免费全天候开放。二是新区运动场占地约 2.67 公顷，内含标准 400 米田径场 1 个，标准足球场 1 个、篮球场 4 个，2000 座看台 1 及停车场、工作用房等配套设施。立项、规划、设计、环评、消防、用地手续、招投标、监理等前期准备工作已完成。三是积极推动各类学校、机关团体、企事业单位体育设施向社会开放的工作，不断改善全民健身条件。

**2015 年年底县体育局**

**局　长**　张小欣

**副局长**　陈　坚　叶春晖

（陈　坚）

# 社会生活

# 人力资源和社会保障

## 人力资源和社会保障工作

**【简述】** 2015 年，县人社局在县委、县政府的正确领导下，认真贯彻落实县委十二届五次全会和县十四届人大六次会议精神，以“保民生、聚人才、促发展”为工作主线，全力做好人社工作，亮点纷呈：事业单位公开招聘工作呈现新气象，实现丰顺县机关事业单位统一津补贴并全面完成机关事业单位工资改革任务，小额担保贷款实现新突破，社保扩面征缴有新增长，劳动纠纷调解有新成效，圆满完成所承担的十件民生实事，取得显著的成效。

**【促进就业有新成效】** 2015 年，全县组织城乡劳动力技能晋升培训 2308 人，完成市下达任务 2300 人的 100%。新增转移就业人数 6391 人，其中，城镇新增转移就业人数 3718 人，完成年任务 3500 人的 106%，本地就近转移人数 2475 人，输出到珠三角地区就业人数 3916 人。其中城镇失业人员再就业 2701 人，完成年任务 2500 人的 108%，全县新成长劳动力 260 人，纳入“两清”工程新成长劳动力 260 人。城镇失业登记率为 2.44%。发布用工信息 6803 条，招聘岗位 10210 个。召开用工招聘会 46 场，完成年任务 45 场的 102%，提供就业岗位 10069 个。

全年使用就业专项资金 310 万元，超额完成市县局下达的指标任务。这些资金主要用于社会保险补贴、岗位补贴、小额担保贷款贴息和基金补充、创业培训补贴、和见习补贴等。其中：1. 小额担保贷款基金补充 75 万元，经中国邮政储蓄银行丰顺县支行发放贷款 57 笔，发放贷款 499 万元；2. 小额担保贷款贴息 81.75 万元；3. 社保补贴 72.71 万元；4. 创业培训和其他就业补助 46.1 万元。促进创业带动就业工作取得新成绩全年为有意愿在网上开店的人员或已经开有网店的人员提供免费电子商务创业培训。经培训的 257 名学员基本上能够开网店，能进行电子商务事务活动，从而实现通过创业带动就业有 530 人。

**【社保扩面征缴工作有新增长】** 2015 年，各项社会保险费征收 27191 万元。其中：养老保险征收 19530 万元，参保人数为 45856 人；职工医疗保险征收 6259 万元，参保人数为 33300 人；失业保险征收 699 万元，参保人数为 17800 人；工伤保险征收 394 万元，参保人数为 21060 人；生育保险征收 309 万元，参保人数为 20500 人。城镇居民基本医疗保险有 618958 人参保；城乡居民社会养老保险征收 604 万元，25 万人参保。

2015 年，丰顺县着力把社保扩面征缴工作作为全县的重点工作之一，以非常措施，全力抓好。2015 年年初，专门召开高规格全县社保扩面征缴工作会议，制度下发《丰顺县 2015 年社保扩面征缴工作意见》。县政府成立由县长任组长，分管副县长任副组长的丰顺县社会保险扩面征缴工作领导小组。社保扩面征缴工作实行党政一把手负责制。建立社保工作县委、县政府领导研讨制度。领导挂点联系制度和定期通报制度。并将社保扩面征缴工作任务下达各镇（场）和 25 个县直单位，把履行齐抓共管社保扩面征缴职责情况作为各单位、各镇（场）工作考核的重要内容。同时落实社保征缴工作奖励制度，对发动参保的单位和个人给予奖励。此外加强对企业进行执法检查，对违反《社会保险法》违法行为进行查处，对全县 102 家“零参保”企业发出限期整改通知书，限期改正，对拒不整改的企业，在电视台和局机关网站上发出催缴通告，并对仍不整改的企业进行处罚。

此外，根据国家和省、市、县的相关文件精

神，做好机关事业单位养老保险改革的前期信息采集工作。积极做好二代社保卡的推广应用工作。做好社保稽核内审工作，确保社保基金安全完整。着力做好加强医疗保险工作的监督检查，对定点医疗机构经常性进行监督检查，加强异地就医报销的核查力度，在报销资料复审过程中，发现不按规定办理或采用其他手段骗取、套取医疗保险资金行为坚决按照有关规定进行严肃处理。审核零售药店66间，审批新办定点零售药店6家，取消零定点售药店2家。

**【人才人事工作有新发展】** 重点做好机关事业单位统一津补助、机关事业单位工资改革和职级并行工作，形成合理有序的收入分配格局。一是2015年7月完成全县9000多名机关事业单位人员基本工资标准调整。二是规范机关事业单位工作津贴补贴工作，2015年5月实行统一津补贴，使全县范围内机关事业单位 14000 名在职退休人员津补贴水平基本持平，形成合理有序的收入格局。三是根据事业单位改革总体要求，深化事业单位工作人员收入分配制度改革。巩固义务教育学校、公共卫生与基层医疗卫生事业单位实施绩效工资成效，按照“分类指导、分步实施、因地制宜、稳慎推进”要求，5月执行其他事业单位实施绩效工资。四是完成全县654人职务与职级并行的晋升审核与待遇调整工作。

着力抓好2015年粤东西北事业单位公招工作和丰顺县事业单位公开招聘工作，完成招聘教育类91人综合类129人、卫生类93人，整个过程公开、公平、公正、透明，实现零投诉。积极主动做好全县事业单位选派的 154 名专业技术人员的继续教育工作，完成全县7134名专技人员公需科目的培训学习任务。总计受理上传继续教育记录10500份，通过6790个认定；生成650份继续教育证书。认真做好职称综合管理工作。全县审核上报评审材料93份。同时完成中、初级专业技术人员个人信息首次网上录入申报工作。初步审核申报材料1200多份，网上录入中、初级专业技术人员个人信息900多条。

抓好人事调动和人才接收工作。办理干部商调38人，办理干部调动208人；办理工资转移185人；办理档案转移468人;办理人才保管、挂靠198人。全年接收大、中专毕业生报到1547人，大学生就业率97.9%；接收和整理学生档案1798份。为试用期满198名大、中专毕业生办理转正定级；为82名应届大学生办理就业改派工作。做好1547名高校毕业生实名制信息库建设、为255名高校毕业生提供就业服务与援助工作、为8名毕业生提供创业培训和30名高校毕业生创业提供引领工作。积极做好2015年2名高校毕业生“三支一扶”志愿者接收、安置以及2013年3名志愿者服务期满考核和安置工作。做好人才交流服务中心98人人才人事档案保管和198人人事关系代理服务工作。为4名丰顺优秀人才办理享受市千人计划经济待遇有关工作。认真做好公务员登记工作，办理公务员登记 38人。根据缺编情况，为县直机关和乡镇机关共招录公务员134人。

**【劳资关系调解有新成效】** 充分发挥劳动保障监察和劳动仲裁职能作用，加强巡查，积极调解，较好地维护丰顺县劳动关系的和谐稳定。全年接到来信来访209宗1015人次，涉及金额1723.46万元，受理劳动人事争议仲裁案件2宗、涉案金额10万元，受理劳动人事争议调解案件11宗200万多元，全部都在法定时效内结案，结案率100%。根据丰顺县人民政府文件《关于丰顺县建筑施工企业工人工资支付保证金管理暂行办法》的规定，征收建筑领域工人工资保证金6宗65万元，有效遏止建筑企业拖欠工人工资。积极做好工伤调解和认定工作，全年受理工伤案件35宗，认定工伤31宗；劳动能力鉴定工伤评残22宗，病退办理鉴定11人，调解案件25宗。有力地维护丰顺县社会和谐稳定。

2015年，县人社工作取得显著的成绩，但也存在一些问题和不足，主要表现在：一是社保扩面征缴困难。首先是企业经营成本增大，工人流动性大；其次原因是年轻企业职工参保热情不高。再次是缴费基数偏高，离目标要求还有不小的差距。二是技能培训压力不小。主要是劳动者文化素质差异、年龄差别和地方条件限制，加上培训实用性和针对性不强，造成农村劳动力参与的积极性、主动性不高，开展困难。三是执法维权难度较大。主要是部门配合不到位，用人单位劳动用工不规范，特别是建筑领域存在层层转包情况，存在恶意拖欠工资的现象。四是同时出现就业难和企业用工招工难的现象等等。

**2015 年年底县人力资源和社会保障局**

**党委书记、局长** 张良生

**县社保局局长** 徐柳明

**副局长** 张卡铝 陈天明 林超祥 王淑芬

**纪委书记** 胡雪香

（彭永旋）

## 社会保险基金管理工作

**【简述】** 2015 年，县社会保险基金管理局有在职职工 39 人，退休职工 18 人。社会保险基金管理局深入贯彻落实科学发展观，构建和谐社会的要求，认真贯彻落实十八大的会议精神，在县委、县政府的正确领导下，在市局的关心指导下，在各相关部门的关心支持下，结合丰顺县的十二届四次全会和"两会"精神，社会保险基金管理局围绕全年的工作目标和任务，紧扣社会保障工作"保障民生"的主题，紧紧咬住工作目标，积极创新工作措施，各项工作快速平稳推进。

**【社会保险费征缴情况】** 2015 年，各项社会保险费征收 28050 万元。其中：养老保险征收 20371 万元，参保人数为 45856 人；职工医疗保险征收 6266 万元，参保人数为 33300 人；失业保险征收 701 万元，参保人数为 17800 人；工伤保险征收 402 万元，参保人数为 21060 人；生育保险征收 310 万元，参保人数为 20500 人。城镇居民基本医疗保险有 6.19 万人参保；城乡居民社会养老保险征收 604 万元，25 万人参保。

**【所做主要工作】**

（一）多管齐下，全面推进社会保险扩面征缴工作。

为打好扩面征缴翻身仗，社会保险基金管理局做大量的工作。1. 争取县委、县政府的高度重视，于 3 月底在县会展中心大会堂召开社会保险扩面征缴工作会议，并在会议上下发《丰顺县 2015 年社保扩面征缴工作意见》，《意见》将扩面征缴工作任务下达到各镇（场）和 25 个县直单位，层层分解任务，将任务落实到人。2. 考核问责。把履行齐抓共管社保扩面征缴职责情况作为各单位、各镇（场）工作考核的重要内容。对县直有关部门执行丰府〔2014〕46 号文件的情况每月进行 1 次检查，对未履行职责、工作不力的单位进行通报批评以及追究单位主要领导的责任；社保扩面征缴工作进度慢，没有完成全年任务的单位和镇（场）要向县委、县政府作书面说明；对完成全年任务不足 70%的单位和镇（场），取消主要负责人和分管领导的"评先评优"资格，并依照有关规定对相关负责人进行问责。3. 加强执法。由县政府组织人社、地税等部门抽调人员成立联合执法检查组，对全县企业进行执法检查。对零参保企业坚决发出限期整改通知书，并进行依法处罚。4. 加强宣传。通过各种渠道宣传社保政策，在电视台常年播放社保政策，在企业比较集中的地点设置宣传栏，通过学校和主要公共场发放宣传资料，通过微信、短信等新媒体进行宣传。11 月 7 日，社会保险基金管理局联合地税局、银行等部门在河滨开展社会保险宣传活动。活动当天，发出宣传资料、活动纪念品 4000 多份，接待群众咨询 100 多人次。人民群众反响热烈，社保政策宣传咨询取得良好的效果。

（二）加强管理，认真抓好队伍建设。

1. 机关作风建设工作作为一项必须长期坚持开展的工作，社会保险基金管理局结合 2015 年的工作实际，针对存在问题进一步健全和完善各种规章制度，制定《机关作风责任追究制度》等，提高工作效能和服务水平，强化制度执行，严格内部管理，创新激励机制，采取多种便民利民措施，方便群众办事。2. 做好党风廉政建设工作。全面落实上级反腐倡廉建设工作会议精神，坚持"标本兼治、综合治理、惩防并举、注重预防"的方针，把党风廉政建设融入社会保险业务建设、领导班子建设、干部队伍建设和党的建设之中，坚持做到各项重要支出开领导班子会议讨论决定，并将支出和"三公"经费报县纪委巡检组。以作风为突破、以教育为基础、以制度为保障、以监督为关键、以纠风为重点，进一步从源头上加大预防和治理腐败的力度；继续推进惩防体系建设，切实加强党风廉政建设和反腐败工作，局长与分管领导、分管领导与股室负责人分别签订《党风廉政建设责任书》，形成一级抓一级、层层抓落实的良好管理机制，为推动社保事业实现新跨越提供坚强保障。

（三）高度重视，做好社会保险业务档案升级工作。

县社会保险基金管理局高度重视社会保险业务档案升级工作，专门成立以局长为组长的档案升级工作领导小组。并根据实际情况，在人社楼三楼，新建 1 个档案库房，配备完善的配套设施。除完善硬件外，专门请市局档案馆的工作人员指导社会保险基金管理局的档案整理工作，在原先整理方面做得不够的地方加强学习，改进工作方法，向市局靠拢。11 月 25 日，梅州市社会保险业务档案达标验收领导小组对社会保险业务档案管理工作进行达标验收，暨机关档案综合管理达到“省特级”后，丰顺县社会保险基金管理局社会保险业务档案管理工作被评为优秀等级。

（四）抽调力量，做好机关事业单位养老保险改革工作。根据国家和省、市、县的相关文件精神，积极向县政府汇报，协调有关部门做好机关事业单位养老保险改革的前期信息采集工作，在原来的人员基础上，抽调各股室中坚力量积极推进此项工作，在时间紧、任务重的双重压力之下，加班加点在规定时间内做好机关事业单位养老保险改革的前期工作。

（五）强化监管，确保基金安全完整。社保工作与群众的切身利益息息相关，社保基金安全重于泰山，在做好服务群众的同时注重强化内部管理。1. 要求各股室业务严格按规范操作。2. 认真做好“两个认证”工作，杜绝不符合条件人领取养老金的漏洞。3. 积极核查和追回个别多头重复领取社保养老金。4. 加强对定点医疗机构监管，采取定期巡查核实制度，加强异地就医报销的核查力度，追回涉嫌“骗保”金额 30 多万元，核减或不予支付医保资金 220 多万元。5. 做好社保稽核内审工作，发挥稽核监督作用。确保社保基金安全完整。

（六）服务民生，做好市县十件民生实事。积极落实市、县政府十件民生实事。2015 年，对全县参加城乡居民医疗保险人员进行大病二次补偿 1553 人次，补偿总金额 1032 多万元，有力缓解大病人员的经济压力，真正做到为民解忧。

**2015 年年底县社会保险基金管理局**

**局　长**　徐柳明

**副局长**　彭仕兴　蔡明武　郑金华

（陈静）

# 社会保障

## 民　政

【简述】 1. 主要职能：是县人民政府主管全县社会行政事务的职能部门。承担着社区建设、村务公开、社会救助、社会福利、社团管理、退伍安置、拥军优属、婚姻登记、老年事业、殡葬管理等方面的工作。贯彻并实施《中华人民共和国村民委员会组织法》《中华人民共和国婚姻法》《军人抚恤优待条例》《殡葬管理条例》等法律法规。2. 主要职责：(1) 贯彻执行国家、省、市有关民政工作的方针政策和法律法规，拟订民政事业发展规划和相关的民政规范性文件，并组织实施和监督检查。(2) 负责退役士兵、复员干部的接收安置工作和军队移交地方管理的离退休干部、退休士官和军队无军籍退休退职职工的接收安置、服务管理工作；负责抚恤优待、评残评烈、残疾军人安置、烈士褒扬和牺牲病故部队干部的家属安置工作；组织和指导拥军优属工作。(3) 负责组织、协调城乡救灾工作，组织自然灾害救助应急体系建设，负责组织核查并统一发布灾情，管理、分配和监督县级救灾款物。(4) 负责城乡居民最低生活保障、医疗救助、临时救助、流浪乞讨及生活无着人员救助工作，健全城乡社会救助体系。(5) 负责拟订全县镇以上行政区域的设立、撤销、调整、更名. 界线变更以及政府驻地迁移的方案及申报工作，负责县际行政区域界线的勘定和管理，负责边界争议的调处事务，组织编制地名规划，负责地名命名、更名、销名审核工作，规范地名标志设置和管理工作。(6)提出加强和改进城乡基层政权建设的建议，推动基层民主政治建设，指导城乡基层群众自治组织建设、城乡社区建设和城乡社区服务体系建设。(7) 负责社会福利机构的监督管理，促进慈善事业发展，指导社会捐助工作，指导老年人、孤儿和残疾人等特殊群体权益保障工作。(8) 负责推进婚俗和殡葬改革，负责收养登记管理工作，指导婚姻、殡葬、收养、救助服务机构管理工作。(9) 承担依法对社会团体、基金会、民办非企业单位进行登记管理和监察的责任。(10) 会同有关部门拟订民政系统的社会工作发展规划、政策和职业规范，推进民政系统社会工作人才队伍建设和相关志愿者队伍建设。(11) 负责管理福利彩票销售工作，负责管理、使用、发放福利资金和民政事业费。(12) 承办县委、县人民政府和上级业务主管部门交办的其他事项。3. 内设股室及人员编制情况：内设有办公室、计划财务股、双拥工作股、优抚安置股、救灾股、社会救助股、基层政权和社区建设股、区划地名股、社会福利和社会事务股 9 个股室，老龄工作委员会办公室、民间组织管理办公室、双拥工作领导小组办公室、婚姻登记处、福利票发行中心、社会福利中心、救助管理站、殡仪馆、殡葬管理监察队 9 个直属事业单。核定行政编制 13 名，事业编制 64 人。4. 丰顺县民政局办公地址：丰顺县新世纪工程庄园路 13 号，办公楼楼高六层，占地 3000 平方米。

【救灾工作】 根据救灾经费分级负担的要求，丰顺县财政自然灾害预算 98 万元。其中："2081503" 科目经费预算自然灾害灾后重建补助 2 万元和 "2081099" 科目经费预算其他社会福利支出 96 万元。县财政下拨春节慰问金 96 万元、全倒户补贴资金 2 万元。2015 年 7 月 8 日 20 时至 9 日 20 时，丰顺县普降暴雨，最大降雨量为八乡山镇 264 毫米、埔寨镇 134 毫米、汤南镇 96 毫米。暴雨造成农田受浸，房屋倒塌，道路水利设施受损。强降雨造成丰顺县 3 镇受灾，受灾群众 4095 人，紧急转移安置灾民 130 人，全倒户 4 户、6 间、7 人。农作物受灾 52.2

公顷，全县因台风暴雨造成直接经济损失 1285 万元，其中农业损失 51 万元。丰顺县第一时间转移危险地带群众，采取措施得当，未造成因灾人员伤亡事故。为确保灾区人民有饭吃、有衣穿、有水喝、有地方住、有病能得到及时的医治，2015 年组织发放自然灾害生活救助款 13 万元、转移安置款 3.9 万元、救济粮 9.84 万公斤、棉衣 3500 件，棉被 1200 床、食油 3000 瓶、方便面 1500 件、衣服（夏）1000 件等应急救济物资一大批，通过社会化发放冬春生活救助款 111 万元。已下拨重建家园补助款 8 万元，其中：省财政为 4 户全倒户每户补助 1 万元，计 4 万元；市财政全倒户每户补助 0.5 万元，计 2 万元；县财政全倒户每户配套补助 0.5 万元，计 2 万元。确保全倒户灾民在春节前搬进新居。

**【“五保”供养工作】** 全县有“五保”老人 1861 人，其中集中供养 180 人，分散供养 1681 人，全年下拨“五保”供养经费 1180.49 万元，由县财政列入预算，逐月下拨。同时还为“五保”对象统一办理新型农村合作医疗保险。

**【慈善工作】** 2015 年 6 月 30 日是“广东扶贫济困日”，全县各界捐善款 678.39 万元，积极开展慈善活动，全年接受捐款 2115.82 万元，其中，社会公益建设项目资金 1437.43 万元，捐款金额 100 万元以上的单位（个人）有：深圳市喜德盛自行车有限公司（412.90 万元）、广州凯源房地产实业有限公司（350 万元）、中国广核集团有限公司（231.75 万元）、深圳市旺盈彩盒纸品有限公司（100 万元），曾自香（女士）（港币 100 万元+人民币 12 万元）。

**【“双拥”工作】** 7 月 30 日，由县委书记陈志宁带领的拥军慰问团先后到梅州军分区、梅州武警支队、梅州消防支队，对各个驻军官兵表示最亲切的慰问，向驻军官兵通报丰顺经济、社会发展情况，并认真听取驻军领导汇报官兵们的生活、战备、工作、学习情况。六个拥军慰问团给部队赠送慰问品、慰问金 55.1 万元。同时，县政府还拨出慰问金和慰问品 32 万元，慰问军、烈属、在乡复员军人、退伍军人、军休人员、伤残军人等 15000 多人。慰问执行战备训练途经丰顺县的官兵 6 万元和物品一批（折算货币 3.58 万元），解决 3 名驻丰顺官兵家属就业问题。投资 400 多万元修缮丰顺革命烈士纪念碑，隆重开展第二届“烈士纪念日” 烈士公祭活动。

**【优抚安置工作】** 全面落实优抚安置政策，为 4190 名重点优抚对象（即“三属”、复员军人、参战涉核人员、残疾军人、带病回乡退伍军人、“五老人员”“老烈士子女”），调整提高抚恤和生活补助金，提高幅度 12%。为 272 名重点优抚对象补助医疗费 32.7 万多元。为 4190 名重点优抚对象的医保参保缴费 36.15 万元。提高义务兵家庭优待金，从 2014 年的 6450 元提高到 6710 元。做好退役士兵安置工作，全县接收退役军人 162 名，全部推行城乡一体化自主就业安置，发放自主就业一次性经济补助金 295.7 万元，做到 100%的安置。向 19 位健在的抗战老战士、老同志（含老干部离休老同志）发放每人 5000 元的一次性生活补助金 9.5 万元。

**【社会救助工作】** 进一步完善低收入认定工作，实行低保对象家庭经济核对制度。至 2015 年 12 月，丰顺县低保对象 11424 户、28192 人，其中城镇 1002 户、1999 人，农村 10422 户、26193 人。全年发放低保金 6588.39 万元，其中城镇：977.9 万元，农村 5610.49 万元。继续实施城乡低保对象、农村“五保”对象和城镇“三无”人员等困难群体实施医疗救助“一站式”即时结算服务。全年救助 1611 人，支出 468.24 万元。成立丰顺县救助申请家庭经济状况核对中心，招聘救助申请家庭经济状况核查员 20 名，实行救助申请家庭经济状况核查。

**【民间组织管理工作】** 丰顺县民间组织管理办公室更名为丰顺县社会组织管理办公室。完善社会组织监管体系，拓宽社会组织参与社会管理和公共服务的空间。截至 2015 年年底，全县有社会组织 154 个，其中新登记成立的社会组织 30 个。

**【基层政和社区建设工作】** 抓好城乡社区建

设，稳步推进城市社区基础设施。建有汤西镇、八乡山镇、埔寨镇、丰良镇4个镇级政务大厅和汤坑镇洋田村、中楼村、金丰村、黎峰村、城西居委会，汤西镇西城村、河西村、南礤村，汤南镇新铺村、隆烟村、东方村，丰良镇丰京村、仙龙村、成东村、建桥镇环中村、建桥村，龙岗镇梅桥村，北斗镇才口村、拾荷村，大龙华镇岗背村，黄金镇双灵村、湖田村，潘田镇潘田村，蹓隍镇溪南村、新埔村，潭江镇官上村、胜溪村，砂田镇占中村、沙溪村，小胜镇大南村等30个村级社区公共服站。推进村级党务村务公开规范化建设。

**【婚姻登记工作】** 严格把好结婚年龄关、证件手续关、双方自愿关等“三关”，全年办理结婚登记5453对，离婚登记662对，补发结婚证833对，合格率100%。

**【区划地名工作】** 对县城内未命名的路11条、街5条、巷18条进行命名。

（一）路（11条）

1.政锦路：从锦江街起向南经政锦花园门口、农业局门口至公园路止。

2.顺源路：由沿江路起，经庄园路（十字路口）、建设局南侧、烟草公司门前、世纪路（十字路口）、千江花园北侧至广场路（丁字路口）止。

3.华润路：从顺源路起，经别墅区东侧、罗湖路（十字路口）、润丰园门口、景兴花园西侧至温泉路（丁字路口）止。

4.广源路：从沿江路起，经供水服务中心北侧至庄园路（丁字路口）止。

5．丰润路：从丰旺路东侧起向南至村寨边止。

6．电声路：从235国道向西经罗孚温泉酒店南侧、培英厂门口至高速公路出入口段。

7．啟智路：从景兴花园门前温泉路（丁字路口）起，经丰顺县地热发电站门口至金河大道止。

8．嘉海路：从汤北路起，经嘉海别墅门口至新生路与太平北路交叉路口止。

9．东山北路：从206国道起沿东山公园住宅小区向西南方向，经武装部西北侧至气象路止。

10.河唇新路：从五一路金义楼北侧起，向西经汤坑镇二小门口至顺发路止。

11.坷尾路：从东山路（丁字路口）起沿广梅汕铁路东侧向东北至丰顺县制水厂门口止。

（二）街（5条）

1．千润街：从市政大道起，经检察院南侧至千润花园征地界止。

2．南苑街：从市政大道起，经原公安指挥中心地块北侧至千润花园征地界止。

3．大唇街：从G206国道起向东沿公安分局北侧至站前路（丁字路口）止。

4．集贸街：从建设路与汤坑路交叉口对面起，经中山友好医院住院部门口向西至新生路与汤坑路交叉路口止。

5．三和街：从原县公路局汤坑道班地块对面汤坑路（丁字路口）起向南沿三和商住小区至汤西路（丁字路口）止。

（三）巷（8条）

1．锦江街一巷：从锦江街起，经汤坑镇政府北侧往南至下岭村寨止。

2．沿江路一巷：从广场路起，经畜牧局门口、顺源路（十字路口）至罗湖路止。

3．沿江路二巷：从顺源路（丁字路口）起向南至罗湖路（丁字路口）止，与沿江路一巷平行。

4．沿江路三巷：从顺源路（丁字路口）起向南至罗湖路（丁字路口）止，与沿江路二巷平行。

5．供水小区一巷：从景兴花园东侧庄园路起至供水服务中心大楼围墙止。

6.华润路一巷：从景兴花园西侧华润路起向西至华润小区内通巷止。

7．华润路二巷：从景兴花园西侧华润路起向西至华润小区内通巷止，与华润路一巷平行。

8．华润路三巷：从润丰园门口华润路起向西至华润小区内通巷止，与华润路二巷平行。

9．新生路一巷：从丰顺县看守所西侧起向西至厂房边止。

10．新生路二巷：从丰顺县看守所西侧起向西至水沟边止，与新生路一巷平行。

11．新生路三巷：从丰顺县看守所西侧起向西至围墙边止，与新生路二巷平行。

12. 嘉海路一巷：从嘉海路起向西至水沟边止。

13. 嘉海路二巷：从嘉海路起向西至水沟边止，与嘉海路一巷平行。

14. 嘉海路三巷：从嘉海路起向西至水沟边止，与嘉海路二巷平行。

15. 大塘街一巷：从大塘街起向北至东山路（丁字路口）止，与大塘街垂直。

16. 大塘街二巷：从大塘街起向北至大山背村寨止，与大塘街一巷平行。

17. 大塘街一横巷：从大塘街二巷起向西至大山背村鱼塘止，与大塘街二巷垂直。

18. 大塘街二横巷：从大塘街二巷起向西至大山背村鱼塘止，与大塘街一横巷平行。

对4条道路名称进行更名，将滨湖路更名为修试路，顺源路更名为广源路，广源路更名为顺源路，新河路更名为沿江东路。完成丰顺—大埔、丰顺—兴宁、五华—丰顺边界联检工作，平安边界继续推进。

**【老龄工作】** 建立高龄老年人意外伤害保险制度，从7月起为全县80岁以上老年人和60周岁以上困难老年人购买意外伤害保险。

**【殡葬改革工作】** 殡葬改革工作：全年免费火化遗体3769宗，保持火化率100%。

**【大事记】** 3月27日 召开丰顺县民政工作会议，县政府党组成员、副处级领导罗真对到会并作讲话。4月1日，投资400万元对丰顺县革命烈士纪念碑动工维修改造。7月8日20时至9日20时，县普降暴雨，最大降雨量为八乡山镇264毫米、埔寨镇134毫米、汤南镇96毫米。暴雨造成农田受浸，房屋倒塌，道路水利设施受损。县强降雨造成全县3镇受灾，受灾群众4095人，紧急转移安置灾民130人，全倒户4户、6间、7人。

**2015年年底县民政局**

**局　长**　罗建安

**副局长**　徐名纵　王丽英　何广海。

（胡祥习）

## 扶贫开发工作

**【简述】** 2015年，县扶贫开发局深入贯彻习近平总书记关于扶贫开发的系列重要讲话和省、市、县的决策部署，认真抓好扶贫开发各项工作，为丰顺振兴发展做出应有贡献。

**【扶贫“双到”工作】** 新一轮扶贫“双到”工作开展以来，丰顺县深入贯彻落实省委、省政府新一轮扶贫“双到”和广州梅州两市对口帮扶的决策部署，在各级帮扶单位的大力支持下，着力改善条件、发展产业、保障民生，全县70个重点帮扶村、4626户贫困户、16579名贫困群众实现脱贫目标。至2015年年底，各级帮扶单位投入扶贫项目资金4.86亿元，贫困村集体经济平均收入从2012年6305元提高到8.8万元、增长12.8倍，贫困户人均可支配收入从2012年的2790元提高到9053元、增长2.2倍。主要做法是：

*一是发展特色产业与推动创业就业相结合，贫困户自我发展能力进一步提升。*发挥省市农业龙头企业和专业合作社的辐射带动作用，采取“公司+基地+农户”模式，引导贫困农户发展特色精致高效农业。全县扶持贫困户种植优质茶叶、橄榄、红薯约1066.67公顷，直接受益贫困户3238户，户均年增收超过1.1万元。创新探索“互联网+扶贫”模式，协调70个对口帮扶村与梅州立易顺电子商务发展有限公司共同打造电商扶贫示范基地，为贫困子女开展电商创业培训，推动绿色健康长寿食品实现销售“触网”，扩大销售渠道，增加产品收入。组织青年电商创业培训12期，培训学员650多人，大部分学员实现网店及微商自主创业，上网销售农副产品120多个品种，2015年营业额650多万元。

*二是坚持政企联动与建设美丽乡村相结合，村级集体经济实力进一步提升。*各级帮扶单位积极筹集资金4000多万元，采取“企业运作、政府监督、村委入股、保本分红”的方式，以帮扶村的名义入股丰顺县投资管理公司或其他企业，

被帮扶村每年可获得投资额10%的入股分红，有效解决贫困村无钱办事的难题。同时，各级帮扶单位投入资金2.8亿元，实施村级基础设施项目1240个，建房、修路、种树、治水、搞卫生，打造汤西镇南礤村、龙岗镇马图村、埔寨镇埔西村等一批美丽乡村，依托特有的自然人文资源，积极发展“农家乐”等乡村特色旅游。

三是汇聚民资民力与改善民生福祉相结合，百姓幸福指数进一步提升。发挥帮扶资金“四两拨千斤”的作用，采取财政投一点、社会捐一点、单位出一点、群众凑一点“四个一点”的筹资方式，引进民间资本发展社会事业，筹集民生保障项目资金1.2亿元，培训劳动力1.6万人，资助贫困学子2699人次，资助购买新农合4.3万人、新农保4050人，没有劳动能力的贫困人口100%纳入低保范围，5636户住房困难家庭圆了安居梦。同时，广泛发动和组织社会各界开展形式多样的“扶贫济困日”活动，累计接收认捐款5000多万元，推动形成全社会支持参与的扶贫大格局。

**【扶贫开发项目】** 第一，落实有关扶贫项目。一是下达2014年度“千村扶贫”工程资金集中投放电站所发红利，2015年中央财政扶贫资金、中央财政扶贫资金（发展资金）、省“大禹杯”专项资金、省级扶贫农业龙头企业贷款贴息专项资金、省贫困村互助资金，开展扶贫小额贷款工作；二是完善、落实2013年、2014年中央财政扶贫资金、“大禹杯”项目、扶贫农业龙头企业贷款贴息项目。第二，推进老区建设。一是稳步推进“两不具备”贫困村庄搬迁工作，2015年度“两不具备”贫困村庄搬迁的有6个镇7个村83户401人，全面完成搬迁安置工作，省级补助资金发放到户；二是下达2013年、2014年省级扶持老区发展资金，积极实施饮水、交通等基础设施建设和整村推进等项目；三是积极配合推进中央专项彩票公益金支持革命老区马图村扶贫项目的实施，配合做好终期绩效评价工作。第三，做好经济技术协作工作。做好2015年广州市对口帮扶丰顺县无偿财政资金897万元资金安排和项目推进工作，一是扶持丰顺县自身帮扶的17个重点帮扶村扶贫开发项目建设，每个村扶持15万元发展村集体经济；二是扶持“双到”示范点和贫困村基础设施建设，推进整村整治，改善农村生产和生活环境；三是举办贫困户劳动力转移就业培训；四是扶持发展贫困村产业化扶贫基地。

**【配合县中心工作】** 第一，继续深入开展党的群众路线教育实践活动。局领导带头认真学习相关文件、会议、讲话精神，进一步统一思想，把思想和行动统一到中央、省、市、县的决策部署和要求上来，使扶贫工作更加到位，更加贴近实际、贴近生活、贴近群众。

第二，县贫开发局严格履行计生兼职成员单位的职责。重视汤西镇新岭村各项事业发展，派驻分管领导及业务骨干各1人经常到新岭村指导、开展扶贫“双到”工作和支持计生工作。

**2015年年底县扶贫开发局**

**局　长**　郭春山

**副局长**　罗燕波　张绍平　黄建华

（县扶贫开发局办公室）

# 民族宗教事务

## 民族宗教事务管理

**【简述】** 2015年，在市委、市政府，县委、县政府和上级宗教部门的正确领导下，在县人大的监督指导下，县民族宗教局干部能深入贯彻中共十八大和十八届三中、四中、五中全会以及省委十一届四次全会精神，深入学习领会习近平总书记系列重要讲话、中央民族工作会议、全省民族工作会议精神以及梅州市民族宗教局局长会议精神，按照县委、县政府和全市民族宗教局局长会议的要求，围绕中心，服务大局，继续坚持“强基固本”工作总基调，着力抓基层、打基础，抓重点解难点，抓典型、树品牌。加快推进少数民族地区经济社会发展，进一步提升城市民族工作水平，加强创新宗教事务管理，用法治思维和法治方式解决民族宗教领域突出问题，推进民族宗教工作上新台阶，为加快振兴发展、努力建设富庶美丽和谐幸福丰顺服务。

**【认真贯彻全市民族宗教局长会议精神】** 2015年2月12日，市民宗局召开全市民族宗教局局长会议。会议结束后，县民族宗教事务管理局及时向分管领导汇报会议精神，2月14日，召开全局干部职工会议，传达本次全市民族宗教局长会议精神，总结2014年丰顺县民族宗教工作，结合市会议精神和丰顺县实际，规划2015年丰顺县民族宗教工作，部署春节期间的重点工作，并且抓好落实。

**【做好春节、元宵期间工作】** 1. 于2月15日，在丰顺县太平寺召开佛教工作会议，参加会议的有县分管宗教工作的领导、县民宗局全体干部、县佛教协会全体理事和各佛教活动场所主要负责人。会上，县民宗局局长陈武炜传达2014年12月24日省民族宗教局局长会议精神和2015年2月12日市民族宗教局局长会议精神，总结丰顺县佛教去年的工作，规划下来的工作，并对春节、元宵节期间各宗教活动场所的安全生产工作进行部署。

会后，县委常委邱翠茂、县政府副县长刘超平带领县民族宗教事务局全体干部职工对太平寺、西岩寺等主要宗教活动场所进行春节前安全检查。检查组一行实地查看房屋及建设是否安全、消防安全通道是否畅通、消防器材设备是否到位完好、食品卫生安全等，对春节期间安全应急预案制定、宗教活动筹备等情况进行了解，并认真听取宗教活动场所负责人的安全工作情况介绍。邱翠茂、刘超平指出，宗教活动场所属聚集场所，安全责任重于泰山，不能有半点疏忽，要提高安全意识明确责任，杜绝麻痹侥幸心理，确保节日期间宗教活动场所安全稳定。同时强调，节日期间来场所的信众和游客较多，务必把场所安全工作放在首位，保持与当地公安、消防等部门的联系畅通，接受相关部门的指导，采取切实可行的措施，尤其加强消防和食品卫生安全工作，把工作做实做细，落实到每一个环节、每一个细节，做到防患于未然，确保春节、元宵期间宗教活动场所安全。

2. 于2月10日到挂钩扶贫村——留隍镇新埔村慰问贫困户和村干部，给他们送去慰问品和节日问候。

**【认真开展“三严三实”教育活动】** “三严三实”专题教育，是党的群众路线教育实践活动的延展深化，党中央持续深入推进作风建设的具体行动，体现党中央弛而不息推进从严治党的决心和态度。县领导很重视本次活动，6月24日，丰顺县委常委邱翠茂上“三严三实”专题教育党课，深刻领会“三严三实”的内涵和意义，在新形势下的民族宗教工作能认真践行“三严三实”，并要求各部门负责人要以身作则，带头查找“不严不实”问题，带头开展批评与自我批评，在党的群众路线教育中未能落实整改的作风，继续以“三严三实”的新要求落实整改，积极转变作风。

6月29日，县政协副主席罗真对上“三严三实”专题教育党课。

11月至12月，结合“三严三实”专题教育工作，认真排查基层干部不作为、乱作为等损害群众利益问题，列出清单和整改措施，并认真进行整改。

**【履行好部门职责】** （一）继续扎实做好少数民族工作，提升少数民族服务管理水平

1. 做好春节前慰问活动

于2月16日，市民宗局副局长朱春鄰一行在丰顺县民宗局领导陪同下到丰顺县潭江镇凤坪畲族村开展慰问活动，走访一些贫困户，给5名村干部、5名畲族村教师、6户贫困户送去慰问金和节日问候，祝他们节日平安快乐。

朱春鄰对畲族村干部嘘寒问暖，并认真了解畲族村的基本情况，到凤坪村茶园了解生产发展状况。针对凤坪畲族村的历史发展，对该村的未来发展提出一些建议，要求科学地规划该村的发展蓝图，挖掘民族特色文化，打造生态旅游，带动茶园等经济发展。

2. 积极向上级部门争取积少数民族发展资金75万元，帮助少数民族改善生产和生活设施。在发展资金的使用过程加强监督管理，发挥发展资金的最大效益。

3. 做好少数民族大学生在本、专科就读期间资助学费工作。给予学费、住宿费和生活费资助，为他们的申请工作提供方便。2015年资助6名少数民族大学生。

（二）依法做好宗教事务管理

1. 继续规范宗教活动场所管理

认真开展宗教教职人员认定备案和宗教活动场所主要教职人员任职备案专项工作，实现宗教活动场所主要教职管理的规范化、民主化和系统化。指导各场所开立单位银行结算账户和办理机构代码证，为他们开展民事活动提供便利条件，并按规定不得将宗教活动场所公共资金纳入个人银行账户。

2. 做好基督教“两会”换届选举工作

丰顺县基督教“两会”于2015年3月已届满，按照有关规定，应进行换届选举。民宗局按照基督教的有关规定和程序指导基督教“两会”于2015年3月16日召开“两会”常委会议进行换届选举，选举出来的新一任的“两会”成员能爱国爱教，团结带领信教群众开展正常的宗教活动，维护丰顺县宗教界的稳定。

3. 做好丰顺县宗教界维稳工作

（1）根据上级的宗教渗透专项整治工作方案和会议精神，丰顺县民族宗教事务管理局及时向县分管领导汇报，成立丰顺县民族宗教协调领导小组，制定《2015年丰顺县境外宗教渗透专项整治工作方案》，并且和有关部门配合，依计划开展排查整治工作。丰顺县民族宗教事务管理局对各宗教活动场所正面宣传解释中国相关宗教政策法规，要求他们严格遵守中国政策法规，提高警惕性，增强爱国爱教思想，认真辨别清楚境外组织是否利用丰顺县宗教活动场所或宗教活动进行渗透；同时要求各爱国宗教团体要加强自身建设，进一步发挥团结引导信教群众自觉抵御境外宗教渗透。

（2）做好丰顺县佛教界维稳工作

县佛教协会会长释怀慧于2014年12月29日在去参加省佛教协会的途中发生车祸，致重伤，经治疗无效，于2015年1月7日上午圆寂。家不可一日无主，一个社会团体也一样，释怀慧原来兼任丰顺县三个寺庙的住持，他圆寂后，为维护佛教界的稳定，经请示县有关领导同意，由丰顺县三位佛教教职人员任临时负责人，丰顺县永福寺由释安定临时负责，丰顺县黎昌寺由释安心临时负责，丰顺县万佛寺由释明行临时负责。三位负责人均能对寺庙认真管理，正常传教，基本上符合担任寺庙住持条件。经考察后，县民宗局再次报请县有关领导同意，并且按照任命程序，县民宗局通过三位临时负责人转为宗教活动场所主要教职人员的备案登记和寺庙住持任命。同时也对其他宗教活动场所未进行主要教职人员的备案登记的进行完善登记。

县佛教协会由释宗本临时负责。2015年，宗本法师能团结带领佛教理事会全体成员认真

履行佛教协会的职责，以身作则，尽能力弘扬宗教文化、发展宗教事业。

4．积极开展和谐寺观教堂创建活动

以座谈会的方式到各个宗教团体，继续以“安全”“财务监督管理”“教风”为主题开展座谈，指导宗教团体开展和谐寺观教堂创建活动，要敢于正视“教风”方面存在的突出问题，敢于揭丑，敢于碰硬，坚决整顿，切实提高宗教团体、宗教活动场所自我约束、自我管理和自我规范的能力。

5．发挥宗教界积极作用

继续引导宗教界发挥积极作用，继续以中国梦为引领导，广泛凝聚力量，充分发挥宗教界人士和信教群众在促进经济发展、社会和谐、文化繁荣以及对外交往等方面的积极作用，发挥宗教界在法治建设中的积极作用，鼓励宗教界弘扬宗教思想教义中与社会主义道德和法治相契合的内容，支持宗教教职人员将法治精神融入讲经讲道中去，引导信教群众自觉维护宪法和法律权威，自觉在法律允许范围内开展宗教活动，自觉履行法定义务继续贯彻落实中央六部门《关于鼓励和规范宗教界从事公益慈善活动的意见》，围绕“广东扶贫济困日”和“宗教慈善周”活动主题，开展系列公益慈善活动。

（1）6月，县佛教协会发动信众捐赠大米1000包、食用油350桶、面100多箱，折计人民币6.6万元。捐赠物品全部分发给丰顺县福利院、敬老院和各乡镇的贫困户、单亲家庭、特困户等。县民宗局捐款2000元；县民宗局全体干部捐款800元。以上三项捐款人民币6.88万元。

（2）3月12日，在丰顺县民宗局的组织下，本县三大教（佛教、基督教、天主教） 30多人参加植树节活动，栽种120多树棵，投入2万多元，为绿化环境、保护生态、建设美丽幸福新丰顺贡献一分力量。

（3）10月27日上午，县民宗局全体干部和丰顺县基督教“两会”成员，带着丰顺县基督教“两会”募捐来的米、面、食用油一批，到丰顺县敬老院、福利院慰问在院老人和福利儿童，给他们送去爱心、温暖和问候。县宗教局局长、“两会”主席、会长对在院老人和福利儿童嘘寒问暖，询问他们的生活情况，让敬老院、福利院的在院老人和福利儿童感受到社会大家庭的温暖。

6．做好本局的权责清单编制工作

按照法律法规、有关规范性文件、部门“三定”规定和省、市直部门实行重心下移的事项等，按照省里统一制定的分类标准，对本单位现有的行政职权进行全面梳理，按照统一格式文本做好本局的权责清单编制工作，明确职权对应的事项。按照有关要求，多次修改，现已按时完成任务。按要求编制单位的职权运行流程图，报送县政管办。

7．加强民族宗教专题调研和信息宣传工作

2015年，县民宗局上报信息8篇。

**2015年年底县民宗局**

**局　长**　陈武炜

**副局长**　郑业韶

（罗海芬）

# 镇场建设

# 镇场建设

## 汤坑镇

【简述】 汤坑镇位于县城东南部，是丰顺县的政治、经济、文化中心。地处丰、揭交界处，上距梅州市58千米，下离汕头市85千米，广梅汕铁路、206国道和梅汕高速公路从境内通过，是梅州市与汕头两市之交通要地，素有“历史重镇”“温泉之乡”“电声之乡”“华侨之乡”的美誉。全镇总面积233.23平方千米，下辖10个居委会、32个村委会。2015年，全镇总人口为142951人，其中农业人口为88309人，非农业人口为54642人。

【经济概况】 2015年，全面按照县委、县政府的决策部署，以推动丰顺新区建设、加快丰顺振兴发展为工作方向，充分发挥汤坑作为新区建设主战场、振兴发展核心区的作用，因地制宜，抢抓机遇，全力推动汤坑经济快速发展。全镇工业总产值78.2亿元，同比增长10.3%；民营企业总收入86.2亿元，略有增长；其中电声产值49.2亿元，同比增长11.9%，实现税收2.28亿元，同比增长31.8%。实现新增规模以上工业企业7家。同时，汤坑镇积极把握机遇，推动资源整合，加大电商发展扶持力度，打造电商扶贫示范基地，通过丰顺名优特农产品网上销售平台、丰顺丰资电商服务中心和青年电商创业基地等项目，实现工农业产品分类销售和创业青年电商培训，推动丰顺县电商产业发展，至年底已有5家合作社与该基地签订合作协议，100多户农户的农产品在该基地电商平台上销售。

【征地工作】 严格按照县委、县政府关于振兴丰顺发展的工作部署和要求，积极创新工作推进方法，大力总结前期开展土地储备工作经验，全面研究和分析工作中遇到的困难，并努力寻求县委、县政府和相关单位的大力支持，通过“内挖外调”强化人员配备，运用各种手段强化舆论宣传，动员各界人士大打亲情友情牌等，有效解决被征地块历史遗留问题，推动邓屋村、沿江东路和国防教育基地等征地拆迁工作基本完成，实验小学、实验幼儿园和高铁沿线及东站连接线的征地工作进展顺利，为丰顺的振兴发展奠定坚实的基础。

【民生工作】 坚持从解决群众最关心、最直接、最现实的利益问题入手，推动民生事业不断发展，力争让广大群众享受到社会发展的成果，促进社会和谐。环境卫生有新突破：严格按照县委、县政府的部署和有关工作要求，全面加大环境卫生宣传，大力开展环境卫生整治，完善辖区内环境卫生设施设备完善，着力构建长效保洁机制，32个村均被评为“卫生村”，成功创建省级卫生县城。一是大宣传。通过召开动员会，向学校、学生、群众等印发环境卫生宣传单，悬挂横幅，在镇村LED等播放环境卫生宣传标语，制作发放创卫文化衫等方式，全面营造良好环境卫生整治和创卫工作氛围。二是大清洁。动员各村（居）委在辖区内开展环境卫生整治，特别是黄屋坝、城中村等重点地段，由镇安排环卫所人员进行不定期巡查，对发现的环卫问题及时处理。三是大投入。累计投入资金650万元完善环卫设备设施，包括购置7辆新型垃圾运输车、160个垃圾运输车斗箱等，已全面投入运营使用，并完善一系列环卫设施。扶贫工作有新实效：严格依照扶贫开发“双到”工作要求，加大与帮扶单位的沟通，积极协助帮扶单位制定实施贫困村的帮扶方案，将各村特色扶贫与丰顺新区建设总体布局和新型城镇化建设思路结合起来，通过完善基础设施、优化生产环境、发展特色产业等方式，着力打造多个特色脱贫致富典型村。三年来帮扶单位累计投入各类帮扶资金 3000 多万元，实施加快贫困村、贫困户脱贫奔康的帮扶项目 2300 多个，全面用于医疗、教育、交通、饮水、住房、环境等公共基础设施建设帮扶项目，如苏山坝桥、东秀桥、赤草商业街等大型帮扶项目，帮助汤坑镇贫困户发展生产、改善生活，帮扶效果明显，群众受益良多。文化教育全面发展：向各村（社区）免费提供 3 份《梅州日报》供群众阅览；向“五保”、低保户赠送订阅报纸。对 12 名“优秀教师”、18 名“先进教师”分别给予 3000 元、1000 元和颁发荣誉证书的奖励，尊师重教氛围不断浓厚。大同中学重建工作有序推进，三栋教学楼完成封顶；积极协调县、镇、村各方力量，协力推动辖区内中小学校的扩建、改造工作。社会保障大幅度提升：全镇新增就业岗位 200 多个，安置下岗失业人员 300 多人，全面完成县下达的指标任务。全面加强社保征缴扩面工作，全镇参加农村养老保险人数 4.1 万人，城乡居民医疗保险参保人数 11 万人，基本实现保险全覆盖。进一步加大对全镇纳入低保的对象进行全面清核力度，对不符合条件的低保对象进行调整，基本实现应保就保。每月准时足额为 800 户烈属、复退军人、伤残军人等发放定恤、定补金。

**【社会管理】** 护林防火方面：“三道两区”林区种植及抚育 666.7 公顷景观林，未发生一起重大山林火灾事故。国土资源管理：严格按照上级的部署和要求，快速响应，层层动员，迅速行动，加大排查，强化巡查，积极配合，主动作为，与各村（居）委签订责任书，积极开展日常巡查，持续开展打击违法建筑行为的巡查整治，依法处理违法建筑 100 多宗。计划生育方面：计生目标基本完成，规范并全面选聘村级计生专干队伍，全面增强计生专干工作积极性。新农村建设：石桥、梅溪被评为旅游特色村和美丽乡村，并多次得到省、市、县领导现场考察和肯定。安全生产方面：积极配合县相关部门对辖区内的生产经营场所进行清理清查，辖区未发生安全生产事故。信访维稳方面：重点强化对敏感时段的信访维稳工作，加大对部分矛盾纠纷化解调处力度，强化对重点稳控对象的掌控，全年在特殊敏感时段未发生越级上访事件，信访总量呈下降趋势。

**【新区建设】** 根据县委、县政府的部署和要求，真抓实干，克难攻坚，基本完成上级下达的工作任务。一是完成位于辖区内的金贵大道征地遗留问题。二是完成县实验幼儿园和实验小学建设用地范围内情况摸底、现状调查等前期准备工作，4 公顷已征地块地表进行清杂，顺利完成黄大仙庙征收搬迁工作。三是沿江东路历史遗留问题顺利解决。四是县国防教育基地射击场征地工作已经完成。同时，多宗影响土地房屋征收和村集体经济发展的历史遗留问题得到有效解决，如邓屋村的春保温泉、石桥村的新农村楼房租赁、内岭村的铺面租赁等。

**【党的建设】** 紧紧围绕打造一支敢干、善干、能干的干部队伍为目标，采取多种形式强化干部作风，提升干部队伍工作效能。一是扎实开展驻点直联活动，把各类活动与推进工作科学发展有机结合起来，有序推进各个环节的工作，努力做到以活动的成效来推进工作任务的完成，取得明显成效。二是深入强化机关效能建设，制定出台一系列规章制度，严格落实中央“八项规定”，狠刹“四风”问题。镇机关食堂和外来干部宿舍建成投入使用，解决干部职工的后顾之忧，受到广大镇村干部职工的好评；在重点窗口部门安装效能监测视频设施，全面加强机关内部自我监督，扎实推动作风转变。三是积极探索干部培养方式，对列入中层以上后备干部或新进人员安排轮岗锻炼，大力调动干部职工的积极性；对年轻干部实行党委书记亲自培训，开展党委书记上党课，积极为镇、村储备后备人才；主动帮助 20 多名报考公务员或事业编考试的年轻干部进行笔试、面试等前期应考工作，镇属干部有 10 多名顺利成为新进公务员或事业编干部。四是认真贯彻执行《干部任用条例》，全面调动干部积极性，本着对工作负责、对干部负责的态度，对部分人员岗位进行适当调整，对 18 名敢干事、会干事、干成事的干部职工提拔任用为中层干部、工作组长或兼任村第一书记。向组织推荐调任干部 3 名。五是切实加大对违规违纪行为的处置力度，从严从重惩处违规违纪行为，着力整治层干部不作为乱作为等损害群众利益问题，对5名严重违法违规违纪党员干部分别给予党内警告、撤职和留党察看等党纪处分；对工作存在“庸懒散”、违反工作纪律等情况的8个部门和村居的负责人进行诫勉谈话、3名村书记和1名支委给予免职、2名居委干部给予辞退，坚决做到有错必纠，有责必问。六是不折不扣的落实村干部工资待遇，现任村“两委”干部待遇每月提高到不低于2000元，并为居委干部购买意外险。对行政村按5万元和3.5万元两种标准拨付工作经费，对社区按现有干部人均7500元的标准拨付经费，全面加大对基层工作经费支持。七是村务公开、计生公开、财务公开、服务公开等基层民主管理制度全面实施，村民自治管理能力和水平进一步加强。

**2015年年底汤坑镇**

**党委书记、人大主席** 钟凌玮

**副书记、镇长** 张幸辉

**副书记** 陈文俊

**委 员** 徐比邻 徐益泉 钟 锐 王建祥 彭意重 陈泰显 马香花 李伟英 王泽韩

**人大副主席** 曾献跃

**副镇长** 徐比邻 蔡展宏 徐东辉

（钟 锐 黄钧宝）

## 北 斗 镇

**【简述】** 北斗镇地处榕江北河上游，位于县境中西部，北联建桥、丰良两镇，南接汤西镇，西北与兴宁市、五华县接壤，东与汤坑镇交界，距县城9千米；206国道、梅汕高速、广梅汕铁路穿境而过，交通区位优势明显。全镇面积91.8平方千米，其中山地0.9万公顷，耕地366.2公顷。2015年全镇生产总值17083.52万元，比上年增长7.3%；工业总产值2314.85万元，增长10.4%；农业总产值12830.05万元，增长5.3%；地方财政预算收入659.62万元，增长6.8%；农民人均纯收入7360.61元，增长5.4%。

**【农村经济发展】** 2015年，北斗镇党委、政府多措并举不断深化产业结构调整，做强做优温氏养鸡产业，积极引导群众种植优质油茶、高山绿茶、良种栀子等经济作物。全镇温氏养鸡专业户94户，年上市活禽245万羽，存栏63万羽，产值6431万元，毛利润735万元，同比增长22.1%。才口、桐新、拾荷等村依托高山优势，巩固和新增种植绿茶17.2公顷；茜坑、才口、桐新等村发展壮大养蜂产业，并成立五合养蜂专业合作社，农民创收近100万元；拾荷村着力盘活山地资源优势，突出扩容增效，成功引进并打造洋石养羊百亩示范基地和黄栀子种植示范基地，带动群众增收致富效应初显。在破解山区发展难题，谋划绿色经济的道路上迈出新的亮丽步伐。

**【基础设施建设】** 镇党委、政府通过多方筹措资金、借力扶贫“双到”和广泛发动乡贤，全面推进基础设施建设，群众生产生活条件得到进一步优化。一是完善交通设施建设：投入49万元对206国道圩镇段进行综合整治，首期建成550米人行步道，极大改善交通条件、优化出行环境，美化市容市貌；筹措480万元完成下溪、桐岽、北斗、庆瑶等村24千米村道和机耕道建设及修缮；投入5.8万元改造修缮庆瑶大桥；投入128万元规划建设的长58米、宽7米荷树墩大桥，全面完工。二是解决饮水灌溉问题：投入72万元，建成长4.2千米的“狮子北斗泉”饮水工程，解决235户1500多人饮水困难；庆瑶、北斗、桐岽等村新建陂头5座，完成水圳“三面光”改造8千米。三是狠抓文化设施建设：筹资178万元建成建筑面积726平方米北斗村康复中心；投入58万元建成面积200平方米庆阳楼活动中心及250平方米健身广场。四是巩固美化亮化工程：完成105户新建住房和危房改造，发放补助资金142.1万元；庆瑶、北斗、下溪及茜坑等村筹资28万元新装置480盏路灯，进一步巩固乡村亮化工程。

**【生态环境建设】** 生态旅游建设：南皇岽生态旅游项目，韩山、桐梓洋等生态旅游景点建设不断推进；坪坑新农村等乡村旅游持续升温，各地到访游客大幅增加，2015 年达 5.1 万人次，同比增长 13.3%。

环境卫生整治：整合国土、规划两所职能，选优配强部门人员，专门成立镇村规划办和环保所，完善常态巡查监管机制；投入 25 多万元，对国道 206 圩镇段“六乱”现象和镇内卫生死角进行集中清理整治；建立健全农村垃圾管理长效机制；聘请十几名保洁员做好日常保洁工作，确保镇村环境卫生、整洁。

防火护林工作：强化护林队伍建设；加强巡查工作，打击乱砍滥伐，从严封山育林，组织护林灭火培训 2 批 125 人次；张贴防火宣传标语 220 多条；全年排查“三小”场所 54 家，检查重点企业 3 家，发现解决问题 23 处。

安全生产工作：从严、从细排查化解安全生产隐患。对镇内烟花爆竹存放点和经营点及建设工地等场所开展安全隐患排查，受检单位 36 个，月均出动执法人员 6 人次，投入经费 7.8 万元，确保巡查人员、经费到岗到位。安全生产形势持续稳定，未发生安全生产事故。

**【社会事业建设】** 教育教学工作：投入 122 多万元对校园环境、校门围墙等进行升级改造；筹资 2 万元完成拾荷学校运动场改造工程；教育教学质量稳中有进，2015 年，12 人考入重点中学，重点率 18%。中心幼儿园入园人保持稳定，90 人。

卫生计生工作：计生工作水平不断提升，继续保持低生育水平，全年完成结扎任务 111 例，出生率为 12.33‰。卫生医疗事业保持平稳态势，村级卫生站建设有所加强；全年接诊 8163 人次，下乡进村巡诊 12 次；投入 43 万元完成 11 个卫生项目建设；推行一般诊疗费药品零差价；高血压、糖尿病等慢性病防治稳步推进；切实防控人感染 H7N9 禽流感疫情，镇内无疫情发生。

社会事务工作：全镇低保户 331 户，月发放资金 15.24 万元，“五保户” 40 户，月发放资金 2.25 万元。加强对低保、“五保”对象的动态管理，做到应保尽保、应退尽退、进退及时。

社会保障工作：认真落实各项惠民补贴政策，种粮直补 53.3 万元，良种补贴 12.2 万元；生态公益林 3926 公顷，发放生态效益补偿金 114.9 万多元，发放 3100 多户；城乡居民医保参保人数 17435 人，参保率 98.4%，参保资金 209.22 万元，发放医保报销费 480 万元，1056 人次；组织搭建各类就业平台，开展劳动力转岗就业培训，举办各类培训班 3 期，累计培训人员 220 人次。

综治信访维稳工作：不断提高依法治镇能力，着力化解各类矛盾纠纷，全年调解矛盾纠纷 5 宗，化解 5 宗。在纠纷调解过程中，充分发挥综治、司法、信访联调联动功能，为调解工作提供最坚实的保障。

扶贫“双到”工作：积极配合并全面完成帮扶单位对口北斗镇北斗村、庆瑶村和桐岽村本轮扶贫“双到”工作，做到措施得力，精准帮扶。镇村面貌进一步改善，基层基础得到进一步夯实。

**【政府自身建设】** 机关作风明显转变：严格落实中央“八项规定”，规范公车使用，明晰派车规程；推行机关定期保洁制；党政办强化日常工作制度，加强印章、档案管理；建立健全《北斗镇党员干部谈话制度》，强化机关作风建设；加强对党员干部八小时外监管；不定期召开联席会议、镇村干部大会，机关作风有效转变。

政务环境不断优化：统一场室标识，突出简明醒目；改善机关面貌，优化办公环境；明晰部门职责，提升服务效能。健全镇（村）社会治理服务中心（站）工作机制，提升服务效能；全面推广社会治理模得到广泛认可；2015 年 1 月，北斗镇被授予“梅州市社会工作示范镇”荣誉牌匾；拾荷村“梅州市社会工作示范村”创建工作荣获三等奖。

**2015 年年底北斗镇**

**副书记（主持全面工作）、镇长** 黄洪伟

**副书记** 范伟东

**委 员** 黄剑森 胡中志 吴 瑜 黄武雄 黄汉京

**人大副主席** 吴洪贤

**副镇长** 胡中志 徐小维

（党政办）

# 汤西镇

**【简述】** 汤西镇位于丰顺县境西南部，县城汤坑的西郊，与梅州市相距72千米，与揭阳市相距35千米，与汕头市相距78千米。镇境清代属揭邑蓝田都十图。清乾隆三年（1738年）建丰顺县后，分设大罗乡、广湖乡、下乡。民国时分属颍川乡、大同乡、揭岭乡、三友乡辖。1949年成立汤西区政府。此后行政隶属关系几经变更，至1987年为汤西镇至今。域内地热资源丰富，风景秀美，人文朴实，有粤东第一高瀑——揭岭飞泉和建于清乾隆年间的西岩寺。全镇总面积196.29平方千米，下辖新湖、双湖、新岭、大罗、新兴、和安、双鹿、蕉潭、石江、西城、河西、南礤12个村民委员会和1个社区居民委员会，有104个村民小组。2015年年底，全镇人口13759户，57550人，其中：农业人口11029户，53922人；非农业人口2730户，3628人；人口出生率13.32‰，自然增长率6.54‰。2015年，规模以上工业企业产值7.67亿元，同比减少16.63%；农业总产值3.01亿元，同比增长3.4%；农民人均纯收入9288元，同比增长10.7%；镇财政总收入5700.97万元，同比减少6.6%；国地两税收入1023万元，同比减少22.1%。

**【农业经济】** 积极发展精致高效农业，争取扶贫单位的帮助，河西村建立番薯种植基地，南礤村建立优良水稻种植基地，蕉潭村建立水产养殖基地，引进台湾泥鳅、河豚等新产品进行养殖，通过以点带面，做好新技术新良种的推广，切实提高农副产品的产值。积极推广普及农业机械，全年推广微耕机27台，微灌设备54台，让农户享受国家农机补贴的实惠，大幅提高农户的生产效率，促进农民增收致富。乡村生态旅游带动农家乐的发展，提高番薯、香芋等农产品的产值。畜牧业收入增长578.24万元，同比增长11.2%。大力开展造林绿化，新增444.3公顷生态公益林，加强碳汇林、火烧迹地更新100公顷。落实森林防火责任制，专门配备25名专职护林员，镇林业主管人员和护林员签订防火管护责任状，加强林业管理巡逻，全年开展森林防火巡查615多人次，使林区违法行为抑制在萌芽状态。

**【工业经济】** 着力做好服务企业的工作，镇领导多次深入企业调研，检查企业的安全生产问题，协调解决企业生产过程中遇到的土地纠纷、用工紧缺等问题，鼓励企业实施技改，节能降耗，实现转型升级，寻找发展机遇。一年来，工商业收入增长1127.5万元，同比增长12.3%。建筑业收入增长2025.85万元，同比增长13.62%。外出农民劳务收入增长3663.63万元，同比增长11.73%。

**【环境卫生】** 积极做好环境卫生整治。充分发挥全镇现有环境卫生配置工具及清洁队伍的前提下，做好经费投入，配合爱卫运动，购置除“四害”药物，确保每月进行一次除“四害”药物喷洒工作扎实进行。购置150个新型环卫桶，更换老旧坏垃圾桶，确保垃圾收运工作正常运行。成立环境保护所，落实环保专职人员，重点开展“两违”污染环境整治工作和监控非法电镀企业等专项整治工作，投入2万元整治清理省道228线南礤至八乡段建筑废料，并在部分路段安装水泥柱护栏，保障过往车辆安全。严格国土资源管理，加强对违法用地的整治，进行国土执法巡查350多人次，拆除一批违法违规用地并进行复耕复绿。

**【党建工作】** 扎实推进镇领导干部驻点普遍直接联系群众工作，接访群众1985多人次，走访群众6100多户，全面完成在家的群众走访，及时解决群众提出的困难和问题，获得群众的广泛好评。选派综合素质高、业务能力强的镇优秀干部担任蕉潭村党支部第一书记；加强村党支部领导班子力量，把思想觉悟高的镇村干部培养为党的发展对象，选派优秀村干部报读大专班，培养优秀后备干部力量；积极化解村民与林地承包人之间的矛盾纠纷；

积极发展水产养殖，增加村集体和村民的经济收入；及时对村委办公场所进行整体维修等，方便为群众办事；全面完成蕉潭村软弱涣散党组织的整改。

组织镇政府的青年干部积极参与全县青年干部“社会主义核心价值观”主题辩论赛，获得“优秀组织奖”。组织全镇机关事业单位、村干部举行“三人篮球赛”，激发年轻干部的活力。完善镇政务服务大厅，规范便民服务行为，选派优秀干部为群众提供办证服务，减少群众办事环节，节省群众办事成本。加强廉政建设。持续开展“三严三实”专题教育、集中学习新修订的《中国共产党廉洁自律准则》和《中国共产党纪律处分条例》，进一步提高党员干部遵纪守法的自觉性，社会反映良好。

【基础设施】 积极引导各村全力优化基础设施建设。筹607多万元用于石江村尖笔、南礤何寨路、福宁南门路等近8千米长的村道硬底化建设；筹资168.5万元用于南礤村石砖桥、蕉潭村田子更、河西村锡滩大桥的建设，使村民的出行更加方便。筹资195多万元用于和安村下村、安全，南礤村南溪等12处陂头水圳的建设。积极推进南礤至石江的中小河流整治，南礤堤围应急修复。河西农村饮水工程如期完工，解决村民饮水难的问题。筹资919多万元用于和安村安全、西城村油房、河西村丘屋等11个自然村的文化活动中心建设。筹资374万元，用于新湖村颍凹、石江村黄寨等9个新农村建设。筹资204万元，用于新岭村佐岭、西城村、石江村吞江、河西村丘屋、和安村下村等小公园建设；投入16多万元，购买17套健身器材、音响设备，吸引村民前来健身、跳广场舞，丰富村民的业余文化生活。

【社会保障】 坚持城乡统筹、公平共享、突出重点，不断加强民生保障水平。全镇6802名60周岁以上的老人能按时足额领取新农保养老金，圆满完成县所下达的任务。高度重视社会保险扩面增缴工作，制定专门的实施方案，督促域内企业为员工购买养老保险，新增灵活就业参保62人，取得一定的工作成效。积极为农村富余劳动力提供就业、培训信息和就业服务。全年实现农村劳动力技能培训180人，完成劳务输出2302人，完成任务的102%;完成城镇新增就业人数203人，完成任务的101.5%，城镇登记失业率控制在2.44%以下。全镇有50361人参加城乡医疗保险，参合率94.5%，参合总金额604.33万元。有7084人获得农合医疗报销，报销金额2200万多元。有52165人参加2016年度城乡医疗保险，参合率97.87%，参合率排在全县前列。2015年，760多户1900多人发放最低生活保障金386多万元，170多户170多人发放“五保”供养资金108多万元。为残疾人服务，有839人办理残疾证，其中有377位低保重度残疾人、297位低保残疾人办理生活补贴卡；为“五保户”免费办理城乡医保；6户残疾人发放危房改造补贴3.6万元；4户残疾人实施无障碍卫生间改造（每户4000元）；协助县残联开展白内障复明手术58人。为207名重度残疾人免费办理城乡医疗保险，完成全国第一届残疾人普查。在2015年春节期间发放资金10多万元慰问困难群众。“七一”建党节前夕，汤西镇投入资金1万多元，重点慰问120名困难党员、老党员。“八一”期间，对困难优抚对象进行慰问，发放资金3万多元。牢固树立“民政为民”的工作理念，把民生实事办到百姓的心坎上。

【安全生产】 按照“全覆盖、零容忍、严执法、重实效”的总要求，落实安全生产工作责任制，完善人员及制度措施，深入开展消防安全“网格化”管理工作，消除监管盲点。大力开展安全宣传工作，全年张贴宣传标语200多条，宣传单（卡片）420张，镇村LED显示屏全年对安全标语进行滚动宣传。在重要节日和时期开展专项整治工作，2015年组织安全生产检查组检查17场次，出动63人次，检查单位场所65家，发现安全隐患39处，现场整改7处，限期整改32处，已整改完毕38处，正在整改1处，整改率97.4%；加强重点安全隐患报送和整改工作，全年报送重点安全隐患6处，已完成整改5处，正在整改1处，投入整改资金84万元，确保汤西镇安全生产工作整体稳定。加强突发事件风险隐患排查和整改工作，全年排查出9处地质灾害点，全部采取必要措施，严格控制在可控状态，2处已整改完毕，其中南礤村飞泉桥地质灾害点投入80万元修截水沟和挡土墙，消除该地质灾害点对群众生命财产的威胁。落实食品工作责任制，汤西食品药品监督管理所正式挂牌，做好食品安全的巡查监督工作，加强农村流动宴席监管工作，保障人民群众舌尖上的安全。

【教育文化】 全力做好中考考务服务工作，确保中考能够规范、有序、平稳进行。2015 年教师节前夕，投入 2 万多元，为全镇中小学教师实施健康体检。不断加强团组织建设，壮大基层团组织的队伍。全镇 12 个行政村均建有农家书屋或文化活动室。新湖村组建 20 多人的弦乐队并在各村开展不定期的巡演，并在 2015 年梅州市“网络春晚”上表演“汤城新狮舞盛世”的节目。为双湖村申请省级“妇女之家”示范点。

【计划生育】 坚持人口均衡发展，落实计生惠民和“单独两孩”政策。较好完成计划生育目标任务，全镇人口计生工作呈现良好的发展态势。

【扶贫双到】 中广核集团捐赠 250 万元用于和安村河道清淤护岸工程建设项目，省国土资源厅投入 23 万元的南礤南溪 1.5 千米“三面光”水圳建设已完工；投资 100 万元的南礤幼儿园项目建设基本完工。充分利用县集体经济发展平台，四个重点帮扶村——和安村、南礤村、河西村、蕉潭村分别投入 60 万元、70 万元、50 万元、50 万元入股丰顺投资公司，每年可增加村集体经济收入 5 万元 ~ 7 万元。大力协调贫困户发展生猪、家禽和水产养殖等，促进形成规模化养殖基地，受益群众超过 2000 多户。争取 562.4 万元，完成 319 户农村贫困户危房改造，有效改善贫困户的人居环境。大力发展产业帮扶贫困户，实现贫困户稳定脱贫。

【综治维稳】 积极推进“一村（社区）一法律顾问”，提供村（社区）法律顾问服务 136 次。开展法制宣传教育，悬挂 30 条横幅，派发 6000 多张宣传单，及时更新各村（社区）13 个宣传栏。实行联席例会制，召开专场矛盾纠纷研判调处会 24 场，对不同时期的矛盾纠纷进行及时分析研判；排查调处各类矛盾纠纷 127 件（含民生网访咨询），村工作站调处 110 件，成功调处 105 件，成功率 95.5%；镇中心调处 59 件，成功调处 55 件，成功率 93.2%。民生网访 8 件，全部及时答复并着手解决；抓好刑释人员的教育工作，刑释解教人员 64 人，社区矫正人员 14 人，均没有发生再犯罪现象。立治安案件 74 宗，其中成功调处 47 宗，处罚 13 宗，处罚 23 人，调处率 81.1%；立刑事案件 23 宗，破 17 宗，破案率 73.9%。河西村向市委防范办申报市无邪教创建示范村。

**2015 年年底汤西镇**

**党委书记、人大主席** 吴宏伟

**副书记、镇长** 杨 昆

**副书记** 饶富将

**委 员** 陈泰象 罗春迈 陈腾飞 冯远欣 杨晓霞 徐定军 陈兴富 徐位南

**人大副主席** 许远明

**副镇长** 陈泰象 陈俊才

（党政办）

## 汤 南 镇

【地理位置】 汤南镇地处的南端、平原西缘，是“梅州近海临空桥头堡，潮汕休闲养生后花园”；汤南镇距县城 5 千米，距揭阳市中心 25 千米，与揭阳潮汕国际机场仅 30 多分钟车程，地势平坦，位处汤坑平原；广梅汕高速公路和铁路、国道 206 线、235 线贯穿镇境，榕江北河穿流其中，交通便利。

【面 积】 全镇总面积 52 平方千米，耕地总面积 800 公顷，水田 520 公顷，旱地 273.3 公顷，人均耕地面积 0.02 公顷。

【人口状况】 汤南镇行政辖 8 个村委会、1 个居委会，总人口 52173 人，汉族，语言为潮汕话，是著名的侨乡和革命老区。

【经济状况】 汤南镇以“招大商招好商”的理念，认真落实各项优惠政策，营造宽松的外部环境，吸引客商，利用外资，增强企业活力，促进汤南镇经济又好又快发展。2015 年，全镇实现社会生产总值 17.02 亿元，比 2014 年同期增长

1.1%，其中农业总产值2.81亿元，比2014年同期增3.3%；工业总产值14.21亿元，比2014年同期增长5%；企业总产值收入15.91亿元，比2014年同期增长4.1%；第三产业收入1.93亿元，比2014年同期增长0.52%；镇级财政收入1152万元，比增4.8%；农民人均纯收入6978元，同比增长5.9%。

【农业状况】 镇党委、政府投入大量人力、财力、物力，对种植、养殖、生物技术等方面进行积极引导，确保农业生产和群众生活不出现大的问题，进一步促进农村经济持续全面发展。2015年，全镇种植粮食2666公顷，与2014年持平；荔枝投产100公顷，总产量551吨，年产值130万元；龙眼投产133.3公顷，总产量2000吨，年产值286万元；甜玉米176.3公顷，年产值420万元；蔬菜862公顷，总产量26418吨，年产值8163万元；种植青蒿14.1公顷，总产值32万元；发展温氏养鸡专业户30多家，出栏肉鸡80多万只；养猪专业户20多户，出栏1.7万多头，与2014年同比增长10%；扶持隆烟村月兔养殖，全年出栏6000多只。

【发展环境】 2015年，汤南镇改善居民生产生活环境，营造良好发展环境，取得长足进步。一是真抓实干，克难攻坚，丰顺新区（汤南片）征地工作顺利完成。严格按照县委、县政府和丰顺新区（汤南片）开发建设的部署和要求，真抓实干，克难攻坚，“稳妥、快速、成片”地推进新区建设重点区域的土地房屋征收工作。丰顺新区体育运动场、县消防中队用地、县实验学校、丰达路（含北河大桥）和梅汕高铁征地工作如期全面顺利完成。二是进一步完善基础设施建设。1. 投资700多万元的汤南大桥工程动工建设，丰顺汤南大桥的改建，将更顺畅地贯通国道206线和国道235线交通，搭上丰顺新区发展专线的快车道，促进汤南的旅游资源开发和经济社会协调发展具有重要意义。2. 省级小型农田型示范镇顺利通过验收；3. 汤南镇幸福村居示范片建设（包括中国古村落种王上围保护规划、开发利用和湿地公园建设）已完成项目申报和规划设计；4. 投资300余万元环境卫生整治示范项目（包括中转站建设和污水处理）已批复，正开展前期准备工作。三是发展经济，建设项目，招商引资工作成绩显著：1. 引进梅州新蓝天投资有限公司投资2.5亿元在汤南镇新铺村老溪底建设汤南新宜居住宅小区和综合商贸市场，该项目占地面积2.3公顷，已动工建设。2. 引进梅州新蓝天投资有限公司投资在206国道旁新铺路段开发建设翡翠东方花园住宅小区。3. 引进梅州市旭佳实业有限公司首期投资4.3亿元在206国道旁揭丰交界处建设温泉旅游度假村，该项目占地7.13公顷，着力打造以潮客中国风文化为主题文化特色，集旅游、度假、养生、观光为一体的国际温泉度假村。4. 宇星锑业正加快筹备上市工作步伐；5. 引进资金将原丰顺糖厂建设成为以休闲公园为主题的现代高端、雍容大气的温泉小区。

【社会管理】 一是信访维稳工作方面。汤南镇牢固树立“抓稳定就是抓发展，抓信访就是抓民生”工作意识，做到认识到位、感情到位、作风到位、能力到位，以和谐稳定保障汤南振兴发展。2015年接到各类民事矛盾纠纷46宗，成功调处46宗，结案率100%。二是安全生产工作方面。根据各个时期安全生产工作重点，积极邀请和配合县相关部门对辖区内的生产经营场所进行清理清查，并大力督促其做好整改工作。已联合县相关部门开展清理清查31多次，出动车辆210余车次，1000多人次，检查各类生产经营场所200余家，未发现有严重安全生产隐患的场所。

【计划生育】 2015年，汤南镇积极求变革新，以计生集中服务活动和常态化管理并重为契机，坚持“软”“硬”保障并举，以人为本与依法管理并举，扩大宣传与改善环境并举，用优质服务扎实推进计生工作。

【社会各项事业】 一是扶贫工作再迎新机遇。新时期精准扶贫工作在上级主管部门的精心指导和各级帮扶单位的努力下，紧锣密鼓进行。2015年，汤南镇新申请2个省定贫困村（新楼村和新埔园村）名额。做到户有卡、村有表、镇有册，并实行电脑管理，建立帮扶台账，相对贫困申报户审核录入率100%。建立督促检查制度，镇党委、政府班子成员每周到挂扶村户指导和检查督促本轮扶贫工作事宜，落实和实施工作均10次以上，掀起新时期精准扶贫工作高潮。二是抓好卫生工作，提高人民的健康水平。大力提升诊疗技术，优化就医环境。全镇免疫"麻疹"接种率100%，抓好农村完成儿童计划免疫任务，接种率100%。三是环境卫生整治工作取得实效。在全镇党员干部和广大群众的共同努力下，汤南镇卫生环境有建设规划，有管理组织、制度，有专兼职管理人员28人，有垃圾收集、运输及处理设施，无暴露垃圾。排水沟渠硬底畅通，无污水溢流。全镇环境整洁，村容村貌好，巷道平坦，人畜分居，禽畜圈养。切实维护丰顺县作为"梅州南大门，潮汕后花园，温泉宜居城，生态工业区"的良好形象，为丰顺新区建设营造良好的发展环境。四是基本养老金，农村社会保障工作明显提高，特别是基本养老金的顺利开展有效保障广大群众的基本生活。

**【基层组织建设】** 抓党风建设，促中心工作推进，强干部队伍建设。紧密结合当前正在开展的"三严三实"专题教育活动，积极开展以"守纪律、讲规矩、作表率"为主题的纪律教育学习月活动。以"十件民生实事、十项中心工作，重点项目"为载体，开展工作进度公开，考核评分公开，实行插红旗表扬、黄旗警告制度。加强干部队伍建设及管理，使党员干部勤政务实，勇于担当，敢于担当，有所作为，同时全面促进汤南镇各项工作的落实。另外，抓好阳光工程"三公开"，推动基层党风廉政建设。坚持实施镇村党务政务村务公开信息联络员制度。指定专人专项负责党务、政务、村务公开工作，做到"常务"长期公开，"要务"定时公开，"急务"及时公开，抓好廉政风险防控工作，推进惩防体系建设。建立廉政风险意识防范管理制度。针对镇村两级领导干部权力运行的"关节点"，内部管理的"薄弱点"，问题易发的"风险点"，建立健全廉政效能风险防控长效机制。扎实开展"三严三实"党员干部联系服务群众活动。2015年，汤南镇扎实开展党员干部驻点普遍直接联系服务工作是打通服务群众"最后一公里"抓手，汤南镇从开展该项工作以来，在全体镇村干部的共同努力下，通过创新活动载体，建立长效机制上，真抓实干。9个团队80多人全覆盖走访群众户，解决群众问题100多件。

**2015年年底汤南镇**

**党委书记、人大主席** 黎委托

**副书记、镇长** 罗锦涛

**委　员** 蔡国彪　陈明言　巫旭明　丁海容
曾庆瑞　徐小林　陈琳海

**副镇长** 蔡国彪　罗廷泽　罗文畅

（曾庆瑞　黄纯峰）

## 埔寨镇

**【地理位置】** 埔寨镇位于梅州市丰顺县最南端，地处"两市两区两县"交界处，东南面与揭阳市蓝城区的龙尾镇、揭东区的玉湖镇相邻，西与揭西县的五经富镇及本县的八乡山镇接壤，北与本县的汤南镇、汤西镇交界。埔寨镇历史悠久、文化底蕴深厚，是华侨之乡、文化艺术之乡和革命老区，这里有国家非物质文化遗产——"埔寨火龙"和省级非物质文化遗产——"埔寨纸花"。总面积97.7平方千米，耕地面积1444.3公顷，其中：水田913公顷，旱地472公顷，人均耕地0.03公顷，山地面积4941公顷，人均山地0.12公顷，镇政府设在国道235线旁。

**【自然环境】** 埔寨镇内溪流纵横交错，四周群山环抱，属亚热带季风气候，全年气候暖和，日照充足。温泉和矿产资源丰富，主要有铜矿、铁矿、锡矿、稀土矿、高岭土、花岗石、石墨等都具有较高的开采价值。

**【政区人口】** 埔寨镇行政区辖埔南、埔北、塔下、茅园、万安、横坑、学枫、采芝、埔西9个村委会和埔龙居委会，46个村民小组。2015年年底全镇户籍人口46428人。

**【经济状况】** 2015年，全镇生产总值61118万元，（其中工农业生产总值49337万元），乡镇企业总产值 38887 万元，财政一般预算收入 1238.3 万元，镇年人均收入 8818 元。

农业：埔寨镇在抓好传统农业，稳定粮食生产的同时，着力发展精致高效的特色农业，着眼生态资源的开发利用和农副产品的加工升值，积极引导农民、龙头企业扩大主导产业种养规模，以埔寨特有的火龙果基地、青枣基地、三棱榄基地为抓手，带动镇内农业增产、农民增收。

工业：埔寨镇作为广州海珠（丰顺）产业转移工业园的所在地，借“广东梅兴华丰产业集聚带”发展之势，主动适应和融入经济发展新常态，坚守“两条底线”，着力建设宜居城乡，全力推动埔寨镇经济绿色崛起。首期供出的成块可利用土地已交付使用，招商引资企业丰顺蓝科尔电子有限公司、丰顺中燃气项目、旺兴达数码、汇威高新技术产业、梅州鼎新高新科技材料、培英电声六家企业已陆续进园施工建设。同时园区储备土地正有序的丈量征收中，园区扩能增效、经济竞争力已逐步显现。

**【基础设施建设】** 在经济持续发展的同时埔寨镇还大力改善民生，逐步完善基础设施，促进社会和谐，全力助推埔寨镇振兴发展。一是道路基础设施明显改善，国道 235 线埔寨穿城道升级改造工程全面完成，同时同步铺设排水渠、人行道及架设路灯、绿化等附属工程，埔寨正以崭新的面貌呈现在世人面前。二是不断完善交通管网，万安大桥、茅园新村大桥改建竣工通车，横坑至三友联合学校大桥改建工程全面动工。三是加强水利基础设施建设，全面启动龙车溪（茅园段）山洪沟防洪治理项目工程，重点做好征地拆迁、补偿款发放及道路施工、排水设施铺设等工作，至目前首期主要工程已全面竣工。四是完善文体设施，满足群众日益增长的文化需求，提高群众幸福指数，重建埔寨文体活动中心，至年底，大楼基础及主体框架已浇筑完成，工程建设正有序推进。五是不断完善园区配套公共服务设施，积极完善埔寨中心卫生院配套新区急救、综合服务能力工作；同时，扎实做好埔南村连葡塘大排山公益性公墓规划，土地调规及立项报批手续，妥善解决园区规划范围内的坟墓迁移安置及遗体火化后骨灰安放问题，致力推动园区扩能增效工作。

**【党的建设】** 机关作风建设方面：持续加强和改进机关作风建设，着力打造一支为民、务实、清廉的政府队伍。一是干部队伍建设得到强化。埔寨镇注重在园区土地房屋征收、埔寨文体活动中心筹建、省道 224 线穿城道升级改造、拆违控违、应急处置、综治信访维稳等中心工作和重点项目中锤炼、培养干部，切实提高干部驾驭复杂局面和处理问题的能力，干部队伍素质建设得到加强。二是机关作风、机关效能建设得到有力推进。镇党委、政府不断完善便民办公设施，全面完成镇综合政务服务中心的建设，高标准制定各项办事公开流程图和办事指引，加强业务人员业务培训，实现“一站式”办公，大大提高办事效率和服务水平，切切实实方便群众办事，密切党群、干群关系，政府为民形象大幅提升。同时扎实开展领导干部驻点普遍直接联系群众工作，严格执行“八项规定”，积极践行“三严三实”，持之以恒纠正“四风”问题，深入推进依法治镇，大力实施“六五”普法规划，拓宽社情民意反映渠道，全面提高依法行政水平，树立勤政、务实的政府形象。

领导干部驻点普遍直接联系群众工作方面：2015 年 2 月，全面启动领导干部驻点普遍直接联系群众工作，通过党员领导干部下乡驻点，面对面直接联系群众，倾听群众诉求，帮扶群众困难，解决联系服务群众“最后一公里”问题，引导领导干部接地气、聚人气，把目光投向基层、力量沉在基层、指导下到基层，切实改进机关领导干部工作作风，密切党群干群关系，促进基层和谐稳定。

**【社会事业建设】** 文化教育方面：埔寨镇获得文化部命名的 2014—2016 年度“中国民间文化艺术之乡”荣誉称号；继续巩固省“教育强镇”称号，教育事业成绩斐然，2015 年，埔寨镇中、高考成绩均取得新突破；全镇各村均设立读报栏，安排专人负责报刊的更新，满足村民日益增长的文化需求；积极推广农村广场舞这一老少皆宜的群众性文化活动，打造农村文化阵地，不断丰富农民的精神文化生活。

卫生计生方面：埔寨镇中心卫生院荣获全国“2014—2015 年度群众满意的乡镇卫生院”荣

誉称号，是梅州市两个入选乡镇卫生院之一。同时进一步强化人口与计划生育目标管理责任制，加大计生工作的投入，依法管理计划生育，积极开展计生优质服务，促进埔寨镇计生工作迈上新台阶。

民政工作方面：定时定额发放各类补助和救济款；积极做好农村低保工作，做到应保尽保；积极做好农村低保文化资金的使用，为全镇低保户订阅报纸、杂志；积极开展拥军优抚工作；做好“五保户”和社会福利院工作，使老人老有所依。

扶贫双到方面：针对埔西、塔下、万安村村情的不同，因地制宜、因村施策，科学合理制定帮扶规划，努力抓好资金筹措、项目推进、产业培育、住房改造建设以及劳动力培训转移等重点工作，经过一轮的帮扶，各帮扶村旧貌换新颜，农民增收，村集体收入明显提高，扶贫开发工作取得显著成效。

**2015 年年底埔寨镇**

**党委书记、人大主席** 朱耀辉

**副书记、镇长** 谢定雄

**委　员** 邹耀山　吴洪波　冯丰足　卢锦山　陈鹏峰　张伟铮　陈志国　彭捷源

**人大副主席** 谢志伟

**副镇长** 邹耀山　杜卓贤　张锡林

（余方明）

## 埔寨农场

**【概况】** 埔寨农场位于丰顺县最南端，与蓝城区龙尾镇、揭西县五经富镇二市三县交界处，交通方便，气候暖和，环境独特，原是梅州地区唯一能种植橡胶生产的省属国有农场。全场总面积 6.8 平方千米，现场辖区有半岭管理区、大塘管理区及场企业 1 个，全场总户数 585 户，总人口 2498 人，其中农业人口 2039 人、非农业人口 459 人。农村耕地面积 104 公顷。

**【经济概况】** 2015 年度场农村社会总户值 2724 万元，农民人均纯收入 8627 元。

农业　坚持科学发展，积极调整产业结构，大力发展以种养业为主的“三高”农业。2014 年全场粮食种植面积 121.3 公顷，总产 563 吨，2015 年全场粮食种植面积 121.3 公顷，总产 563 吨，鱼塘 26 公顷，专业养鱼户产值 10 万元以上有 18 户。主要经济作物有柑橙、火龙果、龙眼、青榄、荔枝等。全场每年出栏“三鸟”32.64 万羽，有 5 户养鸡专业大户，4 户养猪专业大户，全场每年出栏生猪 5180 头。

场企业　主要是种植青蒿药材生产，2015 年收青蒿干叶 42 吨。2015 年，积极响应县委、县政府建设埔寨农场绿色饲料产业园的总体规划，做好有关征地拆迁工作，到 2015 年年底已完成土地征收 33.3 公顷。

**【基础建设】** 省道 224 线纵贯埔寨农场，2015 年投入基础设施建设资金 160 万元，完成改善场、村环境卫生整治工作，改善卫生环境；投入资金 20 万元；投入资金 30 多万元，完成饮水工程工作，解决全场范围 2400 多人饮水问题。

**【精神文明建设】** 场党委在抓好经济建设的同时，加大精神文明建设力度，着力提高全民素质，加强法律知识的宣传，增强全民参与综治守法意识，提高全民守法的自觉性。广泛开展创文明村、户的竞赛活动，坚决抵制各种赌博活动。计划生育深入人心，完成上级下达“四术”任务，人口出生率控制在 10‰，经上级验收合格。

**【党的建设】** 场党委始终坚持党要管党，从严治党的方针，把党建工作摆在主要位置。紧紧围绕“爱农重农，科技兴场”的宏伟目标，紧密结合埔寨农场的实际情况，以教育实践活动为载体，以制度建设为保证，切实加强基层党组织的思想建设、组织建设和作风建设，为实现全场经济社会又好又快发展打下坚实的政治基础。

**2015 年年底埔寨农场**

**党委书记、场长** 张振华

**副书记** 罗惠雄

**委　员** 蔡家创

（罗怀跃）

## 八乡山镇

【简述】 八乡山镇位于丰顺县西南部，地处丰顺、五华、揭西三县交界的莲花山脉中段，海拔在600米至1277米之间，总面积193.62平方千米，其中山地面积1.8万公顷。镇政府设在贵人村坳下岗，距县城36千米，1小时车程可达揭阳潮汕机场、厦深高铁潮州中心站。2015年，被住建部和国家旅游局评为第三批“全国特色景观旅游名镇”荣誉称号。

八乡山是粤东较早建立地下党组织、成立赤卫队武装的红色土地，也是建立东江苏维埃政府、红十一军成立的发源地，为当年省委、东江特委创建的十块革命根据地之一。在创建和发展过程中，老一辈无产阶级革命家彭湃、李坚真、陈魁亚、古大存、黎凤祥等先后辗转八乡山。红十一军纪念馆、东江苏维埃政府遗址等保存完好，是全省著名的革命老区。

【自然环境】 镇属亚热带季风气候，四季分明、气候温和、雨量充沛，年均降雨量2320毫米，年平均气温仅18.7℃，具有得天独厚的气候优势和山地优势。镇内森林、水力、矿产（铁矿石、有色金属）资源丰富。境内拥有丰富的生态资源、人文资源和红色资源，山水风光秀美，美景浑然天成，有粤东大峡谷云卷峡、粤东第二高峰鸿图嶂、粤东电视高频转播台、千亩水库、万亩茶园、誉为“中国富士山”的尖山、天堂庵、广善寺、文昌祠等。

【政区划分】 镇行政辖小溪、和乐、马山、贵人、大竹、方吉、滩良、银河、戏潭、尖山、苏坪、龙岭、蝉联、磁尾、高基15个行政村及1个居民小组。

【经济概况】 2015年，八乡山镇克服由双台风“灿鸿”“莲花”等自然灾害带来的严重影响，全年全镇实现社会生产总值1.7亿元，同比增长12.3%，其中工业总产值实现1642.6元，同比增长11.8%，农业总产值实现9645万元，同比增长14%，其他产业总产值实现5933.6万元，同比增长10.5%；农民人均纯收入7388.13元，同比增长13%。

【林业】 境内林木资源丰富，主要有松树、杉树、毛竹、麻竹等，有林面积1.77万公顷，森林覆盖率90.6%，生态公益林1.67万公顷。2015年完成533.3公顷碳汇林建设工程和0.21万公顷生态公益林建设，完成人工造林0.2万公顷，种植景观林木5000株。全面加强植树造林和森林防火工作，制定森林防火工作预案，落实森林防火责任制，组织专职巡山队，强化野外用火管理，做好火情监测和巡山护山工作，镇护林防火工作经验受县主要领导批示在全县通报表扬。

【农业】 镇党委、政府始终把农业摆在农村工作的首要位置，借着第二轮扶贫开发的东风，积极调整优化农业产业结构，坚持以农民增收为主线，以市场需求为导向，大力抓好特色产业发展，进一步扩大茶叶、番薯等精致高效农业种植面积。全镇绿茶种植面积0.1万公顷，年产成品茶叶1000吨，八乡山的茶山和鸿图绿茶被评为“梅州十大茶山”和“梅州十大名茶”，八乡山绿茶的知名度和影响力进一步提高。茶叶、番薯、苦笋等绿色农产品深受消费者欢迎，甚至远销珠三角等地区，市场价格不断提高，耕山致富效应得到进一步增强。全面兑现各项惠民政策，种粮补贴、生态公益林效益补偿资金等发放到位。

【水利交通建设】 镇水利部门坚持依法治水，着力抓好水毁工程的修复和水利资源的开发利用，全镇有山塘6座、水库5座、小水电站19座。为保障各村人民用水，八乡山镇认真做好农村安全饮水工程的后续养护管理工作，镇党委政府投入10多万元修缮多处破损的大竹村沙帽塔陂圳、银河芋陂塘陂圳和投入900万元的小溪村河堤工程已全面动工。龙岭、戏潭中小河流综合治理工程以及大竹、滩良八乡河道整治工程基本完成，蝉联、龙岭千亩农田灌区改造工程已全面完成。

**【计划生育】** 八乡山镇始终坚持执行基本国策不动摇，以控制人口数量，提高人口素质，稳定低生育水平为目的，以整顿生育秩序，治理生育环境，提升服务水平为目标，以加强领导、强化宣传、以人为本、利益导向、优质服务、依法治育、确保经费、队伍建设、信息化建设为手段，扎扎实实地开展计生工作特别是提高统计质量及行政执法工作，使群众的婚育观念得到逐步改变，群众实行计划生育的自觉性得到增强，计生干部与群众的关系更加密切，计生工作步入规范化、科学化、法制化、信息化轨道，为镇经济、社会的发展提供和谐的人口环境。2015 年，全镇总人口为 2.08 万人，其中育龄妇女 4780 人，已婚育龄妇女 4341 人，一孩妇女 1155 人，占已婚育龄妇女 26.6%。2014 年 10 月至 2015 年 9 月上报出生 302 人，符合政策生育 285 人，不符合政策生育 17 人，计生率为 94.37%;出生率为 12.46‰;自然增长率为 6.02‰。统计数据质量指标均运行正常。一年来，通过全镇各级干部的共同努力，完成县下达的各项工作任务。

**【环境卫生】** 镇积极推进镇村环境卫生整治，加强环境卫生管理，不断完善垃圾收运处理工作和升级配套设施，并形成长效机制。八乡山垃圾中转站主体工程及附属工程已全面完工。投入 15 万元，对已投放在公路沿线和各村的破损垃圾桶进行更换，并完善各村垃圾收集点的建设及各村垃圾收集和清运设备，投入 14.4 万元购置 350 个垃圾桶，配备 2 辆垃圾运输车，13 辆三轮摩托车，聘请 15 名保洁员，实行专人专责，有效优化生活环境。同时严格实行属地管理整治保洁原则，加强各村环卫队伍管理，加大投入，全镇环境卫生进一步优化，人居环境进一步提升，促使全镇人民群众素质和环保意识得到提高。

**【旅游开发】** 八乡山生态旅游风景区于 2011 年开始规划建设，主要依托境内迷人大峡谷、千米鸿图嶂、千亩大水库、万亩绿茶园等优美的生态环境和独特的客家风情这一得天独厚的资源禀赋，坚持开发与保护并重，建设成为由北部峡谷观光区、中部览胜体验区、南部山地度假区这三大功能构成的生态旅游景区。首期计划投资 3.5 亿元的八乡山大峡谷风景区已完成投资近 2 亿元，打造四季花海、漂流、婚纱摄影地、山地摩托体验等众多游玩景点，旅游基础设施日益完善并，大峡谷景区、游客接待中心和山杜鹃精品酒店已建成开业，受到广大市民和游客的欢迎。2015 年，吸引 5 万多人次到八乡山镇参观考察和休闲游玩，为推动全县旅游产业发展，拉动旅游消费做出积极的贡献。同时，八乡山镇以北部大峡谷景区开业为动力，加快推进中部和南部的规划建设，力促形成生态景区联动发展格局，其中，南部广东八乡山水田园文化旅游风景区总体规划和景区道路规划立项工作已完成，正在积极推动报批立项和招商引资。中部红色览胜体验区正在规划建设当中。

**【社会各项事业】** 镇紧紧围绕“教育强镇”战略目标，认真抓好教育教学质量，大力发展教育事业，教育质量不断提高，教育创强成果受到省教育厅主要领导充分肯定。结合本镇实际，狠抓管理，从严治校，形成良好的学风、教风和校风。镇党委政府坚持“小财政办大民生”的工作理念，财政支出进一步向民生倾斜，着力解决人民群众最关心、最直接、最现实的利益问题，人民群众幸福感不断提升。全面启动新一轮精准扶贫工作，各项工作逐步展开。全面落实城乡低保、救灾救济、特困救助、“五保户”供养、优抚和残疾人权益保障等各项工作，有 53 户“五保户”发放“五保”供养金 33.22 万元，有 904 名低保人员发放低保金 170 多万元，实现动态管理下的应保尽保；大力推进安居工程工作，完成 121 户农村低收入住房困难户改造任务；新农合参保人数 19578 人，在家农民参合率 100%，征收参保费 234.94 万元。实现 80 周岁以上老人全覆盖。二代社保卡换卡工作、城乡居民医疗保险收缴等工作顺利完成。坚持预防为主，从严、从实、从细排查化解安全生产事故隐患，全镇一年来未发生安全生产事故。全面加强安全生产和食品药品安全监管工作。高度重视群众来信来访，强化信访工作责任制全面落实，及时化解各类矛盾，一年来未发生危害社会稳定的重大刑事、治安案件和重大群体性事件，未出现到京、省、市的群体访和非正常上访，有力提升公众安全感和满意度。依法加强征兵、人防、消防、双拥等工作，顺利完成征兵任务，工会、共青团、关工委、妇联、残联等事业稳步发展。

**【党建工作】** 八乡山镇党委以“三严三实”新航标为向导，深入开展群众路线活动，忠实践行全心全意为人民服务的根本宗旨和党的群众路线，以维护群众利益为核心，以直接联系为主要方式，以了解群众、学习群众、服务群众、引导群众为主要任务，以强化责任为保障，进一步落实为民务实清廉要求，切实加强党的作风建设，为八乡山镇的发展稳定提供坚强组织保证。始终把党风廉政建设责任制当大事、要事来抓，切实把党建工作落到实处，严格强化对党员干部的管理和教育，组织党员干部认真学习马克思主义、邓小平理论和“三个代表”重要思想，认真贯彻落实党员发展新修订细则，严把党员质量关，教育引导广大党员干部切实改进工作作风，赢得人民群众的信任和拥护。不断提高党员干部的综合素质和反腐防变能力，增强党员干部的公仆意识、责任意识和勤政为民、依法办事的工作作风。推行政务公开，有限地促进各项工作的开展，树立勤政、廉洁、高效的人民政府形象。

**2015 年年底八乡山镇**

**党委书记、人大主席** 陈定迎

**副书记、镇长** 张世奖

**委　员** 陈垡生　魏茂服　马扬谷　马扬敢

魏文华　谭国深　张换周

**人大副主席** 邱海艇

**副镇长** 陈垡生　扬　宽　文　铥

（党政办）

## 丰　良　镇

**【地理概况】** 丰良镇地处丰顺县北部山区，原为丰顺县老县城，是全国重点镇、广东省中心镇，距汤坑（县城）31 千米。东北邻龙岗，东连潘田，西南接北斗，西界建桥，西北与梅县水车、径义接壤。206 国道镇内长 17 千米，途径 7 个村委会，省道 334 线长 12 千米。总面积 249.61 平方千米，山地面积 2.1 万公顷，耕地面积 0.18 万公顷，其中水田 0.15 万公顷。镇政府设在大坝开发区。

丰良镇现辖莘桥、复兴、成东、成西、小椹、黄粗、布新、九龙、丰溪、西厢、丰京、双溪、太平、璜溪、丰田、三山、兵营、仙上、仙洞、新洞、仙龙、下山 22 个村民委员会和 1 个社区居民委员会。2015 年年底，总户数 13696 户，总人口 64932 人，其中农业人口 10737 户、56493 人，非农业人口 2959 户、8439 人。

**【自然环境】** 丰良镇属山区，四面高，中间低，形成狭长带形小盆地，在海拔 100～400 米之间，千米以上山峰有韩山崇、九龙嶂。主要河流：丰良河，由西溪、南溪水汇于圩市，东流 4.5 千米入产溪，为韩江支流；仙洞溪，流经仙洞片 15 千米入产溪。丰良属南亚热带气候，气候温和，冬季有霜冻，年均气温 20.6℃，年均降雨量 1500 毫米至 1700 毫米。圩市河畔长 1.5 千米遍布温泉，水温 92℃，日可采量 6000 多立方米。镇内有稀土矿、高岭土、钾长石等。

**【经济概况】** 2015 年，丰良镇继续实施“规划引领、工业辅助、商贸活镇、旅游旺镇”发展战略，切实推进农业产业化、城镇化、宜居宜业区建设进程。全镇实现生产总值 4.8 亿元，增长 5.8%；农业生产总值 3 亿元，增长 5.9%；农民人均年收入 8900 元，增长 15%。超额完成国地两税征收任务。

**【基础建设】** 丰良镇紧紧抓住发展这个主题，用活“两大政策”，坚守“两条底线”，紧握“三大抓手”，抓好交通、水利等基础设施建设，不断优化发展环境。

（一）圩镇建设：为进一步推进城镇化建设，提高居民生活水平，镇党委政府坚持以高起点规划、高标准建设、高质量发展的宗旨，按照“合理布局、突出重点，重在实效”的方针，结合“一心、两河、三组团、四轴线”的圩镇总体规划（2014—2030 年），全力改善丰良镇镇基础设施建设，实现城区扩容提质。

（二）交通建设：2015 年，借力扶贫“双到”，镇村多方筹资104多万元，升级改造农村公路和桥梁，修建太平村、成东村、仙上村、丰田村和成西村13条村道等近9.88千米。

（三）市政建设：不断规范圩镇范围内的建设，加大市政日常监管力度，努力创建文明卫生的中心镇。积极推进镇村环境卫生整治，通过多方努力，完善各项环卫设施，垃圾处理逐步规范，生活污水处理厂选址已基本落实，土地征收也进一步完善，逐步营造优美生态环境；加强公共温泉浴池和公共供水的管理，让群众洗得舒服、用得放心；对于梅汕高铁的征地工作也顺利进行，征地情况已基本完成。

（四）水利建设：丰良镇积极贯彻落实全县山区中小河流治理工程的工作部署和工作要求，推进丰良河治理建设，丰良河长8.9千米，涉及丰溪、西厢、双溪等村，规划总投资2688万元。完成后的丰良河治理建设，能够切实提高丰良镇抵御洪涝灾害的能力，营造城区水景观，实现水利现代化，保障经济社会可持续发展，维护社会和谐稳定具有重要的现实意义。

**【社会保障建设】** 一是全力抓好城乡劳动力培训转移就业工作。举办30期培训班，免费培训800多人，通过培训实现转移就业700多人。二是不断加大对社会养老保险、城乡医疗保险等的宣传力度。全镇参加新型农村养老保险（60周岁以上）累计7420人，参加城乡居民医疗保险人数98%以上。三是全面落实优抚政策和方针，维护和保障优抚对象、贫困家庭及残疾户的生产和生活。全镇弱势群体社会帮扶或救助工作实现动态管理，2015年，有“五保户”287户1887人、残疾人1900人（其中重度104人）、孤儿5人、低保户1460户3650人得到有效救助。

**【计划生育】** 2015年，全镇计划生育人口出生率12.40%，计划生育率92.35%，自然增长率7.35%，落实“四术”655例，其中结扎357例，放环258例，补救措施40例。

**【科教文卫】** 丰良镇教育“创强”已于2014年12月高分顺利通过省督导验收。丰良镇在抓好所用“创强”工程的资料收集和工程验收、结算的同时，积极开展中小学教师“互看互比互学互帮”活动，举办多媒体教育教学技能培训和校园文艺活动等，加强校园安全管理，提升教育“创强”综合实力，力争在复查工作中取得好成绩。

积极开展“爱国卫生”运动，加强环境卫生综合整治，全年累计投入230多万元，重点治理“六乱”，落实门前“三包”，增添环卫设施，在重点街道、道路聘用专门保洁员13名。

**【综治维稳】** 结合梅州市综治委重点整治镇工作要求，丰良镇全面落实综治重点整治工作，正确处理改革、发展、稳定的关系，以维护社会稳定、建设平安丰良为目标，加强基层基础建设，全力推进丰良镇社会治安综合治理工作。一是狠抓综治、维稳和信访工作领导及责任制的落实，成立综治、维稳和信访工作领导小组；二是强化村级调解机制，严格实行“一岗双责”；三是制定镇综治中心和案情涉及的单位 “第一时间”研判制度；四是坚持落实每周一召开集体研判会制度；五是成立应急协调队伍，制订群体性突发事件应急预案；六是加强奖惩力度，严格落实问责及彻查倒查制度；七是抓好安全生产工作常态化，坚决贯彻落实“一岗双责”制；八是坚守生态底线，保护森林资源，严守耕地红线，严厉打击毁林占地、违法违规用地行为。

**【扶贫开发】** 认真抓好新一轮扶贫开发“双到”工作，筹集430.16万元，完成太平村、成东村、仙上村、丰田村和成西村的村卫生室、卫生站、安全饮水、农田水利设施、陂头水渠设、公共文体设施、村环境卫生等方面的建设。大大提升村民的医疗与生活的保障。

**【旅游开发】** 充分利用好人文资源、温泉资源和生态优势等自然禀赋，积极实施“乡贤回乡投资兴业”工程，大力发展生态休闲旅游业。经过这一年的努力建设，韩山生态旅游度假区（省市重点项目）已在年底对外开放；配合投资方认真做好列为省市重点项目的九龙嶂农业文化生态旅游景区建设的开发工作。

**【党的建设】** 遵照“照镜子、正衣冠、洗洗澡、治治病”的总体要求，组织全镇44个党支部1723名党员参加为期半年的党的群众路线教育实践活动。镇党政班子带领广大党员对照党章和先进党员的标准，自觉整改自己在“四风”方面突出问题，严格落实中央“八项规定”和“三严三实”；修定完善《丰良镇机关内部管理制度》，加强对党员“三纪”教育，狠抓党风廉政建设责任制的落实。转作风抓落实，努力锻造一支信念坚定、为民务实、勤政廉洁、勇于担当、敢想会干为人民的干部队伍。全年累计培养入党积极分24人，发展党员16人。

**2015年年底丰良镇**

**党委书记、人大主席** 刘海燕

**副书记、镇长** 谭 杭

**副书记** 吴洪山

**委 员** 冯文卷 胡日桂 蓝日蕉 彭建清 张新乐 彭喜辍 刘文山 吴程林 彭国森 吴金谋

**人大副主席** 郑素玲

**副镇长** 冯文卷 黎仁凯 张汉松 朱洪清

（党政办）

## 建 桥 镇

**【位置面积】** 位于梅州市丰顺县西北部，东接丰良镇，西与兴宁、五华县相邻，南连北斗镇，北与梅县区接壤，离县城37千米，与梅州市相距51千米（高速），206国道贯穿全镇，总面积94.1平方千米，山地面积0.84万公顷，耕地面积825公顷，其中水田732公顷。镇政府设在建桥村下坝。

**【自然环境】** 周围群山环抱，全镇地处南北两山高耸，一水直流地势。南部有海拔897米的鸡公髻岽，东部有韩山高巅，海拔1047米；发源于兴宁市境内的建桥溪，由西向东横境内平川，在丰良莘陂与大椹溪汇合流入丰良河。建桥属南亚热带季风气候，一年常绿，四季分明，气候温和，雨量充沛、阳光充足，无霜期长。镇内森林、水力、矿产（优质石板、钾长石、河沙为主）资源丰富。

**【政区人口】** 镇辖新和、三和、建桥、建安、三社、环东、岗围、郑屋、环中、环西10个行政村。2015年，全镇有5558户31225人，其中农业人口有农业户5130户29442人、非农428户1783人。

**【经济概况】** 2015年，全镇完成社会生产总值、农业生产总值、工业生产总值分别为13937万元、4320万元和1503万元，分别同比增长12%、10%和8%。国税、地税均圆满完成年度计划任务。

**【生态农业】** 镇党委、政府积极推进科技兴农，继续创办建安、建桥连片千亩高产水稻示范田，选报科技示范户25户，其中4户为县级示范户，全镇培育发展种养专业合作社14户。着力调整产业结构，积极引导村民种植高效经济作物，环中、岗围、三和等村大面积推广种植高产马铃薯，有效增加贫困户家庭收入。加快发展现代农业，大力发展“一村一品”工程，建桥沙田柚、环西红肉蜜柚、建安米粉、郑屋薯粉丝等初具规模，辐射效应明显。

**【水利水电】** 投资3359万元的重点项目山区中小河流综合治理工程顺利动工，项目含主河流1条，支流5条，总长18千米，至年底已完成护岸12千米，河道疏浚14千米，占工程量的85%，此项目工程的完成将有效改善建桥河流域整体水环境。投资280万元建设覆盖6个村的洋坑水圳灌区项目，已完成92%。全面完成总投资316多万元的农田水利重点县项目。继续推进农村安全饮水工程，惠及全镇9个行政村的饮水工程已全线贯通并投入使用，边远村三和村通过自筹等方式也已完成安全饮水工程建设，农村安全饮水网实现10个行政村全覆盖。

**【交通通信】** 坚持科学布局、合理规划原则，积极促进交通路网等基础设施建设优化升级。全年完成交通道路建设投资150多万元，升级改造环西、环中、郑屋等行政村4.5千米长的村道，解决当地群众出行难问题。省、市、县重点工程梅汕高铁建设前期工作有序推进，已完成定界放桩工作，即将进入全面征地拆迁阶段。配合上级部门做好市、县重点工程206国道建桥段改建工程的社会稳定风险评估和村镇规划调整工作，全力加快项目立项进度。青潭至丰良投入运营纯电动城市公交车辆，公共交通服务水平进一步提升。

**【计划生育】** 2015年，全镇计划生育人口出生率13.33‰，计划生育率84.20%，自然增长率6.92‰。

**【文教卫生】** 坚持教育优先发展，巩固教育强镇成果，建桥中学被县委、县政府授予创建广东省教育强县先进单位。以系统开发为目标，重点保护为前提，大力保护、发掘、宣传推介建桥围。积极做好岗围村申报第四批中国传统村落申报工作。环中槐阴庐、郑屋老新屋获得梅州市第一批历史建筑称号。精心组织举办喜闻乐见的文体节目，丰富群众的精神文化生活，建桥镇代表队荣获县普法广场舞大赛三等奖。强化计生卫生服务水平，组织送医送药下乡、下乡义诊等活动，进一步提高全镇人民的健康意识和健康水平。

**【党建工作】** 深化“四风”整治，巩固和拓展党的群众路线教育实践活动成果，持续抓好整改落实，切实兑现承诺。强化责任意识、担当意识，狠抓工作落实，提高执行力，加大对重点工作、重大项目的推进落实力度，做到重要工作分解细化、责任到人。加快完善目标管理考核、督查督办机制，充分发挥目标管理激励和约束作用。建立政府权力清单和责任清单，坚决纠正不作为、乱作为。自觉接受人大法律监督、社会舆论监督。全面推进政务公开，加大财政预算、项目建设等领域政府信息公开，让政府权力始终在阳光下运行。认真落实党风廉政建设责任制，严格遵守中央“八项规定”和省、市、县有关规定，全面修订机关管理制度，从严从实强化纪律刚性。坚决纠正各种不正之风，严肃查处各类违法违纪案件。坚持从严从俭，全面落实厉行节约反对浪费各项规定，严控“三公”经费支出，全镇“三公”经费支出同比降低0.15%。完善镇、村政务服务体系，高标准建设镇级综合政务服务中心和社会治理服务中心，优质高效服务能力和群众满意度明显提升。

**2015年年底建桥镇**

**党委书记、人大主要负责人** 谢仕华

**副书记、镇长** 罗炳元

**委　员** 谭国恩　王则杉　张透影　彭杏华　李展良　李苑平　赖惠超

**人大副主席** 洪迅平

**副镇长** 谭国恩　何海南　郑创益

（党政办）

## 龙 岗 镇

**【简述】** 龙岗镇位于北部山区，靠近丰梅边界处，东邻镇、金镇，西南连接镇、北与梅县镇接壤，与梅州市区相距62千米，距县城汤坑38千米，丰潭线横贯集镇，于丰良接206国道至梅州市或县城汤坑。龙岗—马图—梅县梅南42千米的县道949线已铺设3.5米的水泥路面，全镇11个行政村道全部完成硬底化改造。全镇下辖松江、新华、新合、梅桥、吉演、上林、松梅、江坑、田坑、坪丰、马图11个行政村，56个自然村。

**【自然环境】** 龙岗镇属山区，四面高山环抱，群峰连绵，蜿蜒围绕，地势西北高、东南低，山脉由东北向西南走向，北部有北山嶂，连接望州栄、阿婆栄、洋西坑栄、三凹栄、新茶亭栄、关壬凹栄、双髻栄；西北部有角公顶栄；东部有扁嶂栄；南部有丰良塔山。龙岗镇为亚热带气候，全年气候温和，雨量充沛，阳光充足，四季常青。（1）气温：年平均气温20.6℃，7月是全年最高气温，平均最高气温为32℃，1月是全年最低气温，平均气温10.5℃。（2）雨量：年平均降雨量为1529.6毫米，夏秋季节雨量较多，6月、7月、8月多是洪水及台风高发时期，冬春季节干旱少雨。（3）风向：集镇主要风向为东南风。主要河流为丰良河，从丰良双溪村入境，流经龙岗

镇10千米，流入黄金镇后为产溪，其他水流有族祖村的胡胜坑，石垅岽的大坑，三坑肚的三坑，古祥岽的洋西坑等。全镇总面积111.88平方千米，耕地面积859公顷，其中水田750公顷、旱地109公顷，人均耕地0.04公顷。山地面积0.9万公顷。

**【政区人口】** 2015年，龙岗镇有机关干部、职工65人，全镇下辖11个行政村、56个自然村，有村干部43人。全镇有3758户、总人口20350人，其中农业人口18695人、非农业人口1655人

**【经济概况】** 龙岗镇建有水电站9座，总装机容量3100千瓦；总投资2000多万元的丰顺县广东龙岗马山茶业股份有限公司位于马图村，于2008年成立，是梅州市首家由茶农入股、村委会加股的茶业股份公司。（1）2015年粮食总产量：稻谷为5618吨，年平均亩产为438公斤，其他经济作物为甘薯、花生、烟叶、木薯、油茶、马图绿茶、甜玉米等。（2）养殖业：养殖业以养猪及耕牛为主。（3）林业：主要以松、杉、竹、速生丰产林及杂木为主。（4）水果：主要有香蕉、沙田柚、龙眼、荔枝、柑、李等水果，2015年水果产量1060吨，茶叶产量210吨，产值5000万元。（5）矿产资源：铅锌矿、铜矿、铁矿、硫黄矿、稀土矿等，铅锌矿从1965年开始开采。（6）2012年全镇国内生产总值13748万元，人均收入6756元。（7）以“创强”为契机，加快教育事业的发展。在“创强”所需资金1800万元的巨大资金压力面前，龙岗镇积极主动争取到中心幼儿园改扩建工程中央专项资金200万元；由市委统战部协调，争取到光彩事业项目捐资200万元；同时，镇党政主要领导分别到深圳、广州、惠州等地向外出乡贤筹集“创强”资金，含本地乡贤合计认捐200万元。龙岗学校综合楼、师生宿舍楼、中心幼儿园、马图学校和各教学点全部投入使用，为师生提供一个更加安全舒适的教学环境，并于2014年顺利通过教育强镇验收。（8）挖掘特色旅游资源，全力推动美丽乡村建设。在解放战争时期，马图村留下见龙居、得震楼、西华寺等红色革命遗址。2012年，马图红四军军部旧址——见龙居，被广东省人民政府列为文物保护单位。龙岗镇充分利用这弥足珍贵的红色革命资源，结合绿色生态环境，推动旅游事业发展。其中，广东马山茶文化休闲产业园已累计投资1.65亿元，着力打造红色爱国主义教育基地和绿色生态旅游景区；另外，引荐乡贤开发山水丹竹休闲度假区，重点打造山村休闲、梯田观光、养生度假、山地生态体验、溪谷漂流等项目。（9）2014年争取到中央彩票公益金扶贫资金1000万元在马图村实施马图南路、马图北路、马图茶山路交通工程，为马图村的美丽乡村建设打下坚实基础。（10）以环境卫生综合整治为契机，着力建设美丽龙岗。为落实“一镇一站，一村一点”的工作要求，结合龙岗镇整体建设规划，在丰潭线吉演路口兴建一座压缩式垃圾中转站，在11个行政村兴建52个垃圾池，放置300多个塑料垃圾回收桶，购置垃圾清运车1部和保洁板车12辆，实现龙岗镇农村生活垃圾收集处理全覆盖，全面提升人居环境，增强群众幸福感，为建设美丽龙岗创造有利条件。

**【文化卫生】** 基层文化建设步伐加快。2015年，龙岗镇加大文化设施投入，重视文化队伍建设，挖掘整理民俗民间文化艺术，弘扬客家传统文化，积极开展各项群众文化活动，为新农村建设服务。多方筹集资金20万元用于龙岗镇公共电子阅览室的建设，公共文化设施网络逐步完善，采取多种形式开展文化娱乐活动。同时加强农家书屋、村级文化活动室建设，加快农村科技文化的流通，丰富群众的文化生活。

**2015年年底龙岗镇**

**党委书记、人大主席** 杨永亮

**副书记、镇长** 吴鹏鸟

**委　员** 彭兆祥　王金校　陈振坤　吴　辉　饶富通　彭艳奎

**人大副主席** 张淑芳

**副镇长** 彭兆祥　谢冬宜　王希广

（党政办）

## 潘田镇

【位置面积】 潘田镇位于丰顺县中部，素有“两个之最”的美誉：一是地理位置居全县最中心。东邻隮隍镇，西接丰良镇，南壤汤坑镇，北连黄金镇，与县城汤坑相距28千米，省道224线和省道334线贯穿境内，交通便利。二是平均海拔全县最高426米。全镇总面积146.04平方千米，有耕地914公顷，其中水田653.5公顷，旱地94.4公顷。镇政府设在潘新社区居民委员会。

【自然资源】 潘田镇四面环山，中间成高山小平原，整个地势由中间向四面倾斜，属丘陵地带。南北两溪及吉畲溪流经镇域，注入韩江。潘田属亚热带季风气候区，气候温和清爽，光照充足，雨量充沛，年平均气温20.8℃，无霜期长，四季常青。主要资源有：森林、水力、矿产（以瓷土、高岭土、铅锌矿、铜矿、锡矿为主），矿源分布广、品位高，有较好的开发前景。

【政区人口】 镇行政辖流坑、华亭、石坑、松柏、中心、潘田、填江、铁坑、集群、新东、上吉、新联、新南13个村民委员会和潘新社区居民委员会，100个村民小组。全镇7835户、41519人，其中农业人口7481户、39144人，非农业人口354户、2375人。

【发展思路】 2015年，潘田镇党委、政府认真贯彻落实中共十八届三中、四中、五中全会精神和省、市的各项决策部署，在县委、县政府的正确领导下，按照科学发展观的要求，主动适应新常态，以开展领导干部驻点直接联系群众工作为契机，努力抓好基层党建、农村发展、重点项目、惠民工程建设等各项工作。全镇经济实现平稳较快发展，社会政治和谐稳定，民生福祉全面提升，各项事业协调推进。

【经济概况】 潘田镇在各级党政的正确领导下，坚持以人为本，树立和落实全面、协调、可持续的发展观，团结和带领广大干部群众解放思想，与时俱进，克服各种困难和阻力，推动经济社会各项事业快速发展。2015年，全镇农村社会总产值13634万元，同比增长7.1%；工农业总产值20676万元，其中工业总产值8122万元，同比增长7.8%；农业总产值12554万元，同比增长11.7%。第三产业增加值398万元，增长52%。

【农业生产】 潘田镇充分发挥山地面积广阔的天然优势，坚持以农业为龙头，以市场为导向，以优化品种、提高质量、增强效益为中心，全面科学规划，完善水利灌溉及各项配套设施，加快农业农村基础设施建设。按照“计划种植、合同收购”和“公司+基地+农户”的模式，稳步扩大烤烟、番薯和蓝莓等经济作物种植面积。积极指导农民成立各种农业专业合作社，培育壮大潘田特色农业发展，努力增加农民收入。2015年，全镇种植烤烟面积79.3公顷，种植番薯156.7公顷。

【林业发展】 坚持多种树、种好树、严管护，扎实推进新一轮绿化丰顺大行动。积极加大植树造林工作力度，加强林业巡查管护，全年全镇完成炭汇林造林0.6万公顷。为及时消除山火隐患，提高应急处置能力，潘田镇专门组织林业专职应急队伍开展护林防火工作演练，努力提高灭火水平和应急处置能力。加强对护林员的监督管理，有效遏制乱砍滥伐行为，加强森林碳汇工程造林和管理，促进林业产业有效发展，较好地保护潘田的生态环境和森林资源，维护林区秩序。

【招商引资】 一是重点推动现有潘田酒厂、丰顺艺精礼品厂等企业做大做强。二是加强与各村潘田米粉、潘田米酒制作商的协商，凝聚共识，集中优势品牌资源，推动散户走合作发展之路。三是引进梅州众成实业发展有限公司，在新联村建设光伏发电站，该项目投资规模8000多万元，极大带动丰顺县新能源产业发展。

【惠民工程】 一是2015年全镇3个省定贫困村扶贫开发工作卓有成效。至2015年12月底，广州市教育局、广州市供销社、广东职业技术师范学院等帮扶单位累计投入帮扶资金 1964.1 万元，其中到村资金 1673 万元、到户资金 283 万元。落实发展集体经济项目 11 个、基础设施建设项目 76 个，完成 198 户低收入住房困难户的住房改造。省定贫困村 60 周岁以上老人全部参加农村社会养老保险，有劳动能力的贫困户全部实现稳定脱贫。建立扶贫开发长效机制，民生工程和保障救济政策得到落实。加强村基层组织建设，贫困村面貌焕然一新，贫困户的生活水平明显提高，逐步实现脱贫致富的目标。二是做实劳动保障惠及百姓。劳保所以服务农民为重点，加大就业技能培训和城乡居民养老保险办理力度，2015 年，全镇组织培训农民工 120 多人次，缓解农村富余劳动力就业难的问题。累计办理城乡居民社会养老保险 500 多人，城乡居民医疗保险 35000 人次，居保养保发放率 100%。三是潘田森林公园自 2015 年 4 月动工建设以来，得到县林业局、深圳、珠海及广州乡贤的鼎力支持，各项工程建设进展顺利。公园门楼、珠海亭、风教亭、文化长廊、文体广场等主体工程已完工；镇政府后山绿化，排水，对接主体森林公园小道工程等已完成 90%以上；环绕道，登山道及附属设施工程均在紧张施工中。森林公园建设现已按规划初现规模。

【文教卫生】 文化教育事业不断发展。镇村文化站免费开放工作顺利进行，通过省级文化部门的检查验收。中小学教育成果累累，教学成绩名列前茅。镇政府继续对潘田籍中高考优秀考生进行奖励。

加强村级文化活动场所建设。按照 2015 年公益事业建设“一事一议”财政奖补相关要求，投入资金 20 多万元，建成村级文化活动室和文体活动广场各 2 个。

为改善潘田镇卫生院就医环境，提高医疗卫生服务水平，经县发改局立项，在 2015 年第一季度对潘田镇卫生院进行重建。重建工程总投资 1000 万元，建设规模 4000 平方米。卫生院中医馆、西药房、输液大厅建设已完工，生化检验、X 光机等设备已组装完毕并投入使用。潘田卫生院等级提升为一级二等基层卫生院，潘田镇医疗卫生落后的局面得到根本改观。

与此同时，潘田镇严格按照市、县两级党政对农村环境卫生治理工作的部署，结合城乡环境综合整治工作，投入资金 90 多万元，加大全镇绿化、美化、亮化和河道整治等工作宣传和整治力度，建立健全垃圾收集和清运工作的长效机制。对垃圾处理费收缴、保洁员聘请、收集清运模式作详细规划，组织纪委、环卫所等部门每季度对各村（社区）环境卫生进行考核。同时，各村聘请一定数量的保洁员，购置一批小型环卫车、环卫桶等环卫工具，专门用于清理辖区垃圾。镇政府在石坑村、新南村召开环境卫生整治现场会。通过大力整治，各村环境卫生“脏、乱、差“的现象得到有效遏制，大大改善群众的生产生活环境，各村面貌焕然一新。

【计划生育】 进一步提升计生工作水平。主动适应中央和省、市、县人口计生工作新要求，将镇计生工作目标进行细化分解，突出优质服务主线，落实计生对象免费服务措施，加强二孩生育宣传和服务等工作。2015 年，顺利通过市、县组织的计生工作检查。

【社会保障】 一是加强低保、“五保”和优抚体系建设。实行低保户、“五保户”规范化动态管理，加快信息化建设；做好低保申请、入户调查、审核等工作；对符合条件的群众及时纳入低保、五保保障范围。2015 年，潘田镇有低保户 818 户，低保对象 1924 人，“五保户”95 户。同时，认真做好 193 名部队退伍士兵的优抚待遇落实工作。

二是扎实推进农村社会保险参保工作。2015 年全镇社会保险参保人数为 3620 人。新型农村合作医疗参保人数为 34429 人，参保率 92%。

【综合治理】 一是经济生产安全有序。潘田镇按照上级部门工作要求，成立镇安全生产委员会，并落实专（兼）职工作人员，制定安全生产的各项工作制度，完善镇村应急救援预案，做到经常排查安全隐患，定期督查，发现问题及时整改，并与各村、企事业单位和个体户签订安全生产责任书。二是社会生活和谐稳定。潘田镇党委政府高度重视社会稳定工作，认真开展普法宣传，分别在镇政府和中心小学召开多场法律知识讲座。并严格落实定期排查、领导包案、责任追究等制度，大力开展矛盾纠纷排查调处活动，2015年成功调解矛盾纠纷15宗。各类案件的发案率大幅下降，各种民事纠纷调解成功率和调解质量明显提高，杜绝重大刑事案件的发生，较好地完成既定的目标任务，人民群众安居乐业，社会安全感得到显著提高。

**【党的建设】** 一是扎实抓好驻点直联工作，坚持直接联系群众全覆盖。2015年，领导干部接访群众331人次，走访群众918人次，召开专题座谈会54场次。收到群众反映问题或意见建议567件，已解决559件。二是投入资金20多万元开通镇村视频会议系统，加强对干部工作的督促，方便群众办事。严格执行村干部坐班制，每天安排镇干部、村"两委"干部各一名在村委轮流值守。三是切实抓好"软弱涣散"村（社区）党组织整顿。按照"一村一策"的要求，制定详细的整顿方案，采取选派干部担任党支部第一书记等有效措施，开展软弱涣散党组织整顿工作。四是严格把好党员入党关。加强入党积极分子培养，2015年新发展党员5名。五是大力推进制度建设，加大"三资"监管力度。从严监督村级党务、村务、财务公开。加强对种粮直补、农村低保、农机补贴、生态林补偿和农村低收入住房改造等惠民补助资金使用情况的监管，确保资金及时足额发放到位。

**2015年年底潘田镇**

**党委书记、人大主席** 林根深

**副书记、镇长** 王象山（任职至2015年11月）

**副书记** 张幸辉（任职至2015年5月）

**委　员** 徐显枫　李春雄　刘伟光　陈永国　张春梅　郑武玲

**人大副主席** 陈建忠

**副镇长** 陈武生　罗振鸿　陈雄伟

（徐代俊　徐　颖）

## 大龙华镇

**【位置面积】** 大龙华镇地处粤东第一高峰铜鼓嶂下，位于丰顺县东北部，毗邻梅县、大埔，东界小胜、砂田镇，西邻龙岗镇，南连黄金镇，北接梅江区西阳镇、大埔银江镇，与县城汤坑镇相距53千米，与梅州市区相距50千米。全镇总面积253平方千米，其中：耕地面积627公顷（含水田513公顷），林地面积2.07万公顷。镇府设在田东村。

**【自然环境】** 大龙华镇属亚热带海洋性气候，气候温和，年均日照时数1980小时，年平均雨量1625毫米，平均气温21.8℃，无霜期长，四季常绿。自然条件优越，资源丰富，主要有森林、水电、矿产等。全镇有2条属韩江二级支流的主溪水，即白溪和龙溪。其中白溪起源于龙岗马图和梅丰埔三县交界的铜鼓嶂西麓的双罗及仲坑水汇合入产溪韩江，而龙溪则起源于梅县、大埔、丰顺三县交界的铜鼓嶂东麓，龙溪水主河道天然落差近千米，长40千米。全镇山区水系密布、水力资源理论蕴藏量19825千瓦。矿藏有铅锌矿、锡矿、钨矿、金矿、瓷土、稀土、云母、水晶等，有开发前景。境内莲花山脉主峰——铜鼓嶂，海拔1559.5米，属粤东第一高峰，自然生态环境优异，野生动植物种类繁多，为发展山区经济提供宝贵条件。

**【政区人口】** 大龙华镇下辖大田、田东、岗背、长布、华东、叶华、石门、松坑、北溪、双罗、长埂、径门、上溪、罗洋、龙北、铜山16个行政村。2015年年底，全镇户籍人口21611人，其中，农业户3788户、20365人，非农业户518户、1246人。

**【经济概况】** 镇党委、政府深入贯彻落实中共十八大和十八届三中、四中、五中全会精神，以及习近平总书记系列重要讲话精神，坚决落实市委、市政府、县委、县政府一系列决策部署，紧紧围绕“一个目标、三大抓手、两条底线”的目标要求，着力“打造生态乡镇，建设文明家园”的工作思路，实现全镇经济社会平稳较快健康发展。2015年，全镇实现社会生产总产值1.95亿元，比2014年（下同）增长14.7%；财政收入（含上级预算内拨款）1537.09万元，同比增长7.9%；全镇16个行政村集体经济收入均有不同程度的增长。其中：农业总产值5885万元，同比增长7%；工业总产值6634万元，同比增长7%;第三产业总产值6981万元，同比增长31.7%；农民人均纯收入8610元，同比增长14.0%。

**【农业】** 始终坚持把做好“三农”工作放在农村工作首位，紧紧围绕“农业增效、农民增收、农村发展”这一中心，在稳定粮油生产的基础上，以调整农业种植结构为总抓手，大力发展高效现代农业，努力提高农业机械普及程度，增加农业的产出率和经济效益。在抓好粮食作物等传统农业的基础上，依托已成立的合作社引导鼓励农民种植适销对路的竹稻、红薯、仙人草、油茶、青榄、柚子等具有本镇特色和有市场潜力的经济作物，不断优化农业结构，增加农民收入。2015年，全镇绿茶种植面积166.7公顷，油茶种植面积166.7公顷，仙人草种植面积133.3公顷，并成功引进丰顺学冠嶂生态农林发展有限公司到长埂学冠嶂开发农业项目。

**【林业】** 林业资源主要有松、杉、荷、檀、桉等。镇党委、政府高度重视生态环境保护和绿色发展，坚持惩防并举，严管护、封好山，突出抓好“一消灭三改造”，认真抓好整治木材加工企业，切实保护森林生态安全。2015年新增生态林面积0.57万公顷，新购置林业专用车1辆；选聘29名专职护林员，加强护林员队伍建设，不断完善镇村扑火队伍建设，切实保护森林资源。

**【乡镇企业】** 全镇有企业35家，从业人员300多人。工业企业有28家，产值2500多万元，其中超百万产值工业企业有5家。以民营企业为主体的工业产业已形成电力、铅锌矿、电子配件组装和农副产品加工等几个支柱行业。

**【招商引资】** 镇党委、政府高度重视抓好招商引资工作，2015年，引进丰顺学冠嶂生态农林发展有限公司到长埂学冠嶂开发农业项目，对大龙华镇进一步调整农业种植结构，做大做强农业经济，加快当地经济发展具有十分重要的意义。

**【扶贫工作】** 全面完成两轮扶贫“双到”任务，省定12个贫困村集体经济平均收入5万元以上，638户、2685名相对贫困人口人均可支配收入8120元；着力推动扶贫开发“双到”与“双转移”紧密结合，大力推进绿茶、油茶、仙人草等产业帮扶项目建设，重视抓好低收入住房困难户危房改造、技能培训等帮扶项目，累计落实各级“双到”帮扶资金2000多万元，帮助1316户农村低收入困难户进行住房改造，贫困村面貌基本改变，贫困户已全部实现稳定脱贫目标。

**【基础设施建设】** 积极争取上级党政部门、挂扶单位、外出乡贤以及社会各界支持，加大资金投入，各项基础设施建设进展顺利。交通建设方面：投入230多万元完成华东西坪至松坑上西坑、长布和田东村道等水泥硬底化改造6.6千米；实施镇区“亮化”工程，在大龙华桥和大田村主干道两旁安装LED路灯以及更换河堤LED灯，不断改善山区交通条件；农田水利方面：全力推进总投资1600多万元的丰良河（大龙华段）河道治理工程项目建设；投入350万元完成重点县水利工程建设，修建陂头7座、山塘3个、圳道12500米；投入85万元加固水库1座，为大龙华镇的农业经济发展和抗御自然灾害能力提供有力的保障。

**【镇区建设】** 扎实推进新农村建设，投入280多万元打造岗背村美丽乡村示范点建设；始终把城乡环境整治作为一项重点工作来抓，大力抓好路边、山边和水边“三边”综合治理，新购置环卫专用车2辆，先后开展多次农村生活垃圾专项治理行动，城乡环境卫生整治不断提升。完成镇综合政务服务中心建设，整合镇机关各部门办公场所、修缮镇干部宿舍和新建政府围墙，圩镇周边环境有效整治，景观亮化、美化工程进一步提升，人居环境逐步改善。

【文教卫生】 全镇有九年一贯制学校2所、教学点6个，公办镇中心幼儿园1所，公办农村幼儿园1所；2015年进一步完善径门幼儿园教学楼、大龙华学校运动场及排水系统、径门学校主体工程等教育创强后续工程项目建设。镇建有线电视站1个，数字电视用户1320户；卫生院1间，医务人员25名。

【精神文明建设】 坚持依法治镇，深入开展“六五”普法，发放宣传册900多份，为中小学校上法制课10场次，受教育人2000多人次，干部群众的法制意识进一步增强；“一村一法律顾问”全年铺开，扎实推进“平安大龙华”创建，通过多种形式开展“讲文明、树新风”活动，加强思想道德教育宣传，普及推广科学文化、法律和实用技术，不断提高全民素质。

【党建工作】 镇党委始终坚持“党要管党，从严治党”的原则，着力抓好领导班子和干部队伍建设。一是深入开展领导干部驻点普遍直接联系群众工作，切实解决好服务群众“最后一公里”问题。通过专题会、座谈会、现场会等多种形式快速研究解决各类重点、难点问题。2015年接访、走访农户3780户，联系入户走访率100%，听取群众意见建议980条，为群众解答意见建议950条，化解矛盾纠纷30件，投入500多万元解决民生实事。二是大力实施“五强书记建设工程”。把优秀青年充实到“两委”班子队伍中，帮助存在“四类”问题的村及早物色培养好书记接班人。三是严格执行中央“八项规定”，积极践行“三严三实”，持之以恒纠正“四风”问题，切实发挥镇纪律监督执纪问责职能，加强干部“八小时以外”活动监督管理，促进大龙华镇干部作风大转变、服务效能大提高。四是坚持不懈地推进党风廉政建设和反腐败斗争，健全建设项目招投标、政府采购、专项资金使用等制度。

**2015年年底大龙华镇**

**党委书记、人大主席** 杜戴标

**副书记、镇长** 刘文勇

**委　员** 危育东　黎许华　邓　敏　简国潘　刘仪商　朱加灶

**人大副主席** 刘炳兴

**副镇长** 危育东　郑春德　范政委
（刘美玲　钟旺龙）

## 黄　金　镇

【简述】 黄金镇位于县东北部，总面积155.89平方千米，东界隮隍镇，西邻龙岗镇，南连潘田镇，北接小胜、大龙华镇。山地面积1.39万公顷，耕地面积1266公顷。镇政府设在黄金圩镇。

【自然环境】 境内四面群山环抱，南部的鸳鸯寨为最高峰，海拔383米；全镇一半属山区，一半属水涝地区。丰良、大龙华和径门3条小溪汇集至境内为产溪，自西北向东流，在隮隍站口汇入韩江。黄金镇属亚热带季风气候，雨量充沛，气候温和，地势低，经常遭受洪涝灾害。

【政区人口】 镇行政辖径双、清溪、望楼、俄湖、启明、松青、遍沙、双灵、三合、三联、龙山、嶂背、湖田、光明、深田、东坑、芹寨洋、埔东、埔头角、杨石、隍洞、坑尾、罗江、黄金等24个村委会，1个黄金中心社区居委会。2015年，全镇有8070户、40042人，其中农业户7083户、35441人。

【经济概况】 2015年镇财政收入1361.97万元，以上级拨款为主。截至2015年年底，全镇农村社会总产值2.89亿元，同比增长5.9%；农业总产值9564.1万元，同比增长4.3%，粮食总产量13348吨；工业总产值完成10963万元，同比增长6.2%；第三产业增加值8344.4万元，同比增长8.6%；固定资产投资总额完成2000万元。

【农业】 境内土地大部分属黄土壤，主种水稻。经济作物有南姜、甜玉米、鱼藤、甜竹笋等。2015年粮食种植面积1396.5公顷，总产13348吨。

【水利水电】 全镇有水库4座，库容175万立方米，防洪大堤4条，长9.6千米，捍卫人口1.3万人，农田400公顷，水力资源丰富，全镇水电站7座，装机容量1960千瓦，年发电量有1015万千瓦时。黄金广洋大堤17千米除险加固工程已全面完工，至年底待验收。

**【林业】** 境内林木资源丰富，有林面积1.17万公顷。全镇盛产竹子，有竹林面积0.6万公顷，素有“竹乡”之称，2007年被梅州市评为“竹具专业镇”。

**【乡镇企业】** 全镇有镇、村、联产及个体企业410个，从业人员1446人，工业企业门类有水电、建筑、采石、竹制工艺品、食品等行业。2015年私营企业有8个，从业人数211人，资产总额2507万元。2015年乡镇企业总收入1.97亿元，比上年增长11.5%。

**【名优特新产品】** 黄金可口姜糖是黄金镇特产之一，它采用生姜提炼姜汁，配以高级淀粉精制而成，肉质细腻，柔韧透明，味道甜中带辣，是馈赠亲友的理想食品。

**【商业与集市贸易】** 黄金镇设有圩场1处——黄金圩，每月逢3、6、9日为圩日。是全镇及潘田、留隍、大龙华、小胜、潮安等地农副产品集散地。全镇有个体工商户397户，其中住宿及餐饮业34户、批发零售业214户。

**【交通邮电】** 全镇交通便利，距206国道30千米，境内县道28.5千米。境内公路总里程153千米，其中硬底化126千米，各行政村均可通大货车，完成24个行政村100%水泥硬底化建设。省道224线升级为国道235线，基本完成省道224线道路改造工程境内全长9.5千米路段的土地征收工作任务，剩余双灵田屋坝300多米未征收土地正抓紧推进，部分路段已实施水泥硬底化工程建设。原省道224线丰顺大岽至下江段灾毁路面大修工程也已基本完工，配套工程正在完善。规划建设的大丰华高速前期准备工作有序推进。镇内设有邮政支局、电信支局，固定电话装机容量4500门、已安装固定电话4100多门。移动、联通网络信号覆盖全镇24个行政村（中心社区）。

**【市政建设】** 2015年，黄金圩有沿江街、建新街、中兴街、金山街、金塘街、金华街、湖田街等7条街道，逐步形成商业区、行政区、农贸区、住宅区等功能齐全的新集镇。2007年以来，计划投资600多万元，在圩镇塘坳新建店铺110间，工程进展顺利。2009年开始投资建设的松青新村建设正不断完善中。

**【文教卫生】** 镇内有线电视站4个，卫星地面接收站12个；完全中学1间（黄金中学），完全小学3间，教学点11个，幼儿园2所。黄金镇投资近2000万元新建中心小学新校区，黄金镇中心幼儿园，并成功通过广东省教育强镇督导验收。在校中学生2197人，小学生1552人，适龄儿童入学率100%。镇有卫生院1间，医务人员29人。李坚真故居已列入省级文物保护单位，正开展保护和开发相关工作，力争建成红色旅游和广东妇女干部培训基地。传统民俗“黄金迎灯”活动已列入县级非物质文化遗产名录，成立民俗文化研究会。

**【华侨港澳台同胞】** 黄金镇是侨乡，改革开放以来，侨胞捐资家乡兴办社会公益事业较大项目有30多宗，总捐资近亿元。其中主要项目有黄金中学新校区、黄金中学教育基金、黄金卫生院、黄金中学教学楼、黄金中心小学新校区、黄金中心幼儿园教学楼、永记大桥、黄金圩镇自来水工程等。

**2015年年底黄金镇**

**党委书记、人大主席** 李志坚

**副书记、镇长** 刘震辉

**委　员** 巫银海　刘　录　刘仪石　饶增森　朱素明　彭剑峰　吴敏林　林伟根

**人大副主席** 罗奕峥

**副镇长** 巫银海　李小丽　彭淡水

（党政办）

## 留隍镇

**【概况】** 留隍镇位于韩江中下游，地处丰顺县东北部，东南毗邻潮汕、揭阳，县内与汤坑、潘田、黄金、小胜和潭江等5个镇接壤，省道334线贯穿境内，交通便利，属革命老区，是梅州、潮州、揭阳三市交界处且是潮客文化交融的地区。2002年留隍被省政府定为中心镇。2004年10月原东留、茶背镇并入留隍镇。合并镇后全镇总面积428.23平方千米，有总人口10.5万人，下辖36个行政村和1个社区。2006年9月，留隍镇被省定为"青榄专业镇技术创新试点单位"。2008年，留隍镇被评为"省级生态示范镇"，2009年，留隍镇被评为"梅州市生态镇"。

**【经济社会发展】** 2015年，留隍镇社会生产总值10.86亿元，农业总产值3.27亿元，工业总产值7亿元，4家规模以上工业企业总产值6.61亿元，分别比上年递增17.6%、3.1%、35%和11.3%。社会固定资产投资累计1亿元，完成国税收入350万元，地税收入1028万元。

**【中心镇建设】** 留隍镇党委、政府精心规划，邀请专家完善规划设计，进一步做好城镇土地总体规划、控制性指标详细规划和交通及供水管网基础设施等专项规划的优化提升，配合丰顺县委、县政府编制"十三五"规划，以点带面，以推进重点项目建设为抓手，全力抓好规划建设面积5平方千米的鹿湖温泉度假村重点项目建设的推进协调工作和征地拆迁工作。重点打造留隍鹿湖温泉度假村、韩江葛布水利枢纽、广东元生源生态科技旅游项目以及健康养生产业和文化教育基地等，推动地方特色生态文化经济发展。大力推进建设面积25.9公顷的东洋美丽新村建设等项目，重点落实土地总体规划利用调整协调工作，解决项目建设用地指标问题。

**【强农惠农】** 加强对涉农资金的使用管理，严格落实各项涉农惠民政策，种粮补贴、基本农田保护补助金、灌溉水利补助金、生态公益林补偿金等发放到位。大力鼓励农民耕种生产，全面推广优质粮种，提高粮食产量；鼓励农民发展畜牧养殖，积极开展防疫工作和技术培训，提高畜牧养殖技术；鼓励农民发挥"青榄专业镇"优势，大力发展青榄科技专业产业；鼓励茶农开辟新茶园，改造老茶园；鼓励农民开荒造林，发展经济林，提高经济效益，增加农民收入。全年全镇"两造"种粮面积2539.5公顷，其中水稻杂交良种播种面积占比85%；为全镇61户科技示范户发送农技信息600多条，发放补助资金12600元。东留胜泰20公顷石斛科技种植基地项目迅猛发展，年底已全部建成投产，一期投资6.67公顷已开始收获上市。

**【水利建设】** 全面完成环市、口铺、新埔、长林等22个村的农田水利灌溉渠整修工程，落实全镇各山塘、水库汛前除险的排查治理工作，检修维护韩江沿河堤防一批水利水闸，特别是对东山水利枢纽至神砂排水闸、口铺、长林等水闸和九十九曲水利进行检修维护，做好汛期各项防御措施，及时排除各种安全隐患，有效防治城乡各处洪涝灾害，保障农村农业生产和群众生命财产安全。全力推进由丰顺华厦韩江水利电力发展公司投资15亿元、设计发电容量42兆瓦的韩江葛布水利枢纽工程规划建设，做好项目前期测设等工作。全力推进镇西区输净水与配水管网自来水改造、中心镇污水处理厂等一批水利工程建设项目，两个项目已完成规划设计、立项审批和征地拆迁等工作。

**【交通建设】** 一年来，留隍镇积极、稳妥地抓好有关交通项目建设的征地拆迁工作，确保各公路改造工程无障碍施工。省道233线北洞至大坳段19.6千米长公路改造全程路面单边水泥硬底化工程已基本完成；上南村上周至龙潭背、上南村蛟塘至潮州登塘交界处、大坪村村址至大钱、新美村埔尾至寨刘寨罗等一批村道路面（10千米长）水泥硬底化改造工程全部完成并通车；东留口铺路口至居林、志扬3.5千米村道路面改造工程已于年底开工。全力推进留隍大桥东至赤凤交界处全长7.5千米、宽30米、投资2亿元的沿河双向四车道旅游快速干线规划建设。

**【社会保障】** 全面落实城乡居民保险、救灾救济、特困救助、低保核发、"五保"供养、优抚和残疾人权益保障等各项工作。2015年，全镇有低保对象1051户3203人，每月发放低保金

448265 元，全年发放低保金 5379180 元。对特困、“五保”、“三无”、重病残等困难群众发放棉被 488 套、衣服 340 件，对优抚对象中的困难户纳入农村最低生活保障，实行生活救助，帮所有的优抚对象免费参加城乡居民合作医疗保险。为全镇 5 名抗日战争老兵发放一次性生活补助金 5 万元及纪念章，全年为 30 位孤儿发放 21000 元生活补助金。全年新增就业 316 人，参加城乡居民社会养老保险 36755 人，参加 2016 年城乡居民合作医疗保险 85406 人，参保率 93.85%。

**【扶贫开发】** 扎实抓好第二轮扶贫开发工作，精准完成第三轮扶贫村申报核查工作。对第二轮 7 个相对贫困村的扶贫开发工作进行认真总结，查漏补缺，奋力冲刺，确保第二轮扶贫开发工作各项任务圆满通过市、县各级考核、验收。2015 年，各帮扶单位在 7 个省定相对贫困村投入资金 3093.54 万元，各村的村道、桥梁、农田水利、饮水工程、村卫生站、文化活动中心、学校软硬件等基础设施建设成绩斐然，各村民生条件和村容村貌得到明显改善、亮化，农民增产增收，村级集体经济发展壮大。通过帮扶资助，全年 7 个相对贫困村有 198 户住房困难户新建和改造住房，贫困农民全部参加城乡居民合作医疗保险，扶贫效果显著。第三轮精准扶贫村的申报和核查工作已经全部完成。

**【教育创强】** 张芳荣再次慷慨捐资 600 多万元，建成球山中学（西校区）高标准办公大楼；广东省紫琳慈善基金总会朱孟依捐资 280 万元，建成东留中学综合楼。此外，在上级党政和社会各界热心人士的大力支持下，投入 500 万元，建设第一中心小学教工宿舍楼和综合楼。在落实和完善一批教育创强项目后续工程的基础上，于 2015 年 11 月初配合县顺利通过“九年制义务教育均衡县”省考核验收。在球山中学 88 周年校庆暨
留隍镇六大民生工程落成庆典上，乡贤现场认捐 2660 多万元作为球山中学奖教奖学教育基金。2015 年，留隍镇各中学升中考进入市重点高中及以上有 134 人，其中考入东山中学、宪梓中学 37 人；高考进入 3A 线有 42 人，进入本科线 4 人。

**【计划生育】** 落实 2015 年度人口与计划生育目标管理责任制，以开展计生集中服务活动、征收社会抚养费为载体，促进各项计生工作的开展。

**【社会治安】** 深入开展平安创建活动，狠抓综合治理服务平台建设，落实“一岗双责”，加大安全隐患排查治理和“打非治违”专项整治力度，进一步加强对违法用地、违法建设和污染环境行为的执法整治，营造群众宜居宜业、企业投资发展好环境。一年来，留隍镇党政办受理网上信访 20 宗，答复率 100%；信访维稳中心受理来访到访案件 96 宗，其中已成功调处 89 宗，办结率 93%，答复率 100%；留隍法庭受理案件 139 宗，结案 137 宗，结案率 99%；留隍派出所、茶背派出所受理治安案件 59 宗，同比下降 78%，刑事案件 26 宗，同比下降 39%。全年村级工作站受理并成功调解案件 137 宗。2015 年，留隍镇联合县公安局和行业主管部门成功破获岽下村地下烟丝加工窝点和志南村制毒窝点 2 宗大型刑事案件。

**【环境优化】** 建立长效机制，加大人力和资金投入，新购置一部垃圾装运车辆和一批环保垃圾桶，并抽出一部专用宣传检查车辆，全面贯彻落实县委、县政府创建广东省卫生文明县的工作部署，深入开展城乡环境综合整治工作，加强对城乡各处环境卫生整治工作情况的管理监督，重点狠抓镇区主要道路（街道）及重点旅游项目周边的环境卫生和“六乱”现象整治工作，创造洁净、良好的宜居宜业环境，打造省级“卫生镇”。同时，切实保护好万江古庙、妈祖天后宫、千年古榕、军塘湖等历史遗留下来的名胜古迹，以及东江特委旧址、志扬烈士陵园、大坪革命烈士纪念碑等红色文化旅游资源。

**2015 年年底留隍镇**

**党委书记、人大主席** 马扬闲

**副书记、镇长** 刘旭良

**委　员** 刘兆源　朱金豹　刘奕标　胡伟国　江垂京　刘锡奇　郑绍迎　吴伶俐　刘锐锋

**人大副主席** 刘　跃（正科级干部）

**副镇长** 朱金豹 陈春史 刘巧凤 郑培钦

（张俊添）

## 潭 江 镇

**【位置面积】** 潭江镇地处丰顺县东北部，韩江中游，距梅州市68千米，距县城74千米。东邻饶平县新塘镇，西接本县砂田镇和小胜镇，南与潮安县凤凰镇相连，北与大埔县洲瑞镇、高陂镇和桃源镇接壤。镇域面积为271平方千米，其中：有山地1.91万公顷，水田536.7公顷。县道072公路和县道027线公路纵横贯穿全镇，广东第三大河——韩江，自北向南穿过全镇，把潭江镇分为东西两岸。

**【政区人口】** 全镇辖1个社区居委和18个村委，233个村民小组，总人口3万多人，其中凤坪村850多人（畲族520多人）。是梅州市唯一的少数民族（畲族）聚居地，也是著名的革命老区。

**【经济发展情况】** 2015年，全镇实现社会生产总值4.58亿元，比2014年（下同）增长9%，其中农业产值2.13亿元，工业产值1.85亿元，分别增长5.9%和32.14%，农民人均纯收入8396.3元，增长10%，完成国地税收入748万元，全镇各项经济指标稳中有增，社会和谐稳定，人民生活水平不断提高。

**【农业发展情况】** 除传统农业外，茶叶是潭江镇农业特色产业，潭江镇茶叶种植主要分布在较高寒的凤坪、银溪、箭竹、官上、官溪、官下、社肇、然新8个村，以凤坪和银溪两地茶叶较为出名，素有“高山云雾出名茶”之称。2015年全镇茶园总面积953.3公顷，春茶产量400吨，同比增长8.3%，但由于受到市场因素的影响，春茶产值基本与2014年持平，达6000多万元，茶叶已成为潭江镇农民经济收入的主要来源之一。

**【工业发展情况】** 1. 陶瓷业：潭江镇瓷土资源十分丰富，生产陶瓷已有300多年的历史，产品畅销东南亚和欧美等地，素有“陶瓷乡”的美称。2015年，潭江镇陶瓷产业产值1.3亿多元，同比增长18.2%，其中规模以上企业泰丰陶瓷公司和顺兴陶瓷公司分别完成产值9100多万元和2300多万元，陶瓷产业的发展为潭江镇经济发展提供强有力的支撑。2. 水电建设：潭江镇东西两岸较低，全境均为丘陵山地，溪流都汇入韩江，形成丰富的水力资源。潭江镇充分利用水资源的优势，加快招商引资步伐，大力兴办水力发电站。至2015年年底，镇内建成投产的大小水电站有29座，装机容量2.35万千瓦，年发电量11730万千瓦时。

**【文化建设情况】** 文明镇建设成效显著。紧紧围绕社会主义核心价值观的培育和实践活动，以及平安创建活动的主题，唱响主旋律，建立学校、社会和家庭三位一体的宣传网络，不断创新文化活动形式，掀起培育和践行社会主义核心价值观的热潮，居民素质不断提高，发展环境不断优化，精神文明建设已成为推动经济社会发展的强大推力。

**【交通水利基础设施建设情况】** 完成总投资2000多万元的大胜溪小河流域治理工程建设，完成畚箕强供水工程项目的前期准备工作。基本完成总投资480多万元、里程7.2千米的官上村至凤凰、丹竹洋岳坑渡口至村委和枫坑村等三条村级公路的建设。完成投资180多万元的丹竹洋村和溪西村高标准基本农田建设，完成镇级标准化群众办事大厅建设，极大地方便农村群众办事。小型农田水利重点县项目已基本完成，建设陂头15座，圳渠9500米；投资161万多元的大胜村大地陂灌区工程已全部完工，全镇农田水利设施也不断完善。配合上级相关部门做好大丰华高速公路和溪西西岸河堤建设的前期立项准备工作。

**【社会事业建设情况】** 1. 扶贫“双到”工作：2015年，潭江镇根据省市县扶贫开发“双到”工作要求，切实加强对扶贫工作的领导。积极为挂点帮扶央直、县直单位营造一个宽松的环境，投入扶贫资金619万元，圆满完成扶贫开发“双到”的各项工作任务，接受市县的验收达标检查。2. 社会治安建设：深入开展“和谐平安潭江”创建活动，扎实推进治安巡防、纠纷调解、河砂整治、安全生产、违法违规用地和森林防火等整治工作。一是针对潭江镇地处潮梅交界、两县交界，且山林面积大的实际情况，加大宣传力度，建立镇、村、群众三级联防联治和信息共享机制，有效地防控镇辖区内违法犯罪事件。二是认真落实矛盾纠纷排查制度，确保矛盾纠纷发现得早、化解得好，2015年排查矛盾纠纷23起，成功调处23起，调处成功率100%；接待和受理群众来信来访9件，结案9件，结案率100%。三是深入开展食品药品、道路交通、消防安全、危险化学品等重点领域安全隐患排查和应急事故处置，严格按照相关部署要求，积极推动镇专职消防队伍建设。3. 计生、卫生工作：计生工作保持良好态势。潭江镇计生工作以统筹解决人口问题、全面提高人口素质为核心，继续加强人口与计划生育基础工作，树立优生优育风尚，建立和完善镇村干部包村包户责任制，在镇村共同努力下，较好地完成各年度的目标任务，全镇人口计生工作形势持续稳定向好。4. 社会保障工作：加强农村社会养老保险制度宣传力度，大力开展社保扩面征缴等各项工作，社会保障进一步加强。全年发放低保救助金300多万元，超过1500人得到救济；全镇“五保”老人72户，全部得到合理安排和供养；因重大疾病发放救助金20多万元，确保社会保障及救助的及时性，有效解决部分群众“因病返贫、因病致穷”的问题。

**2015年年底潭江镇**

**党委书记、人大主席** 卢科峰

**副书记、镇长** 彭晓东

**副书记** 刘亿钦

**人大副主席** 官杏然

**委 员** 邓礼文 刘耀文 范文建 廖 畅 宋慧丹 廖宪平 廖铭东 王子颖

**副镇长** 邓礼文 张锦华 官前进

（刘耀文 陈 沐）

## 砂 田 镇

**【位置面积】** 砂田镇地处丰顺县东北部，距县城汤坑86千米，距梅城53千米，东邻潭江镇、大埔县洲瑞镇，西接大龙华镇，南连小胜镇，北与大埔银江镇、梅江区西阳镇接壤，全镇国土面积146.5平方千米，其中山地面积1.2万公顷、耕地面积470.3公顷，境内四面群山怀抱，西北面莲花山脉主峰——铜鼓峰，为粤东最高峰；中间盆地，金沙河自北部向南流经砂田圩镇。

**【政区人口】** 砂田镇下辖占山、占上、占中、占下、砂田、新塘、岳坑、大坑、荐坪、黄花、茜坑、南溪、南洋、南坑、沙溪、铜峰16个村民委员会和金沙社区1个居民委员会。2015年年底，全镇有4324户，总人口19325人。

**【自然环境】** 砂田镇土质肥沃，植被较好；属亚热带海洋性气候区，一年常绿，四季分明，气候温和，年均气温21.5℃，雨量充沛，年降雨量1784毫米，阳光充足，霜雪少。镇区森林、水力、高岭土、矿产（稀土、花岗岩为主）资源丰富，大部分尚未开发利用，有较好开发前景。自然生态环境优异，野生物、动植物种类繁多，为发展山区经济提供宝贵条件。

**【旅游景区】** 1. 铜鼓峰。位于砂田镇西北部，海拔1559.5米，为粤东第一高峰。铜鼓峰顶端方圆，形如铜鼓，山势险峻，巍峨壮观，具有千姿百态的奇石景观，最具形象的有：“玉石佛手”“仙人取宝”“金龟下山”等；在海拔1100米处，还有世界上海拔最高的客家围龙屋。登山可观日出日落，俯视群山云海；东望韩江凤凰山，西闻鸿图茶片香，南俯潮州湘子桥，北视阴那铁树花，为夏秋探奇，观光旅游的好去处。2. 黄花村。位于砂田镇西部，全村总人口1100多人，有30多名专家、教授出自该村。其中著名数学家李国平院士，于1955年当选为中国科学院首批学部委员；其他著名教授有：华南理工大学教授李铭盘，华中科技大学教授李德华，武汉大学教授李小川、李健行，华中师范大学教授李工宝等，是名副其实的“教授村”。该村方圆1.5平方千米，四面环山，群峰竞秀，林木茂盛，地理环境非常独特，有“狮象把水口，龙虎守山门”之称。该村主要景点有：李国平院士故居、客家特色民居、笔峰、笔醮墨池、原始森林公园、院士石、将军庙、仰山公祠、水口生态美景、黄花天池。该村2010年被评为“全国生态文化村”，2014年被评为“广东名村”，2015年又被评为“广东省精神文明建设先进单位”。

**【经济状况】** 2015年全镇社会生产总值1.59亿元，比上年增长14%；工业总产值4509万元，同比增长44%；农民人均纯收入8467元，同比增长12%；财政总收入3089万元，同比增长53.01%；全社会固定资产投资完成1.3亿元，同比增长18%；经济指标稳步增长，经济实力不断增强。

**【交通公路】** 一是抓好投资1600多万元，对全长8.6千米、双边路宽6.0米、由铜鼓峰景区经大坳连接省道224线的旅游经济道路建设，年底已基本完工。二是省道224线占上岌脚下至丰埔桥路段重新铺设水泥路面。三是投资581.8万元对南洋、南坑、铜峰、占上、大坑、荐坪六村12.35千米的村道进行水泥硬底化建设，四是配合县公路局重建荐坪桥和解放桥。

**【农田水利】** 一是抓好水利重点县工程，配合县水务局对砂田镇黄花、南溪、南洋、荐坪、茜坑、岳坑6个村3座山塘进行除险加固，新建4座陂头和11千米三面光农田圳道；二是配合县农业局完成投资400多万元的沙溪、南溪、茜坑、黄花4个村133多公顷高标准基本农田建设。

**【旅游发展】** 一是《丰顺铜鼓峰生态旅游区修建性详细规划及建筑设计》完成编制并顺利通过专家组评审和丰顺县规划委员会评审，砂田镇根据规划内容加大对铜鼓峰规划重点开发区域巡查保护力度，杜绝违建等破坏行为；二是加大投入力度，推进以黄花村为核心的美丽乡村建设；三是加强专职护林员培训，加大护林防火宣传巡查力度，切实做好护林防火工作，保持山高林密生态好优势。

**【圩镇建设】** 县重点工程砂田镇圩镇防洪堤围工程圆满竣工。该堤围工程总投资800多万元，河段全长670米，新建堤岸长421.8米，加固改造堤岸长872.2米，配套建设一河两岸人行步道和亮化工程，不仅增强圩镇防御洪水的能力、加强安全防护作用，还美化镇容镇貌、提升圩镇质量，扎实推动圩镇扩容提质。

**【环境卫生】** 一是深入开展环境卫生大整治，巩固镇村共创长效管理机制成果，购买垃圾桶300只、电动环卫车2部等。二是砂田镇科坑饮用水源地环境综合整治工程和砂田镇农村环境综合整治示范项目已顺利通过招投标，不断完善环卫基础设施建设。三是严格执行环境卫生镇村共创长效管理机制，加强监管，确保垃圾及时清扫清运，巩固环境卫生综合整治成果。

**【文体广场】** 一是完成投资40多万元的镇文体活动广场建设，配备灯光篮球场、羽毛球场和舞台等；二是完成投资90多万元，占地1400多平方米的茜坑村文体活动中心建设；三是完成投资70多万元的岳坑村文体广场建设；四是完成投资18万元、占地500多平方米的荐坪村文化广场建设；五是完成投资10多万元的大坑村文化广场建设；六是完成投资30多万元的新塘村文化广场建设；七是完成投资14万元的铜峰村文化广场建设。

**【社会保障】** 一是做好特殊群体社会救助工作。2015年，全镇低保户343户，享受低保人员768人，其中“五保户”60户，全年发放低保救助金100多万元。为重度残疾人、低保残疾人发放护理补贴236人，发放金额36万元。发放救灾救济棉被220多张，衣物140多件，大米4000斤，油150瓶。二是加强社会保障工作。2015年，全镇参加城乡医疗保险16926人，受益群众1200多人，报销金额400多万元。参加农村养老保险7489人，其中2015年新办114

人；已申领农村养老待遇 2224 人，2015 年新办申领 114 人，全年发放农村养老金 315 万元；办理死亡待遇 47 人，发放安葬费 14100 元；成功办理二代社保卡 14592 张。

**【文教卫计】** 一是黄花村被评为“广东省精神文明建设先进单位”；二是开展农村公益电影放映，2015 年放映电影 20 次以上；三是不断巩固教育创强成果，2015 年砂田学校入围重点线人数 21 人，同比增长 14 %；四是争取乡贤李国辉先生支持，将砂田学校运动场环形跑道升级为塑胶跑道，进一步提升运动场档次；五是投资 48 万元在卫生院加建一层 272 平方米的业务用房，添置 CR、生化机等设备，更好地满足人民群众的就医需求；六是全面完成人口和计划生育目标管理责任制，有效实施“单独两孩”生育政策，做好优生优育、免费孕前检查等工作，计生服务管理水平全面提高。

**【综治维稳】** 一是狠抓社会治安，严厉打击各种违法犯罪行为。2015 年，砂田镇公安派出所警情数 53 宗，破获刑事案件 2 宗；二是推进一村（社区）一法律顾问工作，公开驻村律师联系方式，提供法律咨询服务，加大法治宣传教育力度等；三是强化综治信访工作，维护社会稳定。2015 年，镇综治信访维稳中心受理调解案件 20 宗，调解成功并达成协议 20 宗，调解成功率 100%；村级综治工作站（调委会）受理调解案件 16 件，调解成功 16 件，调解成功率 100%。

**【党的建设】** 一是坚持民主集中，不断加强班子自身建设，加大基层党建经费投入。坚持“三重一大”民主决策和“两联席会议”制度，严格党内生活，不断加强班子自身建设，不断加大基层党建投入，保障基层党建工作顺利进行。二是深入开展“三严三实”专题教育活动。准确把握践行“三严三实”基本要求，推动形成积极向上、干事创业、风清气正的政治生态。三是认真落实领导干部驻点普遍直接联系群众制度。全年镇领导干部到村定点接访群众 833 人，分片走访上门慰问群众 2494 户，解决群众反映问题 572 条。切实帮助群众解决不少困难和问题，受到群众的欢迎和认可，取得良好成效。四是加强党员教育管理。组织全镇党员学习党章等，提升党员思想政治觉悟。推进后备干部、年轻干部“双成长”，打造一支扎根基层、奉献山区的干事创业队伍。五是整顿转化软弱涣散基层党组织。对排查出的 2 个软弱涣散基层党组织重点帮扶，集中整顿，完成整改方案和整改清单，进一步发展村集体经济、改善村容村貌，切实增强软弱涣散基层党组织战斗力、凝聚力，提高党员干部的号召力、影响力。六是严明党的各项纪律，加强党风廉政建设。认真落实廉政风险防控机制建设工作，切实加强惩防体系建设，全年镇纪委完成自办案件 2 宗，依规对违纪人员作出相应处理。

**【其他事业】** 1. 扶贫工作。在第二轮扶贫开发“双到”工作中，荐坪、茜坑、大坑、铜峰、新塘 5 个村投入资金 2000 万元，贫困户人均纯收入 5300 多元，村级集体经济收入 5 万元以上，各项基础设施建设得到不断完善。2. 农村低收入住房困难户住房改造工作。2015 年，全镇 16 个村 92 户农村低收入住房困难户实施住房改造。3. 农村集体“三资”管理服务平台建设。一是按照“五有”要求，在劳保所二楼装修设置农村集体“三资”管理服务平台，安装办公电脑、全方位监控等软硬件设施；二是完善集体“三资”清理工作，对各行政村 2012 年以来的农村集体“三资”清理数据及有关资料合同进行全面完善，全面清理核实农村集体资金、资产、资源，彻底摸清家底。

**2015 年年底砂田镇**

**党委书记、人大主席**　石远平

**副书记、镇长**　吴洪段

**副书记**　刘远辉

**党委委员**　林庆超　彭展能　李浩森　廖海堤　李　威

**人大副主席**　蔡东霞

**副镇长**　彭展能　杨格明　林雪琼

（陈东辉）

## 小 胜 镇

**【简述】** 小胜镇位于丰顺县东北部，韩江中游西岸，东临潭江，西毗大龙华，南连黄金，北接砂田；镇区经砂田到梅州64千米，经大龙华、丰良至汤坑县城68千米，水路顺流经过留隍到达潮州60千米。全镇总人口1.6万人，总户数3007户；下辖中社、大南、小胜、田背、田面角、寨下、硃坑、丹竹、三坑、荷坪、小溪11个行政村，155个自然村；总面积73.5平方千米，山地0.66万公顷，耕地面积366公顷。

**【经济概况】** 2015年，全镇农村经济总收入9142万元，同比增长10.8%；农业收入1438万元，同比增长15%；工业收入2335万元，同比增长17%；农民人均纯收入7935元，同比增长16%，财政总收入1750万元，同比增长8.36%，圆满完成各项任务目标。

**【自然资源】** 境内自然资源丰富，主要有水力、林、竹木和瓷土等，为加快振兴发展注入强大动力。镇内土壤大多数属黏质土，含沙量少，适宜种植水稻、油茶、木薯、龙眼、香蕉、橄榄、竹子、紫胶等经济林作物。水利资源也得到较好利用，全镇有大小山塘水库6座、库容100万立方米以上2座，在防洪、防旱、灌溉、发电等方面发挥积极作用，全镇开发水电装机容量4300千瓦。

**【扶贫开发】** 梅州市人民医院、梅州市口岸局、梅州市商务局（原梅州市外经贸局）和丰顺县卫计局等4个单位分别对口帮扶大南、中社、丹竹、硃坑等4个贫困村，落实帮扶项目117个，落实帮扶资金1846.5万元。

**【基础设施建设】** 加快村道路建设，完成珠胜公路前期征地拆迁工作；投入400多万元，完成自然村道硬底化建设13.5千米，解决群众“行路难”问题；投资80多万元，完成第3期小胜河堤建设任务，巩固和提升防洪能力；完成丹竹村安全饮水工程，解决群众“饮水难”问题；完成小胜、田背、田面角、礤下等4个行政村的高效农田测绘工作。

**【宜居建设】** 不断巩固“创卫”成果，以11个行政村被评为市卫生村为契机，各村设立垃圾收集点，镇设立垃圾中转站，开展日常保洁和集中整治活动，生活垃圾做到日产日清日运，不断改善人居环境。大力加强生态文明建设，全面加强省、县道沿线及圩镇周边群山封山育林工作，掀起“绿满小胜”新高潮。全年投入建设资金100多万元，种植碳汇林53.3公顷，种植松树、香樟等物种40公顷。

**【文教卫生】** 顺利通过教育强镇复评工作，投入60多万元完善小胜中学宝光堂等建设；投入20多万元完善中小学学生宿舍建设、维修教学楼等，中高考成绩再创历史新高，1人获评梅州市“嘉应名师”，2人获评叶剑英基金优秀教师，安排5万元用于奖教奖学金的发放。计划生育方面，全年人口出生率14.08‰，政策生育率92.34%。

**【社会民生】** 全面落实低保政策，238户低保户、562人纳入低保范围，兑现126.72万元；“五保”供养52人（其中集中10人、分散42人）全年兑现33.38万元。全面普及城乡居民基本医疗保险，全年累计报销164万多元，3633人次受益，让医疗制度的正能量传播到每家每户。投入20多万元，完善敬老院门坪、水沟，维修住房及绿化等，让“五保”老人居住更舒心，晚年更幸福。各项补贴资金足额发放到位，发放农资综合直补和种粮直补资金59.9万元，良种补贴13.7万元，生态公益林补偿资金102多万元。

**【精神文明建设】** 大力宣传践行“富强民主、文明和谐，自由平等、公正法治，爱国敬业、诚信友善”的社会主义核心价值观，深入开展文明行业、文明单位、文明村镇创建活动，提高全镇人民的文化生活水平、思想道德素质和社会文明程度。充分挖掘人文资源，打好老区牌、乡贤牌，尤其“坚真故里、人文小胜”这张牌，完善以坚真草庐、坚真陈列室为重点的景区建设，坚真故居陈列室被评为梅州市第四批爱国主义教育基地。不断完善镇村文化活动设备设施，丰富群众业余文化生活，11个行政村“农家书屋”日益发挥重要作用。

**【党建工作】** 深入开展领导干部驻点普遍直接联系群众工作，大力加强党的思想、组织、作风和制度建设，取得重要的实践成果、制度成果和理论成果。2015年2月至11月，接访群众户630户，走访群众户1850户，工商户38户，外出户527户，100%已电话或短信联系，召开座谈会16次，群众反映问题及意见建议3000条。现场回答解决占45%，村自行解决占35%，镇协调解决占20%。通过活动，党员、干部思想进一步提高、作风进一步转变；党群干群关系进一步密切；为民务实清廉形象进一步树立；基层基础进一步夯实。

**2015年年底小胜镇**

**党委书记、人大主席** 李华锐

**副书记、镇长** 陈杰有

**副书记** 陈新茂

**委　员** 钟健雄　李玉程　李伟平　刘创贵　王妙伦

**人大副主席** 彭伟忠

**副镇长** 钟健雄　钟伟强

（陈文斌　张　扬）

# 人物

# 2015年获国家、省、市级表彰的先进单位和先进个人名录

## 2015 年度丰顺县获国家级先进单位名录一览表

| 单位名称 | 授予时间 | 授予单位（会议） | 荣誉称号 |
|---|---|---|---|
| 丰顺县老促会 | 2015 年 6 月 | 中国老区建设促进会 | 老区宣传三等奖 |
| 县关工委 | 2015 年 10 月 | 中国关工委 | 全国关工委宣传工作先进集体 |
| 丰顺县国家税务局 | 2015 年 12 月 | 中华全国总工会 | 全国模范职工之家 |
| 丰顺信用联社 | 2016 年 1 月 | 中华全国总工会 | 全国模范职工之家 |

## 2015 年度丰顺县获国家级先进个人名录一览表

| 姓名 | 授予时间 | 授予单位（会议） | 荣誉称号 | 单位职务 |
|---|---|---|---|---|
| 赖崇胜 | 2015 年 4 月 | 人力资源社会保障部、交通运输部 | 全国交通运输系统劳动模范 | 丰顺县交通运输局地方公路管理站径门道班班长 |
| 徐建辉 | 2015 年 7 月 | 中华全国总工会 | 全国优秀工会工作者 | 丰顺县人大常委会副主任、县总工会主席 |
| 江智强 | 2015 年 8 月 | 中国关工委、中央文明办（纪念中国关心下一代工作委员会成立 25 周年暨全国关心下一代工作表彰大会） | 全国关心下一代工作先进工作者 | 关工委办公室主任 |

## 2015 年度丰顺县获省级先进单位名录一览表

| 单位名称 | 授予时间 | 授予单位（会议） | 荣誉称号 |
|---|---|---|---|
| 丰顺县人民法院 | 2015 年 3 月 | 广东省高级人民法院 | 案件质量优秀法院 |
| 丰顺县老区建设促进会 | 2015 年 12 月 | 广东省老区建设促进会 | 广东省老区宣传工作先进集体三等奖 |
| 丰顺信用联社 | 2016 年 1 月 | 广东省农村信用社联合社 | 三类机构三等奖 |
| 丰顺信用联社 | 2016 年 1 月 | 广东省农村信用社联合社 | 监管达标升级奖 |
| 丰顺县交通运输局 | 2016 年 2 月 | 广东省交通运输厅 | 2015 年广东省交通运输行政执法评议考核优秀单位 |
| 丰顺县交通运输局 | 2016 年 3 月 | 广东省扶贫开发领导小组 | 2013–2015 年广东省扶贫开发“双到”工作考核优秀单位 |
| 丰顺县扶贫开发局 | 2016 年 3 月 | 广东省扶贫开发领导小组 | 2013–2015 年广东省扶贫开发“双到”工作考核优秀单位 |

## 2015 年度丰顺县获省级先进个人名录一览表

| 姓名 | 授予时间 | 授予单位（会议） | 荣誉称号 | 单位职务 |
|---|---|---|---|---|
| 杨萍萍 | 2015 年 3 月 | 广东省妇联 | 三八红旗手 | 县国税局党组成员、副局长 |
| 林少芬 | 2015 年 3 月 | 广东省总工会 | 广东省工会女职工先进工作者 | 县国税局副股长 |
| 朱杭洲 | 2015 年 4 月 | 共青团广东省委员会 | 广东省优秀共青团干部 | 团县委副书记 |
| 冯伟辉 | 2015 年 5 月 | 广东省高级人民法院 | 个人二等功 | 县法院审判员 |

续上表

| 姓名 | 授予时间 | 授予单位（会议） | 荣誉称号 | 单位职务 |
|---|---|---|---|---|
| 陈凌菱 | 2015 年 12 月 | 广东省国家税务局 | 纳税服务之星 | 县国税局股长 |
| 廖金发 | 2015 年 12 月 | 广东省老区建设促进会 | 开展烈士后裔助学金先进个人 | 县老促会副会长 |
| 蔡波 | 2016 年 1 月 | 广东省农村信用社联合社 | 农信天使 | 综合柜员 |
| 郭春山 | 2016 年 3 月 | 广东省扶贫开发领导小组 | 2013—2015 年广东省扶贫开发“双到”工作考核优秀个人 | 县扶贫开发局局长 |

## 2015 年度丰顺县获市级先进单位名录一览表

| 单位名称 | 授予时间 | 授予单位（会议） | 荣誉称号 |
|---|---|---|---|
| 球山中学 | 2015 年 2 月 | 梅州市政府 | 梅州市一级学校 |

## 2015 年丰顺县获“广东省南粤优秀教师”称号一览表

| 姓名 | 授予时间 | 授予单位（市委、市政府） | 荣誉称号 | 单位职务 |
|---|---|---|---|---|
| 罗健鹏 | 2015.9 | 中共广东省委教育工作委员会　广东省教育厅<br>广东省人力资源和社会保障厅　广东省总工会 | 省南粤优秀教师 | 丰顺中学教师 |
| 陈锦红 | 2015.9 | 中共广东省委教育工作委员会　广东省教育厅<br>广东省人力资源和社会保障厅　广东省总工会 | 省南粤优秀教师 | 颍川中学教师 |
| 张赛威 | 2015.9 | 中共广东省委教育工作委员会　广东省教育厅<br>广东省人力资源和社会保障厅　广东省总工会 | 省南粤优秀教师 | 建桥中学教师 |
| 廖永球 | 2015.9 | 中共广东省委教育工作委员会　广东省教育厅<br>广东省人力资源和社会保障厅　广东省总工会 | 省南粤优秀教师 | 汤坑镇第一中心小学教师 |
| 彭申萍 | 2015.9 | 中共广东省委教育工作委员会　广东省教育厅<br>广东省人力资源和社会保障厅　广东省总工会 | 省南粤优秀教师 | 丰良中心小学教师 |

## 2015 年丰顺县获“广东省乡村优秀教师”称号一览表

| 姓名 | 授予时间 | 授予单位（市委、市政府） | 荣誉称号 | 单位职务 |
|---|---|---|---|---|
| 江　燕 | 2015.11 | 广东省教育厅<br>广东中华民族文化促进会　广东教育学会 | 省乡村优秀教师 | 东留中学教师 |
| 黄碧兰 | 2015.11 | 广东省教育厅<br>广东中华民族文化促进会　广东教育学会 | 省乡村优秀教师 | 北斗中心小学教师 |
| 罗宗伟 | 2015.11 | 广东省教育厅<br>广东中华民族文化促进会　广东教育学会 | 省乡村优秀教师 | 汤南中心小学教师 |

## 2015 年丰顺县获“广东省优秀乡村教育工作者”称号一览表

| 姓名 | 授予时间 | 授予单位（市委、市政府） | 荣誉称号 | 单位职务 |
|---|---|---|---|---|
| 陈世明 | 2015.11 | 广东省教育厅<br>广东中华民族文化促进会　广东教育学会 | 省优秀乡村教育工作者 | 潘田中心小学校长 |

## 2015年丰顺县获梅州市“叶剑英基金优秀校长、教师奖”称号一览表

| 姓名 | 授予时间 | 授予单位（市委、市政府） | 荣誉称号 | 单位职务 |
|---|---|---|---|---|
| 罗金鹏 | 2015.11 | 广东省雁洋公益基金会　梅州市教育局 | 叶剑英基金优秀校长奖 | 颍川中学校长 |
| 邱国忠 | 2015.11 | 广东省雁洋公益基金会　梅州市教育局 | 叶剑英基金优秀校长奖 | 汤坑镇第二中心小学校长 |
| 陈世明 | 2015.11 | 广东省雁洋公益基金会　梅州市教育局 | 叶剑英基金优秀校长奖 | 潘田中心小学校长 |
| 李绍坚 | 2015.11 | 广东省雁洋公益基金会　梅州市教育局 | 叶剑英基金优秀校长奖 | 黄金中心小学校长 |
| 陈顺华 | 2015.11 | 广东省雁洋公益基金会　梅州市教育局 | 叶剑英基金优秀教师奖 | 教育局教研室教研员 |
| 刘介文 | 2015.11 | 广东省雁洋公益基金会　梅州市教育局 | 叶剑英基金优秀教师奖 | 丰顺中学教师 |
| 黄绮芸 | 2015.11 | 广东省雁洋公益基金会　梅州市教育局 | 叶剑英基金优秀教师奖 | 丰顺中学教师 |
| 罗少京 | 2015.11 | 广东省雁洋公益基金会　梅州市教育局 | 叶剑英基金优秀教师奖 | 龙山中学教师 |
| 张凤玲 | 2015.11 | 广东省雁洋公益基金会　梅州市教育局 | 叶剑英基金优秀教师奖 | 龙山中学教师 |
| 郑良暖 | 2015.11 | 广东省雁洋公益基金会　梅州市教育局 | 叶剑英基金优秀教师奖 | 汤坑镇第二中学教师 |
| 刘亮红 | 2015.11 | 广东省雁洋公益基金会　梅州市教育局 | 叶剑英基金优秀教师奖 | 县职业技术学校教师 |
| 罗建如 | 2015.11 | 广东省雁洋公益基金会　梅州市教育局 | 叶剑英基金优秀教师奖 | 东海中学教师 |
| 徐丽琴 | 2015.11 | 广东省雁洋公益基金会　梅州市教育局 | 叶剑英基金优秀教师奖 | 县进修学校教师 |
| 陈志华 | 2015.11 | 广东省雁洋公益基金会　梅州市教育局 | 叶剑英基金优秀教师奖 | 汤坑中学教师 |
| 黄接顺 | 2015.11 | 广东省雁洋公益基金会　梅州市教育局 | 叶剑英基金优秀教师奖 | 汤西中学教师 |
| 陈锦红 | 2015.11 | 广东省雁洋公益基金会　梅州市教育局 | 叶剑英基金优秀教师奖 | 颍川中学教师 |
| 邹伟金 | 2015.11 | 广东省雁洋公益基金会　梅州市教育局 | 叶剑英基金优秀教师奖 | 丰顺县第一中学教师 |
| 何流生 | 2015.11 | 广东省雁洋公益基金会　梅州市教育局 | 叶剑英基金优秀教师奖 | 建桥中学教师 |
| 陈定安 | 2015.11 | 广东省雁洋公益基金会　梅州市教育局 | 叶剑英基金优秀教师奖 | 潘田中学教师 |
| 杨　钒 | 2015.11 | 广东省雁洋公益基金会　梅州市教育局 | 叶剑英基金优秀教师奖 | 潘田第二学校教师 |
| 彭州灵 | 2015.11 | 广东省雁洋公益基金会　梅州市教育局 | 叶剑英基金优秀教师奖 | 龙岗学校教师 |
| 廖若惠 | 2015.11 | 广东省雁洋公益基金会　梅州市教育局 | 叶剑英基金优秀教师奖 | 球山中学教师 |
| 江宏兆 | 2015.11 | 广东省雁洋公益基金会　梅州市教育局 | 叶剑英基金优秀教师奖 | 东留中学教师 |
| 钟建洪 | 2015.11 | 广东省雁洋公益基金会　梅州市教育局 | 叶剑英基金优秀教师奖 | 东留中学教师 |
| 谢学勤 | 2015.11 | 广东省雁洋公益基金会　梅州市教育局 | 叶剑英基金优秀教师奖 | 潭江中学教师 |
| 李舜勇 | 2015.11 | 广东省雁洋公益基金会　梅州市教育局 | 叶剑英基金优秀教师奖 | 小胜中学教师 |
| 廖钢超 | 2015.11 | 广东省雁洋公益基金会　梅州市教育局 | 叶剑英基金优秀教师奖 | 砂田学校教师 |
| 何粟芬 | 2015.11 | 广东省雁洋公益基金会　梅州市教育局 | 叶剑英基金优秀教师奖 | 丰良中学教师 |
| 杨会安 | 2015.11 | 广东省雁洋公益基金会　梅州市教育局 | 叶剑英基金优秀教师奖 | 丰良中学教师 |
| 吴焕辉 | 2015.11 | 广东省雁洋公益基金会　梅州市教育局 | 叶剑英基金优秀教师奖 | 汤西中心小学教师 |
| 黄海峰 | 2015.11 | 广东省雁洋公益基金会　梅州市教育局 | 叶剑英基金优秀教师奖 | 汤西中心小学教师 |

续上表

| 姓名 | 授予时间 | 授予单位（市委、市政府） | 荣誉称号 | 单位职务 |
|---|---|---|---|---|
| 马晓华 | 2015.11 | 广东省雁洋公益基金会　梅州市教育局 | 叶剑英基金优秀教师奖 | 汤西中心小学教师 |
| 彭新庆 | 2015.11 | 广东省雁洋公益基金会　梅州市教育局 | 叶剑英基金优秀教师奖 | 黄金中心小学教师 |
| 刘仪恩 | 2015.11 | 广东省雁洋公益基金会　梅州市教育局 | 叶剑英基金优秀教师奖 | 黄金中心小学教师 |
| 朱和丰 | 2015.11 | 广东省雁洋公益基金会　梅州市教育局 | 叶剑英基金优秀教师奖 | 建桥中心小学教师 |
| 曾海务 | 2015.11 | 广东省雁洋公益基金会　梅州市教育局 | 叶剑英基金优秀教师奖 | 汤坑镇第一中心小学教师 |
| 罗妙兰 | 2015.11 | 广东省雁洋公益基金会　梅州市教育局 | 叶剑英基金优秀教师奖 | 汤坑镇第一中心小学教师 |
| 张裕范 | 2015.11 | 广东省雁洋公益基金会　梅州市教育局 | 叶剑英基金优秀教师奖 | 汤坑镇第一中心小学教师 |
| 黄愉情 | 2015.11 | 广东省雁洋公益基金会　梅州市教育局 | 叶剑英基金优秀教师奖 | 汤坑镇第二中心小学教师 |
| 胡　珏 | 2015.11 | 广东省雁洋公益基金会　梅州市教育局 | 叶剑英基金优秀教师奖 | 汤坑镇第二中心小学教师 |

## 2015年丰顺县获“梅州市优秀教师”称号一览表

| 姓名 | 授予时间 | 授予单位（市委、市政府） | 荣誉称号 | 单位职务 |
|---|---|---|---|---|
| 管聪玲 | 2015.9 | 梅州市人民政府 | 梅州市优秀教师 | 丰顺县第一中学教师 |
| 曾晓鸿 | 2015.9 | 梅州市人民政府 | 梅州市优秀教师 | 县职业技术学校教师 |
| 张尚红 | 2015.9 | 梅州市人民政府 | 梅州市优秀教师 | 建桥中学教师 |
| 曾燕玲 | 2015.9 | 梅州市人民政府 | 梅州市优秀教师 | 东留中学教师 |
| 洪映云 | 2015.9 | 梅州市人民政府 | 梅州市优秀教师 | 潭江中学教师 |
| 罗树珍 | 2015.9 | 梅州市人民政府 | 梅州市优秀教师 | 汤南中心小学教师 |
| 彭更新 | 2015.9 | 梅州市人民政府 | 梅州市优秀教师 | 丰良实验小学教师 |
| 彭丽梅 | 2015.9 | 梅州市人民政府 | 梅州市优秀教师 | 大龙华中心小学教师 |
| 李署芳 | 2015.9 | 梅州市人民政府 | 梅州市优秀教师 | 黄金中心小学教师 |